顾维中　著

思行合一

朱天曙题

中国言实出版社

图书在版编目(CIP)数据

思行合一 / 顾维中著. -- 北京 : 中国言实出版社，
2022.10

ISBN 978-7-5171-4253-9

Ⅰ. ①思… Ⅱ. ①顾… Ⅲ. ①社会科学－文集 Ⅳ.
①C53

中国版本图书馆CIP数据核字(2022)第193955号

思行合一

责任编辑：王建玲
责任校对：史会美
封面题字：朱天曙

出版发行：中国言实出版社
　　　　　地　　址：北京市朝阳区北苑路180号加利大厦5号楼105室
　　　　　邮　　编：100101
　　　　　编辑部：北京市海淀区花园路6号B座6层
　　　　　邮　　编：100088
　　　　　电　　话：010-64924853（总编室）　010-64924716（发行部）
　　　　　网　　址：www.zgyscbs.cn　电子邮箱：zgyscbs@263.net

经　　销：新华书店
印　　刷：泰州市隆泰文化传播有限公司
版　　次：2022年12月第1版　　2022年12月第1次印刷
规　　格：710毫米×1000毫米　1/16　　32.5印张
字　　数：600千字

定　　价：98.00元
书　　号：ISBN 978-7-5171-4253-9

人是要有一点精神的

张　纲

江苏泰州,物华天宝,人杰地灵,既有源远流长的历史文化,更有砥砺奋进的时代精神。

泰州曾荣获第三届中国质量奖提名奖,是全国唯一问鼎质量大奖的地级市,也曾荣获国务院质量工作真抓实干通报表彰。泰州市市场监管局是市场监管总局和人社部联合表彰的先进集体,近年来在激发市场活力、优化营商环境、促进质量提升、维护“三大安全”、推进全域标准化等方面,进行了一系列成功探索,留下一串串闪光的足迹。

最近,收到维中同志这份书稿。认真翻读,倍感亲切,颇受启发。一篇篇思与行、知与行的文稿,一篇篇求真务实、条分缕析的调研报告,蕴含着对改革发展的深度思考,充满了创新探索的生动实践,折射出奋发向上的泰州精神。全书回答了如何确立市场监管工作的立足点、着力点、切入点,如何在高质量发展背景下推进市场监管工作,如何用高标准引领高质量发展、提升城市发展品质等一系列重大问题。

从书中,可以读到“把握整体性、在统筹兼顾中提质态,把握矛盾性、在对立统一中寻突破,把握协同性、在多元共治中求提升”的辩证思维,读到哲学、文学、管理学、政治经济学,读到担当与责任、激情与理性、品行与操守,读到世界观与方法论、胸怀大局的洞察与开拓创新的勇气。

从书中，可以读到"抓学习、加强思想武装，抓融合、培养系统思维，抓落实、练就过硬本领，抓纪律、提供坚强保证"的总体要求，读到"党建引领、促进人和心合，改革开局、推动大破大立，集成发展、实现有为有位"的清晰路径，读到"认真是一种态度，是一种责任，是一种精神"的价值追求，读到"规范思想、做到谨思，规范语言、做到慎言，规范行为、做到笃行"的人生箴言，读到"见贤思齐、见强思超，不服输、不气馁，快乐工作、幸福生活，团结友爱、互帮互学"的激励共勉。

从书中，可以读到"立说立行"的工作作风，读到"今天再晚也是早，明天再早也是晚"的只争朝夕精神，读到"精益求精、追求卓越"的工匠品质，读到"标新立异二月花，删繁就简三秋树"的探索精神，读到"当好质量发展先行军，做好质量安全保护神"的坚定决心，读到对于"只想当官不想干事、只想揽权不想担责、只想出彩不想出力"的严厉鞭笞。

毛主席有一句名言："人是要有一点精神的。"习近平总书记多次强调："良好的精神状态，是做好一切工作的重要前提。"从这部书中，能强烈感受到泰州市场监管人的精气神：执着追求、坚韧不拔，勇于担当、持续创新，思行合一、知行合一。

精神的力量是巨大的。面对新形势新任务新挑战，市场监管人需要这种昂扬向上的正能量，需要这种充沛饱满的精气神。

作者系国务院原参事、国家制造强国建设战略咨询委员会委员、中国标准化专家委员会副主任、国家产业基础专家委员会副主任兼产业技术基础专项组组长

市场监管思与行

贾玉奎

大江流日夜，慷慨歌未央。根据党中央机构改革方案，组建国家市场监督管理总局。2018年3月20日宣告成立，4月10日正式挂牌。习近平总书记在海南出席亚洲博鳌论坛发表主旨演讲时说："我们组建了国家市场监督管理总局，还有一些其他新的机构，对现有政府机构作出大幅度调整。"

组建国家市场监管总局，凝聚着习近平总书记的殷切期望，承载着国家的重托、人民的期待。总局成立以来，习近平总书记对市场监管工作作出许多重要指示批示。

在融合中起程，在探索中奋进。站在新的历史方位，思考市场监管从哪里来、到哪里去，探索市场监管规矩怎么立、队伍怎么带、形象怎么树，具有特殊而重要的意义。

最近，有幸读到顾维中先生的文稿《思行合一》，深感对于思考和研究市场监管工作有所裨益。

这是一部什么样的书？

北京正南偏东，相距1000公里，是南京。南京正东偏北，相距160公里，是泰州。地级市的泰州，古称海陵，是历史文化名城。

2019年1月21日，江苏省泰州市市场监管局完成整合，正式挂牌办公。一路走来，团结奋进，留下一串闪光足迹。

这个局，是人社部、市场监管总局联合表彰的全国市场监管系统先进集体，其工作特色鲜明，创造了许多"第一""唯一"，以推动品质城市建设、全域标准化、知识产权保护、营商环境优化等引人瞩目。

作为地级市的泰州，1996年分离于扬州，近年来得力于市场监管工作的助推，被江苏省政府表彰为落实"放管服"改革、推进质量工作真抓实干成效明显地市，被国务院表彰为推进质量工作成效突出地方，是获得中国质量奖提名奖政府类唯一一家地级市单位。"泰检易"、专利标准融合、食品药品监管、执法稽查等多项创新走在全省乃至全国前列。

翻读书稿，泰州市场监管的发展足迹历历在目，开拓进取的精神状态栩栩如生。

本书约60万字，分三个专辑："一叶知春"是重点调研报告，计7篇；"一路生花"是工作报告、经验交流和署名文章，计30篇；"一心向阳"是作为主要负责人所讲"微党课"文稿，计72篇。

是时，北京疫情防控正吃紧，按要求居家办公。打印出这部沉甸甸的书稿，有整整三天时间，我手不释卷，全篇通读。又有十几天时间，置于案头，随时翻阅和查看。

中国哲学与传统文化，强调"知行合一，止于至善"。知是行的开始，行是知的表现，知中有行，行中有知，相辅相成，相得益彰。

我推测，作者把书名确定为《思行合一》，而非《知行合一》，是对"思"情有独钟。他的前两部著作分别是《思考进行时》和《思维之中》。此"思"付梓，"三思"鼎立，成为系列。

掩卷深思，我试图定义，这是一部什么样的书稿？不揣浅陋，如此概括：

这是一部理论与实践深度融合的书。自始至终擎举思与知、思与行、知与思、知与行的心灵火把，在时间的隧道中前行。

这是一部从一个层面、一个角度记录市场监管改革的书。市场监管之政治建设、思想建设、业务建设、队伍建设、作风建设尽在其中。

这是一部观察、思考、研究市场监管事业发展的书。从中可看到市场监管如何连"天线"、接"地气"、如何紧扣经济社会发展大局、如何在促进高质量发展中发挥应有作用，体现担当作为。

这是一部能为各层级市场监管人拓展思路、提供借鉴的书。一把手可借鉴如何抓班子、带队伍、聚人心、闯事业，领导干部可借鉴如何抓协调、促工作、讲党课、作报告，"笔杆子"们可借鉴如何严谨逻辑、锤炼语言，排兵布阵、点石成金，起草出求真务实、催人奋进的好报告好文章。全国市场监管战线的各路同志，相信也能开卷有益，学会调查研究，熟悉相关业务，激发创业斗志，提振奋发有为的精神状态。

调研工作怎么做？

确定调研方向，深入开展调研，是了解情况、探寻规律、解决问题、出台政策、推进工作的基础和前提。

如何做好调研工作？应当聚焦党委政府的中心工作，应当扑下身子掌握第一手资料，应当提交有情况、有分析、有对策的研究报告。

这是"一叶知春"给我们的启示。7篇沉甸甸的报告，坚持问题导向，坚持创新思维，坚持集成思考，深入研究探索质量发展、品质建设、城市治理、市场监管、营商环境等领域的热点难点问题，提出务实解决问题的对策和举措。

《倾心聚力打造长江经济带检验检测新高地》是根据时任市委书记蓝绍敏"打造长江经济带检验检测新高地"的批示要求，由作者牵头开展的专题调研，报告鲜活，观点准确，得到市委书记的批示和肯定，彰显市场监管之作用。《关于加强泰州制造业标准化工作的思考与建议》讲透了泰州的制造业，讲透了制造业之标准化工作。在《"品质城市"评价指标体系（V1.0）及实证研究》的基础上，《中国100城市品质指数研究报告》课题获得第七届中国管理科学奖。

这些调研报告，都是作者亲自挂帅，都是紧贴国家大政方针，紧密结合当地实际，连"天线"，接"地气"，内涵丰富，生动活泼。

以2021年1月的《提升城市品质：优化营商环境的必然选择——关于泰州优化营商环境的调查与思考》为例。

一篇6000字的调研报告，言简义丰，堪称精品。报告开篇就对营商环境进行概括和定义，提出开展研究的背景和意义，迅速亮出结论和观点：现在优化营商环境不应仅停留在'办事速度快一点、服务态度好一点'的浅层，而应是有利于市场主体健康发展的'肥沃土壤、优越气候、和谐人文'等要素的有机融合。

然后，不费一字，迅速切入泰州实际："就泰州而言，我们不应单纯与其他城市比块头、比区位、比基础设施，而应比治理体系、比综合品质。优化营商环境，必须坚持系统思维，扬长补短，错位竞争，提升城市品质，打造品质优势，走有泰州特色的高质量发展之路。"你读完这一帽段内容，就把握了整篇调研报告的精髓。

紧接着，从"泰州营商环境建设的实践探索""泰州营商环境建设的系统思考""提升泰州城市品质优化营商环境的对策"三方面，条分缕析。

他提出了鲜明的观点："归根到底，城市品质才是最根本的营商环境，提升城市品质是优化营商环境的必然选择。营商环境是城市品质的直接体现，城市品质是营商环境的根本所在，二者互为促进、互为目标，有品有质、宜商宜居才是城市高质量发展的归宿"。具体的对策：一是提升城市品质"含金量"，让发展更具"天时"；二是提升公共服务"政能量"，让发展更有"地利"；三是建设宜居宜业"幸福城"，让发展更多"人和"。在具体的论述中，结构严谨，层次清晰，鞭辟入里，令人信服。

如果你是决策者,你一定会有如此感受:是这样的,应当这样做;营商环境确实很重要,抓好品质城市建设就是优化营商环境。这样的调研报告,是务实的,是真正管用的。

这些年,因工作关系,接触过不少好的研究报告,也见过更多"冥币"论文。对此尤为感慨。

年度报告讲些啥?

在体制内运行的人,都知道年度工作报告的重要性。这个报告,是总结工作、研判形势、部署任务的载体,是"一把手"思想、观点和理念的体现,是领导班子集体智慧的结晶。

一份好的工作报告,岂是材料的堆砌?通过认真地总结过去、认真地查找问题、认真地分析形势、认真地谋划工作,凝聚上上下下的共识,统一思想,同舟共济,推动工作上台阶,共同开创事业发展新局面。

"一路生花",包括工作报告、实践总结、经验交流、署名文章。作者从2015年9月到任泰州市质监局长、党组书记,2019年1月起担任泰州市市场监管局首任局长、党组书记,至2022年4月,做一把手近7年。在泰州局,年度工作报告是"一把手工程",是一把手的思路,更是一把手的心血。

市场监管千头万绪,怎么干?建局之初,一把手就明确提出了"加强市场监管、优化营商环境、推进质量强市、建设品质泰州"的总体思路。这,就是纲。提出了"在全国领先率先、在地方有为有位"的工作目标,对标更高标准、更高水平,推动各项工作"拉高线",力争在"没有先例"的方面率先做出成功案例,在"普遍在做"的方面做快做细做优。这,就是他们的目标和决心。他们把党中央的大政方针、地方党委政府的重点工作,与履行市场监管职责,融为一体,水乳交融。

领导干部怎么讲党课?

讲党课,是很崇高、很神圣的事情。

讲微党课,近年来方兴未艾,机关的人们都不陌生。但有一些微党课,讲者应付公事,听者心中不屑,已经流于形式。而在泰州市市场监管局,微党课与部署工作相结合,与研判形势相结合,与解决思想问题相结合,引人入胜,启人心智,多维度发挥着效力。

"一心向阳",荟萃了作者近年来每月所讲微党课的文稿。作者根据任务要求,针对重点工作,把工作之中遇到或发现的一些苗头性、倾向性、突出性、代表性问题,拎出来,思考透,然后拉家常式地进行阐述,动之以情,晓之以理。几乎每一篇文稿,都暗合着"为什么、是什么、怎么办"的逻辑关系,都按照提出问题、分析问题、解决问题三个步骤进行交流,无不坚持问题导向,无不有的放矢、内涵丰富,无不直奔主题、开诚布公、真刀真枪。作者的理论功底不容置疑,人格魅力跃然纸上。在人生观、方法论的交流和传授中,凝聚起团结奋进的力量。

文化建设怎么做?

面对泰州市市场监管局取得的突出业绩,面对这个局干部职工呈现出的饱满精神,不少人在思考:他们凭的是什么?

2020年7月,因为担纲全国市场监管文化建设研究课题,笔者带队赴泰州实地调研,真切感知这里文化建设的成效,真切感受座谈会上顾维中关于市场监管文化必须培植的真切阐述和用心把握。

建局之初,他们就高度重视机关文化建设。这部文稿中,体现文化建设的思路和举措不可胜数。2019年7月2日,作者专门提出,要"打造健康向上的机关文化"。他强调:我们这支队伍来自五湖四海,各种传统文化基因在这里交汇融合,必须打造健康向上的机关文化,倡导每位同志进一步加强自身修养,提升综合素质。

多年来,泰州局坚持以文聚力,以文化人,将品质文化建设融入机关建设的方方面面,形成忠诚担当、热爱事业、人心向善的良好氛围。

在泰州局,文化如响鼓重锤、直抵人心,又如春风化雨,润物无声。关于学习,他们强调变"学一阵"为"学一生",既读有字之书,更读无字之书;既当专家,又当杂家。在这里,大家把学习真正当作一种生活态度,一种习惯。关于创新,他们自始至终弘扬"有为才能有位,有位更须有为"理念,强调良性循环、乘数效应,强调从"人无我有"的较低层次向"人有我优"的高层次转变。关于用心,他们强调一丝不苟,精益求精。

市场监管怎么干?

市场监管是干什么的?市场监管应当怎么干?

市场监管总局成立以来,全国系统认真履行职责,服务国家大局,努力探索市场监管定位、作用、手段与规律。

张茅同志提出"六个者",即"六着力、六当好":一是着力优化营商环境,当好"放管服"改革的先行者;二是着力强化竞争政策,当好市场公平竞争的维护者;三是着力防范市场风险,当好安全底线的守护者;四是着力树立消费者至上的理念,当好消费者权益的保护者;五是着力实施市场综合执法,当好高效监管的实践者;六是着力实施质量强国战略,当好高质量发展的推动者。

张工同志提出"大市场、大质量、大监管",提出"六个坚持":坚持政治引领,坚持人民至上,坚持锐意改革,坚持围绕国家重大战略,坚持以市场变化为导向,坚持打铁先要自身硬。提出"五个着力":着力完善市场准入基础性制度,着力维护市场公平竞争秩序,着力强化事中事后监管长效机制,着力坚守安全底线、提升质量高线,着力构建现代化市场监管体系,进一步促进营商环境市场化、法治化、国际化。提出为了人民抓监管、贴近人民抓监管、依靠人民抓监管。

市场监管需要这样的思与行,需要这样的知与行。

1937年7月,毛主席在延安窑洞写下著名的马克思主义经典著作《实践论》,这是在马克思主义指导下对中国传统知行观的继承和发展。《实践论》指出:"理性认识依赖于感性认识,感性认识有待于发展到理性认识,这就是辩证唯物论的认识论。"又阐述:"通过实践而发现真理,又通过实践而证实真理和发展真理。从感性认识而能动地发展到理性认识,又从理性认识而能动地指导革命实践,改造主观世界和客观世界。实践、认识、再实践、再认识,这种形式,循环往复以至无穷,而实践和认识之每一循环的内容,都比较地进到了高一级。这就是辩证唯物论的全部认识论,这就是辩证唯物论的知行统一观。"

在推进市场监管事业的伟大实践中,需要这样的"实践、认识、再实践、再认识"。

"思想走在行动之前,就像闪电走在雷鸣之前。"我们处于一个急剧变革的时代,我们承担着极其繁重的职责,特别需要用心思考、深入思考、思行合一、知行合一。越是热闹的时候,越是迷茫的时候,越是任务繁杂的时候,越需要"踱方步""冷思考",让我们的灵魂跟上我们的步伐。

作者系国家市场监督管理总局发展研究中心副主任,中国市场监管(质量)研究与教育联盟秘书长

目 录

一叶知春

一路生花

·工作报告·

一心向阳

一叶知春

YIYEZHICHUN

　　从一片叶子露芽可探知整个春天的景色,从一个问题的调查研究可对面上工作得出有益启示。所选调研报告均为近几年来重要调研成果。选题坚持问题导向,对事关地区高质量发展、高品质生活、高效能治理的思路、路径、方法等进行了有益的探索与思考,旨在为科学决策提供可靠而又有价值的参考。尤其在城市品质评价、质量基础设施建设、优化营商环境等方面具有重要创新意义。

倾心聚力打造长江经济带
检验检测新高地

（2016年8月22日）

根据市委主要领导"打造长江经济带检验检测新高地"的批示要求，我们进行了专题调研。

一、现状分析

长江经济带战略的实施，为长江沿线地区经济转型发展带来重大机遇，也为经济发展提供技术支撑的检验检测事业带来了春天。

1. 长江经济带建设为打造检验检测新高地开辟了新空间。建设长江经济带，培育新的经济增长极，在区域发展总体格局中具有重要战略地位。依托长江经济带，面向整个长江流域来谋划、打造检验检测新高地，有利于发挥泰州检验检测品牌的辐射集聚作用，促进沿江产业优化升级、经济提质增效；有利于更好地利用国际国内两个市场、两种资源，构建开放型检验检测新体系，提升泰州检验检测品牌的影响力。

2. 国家对打造检验检测新高地有了新要求。近年来，国家对"增品种、提品质、创品牌"提出了明确要求，出台了一系列政策措施。2014年国务院《关于加快发展生产性服务业促进产业结构调整升级的指导意见》（国发〔2014〕26号）将检验检测认证作为重点发展的生产性服务业之一。2015年国务院《关于印发〈中国制造2025〉的通知》（国发〔2015〕28号）提出建设一批高水平的工业产品质量控制和技术评价实验室、产品质量监督检验中心。2016版《战略性新兴产业重点产品和服务指导目录》，首次将检验检测服务纳入战略性新兴产业。2016年，江苏省出台《生产性服务业"双百工程"实施方案》，提出要推动生产性服务业创新发展和集聚发展。国家和省系列相关政策的出台，为我们打造长江经济带检验检测新高地提出了新要求、指明了新方向。

3. 泰州在打造检验检测新高地上探索了新路径。一是把检验检测平台建在产业链和集聚区。建成精细化学品、不锈钢制品2个国家级质检中心（另有1个筹建），特防产品、泵阀、墙纸、减速机、磨料磨具、测绘仪器6个省级质检（计量）中心，均分布在产业链上、集聚区内，成为企业的"研发实验室""厂外质检部""技术服务站"，为产业转型升级提供了技术保障。二是多元共建检验检测平台。聚合省、市、县三级力量,共建江苏省特检院滨江工作站、省测绘仪器计量中心、省墙纸中心、省特防中心。三是引导技术机构发起组建技术联盟。国家不锈钢制品质检中心与国家钢标委开展全方位的技术合作,成立首家不锈钢领域企业院士工作站,参与组建江苏省特种不锈钢产业研究院。市质检中心承办长三角检测机构发展与合作论坛第十四届年会,承办全国化学标准化技术委员会年会,牵头成立国家化学品质检中心技术联盟并当选为秘书长单位。各中心牵头、参与制修订国家、行业标准(规程)30个,进一步增强了在专业领域内的话语权。

4.泰州打造检验检测新高地有着新前景。从全国来看,根据国家市场监督管理总局、认监委2015年发布的全国检验检测服务业统计信息,全国(不包括港、澳、台)通过统计直报系统上报数据的各类检验检测机构共计31122家,检验检测收入1799.98亿元。从全省来看,江苏省检验检测机构共计1701家,检验检测收入148.39亿元,占全国收入8.24%(位居全国第三,广东246.05亿元,上海175.89亿元)。从全市来看,泰州市检验检测机构共计107家,覆盖制造业、工程及建筑材料、机动车检测、环境、食品农产品、卫生及职业健康、司法鉴定、测绘等领域,检验检测收入3.52亿元,占全省收入2.37%。其中泰州质监系统检验检测收入1.62亿元(含特检泰州分院0.61亿元),占全市收入的46%。近年来,泰州市检验检测机构数量及收入呈大幅上涨趋势,检验检测需求、发展潜力巨大。

5.泰州打造检验检测新高地面临着新挑战。泰州市检验检测机构与周边相比存在着以下问题:一是检验检测机构规模普遍较小,重复建设严重,资源整合度不高、协作效率低,专业检验检测机构的能力未充分发挥。二是检验检测机构普遍缺乏市场主体意识,对产业经济和市场需求发展变化不敏感,市场占有率不高,市场竞争力不强。三是检验检测机构品牌建设落后,缺乏品牌战略意识,导致品牌对检测机构核心竞争力提升的作用小,市场认知度落后于SGS、ITS、BV等国际知名的第三方检测机构。四是全能型检测行家偏少,检验检测从业人员整体水平不够高、素质不够强,人才问题已经成为制约检验检测事业发展的重要瓶颈。

二、发展目标

1.总体目标。

计划通过10年努力,建成集检验检测、标准研制、技术咨询、综合服务等于一体的省内领先、国内先进、特色鲜明的长江经济带检验检测新高地,成为传统产业转型升级和战略性新兴产业发展壮大的重要技术支撑。

2.阶段性目标。

——3年内,创成国家级特防产品质检中心,建成江苏省特检院滨江工作站,迁建省测绘仪器中心,成立全国质量监管重点产品检验方法标准化技术委员会

(TC374)儿童用品和学生用品检验方法专业工作组,成立泰州市检验检测协会,初步实现泰州检验检测平台的抱团发展和检验检测中心的资源共享,泰州检验检测新高地服务全市、辐射周边。

——5年内,新增绿色家装、儿童用品和学生用品、智能化和轻量化材料等省级检测中心,确立泰州检验检测新高地在全省乃至长三角地区检验检测行业内的领先地位。

——10年内,泰州检验检测平台在全国享有较高知名度,国内一流、国际知名的检验检测机构明显增加,新增消防器材等1—2个国家级检测中心,成为专业特色鲜明的检验检测科创服务中心、辐射长江经济带的高端公共服务平台。

三、主要思路

(一)瞄准"高",求"进位"

1.高起点定位。把检验检测机构的定位、发展,提升到长江经济带、"一带一路"的大局中去谋划、考量,抢抓沿海开发、长三角一体化、长江经济带、"一带一路"等国家战略在泰州叠加交汇的战略机遇,乘势而上,主动融入。

2.高标准规划。按照省内领先、国内世界先进的要求,紧跟国际检验检测发展趋势,紧贴生物医药和高性能医疗器械、高技术船舶海工、节能新能源三大主导产业,强化科研能力,强化标准技术研究,不断抢占行业制高点,增强话语权,努力构建产业结构完整、布局合理、能力领先、国际化程度较高的检验检测保障体系和公共技术服务平台。

3.高水平建设。加大检验检测机构的科技投入和科技创新力度,重点支持新材料、新能源、重大装备、节能环保、生物医药等领域检验检测机构建设,实现技术有特长、服务有特色,不断满足市场多样化、个性化需求。

(二)紧扣"新",多"借位"

1.树立紧扣中心、紧贴产业新理念。紧扣"三大主题"工作,紧贴区域产业集群,把中心建在产业链上,建在集聚区,"零距离"为企业原材料验货、生产过程质量控制、成品质量把关、检验员培训等,提供全过程、综合性的检验检测技术服务解决方案,帮助企业规避质量风险,推动产业整体质量提档升级。

2.确立扬长补短、借梯登楼新思路。①进一步加强检验检测与主导产业融合。探索在线智能化、多参数、信息化和网络化等工业检测应用技术的开发和应用,促进产业转型升级。②进一步加强研发与检验检测融合。协同企业科研开发,配套公共检验检测服务平台,支持企业使用"科技创新券"开展检验检测,推动企业、产业自主创新能力提高。③进一步加强检验检测资源的融合。建立以质监系统检验检测中心牵头,整合科研高校、行业协会、企业单位的技术合作平台,打造全新的公共服务检验检测平台。加强与中科院大连化物所、中国船级社、天祥集团的沟通协作，探索建立第三方的检验检测平台，充分参与市场竞争。

3.建立优势互补、合作共赢新机制。①巩固省市县三级合作。推动省、市、区(县)三级共同扶持，共同打造有影响、有实力的检验检测中心，借力用力，联动发展，克服现有检验检测机构资源分散的缺陷，形成以国家级质检中心为龙头、省级质检中心为骨干、市级质检中心为补充的创新型、开放型的检验检测体系。②扩大技术联盟合作。探索标准制定、能力验证、实验室比对等方式，充分发挥国家技术联盟的平台作用，推动检验检测技术机构做大做强，全面提升检验检测平台的整体竞争力，逐步实现产权结构多元化、区域结构合理化、检验检测服务市场化。③试行国有和非国有合作。借鉴浙江海盐模式，通过资本纽带、市场运作，加强引资力度，有计划、有针对性地引进国内外知名的民营检验检测集团入驻泰州，与现有检验检测平台进行嫁接，以托管、合作、共建等形式，抱团发展，试点成立股份制的检验检测公司，补足现有检验检测机构项目申报难、人才培养难的短板。

(三)突出"特"，谋"错位"

1.助力特色产业。坚持人无我有、人有我优，围绕三大主导产业及其他特色产业，确定主攻方向，做到新上一个检验项目，建立一个检验中心，助推一方产业发展。进一步推进国家不锈钢制品、精细化学品质检中心建设，推动省级特防产品质检中心创建国家级中心，成立TC374儿童用品和学生用品检验方法专业工作组，条件成熟时成立儿童用品和学生用品质量监督检验中心。进一步提升检验检测水平，以行业协会为依托，助力戴南不锈钢、中国医药城、高港吊索具等产业集群调整、优化、提升，努力实现产业对接得准、项目支撑得好、活力激发得足。

2.打造特色品牌。积极推进检验检测行业品牌建设。放大"泰州质检"TQS的品牌效应，使其成为泰州检验检测新高地的代名词。积极推动"互联网+检验检测"模式。鼓励和支持检验检测机构采用先进电子商务模式，推广"泰检易"检验检测公共服务平台，提高为企业服务的便捷度和时效性。积极推进互联网大数据平台技术。推行互联网大数据平台技术，建立检验检测公共服务平台和产品监抽、风控、科研、能力验证、标准研制等方面的云数据平台，并加大数据的应用研究。

3.谋划特色发展。①向产业链前后延伸。促进检验检测中心开展面向设计开发、生产制造、售后服务全过程综合服务发展，前置检验检测服务，面向企业开放实验室，为企业产品研发、定型过程提供分析测试服务，重点开展配方解析、工艺改进、技术参数验证确认等检验检测和企业一方实验室服务，成为企业的产品试验基地。②向标准延伸。引导检验检测中心主持制定检验技术规程，联合企业制修订国际标准、国家标准和行业标准，不断提升泰州市检验检测机构在专业、行业内的话语权,实现科技成果转化和标准研制充分衔接,打通科技转化为生产力的"最后一米"。③向海外延伸。与美国、欧盟等国家、地区的国际权威检验机构实现资质互认,招引国际知名检验认证机构入驻泰州,构建"一个标准、一次检测、互通互认"的检测认证体系,搭建企业连通国际市场的桥梁,打造企业进军国际市场的本地化检验检测服务平台。

四、重点任务

1.做大检验检测平台。搭建一个公共服务平台,即"泰检易"检验检测公共服务平台,实现全市大型仪器设备、高级检验人才、检验检测技术等资源共享共用。加强规划引领,探索同类型检验检测机构整合发展,以市场化为导向,推进跨部门、跨行业、跨层次整合,鼓励并购重组,打造综合性检验检测集团。

2.做强检验检测机构。建设生物医药产业等一批检验检测中心,打造中国医药城检验检测制高点,用好用足国家精细化学品质检中心品牌资源,整合中国医药城大分子药物公共服务平台、小分子新药研发平台资源,依托中科院大连化物所共建江苏(泰州)生物医药创新研究院的技术优势,提升国家级检验检测平台核心竞争力;深入研究"一带一路"沿路、沿带等国家、地区的有关认可标准、规则,开拓新兴市场;努力打造TQS"泰州质检"共享品牌。

3.做精检验检测项目。优化一批检验检测项目。支持江苏省特种安全防护产品质检中心创建国家级检测中心,协调高港区划拨特防中心东侧预留地,加大设备投入,组建行业协会,促进绳网带等安全防护产品产业规范化、规模化、品牌化发展,打造优势产业集群;支持国家不锈钢制品质量监督检验中心建设航空材料测试实验室;引进知名检验检测集团入驻泰州,设立分支机构或合作设立股份制检验检测公司,加快江苏省特检院泰州分院与北京机械研究总院共建"绿色制造检验认证评估中心"、市纤维检验中心与上海市天祥质量检测公司沟通研究共建纺织品实验室的可能性,试点成立股份制检验检测公司。

4.做优检验检测发展环境。制定出台支持鼓励检验检测事业发展的资金、人才等一系列配套政策。根据国家、省质检中心管理办法,由市基本建设统筹资金或市战略性主导产业专项资金等渠道,对新批筹建的国家级产品质检中心、省级产品质检中心,一次性分别给予1000万元、500万元财政性资金支持。探索建立适合泰州检验检测行业特点的用人用工、薪酬绩效等新机制、新制度。

"品质城市"评价指标体系（V1.0）及实证研究

（2016年10月27日）

提升城市品质、建设品质城市，既是城市转型的目标方向，也是不断提高城市竞争力、彰显城市特色的有效途径，已成为当前城市发展的大势所趋。鉴于目前还没有一套行之有效、科学权威的品质城市建设评价指标体系，泰州市质量技术监督局联合国家统计局泰州调查队组成课题组，结合泰州及周边城市实际，根据工作实践，经过探索研究，在全国率先制定"品质城市"评价指标体系。根据指标体系测算得出的城市品质指数来评估城市的发展质量和效益，挖掘城市发展中的亮点、特色和优势，发现不足、短板和缺陷，为城市发展"精准把脉"，并力求给出调理良方，提升城市的发展品质，让城市的发展亮点更亮、优势更优，扬长补短、扬长避短。指标体系遵循先进性、可比性、公平性、代表性、可获得性的原则，由5项一级指标、47项二级指标组成，并在此基础上对品质城市现状进行了实证研究。

一、品质城市研究现状及时代内涵

（一）品质城市的国内外研究现状

国外学术界对品质城市的研究源于对生活质量的研究。20世纪50年代，公共政策关注的是以国内生产总值为中心的经济增长，但这也引发了一系列社会问题，人们觉得经济的繁荣并没有使他们的生活更好。到了70年代，有学者呼吁提出建立包括环境在内的生活质量指数来反映不同时期各国之间城市经济发展和社会福利水平。近20年来，西方一批经济和社会学家提出了"以人为中心"的发展观，强调经济增长不是发展的最高目标，人的全面发展才是最高要求。

国内品质城市研究起步稍晚，随着近年来城市化进程的加速推进，品质城市研究才逐渐进入视野。宋晔从城市的文化精神内涵方面对城市品质进行了研究；王国平就如何提升杭州城市品质，从经济、文化、政治、社会、城市建设等5个方面提出了杭州"生活品质之城"建设的具体内容；中国城市研究会开展"宜居城市"评价指标体系研究，构建了由社会文明度、经济富裕度、环境优美度、资源承载度、生活便宜度、公共安全度等6个维度27项指标构成的评价体系。但总体而言，城市品质研究缺乏理论支撑，没有明确的定义以及具体的思路。

（二）品质城市的时代内涵

"品质"，根据《现代汉语词典》的解释，有两层含义：一是指物品的质量；二是指行为和作风上所表现的思想、品性、认识等的本质。由此可见，品质具有物质和精神两个层面的含义，一是有形的质量，二是无形的品位，"品质"就是"品位"和"质量"的综合，只有外在质量的高水平和内在精神的高品位，才是高品质的。对一个城市而言，品质是城市精神品位和发展质量的有机融合，是城市发展水平和个性魅力的综合体现，是自然物质环境与社会人文环境协调发展的高度统一。

诺贝尔经济学奖获得者、美国经济学家斯蒂格利茨指出："中国的城市化和以美国为首的新技术革命是影响21世纪人类进程的两大关键性因素。"改革开放以来，我国城市进入了快速发展期，综合实力不断增强，人民生活水平不断提高。当前，我国正处于城市化的加速期，城镇化率由1978年的17.92%迅速提升到2015年的56.10%，城市已日益成为人口集中、资本集聚、产业集群的政治、经济、文化中心。但城市的治理、管理和服务水平远远不能满足城市化进程的需要，城市化发展还处于人口迁移为主的城市化初级阶段。党的十八届五中全会将"以提高发展质量和效益为中心"写进"十三五"时期我国发展的指导思想，要求把质量升华到价值观、文明、理念来认识，把质量作为根本、中心、立足点来对待。通过调研分析，我们认为，城市品质应当包含经济发展品质、社会文化品质、生态环境品质、公共服务品质、人民生活品质等要素。这五大品质相互交叉融合、同振共鸣，并最终形成品质城市建设的基本内涵。

——经济发展品质。这是建设品质城市的基础，主要指一座城市对资源要素和集聚的转化效率，其主要特征是有质量、有效益、可持续。城市的经济品质，是由城市特有的资源禀赋、合理的经济结构、优化的经济布局、良好的经济发展环境和具有优秀企业精神的团队构成的综合经济体系。城市的经济品质影响着城市的文化、生态、服务和生活等诸方面的品质。如果离开了经济品质的支撑，城市品质提升就失去了根基。

——社会文化品质。这是建设品质城市的灵魂，主要指城市的历史、风貌、文脉，社会的民风、公德、秩序等，彰显的是城市发展的底蕴内涵。文化为创新创业提供土壤和环境，激发勇气和精神，增强动力和能量。建设品质城市，必须充分发挥文化对城市发展的引领、导向、激励作用，加强历史文化遗产保护利用，传承城市的文化"基因"，把文化根植于城市的经济，延续于城市的脉络，熔铸于城市的精神，彰显于城市的形象，构筑文化特色，打造文化品牌。

——生态环境品质。这是建设品质城市的关键，主要指人与自然的和谐相处、城市与自然的和谐共生的表现形式，强调的是城市发展宜居宜业。提升生态环境品质，应当坚持以"生态路标"为引领，促进绿色产业发展，实现环境指数与产业指标同步提升、经济与生态良性互动；以"生态屏障"为重点，一体化治理"山、水、林、田、湖"，突出中心城区增绿造绿，提高城市基础设施、建筑工程的品位和质量，促进绿色环境建设；以"生态自觉"为保障，建立以绿色GDP为导向的政绩考核制度，广泛开展绿色生活行动，深入推进节能降耗，推动能源消费结构调整，促进绿色风尚形成。

——公共服务品质。这是建设品质城市的重要保障，基本要求是均等化、优质化。政府是公共服务的提供者，提升公共服务品质，必须加强阳光政府建设，全面深化政务公开，推行"互联网+政府服务"，优化审批流程，简化审批手续，打造政务服务绿色通道；加强法治政府建设，完善权力清单和责任清单制度，实现"法无授权不可为"；加强为民政府建设，解决好事关群众切身利益的重大民生问题；营造"亲清"政商环境，不断提升公共服务的水平，降低公共服务的成本。

——人民生活品质。这是建设品质城市的最终目标，突出的是以人为本。城市，首先是人的城市。提升人民生活品质，必须坚持人民城市为人民，把解决人的问题放在城市发展的首位，注重普惠共享，持续增加城乡居民收入，让百姓更多更好地分享经济社会发展的成果和改革创新的红利，不断提高百姓的获得感、幸福感和满意度，达到人人参与、人人尽力、人人享有，从而让城市更美好、让百姓更幸福。

二、品质城市评价指标体系编制思路

（一）构建品质城市评价指标体系的原则

1.先进性。品质城市评价指标体系要融合借鉴国内外城市管理先进理念，尽可能涵盖现代城市发展应着力关注的主要领域，同时吸收国际相关城市评价标准如《城市服务和生活品质指标》（ISO37120）等，对品质城市的建设具有引领、引导作用。

2.可比性。品质城市评价指标体系应做到可复制、可推广，能够作为区域性或者全国性的评价标准，因此所选定的指标保证不同城市之间在相同的尺度和标准下可以进行横向比较，还要注重与历史和未来的纵向比较。

3.公平性。城市各具特色、各有优势，品质城市评价指标体系必须兼顾反映不同城市的品质差异，但这种差异必须建立在公平性的基础上，切忌量身定制。

4.代表性。指标选取要紧扣目标，体现品质城市最本质的方面，在具体指标的选择上，要从众多反映同一或类似经济社会现象的指标中，优选一个代表性最强的指标作为评价指标。

5.获得性。所选择的指标要尽量与现行的统计指标和管理要求相衔接，能够通过政务公开网站、统计年鉴、公开出版物等渠道直接摘录或简单加工得出。

（二）品质城市指标体系的编制思路

在指标体系的编制过程中，课题组认为指标体系应当充分体现"让城市更美好、让百姓更幸福"的目标导向，能够成为提升城市品质的重要抓手，让城市品质的提升既保有自身魅力特色的个性，又享有可复制发展规律的共性。

1.基于"五大发展理念"的评价视角。党的十八届五中全会提出了"创新、协调、绿色、开放、共享"五大发展理念。指标体系应促进五大发展理念的落地生根，进一步确立质量在城市发展中的战略地位，树立全面、全程、全员的品质观，唤醒全社会的质量自觉和品质意识，坚持质量效益为本，全力提升以质量为核心要素的区域发展竞争力，全面提高人民群众的生活品质。

2.基于质量导向的评价视角。指标体系应当淡化单一对GDP增长数量和速度的追求，坚持质量导向，强调城市经济发展在城市发展中的核心地位，突出经济活动结果对其他领域的作用或影响，即对生态、文化、科技等领域的推动作用。通过对城市的全面分析、准确定位，错位发展产业经济，避免同质化竞争，推动经济结构转化、动力转换，破解有效供给不足，聚合高端要素，改善人居环境，实现经济平稳健康发展。

3.基于永续发展的评价视角。指标体系应当更关注人与自然之间的关系，即发展与资源的关系；人与人之间的关系，即当代人与后代人的关系。侧重于从经济、社会、生态环境角度进行系统分析，达到三者之间的最佳平衡状态，重点考量城市空间形态和布局合理集约、城市社会经济自然系统协调发展、城乡规划等方面。

4.基于市民满意度的评价视角。指市民综合多方面体验后逐渐形成的主观感受，并基于这种感受对生活质量做出的判断。包括对产品质量、政务服务、社会化服务、人与社会和谐相处等方面的满意度。

（三）品质城市指标体系的构建过程

1.选择指标。根据对品质城市内涵的分析界定以及品质城市评价指标体系的构建原则，从众多统计指标中初选一部分指标，经综合评估，征求专家、部门意见后，确定最终入选指标。

2.设定目标值。目标值是某一指标所需达到的数值，也是进行指数量化计算的参照系，设定一个合理的目标值是指数量化的前提。

3.加权合成指数。计算指标得分，并逐级加权汇总出品质城市评价指数。

（四）品质城市评价指标

基于品质城市的内涵和指标体系的构建原则，建立品质城市评价二级指标体系，其中一级指标5个，二级指标47个。

表1 品质城市评价指标体系

一级指标	二级指标	单位	指标属性
经济发展	1.人均地区生产总值(当年汇率)	美元	正向指标
	2.人均公共财政预算收入	元	正向指标
	3.服务业增加值占GDP比重	%	正向指标
	4.全社会劳动生产率	万元/人	正向指标
	5.居民消费率	%	正向指标
	6.城镇化率	%	正向指标
	7.R&D经费支出占GDP比重	%	正向指标
	8.高新技术产业产值占规模以上工业产值比重	%	正向指标
	9.万人发明专利拥有量	件	正向指标
	10.万户企业拥有驰名、著名商标数	个	正向指标
	11.每百亿元建筑业增加值省以上优质工程奖获奖数	个/百亿元	正向指标
	12.每千亿元GDP省以上名牌数	件/千亿元	正向指标
社会文化	13.居民综合阅读率	%	正向指标
	14.每万名劳动力高技能人员数	人	正向指标
	15.注册志愿者占城镇人口比例	%	正向指标
	16.20%高低收入城镇家庭人均可支配收入差距倍数	倍	逆向指标
	17.城市和谐社区创建达标率	%	正向指标
	18.社会矛盾纠纷调处成功率	%	正向指标
	19.文化产业增加值占GDP比重	%	正向指标
	20.居民教育娱乐文化消费占消费支出比重	%	正向指标
生态环境	21.单位GDP建设用地占用	公顷/亿元	逆向指标
	22.城镇污水处理率	%	正向指标
	23.单位GDP能耗	吨标煤/万元	逆向指标
	24.单位GDP化学需氧量排放强度	千克/万元	逆向指标
	25.生活垃圾无害化处理率	%	正向指标
	26.Ⅲ类以上地表水比例	%	正向指标
	27.城市空气质量达到及好于二级标准天数比例	%	正向指标
	28.人均公园绿地面积	平方米/人	正向指标
公共服务	29.城乡基本养老保险覆盖率	%	正向指标
	30.城乡基本医疗保险覆盖率	%	正向指标
	31.失业保险覆盖率	%	正向指标
	32.城镇住房保障体系健全率	%	正向指标
	33.法治建设满意度	%	正向指标

一级指标	二级指标	单位	指标属性
	34.公众安全感	%	正向指标
	35.千人食品抽检率	%	正向指标
	36.亿元GDP生产安全事故死亡率	人/亿元	逆向指标
	37.每万人八大类刑事案件发案率	%	逆向指标
	38.公共交通出行分担率	%	正向指标
	39.每十万人拥有医生数	人	正向指标
	40.现代教育发展水平	%	正向指标
人民生活	41.城镇居民人均可支配收入	元	正向指标
	42.居民人均可支配收入与人均GDP之比	%	正向指标
	43.城镇登记失业率	%	逆向指标
	44.城镇家庭住房成套比例	%	正向指标
	45.人均拥有公共文化设施面积	平方米	正向指标
	46.居民消费价格指数	%	逆向指标
	47.恩格尔系数	%	逆向指标

1.人均地区生产总值

地区生产总值指一个地区所有常住单位在一定时期内生产活动的最终成果。人均地区生产总值指按当地常住人口平均的地区生产总值。

计算公式:人均地区生产总值=地区生产总值／年平均常住人口

2.人均公共财政预算收入

公共财政预算收入是指政府凭借国家政治权力,以社会管理者身份筹集以税收为主体的财政收入。

计算公式:人均公共财政预算收入=公共财政预算收入／年平均常住人口

3.服务业增加值占GDP比重

这是反映产业结构优化的重要指标,指当年第三产业增加值及农林牧渔服务业增加值之和与GDP的百分比。

计算公式:服务业增加值占GDP比重=(第三产业增加值+农林牧渔服务业增加值)／GDP×100%

4.全社会劳动生产率

全社会劳动生产率是以全社会为单位来计算单位产品所耗费的社会平均必要劳动量,是衡量全社会范围内生产先进和落后的根本尺度。

计算公式:全社会劳动生产率=地区生产总值／年平均从业人员。

5.居民消费率

居民消费率指一个国家或地区在一定时期内,用于居民个人消费和社会消费的总额占当年国民支出总额或国民收入使用额的比率,是衡量一国经济发展良性与否的重要指标。

计算公式:居民消费率=居民的边际消费倾向×居民可支配收入占国民可支配收入的比重

6.城镇化率

城镇化率指一个地区城镇常住人口占该地区常住总人口的比例。

计算公式:城镇化率=年末城镇常住人口／年末常住总人口×100%

7.R&D经费支出占GDP比重

R&D经费支出占GDP比重指用于研究与试验发展(R&D)活动的经费占地区生产总值(GDP)的比重。

计算公式:R&D经费支出占GDP比重=R&D经费支出／GDP×100%

8.高新技术产业产值占规模以上工业产值比重

高新技术产业产值占规模以上工业产值比重指一定时期内高新技术产业产值与规模以上工业总产值之比。是评价制造业产业结构转型升级的分析指标。

计算公式:高新技术产业产值占规模以上工业产值比重=高新技术产业产值／规模以上工业总产值×100%

9.万人发明专利拥有量

万人发明专利拥有量指每万人口拥有的经国内外知识产权行政部门授权且在有效期内的发明专利件数,是衡量一个国家或地区科研产出质量和市场应用水平的综合指标。

计算公式:万人发明专利拥有量=年末发明专利拥有量／年末总人口

10.万户企业拥有驰名、著名商标数

万户企业拥有驰名、著名商标数指每万户企业拥有经国家、省两级工商行政管理部门认定的驰名、著名商标数。

计算公式:万户企业拥有驰名、著名商标数=年末驰名、著名商标拥有数／年末总企业数

11.每百亿元建筑业增加值省以上优质工程奖获奖数

每百亿元建筑业增加值省以上优质工程奖获奖数指每百亿元建筑业增加值获得省级以上优质工程奖数量,是衡量地区工程建设水平的重要指标。

计算公式:每百亿元建筑业增加值获得省级以上优质工程奖数量=年末省级以上优质工程奖数量／建筑业增加值(百亿元)

12.每千亿元GDP省以上名牌数

每千亿元GDP省以上名牌数指每千亿元GDP拥有的经省级名牌战略推进委员会认定的名牌产品、名牌企业数量。是衡量地区产品质量水平的重要指标。

计算公式:每千亿元GDP省以上名牌数=年末有效期内名牌拥有量／GDP（千亿元）

13.居民综合阅读率

居民综合阅读率指18—70岁居民对各种媒介(包含图书、报纸、期刊等纸质出版物,网络在线阅读和电子阅读器阅读等数字阅读方式)的阅读率,主要体现全民阅读参与情况。

计算公式:居民综合阅读率=有纸质出版物或者数字阅读行为的人口／地区总人口×100%

14.每万名劳动力高技能人员数

每万名劳动力高技能人员数指每万劳动力中取得高级技工、技师和高级技师职业资格的人数。

计算公式:每万劳动力中高技能人员数＝(高级技工人数+技师人数+高级技师人数)／从业人数×10000

15.注册志愿者占城镇人口比例

注册志愿者占城镇人口比例指注册志愿者人数占16—70岁城镇常住人口的比例。

计算公式:注册志愿者占城镇人口比例=注册志愿者人数／16—70岁城镇常住人口×100%

16.20%高低收入城镇家庭人均可支配收入差距倍数

20%高低收入城镇家庭人均可支配收入差距倍数指城镇居民收入中,最高20%和最低20%人均可支配收入之比。

计算公式:20%高低收入城镇家庭人均可支配收入差距倍数=最高20%收入户人均可支配收入／最低20%收入户人均可支配收入

17.城市和谐社区创建达标率

城市和谐社区创建达标率指达到城市和谐社区建设标准的社区数占城市社区总数的比重。

计算公式:城市和谐社区创建达标率=城市和谐社区达标数／城市社区总数×100%

18.社会矛盾纠纷调处成功率

社会矛盾纠纷调处成功率指社会矛盾纠纷调解成功数与社会矛盾纠纷受理数之比。

计算公式:社会矛盾纠纷调处成功率=社会矛盾纠纷调解成功数/社会矛盾纠纷受理数×100%

19.文化产业增加值占GDP比重

文化产业增加值占GDP比重指文化及相关产业创造的增加值与GDP之比。

计算公式:文化产业增加值占GDP比重=文化产业增加值/地区生产总值（GDP）×100%。

20.居民教育娱乐文化消费占消费支出比重

居民教育娱乐文化消费占消费支出比重指居民用于文化、教育、娱乐方面的服务性支出占生活消费支出的比重。

计算公式:居民教育娱乐文化消费占消费支出比重=城镇居民文教娱乐服务支出占家庭消费支出的比重×城市化水平+农村居民文教娱乐服务支出占家庭消费支出的比重×(1-城市化水平)。

21.单位GDP建设用地占用面积

单位GDP建设用地占用面积指在一定时期内(通常为一年),每生产万元国内生产总值(GDP)所占用的建设用地面积。

计算公式:单位GDP建设用地占用面积=建设用地面积(公顷)／上年GDP(万元)。其中,GDP按不变价计算。

22.城镇污水处理率

城镇污水处理率指城市污水处理量与污水排放总量的比率。反映地区治理污染、改善环境的能力。

计算公式:城镇污水处理率＝城镇污水处理量/城镇污水排放总量×100%

23.单位GDP能耗

单位GDP能耗指一次能源供应总量与国内生产总值(GDP)的比率。单位GDP能耗是一个能源利用效率指标,反映能源消费水平和节能降耗状况。该指标说明一个地区经济活动中对能源的利用程度,反映经济结构和能源利用效率的变化。

计算公式:单位GDP能耗(吨标准煤/万元)=能源消费总量(吨标准煤)/地区生产总值(万元)。

24.单位GDP化学需氧量(COD)排放强度

单位GDP化学需氧量(COD)排放强度指单位GDP所产生的化学需氧量排放量,反映随经济发展造成的环境污染程度。

计算公式:COD排放强度＝上年工业COD排放量(千克)/上年GDP(万元)

25.生活垃圾无害化处理率

生活垃圾无害化处理率指无害化处理的城市市区垃圾数量占市区生活垃圾产生总量的百分比。

计算公式:生活垃圾无害化处理率=生活垃圾无害化处理量(万吨)/生活垃圾产生总量(万吨)×100%

26.Ⅲ类以上地表水比例

Ⅲ类以上地表水比例指地表水水质满足或优于国家标准《地表水环境质量标准》(GB3838-2022)中三类水的各项污染物指标。

计算公式:Ⅲ类以上地表水比例=各水源地取水水质达标量之和(万吨)/各水源地取水量之和(万吨)×100%

27.城市空气质量达到及好于二级标准天数比例

城市空气质量达到及好于二级标准天数比例指城市空气质量达到及好于《环境空气质量标准》(GB3095-1996)的规定二级标准天数比例。

计算公式:城市空气质量达到及好于二级标准天数比例=城市空气质量达到及好于二级标准天数/全年天数×100%

28.人均公园绿地面积

人均公园绿地面积指城镇公园绿地面积的人均占有量,是展示城市整体环境水平和居民生活质量的一项重要指标。

计算公式:人均公园绿地面积=公园绿地面积(平方米)/城市人口数量(人)

29.城乡基本养老保险覆盖率

城乡基本养老保险覆盖率指参加企业职工基本养老保险、机关事业单位社会养老保险、城镇居民养老保险、新型农村社会养老保险、被征地农民社会保障参保人数之和占应参保人数的比重。

计算公式:城乡基本养老保险覆盖率=(企业职工基本养老保险参保人数+机关事业单位社会养老保险参保人数+城镇居民养老保险参保人数+新型农村社会养老保险参保人数+被征地农民社会保障参保人数)/应参保人数×100%

30.城乡基本医疗保险覆盖率

城乡基本医疗保险覆盖率指参加城镇职工基本医疗保险、城镇居民医疗保险(不含城镇居民参加新农合人数)以及参加新型农村合作医疗人数之和占应参保人数的比重。

计算公式:城乡基本医疗保险覆盖率(%)=(城镇职工基本医疗保险参保人数+城镇居民医疗保险参保人数-城镇居民参加新农合人数+参加新型农村合作医疗人数)/应参保人数×100%

31.失业保险覆盖率

失业保险覆盖率指失业保险参保人数占应参保人数的比重。失业保险覆盖范围:各类企业、民办非企业单位和与之形成劳动关系的人员,个体经济组织及其雇工,国家机关、事业单位、社会团体和与之建立劳动合同关系的人员,法律、法规规定应当参加失业保险的其他单位和人员。

计算公式:失业保险覆盖率=失业保险参保人数/应参保人数×100%

32.城镇住房保障体系健全率

城镇住房保障体系健全率指标包括新增保障性住房完成率、城镇保障性住房覆盖率、各类棚户和危旧房片区改造覆盖率、住房保障制度完善率、住房保障管理服务网络健全率、住房保障信息化管理达标率和住房公积金覆盖率等七项内容。对各单项指标分别赋权重加总合成。

计算公式:城镇住房保障体系健全率=年度保障性住房建设完成率(15%)+城镇保障性住房覆盖率(20%)+各类棚户区和危旧房片区改造覆盖率(15%)住房公积金覆盖率(20%)+住房保障制度完善率(10%)+住房保障管理服务网络健全率(10%)+住房保障信息化管理达标率(10%)

33.法治建设满意度

法治建设满意度指通过对党政机关在宪法和法律范围内活动、公共权力行使、公民意识与社会秩序、人民群众民主权利和民生保障、法制宣传教育和法治文化等方面的调查,反映人民群众对法治建设成果的满意程度,通过第三方民调机构调查取得。

34.公众安全感

公众安全感既反映公众的安全程度,也反映人民群众对政府和社会管理综治理各个部门工作绩效的认可程度,通过第三方民调机构调查取得。

35.千人食品抽检率

千人食品抽检率是指食品抽样监督检查的覆盖率指标。

计算公式:食品抽样批次数/当地人口基数×1000×100%

36.亿元GDP生产安全事故死亡率

亿元GDP生产安全事故死亡率指一定时期内每生产亿元GDP因事故造成死亡的人数。

计算公式:亿元GDP生产安全事故死亡率=报告期内各类事故死亡人数/GDP×100%

37.每万人八大类刑事案件发案率

每万人八大类刑事案件发案率指每万实有人口每年平均八大类刑事案件发案数。

计算公式:每万人八大类刑事案件发案率=年内八大类刑事案件发案数/年平均实有人口

38.公共交通出行分担率

公共交通出行分担率指城市居民出行方式中选择公共交通(包括常规公交

和轨道交通)的出行量占总出行量的比率,这个指标是衡量公共交通发展、城市交通结构合理性的重要指标。

计算公式:公交分担率=公共交通乘坐出行总人次/出行总人次×100%

39.每千人拥有医生数

每千人拥有医生数指一个地区平均每千人拥有的在岗执业(助理)医师数。这是反映医疗保健水平的指标。

计算公式:每千人拥有医生数=年末在岗执业(助理)医师数/年末常住人口×1000

40.现代教育发展水平(义务教育师生比)

现代教育发展水平(义务教育师生比)指标反映教育现代化程度,从教育普及度、教育公平度、教育质量度、教育开放度、教育保障度、教育统筹度、教育贡献度和教育满意度等8个方面综合反映现代教育发展状况。

41.城镇居民人均可支配收入

城镇居民人均可支配收入指反映居民家庭全部现金收入能用于安排家庭日常生活的那部分收入。它是家庭总收入扣除交纳的所得税、个人交纳的社会保障费以及调查户的记账补贴后的收入。

计算公式:人均可支配收入=(家庭总收入–交纳的所得税–个人交纳的社会保障支出–记账补贴)/家庭人口

42.居民人均可支配收入与人均GDP之比

居民人均可支配收入与人均GDP之比指城乡居民人均可支配收入与人均GDP的比重。

计算公式:居民人均可支配收入与人均GDP之比=城乡居民人均可支配收入/人均GDP

43.城镇登记失业率

城镇登记失业率指在报告期末城镇登记失业人数占期末城镇从业人员总数与期末实有城镇登记失业人数之和的比重。

计算公式:城镇登记失业率=城镇登记失业率=城镇登记失业人数/(城镇从业人数+城镇登记失业人数)×100%

44.城镇家庭住房成套比例

城镇家庭住房成套比例指成套住宅建筑面积占实有住宅建筑面积的比例。该指标是反映居民居住质量的指标之一。

计算公式:城镇家庭住房成套率=(成套住宅建筑面积/实有住宅建筑面积)×100%

45.人均拥有公共文化设施面积

人均拥有公共文化设施面积指按照本地区常住人口计算的每人拥有公共文

化设施的面积。公共文化设施面积为地区内所有公共图书馆、文化馆、博物馆、美术馆、文化站、艺术表演场馆建筑面积相加后的总面积。

计算公式：人均拥有公共文化设施面积=公共文化设施面积／年末常住人口

46.居民消费价格指数

居民消费价格指数是一个反映居民家庭一般所购买的消费价格水平变动情况的宏观经济指标。它是度量一组代表性消费商品及服务项目的价格水平随时间而变动的相对数，是用来反映居民家庭购买消费商品及服务的价格水平的变动情况。

47.恩格尔系数

恩格尔系数指居民家庭中食品支出总额占家庭消费支出总额的比重。

计算公式：恩格尔系数=食物支出金额／总支出金额×100%

(五)品质城市评价指标目标值的设定依据

1."十三五"规划和全面小康社会目标。

"十三五"规划确定了2016—2020年经济社会发展目标,全面小康社会是建党100周年需要达到的目标,"十三五"规划和全面小康社会衡量标准中所设定的目标应当成为品质城市指标目标值的重要参考依据。

2.中等发达国家水平。

2015年,中国人均GDP为8016美元,属于上中等发达收入国家水平,而城市常住人口的人均GDP还要高于这一水平。根据当前经济发展状况,中国通过5年左右时间人均GDP超过1万美元、跨入中等发达国家水平完全是有可能的。因此,相关指标的目标值确定上,一定要有前瞻性和导向性,可以选取世界中等发达国家相关指标的平均水平作为目标值的参考依据。

3.部门及专家意见。

品质城市评价指标内容丰富,涉及众多政府职能部门,其中部分指标专业性较高,若要设定一个符合实际情况的目标值,必须充分听取职能部门和专家的意见。

4.超前而不冒进。

品质城市建设寄托了社会各界的期望,顺应了人民对幸福美好生活的期盼,故而目标值的确定应当具有一定的超前性,可以通过努力加以实现,但不宜设定过高,否则就失去了目标的意义。

(六)品质城市评价指数合成方法

品质城市评价指数采取综合指数法,具体步骤为：

1.计算指标得分。

品质城市评价指标的实现值与目标值的比值即为该指标的得分,但由于指标数据存在量纲差别,首先要对指标数据进行无纲量化,使指标数据可以进行计算和汇总。品质城市评价指标较多,既有正向指标,又有逆向指标,其计算方法如下:

(1)正向指标。如人均地区生产总值、居民综合阅读率等,其计算公式为:

$$q_i = \frac{x_i}{x_{il}} \times 100$$

其中q_i为该指标得分,x_i为实现值,x_{il}为目标值。

(2)逆向指标。如亿元GDP生产安全事故死亡率、城镇登记失业率等,其计算公式为:

$$q_i = \frac{x_{il}}{x_i} \times 100$$

其中q_i为该指标得分,x_i为实现值,x_{il}为目标值。

2.权重确定。

采用层次分析法(AHP),邀请相关部门和专家用1—9标度法逐层对各个指标打分,确定指标间两两相对重要性的比值,建立比较判断矩阵,通过矩阵运算和一致性检验,得到指标大类间相对重要性的权数、各个指标相对于上一层次指标大类相对重要性的权数,按照层次结构自上而下逐层对两级指标权数进行加权,进而得出各个指标的权数。

3.指数计算。

采用线性加权方法计算品质城市评价指数。公式为:

$$Q = \sum_i w_i q_i$$

其中Q为品质城市评价指数,w_i为指标x_i的权数,q_i为指标x_i的实现值得分。

三、品质城市评价指数的实证及分析

根据品质城市评价指标体系及品质城市评价指数计算方法,选择江苏省13个省辖市2015年数据进行测算,结果显示:苏州评价指数得分最高,为89.2;宿迁评价指数得分最低,为69.3;泰州评价指数得分位于第八名,为80.5。

通过品质城市评价指标体系的测算,表明泰州经过二十年的跨越式发展,人民群众的获得感显著增强,创新人才的引进效果显著向好,社会文明程度显著提升,重点表现在加强政府服务、深化行政审批、加强机关效能建设、推动服务业标准化,全方位提升服务质量;大力实施创新驱动战略、推出"三张券"、开展"泰州名匠"遴选、强化政策扶持,高质量引进创新人才;成功创成全国文明城市、推动志愿服务社会化、公众安全感增强,多角度提高社会文明。但是我们也应当清醒地认识到,泰州的城市品质指数在省内并不高,全省13个地级市中排名第八,在

很多方面依然存在不足,尤其是科研创新的力度不大、文化对产业的贡献度不高、生态环境建设的力度不够,R&D经费占GDP比重、高新技术产业产值占规模以上工业产值比重、每万人发明专利拥有量、文化产业增加占GDP比重、居民教育娱乐文化消费占消费支出比重、城市空气质量达到及好于二级标准天数比例、人均公园绿地面积等指标与其他兄弟城市相比差距较大。

经过测算得出的城市品质指数,让我们充分认清城市发展的长板和短板所在,做到家底清、方向明。要实现让城市更美好,让百姓更幸福的根本目标,我们需要坚持"拉好长板",扩大先发优势,做到人无我有、人有我强、人强我优。坚持"补好短板",发挥后发优势,实现弯道超越。坚持"架好跳板",转换竞争优势,实现借势腾飞。

1.打造质量、文化与品牌融合发展的"金名片"。品质城市是城市质量与城市文化的有机融合,并由此衍生出的城市特有品牌。将质量融入文化,不断提升品牌对产业的引领促进。品牌是质量与文化融合的结晶,代表着企业的知名度、产业的竞争力。要引导重点骨干企业培育质量文化,发掘"老字号"的品牌价值和人文价值,弘扬好特色,经营好品牌,以品牌发展促产业奋进。将文化植入质量,不断提升文化对经济的贡献份额。不断促进文化领域的投资与建设,提升文化产品的竞争力和影响力,促进文化产业的规模化、创新化发展。如借助中国医药城的产业、基础设施和国际化平台,高水平打造"医、药、养、游"大健康产业和以养生文化为核心内涵的大健康文化品牌;围绕"双水绕城"的水文化,打造以"水城慢生活"为载体的特色旅游产业等,构建全国著名的水乡文化集聚示范区。将品牌嵌入城市,不断提升泰州品质的核心竞争力。注重质量与城市文化的相互融合,着力打造熠熠生辉的泰州品牌。围绕市委、市政府提出的建设四大名城的目标,打造"医药、港口、文化、生态"的四张金名片,进一步凸显"一带一路"、长江经济带建设、长三角一体化建设节点城市的发展优势,加快提升产业竞争力、文化感召力、品牌影响力、区域集聚力和环境支撑力。

2.实现生产、生活与生态融合发展的"好布局"。生产和生活是城市的主要形态,而生态则是实现这一主要形态的最大保障。围绕长三角Ⅱ型大城市定位和"一大三中九小"新型城镇体系目标,优化产业结构,让"创新"成为泰州生产的新动能。聚焦发展的重点产业领域,加快打造"泰科易""泰检易"等公共技术服务平台,加快推进长江经济带检验检测新高地建设,更为有效地服务中小企业、服务特色产业,更为有力地推进产业招商、推进外资引进,不断提高中心城市首位度。优化民生导向,让"称心"成为泰州生活的新标志。着力提升城乡发展品质,推进民生和社会事业发展,加快城市"15分钟文化圈"、农村"十里文化圈"建设,努力提高市民生活质量。加快推进行政审批、简政放权,让市民真正享受到改革释放的红利。进一步加强服务标准化工作，打造更多的地方服务标准。优化环境质量，让"舒心"成为泰州生态的新写照。统筹"地、水、绿、文、美、产、居"多种要素功能，加强环境治理，破解"生态难题"；实施生态补偿，创造"生态红利"，突出绿色引领，确立"生态路标"。促进生产空间集约高效、生活空间宜居适度、生态空间天蓝地绿。

3.构建个人、城市与社会融合发展的"共同体"。城市，因人而生；社会，因城市而成。要努力实现城市基础设施建设完善化。巩固文明城市创建成果，持续改善居民居住环境，不断完善城市功能形象。进一步健全道路、桥梁、管网、信息化等基础设施，着力解决城区基础设施不匹配、功能配套不完善等问题。要着力推动诚信建设制度化。加快建设政府、企业、个人信用基础数据库和公共信用信息服务平台，尽快建立健全与经济社会发展要求相适应的社会信用体系。不断完善诚信建设"红黑榜"，营造良好的诚信社会环境。要致力做到品质宣传常态化。要在公共场所、交通工具及城市重要位置大力展示品质魅力，在各类主流媒体和通过新媒介大力宣传品质城市建设，展现品质泰州成就，增强全社会的质量意识，为建设品质泰州营造良好的社会氛围。

用新思路打造检验检测新高地

（2016年11月1日）

为尽快把市委五届二次全会提出的"打造省内领先、国内先进、特色鲜明的长江经济带检验检测新高地"的要求落地生根、开花结果，近期我们赴浙江杭州、海盐和湖北襄阳、宜昌等地进行专题考察学习，借鉴新做法、新经验，研究新形势、新政策，探索新思路、新途径。应当说，当前检验检测事业正处于发展的最好时期，国家有新政策，市外有新经验，泰州有新思路，关键在于抓住当前，奋力推进。

一、国家新政策，提供了重大机遇

2011年，国务院办公厅印发《关于加快发展高技术服务业的指导意见》（国办发〔2011〕58号），将检验检测服务业作为重点推进的高技术服务业之一；2014年，国务院印发《关于加快发展生产性服务业促进产业结构调整升级的指导意见》（国发〔2014〕26号），将检验检测认证作为重点发展的生产性服务业之一；2016年，科技部、财政部、国家税务总局印发《高新技术企业认定管理办法》，首次将检验检测认证与标准服务列入国家重点支持的高新技术领域；2016版《战略性新兴产业重点产品和服务指导目录》，首次将检验检测服务纳入战略性新兴产业。

为加快检验检测业改革发展，上海、浙江、河北和省内南京相继出台了相应政策。其中，上海市发布了我国第一部专门的检验检测地方性法规《上海市检验检测条例》。

从国家和先进地区看，具体举措包括：

（一）激发市场活力

推进检验检测资源整合，组建区域性大型检验检测集团。支持企业将检验检测分离，设立独立的第三方检验检测机构，向社会提供专业化服务。

（二）加强能力建设

新建和提升一批国家和省级质检中心，构建符合产业发展导向的检验检测技术服务体系。

（三）培育知名品牌

增强检验检测机构的品牌意识，大力实施商标品牌战略，提高品牌影响力和产业带动力。

（四）大力发展检验检测服务关联产业

加强检验检测、分析测试、计量校准等高端、智能仪器设备，以及配套试剂、耗材、标准物质等的研发和制造，完善检验检测产业配套服务。

（五）加强政策支持

发挥财政资金引导作用，综合运用引导基金、创投基金、搭建公共服务平台等方式，加大支持力度。

（六）加强人才培养

加大对检验检测高端人才培养的支持力度，支持高校设置检验检测相关学科专业，采用多种形式，培养适用技能人才。

（七）推广政府购买服务

制定政府购买检验检测服务目录和清单，通过统一、公开、透明的信息平台和公共资源交易平台实行公开招标。

二、市外新探索，提供了重要启示

（一）集团管理模式（国家化学建材质量监督检验中心）

2002年，浙江省质量技术监督检测研究院设立浙江方圆检测集团股份有限公司，一套班子两块牌子。国家化学建材检测中心既作为独立的国家级检测机构，又作为方圆集团的一个部门，能力突出、业绩显著的可转成事业编制，先进灵活的激励机制打开了检测中心的发展新路。同工同酬，按劳分配，不论身份，是方圆集团引导内部竞争和管理的主要特色。不论事业企业，不论领导职工，不论资格资历，谁创造了价值，谁就有更多的回报，最大限度地吸引了人才，激发了干劲，创造了更多的市场价值。2015年中心业务收入1860万元中85%以上来自市场委托。

（二）企业运作模式（国家标准件质量监督检验中心）

国家标准件质检中心，是由浙江海盐县质检所成立的企业性质检测公司。从紧固件等小五金开始，迅速积累，快速发展，成为国家级的以五金机电为重点的大型检测机构。中心所有人员待遇同工同酬，工作量以检测工时制来考核，具有研究生学历、在中心工作5年以上、业务过硬的业务骨干经考核推荐可转换成事业编制的身份。该中心不仅满足了当地产业集群发展的需求，而且检测业务已拓展到外商采购、核电、风电、航空、汽车、桥梁等领域，在国内及国际已有一定知名度。2015年3800万元业务收入中80%来自外地。海盐作为一个县，能够培育出"国家标准件中心"，几乎是一个奇迹。其秘诀在于依托本地市场特色，有针对性地打造自身专长，既补充检测市场的不足，又避免同类检测市场的恶性竞争。

（三）政府主导模式（宜昌市三峡产品质量检验检测中心）

2014年初，宜昌市在湖北省率先对质检、食品药品、粮油检测机构跨部门、跨行业整合,组建三峡产品质检中心(三峡食品药品检验中心、三峡粮油质检中心),一个机构、三块牌子,为市政府直属管理的正处级事业单位。资源整合后,在检验收入、项目经费、财政保障等方面均取得突破性进展。2014年,中心总收入达到4367万元,是合并前原三个机构的2倍多。2015年,争取各类经费4987万元,其中市财政保障资金2143万元。2016年,市财政保障资金达1亿元。为打造高水平检测平台,宜昌市委、市政府划拨土地45亩建设新中心,总建筑面积35560平方米,总投资约1.78亿元,于2015年12月开工,2017年可建成投入使用。中心主要承担各级部门法定或政策性检验检测任务,同时作为第三方机构受理机关、企事业单位、公民等客户的委托检验、技术仲裁、技术服务等业务,服务地域扩展到荆门、襄阳、十堰等周边市州及湖南、重庆等省份。

(四)园区集聚模式(襄阳市汉江检测有限公司)

2011年,襄阳市委、市政府瞄准战略性新兴产业,尤其是生产性服务业,建立襄阳市检测认证产业园。该园占地600亩,规划建筑面积60万平方米,投资35亿元,将吸纳100家以上检测认证企业入驻,立足汉江流域,辐射全国,预计年产值30亿元以上,税收2亿元以上。园区由襄阳市汉江检测有限公司招商引资,引进社会资本用市场化运作方式投资建设。汉江公司是襄阳市计量所、质检所、信息所和行政许可技术审查中心四家事业单位共同出资成立的国有独资企业,主要开展质量检验、分析测试、计量校准、标准信息等综合服务,2015年为1万多家企业出具检测报告20多万份。汉江公司投资建设的国家动力电池质检中心、国家汽车零部件重点实验室,重点面向汽车、装备制造等襄阳市支柱产业,已成为地方产业转型升级的支撑平台。

泰州现有检验检测机构仍以政府部门的事业机构为主,规模普遍较小,检测业务单一,市场竞争力不强,迫切需要加大整合力度。结合市外的实践探索,我们认为借鉴浙江方圆检测集团模式,成立国有投资主体,保留事业单位建制,内部各中心市场化运作,加快培育面向市场的主体,以实现迅速扩张发展,打响泰州检验检测品牌。

三、发展新思路,必须快见行动

贯彻市委、市政府"打造长江经济带检验检测新高地"的要求,关键在于抢抓当前,快步推进。建议围绕"五年省内领先、十年国内一流"的目标,由市质监局牵头制定泰州市打造长江经济带检验检测新高地《两年行动计划》,加快提升数量占比、服务半径、市场份额。当前着重推进以下工作:

(一)大力引导推进现有企业将检验检测"主辅分离",单设运转统计,向社会提供服务

泰州市一些重点企业、高校的实验室具有较强的专业检测能力,在行业内有

较高的知名度和影响力,具备条件取得检验检测资质,面向社会提供检验检测服务。建议出台专门政策举措,加快推进。

1.泰州市现有通过CNAS国家认可实验室22家,其中10家取得了第三方检验检测机构的资质认定,另有12家为企业内部实验室(包括扬子江、双登、春兰、华泰疫苗、华创医药、亚盛医药、海慈药业、中崇信诺、南瑞泰事达等)。这些实验室已经建立了检测机构的组织体系和管理体系,具备从事第三方检测的能力,只要从企业分离,成立独立法人实体并申请相应资质,即可独立运行。

2.泰州市现有省级重点实验室6家(省科技厅认定),其中1家在高校(牧院),5家在企业(中丹、曙光、兴达钢帘线、双登、亚星锚链);市级重点实验室19家(市科技局认定,包括申源特钢、苏中天线、江山制药、明星减震器、华强照明、双乐化工、三江电器、济川药业、兴野食品、星火特钢、皓月汽车锁、卓然设备、亚太泵阀、罡阳转向等)。这些实验室具有行业内专业检测能力,如能成立独立法人实体并通过资质认可,也可发展为第三方检测机构。

(二)做大做强检验检测机构,打造泰州检验检测品牌

1.组建"大江检验检测集团",以市质检中心、计量中心、纤检中心、标准化中心为基础,打造综合性检验检测集团,谋划特色发展,促进检验检测向产业链前后延伸,打造TQS"泰州质检"共享品牌,放大"泰州质检"TQS品牌效应。

2.组建"中国医药城检测集团",以国家精细化学品质检中心为基础,整合中国医药城大分子药物公共服务平台、小分子新药研发平台资源,依托中科院大连化物所共建江苏(泰州)生物医药创新研究院的技术优势,组建中国医药城检测集团,打造制高点。

3.引进知名检验检测集团入驻泰州。借鉴浙江海盐模式,有计划、有针对性地引进国内外知名的民营检验检测集团入驻泰州,与现有检验检测平台进行嫁接,以托管、合作、共建等形式,成立股份制的试点检验检测公司。

(三)加强政策支持,形成凹地效应

借鉴上海、浙江、湖北、河北等地促进检验检测业发展的支持政策,提请市政府出台关于加快检验检测高技术服务业发展的意见。

1.推动检验检测业加快发展。在市基本建设统筹资金或市战略性主导产业专项资金中,每年设立2000万元的检验检测产业发展专项资金,引导检验检测机构提高项目建设水平,增强核心技术能力,加强市场业务拓展。

2.支持检验检测机构能力建设。支持新建和提升一批国家和省级质检中心,对新建的国家级、省级检验检测中心,分别给予1000万元和500万元一次性补助。

3.鼓励企事业单位、社会力量进入检验检测领域。支持具备条件的企业实

验室申请检验检测资质,面向社会提供检验检测服务。对新建机构通过国家资质认定的,给予5万元一次性补助;营业收入达到1000万元的,给予10万元补助。

4.加强检验检测人才培养。设立检验检测高层次人才专项事业编制30名,专门用于解决引进高端人才编制短缺问题。挖掘市检验检测机构现有编制潜力,支持检验检测学院建设,每年设立50万元的专项经费,合作办好南京理工大学泰州科技学院检验检测学院,培养检验检测高技术服务业适用技能人才。

提升泰州船舶海工产业质量
竞争力调研报告

（2018年7月31日）

推动高质量发展走在前列，首先要求区域主导产业高质量发展走在前列。作为泰州市主导产业之一的高技术船舶及海工装备产业，理应成为支撑泰州高质量发展的重要力量。在全面推进高质量发展的大背景下，抢抓机遇，扬长补短，不断提升船舶海工产业质量竞争力已经成为当务之急。

一、当前世界造船行业形势分析

被称为"现代综合性工业之冠"的船舶海工产业，具有关联度高、生产规模大、劳动力资金和技术密集型等特征，能够集中体现一个地区的现代制造业水平。经过多年低谷徘徊，2017年以来，全球造船市场需求有所回升，国际船舶市场趋稳向好，孕育出新的机遇，但长期积累的国际造船市场供过于求的矛盾在未来较长时间内仍然存在，市场竞争将更加激烈，挑战将日益严峻。

（一）从总体格局上看，船舶海工产业发展仍处于谷底调整状态

一方面，船舶产业整体大幅反弹。从全球来看，2017年以来，国际造船行业暖意来袭，受航运市场向好、新船价格低位等多重利好刺激，船东的新船投资信心与意愿逐渐加强，再加上货主与租赁公司的推波助澜，全球造船市场新船需求大幅反弹，2017年累计成交7264万载重吨，同比增加133%。另一方面，船舶产业尚未走出低谷。据业内人士分析，2017年以来成交量的大幅反弹很大程度是对此前连续三年单边下行行情而出现的周期性机会的回应，特别是对于2016年超跌的一种修复和补偿；与"十二五"市场调整期年均1.1亿载重吨和"十一五"市场繁荣期年均1.7亿载重吨的成交水平相比，现阶段市场依旧处于谷底调整状态。目前，虽然订单争夺十分激烈，但新船价格持续谷底徘徊，船舶企业生存依然艰难。

（二）从发展趋势上看，船舶海工产业发展机遇与挑战并存

第一，国际经济复苏带来重大机遇。随着全球经济发展趋于稳健，大宗商品贸易将迎来生机，特别是中国"引擎"作用持续突显，"一带一路"倡议、供给侧结构性改革等一系列政策的推进，我国造船行业为全球干散货、集装箱以及油气等主要货种的海运贸易发展注入源源不断的动力。第二，地缘政治复杂多变导致

仍存在不确定性。中美贸易战加剧、人民币汇率波动、地区冲突不断,一定程度上影响制约着我国船舶制造行业的发展,增加了产业发展的不确定性。第三,国际环保规则的密集制定生效为船舶海工产业发展带来机遇与挑战。据统计,2018年及未来几年,有压载水公约、新船能效设计指数(EEDI)规则、含硫量限值、船舶燃油消耗数据收集系统、噪声规则等与环保相关的规则规范的修订生效,既对船舶产业发展提出了硬性要求,也为船舶行业升级跨越打开了新空间。

(三)从产业竞争上看,提升船舶海工产业质量竞争力是推动行业高质量发展关键所在

第一,从世界造船业来看,行业竞争格局正面临深度调整,航运业复苏缓慢,造船业结构性产能过剩矛盾依然突出。与此同时,随着国际海事新标准、新规范密集出台,船舶质量要求、安全要求全面提高,倒逼企业提升质量竞争力。第二,就全国全省而言,船舶海工产业区域集聚效应明显,已初步形成了区域错位发展、产品差异化竞争的格局。江苏省南通、泰州、扬州三大基地的规模及带动作用日益显著,培养了一批具有世界影响力的骨干企业,但与国际国内一流企业相比,省内船舶海工产业整体水平和实力仍存在差距。第三,从泰州市船舶海工产业的现状来看,随着国际航运、造船、海工市场持续深度调整,加上劳动力成本不断上升、原材料和设备价格波动加大,主要依靠生产要素投入的发展方式已难以为继,泰州市船舶行业的传统比较优势递减,必须大力提升产业质量竞争力,才能创造促进产业发展、领跑国际竞争的新优势。

二、泰州船舶海工产业发展现状及存在问题

(一)发展现状

1.产业规模化。一是产业基础进一步夯实。泰州目前已经发展成为全国最大的民营造船基地、中国第二大船舶生产基地、国家船舶出口基地,年造船能力达1300万载重吨,高技术船舶与海工装备成为地方特色产业、工业支柱产业。据不完全统计,全市拥有船舶及配套企业400多家,生产设施干船坞9座,其中50万吨级干船坞3座,大中型船台20座,舾装码头15座,岸线10多公里。二是产业总量进一步加大。2017年,全市造船完工量为95艘748.4万载重吨,增长4.1%,造船完工量、新接订单、手持订单三大造船指标,分别占全球的1/14、1/8和1/10。其中,造船完工量分别占全球、全国、全省的7.35%、17.5%和53%。今年上半年,泰州市造船完工量和新接订单均创新高,完工量在全省、全国均下降的形势下,同比增长30%以上。上半年交付船型中,新一代超大型40万吨矿砂船2艘,万标箱集装箱船10艘,18万吨散货船5艘,16万吨级节能环保型油轮8艘。三是产业增长进一步提速。连续两年保持着高位正增长,占全球比重有新的提高。从2016年的7.24%提高到现在的7.35%。全年新接订单120艘978.7万载重吨,增长

203.5%，分别占全球、全国、全省的13.2%、29%和70.24%，增幅远高于全球的129.46%和全国的60.1%。今年1—5月份，泰州市船舶行业造船完工量58艘584.5万载重吨，同比增长54.7%（全省同比下降3.7%、全国同比下降28.3%），占全球、全国、全省的比重达14.9%、35.6%和73.9%；新接订单64艘810万载重吨，同比增长271.5%，占全球、全国、全省的比重达22.1%、41.2%和87%；手持订单293艘2146.5万载重吨，同比增长49%，占全球、全国、全省的比重达10.9%、24.1%和53.3%。

2.产业集群化。一是规模集群度较高。已初步形成了以新时代造船、新扬子造船等主力整船制造企业为骨干、向产业链上下游延伸的整体产业布局。目前，扬子江船业、新时代造船综合实力在民营船企中排名前三位。围绕长江岸线的优势资源，船舶制造企业逐步聚合。其中，靖江市造船产业集群和海陵区内河船舶产业集群入选江苏省百家重点产业集群。海陵内河船舶产业集聚区占地6平方公里，主要生产120米长和万吨级以下的中小型内河船舶。分别拥有24公里长江岸线的泰兴市和高港区，是造船企业抢滩的宝地，包括位于长江深水区的泰兴七圩虹桥工业园、高港永安洲工业园、高新技术产业园等。二是产品类型覆盖度较高。泰州市船舶海工企业生产产品船型比较齐全，除邮轮外，集装箱船、油轮、散货船、化学品船、LNG船、特种工程船和海工辅助船等船型泰州市都有较好的设计和制造业绩。据统计，截至2017年，泰州市万标箱集装箱船已累计交付24艘，3.3万吨双相不锈钢化学品船8艘，27500立方米LNG船2艘，3800TEU集装箱船4艘。三是产品细分度较高。以溱潼镇为代表的姜堰区船舶配套产业近年来发展迅猛，姜堰部分船用配套产品市场占有率较高，具有一定的知名度，如船用泵在海军船舶装备市场占有70%的份额，船用锚获得了美国、日本等国家认证，铝质舷梯占全国50%的市场份额。涌现出亚星锚链等一批在行业中有重大影响力的海工装备企业。振华泵业集科研、开发、生产、经营、服务于一体，是国内最大、品种最全、最专业的船用舰用泵、电机配套企业之一，是海军舰船用泵和电机的研发保障基地，产品配套首艘国产航母，技术性能超过俄罗斯同类产品。

3.产业标准化。一是积极制修订国际标准。积极推动泰州船舶与海工装备标准走出国门，19家船舶企业制定了企业标准238个，其中完全自主制定的企业占比73.4%，他人指导制定的企业占比15.8%；主导和参与制定国际标准7项，4项已发布实施，主导和参与制定国家、行业标准28项，16项已发布实施。泰州市企业主导和参与制修订了4项涉及船舶的国际标准。2017年7月，亚星锚链主导制定的国际标准ISO20438《船舶与海洋技术——系泊链》正式发布实施。这些泰州标准登上国际舞台，对推动泰州市船舶海工产业发展、掌握国际话语权具有重要意义。二是积极采用国际先进标准。泰州市船舶海工产业以出口为主，因为行业的特殊性,船舶生产需要依照船东提供的相关国际规范,这些规范本身就是国际上比较先进的标准,所以在采用国际标准上泰州市企业有比较明显的优势。从泰州市目前产业发展情况来看,新世纪造船、扬子造船等大型企业自身的企业标准已经优于高于相关国际标准。三是积极推动标准转化为生产力。近期,泰州正式获批创建标准国际化创新型城市,为船舶海工产业提升质量竞争力提供了机遇。近年来,泰州市船舶海工企业大力构建标准体系,内部规章制度和企业标准体系逐步完善和健全,企业产品质量能够保持在稳定高质的水平,技术专利化、专利标准化、标准国际化的趋势越来越明朗,标准向生产力转换的成效越来越明显。新世纪造船凭借扎实的基础管理、过硬的产品质量,赢得了众多客户的青睐,接获大量的优质订单。口岸造船建厂以来,未发生过一起船东弃船和弃单的情况。

（二）存在问题

1. 产业创新能力不强。一方面,重生产、轻研发的经营方式没有根本扭转。在高速发展阶段,泰州市大部分船舶生产企业是依靠粗放式的发展方式,高度依赖能源、廉价劳动力投入,造成整个产业研发能力不强、更新速度缓慢、研发产品不适应新时代需求等问题。另一方面,产品研发的高投入、长周期导致企业无力或不愿开展。尤其是泰州市船舶企业都是民营企业,抗风险能力较弱,而提升产品技术含量对企业整体研发能力要求极高,且风险性较大、不稳定性较高,这就造成大部分企业要么采取拿来主义,采用现成的成熟技术;要么减少产量、降低成本开支;要么凭借充足的资金流,跨行业投资运作,也不愿把资金投向研发。2017年,泰州市高新技术企业一共555家,船舶海工产业仅有39家。泰州市市级以上研发机构492家,其中船舶海工企业18家,仅占研发机构总数的3.65%。截至2018年5月,泰州市船舶海工企业中拥有发明专利的仅4家,其中新世纪造船3件,口岸船舶2件,亚星锚链15件,振华泵业5件。可见,除新扬子造船等龙头企业在高技术研发上具备较大优势外,大多数企业仍然是被动应对,缺乏创新优势和技术优势,创新模式依然属于追随型,创新能力和创新驱动力明显不足。

2. 产业结构不优。今年1—5月份,泰州市船舶海工产业完成产值251.6亿元,同比增长10.8%,但是实现利润仅为23.3亿元,同比下降11.3%,虽然与全国平均水平相比,依然处于前列,但利润率偏低的问题依然比较突出。究其原因,主要是因为产业结构不合理所致。一方面,泰州船舶企业大多数产能集中在散货船等低附加值船舶。在液化气船、海洋钻井平台和化学品船等高难度、高附加值船舶的设计建造领域,与日韩企业还存在明显差距,特种船舶、智能化船舶和海洋工程产品生产企业较少。据统计,2018年全球订单中,韩国囊括了LNG船和大部分大型集装箱船的建造,欧洲承接的均是高附加值的豪华邮船的建造,每艘单价高达10亿美金。另一方面,泰州市船企总体还未达到智能化制造要求。在数字化设计、验证集成开发、船舶总段和分段高精度装配等方面还没有完全实现自动化、数字化,距智能化制造有较大差距。目前,日韩船企均采用平直分段流水生产线,实现自动切割、自动装配、自动焊接。而泰州市大多数船企主要依靠人工实现装配和焊接,自动化程度偏低。据数据统计分析,没有流水线自动生产式,有效工时利用率仅有40%左右。

3.产业链层次不高。船舶海工产业链可以划分为三大环节:设计、制造和配套服务。目前,泰州市船舶海工产业主要在产业链的制造环节占据优势,而产业链的两端——设计和配套服务环节,发展滞后,造成整个产业链条相对集中于"微笑曲线"的底部。从设计环节来看,泰州船舶海工产业在本土缺少专业、高水平的设计研究机构,设计、管理和建造的一体化集成和整体供应链深化程度亟待增强,极地船舶、豪华邮轮等船型设计在泰州市还是空白,集装箱船目前最大只能建造12000ETU。在双高船型尤其是LNG运输船等高端船型和海工装备的设计上,还无法打破日韩企业的垄断地位。从配套服务环节来看,泰州市大多数造船企业只是在本地完成船舶壳体建造,船舶配套产品本土采购量极低,初步估计本土配套化率只有30%左右,而日韩船用设备本土配套化率分别高达85%、90%以上。尤其在海工装备领域,通信、导航、动力、控制等主要关键配套设备,泰州市还没有相关企业生产配套。据不完全统计,泰州市船舶产业产值已占全国的20%左右,而配套产品产值仅占全国的10%左右,且产品处于价值链的中低端。同时本地配套化率不足30%。由此可见,泰州市船舶产业辐射能力,包括对产业链上下游的影响力都较为薄弱,产业竞争力和影响力低的现象比较突出。

4.企业质量管理不强。2008年前,船舶海工装备市场异常火爆,在良好发展前景和国家一系列利好政策的激励支持下,船舶海工装备吸引了大量投资。但是,由于市场容量有限,航运能力和造船产能双过剩的结构性矛盾日益突出。目前,船舶海工产业已被国家认定为产能过剩行业中的重点行业。因此,一方面,泰州船舶海工企业需要通过加强内部管理、推动科技创新进一步消化过剩产能。目前,泰州市船企空船重量普遍较日韩重5%左右,钢材利用率低于日韩1个百分点以上,工时利用率仅为日韩的一倍。另一方面,船舶海工企业要通过优化人力资源管理,提高劳动力效能,降低用工成本。由于用工的特殊性及劳动力成本上升,大多数企业采用劳务外包的用工模式,大多数船厂从"老少边穷"地区招工,人员素质不高、稳定性差、岗位培训难等问题比较普遍,产业高技术人才无法得到保障,导致产品质量管控难度大、成本高。据统计,全市规上船舶海工企业共有员工28570人,产业人才7555人,占比仅为26.44%。这些问题,都需要企业通过加强自身质量管理加以改进。

除了上述问题之外,泰州市船舶海工产业还面临品牌建设薄弱、原材料成本竞争加剧、中韩大型造船国企享受政府巨额补贴企业亏本接单导致不公平竞争、融资难等困境。

三、对策建议

党的十九大报告提出坚持质量第一、推动质量变革、建设质量强国、显著增强我国经济质量优势等一系列重大命题。2017年9月5日,中共中央、国务院印发了《关于开展质量提升行动的指导意见》,提出要下最大气力抓全面提高质量,推动我国经济发展进入质量时代,这为泰州市船舶海工产业发展提出了要求,指明了方向。全市船舶海工企业积极响应,2018年初,泰州市出台了《泰州市高技术船舶与海工装备质量提升行动实施意见》,这是泰州市船舶海工产业进一步提质增效、做优做强的新起点。

(一)推动泰州市船舶产业质量变革

1.推进船舶工业产业结构变革。泰州船舶企业中,内河船舶建造企业占绝大多数,多为中小型企业;远洋船舶建造企业比例较小,但多为大型企业。在船舶产业发展战略上,应坚持远洋与内河船舶并举,从整体上优化船舶制造的产品结构。一要提高高科技高附加值船舶在产业结构中的比重。远洋船舶在实现规模化、标准化、系列化制造,做优做强散货船、集装箱船、油船的同时,加快研发制造豪华游轮、LNG船、滚装船、LPG船等高附加值船舶和海洋工程装备的步伐,提高其在船舶产品结构中的比重和国际国内市场的占有率;内河船舶制造要适应长江航运规划网建设发展需要,加快内河船舶结构调整,提高内河船舶设计和制造档次。二要抢抓国家加快开放海军保障性船舶建造市场的机遇。抓住军民融合发展上升为国家战略的机遇,更加广泛深入船舶军工科研生产领域,做强以舰船配套为特色的泰州市军民融合示范基地。目前泰州市只有口岸船舶取得了A类装备承制单位资质,是江苏省首家获得"军品"四证的规模民营船企。要积极推动有条件的船企在军民融合发展中下功夫、求突破。三要积极应对生态体系重构的挑战。国家对生态环保问题治理采取"零容忍",涂装固废、油污水、铁锈、废气等船舶海工行业环境污染源的整治迫在眉睫,要变挑战为机遇,加快船舶海工行业污染物处理系统研发和建设,对绿色造船科技进步给予政策、金融等支持,加强技术创新与推广应用。

2.推进质量管理模式变革。船舶企业的质量管理与普通产品企业差异较大,在船舶建造过程中,需要加工大量的零部件,进行非常繁杂的逐级装配,建造周期长,工作量巨大。当前,泰州市船舶企业经过多年探索,基本建立了质量管理体系,但总体质量管理水平仍然较低,限制了泰州市船舶产品质量提升。对此,一要推进现代化造船模式。大力推行按区域组织生产,以中间产品为导向,壳舾涂一体化,设计、生产、管理一体化,实现均衡、连续总装造船。以扩大机器人应用和生产线智能化改造等智能制造手段作为切入点,加强先进制造工艺技术和船舶智能制造装备技术研发,以高科技创造高质量。二要推广实施全面质量管理模式。以质量管理为中心,以全员参与为基础,将企业各部门的研制质量、维持质量和提高质量活动构成一个有机整体,进而达到提升质量的目的和效果。实行首席质量官制度,加强质量制度建设,优化质量管理体系运作机制,重点抓好定置管理、工序控制和班组建设,严格工艺纪律和岗位责任制,落实质量责任制,使人流、物流、信息流合理高效地运转。鼓励员工参与质量工作,从减少浪费、提高效能做起,逐步实现精益化的造船生产方式。三要推行顾客满意度和用户满意度调查。吸收借鉴新世纪造船"六六法则"(六天予以解决或六天拿出客户满意的解决方案)等先进工作经验,积极有效地收集和应对客户质量反馈意见,有针对性地解决客户个性化需求,形成质量管理闭环。

3.推进人才培育模式变革。船舶产业是劳动密集型产业,泰州船舶企业多采用外包用工模式,这在初期降低了船舶制造业的生产成本,但是,对低成本的过度依赖,造成当前泰州市船舶产业在世界分工格局中处于相对劣势地位。泰州市船舶企业劳动力素质偏低,延缓了整个产业结构的升级步伐,阻碍和制约了泰州市船舶企业进入技术等级较高的细分市场和高端市场。因此,一方面,要大力提升普通岗位劳动力素质。实施新型劳动和外包用工制度。将船厂的固定工、合同工和外包工统一在同一的劳动用工制度内。广泛开展岗位技能培训,鼓励员工增强文化层次,提高员工的岗位技能水平。另一方面,要加大引进与培养船舶专业人才力度。重点引进行业或学科带头人、工程技术骨干、高级设计人才。充分利用市内外高校资源,加强院地合作、院企合作,培养船舶设计、制造、生产管理等人才。鼓励高等职业学院和中等职业学校开办船舶、轮机、水声、海洋工程的专业或班级。扶持船舶企业和社会力量建立一批船舶电焊工、装配工、管工等技术工人的培训基地,发挥好口岸船舶有限公司的高级技工王海东等船舶行业"名匠""工匠"的示范效应,实现典型引路,示范推动,经验分享,最终在人才总量、结构和素质上适应泰州市船舶产业发展的需要。

(二)打造"好船泰州造"区域品牌

1.从战略高度重视区域品牌建设。区域品牌是具有较高知名度和美誉度的区域产业形象和共同品牌,一般是基于产业集群基础形成,是产业链的聚集与协同效应在市场上的综合体现。作为泰州市"三大主导产业"之一,泰州市高技术船舶与海工装备生产企业已经形成了一定的规模优势和市场口碑,扬子江造船、新世纪造船等龙头企业在国内乃至世界已经形成影响力和竞争力,但"泰州船舶制造"区域品牌至今没有打响,产业品牌效应尚不明显。要积极打造区域品牌,发挥品牌效应扩大泰州市船舶产业的辐射力和竞争优势。各级政府要将品牌战略作为提升质量竞争力、推进区域经济发展的核心战略和当务之急,一方面组织引导本土船企"走出去",组团赴境内外参加各大海事展,整体开拓国际市场;一方面要积极创造条件"请进来",突出泰州市船舶行业的优势和特点,定期举办泰州船舶产业会展,集中展示泰州市船舶区域品牌,提升泰州市作为重要民营船舶生产基地的美誉度和知晓度。在优化市场环境、培育龙头企业等方面精准发力,实施品牌发展战略,更好地推动和协调行业协会、商会、企业等组织在法律、法规允许的框架内共同建设区域品牌。

2.科学进行区域品牌定位。充分研究制定区域品牌发展的整体战略,明确指导思想、目标设计、基本原则等,制定实施步骤、阶段目标,确定品牌发展的方向、重点等,引导企业明确品牌发展定位,制定品牌发展战略。一方面要紧紧抓住占市场份额较大的主力常规船型(如中大型散货船、油船等),深入研究,创建品牌船型,提升船企核心竞争力,还要不断进行产品技术创新,保持品牌船型长久的竞争优势,并不断开发新型高附加值船舶。另一方面,打造船舶配套业品牌,重点发展船用舾装设备和器材、船用电气仪表、电缆及主配电板、船用锚链、冷藏空调和船用环保产品等。发挥名牌产品的集聚效应和规模效应,以品牌战略引导产业结构调整,以品牌规划引导资源配置和产业集聚,通过名牌企业群体构建区域品牌,最终形成产品品牌、企业品牌、区域品牌多层次发展的区域品牌体系。

3.充分发挥名牌群体的簇群效应。集群的产业优势体现在成本优势、质量优势、创新优势和营销优势等方面,泰州市应当通过构筑区域品牌的产业基础,建立强有力的产业优势。在区域品牌建设过程中,要积极发挥扬子江、新时代等龙头企业创牌的示范作用,带领集群内一批名牌企业或产品的生产,形成品牌梯队,放大名牌群体的聚集效应,提升产业竞争力和区域品牌形象。要开展"名企名品名匠"评选,从船舶行业中遴选出一批技术领先、市场潜力大、附加值高的名牌产品企业,争创省或国家质量奖,对获质量奖企业予以奖励,给予其相应的优惠政策,促进其快速健康发展。同时,积极引导中小企业向旗舰品牌集聚,建立品牌战略联盟,增强企业的品牌实力。

(三)用标准让泰州船舶产业走向世界

1.推动企业积极参与国际标准化活动。船舶行业国际标准不仅为船舶及其配套设备的设计、建造、试验、维护等规定了统一要求,同时也是世界各国推动船舶行业对外贸易的重要竞争手段,受到各国的高度重视和积极参与。近年来,泰州市船舶企业逐渐重视国际标准化工作,承担了一些国际标准的制修订工作,但是,总体上仍然处于"跟随"阶段,要加速实现从"被动适应、缓慢转化采用国际标准和国外先进标准"到"积极主动、实质性参与国际标准制定"的转变,形成国际行业标准制定主导力。加强与国际接轨,充分运用好泰州获批创建"标准国际化创新型城市"试点的有利时机,积极参与国际标准化活动,争取承担更多国际标准组织技术机构和领导职务。大力实施企业标准"领跑者"制度,以标准化为引领,以船舶海工装备产业为重点,培育一批具有创新能力的排头兵企业,推动泰州市船舶海工产业迈向全球价值链的中高端。推动泰州市参与港口岸电系统国际标准研制,提升泰州市船舶海工产业市场竞争力和价值分配的话语权,助力泰州市船舶行业高质量发展。

2.推进企业技术与管理标准化并行。泰州市绝大部分造船企业造船工程管理的系统性和深化程度与国外先进造船企业相比还存在差距。生产效率不高、造船工时较长、原材料利用率较低是当前泰州市船舶工业快速健康发展的"瓶颈",影响了从船舶产业层面参与国际竞争的实力。近几年来,泰州市造船企业大力推进造船模式转换,从造船的生产作业体系和生产管理体系上实施现代集成造船模式,取得了一定效果。要进一步推动实施技术和管理标准并举的措施,形成技术标准、工作标准和管理标准"三位一体"的标准体系。通过实施体系标准,推动泰州市船舶海工产业转型升级,不断提高综合竞争力。

3.鼓励制定团体标准。与政府主导的国家标准、行业标准、地方标准相比,团体标准虽然不能完整的或强制性的覆盖某个地区或某个行业,但更贴近市场,反映市场动态以及对标准的需求。随着船舶建造技术的不断发展,建造工艺的不断创新,新材料的不断涌现,船舶建造技术正向着高质量、高难度、高效率、低成本的方向发展。但现有船舶标准中能够支撑现代造船模式发展的标准数量仍然较少。因此,制定团体标准显得尤为紧迫和重要。要加快标准制定速度,缩短团体标准制定周期,增加标准有效供给,避免制定出的标准与市场需求脱节。对于高端船舶和海洋工程装备项目(如豪华邮轮、智能船舶、全电动船等),应依靠资源整合,鼓励建立产业联盟,积极探索团体标准化工作的新模式、新机制和新路径,形成一批具有辐射作用和推广价值的团体标准化示范项目。

(四)营造良好的产业政策环境

1.强化技术机构的技术支撑。认真落实《船舶配套产业能力提升行动计划(2016—2020年)》,大力推进高技术船舶与海工装备技术公共服务平台建设,加快形成产业之间、地区之间的技术创新联盟,构筑行业创新技术共享服务新载体。加快引进国际知名的船检机构、认证机构,培育和建设第三方检验检测机构,优化"泰检易"检验检测公共服务平台,加大与国际顶级检验检测机构合作力度,在检验检测平台建设、人才培养、质量技术基础服务等多领域深入开展合作,共同服务泰州船舶制造及配套等行业发展,及时解决企业的检验检测需求,帮助小微企业降本增效。

2.打造船舶行业综合金融服务体系。当前,我国船舶工业正处于结构调整、转型升级的关键时期,金融支持,特别是融资能力的强弱是船舶工业能否实现高质量发展的关键因素之一。泰州是江苏省第一个经国务院批准的区域性金融改革创新试验区,也是全国首个以金融支持产业转型升级为内容的试验区,要抓住用好这一机遇,加速产融结合,推动船舶产业高质量发展。金融机构要分企施策,对船舶海工企业实行差别化的授信政策,创新融资模式,推动银企对接和产融结合,加大对优质船企的融资支持力度。财政、金融办等部门可设立船舶产业投资基金,建立产融综合服务中心和融资供需信息系统,为船企发布融资需求提供平台,化解银行与企业信息不对称的难题。商务局要推动金融机构,完善出口买方信贷保险制度,探索建立重大技术装备保险补偿机制。企业要主动寻求多元化融资方式,通过在境内外上市融资、发行各类债务融资工具,优化融资结构。尝试在对外贸易及相关投融资活动中使用人民币计价结算,降低汇率风险,减少汇兑成本。

3.营造良好营商环境。造船行业是微利行业,又面对当前低迷的市场形势,要从政策和资金方面,对重点企业重点项目给予重点支持,用足用好船舶行业"白皮书"政策制度红利,积极推动相关职能部门完善科技、财税、金融、人才、环境、教育等方面的配套政策措施,以正向引导激励政策为主,真正激活广大船舶企业尤其是民营船企的活力,为船舶海工产业发展营造良好的生态环境。要兼顾"市场规律"的无形之手和"政府调控"的有形之手,引导企业按照市场需要组织生产经营,促进市场竞争的优胜劣汰,努力实现四个改变:改变融资难、融资贵问题;改变假冒伪劣产品现象;改变税收思维,切实降低企业税;改变低价竞争恶性循环氛围,培育产品性价比优先的市场理念,通过构建良好的营商环境,有效提振企业投资的信心和热情,更加有力地推动泰州市船舶海工产业高质量发展。

关于加强泰州制造业标准化工作的思考与建议

（2018年11月20日）

根据市委主要领导批示，我们认真学习研究了《江苏制造业标准提升亟待破解的四大难题》(省政府研究室《调查研究报告》第32号)，并对全市制造业标准提升工作进行了调研，摸清底数，查找问题，分析对策。

一、泰州市制造业标准化工作初步具备提升发展基础

制造业作为国民经济的重要支柱，其发展水平直接体现了一个国家、一个地区的生产力水平。在支撑、推动制造业发展的诸多因素中，标准化正日益发挥不可或缺的重要作用。近年来，随着泰州市制造业企业对标准化重要性认识的逐步提升，标准对制造业的支撑和引领作用日益凸显。

（一）标准化工作有成效

标准引领制造业企业提质增效。一是引导企业主动采用国际先进标准。这在泰州市船舶海工产业表现尤为明显，在产业发展中，主动瞄准国际先进标准采标用标，更好地适应了国外船东的要求，初步形成了泰州市船舶海工企业比较明显的竞争优势。目前，新世纪造船、扬子造船等企业标准已经优于高于相关国际标准。二是支持企业积极主导或参与制定先进标准。目前，全市制造业企业主导制修订国际标准6项，占江苏省国际标准制修订总数的15%，位居全省前列；参与制修订国际标准3项。主导参与制修订国家、行业标准计800多项。亚星锚链公司通过主持制订首个关于海洋系泊链国际标准，在全球系泊链行业掌握了话语权，目前已占据全球市场份额的35%—40%。泰州钰明新材料有限公司，是海陵区"双创"企业，积极参与标准制订，目前已主导制订国家标准1项，正在参与制订团体标准1项，企业年销售收入从2016年500多万元，增加到2018年超过3000万元，实现了每年翻一番的跨越。三是大力培育标准化示范点。充分发挥标准示范引领功能，着力打造一批国家级和省级标准化试点项目。扬子江药业集团获批创建中药流程智能制造国家高新技术产业标准化试点，填补国内空白。兴化创建全国唯一一家农产品电子商务标准化示范区。目前，全市共建有高新技术自主创新标准化试点10个，循环经济标准化试点3个，战略性新兴产业标准化试点8个；建有国家级农业标准化试点示范项目18个、省级示范项目21个、市级

示范项目3个。

（二）标准化创新有特色

一是组织引导泰州市制造业企业牵头成立标准化组织，目前我们已推动国际系泊链、减速机、石墨烯、小提琴、儿童用品和学生用品等专业标准化技术委员会秘书处、工作组落户泰州。推动企业参与港口岸电系统国际标准研制，提升泰州市船舶及海工装备产业市场竞争力和价值分配的话语权。二是组织开展高层次标准化活动。9月16日，在医博会期间，隆重举办大健康产业标准化高峰论坛，邀请国际标准化组织（ISO）前主席张晓刚、国务院原参事张纲等一批国际国内知名标准化专家来泰州为其大健康产业高质量发展出谋划策。10月19日，举办低维材料应用与标准研讨会。三是创新运用标准化手段引领支撑传统优势产业转型升级。根据市委主要领导指示，主动对接国内唯一一家专门从事钢铁工业发展规划及战略研究的大院大所——冶金工业规划研究院，邀请专家实地调研，形成《不锈钢产业转型升级发展指南》地方标准，为泰州市不锈钢产业转型升级、创新发展提供"一揽子"解决方案。为把该标准落地落实，11月17日，邀请9名国内不锈钢行业顶尖专家到戴南镇开展专家企业行活动，现场把脉问诊，送医开方，并对该标准进行宣贯培训。

（三）标准化推进有力度

一是市委市政府高度重视，去年市政府出台《关于加快实施标准化战略的意见》，今年市委以一号文件形式出台《关于推进质量强市建设品质泰州的意见》，下半年在全省乃至全国率先设立标准创新奖，不断加大财政等支持力度，鼓励企业积极参与标准化活动。二是职能部门主动作为，积极上争标准国际化创新型城市试点、国家新型城镇化标准化试点等多项国家级标准化试点。创新打造集标准服务、检验检测、计量检定、认证认可等于一体的一站式"泰检易"质量技术公共服务平台，为企业提供国家质量基础服务，让服务更容易、更便宜。创新做法被央视《朝闻天下》《中国质量报》等中央媒体专题报道。目前，平台注册企业用户近2000家，仅"标准查询"一项就提供服务3万多次。三是社会参与日渐广泛。"标准化+"行动全面推进，标准正深度融入党建、综治、安全、文明创建、乡村振兴、民生服务等方面。在全国首创《品质城市评价指标体系》，并发布为江苏省地方标准，以标准引领品质泰州建设，标准正积极融入公共服务和社会治理的方方面面，发挥越来越重要的作用，全社会标准化氛围加快形成，倒逼制造业标准化深化提升。

二、当前泰州市制造业标准化存在的问题

省调研报告提到的四大难题，在泰州市也不同程度存在。就泰州市而言，以下问题，更需要引起高度重视。

一是企业标准化意识不强。泰州市制造业以中小民营企业为主，大多数企业未单独设立标准化工作部门，相当一部分企业实际上没有专职、兼职的标准化人员。企业主要负责人普遍缺乏标准化意识，对标准提升引领核心竞争力的认识不到位，甚至许多企业负责人尚不知标准为何物。据不完全统计，泰州市约有20%的产品没有合法有效的产品标准。

二是标准化整体水平不高。泰州市制造业采用的国际标准和国外先进标准仅有500多项，主要集中在水泵、绳网带、高低压开关柜等相对低端的传统产业。在重要支柱产业中，主动跟踪国际标准和国外先进标准、并积极采标的企业数量偏少，不足5%，没有标准创新平台，与企业科技创新融合度不高，标准对产业发展的主导力偏弱，在全省处于中游。

三是标准化专业人才能力不足。目前，全市在国际国内标准化各类技术组织担任委员的仅有34人。由于专业人才匮乏，泰州市企业实质性参与国际、国内标准化活动的不多，在泰州市牵头和主导制定的国家标准中，由泰州市企业牵头制定的标准仅占总数的11%，国家、行业标准的制修订仅有800多项。前期，我们随机抽取50家企业，因缺乏专业人才，有1/2的企业无法实质参与国际、国内标准化制修订工作。

四是统筹推进科技、标准、产业协同创新的工作机制尚不健全。制定科技规划与技术标准研制未能协调推进，未能将重要标准的研制列入科技范围。具有自主知识产权的新技术标准转化程度不高，绝大部分的发明专利未能及时转化为标准，我们抽样调查的50家制造业企业，发明专利转化为标准的转化率只有5%左右。促进科技成果标准化，标准产业化的力度不够。泰州巨纳新能源有限公司积极参与石墨烯标准制订工作，目前该产业国家标准共有4个，该公司主导制订2个，参与制订2个，但由于缺乏有效的标准产业转化机制，没有形成与之相匹配的生产力。

三、下一步打算及建议

市委五届五次全会描绘了推进泰州高质量发展蓝图。如何尽快把美好蓝图变为现实？推进深化制造业标准化乃是重中之重、当务之急。用标准引领打造"1+5+1"现代产业体系，支撑泰州制造业高质量发展是大势所趋，必将大有可为。

一是树立标准领航意识，全面发挥标准化引领作用。习近平总书记指出，标准决定质量，有什么样的标准就有什么样的质量，只有高标准才有高质量。这为我们进一步加强标准化工作指明了方向。当前，泰州市正紧密对接"中国制造2025"和"互联网+"国家战略，抢抓"一带一路"、长江经济带、长三角一体化、扬子江城市群等发展机遇，围绕打造完备的现代产业体系，我们必须切实增强"一流的企业做标准"意识,不断提高标准化工作站位。运用系统性、动态性思维,促进制造业标准化与各大质量技术基础深度融合,更加突出标准化在制造业发展规划、产业政策、市场准入条件等方面的引领、支撑和保障作用,推动制造业发展质量变革、效率变革、动力变革。

二是强化标准法治思维,率先推进标准地方立法。标准化创新已成为推动新旧动能转换、产业转型升级、社会治理创新、高质量发展的有效手段。标准创新能力是反映一个国家和地区核心竞争力的重要标志。《中华人民共和国标准化法》颁布实施以来,全国各地都在推动和保障标准化创新。泰州市在全国率先开展标准化创新地方立法工作,市人大常委会高度关注。目前,已初步被列为2019年计划之一,此项工作的开展必将极大地促进标准化创新,实现标准化创新的集聚发展。

三是用好创建试点机遇,扎实开展"标准+先进制造"行动。2018年5月,国家标准委同意泰州创建"标准国际化创新型城市"试点,系全省唯一、全国第5家,为泰州市以高标准引领高质量、实现可持续发展提供了大有可为的机遇。我们正以先进制造业作为创建"标准国际化创新型城市"试点、实施标准创新的主攻点,围绕主导产业和重点产业领域,关注中小企业民营经济,有效开展对标达标活动。下一步,根据泰州市五大主导产业和主要产品特色,依据国内标准和国外先进标准等进行对标找差,推动企业及时修订企业标准,在重要产品领域推动企业标准提高水平、提档升级。推动实施企业标准领跑者制度,在每个产业集群形成10个以上企业标准领跑者,以标准领跑带动产业发展,实现产业发展和质量提升。

四是聚焦标准引领工程,探索构建企业标准体系。我们将推动优势、特色领域高新技术企业组建标准创新联盟,以区域内优势企业为龙头开展集群标准化或产业链标准化建设,形成区域或链式标准竞争优势。推进标准化与科技创新协同发展,加强科技、专利、标准一体化研究,在优势领域创建市级标准创新研究中心,推动技术创新、标准研制和产业协调发展,引导新技术、新工艺、新材料、新产品等科技创新成果转化为技术标准,以科技创新促进标准升级,提升标准技术水平。探索建立自主可控的产业发展标准体系,支持和鼓励优势主导产业主导或参与研究制修订有关键核心技术支持的国际标准、国家标准、行业标准和高于国际国内标准主要指标要求的团体标准、企业标准。

五是围绕夯实质量基础,大力提升标准服务能力。我们将充分发挥"泰检易"、检验检测学院和质量发展研究院等平台作用,探索"政、产、学、研"新模式,培养"高、专、精"的标准化管理人才和专业人才。大力推进标准化队伍建设,面向企业,加大《中华人民共和国标准化法》宣贯力度,积极开展标准化知识培训教育活动,深入开展"质监项目行""专家企业行"、标准研讨会、标准高峰论坛等主题特色活动,不断提升企业标准创新能力。

六是突出考核激励导向,汇聚标准化推进合力。标准化工作涉及各地区、各行业和各部门,需要形成合力,共同推进。2016年市政府设立标准化和计量联席会议制度,为合力共同推进标准化工作提供了组织保障,取得了一定成效。但是,由于缺乏科学有效的考核机制,还是难以达到理想的效果。建议借鉴先进城市经验,将标准化工作单独列入对各市(区)及各部门的考核,明确工作责任,分解工作目标,加速推动制造业标准化在科技创新、产业规划、生态环保等领域的普及应用和深度融合,形成合力推进机制。完善标准创新奖励机制,探索设立制造业标准提升专项资金,对在创新成果转化、标准提档升级、产业标准体系建设等领域建立行业激励引导机制,切实推进泰州制造业高质量发展。

中国100城市品质指数研究报告

（2020年5月26日）

中国特色社会主义进入了新时代,我国城市发展也进入了新时代。1949年至2018年,我国城市数量由132个发展到672个,增长了4.09倍,人口规模从5700万人扩大到现在的8.3亿人;改革开放40余年间,城市化率从17.9%提高到58.52%。特别是近10年城市的快速发展,对促进经济持续增长,推动产业结构调整升级,提高义务教育水平和普及高等教育,解决农村富余劳力与缓解就业压力,增加关系民生的公共服务和改善居民生活质量,均起到了十分重要的作用。但城市发展中的环境污染、交通拥堵、房价过高等问题困扰着人们日常生活,一些正在扩张规模的城市正面临着征地拆迁、劳力短缺、建设负债等发展瓶颈制约,注重品质城市建设已成为需要认真考量的重要课题。

一、品质城市建设的意义

随着经济发展和人民生活水平的提高,我国社会主要矛盾发生了变化,贯彻落实新发展理念,满足人民日益增长的美好生活需要,成为发展的主要任务;城市居民对提升城市发展品质的需求和向往,成为城市发展日益重要的主要驱动力。从这个意义上讲,坚持以人民为中心的城市发展,加快城市结构调整和转型升级,持续推进民生状况的改善,最终实现"让城市更美好,让生活更幸福"的目标,就是推进高质量发展。基于此,以城市高质量发展作为重要支撑,在推进新型城镇化建设中,以五大发展理念为引领,切实转变经济发展方式,提高城市建设管理水平,不断增强城市竞争力,具有重要意义。

（一）牢固树立城市五大发展理念

坚持创新发展,培育发展新动能,形成促进创新的市场环境,进一步激发市场活力和社会创造力;坚持协调发展,解决发展不充分不协调问题,针对区域平衡、产业布局、民生改善、社会治理等方面的短板,不断增强工作前瞻性、统筹性和整体性,正确处理发展中的重大关系;坚持绿色发展,在发展中体现人与自然的和谐共生,构建科学合理的城镇格局、生态安全格局,推进低碳循环经济,确保节能减排达标,提高城市生态环境质量;坚持开放发展,推进"一带一路"建设,提高对外开放水平,加强多领域合作交流,进一步增强抵抗风险能力;坚持共享发展,注重社会公平,保障基本民生,加快改善生活质量,增强居民对城市发展的认同感、获得感。

（二）贯彻落实质量强国战略目标

我国质量强国建设面临十分突出的结构性失衡问题。随着经济发展以及人均收入的提升，中国居民消费能力在提升，需求结构在升级，但相应的供给却跟不上，供给体系无法满足我国居民中高端的消费需求。实施质量强国战略，强调以提高发展质量和效益为中心，推动供给质量水平提升，满足人民群众不断升级的消费需求。通过提高供给质量，提升产品和服务质量，更好地满足人民美好生活的需要，提高人民群众获得感。

（三）切实加快城市发展动能转换

建立高质量发展的动力体系，降低对资本投入拉动增长的依赖，以创新驱动增强可持续发展能力，提高城市资源、能源、人口、生态承载能力。增强规模以上企业，特别是优势产业的企业研发强度，进一步激发创新创造活力，筑牢参与国际竞争的战略根基。通过科技创新引领作用，不断深化产业转型升级，完成产业重构布局，提高战略新兴产业和先进制造业增加值比重。

（四）夯实高质量发展的产业基础

强化城市发展以产业为支撑的意识，更加重视营商环境建设，打造能够吸引高端人才、易于招商引资、适宜企业发展的政策环境、体制机制，提高政府办事效率，改善公共服务质量，使创新创业环境与城市经济同步转型升级，打好产业调整升级基础，增加新兴产业固定资产投入，加快优势产业聚集，推动产业链上下游企业合作，提高产业及企业竞争优势。

（五）坚持改善民生福祉价值取向

把改善民生作为发展的出发点和落脚点，关注不同群体提高生活质量的需求，提高人均可支配收入，推动居民消费升级；增加教育、医疗、文化、卫生、健康、安全投入，提高公共服务供给水平；扩大社会保障覆盖面，确保劳动人口充分就业，居民享受基本社会保障，困难群体得到及时救助；加大生态环境治理力度，不断优化城市生活环境，使城市生活更加美好。

二、品质城市的内涵

江苏泰州围绕城市科学发展的时代命题，贯彻"创新、协调、绿色、开放、共享"发展理念，探索提高城市竞争力、彰显城市特色的有效途径，率先提出创建品质城市的目标，制定了《品质城市评价指标体系》江苏省地方标准，并推动上升为国家标准。

在经过翔实调研、实践及对长三角城市群发展状况进行论证的基础上，我们认为城市品质应当涵盖经济发展品质、社会文化品质、生态环境品质、公共服务品质和居民生活品质等五个方面，这五个方面的品质相互支撑、相互交融、共同促进品质城市的建设和发展。为此，以这五个维度来考察城市，形成发展为要、质量支撑、功能突出、综合平衡的品质城市评价标准,如图1所示。

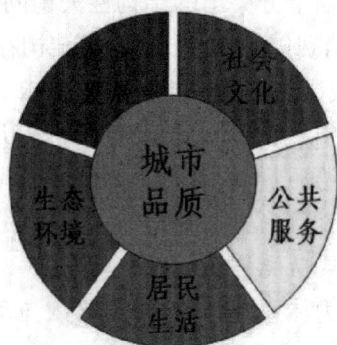

图1　品质城市内涵

(一)经济发展品质

经济发展品质是建设品质城市的基础,主要指一座城市对资源要素集聚转化的能力和效率,其主要特征是有质量、有效率、可持续。城市的经济品质,是由城市特有的资源禀赋、合理的经济结构、优化的经济布局、良好的经济发展环境和具有企业家精神的团队构成的综合体系。

(二)社会文化品质

社会文化品质是建设品质城市的灵魂,主要指城市的历史、风貌、文脉,社会的民风、公德、秩序等,彰显的是城市发展的人文内涵。文化为创新创业提供土壤和环境,激发勇气和精神,增强动力和能量。

(三)生态环境品质

生态环境品质是建设品质城市的保障,主要指人与自然和谐相处、城市与自然和谐共生的表现形式,强调的是城市发展宜居、宜业、可持续。

(四)公共服务品质

公共服务品质是建设品质城市的关键,城市提供服务的基本要求是均等化、优质化,加强为民政府建设,解决好事关群众切身利益的重大民生问题,不断提升公共服务水平,降低公共服务成本。

(五)居民生活品质

居民生活品质是建设品质城市的最终目标,突出的是以人为本,让市民更多更好地分享经济社会发展的成果和改革创新的红利,不断提高市民的获得感和幸福感。

上述城市的五大品质,构成品质城市的基本内涵,是编制品质城市评价指标体系的基础和理论依据。

三、品质城市评价指标体系

现代城市设计的概念、理论和技术方法大都源于欧美的大规模城市更新时期，城市设计的"当代特征"主要体现在"多元的设计集群、动态的设计成果、理性的行动计划"等方面；城市并非仅有物质空间，还包含人文精神、人本需求。物质空间可以严格分割管控，但人文内涵只能整体呈现、感知、体验。品质城市评价指标体系，就是让人们从"创新、协调、绿色、开放、共享"五个方面感知城市发展的内在品质。为了让品质城市评价指标体系成为提升城市品质的重要抓手，让城市品质提升过程既保有自身魅力特色的个性，又享有可复制发展规律的共性，品质城市评价指标体系编制工作至关重要。品质城市评价指标根据其考核的方向和侧重点差异而被赋予相应的权重以体现指标的重要性及其指导意义，指标权重表示某一指标在一个整体的评价系统中，相对其他同级指标的重要程度。

（一）评价指标体系编制思路及框架设计

基于"创新、协调、绿色、开放、共享"五大发展理念的评价视角，促进坚持质量效益为本，确立质量在城市发展中的战略地位，唤醒全社会的质量自觉和品质意识，全力提升以质量为核心要素的区域发展竞争力；基于"发展为先、品质为尚"的评价视角，坚持品质导向，在强调城市经济发展在城市发展中核心地位的前提下，突出经济活动结果对生态、文化、科技等领域的作用或影响；基于"可持续发展"的评价视角，更关注发展与资源的关系、当代人与后代人的关系；基于"以人民为中心"的评价视角，综合城市居民多方面体验后逐渐形成的主观感受，并基于这种感受对生活质量做出的判断。

品质城市评价指标体系框架如图所示：

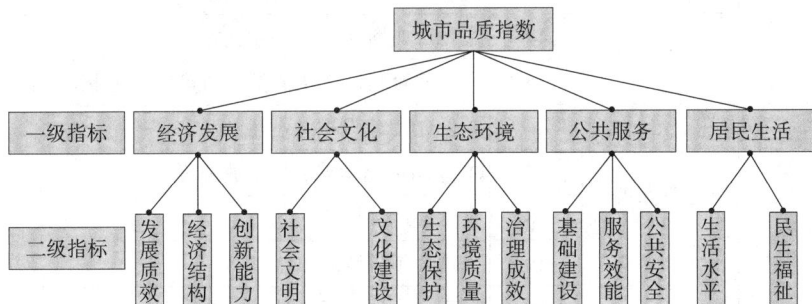

图2　品质城市评价指标体系框架

（二）评价指标体系指标选取及权重设计

基于品质城市的内涵和指标体系的编制思路、构建原则，建立品质城市评价三级指标体系，现已发布为DB32/T3034-2018《品质城市评价指标体系》江苏省地方标准。其中，一级指标和二级指标权重通过层次分析法并经过适当调整来确定,通过专家小组讨论法确定三级指标权重,评价指标体系指标权重的设计与选择将直接影响"城市品质指数"的评价结果及其客观性。

本次研究在对2018年全国GDP百强城市进行实证分析时,考虑到指标在全国范围内的可比性和可获得性,最终确定从指标体系中选取一级指标5个、二级指标13个、三级指标40个(带*为逆向指标)进行测算分析,如表1所示。

表1　品质城市评价指标体系

一级指标	二级指标	三级指标	
经济发展	发展质效	1	人均地区生产总值
		2	一般公共预算收入占GDP比重
		3	全要素生产率
		4	城镇调查失业率*
	经济结构	5	服务业增长值占GDP比重
		6	城镇化率
		7	每百亿元GDP实际利用外资总额
	创新能力	8	R&D经费支出占GDP比重
		9	万人发明专利拥有量
		10	科技进步贡献率
社会文化	社会文明	11	每万人社会组织数
		12	党风廉政建设满意度/政治生态满意度
		13	注册志愿者占城镇人口比例
	文化建设	14	文化产业增加值占GDP比重
		15	居民教育娱乐文化消费占消费支出比重
生态环境	生态保护	16	单位GDP建设用地占用
		17	单位GDP化学需氧量排放强度
		18	自然湿地保护率
		19	人均公园绿地面积
	环境质量	20	地表水达到或好于Ⅲ类水体比例
		21	空气质量优良天数比例
		22	年细颗粒物(PM2.5)平均浓度*
	治理成效	23	单位GDP能耗下降率
		24	垃圾分类集中处理率
		25	污水集中处理率

一级指标	二级指标	三级指标	
公共服务	基础建设	26	城市万人公共交通车量拥有量
		27	城市地下管网健全率
	服务效能	28	营商环境指数
		29	公共服务支出占一般预算支出的比重
		30	义务教育均衡化比例
	公共安全	31	千人食品抽检率
		32	亿元GDP生产安全事故死亡率*
居民生活	生活水平	33	城镇居民人均可支配收入增长率
		34	居民人均可支配收入与人均GDP之比
		35	恩格尔系数*
		36	居民消费价格指数涨幅*
	民生福祉	37	人均预期寿命
		38	每十万人拥有医生数
		39	每十万人拥有医疗机构床位数
		40	护理型养老床位数占养老机构床位总数的比重

四、全国100城市品质指数实证研究

以下将利用品质城市评价指标体系对2018年全国GDP百强城市品质指数及各项分指数进行测算分析,按城市等级(4个直辖市、15个副省级城市、31个重点地级市)、区域城市群(京津冀地区、长三角地区、珠三角地区、东北地区、其他东中西部城市)分别进行实证分析,引导城市根据区域条件、自身优势,推动城市发展与治理的现代化,不断优化结构功能、提升创新能力和城市内在品质。

(一)直辖市城市品质指数分析

北京、上海、天津和重庆4个直辖市是中国大都市区和城市群集聚的核心城市,也是向国际化大都市目标看齐的对标性、引领性城市,其发展水平与质量最能充分地折射出中国现代化进程的轨迹,是中国最具实力与潜力的城市代表,2018年经济总量96229.91亿元,占全国GDP的11.63%;常住人口总数9221.06万人,占全国总人口的6.63%。按照指标体系,对4个直辖市具体数据进行测算,具体结果为:

表2　四大直辖市指数测算表

	经济发展指数	社会文化指数	生态环境指数	公共服务指数	居民生活指数	城市品质指数
上海	97.89	92.64	80.22	82.41	88.36	88.30
北京	92.99	92.90	83.05	82.08	90.07	88.22
重庆	91.99	91.50	82.05	81.88	90.57	87.60
天津	90.99	90.50	80.05	82.78	89.57	86.78

如图3所示：

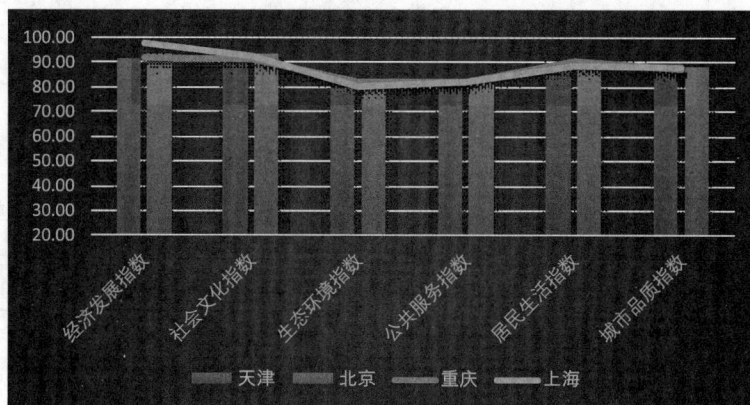

图3　四大直辖市指数分布

1.北京、天津城市品质指数。

北京是中国政治、经济、文化中心,建设京津冀世界级城市群的核心功能区。天津是环渤海中心城市,北方国际航运、国际物流中心。北京城市品质指数为88.22,3项分指数在90以上,反映了城市发展的高质量,各方面比较均衡协调。天津城市品质指数为86.78,2项分指数在90以上,相对较弱的是生态环境指数,为80.05,比北京低3。北京、天津城市品质指数的5项分指数情况如下：

（1）经济发展指数,北京92.99,天津90.99。在城市转型过程中,保持经济稳定和持续增长,形成新的经济增长极,扩大核心功能区的辐射带动效应。从经济规模与结构看,北京GDP28000.4亿元,天津18595.38万元,人均GDP分别为12.90万元、11.94万元,服务业增加值占GDP比重均为58.0%,城镇化率分别为86.50%、82.93%,处于全国领先水平。从动能转换、创新驱动看,北京研发经费投入强度5.64%,1579.7亿元;天津2.47%,458.7亿元。北京专利授权10.7万件,其中发明专利4.6万件,每万人口发明拥有量94.6件;天津专利授权4.17万件,其中发明专利5844件,每万人口发明拥有量18.3件。京津之间存在的经济发展上的差距,将随着京津冀协同发展而逐步缩小,天津承接北京非首都功能疏解,2018年有13家科研院所到天津落户,京冀企业在天津投资迅速增长,占实际利用内资的43.6%。

（2）社会文化指数,北京92.90,天津90.50。注重历史文化的传承,将城市现代化建立在社会文化发展基础之上,促进社会治理的文明进步。从社会组织发展看,北京颁行了两项促进社会组织发展的重要文件,即北京市委、市政府《关于改革社会组织管理制度 促进社会组织健康有序发展的实施意见》,北京市民政局《关于社会组织培育孵化体系建设的指导意见》;成立北京市社会组织培育孵化平台联合体,并组织京津冀三地社会组织间的合作交流,加大购买社会组织服务的力度,打通社会力量参与社会矛盾化解的通道,参与的社会组织近8000家,占比26.6%,形成群众性、行业性、职业性的优势。天津将全市16个区划分为1.7万多个基础网格,逐步建立专职网格员队伍,一些社区和农村也通过志愿者队伍等方式,延伸网格作用,形成群众社会自治格局。从文化事业发展看,北京有公共图书馆25个,博物馆179个,全年制作电视剧73部3140集。天津有公共图书馆32个,博物馆65个,全年制作电视剧18部。北京社会文化指数在全国处于领先水平。

（3）生态环境指数,北京83.05,天津80.05。解决城市发展面临的环境问题,改变付出环境代价的低效模式,打造低碳经济发展新格局。从绿化水平看,北京城市绿化覆盖率达到48.42%,林木绿化率59.6%,提高0.3个百分点;森林覆盖率43.0%,提高0.7个百分点,人均公园绿地面积16.2平方米。天津建成区绿化覆盖率40%,人均公园绿地面积12平方米。从水资源管理看,北京平原区地下水埋深24.97米,回升0.26米,生态环境用水增长9.7%,工业用水下降8.1%,农业用水下降16.2%。天津地下水源供应量比上年减少2.5%,生态环境用水增长42%,工业用水下降0.01%,农业用水下降12%。从环境治理成效看,北京空气质量达标天数226天,PM2.5平均浓度58微克/立方米,下降20.5%;天津空气质量达标天数209天,PM2.5平均浓度62微克/立方米。北京环境治理修复进程加快,首都生态环境状况明显改善。

（4）公共服务指数,北京82.08,天津82.78。围绕建设服务型政府,切实提高公共服务质量,做到更加亲民和更有效率。一是重视营商环境建设。北京2018年在全国率先进行营商环境考核评价,选取第三方机构对各区营商环境开展评估,指标包括政府部门权力清单制定和发布情况、企业投资项目管理及固定资产投资项目办理情况、人才公共服务保障情况、公平竞争审查制度落实情况、政企沟通和反馈机制建立及落实情况等,公开成绩单,查找不足,补齐短板。天津推进市级行政许可事项改革,在全国率先实施"五证合一、一照一码"登记制度,新增市场主体16.9万户,增长23%。二是提高公共服务质量。北京一般公共预算支出6819.5亿元,增长6.4%,其中一般公共服务支出增长34.3%;基础设施投资投向交通运输和公共服务业的比重分别为44.5%和23.3%。天津一般公共预算支出3282亿元,公共服务支出主要投向20项民生工程,支持钢铁行业去产能职工再就业,实施京津冀协调发展的产业、生态、交通重点领域项目等。三是抓好公共安全治理。北京对社会高度关注的食品安全犯罪加大打击力度,使案件数量大幅下降,2013年刑事审判食品安全犯罪案件有285件,2015年下降到224件,2018年降低为17件。天津2018年侦破食品安全类刑事犯罪116起。由于城市公共服务聚焦企业与居民需求,促进了供给侧改革加快与政策落地见效。

（5）居民生活指数,北京90.07,天津89.57。在改善生活质量方面通过"四个增加",让居民更多地体验到城市发展带来的福利。一是增加居民人均收入,保持近几年来较高的增长率,有力地拉动了消费升级。北京居民人均可支配收入57230元,增长8.9%;居民人均消费支出37425元,增长5.7%。天津居民人均可支配收入37022元,增长8.7%;居民人均消费支出27841元,增长6.6%。二是增加城市就业渠道,出台多项政策吸引人才、扶持创业,较好地缓解了城市转型发展中的就业压力。北京城镇登记失业率1.43%,天津城镇登记失业率3.5%,分别比全国城镇登记率3.9%低2.47和0.4个百分点。三是增加保障房供给,抑制楼市价格过快上升,提高了保障性住房受益面。北京新建保障性住房6.5万套,竣工9.1万套,公开配租1.3万户;天津建成保障房5.5万套。四是增加养老机构及床位,促进社会养老事业发展,更好地满足不同层次养老需求。北京养老机构654家,增长7.74%,床位数14.86万张,增长11.97%;天津养老机构385家,80%与医疗机构签约服务,并对养老机构设置的医疗机构,符合条件的纳入基本医疗保险定点范围。通过持续加大改善民生的投入,城市发展对提升居民生活质量作用日益显著。

2.上海城市品质指数。

上海是长三角一体化发展的核心城市,具有国际经济、金融、贸易、航运、科技"五个中心"功能优势,从20世纪90年代开发浦东起,进入全面改革开放的高速增长期。上海城市品质指数为88.30,5项分指数总体状况相对均衡,各种发展要素得到优化配置,资源得到充分开发利用,促进了全球化城市建设与发展。上海城市品质指数的5项分指数情况如下:

（1）经济发展指数,上海97.89,在4个直辖市中最高。以经济总量30133.86

亿元位列全国城市第一,但人均GDP12.48万元,低于北京0.42万元。服务业增加值占GDP比重为69.0%,城镇化率87.70%,分别高于全国17.40、29.18个百分点。通过加快经济结构调整,实现新动能替代的明显增长,战略新兴产业增加值4943.51亿元,增长8.7%,占GDP比重为16.4%,其中制造业增加值增长8.1%,服务业增加值增长9.2%。保持研发与试验发展高投入,研发经费占GDP比重连续五年增长,从3.49%提升到3.78%,比全国水平高1.65个百分点。人才高地建设形成规模,非沪籍应届高校毕业生直接落户9.7万人,引进海外人才110426人,2017年新当选两院院士13人、占全国10.2%。推进关键核心技术创新,专利授权7.05万件,其中发明专利2.07万件;每万人口发明拥有量41.5件,增长17.9%。

（2）社会文化指数,上海92.64,在4个直辖市中位列第二。积极探索社会组织参与城市管理新模式,市民政局、社团局联合有关部门出台"1+2+1"系列政策文件,即《关于加快培育发展本市社会组织的若干意见(试行)》《关于加强本市社会组织服务中心建设的指导意见(试行)》《上海社会基金会建设指引(试行)》《建立上海市承接政府购买服务社会组织推荐目录(试行)》,形成一套规范培育发展社会组织参与社区治理的顶层设计和制度安排。全市共登记社会组织14093家(含基金会325家、社会团体4030家、民办非企业单位9738家),基层社会合作打造出一批公益服务品牌。文化产业规模持续扩大,成为经济发展的支柱性产业,文化产业增加值达到2081.42亿元,占GDP比重6.8%;文化产品和服务出口91.1亿美元,增长3.6%。市级文创园区总面积达到717万平方米,入驻文创企业总数近2万家,创造税收超过300亿元。文化品牌影响力显著提升,包括上海国际电影节,中国国际数码互动娱乐展览会、上海国际艺术节、"上海之春"国际音乐节、中国上海国际童书展等,激发了文化业态创新活力。

（3）生态环境指数,上海80.22,在4个直辖市中位列第三。加大环保投入力度,比例保持在GDP3%左右。绿色建筑面积达1.1亿平方米,单位生产总值能耗累计下降22.8%,PM2.5年平均浓度从2013年的62微克/立方米下降到2018年的39微克/立方米,空气质量优良率为75.8%,提高0.4%。一般工业固体废物处置量99.98%,综合利用率93.77%;生活垃圾无害化处理率100%;解决水质性缺水问题,城区污水处理率93%,建制镇污水处理率68%,提高3个百分点。新建廊下等6座郊野公园,森林覆盖率从13.1%提高到16.2%。建设崇明世界级生态岛,生态环境得到不断改善,自然湿地保有率达38%,森林覆盖率达24%,河湖水面率为9.54%;国家一级保护动物——中华秋沙鸭首次现身东滩,在生态修复区内栖息的鸟类超过6万只;"鸟中大熊猫"黑脸琵鹭冬天在崇明数量达到91只,创下东滩保护区有记录以来的最高值。

（4）公共服务指数，上海82.41，在4个直辖市中位列第二。大力推进"放管服"改革，提升公共服务质量与效率。发布实施全市三级政府行政权力清单和责任清单，率先开展证照分离改革试点，取消调整行政审批事项1854项、评估评审事项341项。全面实施当场办结、提前服务、当年落地"三个一批"改革。政府定价项目从108项减少到53项，292家审批相关的中介服务机构与政府部门脱钩，611家行业协会、商会与行政机关脱钩。市、区两级综合监管平台开通，建立起综合监管为基础、专业监管为支撑的事中事后监管体系。推进基本公共服务均等化，实现城乡统一的居民养老保险、医疗保险、低保等基本保障制度。攻克城市交通不畅堵点，依法从严开展道路交通违法行为大整治，建成61条区区对接道路，新增225公里公交专用道，成功创建国家公交都市，使城市高峰时段交通体验有了明显改善。

（5）居民生活指数，上海88.36，在4个直辖市中位列最后。打造城市舒适生活环境，增加居民城市生活享受。居民人均可支配收入58988元，增长8.6%；居民人均消费支出39792元，增长6.2%。居民主要健康指标达到世界先进水平，平均期望寿命超过83岁。完善具有广泛受惠人群的三个保障体系，一是住房保障体系，新增供应各类保障性住房49.3万套，改造中心城区二级旧里以下房屋312万平方米；加强房地产市场调控，加快培育发展住房租赁市场。改善老城区居住条件，完成1.2亿平方米居民住宅二次供水设施改造，住宅小区老旧电梯安全评估6263台。二是社会保障体系，扩大到128万镇保参保人员和478.8万来沪从业人员，梯度救助覆盖所有低保、低收入、支出型贫困家庭。三是社会养老体系，新增养老床位4.9万张，新增社区综合为老服务中心100家，享受老年综合津贴达329.7万人。保障体系建设的广覆盖和对特殊人群帮扶，满足了提高人民生活质量的多层次需求。

3.重庆城市品质指数。

重庆是成渝经济圈核心城市，是西南交通枢纽和贸易口岸，对成都平原地区城市群起着重要的辐射与带动作用。城市品质指数为87.60，经济发展指数、社会文化指数、居民生活指数在90以上，反映出城市发展在某些方面的优势。4个直辖市比较，其指数的高低差异较大。随着西部大开发的深入推进，产业向西部转移的步伐加快，重庆将会具有更强的创新活力和更大的发展潜力。重庆城市品质指数的5项分指数情况如下：

（1）经济发展指数，重庆91.99，在4个直辖市中排位不高。重庆在直辖市中人口最多，经济规模相对较低，人口约高于天津一倍，GDP仅高于天津905亿元。GDP19500.27亿元，增长9.3%，高于全国2.4个百分点，为4个直辖市中最高。服务业增加值占GDP比重为49%，低于全国水平2.6个百分点，城镇化率64.08%，两项均为4个直辖市中最低。研发与试验发展经费占GDP比重1.79%,低于全国0.33个百分点;专利授权3.5万件,其中发明专利6138件。从直辖市竞争力看,其经济发展增速较高,但高新技术产业占比较低,规模以上企业创新优势不突出。

(2)社会文化指数,重庆91.50,在4个直辖市中位列第三。在探索新的社会治理方式上取得实效,将"互联网"技术引入社会治理,整合现有综治、信访、司法、群工、数字城管、公共视频等系统,建立派出所、消防、交警等部门协作联动机制,提高了基层为民办事效率。开发应用人工智能预测预警系统,对重大活动安保、突发事件处置、执法办案工作等实施有效管理,提高了问题处置率和难事办结率。重庆南岸区打造社区"微益坊",培育、支持、引导多元主体参与社区治理,整合居民、驻社区单位、社区两委、政府派出机构等力量,建设"益己、益人、益家园"的三益社区,获得全国创新社会治理最佳案例。进一步扩大文化供给,培养文化消费理念,举办重庆文化惠民消费季、重庆夜市文化节等活动,以"品味巴渝文化·共享快乐生活"为主题,推荐优秀文化产品、服务,培育新的消费增长点。文化产业进入提速发展时期,虽有万达文旅、六期乐园、华侨城等知名企业相继落户,但90%以上为小微文化企业,产值亿元以上文化企业不足百家,尚无一家企业入选"全国文化企业30强",资源整合能力不强,产业增加值在西部位列第三。

(3)生态环境指数,重庆82.05,在4个直辖市中位列第二。全面提升生态环保水平,治理水土流失面积1651.6平方公里,营造林面积582.78万亩,森林覆盖率达45.4%。设立自然保护区53个,其中国家级自然保护区6个。加强饮用水源和河库管护,保持长江干流重庆段水质优等,整治黑臭河段和船舶码头污染等环境突出问题,水质满足水域功能要求的断面比例达87.7%,64个城区集中式饮用水水源地达标率为100%。建制镇纳入垃圾无害化处理范围达95%,生活垃圾无害化处理率95.2%。空气优良天数达到303天,PM2.5平均浓度为45微克/立方米,下降16.7%。全市环保企业近5年增加415家,占总额的40.97%,环保产业得到快速发展。

(4)公共服务指数,重庆81.88,在4个直辖市中位列最后。发挥"放管服"改革示范作用,带动西部地区营商环境优化,促进新兴产业和优势企业落户。一是改善产业政策环境,在两江新区进行开放型经济新体制试点,建设国家检验检疫综合改革试验区;自贸试验区出台100多项创新举措,新增企业1.17万家,其中外资及港澳台商投资220户;中新互联互通项目实现跨境融资20.6亿美元,签约项目50.7亿美元。二是改善配套服务环境,开行中欧班列(重庆)663班,"渝黔桂新"南向铁海联运班列常态开行;国际贸易"单一窗口"上线运行,实现全天候通关通检。三是改善研发共享环境,通过政府引导推动,物联网、智能网联汽车等行业建成一批技术创新联盟和研发平台,新增科技型企业3465家;设立北斗导航产品质检中心和国家(重庆)商标审查协作中心,成为国家功率半导体封装测试、工业机器人等高新技术产业化基地。四是改善企业创新环境,设立科技要素交易中心,建立股权投资、债权融资等创新金融支撑体系。

(5)居民生活指数,重庆90.57,在4个直辖市中最高。从百姓最迫切的需求着手,推进基础设施建设,增加公共服务产品。建设便民出行的立体交通体系,实现高铁零的突破,铁路"一枢纽十干线"形成快速通道,高速公路通车里程突破3000公里,江北国际机场旅客年吞吐量达到3872万人次,港口货运年吞吐量达到1.97亿吨,建成国家级互联网骨干直联点。提升居民消费能力,促进生活消费升级,居民人均可支配收入24153元,增长9.6%,居民人均消费17898元,增长9.2%。满足就业、就学、就医需求增长,城镇新增就业74.23万人,增长3.0%,城镇登记失业率3.4%;义务教育基本均衡区县达到35个,占总数92%;公立医院取消药品加成,调整医疗服务价格,减轻患者就医负担。提高城乡参保与救助水平,城乡养老、医保参保率超过95%,有33.97万人享受城市居民最低生活保障,60.22万人享受农村居民最低生活保障,资助55.19万城市困难群众参加医疗保险,资助115.92万农村困难群众参加新型农村合作医疗。一批国贫市贫区县实现脱贫摘帽,1823个贫困村整村脱贫,贫困人口减少194万人。

(二)副省级市城市品质指数分析

我国副省级市共有15个(深圳、南京、广州、杭州、宁波、武汉、青岛、成都、西安、大连、济南、长春、哈尔滨、沈阳、厦门),其中10个为省会城市,5个为计划单列城市;10个属东部地区城市,3个属中部地区城市,2个属西部地区城市。15个城市经济总量161533.44亿元,占全国GDP的19.53%,在城市发展中具有重要地位与明显优势。采用副省级城市数据,具体测算结果如下:

表3 副省级城市品质指数测算表

	经济发展指数	社会文化指数	生态环境指数	公共服务指数	居民生活指数	城市品质指数
杭州	91.37	83.63	86.75	78.13	91.04	86.18
深圳	92.92	80.76	83.88	82.96	89.97	86.10
广州	92.26	82.90	82.90	81.77	89.97	85.96
南京	92.32	92.76	80.40	77.71	86.32	85.90
西安	85.13	88.18	85.73	80.13	89.81	85.80
武汉	90.06	85.56	82.42	85.80	85.09	85.79

	经济发展 指数	社会文化 指数	生态环境 指数	公共服务 指数	居民生活 指数	城市品质 指数
青岛	89.88	83.77	85.55	83.77	85.66	85.73
成都	87.56	85.72	88.16	83.27	83.19	85.58
大连	84.35	84.88	86.69	83.99	87.50	85.48
济南	83.67	84.07	86.66	84.44	86.57	85.08
宁波	90.39	75.79	88.00	84.32	85.43	84.78
厦门	80.53	84.08	88.4	85.00	85.70	84.74
哈尔滨	83.18	83.23	86.96	84.85	84.85	84.61
沈阳	82.99	84.13	83.85	85.20	86.00	84.44
长春	83.58	84.95	83.21	84.91	84.99	84.33

15个副省级城市,城市品质指数位列前两名的是杭州、深圳;广州、南京、西安、武汉、青岛、成都、大连、济南得分均在85分以上;宁波、厦门、哈尔滨、沈阳、长春的品质指数得分接近85分。城市品质指数是对城市5个分项指数的总体评价,有利于分析发展中的短板,促进协调发展,提高综合竞争力和质量效益。具体如图4所示:

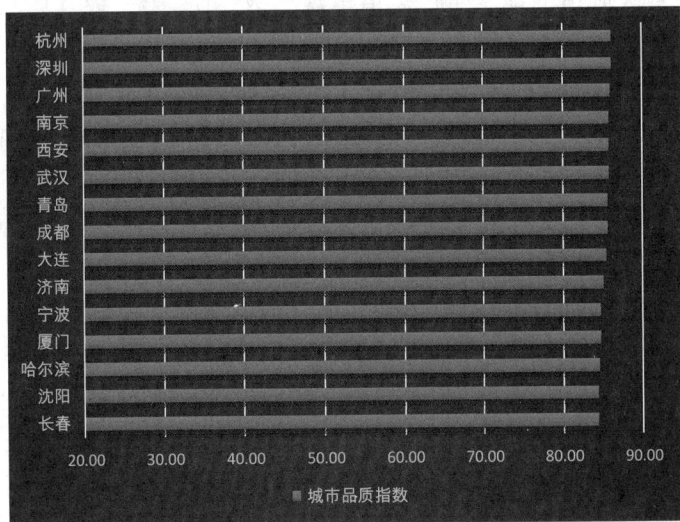

图4　副省级城市品质指数

1.经济发展指数。

经济发展指数重在评价城市经济发展质量,根据副省级城市测算结果可以看出,该项指数有以下特点:

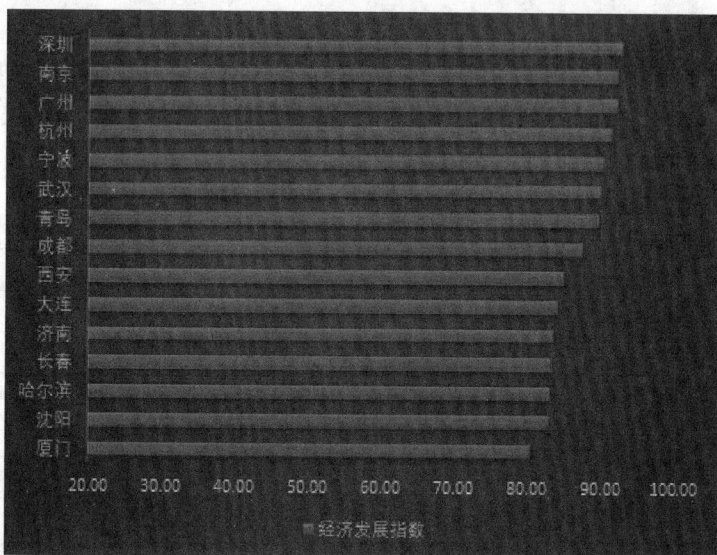

图5 副省级城市经济发展指数

经济发展处于本省领跑位置。2018年深圳、广州、成都、武汉、杭州、南京、青岛等地区生产总值超过万亿元,且深圳、广州在2万亿元以上,经济总量遥遥领先。15个副省级城市的地区生产总值呈现三级台阶,第一级万亿元以上7个城市,第二级7千亿以上万亿元以下4个城市,第三级4千亿元以上7千亿元以下4个城市。沈阳、厦门、哈尔滨、长春等城市经济规模较小。

城市经济结构优化提升较快。在地区生产总值第一台阶的7个副省级城市,服务业占GDP比重均高于全国51.6%水平,广州达到70.94%,杭州达到62.6%,相对较低的成都为53.2%,高于全国平均水平1.6个百分点。反映了副省级城市的服务业发展两极差异。

科技对经济发展贡献率持续增长。从万人发明专利拥有量可以看出创新能力的提升状况,进而衡量新兴产业发展水平,以及科技发展的贡献率。2018年深圳专利授权数94300件,增长25.6%;广州专利授权数60201件,增长24.6%;成都专利授权数41088件,增长24.6%;武汉专利授权数25528件,增长11.2%;南京专利授权数32073件,增长28.2%;杭州专利授权数9872件,增长14.2%。这些城市的专利拥有量总数与增长率均达到较高水平,对产业高端化起到较好促进作用。

2.社会文化指数。

社会文化指数重在关注城市的社会发展与社会治理水平,衡量城市文明、城市文化的提升程度,促进城市提升形象和打造品牌。

分析15个副省级城市的社会文化指数,4个城市得分较高,即东部地区南京92.76,西部地区西安88.18、成都85.72,中部地区武汉85.56,反映了社会文化与经济发展相协调的良好状况。

加大社会文化事业的投入力度。通过弥补社会文化发展短板,增加了城市特色和社会文化公益项目。以西安为例,西安固定资产投入增长8.5%,其中居民服务和其他服务业增长126.5%,教育增长103.8%,卫生和社会工作增长4.7%,文化和体育增长39.8%,与各行业投资相比,是增幅较大和较快的部分。

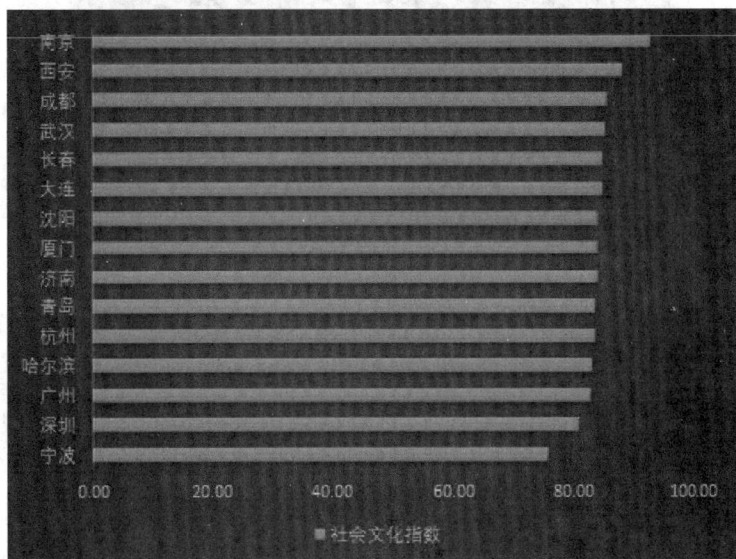

图6 副省级城市社会文化指数

着力提升社会文化活动影响力。城市从全力推动内外贸易向重视加强多层次文化交流发展。以成都为例,成都市坚持稳中求进工作总基调,加快建设全面体现新发展理念的城市,转变城市发展方式,重塑产业经济地理,全市经济呈现活力增强、稳中向好、信心倍增的发展态势。文化服务持续完善,全年文化创意产业增加值785.2亿元,占地区生产总值比重为5.7%。年末有博物馆35个,文化馆22个,公共图书馆22个,馆藏图书1997.5万册。年末全市拥有广播电台14座,制作广播节目18套;拥有电视台14座,制作电视节目20套。年末全市有线电视用户386.0万户,其中数字电视367.8万户。档案馆24个,其中国家综合档案馆21个,向社会开放各类档案660.3万卷。

3.生态环境指数。

生态环境指数反映生态保护与环境治理状况,强调建设人与自然和谐共生的社会形态,实现可持续发展的目标,确保生态环境能够更好地承载城市发展。

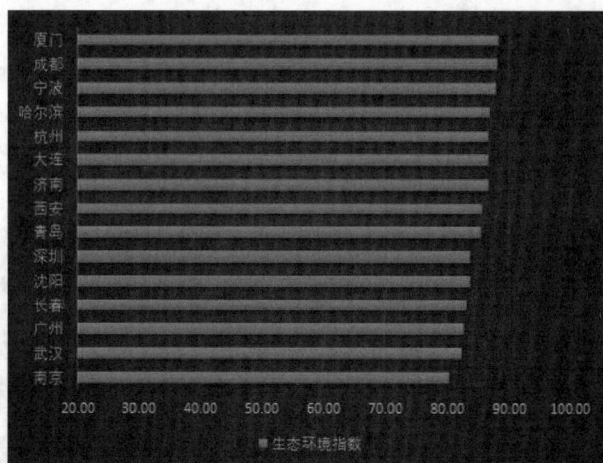

图7 副省级城市生态环境指数

在15个副省级城市中,厦门、成都、宁波、哈尔滨、杭州等9个城市的该项指数得分在85以上,其中成都、杭州、深圳、南京等达到8%以上的较高经济增长率,并没有以降低生态环境标准为代价,在这些城市转型发展方式初见成效。

积极推进工业布局调整。一方面是促进城市发展动能的转换,加快发展高端产业和服务业,另一方面是推动能耗高、污染重企业产能减少与关闭。以杭州为例,杭州为打造全国数字经济第一城,在数字基础设施、数字技术创新、数字赋能产业、数字金融服务、数字城市建设等方面构建生态体系,数字经济增长21.8%,占GDP比重为25.6%。同时淘汰落后和过剩产能170家,消减挥发性有机物排放量9974吨,规模以上工业单位增加值能耗下降4.1%。

加大建成区和乡村环境建设力度。不论是旧城改造,还是新城建设,以及新农村建设,都把改善环境放到突出位置,用较短时间取得突破性进展。以成都为例,2018年成都建成绿道633公里,新增公共绿地16.3万平方米,建成区绿化覆盖率达到41.6%。深圳增建公园21个,累计达到942个,公园面积2.2万公顷,绿化覆盖面积10.19万公顷,建成区绿化覆盖率高达45.1%。

对各类污染源实施有效治理。坚持依法进行治理和监控,遏制住环境污染事件频发势头,促进了空气、水质、土壤等环保达标。例如成都,作为汽车拥有量较高的城市,在清理整治"散乱污"企业1.4万多家的同时,以铁腕治霾,淘汰黄标车2.39万辆,PM10、PM2.5平均浓度分别下降13.7%、10.2%,还市民235个空气质量达标天,达标天数增长9.8%。

4.公共服务指数。

公共服务指数突出城市基础建设、服务效能等建设,反映了城市营商环境与公共产品投入水平,是提升副省级城市首位度与开放度的关键性指标,对城市发展的辐射力和影响力具有决定性作用。营商环境地域差异缩小。改革开放起步较早的东部沿海地区,营商环境基础较好,吸引了大量投资和人才。随着西部开发、中部崛起,中西部的营商环境有了明显改善。在粤港澳大湾区研究院发布的2018年中国城市营商环境报告中,广州、武汉进入TOP10。广州位列第一,在开办企业、执行合同、财产登记等世界银行调查数据上居于全国领先水平,内外投资增速、税负水平等指标也名列前茅,体现了优越的软环境及较低的交易成本。

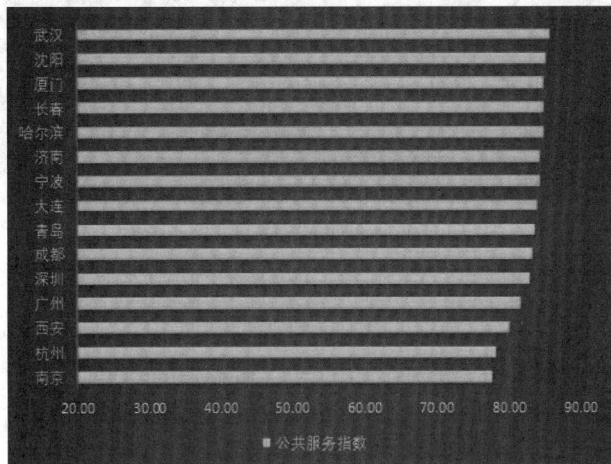

图8 副省级城市公共服务指数

城市基础设施有较大改善。路网建设特别是高铁发展,使东部与中西部的联系更快捷,形成都市圈同城效应;地铁建设缓解了城市交通压力,提高了公交客运舒适度。广州开通贵广、南广、武广、广深港、厦深等"三纵两横"高铁线,地铁;杭州高铁、地铁,武汉高铁,地铁。其他基础设施建设,包括道路面积、航空吞吐量、供气量、货运量、移动电话接入互联网等,广州、深圳、杭州等城市都有明显优势。

公共安全管理水平稳步上升。加大安全质量监督检查力度,提高百姓安全感和满意度。以武汉为例,武汉推行大数据道路智能风控,将300万辆汽车保有量、日出行人次3000万纳入道路交通安全风险防控中心管理,将风险控制在事故之前,通过加强危险路段治理,及时发布交通安全风险预警,强化安全事故责任单位追责,使交通事故明显降低。高德地图发布《2018年度中国主要城市交通分析报告》,评价武汉"互联网+交通"发展程度与一线城市并肩,其在城市拥堵榜上排名,从2015年的第10位下降到2018年的第47位。

5.居民生活指数。

居民生活指数衡量城市发展对民生改善的情况,在城市化率提高过程中切实提高生活质量,使更多人享受城市美好生活,享受更好的教育、医疗和社会保障,能够有更多的就业创业机会、更高的可支配收入。

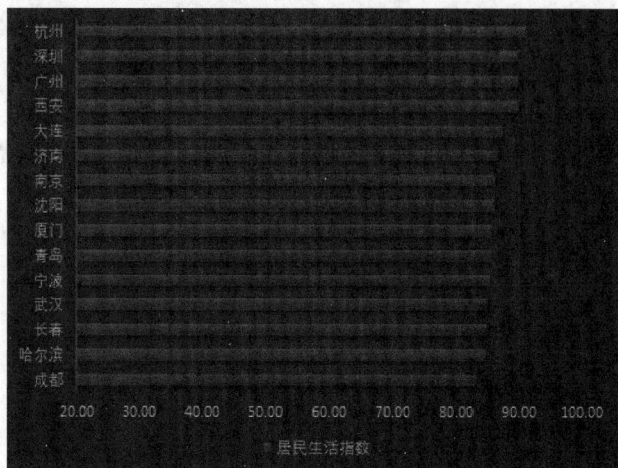

图9 副省级城市居民生活指数

从15个副省级城市的该项指数看,杭州该指数得分超过90分,位列第一;深圳、广州、西安、大连、济南、南京、沈阳、厦门、青岛、宁波、武汉紧随其后,得分均在85分以上,反映出城市发展对生活的改变和带来的实惠。

常住人口增长和就业增加。随着城市经济体量的扩大,创新活力和竞争力的提升,增强了对人才和劳动力的吸引。2018年末,杭州全市常住人口比上年末增加28.00万人,全市新增城镇就业人员29.71万人,安置失业人员再就业11.04万人。合肥常住人口达796.5万人,增加9.60万人,新增就业7.8万人。

人均收入增长和消费升级加快。城镇居民、农村居民可支配收入增长高于经济增长水平。合肥地区生产总值增长8.5%,城镇居民可支配收入37972万元,增长9.0%;农村居民可支配收入18594万元,增长9.0%。西安地区生产总值增长7.7%,城镇居民可支配收入38536万元,增长8.2%;农村居民可支配收入16522万元,增长8.8%。

社会保障能力进一步提升。在完善职工社会保障、新农合保障基础上,更加关注老龄化问题、低收入人群困难。大连共有城乡社区养老服务中心320个,各类收养性社会服务机构300个,提供收养服务床位4.5万张。有3.33万名城镇居民和4.41万名农村居民得到政府最低生活保障。全年投入临时救助、医疗救助等专项救助资金0.94亿元,保障各类困难群众11.2万人次。

(三)地级市城市品质指数分析

选择长三角、珠三角、京津冀地区有代表性的地级市,并参照2018年全国地级市排名,加上贵州省省会贵阳、山西省省会太原,最终共确定31个地级市,利用品质城市评价指标体系进行实证分析。所选择的31个地级市中,包括:东部地区22个城市,为河北2个、山东3个、江苏9个、浙江4个、福建2个和广东2个;中部地区7个城市,安徽1个、河南2个、湖南1个、江西1个、山西1个、广西1个;西部地区2个城市,贵州1个、云南1个。这些城市地理位置重要,人口数量较大,是国内经济和社会发展水平比较领先的城市,在东部较为密集,特别是在江苏最为集中;在中西部9个城市中,有7个是省会城市,没有更多其他地级市入围,且地域跨度大、较分散,反映了城市群发展与东部有较大差距。采用选择的地级市数据,具体测算结果如下:

表4 地级市指数测算表

	经济发展指数	社会文化指数	生态环境指数	公共服务指数	居民生活指数	城市品质指数
苏州	93.26	79.90	88.90	78.77	86.37	85.44
长沙	90.18	81.10	86.44	82.23	87.03	85.40
佛山	90.08	80.95	86.71	80.91	87.99	85.33
福州	88.06	80.39	87.16	81.00	87.65	84.85
无锡	90.99	84.50	83.05	79.78	84.57	84.58
郑州	86.18	80.23	80.96	82.85	88.85	83.81
合肥	82.23	80.40	89.09	82.84	82.07	83.33
泉州	81.19	82.03	84.15	84.10	85.00	83.30
南通	86.56	82.72	84.16	83.27	79.19	83.18
南昌	80.90	82.14	84.11	84.87	83.76	83.16
泰州	88.56	80.56	85.42	76.80	80.09	82.29
东莞	89.53	78.98	82.40	79.00	81.30	82.24
烟台	83.15	80.80	85.78	76.42	84.76	82.18
昆明	80.35	80.08	89.69	77.49	82.50	82.02
绍兴	83.77	81.27	88.06	74.50	81.25	81.77
石家庄	80.24	80.91	77.69	83.37	85.60	81.56
徐州	80.98	81.90	81.94	80.73	82.03	81.52
常州	88.02	77.11	85.64	74.81	80.72	81.26
扬州	83.88	79.77	86.55	79.77	74.46	80.89
嘉兴	83.61	80.57	85.17	76.91	73.91	80.03
镇江	80.98	81.90	84.94	70.73	78.03	79.32
台州	77.37	71.15	87.38	75.88	84.14	79.18
贵阳	84.53	78.58	78.40	76.80	76.10	78.88
潍坊	82.03	72.58	84.00	75.50	75.70	77.96
南宁	74.53	81.58	82.40	76.00	73.30	77.56
唐山	75.17	76.05	76.38	80.18	80.04	77.56
温州	71.13	81.18	86.73	71.63	76.81	77.50

	经济发展指数	社会文化指数	生态环境指数	公共服务指数	居民生活指数	城市品质指数
盐城	80.24	78.91	77.69	69.37	80.60	77.36
淄博	80.53	71.58	83.40	75.10	75.20	77.16
洛阳	72.53	80.18	80.20	74.40	72.90	76.04
太原	76.53	77.58	73.40	75.00	75.70	75.64

该指数85分以上的城市有3个,分别是:苏州、长沙、佛山。有11个城市的城市品质指数在80分以下,有17个城市的城市品质指数在80分~85分之间。城市品质指数是对五项分指数进行加权综合,在省会城市前5的是长沙、郑州、福州、合肥、南昌;省会城市除外,品质指数排在前5的城市为:苏州、佛山、无锡、泉州、南通。

1.经济发展指数。

经济发展指数90以上城市4个,80以下城市6个,其他21个城市在80分~90分区间。从经济总量看,苏州、无锡、长沙超过万亿元,较低的城市不到其1/2,不足5000亿元;从经济增速看,所选的地级市绝大多数超过全国平均增速,反映了城市发展质量、竞争力提升的状况。

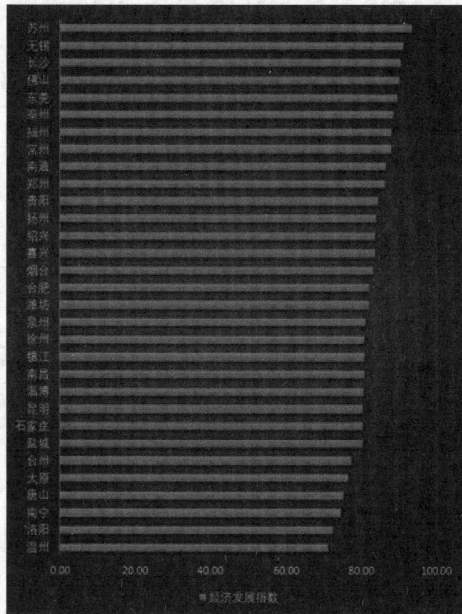

图10　地级市经济发展指数

增强经济发展实力。东部城市地区经济总体水平较高,苏州、无锡超过万亿元,共同特点是工业产业布局与发展较好,经济开放性高,人均GDP分别全国为第8、第7位。中部地区长沙发展耀眼,以地区生产总值过万亿元进入直辖市以外的全国前10,与其他经济强市同台竞技,作为中西部省会城市的优势较为突出。经济总量亿元以下、7000亿元以上有8个城市,其中一个为中部地区城市。佛山、郑州地区生产总值分别为9549.6亿元、9130.2亿元,已逼近万亿大关,佛山制造业产业链完备,由产业集群形成产业镇,对经济增长有较高贡献率。南通地区生产总值7734.6亿元,高于东莞、泉州、福州、烟台等城市,其"两新"产业快速发展,高新技术产业产值7564亿元,增长14.9%,其规模以上工业比重达50.3%;六大新兴产业产值5083亿元,增长11.7%,占规模以上工业比重达33.8%。经济总量7000亿元以下城市,经济增速在8%以上的有6个城市,西部地区昆明9.7%、中部地区南昌9.0%、东部地区温州8.4%、泰州8.2%、常州8.1%、扬州8.0%。昆明非公经济增长明显,增加值2270.73亿元,增长9.9%,新登记市场主体14.9万户,增长40.1%,新登记个体工商户10.2万户,增长72.3%。泰州固定资产投资中,制造业投资占比达到62.8%,居于江苏省首位,其中高新产业投资项目1150个,完成投资额739.34亿,占全社会固定资产投资比重21.9%,高新技术产业产值占规模以上工业产值比重为43.0%,带动城市经济结构调整,保持了连续多年的高位增长。

推进产业结构调整。城市功能的变化与扩大,推动着产业结构调整,而产业结构优化则成为经济发展的新增长点。在31个城市中,产业升级的区域特征较明显。全国服务业占GDP比重为51.6%,31个城市中有4个城市高于全国水平,其中东部城市温州58.0%,东莞52.3%,中部城市郑州51.7%,西部城市昆明57.3%;其他城市低于全国水平。温州加快发展服务贸易,国际服务贸易进出口额279.5亿元,同比增长10.7%;其中服务贸易出口额112.1亿元,增长23.3%;境外投资总额达6.89亿美元,新批境外投资项目25个,其中对"一带一路"沿线国家投资5.46亿美元,占境外投资比重的79.2%。福州服务业占比50.98%,在其他20个城市中最高,开展服务业跨越发展行动,出台配套政策23项,启动建设55个项目,已完成投资537亿元、竣工34个,新增省级服务型制造示范企业9家、省级服务型制造公共服务平台4个,入选国家供应链体系建设首批重点城市。在服务业占比低于40%的城市中,主要是东部地区经济较发达城市,包括唐山34.1%,苏州32.1%,泉州39.11%,3个城市工业化水平较高,其中苏州工业总产值达3.2万亿元,增长10.4%,加大了二产与三产的比重差距,在人均GDP达到24092元,接近人均GDP4000美元,世界上一般城市处在这个发展阶段,是产业结构变化、服务业占比较快提升的时期,苏州服务业没有滞后,特别是生产性服务业与工业化程度不匹配,反映了一种"逆常规"产业发展状况,服务业对二次产业持续发展的支撑值得关注。

重视创新能力提升。2018年全国研究与发展经费支出占GDP比重为2.12%,苏州、佛山、东莞等城市研发经费支出占比高于全国水平,分别为2.8%、2.7%、2.6%。苏州高新区(4个国家级高新区、6个省级高新区)研发经费投入强度4.4%,高新园区拥有高新技术企业2263家,占全市的54.75%;省级及以上科技孵化器数量达88家,占全市的94.6%。佛山规模以上工业企业研发机构建有率45%,其中主营业务收入5亿元以上工业企业实现全覆盖;推进珠三角国家自主创新示范区建设,启动"一环创新圈"和禅南顺(三龙湾)高端创新集聚区规划,主动对接广深科技创新走廊,佛山国家高新区全国排名由第38位上升至第29位。东莞强化智能制造要素支撑,筹建国家智能制造装备监督检验中心,推进华为、OPPO、VIVO、紫光等重大项目建设,着力巩固电子信息产业的优势。省会城市研发经费投入强度均低于全国水平,其中较高的是合肥2.05%和石家庄1.98%、福州1.98%。福州加快推进科技创新平台建设,投入1000万元支持"中国·福州物联网开放实验室",共资助发明专利2085件、奖励1925件,总金额1717.25万元。郑州研发投入强度为1.74%,其中用于试验发展的经费较大,共143.4亿元,占全部研发经费的90.4%,非工业企业研发经费34.9亿元,增长79.9%,增速比全国37.3%高近42个百分点,服务业企业研发经费9.2亿元,增长29.6%。

2.社会文化指数。

从社会文化指数在31个城市间分布情况看,受东中西部地域因素影响较小,该指数80分以上城市20个,70分~80分之间的城市11个,其中唐山、台州、淄博等城市指数排名靠后。该指数较高的城市,注重经济社会发展的统筹协调,社会文化事业有了较快发展;而该指数较低的城市,说明存在社会文化建设的短板。

图11　地级市社会文化指数

创新社会治理方式。在城市建设发展中,强化社区文化引领,鼓励社区居民参与,增加社区服务供给,更好地化解社区矛盾和促进社会稳定。以郑州为例:郑州实施"网格化+"城市服务管理,促进城市管理、社会治理、公共服务、环境保护的信息化、数据化、网络化、在线化,与各种客户端进行点对点精准服务和精细管理,以社区反映问题线上报送、及时分析处置,做到了快速高效反馈。石家庄有社会组织3014个,其中社会团体930个、民办非企业单位2084;依托街道综合服务中心和城乡社区服务站等设施,建立社区社会组织综合服务中心;采取降低准入门槛、实行报备制度、政府购买服务等措施,积极探索社区社会组织培育发展模式。

促进文旅产业发展。根据文化旅游消费增长趋势,发展有区域特色、城市优势的项目,积极打造城市文旅品牌。以扬州、福州为例:扬州将文化项目纳入旅游体验,新设24小时城市书房11家,木偶研究所被联合国教科文组织授予中国木偶艺术人才传承培训基地。郑州会展业快速发展,承办上合组织政府首脑(总理)理事会第十四次会议、第13次中欧区域政策合作研讨会,举办国际旅游城市市长论坛、黄帝故里拜祖大典、郑州航展等大型文旅活动,城市文化知名度得到提升。福州扩大闽都文化论坛在国内外的影响,中华龙舟大赛、环福州·永泰国际公路自行车赛、福州国际马拉松赛等成为城市名片。

3.生态环境指数。

生态环境指数85以上的城市16个,其中,昆明、合肥、苏州排在前三名,反映了生态建设对形成新的城市发展模式的促进作用;另外,东部地区泉州、佛山、无锡、福州等城市的生态环境指数得分,反映了在工业化城市加大环境治理力度的实际成效。该指数较低的城市为太原、唐山、盐城、石家庄,与经济发展水平及地域环境不相称,说明对城市发展的不利影响与制约。

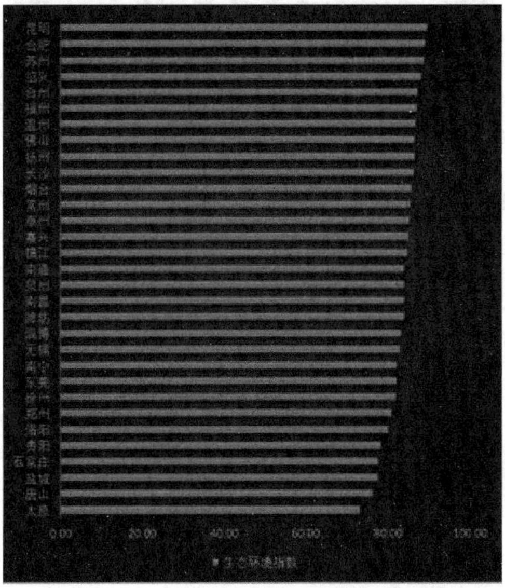

图12 地级市生态环境指数

重视加强生态建设。中西部地区城市重视发展过程中生态建设,避免重蹈环境问题暴发再治理的覆辙,把维护生态环境放在优先考虑的位置。以南昌为例:南昌首次与发达国家专业机构合作,引入瑞士水务公司参与西湖黑臭水体治理,探索运用国际经验参与城市建设的新模式。

调结构与抓治理结合。以长沙为例:长沙获批全国低碳试点城市后,加快推进环境卫生整治、污水处理试点,率先推广两型标准认证、实施系统生态补偿,农业废弃物资源化利用成为全国样板,造林1万公顷,森林覆盖率、绿化覆盖率分别达54.82%、41.5%,综合配套改革经验在全国推介。

以建设项目带动环保提升。以郑州为例,该市以森林、湿地、流域、农田、城市五大生态体系为着力点,以创建国家生态园林城市为抓手,建设10个万亩以上森林公园、20个郊野公园、26处生态遗址公园,累计新造林34.2万亩,森林抚育改造16.8万亩,建成生态廊道3950公里、市级综合公园2个、区级综合公园27个,建成区绿地率达到35.5%。

4.公共服务指数。

公共服务指数在31个城市均未超过90,排在前几位的城市为南昌、泉州、石家庄、郑州和南通。该指数低于80的有20个城市,其中河南1个,山东3个,江苏7个,浙江4个,云南1个,贵州1个,广西1个,河南1个,山西1个,反映公共服务在同一区域的较大差异。

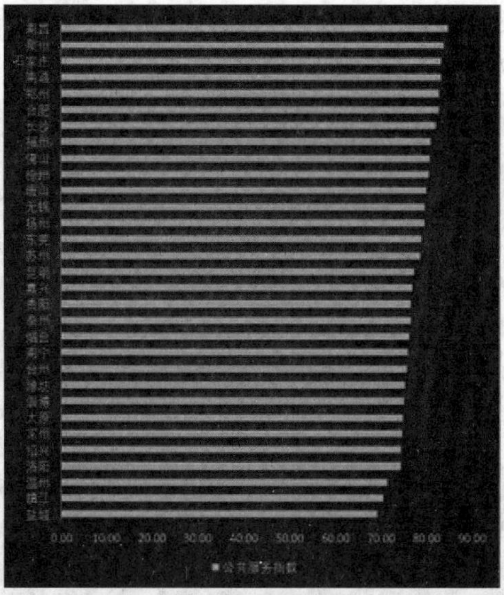

图13 地级市公共服务指数

推进"放管服"改革。着力改善政府服务形象,落实便民惠民和提高效率措施,让企业和群众办事更方便。以南通为例,南通推进"互联网+政务服务",建设

"一网一门一端一号一码"政务服务体系,实现与企业、市民密切相关7个方面服务事项网上受理、办理和反馈。建成智慧南通交通公共服务平台,为市民提供智慧经济、智慧人文、智慧治理、智慧交通、智慧环保、智慧生活六大板块1000项以上惠民服务。苏州工业园区、张家港市、昆山经济技术开发区获评江苏改革开放40周年先进集体,6人获评先进个人。商事制度改革、事中事后监管等举措获国务院通报表彰。全年新增私营企业9.9万家,注册资本4302亿元;新增个体户17.6万家,注册资金219亿元。在全国率先启动推广"互联网+不动产抵押登记"模式。供给侧结构性改革取得实效。

增加公共服务供给。在弥补城市发展短板,满足社会消费需求增长上积极作为。以南昌为例,南昌积极解决小微企业融资难题,发放"财园信贷通"贷款5.35亿元。国地税联合办税模式被商务部、国税总局等13个部委,确立为首批开放型经济管理新模式可复制成功经验,在全国范围推广。

重视市民满意度评价。对公共服务状况进行公开评价,促进不断提升服务质量效率。以泰州为例,泰州开展"十佳社区服务品牌"评选,根据居民满意度调查结果、专家评审,对社区服务内容和服务成效进行评价,形成年度最有影响力十佳服务品牌,扩大宣传效果和社会影响。

5.居民生活指数。

居民生活指数85以上的城市有7个,除郑州、福州、长沙、石家庄外,另外三个居民生活指数较高的城市为佛山、苏州、泉州;有11个城市居民生活指数的得分在70分~80分之间,在80分~85分之间有13个城市。

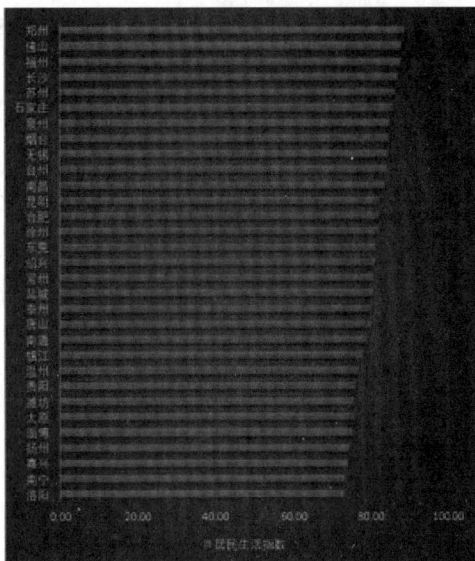

图14 地级市居民生活指数

保持人均收入较高增速。城市发展更加重视改善居民生活,特别是提高农村居民收入,关注低收入人群和贫困人口生活状况。从人均可支配收入增长率来看,南通、泰州较高,南通城镇、农村人均收入增长率分别为8.9%、9.2%;泰州城镇、农村人均收入增长率分别为8.8%、9.1%,高于全国8.3%、8.6%水平。泰州坚持以人民为中心的发展思想,专注于保基本、补短板、兜底线、促公平,支持重点群体创业就业,发放创业担保贷款8.1亿元,新增创业9万人、就业10.4万人。推进城乡居民基本医疗保险市级统筹,生育与职工医疗保险合并实施试点经验全国推广,提前两年实现了城乡低保标准一体化。市区基本建成保障性住房3068套,上争棚户区改造补助资金2.5亿元。全省首创养老服务"三张券","泰有福"养老服务平台建成运营,居家养老上门服务惠及14万老年人,夕阳红老年中心开放接待9万人次。

促进就业状况持续稳定。在经济下行压力增大,城市人口结构发生变化,人才及劳动力竞争加剧,老龄化速度加快的背景下,把促进就业稳定作为重大民生工程,以稳定就业来促进居民收入和消费水平的提升。中西部地区为解决就业问题多措并举,以郑州为例,郑州常住人口988.1万人,新增就业13.2万人,下岗再就业3.6万人,新增农村转移劳动力8.0万人,占人口总数的2.5%,城镇登记失业率2.3%;南昌常住人口546.35万人,新增就业8.62万人,新增转移农村劳动力4.43万人,占人口总数的2.34%,城镇登记失业率3.38%,低于全国登记失业率3.90%水平。

不断提高民生项目投入。东部经济发达地区对民生更加注重需求增长,在城乡一体化建设中,加大基本社保推进力度,提高覆盖人群、待遇标准和服务水平,为改善生活质量、满足消费增长需求提供支撑。以福州为例,福州永泰、闽清分别是省、市级扶贫开发重点县,对所有扶贫对象建档立卡,确保实现如期脱贫"摘帽";成立扶贫发展基金会,建成福州市惠民资金网。中部地区兼顾社会发展的需求多样性,既增加民生服务新项目,又加快补齐民生方面短板。以长沙为例,长沙加快城乡基础设施对接,新建、改造农村公路744.7公里,完成水利工程建设3万余处、水毁工程修复8487处,改造危桥28座、农村危房9327户,将优质公共服务加快向农村延伸,农村自来水普及率达85%;农村养老服务设施覆盖率达60%以上;农村建制村通客车率达99.7%。天心区建成全国老龄健康能力服务示范城区,并率先在全国创新医疗卫生融资模式。

(四)区域城市群城市品质指数分析

据2018年全国GDP前100强城市的分布情况,根据地域差异划分100个城市为京津冀地区、长三角地区、珠三角地区、东北地区、其他地区五大类别,其中含京津冀城市群8个城市、长三角城市群24个城市、珠三角城市群11个城市、东北城市群5个城市、其他东中西地区52个城市。

基于品质城市评价指标体系,对以上五个区域的城市群进行实证研究和分析,以期对这些地区城市发展起到一定的指导和促进作用。

1.京津冀地区。

京津冀地区是中国三大城市群之一,包括13个城市,2018年进入GDP百强的城市为北京、天津和河北省6个地级市。

城市品质指数前三为北京(88.22)、天津(86.78)、石家庄(81.56),北京在5个分指数中除公共服务外4个位列第一,天津5个分指数均位列第二,石家庄公共服务指数位列第一,另有三个指数在80以上,但生态环境指数较低(77.69)。其他5个城市得分在79至69区间,对各城市进行5个分指数横向比较,经济发展指数沧州较低(63.73),社会文化指数廊坊较低(65.90),生态环境指数沧州较低(71.40),公共服务指数沧州较低(70.71),居民生活指数廊坊较低(70.07)。降低品质城市的主要因素,廊坊为2个指数低于70.00,保定、邯郸各有1个指数低于70.00。

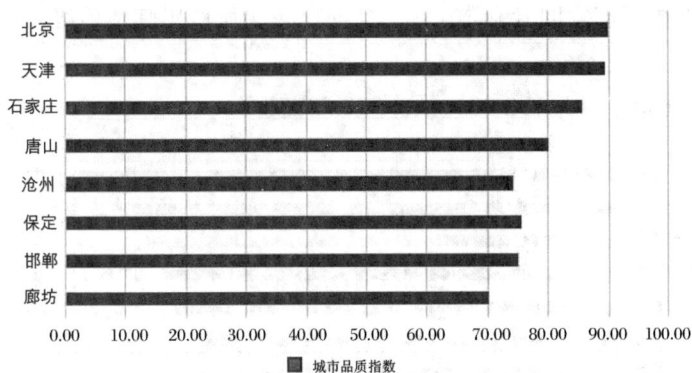

图15　京津冀地区城市品质指数

(1)经济发展指数。

经济发展指数北京(92.99)、天津(90.99)较高。

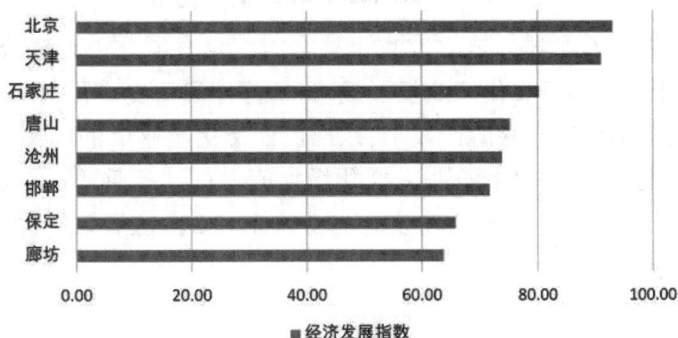

图16　京津冀地区经济发展指数

北京、天津在城市转型过程中保持经济稳定和持续增长,形成新的经济增长极,作为京津冀城市群核心的辐射带动效应进一步增强。2018年北京GDP为33105.97亿元,天津GDP为13362.92亿元,人均GDP分别为15.31万元、8.57万元,服务业增加值占GDP比重分别为81.00%、58.62%,城镇化率分别达到86.50%、83.15%,处于全国领先水平。随着京津冀协同发展,天津承接北京非首都功能疏解,2018年滨海—中关村科技园累计注册企业941家,京冀企业在天津投资迅速增长,全年投资到位资金1233.88亿元,占全市实际利用内资的46.4%。京津冀其他城市经济发展水平存在较大差异,石家庄、唐山地区生产总值分别为5586.6亿元和6955亿元,其他地级市地区生产总值低于4000亿元。除秦皇岛服务业占比53.0%,其余地区服务业占比为普遍低于全国平均水平52.2%,较低的唐山为37.1%;常住人口城镇化率石家庄、唐山市高于全国59.58%平均水平,石家庄、廊坊均为61.64%,其他9个城市低于全国平均水平。创新能力方面研发投入、科技力量不足,承德国家发明专利数73项,横向比较明显低于其他地级市。

(2)社会文化指数。

社会文化指数北京(92.90)、天津(90.50)较高。

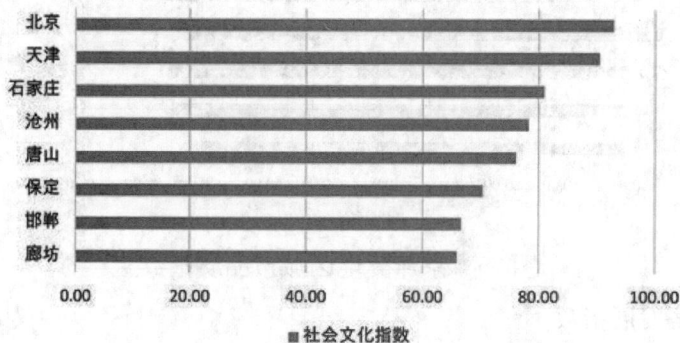

图17　京津冀地区社会文化指数

北京、天津如前所述。成立北京市社会组织培育孵化平台联合体,石家庄实施"两带两区一中心"文化产业发展战略,即滹沱河历史文化与文体休闲产业带、两部红色文化与生态旅游产业带;东部民俗文化产业聚集区、南部文创智造产业聚集区;主城区文化创意中心,文化增加值占GDP比重约4.73%,占全省文化产业增加值比重22%,规模以上文化企业占全省1/5,位居第一,共有5家文化企业在"新三板"上市。

(3)生态环境指数。

生态环境指数北京最高(83.05)、天津(80.05)、廊坊(78.09)、石家庄(77.69)排列较前,沧州得分最低(71.40),与北京相差11.65。

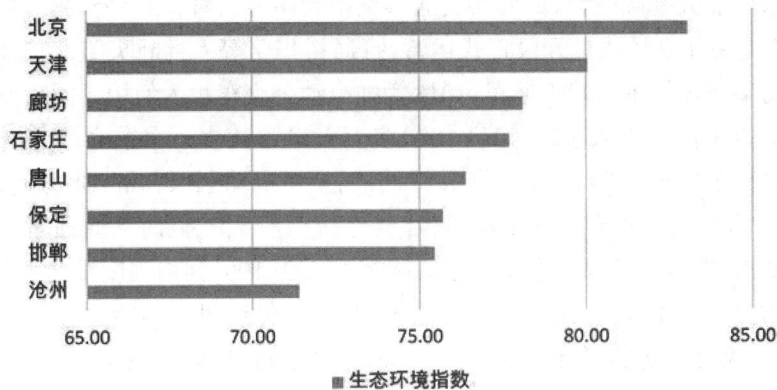

图18 京津冀地区生态环境指数

从生态环境整体状况看,中心城市污染治理投入较大,生态优化工程取得实效。石家庄大力开展燃煤污染治理,完成气代煤42万户、电代煤1.8万户,淘汰燃煤锅炉5385台,主城区及周边三区一县实现散煤清零;完成"散乱污"企业整治1.9万家,基本完成挥发性有机物(VOCs)企业治理852家,6家重点企业实施搬迁;停产整治矿山99个;生态修复造林73万亩。单位生产总值能耗降低率、化学需氧量、二氧化硫、氨氮、氮氧化物排放量完成省下达的目标任务。全市地表水达到或优于省考断面的比例提高10个百分点。森林覆盖率达到40.6%。全市PM2.5平均浓度下降16.3%,综合指数下降率为13.6%,首次实现全年"零爆表"。全长42公里的滹沱河生态修复工程全面开工建设,城区段生态景观长廊正式向市民开放。

(4)公共服务指数。

公共服务指数石家庄位居第一(83.37),高于北京(82.08)、天津(82.78),沧州最低(70.71)。

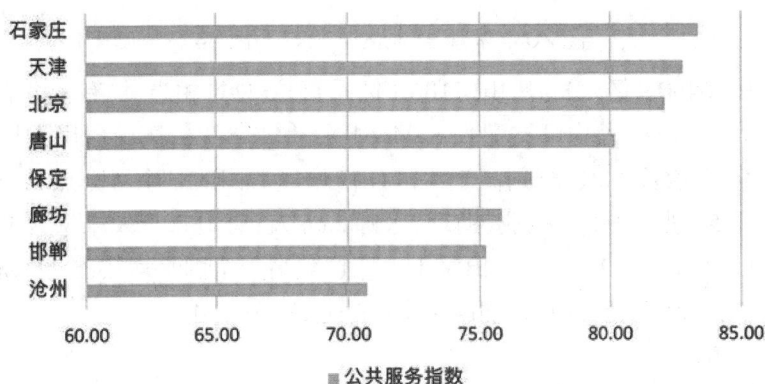

图19 京津冀地区公共服务指数

石家庄加大基础建设,如公共交通状况得到明显改善,城市公共交通跨入"地铁时代",地铁1、3号线首开段正式运营;打通裕华路等一批断头路,南二环西延、和平路高架西延等工程竣工通车;1018辆纯电动公交车投入使用。同时城市道路增加也促进了汽车进入家庭,市区1000多万人口,300多万个家庭,5年时间家庭拥有的机动车数净增69万辆,增长接近四成,全市机动车保有量238万辆,在全国超过200万辆的23个城市中排名13位,省会城市前5位,同时交通拥堵状况要好于其他城市,在2018年度中国城市拥堵排行榜TOP100,拥堵程度排名第13位,在省会城市排名第10位。该指数较低的沧州,服务供给投入不能适应公众需求增长,如公共文化服务设施不完善,全市14个县级图书馆4个达标、达标率28%;16个文化馆6个达标,达标率37%;190个乡镇综合文化站134个达标,达标率70%,文化信息资源共享基层服务点覆盖率80%,与达标要求还有较大差距。

(5)居民生活指数。

居民生活指数地区城市间差异较大,北京(90.07)、天津(89.57)居于领先水平,石家庄(85.60)、唐山(80.04)达到中上水平,其他4个城市相对薄弱。

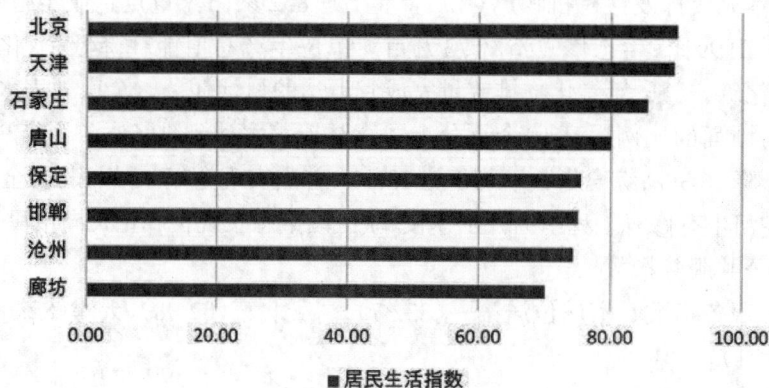

图20 京津冀地区居民生活指数

石家庄(6460.9亿元)与唐山(7106.1亿元)经济总量相当,均有较大的民生投入力度,石家庄居民人均可支配收入24651元、增长8.8%;唐山居民人均可支配收入27786元、增长8.8%;分别高于本市GDP增速1.5和2.3个百分点。石家庄每千人床位数5.3张,每千人执业(助理)医师2.66人;唐山每千人床位数5.9张,每千人执业(助理)医师2.5人。唐山每千人床位数高于全国平均数(5.72),石家庄、唐山每千人执业(助理)医师数均高于全国平均水平(2.41)。

2.长三角地区。

长三角为中国城市群密集地区,包括5个都市群共26个城市。上海是中国国际经济、金融、贸易、航运、科技创新中心,长三角以上海为中心形成南京都市圈、杭州都市圈、合肥都市圈、苏锡常都市圈、宁波都市圈，苏州地区生产总值在全国第7位，是唯一迈入万亿元门槛的地级城市。2018年长三角进入百强城市的有24个城市，其中1个直辖市、3个副省级城市和20个地级市。

从长三角城市品质指数看，该指数80.00以上13个城市，占长三角地区26个城市的50%，包括上海，江苏的南京、苏州、无锡、常州、南通、泰州、扬州等7个城市，浙江的杭州、宁波、绍兴、嘉兴等4个城市，安徽的合肥。其他8个城市的该指数在80.00以下，湖州该指数在长三角地区最低。以上海为核心的5个中心城市在5个分指数中居于首位，分别是上海（经济发展）、南京（社会文化）、合肥（生态环境）、宁波（公共服务）、杭州（居民生活）；上海和副省级城市、省会城市，5个分指数总体比较均衡，但共有3个城市的3个指数低于80.00，为宁波（社会文化75.79）、南京（公共服务77.71）、杭州（公共服务78.13），在各项指数比较和横向城市比较中显出短板。在地级市中分指数较好的城市是苏州、无锡、南通、泰州、绍兴。湖州总体发展水平较低，在5个分指数中仅生态环境为70.00以上，其他4个均低于70.00，与地区先进水平存在较大差距。

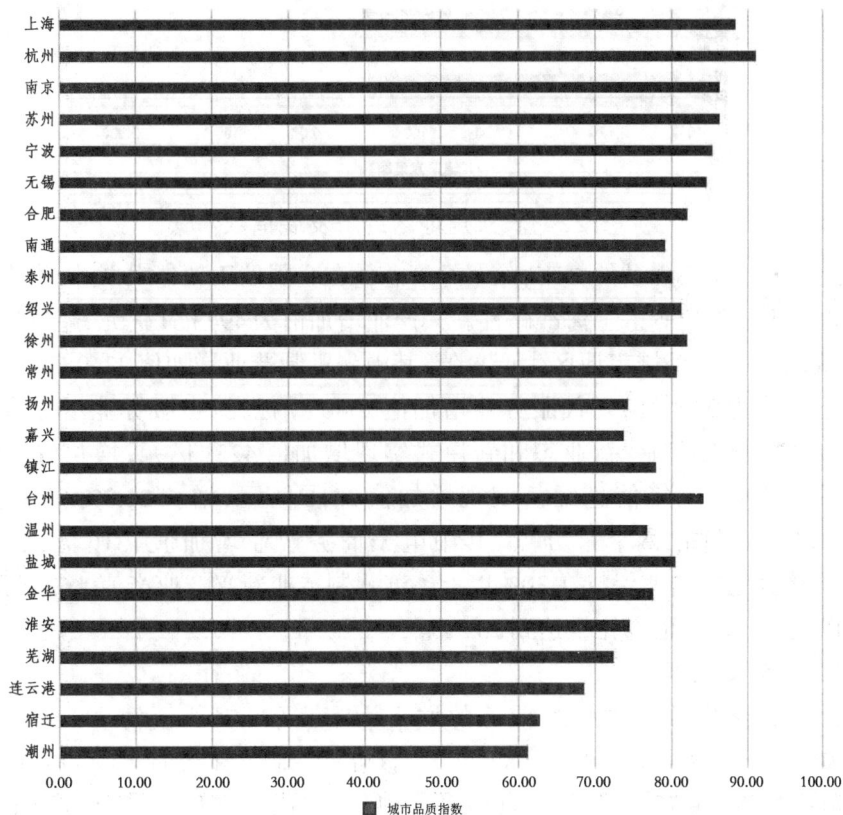

图21　长三角地区城市品质指数

(1)经济发展指数。

经济发展指数上海(97.89)最高,南京(92.93)、杭州(91.37)、宁波(90.39)、苏州(93.26)、无锡(90.99)等达到领先水平;该指数湖州(62.03)最低,与非中心城市最好水平的泰州(88.56)比相差26.53。

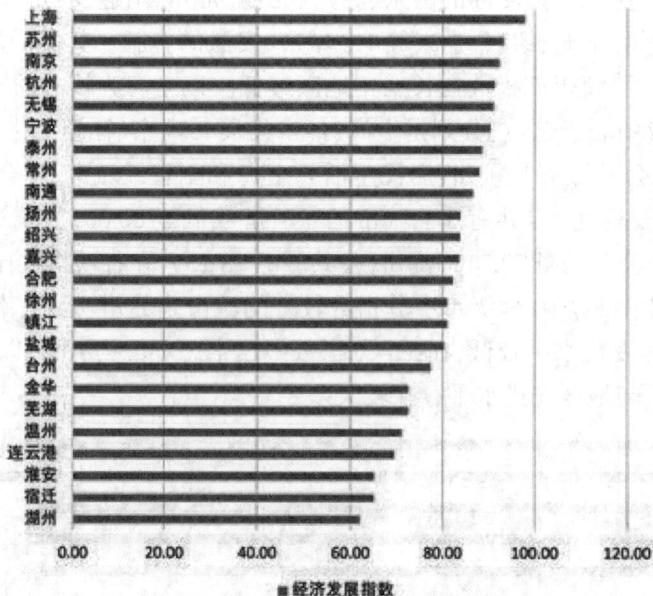

图22 长三角地区经济发展指数

经济发展势头强劲的城市,除了经济总量在全国处于领先水平外,优化产业结构也居于领先位置。上海战略性新兴产业增加值为4943.51亿元,超过长三角26个城市中的13个城市地区生产总值;其中先进制造业增加值2262.64,占工业增加值比重为24.46%,现代服务业增加值2680.87亿元,占服务业增加值比重12.90%。杭州新产业、新业态和新模式实现增加值4251亿元,增长20.4%,占GDP的33.9%。全年信息经济实现增加值3216亿元,增长21.8%,占GDP的25.6%,同比提高1.3个百分点,其中电子商务产业增加值1316亿元,增长36.6%,连续七年增速保持在30%以上。苏州制造业新兴产业产值1.62亿元,占规模以上工业总产值的比重达到50.8%。

(2)社会文化指数。

社会文化指数指数位列前五的城市为南京(92.76)、上海(92.64)、无锡(84.50)、杭州(83.63)、南通(82.72)。该指数高于都市圈中心城市宁波(79.90)、苏州(79.79)、常州(77.11)等,反映了在社会文化发展上达到了较好水平。

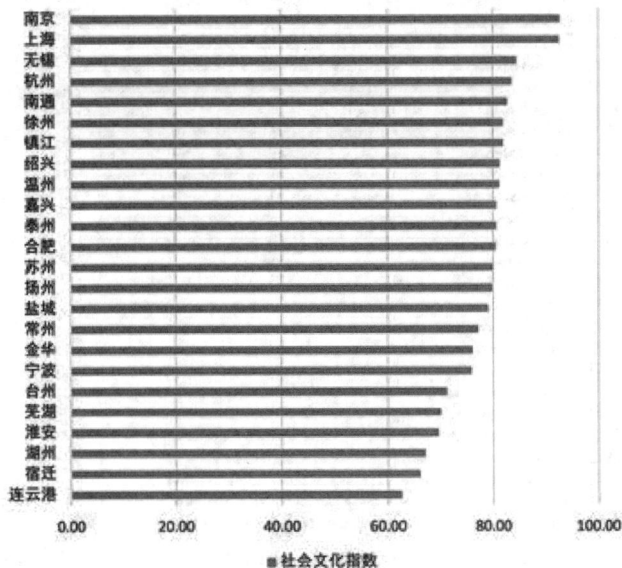

图23　长三角地区社会文化指数

　　南京加快文化产业发展,深入推进历史文物保护,拥有国家级历史文化街区2个,省级历史文化街区7个,国家级历史文化名镇(村)3个。全年市级层面组织公益演出1500场;放映公益电影8159场,送戏970场;为农村和基层送书19.09万册,更新200家书屋出版物,创建42家星级示范农家书屋;新增图书漂流文化驿站83个。居民综合阅读率95.63%。完善公共文化服务体系,达到省级标准的村(社区)综合性文化服务中心1185个。每万人拥有公共文化设施面积2900平方米。年末拥有南京市文化产业基地15个;江苏省文化产业示范基地(园区)24个;国家文化产业示范基地12个。温州居民随着收入和生活水平提高,消费观念及结构发生变化,2018年居民人均可支配收入46920元,人均消费支出31213元,增长9.0%,其中文化娱乐支出3782元,增长21.6%,增速较上年提高5.4个百分点,占消费支出的12.1%。旅游、电影话剧演出、体育健身等享受型消费支出逐步成为居民文化娱乐消费新领域。温州共有社会组织8445家,被评为5A级社会组织35家、4A级社会组织31家、3A级社会组织4家,除温州市福建商会、温州市四川商会等经济类社会组织外,健美健身协会等新发展起来的文体类社会组织也榜上有名。

　　(3)生态环境指数。

　　生态环境指数位列前五的城市为合肥(92.76)、苏州(88.90)、绍兴(88.06)、宁波(88.00)、台州(87.38);上海(80.22)、南京(80.40)该指数低于其他中心城市,地级市湖州(71.40)、芜湖(73.05)该指数在长三角地区最低。

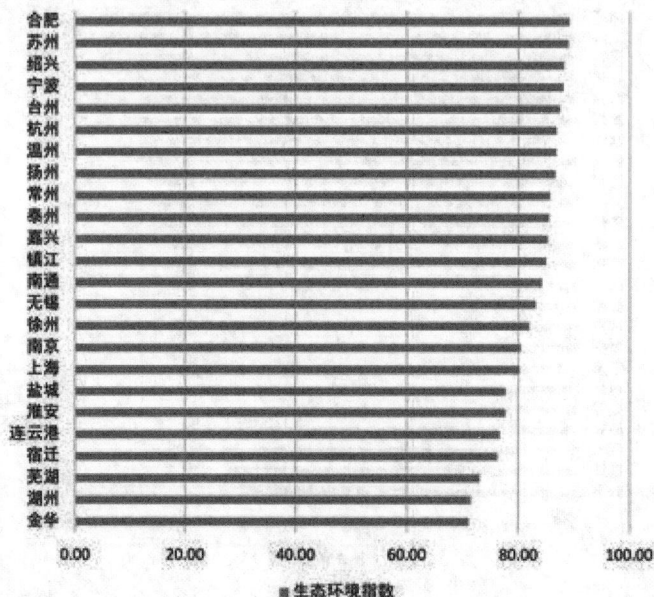

图24 长三角地区生态环境指数

合肥推动"合肥制造"迈向"合肥智造",关停马钢(合肥)公司,减少扬尘PM10、PM2.5分别为26%和21%,完成对323家企业挥发性有机物提标整治,使工业苯、甲苯等溶剂、助剂用量下降10%以上;新建智能工厂41个、数字化车间320个,高新技术产业增加值突破1400亿元,战略性新兴产业对工业增长的贡献率达到50%,促进了环境改善和能耗降低。强化生态优先理念,投资2.5亿元修复巢湖国家湿地公园湿地5000亩,对环湖1公里范围内退耕还湿,减少面源污染项目。全市湿地总面积达到11.82万公顷,湿地率10.33%,拥有国家重要湿地1处,国家湿地公园5处,省级湿地3处;湿地保护率74.8%,居安徽省首位,巢湖、肥东、肥西为国家园林城市(县城)。绍兴新建省级森林城镇6个、森林村庄18个,市级森林城镇7个、森林村庄52个;建成森林廊道130.1公里,森林覆盖率达到54.04%。同时提高环境监控管理水平,对适时状况进行评价分析,使主要污染源得到有效控制与治理。建成气象雷达观测站点3个,卫星云图接收站点5个,区域自动气象观测站235个,新昌县成为首批国家级生态文明创建示范区。台州对高耗低效过剩产能进行改造或淘汰,万元生产总值综合能耗下降1.1%,城市空气综合污染指数3.37,下降0.28。

(4)公共服务指数。

公共服务指数宁波(84.32)最高,其次为南通(83.27)、合肥(82.84)、上海(82.41);其他城市均低于80.00。

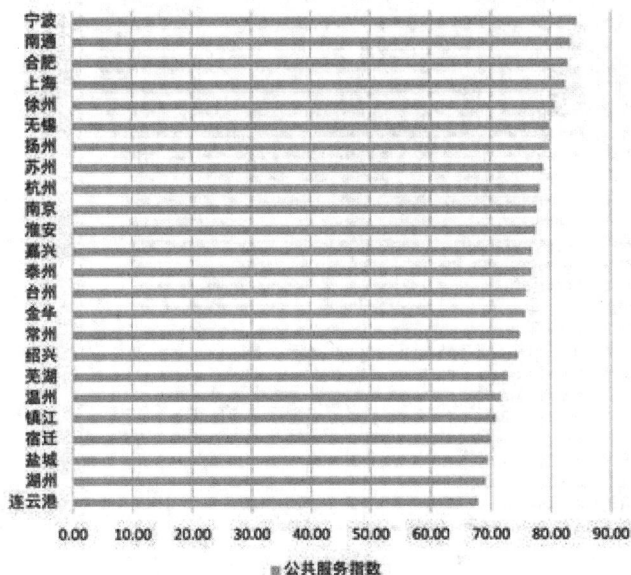

图25　长三角地区公共服务指数

宁波围绕民生需求推进城市基础建设,不断扩大城市路网规模,世纪大道一期高架主线投入运行,新增公交专用道10公里;缓解机场干线车流过大压力,开工建设机场路南延南段;在主城区新增停车位2.4万个,改造增加老小区停车位1680个。通过"智慧城管"系统改进城市管理,基础地理信息已覆盖全市,共建立单元网格6010个,网格覆盖面积扩大至516.6平方公里,达到建成区面积的92.38%,提升了公共服务的市民满意率。南通深化"放管服"改革,全面推进"不见面审批(服务)",梳理南通政务服务事项,厘清权力事项,在原有政务服务标准体系及842项标准的基础上,作废611项,修订22项,新增934项,共形成新政务服务标准1165项,服务通用基础标准45项,服务保障标准158项,服务提供标准962项,综合窗口新增14个部门的全部审批事项,促进了政务服务的科学化、法治化、简易化、规范化。合肥持续增加路网及市内道路建设投入,改善城市发展环境,道路面积总长度增加2300多公里,人均道路面积达到14.8平方公里,形成四通八达的路网,居民出行条件便捷性和舒适度明显提升。

(5)居民生活指数。

居民生活指数前五的城市为杭州(91.04)、上海(88.36)、苏州(86.37)、南京(86.32)、宁波(85.43),另有7个城市该指数在80.00以上,为江苏的无锡、泰州、常州、盐城,浙江的绍兴、台州,安徽的合肥。

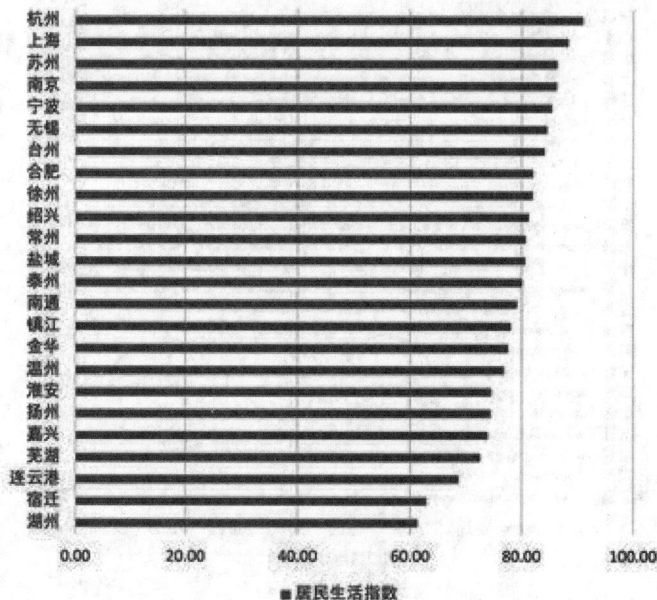

图26　长三角地区居民生活指数

　　杭州重视推动公共服务均衡化,积极解决民生重点问题,新增公共租赁住房配租房源8514套,新增货币补贴保障家庭1691户;主城区居民最低生活保障标准调整至每人每月917元,增长12%,其余区、县(市)最低生活保障标准同步提高,最低生活保障对象12.27万人,全年发放低保金7.49亿元。增加服务老年人的社会项目,建设社区老年食堂(含社区助餐服务点)1176家,各类福利院、敬老院302所,床位达到6.98万张,收养人员2.21万人;建设城乡社区居家养老服务照料中心2815个,社区级居家养老照料中心实现全覆盖,城区15分钟、农村20分钟的养老服务步行圈基本形成。随着经济发展和生活条件改善,上海大幅提升公共卫生服务体系能级、管理效能和技术水平,构建陆路、航空、水上立体化的医疗急救体系,将慢性病防控策略纳入政府公共服务政策,建成脑卒中预防和救治服务体系,建设以"健康云平台"为支撑的糖尿病预防和诊治服务体系等。人均预期寿命再创新高,2018年户籍人口预期寿命达83.63岁,女性86.08岁,男性81.25岁。孕产妇死亡率为1.15/100000,婴儿死亡率为3.52‰,均创历史最好水平,达到世界最发达国家水平,为上海迈向卓越的全球城市打下扎实的健康基础。

　　3.珠三角地区。

　　珠三角为广东省平原面积最大地区,是中国三大城市群之一。2018年GDP百强城市中,包括珠三角城市群的广州、深圳、佛山、惠州、东莞、中山、茂名、珠海、湛江、江门和汕头等11个城市,全国南方对外开放门户,携手香港、澳门打造粤港澳大湾区。全国4个一线城市中,广州、深圳占据2席,两市均为副省级城市,佛山、东莞均为全国有影响力的制造业基地,珠海是中国最早对外开放的4个经济特区之一。

从珠三角城市品质指数看,有两个层级,第一层为该指数80以上的广州、深圳、佛山、东莞等4个城市,第二层为该指数80以下的4个城市。深圳有3个分指数第一,广州有2个分指数第一,佛山有1个分指数第一。江门、珠海城市品质指数低于70,江门生态环境指数在70以上,其他4个分指数均低于70;珠海各项分指数均低于70,最高的生态环境指数为69.40,需要选择提升发展水平的突破口,以缩小与其他城市的能级差距。

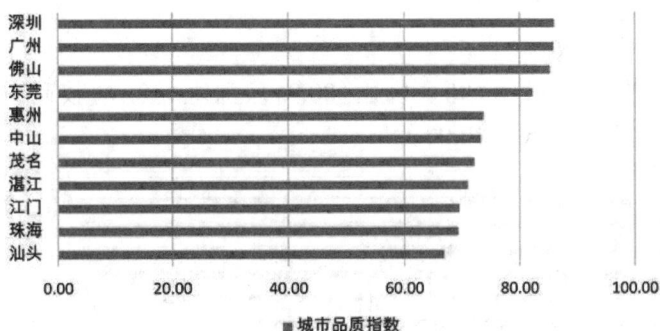

图27　珠三角地区城市品质指数

(1)经济发展指数。

经济发展指数前三为深圳(92.92)、广州(92.26)、佛山(90.08),但地区经济发展呈现较大不平衡状况,珠海(62.48)与地级市最好水平佛山比相差27.60。

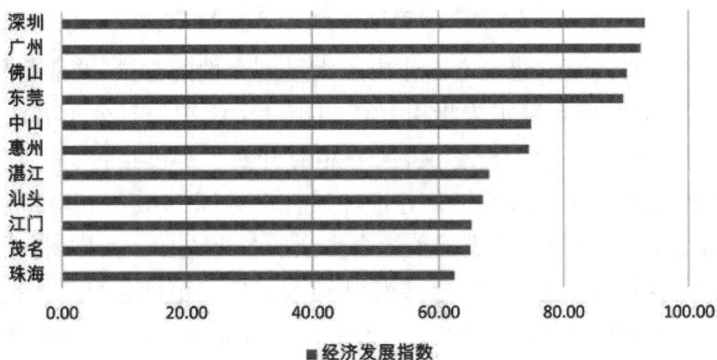

图28　珠三角地区经济发展指数

深圳2010年开始向战略新兴产业及现代服务业转型,2018年二、三产业比例为41.1∶58.8。四大支柱产业中,金融业增加值3067.21亿元,比上年增长

3.6%;物流业增加值2541.58亿元,增长9.4%;文化及相关产业(规模以上)增加值1560.52亿元,增长6.3%;高新技术产业增加值8296.63亿元,增长12.7%。年末全市各类专业技术人员166.60万人,比上年增长8.3%,其中具有中级技术职称以上的专业技术人员50.90万人,增长9.5%。全年新增各级创新载体189个。新增创新载体中,重点工程中心、企业技术中心共165个。其中,国家认定企业技术中心5个,省级工程(技术)研究中心37个。2018年全社会研发投入超过1000亿元,占GDP比重4.2%,居全球前列。2018年珠海GDP2914.74亿元,在广东省排名第9位,服务业增加值占GDP比重49.1%,低于全国平均水平3.1个百分点;研发投入强度3.16%,高于全国平均数(2.19%),超过广东省平均水平(2.78%),位列广东省第三。

(2)社会文化指数。

社会文化指数广州(82.90)、佛山(80.95)、深圳(80.76)较高,其次是东莞(78.58),其他城市得分低于70.00。

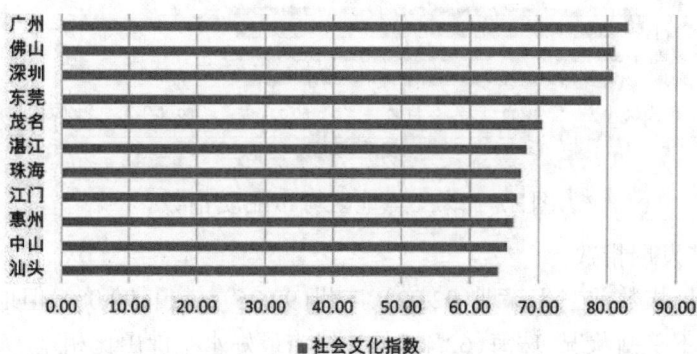

图29　珠三角地区社会文化指数

广州在推动社会组织建设方面作出了大量创新性的尝试,并取得显著成效。出台《广州市社会组织年度报告指引》《广州市社会组织信息公示办法》《广州市社会组织抽查监督办法》3个配套文件,并相应开发了年度报告、信息公示、活动异常名录3个网络平台。2018年共登记注册社会组织7901家,其中市一级登记社会组织1442个,社会组织种类涵盖社会生活的各个方面。其中,行业协会商会192个,异地商会87个,登记认定慈善组织80个。广州市社会组织保持稳健增长态势,从2012年到2018年,平均增长率为8.7%。获得3A级以上评估等级的社会组织占比达79.5%。全面启动慈善广场、慈善社区、慈善街道等慈善标志创建工作,每个区创建3个慈善广场、创建2个慈善社区和1个慈善街道,给捐助双方提供新平台,组织公益创投资助公益项目165个。东莞作为广东的历史文化名城,岭南文化的重要发源地,大力推动文化产业发展,先后出台《东莞市建设文化名城规划纲要(2011—2020年)》《东莞市建设全国现代文化产业名城实施意见(2011—2020年)》《东莞市加快文化产业发展的若干意见》等,从财政、税收等多方面对文化产业进行扶持;设立的文化产业发展专项资金,以补助、贴息等方式对优质文化产业项目给予实质性的扶持。基层综合性文化服务中心实现全覆盖。举办"时代交响"音乐会、"时代印记"图片展,组织开展"看东莞"系列活动,营造庆祝改革开放40周年良好氛围。亚运会上获5个项目的金牌,省运会东莞金牌总数居地级市第一,首届市民运动会成功举办。

(3)生态环境指数。

生态环境指数佛山(86.71)、深圳(83.88)在珠三角地区领先,其次是广州(82.90)、东莞(82.40)。

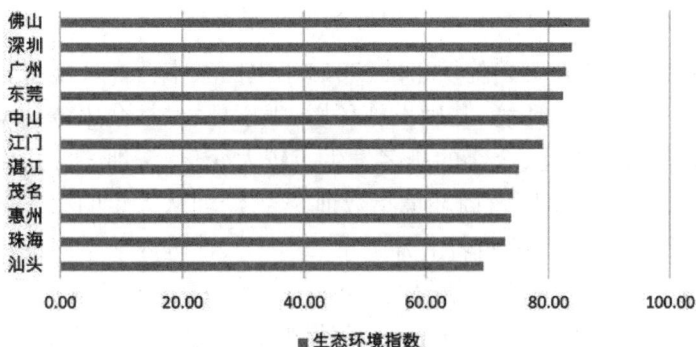

图30 珠三角地区生态环境指数

佛山制造业发达,民营经济占90%以上,是参与粤港澳大湾区建设的核心竞争力,其工业增加值占GDP比重58.4%,通过推动工业化和信息化"两化融合",实现传统制造业向先进制造业转型升级,使环保发展水平得到明显提升。全市完成禁燃区内114家企业、205台高污染燃料设备的淘汰或清洁能源改造,完成严控区域内282家证照不齐全、环保手续不完善的家具制造生产企业清理取缔工作。全年化学需氧量(COD)排放量13.35万吨,比上年削减2.03%;二氧化硫(SO_2)排放量6.48万吨,削减1.17%。全年空气环境质量达到或优于二级天数为290天,PM2.5年平均浓度40微克/立方米,优于全国平均水平(48微克/立方米)。全市降水pH值为5.18,比上年上升0.08个pH单位;全年酸雨频率为42.4%,比上年下降8.0个百分点。城镇污水处理率达到97.5%,饮用水源水质达标率为100%。

(4)公共服务指数。

公共服务指数深圳(82.96)、广州(81.77)、佛山(80.91)、东莞(80.00)在珠三角地区领先;江门(67.50)得分最低,与深圳相差15.46,反映出公共服务供给方面的不足。

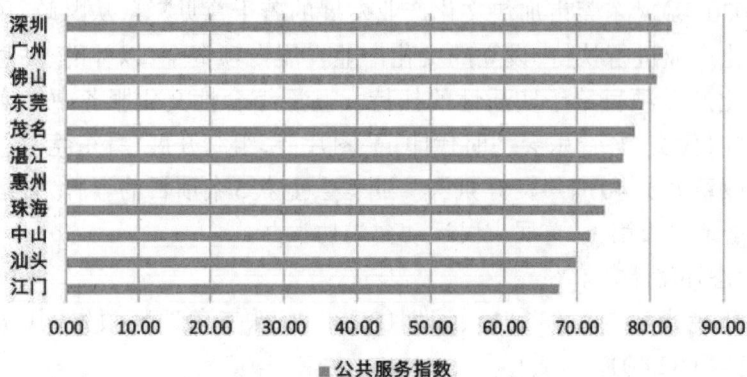

图31　珠三角地区公共服务指数

　　根据粤港澳大湾区研究院发布的《2018年中国城市营商环境报告》，以软环境、市场环境、商务成本环境、基础设施环境、生态环境、社会服务环境六大类指标进行测算，与去年相比，今年的排名发生了较大变化，深圳、上海、广州、北京、重庆依然位居2018年全国营商环境指数前5名，深圳从去年的第三名跃升至排行榜首位，上海从去年的第四名上升至第二名。其他进入前十名的城市依次为成都、南京、杭州、长沙、武汉。值得注意的是，成都去年排十名开外，今年则排名第六。杭州比去年下滑一位降至第八，长沙则跃居第九。在被测评的直辖市、副省级城市、省会城市中深圳、广州营商环境分别位列第一和第三。广州贸易通关速度大幅提升，完善国际贸易单一窗口，推进"三互"大通关建设，推出"互联网+易通关"、智检口岸、全球质量溯源体系等改革，货物通关时间压减一半。佛山借鉴香港的制度经验，2016年出台《佛山市政商关系行为守则》等条规，全方位营造市场化、法治化、国际化营商环境，政府服务企业的"一门式一网式"政务服务体系、企业投资"三单"管理模式，"宽进严管"的企业投资准入和市场监管体系、"企业暖春行动"等全面落地；"一门式一网式"经验，作为典型案例被写进国家推进审批服务便民化指导意见。东莞作为珠三角重要制造业基地的营商环境不断改善，2018年全市工商登记注册户数114.68万户，比上年末增长14.6%。其中，企业工商登记50.22万户，增长21.5%；个体户登记64.40万户，增长9.7%。私营企业登记户数增长较快，增长22.3%。从新登记注册情况看，全市工商新登记26.49万户，比上年增长18.7%；新登记企业11.76万家，增长15.9%。

　　（5）居民生活指数。

　　居民生活指数广州、深圳较高，均为89.97；佛山、东莞分别为87.99和82.70，珠海、江门得分较低。

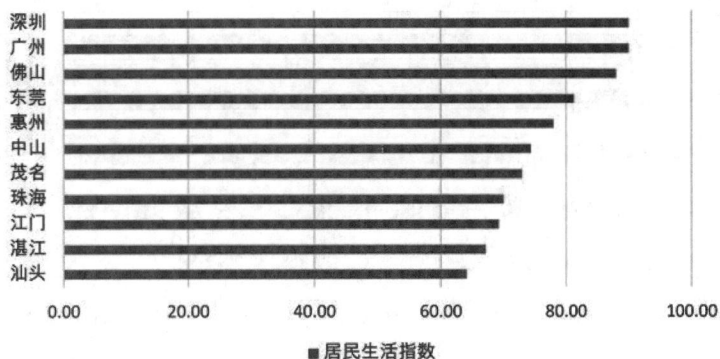

图32 珠三角地区居民生活指数

名列前四的城市,无论从人均收入大幅增长的直接受益,还是从社会福利改善的综合收益来看,在珠三角处于领先水平。如广州城乡居民人均可支配收入分别为55400元和23484元,分别增长8.8%、9.5%。一般公共预算用于民生支出占比达到76.8%;建设卫生强市,启动152家公立医院改革,全面取消药品加成,实现跨省医保、异地就医网上实时结算,每千名老人拥有养老床位数40张;扩大来穗人员基本公共服务覆盖面,完成6000人积分制入户,安排随迁子女学位2.5万个,使城市发展惠及百姓得到充分体现。在发展水平相对滞后的江门,居民人均可支配收入26851元,未达到珠三角发达地区人均收入水平的50%,存在较大落差;医疗卫生机构每千人床位数5张,每千人执业(助理)医师2.17人,分别低于全国平均5.37张、2.41人。

4.东北地区。

东北三省辽宁属东部地区,吉林、黑龙江属中部地区,进入百强的有4个副省级城市和1个地级市。以沈阳、大连为中心的辽中南城市群(共9个城市)是我国重要的工业基地,拥有完整的工业生产链。2018年东北三省GDP辽宁(2.53亿元)最高,黑龙江为1.64亿元,吉林为1.51亿元。

从东北地区城市品质指数看,3个省会城市和大连在80.00以上,大庆在70.00以下。地区分指数首位分布:大连(经济发展、居民生活)、哈尔滨(生态环境)、沈阳(公共服务)、长春(社会文化)在横向比较中体现出城市发展的强项与特点。大庆在自身比较中,公共服务、居民生活分指数相对较好,达到70.00以上;经济发展、社会文化、生态环境等指数得分比较低,与中心城市相比的落差过大,特别是城市转型中面临的经济发展问题,需要摆脱提升慢、增幅小的被动局面。

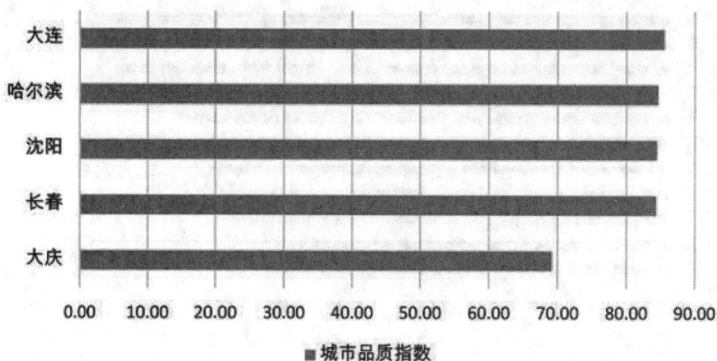

图33　东北地区城市品质指数

（1）经济发展指数。

经济发展指数大连（84.35）最高，大庆（61.74）较低，与大连相比差22.61。

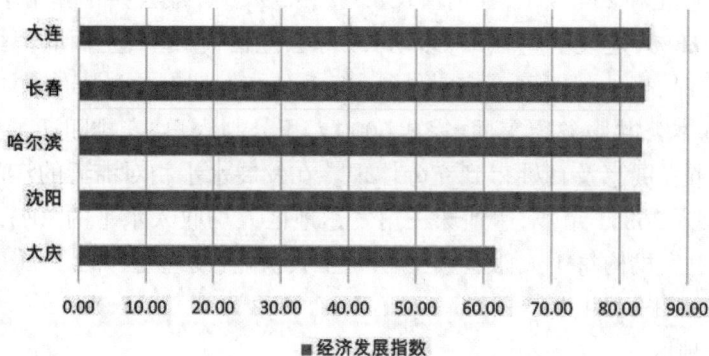

图34　东北地区经济发展指数

在东北地区大连经济发展首屈一指，地区生产总值7363亿元，服务业比重52.1%，高于全国平均水平（51.6%）；重点产业实现较好增长，其中高技术产业增长50.8%、战略性新兴产业增长17.5%，装备制造业增长21.1%，汽车制造业增长28.5%、电子信息产业增长74.3%。首艘国产航母在大连下水，高端船舶及海工钻采装备形成了规模化、系列化生产能力。新增世界500强和行业百强商贸企业10家，新设金融及融资机构29家，金融业增加值占地区生产总值比重达9.3%；新增"新三板""四板"挂牌企业174家。从东北省会城市城镇化率看，沈阳80.55%、哈尔滨64.50%、长春57.35%，大连72%。大连研发投入强度2.35%，高于全国平均水平（2.12%）。大庆作为资源型城市，正在加快推进老工业城市转型和中蒙俄经济走廊建设。地区生产总值2680.5亿元，增长2.8%；工业占比54.6%，以石化产业为主，占全国陆地原油总产量的40%；服务业比重38.1%，低于全国平均数

20.70个百分点,城镇登记失业率4.22%,高于全国平均数0.32个百分点,为经济低位增长的城市。

（2）社会文化指数。

社会文化指数大连（84.95）、长春（84.88）较高。

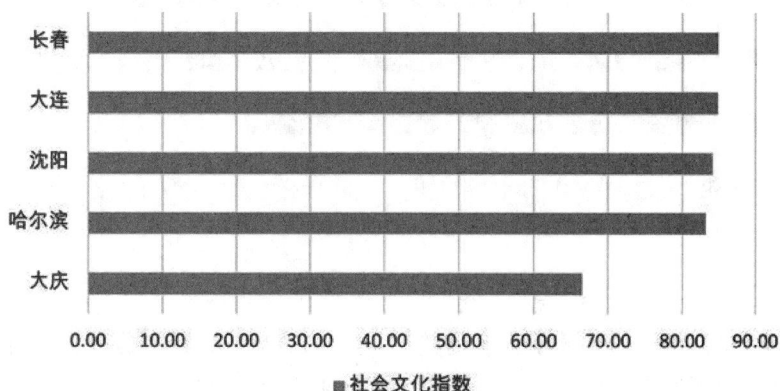

图35　东北地区社会文化指数

长春加大社会组织建设力度,有3300多家社会组织在基层社会治理中发挥积极作用,其中开展服务类活动的有748家,公益类活动的有432家;社区主要负责人有23.9%获得全国社工师职业资格,以"点对点"的精准服务增加居民的幸福感。党员志愿者组织"蒲公英"有3万多名成员,开展常态化志愿服务活动,为空巢老人和残疾人提供帮扶服务,对接数百名困难群众和学生,产生良好的社会示范效应。长春作为国家文化消费试点城市,有文化产业园区34个,文化企业1.48万家,文化产业从业人员达15.6万多人;依托汽车文化、电影文化、雕塑文化、生态文化、萨满文化以及二人转等文化资源,形成文化产业市场体系及品牌,长影文化街、长影世纪城成为著名景点。文化产业已成为继汽车、农产品加工、轨道客车三大产业之后的又一个支柱产业,文化产业增加值占GDP比重7.5%。大连完善公共文化服务体系,全年惠民公益演出1600多场;发挥龙头文化企业示范、带动作用,出台了《大连市文化产业发展专项资金管理暂行办法》,首次5000万元专项资金用于全市52个特色文化产业项目,华录集团入选第九届全国"文化企业30强",鲸彩在线科技（大连）有限公司等4家企业被认定为国家文化出口重点企业,文化产业增加值占GDP比重4.1%。

（3）生态环境指数。

生态环境指数哈尔滨（86.96）、大连（86.69）较高。

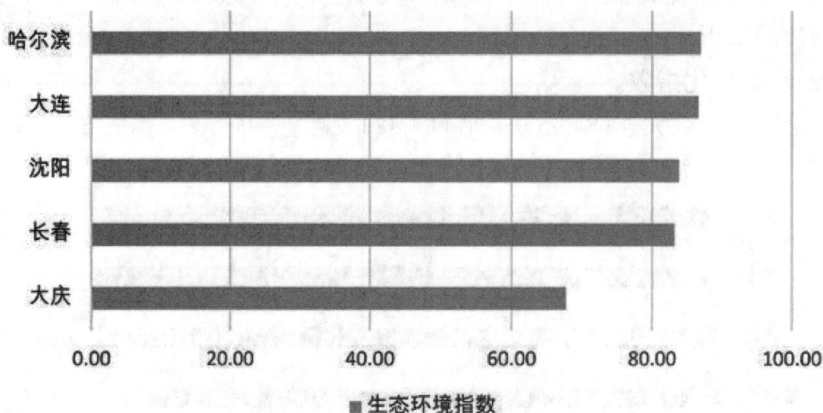

图36 东北地区生态环境指数

哈尔滨改善生态环境着力于调整产业结构,全年新增各类市场主体11.6万户,平均每天新增318户,其中私营和外资企业分别增长21.9%、39.4%。全年新增规模以上工业企业191家,新增科技型企业1146户,新增销售收入500万元以上科技企业246户。不惜短期收益下降,力推污染源头整治措施,有效控制重点行业污染排放量,不符合国家产业政策、应淘汰的落后生产工艺,一律取缔;对未经环境影响评价或达不到环境影响评价要求的,对环境保护、安全设施、职业健康"三同时"执行不到位的,对无污染治理设施、污染治理设施不正常运行或超标排放的,对不能依法达到防护距离要求的,一律停产整治;对排查整治工作不到位,发生重大环境污染事件的,一律追究责任。严格应急减排措施,杜绝大面积秸秆焚烧对空气的污染,改造淘汰燃煤锅炉2359台,10蒸吨及以下燃煤小锅炉退出供热市场。全年完成造林25.9万亩,建设湿地公园16处(国家级13处、省级3处),面积2.05万公顷;建设省级自然保护区11处,面积12.11万公顷;活立木积量达到9386万立方米,森林覆盖率46.0%。2018年,大连全年植树1052万株,营造林19.9万亩。育苗面积3000公顷,生产苗木1.5亿株。森林覆盖率达到41.5%,林木绿化率达到50%。空气质量指数(AQI)二级以上(优良)天数317天,其中一级(优)天数106天。

(4)公共服务指数。

公共服务指数沈阳(85.20)、长春(84.91)较高。

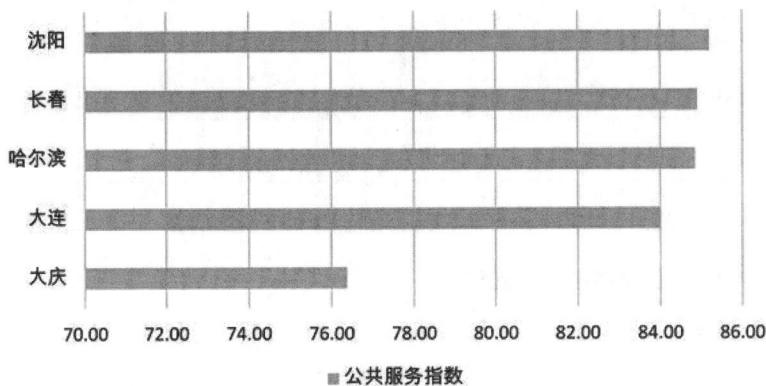

图37　东北地区公共服务指数

　　沈阳继续大力改善公共服务设施,不断提升城市承载能力、持续加强保障改善民生。2018年财政用于重点民生支出达到776.4亿元、增长7.8%。其中,城市公交运营线路314条(其中新开、调整公交线路36条),增加运营里程84.1公里,公交运营线路长度达到5048.7公里;公交运营车辆5912台,年内新增、更新公交车辆319台,全部为新能源和清洁能源公交车;试点推广公交电子站牌24处。全年公共交通客运总量11亿人次。地铁1、2号线运营里程达到740.5万列公里,客运量31603万乘次。浑南有轨电车共完成运营里程330.1万列公里,客运量1391.3万人次。年末全市出租汽车21534辆。长春持续优化营商环境,深化政务服务综合改革。新企业开办审批用时减到1小时以内。9类工程建设项目从立项到竣工验收审批时限承诺最短15个工作日、最长50个工作日。顶住财政减收压力,为制造业、小微企业等市场主体和个人减税142亿元。大幅降低城镇职工基本养老保险单位缴费比例、医疗保险单位缴费比例。努力降低重点工业企业用水、燃气、蒸汽价格。偿还拖欠民营企业、中小企业账款46.3亿元。开展"万人助万企"行动,为企业解决难点问题7409个。新登记民营企业3.8万户,民营经济主营业务收入增长8.5%。1124户个体工商户升为企业。上海证券交易所企业上市服务站落户长春新区。春城热力在香港上市。赢时物业、英辰科技在新三板挂牌。

　　(5)居民生活指数。

　　居民生活指数大连(87.50)、沈阳(86.00)较高。

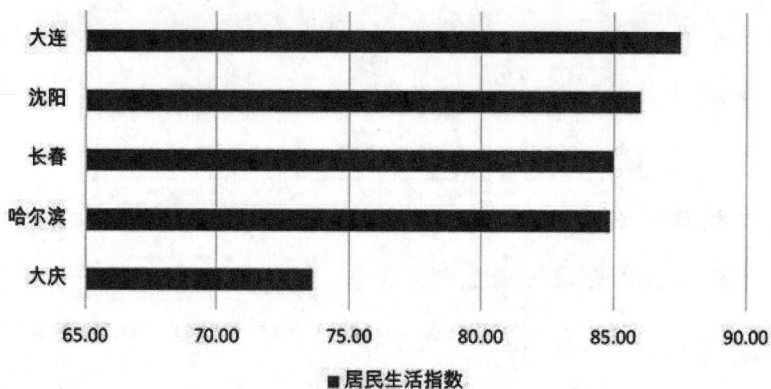

图38　东北地区居民生活指数

大连改善居民生活最具特色的是增加医疗服务供给,市财政卫生支出由37.54亿元增加到59.75亿元,增长12.32%;卫生总费用由227.62亿元增加到316.93亿元,占GDP比重由3.25%提升到4.65%;基本公共卫生人均补助由25元提升到50元,新农合财政补助标准从550元提高到580元,公立医院药占比将控制在30%以下。构建覆盖城乡的中医"治未病"服务体系,建立中医药特色预防保健平台,基层医疗卫生机构建设中医馆比例达到55%,社区卫生服务中心和乡镇卫生院中医类医师占比达到20%。居民人均预期寿命80.82岁,高于全国(76.70岁)平均水平。沈阳着力补齐城市运行短板,实施重点拥堵路段潮汐车道改造,打通14条梗阻路、断头路,新增停车泊位20万个解决停车难问题。统筹推进老旧管网改造,改造供热管网76公里、燃气管网195公里、供水管网1346公里。创建国家食品安全示范城市,全市食品抽检合格率为97.6%,"三品一标"认证面积占全市耕地面积75%,第三方机构调查公众食品安全总体满意度达到74.97%,百姓的食品消费信心指数明显提高。

5.其他东中西部城市。

含52个GDP百强城市,包括东部城市22个、中部城市24个、西部城市6个。这52个城市中有1个直辖市,15个省会城市,6个副省级城市。其中有5个城市GDP达到1万亿元以上、9个城市GDP达到5000亿元以上、24个城市GDP达到3000亿元以上。这些城市在区域经济社会发展中的作用显著,形成越来越强的都市圈集群效应。

城市品质指数达到80.00以上领先水平的共14个城市,包括1个直辖市、6个副省级城市和福州、长沙、郑州、昆明、南昌等5个省会城市,以及泉州、烟台等2个地级市。按区域分,东部地区有6个城市,中部地区有5个城市,西部地区有3

个城市。从52个城市分指数总排序前三看,重庆、长沙、武汉经济发展指数领先,重庆、西安、成都社会文化指数领先,昆明、厦门、成都生态环境指数领先,厦门、南昌、济南公共服务指数领先,重庆、西安、郑州居民生活指数领先,由此充分显示出中西部中心城市的优势,这些城市已成为本地区都市圈城市发展的标杆,以发展协调性和指标领先性起到示范带动作用。

(1)经济发展指数。

经济发展指数东部地区3省的前三为青岛(89.88)、福州(88.06)、济南(83.67),烟台、潍坊、泉州、厦门、淄博等指数在80.00以上;指数在60.00至70.00之间的有7个城市,较低的是枣庄(60.03)、柳州(62.42)。中部地区6省的前三为长沙(90.18)、武汉(90.06)、郑州(86.18),贵阳、南昌、昆明等指数在80.00以上;指数在60至70之间的有18个城市,较低的是赣州(61.67)、九江(62.74)。

西部地区1市4省的前三为重庆(91.99)、成都(87.56)、西安(85.13),其他3个城市指数均在60.00至70.00之间,较低的是乌鲁木齐(61.85)。从各城市指数分布情况看,直辖市和6个副省级城市均进入前三,省会城市(除副省级)有6个指数在80.00以上,6个相对较低,中西部地区的乌鲁木齐、兰州、呼和浩特在60.00至70.00之间,反映了西部地区中心城市经济发展与中东部地区的明显差距。

(2)社会文化指数。

社会文化指数东部地区3省的前三为厦门(84.08)、济南(84.07)、青岛(83.77),泉州、南宁、烟台、福州等指数在80.00以上;指数在60.00至70.00之间的有15个城市,较低的是枣庄(65.58)、榆林(66.45)。中部地区6省的前三为武汉(85.56)、南昌(82.14)、长沙(81.10),郑州、洛阳、昆明等指数在80.00以上,指数在60.00至70.00之间的有18个城市,较低的是株洲(60.65)、赣州(61.55)。西部地区1市4省的前三为重庆(91.50)、西安(88.18)、成都(85.72),其他3个城市指数均在60.00至70.00之间,较低的是兰州(60.08)。对该指数得分高低分析,16个城市在80.00以上,包括1个直辖市、6个副省级城市及6个省会城市和3个地级市;10个城市在70.00以上,其他26个城市在70.00以下。根据该指数高中低的城市分布,高中档和低档各占50%,但进行指数的中、低档比较,可以看到低档(70.00以下)比例偏高,其中东部地区9个、中部14个、西部3个,说明许多城市在社会文化发展方面相对薄弱,特别是中东部地区低档得分占本地区城市总数的41%,与区域发展水平形成一定反差。

(3)生态环境指数。

生态环境指数东部地区3省的前三为厦门(88.40)、福州(87.16)、济南(86.66),烟台、青岛、泉州、潍坊、淄博、南宁等指数在80.00以上;指数在60.00至

70.00之间的有13个城市,较低的是枣庄(65.20)、济宁(69.22)。中部地区6省的前三为昆明(89.69)、长沙(86.44)、南昌(84.11),武汉、郑州、洛阳等指数在80.00以上,指数在60.00至70.00之间的有18个城市,较低的是赣州(67.38)、九江(68.69)。西部地区1市4省的前三为成都(88.16)、西安(85.73)、重庆(82.05),其他3个城市指数均在60.00至70.00之间,较低的是咸阳(64.40)。分析该指数情况,低于70.00的城市6个,占总数12%,一方面说明生态整体水平得到提升,另一方面反映出各地区环境状况比较均衡,特别是东部地区环境治理成效明显,普遍达到较高水平。

(4)公共服务指数。

公共服务指数东部地区3省的前三为厦门(85.00)、济南(84.44)、泉州(84.10),青岛、福州等指数在80.00以上;指数在60.00至70.00之间的有17个城市,较低的是滨州(63.73)、枣庄(67.40)。中部地区6省的前三为武汉(85.80)、南昌(84.87)、郑州(82.85),长沙指数也在80.00以上,指数在60.00至70.00之间的有20个城市,较低的是九江(62.37)、赣州(68.18)。西部地区1市4省的前三为成都(83.27)、重庆(81.88)、西安(80.13),其他3个城市指数均在60.00至70.00之间,较低的是咸阳(63.40)。指数在70.00至80.00的有38个,占总数的73%,体现公共服务总体较好,中东西部地区之间差别不大,各地区大部分城市达到中等以上水平,城市之间差距较小。

(5)居民生活指数。

居民生活指数东部地区3省的前三为福州(87.65)、济南(86.57)、厦门(85.70),青岛、泉州、烟台等指数在80.00以上;指数在60.00至70.00之间的有16个城市,较低的是枣庄(64.90)、滨州(66.03)。中部地区6省的前三为郑州(88.85)、长沙(87.03)、武汉(85.09),南昌、昆明等指数在80.00以上,指数在60.00至70.00之间的有19个城市,较低的是新乡(63.20)、周口(64.81)。西部地区1市4省的前三为重庆(89.57)、西安(89.81)、成都(83.19),其他3个城市指数均在60.00至70.00之间,乌鲁木齐(70.50)高于咸阳和兰州。指数在80.00以上的有直辖市和6个副省级城市,还有南宁、福州、郑州、昆明、长沙等省会城市,以及烟台、泉州等地级市;指数低于70.00的省会城市有呼和浩特、兰州。从总体上看,中心城市的居民生活指数较高,其他城市居民生活指数差距不大。

五、推动品质城市建设的建议

对GDP百强城市品质指数分析,可以看到在城市转型发展中,提高城市发展品质和竞争力,不单单是抓某个方面指标问题,而是需要整体谋划和系统优化,涉及目标导向、资源支撑、发展协调和管理创新等各个方面。必须重视完善城市发展规划,加强品质城市动态评价,除了进行城市自身纵向比较外,应与先进指标横向对比看差距,促进品质城市建设不断深化,取得实质性突破和持续性提升。

（一）重视提高中心城市辐射功能

全国GDP百强城市是经济发展领先城市,也是开放性、创新性和竞争力较强城市。根据品质城市评价体系,百强城市的主要发展指标达到或高于全国平均水平,其中中心城市各项指数处于前列;东部沿海地区的中心城市整体发展水平较高,中西部地区中心城市发展提速,显示出较强的增长潜力。而非中心城市指数普遍存在一定落差,反映了区域内城市发展有较大差距,城市群发展协同性还不强的问题,需要加快推进区域城市融合,促进城市之间多领域合作,形成一体化发展的新格局。

1.进一步优化城市功能定位。

积极贯彻落实国家推出的重大发展战略,即京津冀协同发展(一核、双城、三轴、四区、多点)、长三角一体化发展(一核、五圈、四带)、长江经济带发展(一轴、两翼、三极、多点)、粤港澳大湾区建设(极点带动、轴带支撑),一带一路合作倡议(两横三纵、六大经济走廊),以及中央对东北地区对外开放新前沿(中日韩区域全面经济伙伴关系)的战略定位等。加快推进区域重大发展战略的实施,进一步增强中心城市辐射作用,同时发挥其他城市各自优势,明确不同功能定位,突出协同发展重点,消除制约品质提升的短板,不断缩小区域内城市发展差距,建设具有国际竞争力的全球化城市群。

2.加快产业结构升级与配套。

在经济结构转型中,增强区域协同发展意识,促进资源充分利用、产业梯度发展,避免同质化竞争造成的重复建设与低效运行。随着一些城市服务业超过制造业,需要加快现代服务业发展,牵头推动产业对接与产业链发展,放大自己的优势,应用别人的优势,实现产业共同发展目标。以新兴产业发展的波及效应,促进高科技产业合理布局,建立上下游配套的区域合作体系,完成由劳动密集向资本、技术密集型产业转化,使生产要素得到最大限度发挥。

3.积极推进区域一体化进程。

要突破城市行政管辖壁垒,加强市场融合、资源共享和合作交流,根据地域条件创建各种平台机制,选择打通互联互通的突破口,打造区域城市群综合竞争力。推广长三角G60科技走廊的一体化经验,一是在全国首创"跨省一网通办",涵盖上海松江,浙江嘉兴、湖州、杭州、金华,江苏苏州,安徽宣城、芜湖、合肥等9个城市;二是探索制度、技术、基金、交通、平台"五个对接";三是谋求规则、产业、资金、设施、要素"五个互通";四是搭建产业联盟发展机制,在金华成立新材料产业联盟,在芜湖成立机器人产业联盟,科技走廊由二省一市6个城市扩大到三省一市9个城市，一体化发展由建立协商机制起步，发展到多领域的全面深度融合。

（二）切实加快城市创新能力提升

全国GDP百强城市之所以经济发展较快，较强的创新发展能力起到重要支撑作用，无论是高端人才集聚度、对劳动力吸引力，还是研发投入强度、发明专利拥有量，以及产品升级换代、品牌影响力等都有明显优势。从品质城市评价创新能力指数看，地区生产总值上万亿的城市，"领先指标"达到国际先进水平；地区生产总值5000亿以上的城市，"较好指标"达到国内先进水平；其他城市"一般指标"超过或接近全国平均水平。从创新驱动力分析，大部分城市以政府主导和推动为主，市场创新要素尚未充分激活，社会研发投入比较薄弱，民营经济参与积极性不高，创新成果产业转化率较低，新兴产业占生产总值比重还较小。加快城市创新能力提升，仍然是突破发展瓶颈的关键因素。

1.深化城市营商环境建设。

发挥我国自由贸易区制度先行先试作用，推动以政府服务效率提升为重点的营商环境建设。目前国家在18个省市设立的自由贸易区和海南自由贸易港，率先进行政府管理机制改革，以投资者办事全生命周期、全流程便利为原则，进行了最大力度、最有效率的行政审批改革，我国营商环境世界排名从第78位提高到第46位。要在所有城市提高政务服务水平，加大营商环境建设力度，把打造软实力作为城市建设重点，将注意力从优惠政策吸引投资，转向建立高效运行的市场环境，加快形成优势产业集群效应，增强创新驱动城市发展的内动力。

2.激发市场主体创新活力。

面对城市经济增长放缓的趋势，要进一步完善市场机制，以竞争为导向增强企业活力，在新兴产业、高技术产业扩大社会投资，充分发挥企业创新主体作用。借鉴深圳打造创新型城市的经验，以科技创新市场化为重要标识，以企业应用型创新为主导因素，使产业发展向创新链、价值链上游攀登。借鉴佛山打造产业镇的经验，以"全球化佛山制造"为目标，采取航空母舰+小舢板、龙头企业+隐形冠军、外资企业+行业龙头企业+产业集群的模式，让佛山制造企业与国际创新能力接轨。在创新实力强的中心城市，要加快高新技术规模以上企业成长，推动工业化和信息化融合发展，对标国际同行最先进水平和最高标准，全面提高创新发展能力；在传统产业比重较高的城市，要明确无歧视、无差别的政策导向，促进不同属性企业市场化竞争，发挥民营经济、中小企业的市场优势，加快城市转型升级速度，增强城市创新活力和应对风险韧性。

3.解决社会治理薄弱问题。

在城市化率快速提升过程中，由于制度建设、财政投入、人才培养等不足，使城市社会治理面临诸多问题，对提高公众满意度产生负面影响。在一些城市社会组织发展不充分,社区建设的公众参与度比较低,制约了政务效能和城市品质提升。因此,需要进一步加强社会治理,积极创新社会治理模式,提升政府社会管理和服务水平,同时增强社会自我管理与自治能力。要缩小与发达国家在社会协作治理上的差距,如瑞典是全球公民社会参与率最高的国家,形成每十万人口就有2300多个社团的稠密社会网络,在我国经济发达地区城市,尤其是中心城市,应增加社团组织的社区活动覆盖面,通过公益组织、非营利组织等完善社会服务体系;其他城市也应根据社会发展需要,扩大社工及志愿者队伍,充分发挥各类社团组织作用,促进社会矛盾化解和社会关系协调。

(三)深入推进城市生态环境建设

"十三五"以来,GDP百强城市环境建设力度越来越大,不仅政府高度重视持续投入,而且得到社会关注和舆论监督,都有比较好的环境改善成绩单,特别是空气质量、水源状况、绿化面积等指标不断优化,许多城市的空气优良天数、PM2.5细微粒物浓度好于全国平均值。尽管自身纵向比较改善明显,但是横向比较差别还较大,有的短期内指标好转,环境监管一松又出现反弹;有的指标维持非常脆弱,稍有干扰立刻出现大幅波动;有的环境治理投入不足,老问题解决慢、新问题又出现。要针对生态环境薄弱环节,统筹规划,对标先进,综合施策,深化发展,发挥生态文明建设示范作用。

1.加快循环经济发展。

在经济发达地区城市,特别是高新技术园区,率先试点发展循环经济,结合产业升级及优化产业链布局,扩大采用新技术、新能源、新材料比重,提高资源综合开发和循环利用能力,促进资源使用的减量化;通过科技创新提高产出效益,实现最终排放物回收再生,进行资源化、无害化处理利用。以生产链为纽带,形成企业间的工业代谢和共生关系,形成生态工业、生态农业、生态化服务业的生态群落链式循环。在产业政策方面给予支持引导,以鼓励有益于环境的技术开发,使增长依托于自然生态的合理循环,达到产能与生态系统平衡发展。

2.全面推广清洁生产。

不论传统产业还是新兴产业,都应实施以绿色制造为宗旨的清洁生产,对有污染的生产环节加装绿色工艺技术装备,确保达标排放和高效清洁低碳生产。要督促企业处理好经济效益与环境效益、社会效益之间的关系,坚决淘汰超标排放、污染环境的生产线和高能耗设备;完善环保达标责任制,对环保事故从严考核,确保各项环保措施落实。由骨干企业牵头完善清洁生产标准,带动产业链企业环保水平提升;加强环境管理体系认证,搞好环境测量、监测和评价,有效组织环境改进活动,促进生产工艺、方法、生产过程和产品用后处置合规达标,创建环境管理先进企业。

3.抓好生态修复工程。

针对城市建设、工业发展、人口增加对生态环境的影响,抓好生态保持与修复工程,改善自然生态系统承载能力。防止过度开发毁坏环境、引发自然灾害,在扎实推进大气、水、土壤污染源头治理的同时,重视加大生态修复投入,切实改善生态循环系统。目前GDP百强城市中有的达标率还较低,有的甚至低于全国平均水平,生态欠账成为资金、人才引进的不利因素,需要加快提高城市森林覆盖率和建成区绿化覆盖率,加大"退耕还林"、植树造林力度,增加城区街道绿化面积,进一步改善人居环境;搞好重要水源地森林植被建设,促进水质净化和水源涵养。进一步加强城市水源地保护,改善水源地环境质量,推进地下水污染防治,消除饮用水源安全隐患。要重视城市湿地公园建设,保护天然湿地生态功能,有效应对淡水资源匮乏危机,促进整个生物圈生态平衡。

4.提倡绿色生活方式。

在大力改善民生、提高消费水平的同时,需要积极引导消费观念的转变,倡导节俭、环保、健康的生活方式,使绿色消费、绿色出行、绿色居住成为人们的自觉行动。一是推广垃圾分类处理。随着生活水平的提高,城市垃圾清运量也快速增长,成为影响城市环境的负担,但目前在GDP百强城市中,实施垃圾分类处理的城市比例不高。应改变城市垃圾简单填埋方式,引导居民对垃圾进行分类,将可回收资源"变废为宝",实施物资、能源的再次利用。二是减少使用塑料袋等制品。大量使用塑料袋已成为环境灾害,许多国家明令禁止使用塑料袋,在我国禁止使用效果不佳,除了生产供应源头制止外,还需要加强对消费者的引导,形成使用布袋与纸袋的生活习惯。三是实施资源能源节约行动。从生活、办公、生产等方面推行低耗标准,推广使用节能产品和技术,养成节约粮食、水电、纸张等行为习惯,以绿色低碳引领美好生活新风尚。

(四)不断提高城市全面开放水平

由于城市区位条件、经济基础、社会文化等不同,在推进开放程度和对外影响力上存在较大差异,即使是在东部最早实施开放政策的地区,因城市开放水平参差不齐,发展差距也在逐步拉开,说明深化开放对城市品质提升具有重大意义。分析东北地区经济发展滞后原因,缺乏开放力度可以说是一个突出问题,由此导致营商环境、要素市场、创新发展等优势越来越小,中心城市竞争力明显低于其他地区,这在城市发展中应该引起足够重视。在我国全面开放达到新高度的形势下,城市全面开放主要不是争取国家特殊政策,而是在开放的思路和开放的举措上,做到更加紧贴国家重大战略、针对经济转型和结构调整实际,坚持"引进来"和"走出去"更好地结合,体现城市对国内外市场以及产业分工的积极参与与深度融合。

1.统筹城市发展空间资源。

从GDP百强城市基础设施看,无论是在地区、还是在全国都处于较高水平,高速公路网和高速铁路网可以通达全国所有城市,交通便捷程度明显好于其他城市,电力、移动、水利、互联网等网络系统发展也高于全国平均水平。在城市群发展效应逐步放大的情况下,需要增强城市发展优势互补意识,以开放胸怀看待城市群发展的相互关系,避免重复投资、重复建设带来的资源浪费,以及生态环境的超负荷状况,以中心城市的较好基础设施为周边城市提供共享公共服务,以周边城市的可开发空间为中心城市提供高端产业配套,共同提升城市土地产出效益,降低万元GDP能耗水平,打造各具特色的城市发展品牌。

2.深入推进区域开放合作。

根据不同区域城市发展优势,提高开放的力度、广度与深度,可以从三个方面切入,一是城市经济开放度,以沿海主要城市为示范,利用金融体系、创新能力、口岸贸易、港口资源、外资企业等条件,促进区域性开放合作,发挥产业和人才集聚优势,提高对外交往整体水平。如都市圈中心城市产业发展领先,出口规模、外商直接投资较高,应将能级提升范围扩大到区域,打造区域性对外开放优势。二是城市科技信息开放度,以教育科研机构集中的城市为先导,加强国家科创中心、国家重点实验室、自主创新示范区、高科技产业园区等建设,提高基础研究和应用基础研究领域开放合作水平,增强科技储备和自主创新能力。如成都、西安、沈阳等中西部创新实力较强的城市,应加强区域发展的多城市合作,形成宜于产业链配套的区域环境,促进战略新兴产业在中西部城市落地,提升高科技企业的技术溢出效应。三是城市社会开放度,以历史文化名城和著名旅游城市为重点,设立国际文化节、国际旅游节、国际服装节食品节等,促进跨地区交流、跨文化交往和文明对话。如区域城市联合承办大型国际会展、国际性会议与体育赛事,举办消费购物节、旅游文化节、美食服装节等活动,通过扩大区域城市开放度,增加我国实施对外开放战略的影响力。

3.发掘第二产业增长潜力。

我国是世界第一制造大国、第一贸易大国,产品出口到世界各地;在GDP百强城市中,许多城市第二产业具有较高比重,成为产业发展的主导与支撑。如安徽省合肥,江苏省苏州、南通,浙江省台州、温州,广东省佛山、东莞等,着力于城市更高水平的开放,为重振制造业赢得了发展先机,也为其他城市提供了成功经验。要针对我国制造业发展面临的瓶颈,在推动产业升级、提升创新能力的同时,进一步提升城市开放水平,深化资源和价值链整合,放宽重点产业、生产性服务业市场准入条件,修订有关限制外资、区别不同所有制的政策。要鼓励本地区优势产能走出去,参与国际招标竞争和海外投资并购,并充分利用全国乃至全球研发机构、生产制造基地和市场营销网络,增强制造业国际化经营能力。

(五)促进消费结构优化与升级

我国人均收入水平有了较快提高,地区之间、城市之间、城乡之间的人均可支配收入差距在缩小,对改善消费结构起到促进作用,消费对经济增长贡献率达到57.8%,已连续6年成为经济增长第一拉动力,但与世界平均水平70%左右比还有差距,影响消费升级的因素还比较多,消费潜力并没有得到完全释放。GDP百强城市的经济发展领先于其他城市,消费需求较旺,消费水平也较高,但城市面临的消费市场问题仍较多,比如房价过高抑制了日常消费,质量安全问题增加了消费风险,公共服务不足增加了个人消费负担等。特别是在西部地区的非中心城市,消费总体水平不高,扩大消费与优化消费结构,对改善民生、加快城市发展有重要意义。

1.进一步提高人均收入水平。

从城市人均收入水平看,总体呈现东高西低、南高北低、城镇高农村低的状况,只有确保人均收入持续增长,才能实现人均消费的更快增长。一要增加城市就业岗位,满足城市发展和劳动力转移需要。未来就业矛盾仍会十分突出,如中心城市面临用工成本、劳力结构双重压力,东北地区人口逐步减少、就业机会低于其他地区。在产业结构调整中,需要坚持吸引人才与扩大就业并重,以就业稳定来保持收入稳定增长。二要进一步解决收入分配问题,使城市低收入人群、农村居民收入有更大比率的增长,从而加快中等收入人群比例上升,进一步缩小地区、城乡收入差。三要加大对本地区贫困人口的帮扶,从就业支持入手解决脱贫问题,使其从低保生活真正进入小康生活。

2.重视改善消费市场环境。

从影响消费的因素看,除质量、价格、品牌、偏好等选择外,在同样消费能力的城市,市场环境好的消费增长快,而消费投诉多、消费不便利的,有效需求受到了较大限制。要大力改善消费环境,通过健全城市诚信体系,加强产品质量市场监管,确保放心优质产品供给,根据居民消费新的特点,促进线上销售健康发展。要打造现代商贸综合体,增加社区生活便利店,从出行交通、消费场地、购物氛围、体验环境等方面,增加消费的便利性、舒适度、文化感,满足多样化的日常消费需求。要加强居民消费引导,倡导绿色消费理念,推出新的消费热点,培养文明消费习惯,更好地带动消费结构升级。

3.更好满足多样化消费需求。

根据品质城市发展状况,加快供给侧建设和水平提升,能够对扩大消费起到促进作用。GDP百强城市的居民消费结构不尽相同,但消费变化规律是一致的,随着恩格尔系数的降低,必然加大对交通和通信、教育文化娱乐服务、医疗保健等支出,而且其占比将超过食品等日常生活支出。需要增加公共交通基础设施,切实提高公共交通运量,解决居民便捷出行问题,同时有效治理城区交通拥堵现象。要增加医疗教育投入,促进优质资源开发和均衡化,提高公共服务能力和社会保障水平,适应就医养老和义务教育的需求升级。要改变文化娱乐产品供给状况,不仅增加公众活动场所面积,而且重视文化旅游产品开发,活跃文化旅游市场,更好地适应文化旅游消费增长,不断提高人民群众获得感和幸福感,在推动高质量发展中让老百姓的生活越来越好。

提升城市品质：
优化营商环境的必然选择

——关于泰州优化营商环境的调查与思考

（2021年1月19日）

根据世界银行《全球营商环境报告》定义，营商环境指一个经济体内的企业主体在开办企业、金融信贷、保护投资者等覆盖企业整个生命周期的重要领域需要花费的时间和成本的总和。进入新时代，营商环境对区域高质量发展的重要作用更加凸显，营商环境的内涵和外延也发生了深刻变化。近一时期，我们组成专题调研组，认真学习中央、省关于优化营商环境的政策、文件，深入到基层调查研究，就如何更好优化泰州营商环境进行了研究思考。我们认为，现在优化营商环境不应仅停留在"办事速度快一点、服务态度好一点"的浅层，而应是有利于市场主体健康发展的"肥沃土壤、优越气候、和谐人文"等要素的有机融合。就泰州而言，我们不应单纯与其他城市比块头、比区位、比基础设施，而应比治理体系、比综合品质。优化营商环境，必须坚持系统思维，扬长补短，错位竞争，提升城市品质，打造品质优势，走有泰州特色的高质量发展之路。

一、泰州营商环境建设的实践探索

泰州市优化营商环境既有成功经验，也有不足和教训，但总体向好趋势已初步形成。在经济活跃城市的营商环境最新综合排名中，泰州位列第18名，2020年泰州推进质量工作因成效突出被国务院表彰为"真抓实干成效明显地方"。主要有以下几个特点。

1.紧贴资源禀赋，精准招商，企业集群发展。

兴化经济开发区是江苏唯一省级农副产品精深加工区，拥有五得利、安井等一批大型食品加工企业。其中，五得利落户主要得益于当地丰富的红小麦资源和便利的水运体系，可最大限度降低采购与运输成本。五得利落户后，园区有针对性地招引安井、伽力森等食品深加工企业，形成了旺盛的原材料需求。同时，随着以安井为代表的一批食品深加工企业的落户投产，带动了大殖水产、李工机械、佳隆、味多宝一批食品原材料、食品机械、调味品企业的快速发展。园区已集聚粮食加工、脱水蔬菜、食品（调味品）等健康食品生产企业120多家。

近年来，园区的食品加工企业既消化了兴化的农产品，又解决了当地就业，同时企业产品在泰州地区又有比较好的市场需求，逐渐形成了一个从田间到餐桌，根植于地方的良性产业生态。实践证明，依托地方特有的自然资源，围绕优势招商，把资源优势变为产业优势，才能逐步建成优势明显、特色鲜明的现代产业体系，形成具有"洼地效应"的营商环境，让项目"引得来"。

2. 紧盯企业需求，靶向引商，产业链式发展。

泰兴经济开发区紧扣产业链缺失环节、高附加值环节，靶向引商，定向招引上下游相关产业项目，发展功能性化学品、专用化学品、特种化学品。通过加强原料保障补链、横向拓展强链、精深加工延链，向高端新材料及专用化学品领域转型，化工产业精细化率达50%，产业关联度达65%，形成了较为完备的氯碱、烯烃产业链。既实现了产业链整合，又降低了化学品运输风险和成本，更提升了产业链下游企业市场竞争力。如园区龙头企业新浦化学落户后，投资额从1200万美元增资到15亿美元，为打造氯碱、烯烃产业链提供了充足的上游原料。新浦化学生产的乙烯大部分供给园区金燕、阿贝尔等企业，生产的丙烯主要供给园区红宝丽、三蝶等企业。

目前该园区在产业链关键产品、配套和服务上形成了难以复制和超越的优势，园区发展由"找项目"进入"选项目"的高级阶段。实践证明，坚持围绕产业链发展需求，合理配置资源招引项目，才能提高产业关联度，打造完整的产业链条，形成具有"葡萄串效应"的营商环境，让项目"留得住"。

3. 紧跟优势项目，以商聚商，打造地标产业。

泰州港经济开发区拥有万向精工、鹏翎胶管、张弛轮毂等46家汽车零部件生产企业，在汽车零部件领域已形成较高的产业集聚度（全市共174家）。长城汽车整车项目落户园区，既带来了光大汽车、森度智能等一批配套项目，又带动了园区原有企业的增资扩产，形成了企业持续跟进投资、项目集聚、相继落户的良性循环。兴化市致力打造"中国调味品之乡"，引来特味浓、格林生物等调味品企业落户，调味品项目集聚效应日益显现。五得利落户兴化后，先后两次追加投资共计12亿元。三期工程实施，其生产能力成为全集团19个子公司中最大的一个。

高度的产业集聚和有效的资源配置，吸引企业追加投资、扩大生产，催生出鲜明的"二期现象"，加速项目集聚，凸显产业特色。实践证明，高度的产业集聚也是发展优势，围绕本地主导产业做文章，招一个、引一串、带一片，才能不断壮大集聚规模，形成具有"磁场效应"的营商环境，让项目"不想走"。

4. 紧扣产业发展，护航安商，营造亲清环境。

产业园区是发展实体经济的重要平台，是产业项目建设的主阵地，是创业创新创造的主战场，在推动经济高质量发展中发挥着极其重要的作用。各园区跑腿帮办、跟踪协调，"包办墙外事，帮办墙内事"，努力打造安商、亲商的环境。

打造要素平台。园区与有关部门、高校的合作,打造科研和检验检测平台,把检验机构建在产业链上、建在产业集聚区内,零距离为产业发展提供技术保障。泰兴经济开发区与清华大学李亚栋院士团队合作共建江苏泰兴新材料研究院,与市市场监管局合作在园区设立国家级精细化学品质检中心分中心。高港区人民政府与吉林大学在泰州港经济开发区共建吉林大学(泰州)汽车动力传动研究院。实践证明,只有坚持改善政务服务、科研创新、检验检测服务等软环境,用部门的辛苦指数换取企业的发展指数,才能坚定企业的投资信心,形成具有"马太效应"的营商环境,让项目"走不掉"。

二、泰州营商环境建设的系统思考

2020年6月发布的《2019中国城市营商环境报告》,在经济活跃城市的营商环境综合排名中,泰州以66.24分位列第18名,而同处苏中的南通位列第2名,毗邻的苏北城市盐城位列第14名。这说明泰州营商环境虽位居前列,但仍有较大差距、较多短板、较大提升空间。泰州市仅有1个国家级高新区、1个国家级开发区,缺乏大的项目布局,经济发展品质不够高;中心城市首位度不高,重大功能设施不够齐全,教育、医疗、养老等公共服务优质供给不足,城市功能、公共服务品质有待提高;存在小农意识,观念僵化,表面开放,实则保守,不能正确认识与先进地区之间的差距,反映了社会文化品质格调不高。调研中,我们深深体会到,营商环境建设既是长期的系统工程,也是迫在眉睫必须解决的现实问题。我们认为,泰州营商环境建设需要处理好软硬、标本、品质三对关系,兼顾营造硬环境与软环境、强化治标与治本、提升质量与品位三个方面。

1.营商环境建设要软硬兼施。营商环境既包括经济发展质态、产业集聚度及上下游资源要素配套度等硬环境,又包括公共服务、市民素质等软环境,直接影响市场主体的兴衰、生产要素的聚散、发展动力的强弱。只有栽好梧桐树,才能引来金凤凰。企业集聚度、活跃度、感受度是衡量营商环境、城市品质最直接的标准。此次疫情防控期间,泰州LG是韩国LG集团在中国13个法人工厂中首家全面复工的工厂,这主要得益于整个产业链上下游企业同步联动。从全市范围看,泰州LG有36家一级配套商和众多二级配套商,其中26家集中分布于海陵工业园区,形成了一个LG配套集聚区,配套企业"一二三齐步走"给泰州LG复工复产带来强大的集成支撑力。补链强链是营商环境建设的硬核实力,迅速有效帮助企业解决发展中的难题体现的则是营商环境软实力。抓住用好长三角一体化发展战略机遇,最重要的就是要构建于法有据、于企配套、于事便捷,有利于激发各类市场主体活力的大环境,主动接轨、融入上海、杭州等发达地区,借助其"外溢效应"发展自身,着力破解"虹吸效应",让营商环境具备更强大的吸附力、更优质的集聚度和更精准的匹配度。

2.营商环境建设要标本兼治。治标,要坚持问题导向,逐一解决,让市场主体感知发展气候上的变化,形成富有泰州特色的营商环境新特征。治本,要注重以人为本,在全社会形成诚信为荣、失信为耻的诚信精神和精益求精、追求卓越的工匠精神。积极发挥标准的"温柔法制"作用,运用标准化的手段提升社会治理体系和治理能力现代化水平,研究制定落实促进产业经济高质量的政策措施,着力构建企业全生命周期服务体系。戴南镇、市场监管部门联合冶金工业规划研究院编制《不锈钢产业转型升级发展指南》作为地方标准,化解不锈钢行业发展的难点阻点,引领产业结构调整和质量提升,稳定企业发展预期,以政府职能转变的加速度,赢得市场主体和群众获得感的快提升。通过治标治本双管齐下,既办好眼前事,更要着眼未来,整合各方资源,凝聚多方力量,链接更多资源,达到"1+1>2"的效果,创造出新的活力和效率,实现资源效益最大化。

3.营商环境建设要品质兼容。对一个城市而言,品质是文明进步和个性魅力的综合体现,城市的高质量发展必然是城市发展质量与文化品位的高度融合、有机统一。营商环境建设,城市品质是其根本所在。在城市品质构成要素中,经济发展品质是其基础,社会文化品质是其灵魂,生态环境品质是其保障,公共服务品质是其关键,居民生活品质是其最终目标。发展为要、质量支撑、功能突出、综合平衡的品质城市必然是营商环境更为优化的城市。危难显本色,患难见真情。疫情防控初期,泰州医药产业快速响应、积极应对,体现出泰州企业承担责任、反哺社会,形成了企业与营商环境的良性循环。扬子江药业紧急复工、增产扩产,捐赠2000多万元物资支持疫区;济川药业捐赠1200万元药品物资;苏中药业全力生产,每日生产抗病毒类药品700件左右,并先期将价值300万元的医疗用品捐给抗疫一线;医药高新区32家生物医药和新型医疗器械企业,持续加班,为疫区源源不断提供相关产品。"窥一斑而知全豹",正是这些企业的品质担当,成就了泰州生物医药产业的高质量发展,中国医药城成为长江经济带大健康产业发展试点集聚区,打响了泰州"健康城市"品牌。

三、提升泰州城市品质优化营商环境的对策

进入新时代,我国经济已转向高质量发展阶段。高质量发展离不开良好的营商环境做保障。营商环境只有更好,没有最好。归根到底,城市品质才是最根本的营商环境,提升城市品质是优化营商环境的必然选择。营商环境是城市品质的直接体现,城市品质是营商环境的根本所在,二者互为促进、互为目标,有品有质、宜商宜居才是城市高质量发展的归宿。

1.提升城市品质"含金量",让发展更具"天时"。营造优越气候,积极形成富有泰州特色的营商环境小气候,让"顺风顺水""祥泰、富泰、康泰"真正成为泰州发展"天时"的显著特征。

一方面,做强城市,让城市名片更具成色。推进品质城市建设,让高水平的城市品质成为优化营商环境的"金字招牌"。紧盯提升城市品质,对标找差、扬长补短。对照上海质量管理科学研究院、中国城市品牌研究院《长三角城市品质指数评价研究报告》,巩固优势特色,补齐补强短板弱项,推动城市品质整体提升。以深化《关于推进质量强市建设品质泰州的意见》《关于推进标准引领经济社会高质量发展的意见》为抓手,将推进建设更高水平的品质泰州纳入"十四五"规划,实现个人、城市与社会相结合,质量、文化与品牌相结合,生产、生活与生态相结合,让品质成为泰州的代名词。

另一方面,做强产业,让特色产业更有优势。通过厚植、深耕、翻新、涵养经济土壤,促进营商提优、质量提升、减负提效、产业提级,打造经济繁荣、活力迸发的"硬核",让高质量的产业发展成为优化营商环境的"定海神针"。发挥企业主体作用。培大育强龙头企业、头部企业,通过技术、标准、质量输出将配套企业纳入供应链管理,放大集群创新的"雨林效应",加强横向关联企业和纵向上下游企业的招引培育,巩固拓展放大产业集群优势。加快推动开发园区发展转型,以比质量规模、比推进效率、比产出效益为核心,强化规划引领能力,突出服务平台建设,提升园区品质,营造有利于企业成长的生态高地。积极构建公平竞争市场环境,强化公平竞争审查制度刚性约束。改善市场服务环境,把疫情防控期间的支持、服务企业的好措施、好做法固化,形成长效机制,让战时"绿色通道"成为平时"正常通道"。

2.提升公共服务"政能量",让发展更有"地利"。

厚植肥沃土壤,通过厚植、深耕、翻新、涵养经济土壤,促进营商提优、质量提升、减负提效、产业提级,形成泰州发展的"地利"优势。

一方面,坚持标准引领,让政务环境更为优越。抓住用好国家基本公共服务标准化综合试点机遇,构建高效率、高质量的政务、法治和监管环境,让高标准的政务服务成为泰州营商环境的"硬核实力"。深入贯彻落实《泰州市标准化条例》,促进标准化从经济领域向社会治理延伸,以政务服务标准化推进简政放权。注重效率优先,深化"放管服"改革,突出抓好"互联网+政务服务"行政审批提速,推动业务融合集成、数据融合提速。抓住国家级金改试点窗口期,推进知识产权质押、专利综合保险等金融产品创新,为产业发展引入金融活水。推进检验检测与主导产业的融合,积极创建国家级质检中心、药品进口口岸检验所,筹建医药健康产业计量测试中心、特殊食品检验中心,推进"泰检易"公共服务平台扩容提质。积极争取设立中国(泰州)知识产权保护中心。持续深化行政执法体制机制改革,打造公平竞争、注重权益保护的市场环境。

另一方面,提升文化素养,让文明养成更加自觉。积极打造既独具魅力又多样包容的区域特色文化，以文化人、以文润城，让高品格的泰州精神成为优化泰州营商环境的"源头活水"。培育文明风尚。贯彻落实《泰州市文明行为条例》，实施"泰有礼"全民主题实践活动，践行社会主义核心价值观，强化教育引导、实践养成，提升城乡文明程度。丰富文化供给。深入推进文化惠民工作，积极开展惠民文艺演出，着力提高"文化惠民券"受益面。弘扬"祥泰之州、品质为尚"城市质量精神，继续开展"品质家庭""泰州名企""泰州名品""泰州名匠"评选活动，推进品质乡村建设，提升社会文化品质。

3.建设宜居宜业"幸福城"，让发展更多"人和"。

涵养和谐人文，发挥人的作用，在全社会形成以诚信为荣、以失信为耻的精神风尚和精益求精、追求卓越的良好风气，打造泰州发展最关键、最核心的"人和"因素。

一方面，坚持富民优先，让就业更加充分。突出富民为本，积极推动大众创业万众创新，深入实施就业优先战略和积极就业政策，全力推进创业就业，重点促进高校毕业生等青年群体、农民工多渠道创业就业，实现更高质量和更充分就业。注重智力生产，加快构建面向城乡居民的"卓越教育"体系，优化基础教育资源配置，完善现代职业教育体系，提升高等教育的层次。优化人才环境，加大科创中心、科技服务机构，创新服务平台等各类科技基础设施建设力度，构建从人才培养、开发、吸引、保留、发展以及知识和技能培训等多维度的人才教育机制，建设投资友好型、青年人才友好型城市。

另一方面，突出全面小康，让市民生活更加美好。聚焦人民群众日益增长的美好生活需求，以"全面小康、品质生活"为核心，打造生态、人文、安全的居住环境，构建"一核三极三城"空间构架，让高富美的生活质量成为优化泰州营商环境的"加分项"。构建幸福体系，加强"韧性城市"建设，提高城市的应急管理和风险防控能力，降低安全风险，维护消费者合法权益。推进社会服务、医疗卫生、城市管理等配套环境建设，建设高水平综合医院，推进医联体、医共体和专科联盟建设。实施乡村振兴战略，加大美丽乡村建设力度，推进城乡一体化发展，进一步优化空间、焕发活力、增添魅力，建设宜居宜业"幸福城"。

新型城镇化　品质城市评价指标体系

（国家标准 GB/T 39497−2020）

前　言

本标准按照 GB/T1.1−2009 给出的规则起草。

本标准由中国标准化研究院提出并归口。

本标准起草单位：泰州市市场监督管理局、中国标准化研究院、清华大学、中国城市和小城镇改革发展中心、中国城市科学研究会、国家市场监督管理总局发展研究中心、中国城市报社有限公司、中国航空综合技术研究所、同济大学、深圳大学、上海质量管理科学研究院、南京理工大学质量发展研究院、杭州市市场监督管理局、包头市市场监督管理局、沈阳标准化研究院。

本标准主要起草人：顾维中、黄国梁、贾玉奎、云振宇、王强、郑明媚、刘朝晖、刘伟丽、杨秀、常亮、姜立嫚、朱启荣、李艳冰、武冬生、余泉、余滨江、胡良兵、李萍、朱君贤、张荣、孔春红、丁帅、王春苗、张劲文。

1 范围

本标准规定了新型城镇化建设过程中,品质城市的评价指标体系、指标内涵与计算方法以及数据采集与分析。

本标准适用于对新型城镇化过程中设区市城市的品质进行评价,县级城市可参照执行。

2 规范性引用文件

下列文件对于本文件的应用是必不可少的。凡是注日期的引用文件,仅注日期的版本适用于本文件。凡是不注日期的引用文件,其最新版本(包括所有的修改单)适用于本文件。

GB3095　环境空气质量标准

HJ618　　环境空气 PM10 和 PM2.5 的测定重量法

3 术语和定义

下列术语和定义适用于本文件。

3.1 品质城市（quality city）

发展质量与文化品位高度融合、有机统一的城市。其内涵主要包括城市的经济发展品质、社会文化品质、生态环境品质、公共服务品质和居民生活品质五个方面。

3.2 城市品质指数（quality index of city）

综合反映城市发展质量和文化品位的指标。

4 评价指标体系

本指标体系可用于不同地区间横向比较或同一城市不同年度间纵向比较城市的品质状况。

应用本指标体系进行城市品质指数测算时，在遵循同质可比的原则下，根据评价主体的实际情况，可相应增加或减少相关指标。

本指标体系包含三级指标，其中一级指标5个，二级指标13个，三级指标71个，扩展指标5个。评价指标体系见表1。

表1 品质城市评价指标体系

一级指标	二级指标	三级指标		单位	指标类型
经济发展	发展质效	1	人均地区生产总值	元	正向指标
		2	一般公共预算收入占GDP比重	%	正向指标
		3	单位建设用地税收收入	亿元/km²	正向指标
		4	全社会劳动生产率	万元/人	正向指标
		5	消费对经济增长贡献率	%	正向指标
	经济结构	6	服务业增加值占GDP比重	%	正向指标
		7	战略性新兴产业增加值占GDP比重	%	正向指标
		8	常住人口城镇化率	%	正向指标
		9	高技术产品出口额占货物出口额比重	%	正向指标
		10	民间投资额占固定资产总额比重	%	正向指标
		11	每百亿元GDP实际利用外资总额	亿元	正向指标
	创新能力	12	科学研究与试验发展(R&D)经费支出占GDP比重	%	正向指标
		13	数字经济产出占GDP比重	%	正向指标
		14	万人发明专利拥有量	件	正向指标

一级指标	二级指标		三级指标	单位	指标类型
		15	每万家企业法人中高新技术企业数	个	正向指标
		16	科技进步贡献率	%	正向指标
社会、文化	社会治理	17	社会文明程度测评指数	%	正向指标
		18	城镇登记失业率	%	逆向指标
		19	每万人社会组织数	个	正向指标
		20	基尼系数	%	正向指标
		21	注册志愿者占城镇人口比例	%	正向指标
		22	党风廉政建设满意度/全面从严治党满意度	%	正向指标
	文化建设	23	文化产业增加值占GDP比重	%	正向指标
		24	居民教育娱乐文化消费占消费支出比重	%	正向指标
		25	居民综合阅读率	%	正向指标
		26	平均受教育年限	年	正向指标
		27	义务教育师生比	%	正向指标
		28	每万人拥有公共文化设施面积	m²	正向指标
		29	城乡社区综合性文化服务中心建成达标率	%	正向指标
		30	图书馆、博物馆县级覆盖率	%	正向指标
生态环境	生态保护	31	单位GDP建设用地占用面积	km²/亿元	正向指标
		32	单位GDP化学需氧量（COD）排放强度	kg/万元	逆向指标
		33	自然湿地保护率	%	正向指标
		34	城市建成区绿化覆盖率	%	正向指标
	环境质量	35	地表水达到或好于Ⅲ类水体比例	%	正向指标
		36	空气质量优良天数比例	%	正向指标
		37	年细颗粒物（PM2.5）平均浓度	%	逆向指标
	治理成效	38	环境污染治理投资占GDP比重	%	正向指标
		39	单位GDP能耗下降率	%	正向指标
		40	垃圾分类集中处理率	%	正向指标
		41	污水集中处理率	%	正向指标
		42	城市建成区黑臭水体消除率	%	正向指标
公共服务	基础建设	43	新建项目海绵城市建设达标率	%	正向指标
		44	自来水深度处理率	%	正向指标
		45	城市万人公共交通车辆拥有量	辆	正向指标

一级指标	二级指标		三级指标	单位	指标类型
		46	城市地下管网健全率	%	正向指标
		47	城镇绿色建筑占新建建筑比例	%	正向指标
		48	公共服务支出占一般预算支出比重	%	正向指标
	公共安全	49	公众安全感	%	正向指标
		50	社会矛盾纠纷调处成功率	%	正向指标
		51	亿元GDP生产安全事故死亡率	%	逆向指标
		52	每万人八大类刑事案件发案率	%	逆向指标
	营商环境	53	企业开办便利度	%	正向指标
		54	网上政务服务能力指数	%	正向指标
		55	经济外向度	%	正向指标
		56	用地管控系统质量指数	/	正向指标
		57	中小微企业申贷获得率	%	正向指标
		58	所有权和控制权保护指数	/	正向指标
居民生活	生活水平	59	城镇居民人均可支配收入增长率	%	正向指标
		60	居民人均可支配收入与人均地区生产总值之比	%	正向指标
		61	恩格尔系数	%	逆向指标
		62	居民消费价格指数涨幅	%	逆向指标
		63	15分钟社区生活圈覆盖率	%	正向指标
		64	城镇家庭住房成套比例	%	正向指标
	民生福祉	65	城镇常住人口保障性住房覆盖率	%	正向指标
		66	人均预期寿命	岁	正向指标
		67	人均拥有社会保险福利总额	元	正向指标
		68	基本养老保险覆盖率	%	正向指标
		69	城乡居民住院医疗费用报销比例	%	正向指标
		70	每十万人拥有医生数/每十万人医院病床数	个	正向指标
		71	护理型养老床位数占养老机构床位总数比重	%	正向指标
扩展指标		72	全国文明城市	/	正向指标
		73	国家生态园林城市	/	正向指标
		74	国家卫生城市	/	正向指标
		75	国家历史文化名城	/	正向指标
		76	国家环保模范城市	/	正向指标

5 经济发展指标内涵与计算方法

5.1 人均地区生产总值

一个地区 GDP 与该区域内常住人口的比值,是衡量一个地区每个居民对该地区的经济贡献或创造价值的指标。计算公式见式(1)。

$$人均地区生产总值=\frac{GDP}{区域内常住人口数} \tag{1}$$

式中:

区域内常住人口数是在一个地区实际居住半年以上的人口总数。

5.2 一般公共预算收入占 GDP 比重

一个地区一定时期内一般公共预算收入额占 GDP 的比重。计算公式见式(2)。

$$一般公共预算收入占 GDP 比重=\frac{一般公共预算收入}{GDP}\times100\% \tag{2}$$

5.3 单位建设用地税收收入

每平方千米建设用地的税收收入,反映土地利用的节约集约水平。计算公式见式(3)。

$$单位建设用地税收收入=\frac{当年建设用地税收总收入（亿元）}{当年建设用地总面积（km^2）} \tag{3}$$

5.4 全社会劳动生产率

社会生产过程中 GDP 与所用劳动投入之比。计算公式见式(4)。

$$全社会劳动生产率=\frac{GDP}{区域内年平均从业人员数} \tag{4}$$

式中:

区域内年平均从业人员数是年内各个时点与企业建立劳动关系的职工人数和企业接受的劳务派遣用工人数的平均人数之和。

GDP 采用统一可比价测算。

5.5 消费对经济增长贡献率

消费增加额占当年 GDP 实际增量的比重。计算公式见式(5)。

$$消费对经济增长贡献率=\frac{最终消费年度增量}{GDP增量}\times100\% \tag{5}$$

式中:

GDP 增量根据支出法,包含消费(最终消费)、投资(固定资本形成、存货增加)及净出口(货物和服务净出口)三大部分。

5.6 服务业增加值占GDP比重

计算公式见式(6)。

$$服务业增加值占GDP比重 = \frac{服务业增加值}{GDP} \times 100\% \qquad (6)$$

式中：

服务业增加值是服务行业在周期内(一般以年计)比上个清算周期的增长值。

5.7 战略性新兴产业增加值占GDP比重

计算公式见式(7)。

$$战略性新兴产业增加值占GDP比重 = \frac{战略性新兴产业增加值}{GDP} \times 100\%$$

$$(7)$$

式中：

战略性新兴产业增加值是包括节能环保产业、新一代信息技术产业、生物产业、高端设备制造产业、新能源产业、新材料产业、新能源汽车产业、数字创意产业、相关服务业等九大产业的一定时期内生产的以货币形式表现的工业最终产品和提供工业劳务活动的总增加量。

5.8 常住人口城镇化率

城镇人口占常住总人口的比重,反映人口向城市聚集的过程和聚集程度。计算公式见式(8)。

$$常住人口城镇化率 = \frac{城镇人口数}{常住总人口数} \times 100\% \qquad (8)$$

式中：

城镇人口数是指设市建制的城市市区与建制的镇区人口数量之和。常住总人口数是在一个地区实际居住半年以上的人口总数。

5.9 高技术产品出口额占货物出口额比重

工业企业高技术产品出口额占货物总出口额的比重,反映创新对产业国际竞争力的影响效果。计算公式见式(9)。

$$高技术产品出口额占货物出口额比重 = \frac{工业企业高技术产品出口额}{货物总出口额} \times 100\%$$

$$(9)$$

5.10 民间投资额占固定资产总额比重

民间投资是来自于民营经济所涵盖的各类主体的投资,具体包括个体投资(居民个人的生产性投资和住宅投资、城乡个体工商户经营性投资)、私营企业投资、私有资本控股的股份制企业投资和集体企业投资。计算公式见式(10)。

$$民间投资额占固定资产总额比重 = \frac{民间投资额}{固定资产总额} \times 100\% \qquad (10)$$

5.11 每百亿元GDP实际利用外资总额

计算公式见式(11)。

$$每百亿元GDP实际利用外资总额 = \frac{实际利用外资总额}{GDP（亿元）} \times 100\% \qquad (11)$$

式中：

实际利用外资总额是报告期内境外投资商根据投资企业合同的规定实际缴付的出资总额。

5.12 科学研究与试验发展（R&D）经费支出占GDP比重

计算公式见式(12)。

科学研究与试验发展(R&D)经费支出占GDP比重=

$$\frac{R\&D经费支出额}{GDP} \times 100\% \qquad (12)$$

式中：

R&D经费支出额是指统计年度内全社会实际用于基础研究、应用研究和试验发展的经费支出总额，包括实际用于研究与试验发展活动的人员劳务费、原材料费、固定资产购建费、管理费及其他费用支出。

5.13 数字经济产出占GDP比重

计算公式见(13)。

$$数字经济产出占GDP比重 = \frac{数字经济产出量}{GDP} \times 100\% \qquad (13)$$

式中：

数字经济产出量是指以使用数字化的知识和信息作为关键生产要素、以现代信息网络作为重要载体、以信息通信技术的有效使用作为效率提升和经济结构优化的重要推动力的一系列经济活动而产生的总价值量。

5.14 万人发明专利拥有量

计算公式见式(14)。

$$万人发明专利拥有量 = \frac{年末发明专利拥有量}{年末常住人口数(万人)} \qquad (14)$$

式中：

年末发明专利拥有量是年末拥有经知识产权行政部门授权且在有效期内的发明专利件数。

年末常住人口数是年末在一个地区实际居住半年以上的人口总数。

5.15 每万家企业法人中高新技术企业数

高新技术企业是指依据《高新技术企业认定管理办法》认定并处于有效期内的企业。计算公式见式(15)。

$$每万家企业法人中高新技术企业数 = \frac{当年有效期内的高新技术企业数}{企业法人总数(万家)}$$

$$(15)$$

5.16 科技进步贡献率

广义科技进步对经济增长的贡献份额,即扣除了资本和劳动之外的其他因素对经济增长的贡献。该指标数据来源于有关部门开展的科技进步贡献率评价的测算结果,是衡量科技竞争实力和科技转化为现实生产力的综合性指标。计算公式见式(16)。

$$EA = \frac{Y - \alpha K - \beta L}{Y} \times 100\% \qquad (16)$$

式中:

EA——科技进步对产出增长速度的贡献,即在产出增长速度中,科技进步所占的比重;

Y——产出的年平均增长速度,一般用国内生产总值来计算;

K——资金的年平均增长速度;

L——劳动力(数量)的年平均增长速度;

α——资金的产出弹性系数(指在其他条件不变的情况下,资金增加1%时,产出增加α%);

β——劳动的产出弹性系数(指在其他条件不变的情况下,劳动增加1%时,产出增加β%)。

6 社会、文化指标内涵与计算方法

6.1 社会文明程度测评指数

反映一个地区公民文明素质和道德风尚建设的状况和水平。测评内容主要包括公共环境、公共秩序、公共服务、道德建设、文明风尚、人文关怀、社会治理等,通过精神文明建设主管部门调查取得。

6.2 城镇登记失业率

城镇常住经济活动人口中,符合失业条件的人数占全部城镇常住经济活动人口的比重。计算公式见式(17)。

$$城镇登记失业率 = \frac{城镇登记失业人数}{城镇登记从业人数 + 城镇登记失业人数} \times 100\%$$

$$(17)$$

6.3 每万人社会组织数

每万人拥有的注册登记社会组织数。计算公式见式(18)。

$$每万人社会组织数 = \frac{年末注册登记社会组织数}{年末常住人口(万人)} \qquad (18)$$

式中:

年末注册登记社会组织数是年末一个地区民政局登记注册的社会组织的总数。
年末常住人口是年末在一个地区实际居住半年以上的人口总数。

6.4 基尼系数

在全部居民收入中,用于进行不平均分配的那部分收入占总收入的比重,反映居民收入分配差异的程度。

(1)直接法计算公式见式(19)。

$$G = \frac{\sum_{j=1}^{n} \sum_{i=1}^{n} \left| x_j - x_i \right|}{2n(n-1)u} \qquad (19)$$

式中:

G——基尼系数;

n——被调查人数;

x_i——第 i 个被调查者的收入;

x_j——第 j 个被调查者的收入;

u——所有被调查者的平均收入。

(2)几何法计算公式见式(20)。

$$G = \frac{S_A}{S_A + S_B} \qquad (20)$$

式中:

G——基尼系数;

S_A——区域A(见图1)的面积;

S_B——区域B(见图1)的面积。

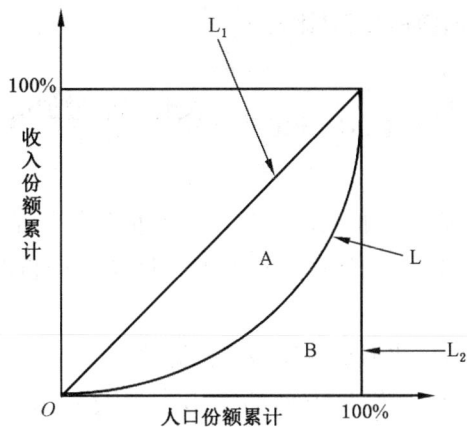

图1 基尼系数示意图

说明：

L————洛伦兹曲线；

L_1————收入分配绝对平等线：

L_2————收入分配绝对不平等线；

A————L与L_1围成的区域；

B————L与L_2围成的区域。

6.5 注册志愿者占城镇人口比例

计算公式见式(21)。

$$注册志愿者占城镇人口的比例 = \frac{注册志愿者人数}{16岁~70岁城市常住人口数} \times 100\%$$

（21）

式中：

注册志愿者人数是年末一个地区按照一定程序在团组织、志愿者组织注册登记、参加服务活动的志愿者的总人数。

16岁～70岁城市常住人口数是年末在一个地区实际居住半年以上的16岁～70岁的城镇人口总数。

6.6 党风廉政建设满意度／全面从严治党满意度

党风廉政建设满意度是从党政领导班子团结和谐、选人用人正确导向、地区信访维稳态势、党员干部廉洁自律等方面对地区政治环境进行综合评价,通过调查取得。

全面从严治党满意度是全面从严治党的成效和群众的综合评价,通过相关部门调查取得。

两项指标评价主体可统一选择使用。

6.7 文化产业增加值占GDP比重

计算公式见式(22)。

$$文化产业增加值占GDP比重 = \frac{文化产业增加值}{GDP} \times 100\% \tag{22}$$

式中：

文化产业增加值是一定时期内单位文化产值的增加值,由文化行业汇总的劳动者报酬、生产税净额(生产税−生产补贴)、固定资产折旧和营业盈余四部分组成。

6.8 居民教育娱乐文化消费占消费支出比重

居民用于文化、教育、娱乐方面的支出占消费支出的比重。计算公式见式(23)。

$$居民教育娱乐文化消费占消费支出比重=(城镇居民文教娱乐支出÷家庭消费支出)×常住人口城镇化率+(农村居民文教娱乐支出÷家庭消费支出)×(1−常住人口城镇化率) \tag{23}$$

式中：

城镇居民文教娱乐支出是城镇居民用于文化、教育、娱乐方面的服务性支出。
农村居民文教娱乐支出是农村居民用于文化、教育、娱乐方面的服务性支出。

6.9 居民综合阅读率

居民阅读纸质图书或报刊或电子读物占总人口的比重。计算公式见式(24)。

$$居民综合阅读率 = \frac{居民阅读纸质图书或报刊或电子读物人数}{居民总人数} \times 100\% \tag{24}$$

6.10 平均受教育年限

某一特定年龄段人群平均接受学历教育年限。计算公式见式(25)。

$$平均受教育年限 = \frac{某一特定年龄段人群中每个人的受教育年限之和}{年龄段人群总数} \tag{25}$$

式中：

某一特定年龄段人群接受学历教育年限之和是一个地区某一特定年龄段人群接受学历教育(包括普通教育和成人学历教育,不包括各种非学历培训)的年限总和的平均数。

年龄段人群总数是某一个地区某一特定年龄段人群的总数。

6.11 义务教育师生比

区域内义务教育制学校中老师团队人数占学生总人数的比重,反映区域内学校教师和学生人数的相对多少。计算公式见式(26)。

$$义务教育师生比 = \frac{区域内义务教育制学校中老师团队人数}{学生总人数} \times 100\%$$

(26)

式中：

区域内义务教育制学校中老师团队人数是该区域内九年义务教育制学校中老师的总人数。

学生总人数是该区域内九年义务教育制学校中学生的总人数。

6.12 每万人拥有公共文化设施面积

按照本地区常住人口计算的每万人拥有公共文化设施的面积。计算公式见式(27)。

$$每万人拥有公共文化设施面积 = \frac{公共文化设施面积}{年末常住人口（万人）}$$

(27)

式中：

公共文化设施面积是年末一个地区内所有公共图书馆、文化馆、博物馆、美术馆、文化站、艺术表演场馆建筑面积相加后的总面积。

年末常住人口是年末在一个地区实际居住半年以上的人口总数。

6.13 城乡社区综合性文化服务中心建成达标率

村(社区)等综合文化服务中心达到基本公共文化服务标准的比例。计算公式见式(28)。

$$城乡社区综合性文化服务中心建成达标率 = \frac{达标村（社区）综合文化服务中心数}{村级区划数} \times 100\%$$

(28)

6.14 图书馆、博物馆县级覆盖率

各县级公共图书馆和博物馆的总数与县级区划数的比重。计算公式见式(29)。

$$图书馆、博物馆县级覆盖率 = \frac{各县级公共图书馆机构数+博物馆机构数}{县级区划数} \times 100\%$$

(29)

7 生态环境指标内涵与计算方法

7.1 单位GDP建设用地占用面积

计算公式见式(30)。

$$单位GDP建设用地占用面积 = \frac{建设用地面积\,(hm^2)}{上年GDP(亿元)} \qquad (30)$$

式中：

建设用地面积是一个地区一定时期内（通常为一年）用地面积中的各项建设用地面积。建设用地包括居住用地、公共设施用地、工业用地、仓储用地、对外交通用地、道路广场用地、市政公用设施用地、绿地和特殊用地。

上年GDP是一个地区上所有常住单位在上一个年度内生产活动的最终成果，等于各产业增加值之和，按不变价计算。

7.2 单位GDP化学需氧量（COD）排放强度

单位GDP所产生的化学需氧量排放量，反映随经济发展造成的环境污染程度。计算公式见式(31)。

$$COD排放强度 = \frac{上年工业COD排放量\,(kg)}{上年GDP(万元)} \qquad (31)$$

式中：

上年工业COD排放量是一个地区上一个年度内工业废水COD的排放量。

上年GDP是一个地区上所有常住单位在上一个年度内生产活动的最终成果，等于各产业增加值之和。

7.3 自然湿地保护率

自然湿地保护面积占全部自然湿地面积的比重。计算公式见式(32)。

$$自然湿地保护率 = \frac{自然湿地保护面积}{全部自然湿地面积} \times 100\% \qquad (32)$$

7.4 城市建成区绿化覆盖率

城市建成区绿化覆盖面积占建成区面积的比重。计算公式见式(33)。

$$城市建成区绿化覆盖率 = \frac{建成区绿化覆盖面积}{建成区面积} \times 100\% \qquad (33)$$

7.5 地表水达到或好于Ⅲ类水体比例

地表水质达到或好于Ⅲ类的断面数占断面总数的比重。计算公式见式(34)。

地表水达到或好于Ⅲ类水体比例=

$$\frac{地表水质达到或好于Ⅲ类以上地表水断面数}{断面总数} \times 100\% \qquad (34)$$

7.6 空气质量优良天数比例

城市空气质量达到及好于二级标准天数比例。计算公式见式(35)。

城市空气质量优良天数比例=

$$城市空气质量优良天数比例=\frac{城市空气质量达到及好于二级标准天数}{全年监测天数}\times100\% \quad (35)$$

式中：

城市空气质量达到及好于二级标准天数是一个地区一个年度内城市空气质量达到及好于GB3095的规定二级标准天数。

7.7 年细颗粒物（PM2.5）平均浓度

环境空气中空气动力学当量直径小于或等于 2.5μm 的颗粒物，在一个日历年内各日平均浓度的算术平均值。PM2.5年均浓度按照HJ618计算。计算公式见式（36）。

$$PM2.5平均浓度=\frac{有效日PM2.5平均浓度的合计值}{全年有效监测天数}\times100\% \quad (36)$$

7.8 环境污染治理投资占GDP比重

计算公式见式（37）。

$$环境污染治理投资占GDP比重=\frac{年度环保投入资金额}{GDP}\times100\% \quad (37)$$

式中：

年度环保投入资金额是一个地区一年内用于环境污染防治、生态环境保护和建设的资金总额。

7.9 单位GDP能耗下降率

一定时期内能源消费总量与GDP的比值与上一年度相比下降的幅度。能源消费总量是一定时期内全国或某地区用于生产、生活所消费的各种能源数量之和，是反映全国或全地区能源消费水平、构成与增长速度的总量指标。计算公式见式（38）。

$$单位GDP能耗下降率=(1-\frac{本年度能源消费总量与GDP的比值}{上年度能源消费总量与GDP的比值})\times100\%$$
$$(38)$$

7.10 垃圾分类集中处理率

反映垃圾无害化处理水平，垃圾包括生活垃圾、餐厨废弃物、建筑垃圾。计算公式见式（39）。

垃圾分类集中处理率=城乡生活垃圾无害化处理率×0.4+城市居民小区生活垃圾分类覆盖率×0.2+城市餐厨废弃物处理率×0.2+城市建筑垃圾资源化利用率×0.2 　　　　　　　　　　　　　　　　　　　　　　　　　　　　　　　(39)

7.11 污水集中处理率

经过处理的生活污水、工业废水量占污水排放总量的比重。计算公式见式（40）。

$$污水集中处理率 = \frac{污水处理量}{污水排放总量} \times 100\% \tag{40}$$

7.12 城市建成区黑臭水体消除率

设区市建成区完成整治并达标的黑臭水体数目(或长度)占黑臭水体总数目(或长度)的比重。计算公式见式(41)。

城市建成区黑臭水体消除率=〔城市建成区当年完成整治并达标的黑臭水体数目(或长度)÷城市建成区黑臭水体总数目(或长度)〕×50%+已消除黑臭并稳定达标的建成区面积÷建成区面积×50%　　　　　　　　　　　(41)

8 公共服务指标内涵与计算方法

8.1 新建项目海绵城市建设达标率

已完成并达到海绵城市建设要求的新建项目数量占已完成新建项目总数量的比重。计算公式见式(42)。

新建项目海绵城市建设达标率=
$$\frac{已完成并达到海绵城市建设要求的新建项目数量}{已完成的新建项目总数量} \times 100\% \tag{42}$$

8.2 自来水深度处理率

城市自来水厂深度处理供水规模占总供水规模的比重。计算公式见式(43)。

$$自来水深度处理率 = \frac{城市自来水厂深度处理供水规模}{总供水规模} \times 100\% \tag{43}$$

8.3 城市万人公共交通车辆拥有量

城市每万人平均拥有的公共交通车辆标台数,是反映城市公共交通发展水平和交通结构状况的指标。计算公式见式(44)。

$$城市万人公共交通车辆拥有量 = \frac{全市公共交通车辆标台数}{城市人口数(万人)} \tag{44}$$

公共交通车辆标台数指不同类型的运营车辆按统一的标准当量折合成的运营车数。计算公式见式(45)。

$$公共交通车辆标台数 = \sum(每类型车辆数 \times 相应换算数) \tag{45}$$

8.4 城市地下管网健全率

城市地下管网是现代城市重要的生命线。有自来水的输入管网,污水、雨水的排出管网、天然气管网、电力管网、通信管网、热力管网等。该指标由环保部门进行测算。

8.5 城镇绿色建筑占新建建筑比例

绿色建筑是在建筑的全寿命周期内,最大限度地节约资源,包括节能、节地、节水、节材等,保护环境和减少污染,为人们提供健康、舒适和高效的使用空间,与自然和谐共生的建筑物。计算公式见式(46)。

$$城镇绿色建筑占新建建筑比例 = \frac{城镇绿色建筑面积}{新建建筑面积} \times 100\% \qquad (46)$$

8.6 公共服务支出占一般预算支出比重

计算公式见式(47)。

$$公共服务支出占一般预算支出比重 = \frac{一般公共服务预算支出额}{一般公共预算支出总额} \times 100\%$$

$$(47)$$

式中:

一般公共服务预算支出额是一个地区一年内要用于保障机关事业单位正常运转,支持各机关单位履行职能,保障各机关部门的项目支出。

一般公共预算支出总额是一个地区一年内对集中的预算收入有计划地分配和使用而安排的支出总额,包括各项税收收入、行政事业性收费收入、国有资源(资产)有偿使用收入、转移性收入和其他收入。

8.7 公众安全感

反映公众的安全程度,也反映人民群众对政府和社会管理综合治理各个部门工作绩效的认可程度,通过相关部门调查取得。

8.8 社会矛盾纠纷调处成功率

社会矛盾纠纷调解成功数占社会矛盾纠纷受理数的比重。计算公式见式(48)。

$$社会矛盾纠纷调处成功率 = \frac{社会矛盾纠纷调解成功数}{社会矛盾纠纷受理数} \times 100\% \qquad (48)$$

式中:

社会矛盾纠纷调解成功数是年末一个地区各级调解组织调解社会矛盾纠纷成功的总数。

社会矛盾纠纷受理数是年末一个地区各级调解组织调解社会矛盾纠纷的总数。

8.9 亿元GDP生产安全事故死亡率

一定时期内每生产亿元GDP因事故造成死亡的人数。计算公式见式(49)。

$$亿元GDP生产安全事故死亡率 = \frac{报告期内各类死亡事故死亡人数}{GDP(亿元)} \times 100\%$$

$$(49)$$

式中:

报告期内各类事故死亡人数是一个地区在报告期末因各类事故造成死亡的总人数。

8.10 每万人八大类刑事案件发案率

计算公式见式(50)。

$$每万人八大类刑事案件发案率=\frac{年内八大类刑事案件发案数}{年平均实有人口(万人)}\times100\%$$

$$(50)$$

式中：

年内八大类刑事案件发案数是一个地区一个年内发生的犯故意杀人、故意伤害致人重伤或者死亡、强奸、抢劫、贩卖毒品、放火、爆炸、投毒罪的案件总数。

年平均实有人口是一个地区一年内各个时点实有人口(包括常住人口、流动人口、户籍人口、外籍人口)的平均人口数。

8.11 开办企业便利度

开办企业便利度从两方面综合评价：一是政务大厅设立开办企业"一窗"，实现一窗收件、一窗送件的情况；二是地方擅自设立审批环节、擅自增加材料的情况，可采用相关部门开展营商环境评价工作的数据进行计算。

8.12 网上政务服务能力指数

网上政务服务能力指数，是衡量服务事项标准化、在线服务成效度、在线办理成熟度的指标。计算公式见式(51)。

$$网上政务服务能力指数=(服务事项标准化指数+在线服务成效度+在线办理成熟度)\div3$$

$$(51)$$

式中：

服务事项标准化指数指政务服务标准化覆盖情况。计算公式见式(52)：

$$服务事项标准化指数=\frac{已梳理办事指南的企业法人类政务服务事项实施清单数}{已入库企业法人类服务事项实施清单数}\times100\%\quad(52)$$

在线服务成效度指政务事项在线办理情况。计算公式见式(53)：

$$在线服务成效度=\frac{可网上办理的企业法人类依申请行政权力事项数量}{企业法人类依申请行政权力事项总量}\times100\%\quad(53)$$

在线办理成熟度指电子证照覆盖情况。计算公式见式(54)：

$$在线办理成熟度=\frac{汇聚的企业法人类电子证照种类数量}{企业法人类电子证照目录数量}\times100\%$$

$$(54)$$

8.13 经济外向度

一个地区的对外贸易总额占GDP的比重。计算公式见式(55)。

$$经济外向度 = \frac{地区对外贸易总额}{GDP} \times 100\% \tag{55}$$

8.14 用地管控系统质量指数

对土地管理的信息公开度、登记覆盖全面程度、土地争议解决机制的可及度等指标的综合评价指数,可采用相关部门开展营商环境评价工作的数据进行计算。

8.15 中小微企业申贷获得率

中小微企业获得贷款企业的数量占总申请贷款企业数量的比重。计算公式见式(56)。

$$中小微企业申贷获得率 = \frac{中小微企业获得贷款企业的数量}{总申请贷款企业数量} \times 100\%$$
$$\tag{56}$$

8.16 所有权和控制权保护指数

对保护股东不受董事会过度控制和利益侵占情况的综合评价,可采用相关部门开展营商环境评价工作的数据进行计算。

9 居民生活指标内涵与计算方法

9.1 城镇居民人均可支配收入增长率

城镇常住居民人均可支配收入的增长速度。计算公式见式(57)。

城镇居民人均可支配收入增长率=

$$\frac{城镇居民人均可支配收入增长额}{上一年度城镇居民人均可支配收入} \times 100\% \tag{57}$$

式中:

城镇居民人均可支配收入增长额是本年度城镇居民人均可支配收入与上一年度城镇居民人均可支配收入之差。

上一年度城镇居民人均可支配收入是城镇居民在上一年内获得的、可用于最终消费支出和储蓄的收入总和。

9.2 居民人均可支配收入与人均地区生产总值之比

计算公式见式(58)。

居民人均可支配收入与人均地区生产总值之比=

$$\frac{全体居民人均可支配收入额}{人均地区生产总值} \times 100\% \tag{58}$$

式中:

全体居民人均可支配收入额是居民在一个年度内获得的可用于最终消费支出和储蓄的收入额总和。

人均地区生产总值是一个地区在核算期内(通常为一年)实现的生产总值与所属范围内的常住人口的比值。

9.3 恩格尔系数

居民食品消费支出占居民生活性消费支出的比重。计算公式见式(59)。

$$恩格尔系数 = \frac{居民食品消费支出金额}{居民生活性消费支出金额} \times 100\% \tag{59}$$

式中：

居民食品消费支出金额是一个地区居民家庭一年内用于食品支出的总金额。

9.4 居民消费价格指数涨幅

一个反映居民家庭一般所购买的消费价格水平变动情况的宏观经济指标，是度量一组代表性消费商品及服务项目的价格水平随时间而变动的相对数，是一组固定商品按当期价格计算的价值减去一组固定商品按基期价格计算的价值与一组固定商品按当期价格计算的价值的比重，用来反映居民家庭购买消费商品及服务的价格水平的变动情况。计算公式见式(60)。

$$居民消费价格指数涨幅 = \frac{一组固定商品按当期价格计算的价值 - 一组固定商品按基期价格计算的价值}{一组固定商品按当期价格计算的价值} \tag{60}$$

9.5 15分钟社区生活圈覆盖率

在15分钟步行范围内，配备生活所需的基本服务功能与公共活动空间。计算公式见式(61)。

$$15分钟社区生活圈覆盖率 = \frac{15分钟生活圈覆盖的社区数量}{社区总数} \times 100\% \tag{61}$$

9.6 城镇家庭住房成套比例

城镇国有土地登记的成套住房面积占城镇国有土地登记的住宅总面积的比重。城镇家庭成套住房指城镇家庭室外配套设施(道路、水、电、气等)和室内居住功能(具备卧室、起居室、厨房、卫生间等基本空间)基本齐全的住房。计算公式见式(62)。

$$城镇家庭住房成套比例 = \frac{城镇国有土地上登记的成套住房面积}{城镇国有土地上登记的住宅总面积} \times 100\% \tag{62}$$

式中：

城镇国有土地登记的成套住房面积是一个地区的国有土地资源管理部门注

册登记的城镇国有土地的成套住房的总面积。

城镇国有土地登记的住宅总面积是一个地区的国有土地资源管理部门注册登记的城镇国有土地的住宅的总面积。

9.7 城镇常住人口保障性住房覆盖率

通过公共租赁住房(含廉租住房)、经济适用性房、限价商品房以及各类棚户区(危旧房)改造等保障性安居工程保障的城镇家庭户数占已经申请审核通过符合住房保障条件的城镇家庭户数的比重。计算公式见式(63)。

$$城镇常住人口保障性住房覆盖率 = \frac{已享受住房保障的城镇家庭户数}{应享受住房保障的城镇家庭户数} \times 100\%$$

(63)

9.8 人均预期寿命

人均预期寿命是指假设当前的分年龄死亡率保持不变,同一时期出生的人预期能继续生存的平均年数。由于实际情况中死亡率是不断变化的,因此该指标是一个假定指标,用来衡量一个社会的经济发展水平及医疗卫生服务水平。

计算方法:对同时出生的一批人进行追踪调查,记下他们的寿命直至最后一个人的寿命结束,计算平均寿命来假设一代人的平均寿命即为人均预期寿命。一般用"岁"表示。

9.9 人均拥有社会保险福利总额

本地常住人口计算的报告期内人均拥有的社会保险基金支出总额和民政事业费实际支出总额。计算公式见式(64)。

$$人均拥有社会保险福利总额 = \frac{社会保险基金支出总额 + 民政事业费实际支出总额}{常住人口数}$$

(64)

式中:

常住人口数是在一个地区实际居住半年以上的人口总数。

9.10 基本养老保险覆盖率

城市内各类养老保险参保人数占应参保人数的比重。计算公式见式(65)。

$$基本养老保险覆盖率 = \frac{各类养老保险参保人数}{应参保人数} \times 100\%$$

(65)

式中:

各类养老保险参保人数包括参加企业职工基本养老保险人数、机关事业单位社会养老保险人数、城镇居民养老保险人数、新型农村社会养老保险人数和被征地农民参加社会保障人数。

应参保人数是一个地区内应该参加社会养老保险的总人数。

9.11 城乡居民住院医疗费用报销比例

城乡居民基本医疗保险的住院医疗费用占政策范围内全部住院医疗费用的比重。计算公式见式(66)。

城乡居民住院医疗费用报销比例=

$$\frac{城乡居民基本医疗保险的住院医疗费用}{城乡居民医疗保险政策范围内全部住院医疗费用} \times 100\% \qquad (66)$$

9.12 每十万人拥有医生数／每十万人医院病床数

每十万人拥有医生数指一个地区平均每十万人拥有的在岗执业(助理)医师数。计算公式见式(67)。

每十万人医院病床数指一个地区平均每十万人拥有的医院病床数。计算公式见式(68)。

两项指标评价主体可统一选择使用。

$$每十万人拥有医生数=\frac{医生数(个)}{城市总人口数(人)} \times 100000 \qquad (67)$$

式中：

医生数是年末一个地区执业医师和执业助理医师的总人数。

$$每十万人医院病床数=\frac{医院实有床位数(个)}{城市总人口数(人)} \times 100000 \qquad (68)$$

式中：

医院实有床位数是根据《全国卫生资源与医疗服务调查制度》得出的年底固定实有床位数,包括正规床、简易床、监护床、超过半年加床、正在消毒和修理床位、因扩建或大修而停用床位。不包括产科新生儿床、接产室待产床、库存床、观察床、临时加床和病人家属陪侍床。医院包括综合医院、中医医院、中西医结合医院、民族医院、各类专科医院和护理院,不包括疗养院。

9.13 护理型养老床位数占养老机构床位总数比重

计算公式见式(69)。

$$护理型养老床位数占养老机构床位总数比重=\frac{护理型养老床位数}{养老机构床位总数} \times 100\%$$

$$(69)$$

式中：

护理型养老床位数指养老机构内供失能、半失能老人使用的床位数量。

养老机构床位总数指经行政部门批准运营的养老机构所拥有的对社会公众提供养老服务的床位设施数量。

10 数据采集与分析

10.1 数据采集

10.1.1数据来源

品质城市评价指标体系中指标数据的获取可通过统计年鉴、部门资料、社情民意调查等渠道。

10.1.2数据整理

品质城市评价指标体系中部分指标数据需要将查找到的数据按照指标的计算方法进行加工整理,得出最终数据。

10.1.3数据鉴别

应抽取10%的评价指标数据,对其真实性和准确性进行验证。验证方法如下:

——按照数据采集过程重新查找和测算数据,并与原指标数据对比、验证;

——如指标数据全部一致(数据差异度在1%以内),则可表示指标体系数据是可信的;

——如指标数据部分或全部不一致(数据差异度在1%以上),则表明指标体系数据不可信,需要按照数据采集方法重新查找、整理。

10.2 数据分析

10.2.1权重确定

采用层次分析法(AHP),邀请相关部门和专家用1～9标度法逐层对各个指标打分,确定指标间两两相对重要性的比值,建立比较判断矩阵。通过矩阵运算和一致性检验,得到指标大类间相对重要性的权数、各个指标相对于上一层次指标大类相对重要性的权数,按照层次结构自上而下逐层对两级指标权数进行加权,得出各个指标的权重。

10.2.2目标值确定

各评价主体可根据相关发展规划或考核办法确定评价指标的目标值。

在相关发展规划和考核办法中未体现的评价指标,可由相关政府主管部门领导和相关领域专家研究确定,根据推进高质量发展考核指标调整和现有评价指标趋同性变化情况,每3年进行相应调整。

10.2.3计算指标得分

对不同的三级指标进行处理,求得各指标的得分。

正向指标计算公式见式(70),逆向指标计算公式见式(71)。

$$q_i = \frac{x_i}{x_{ij}} \times 100 \qquad (70)$$

$$q_i = \frac{x_{ij}}{x_i} \times 100 \qquad (71)$$

式中：

q_i——评价指标得分；

x_i——评价指标实现值；

x_{ij}——评价指标目标值。

10.2.4 城市品质指数计算

采用线性加权方法计算城市品质指数。计算公式见式(72)。

$$Q = \sum_{i=1}^{n} q_i w_i \qquad (72)$$

式中：

Q——城市品质指数；

w_i——第 i 个指标的权重；

q_i——第 i 个指标的得分。

参 考 文 献

[1] 关于开展第三届中国质量奖评选表彰工作的通知(国质检质[2016]512号)

[2] 关于印发《全面建设小康社会统计监测方案》的通知(国统字[2008]77号)

[3] 关于印发《江苏高质量发展监测评价指标体系与实施办法》的通知(苏办发[2018]22号)

[4] 国家基本公共服务统计指标(2018)

[5] 关于印发《绿色发展指标体系》《生态文明建设考核目标体系》的通知(发改环资[2016]2635号)

[6] 世界银行公布《世界银行营商环境指数》

[7] 中共江苏省委、江苏省人民政府《关于建立科学发展评价考核体系的意见》(苏办发[2008]13号)

[8] "十三五"时期文化发展改革规划(2017年)

[9] 关于印发水污染防治行动计划的通知(国发[2015]17号)

[10] 关于印发海绵城市建设绩效评价与考核办法(试行)的通知(建办城函[2015]635号)

[11] 城市供水水质管理规定(建设部令第156号)

[12] 国家新型城镇化规划(2014—2020年)

[13] 国务院办公厅关于转发国家发展改革委住房城乡建设部《绿色建筑行动方案》的通知(国办发[2013]1号)

一路生花

YILUSHENGHUA

从2015年9月任泰州市质监局局长、党组书记，到2019年1月起担任泰州市市场监管局首任局长、党组书记的近7年时间，注重把思维创新与工作有机结合、融合，力求做到思行合一、一路生花，创造了许多"第一""唯一"，为面上工作提供了先例或示范。

坚持质量为本 致力推进品质泰州建设

（2016年1月28日）

一、充分肯定2015年质监工作取得的成绩

刚刚过去的2015年，是"十二五"规划的收官之年，也是质监管理体制调整到位的第一年。一年来，全市质监（市场监管）系统广大干部职工积极适应新常态下体制改革新变化，紧紧围绕"思想再解放、项目大突破、城建新提升"三大主题工作，坚持以"品质泰州，质量强市"建设为主线，创新质量监管方式，认真履行工作职能，各项工作取得了新的进展、新的成效，市局荣获"全国质量监督检验检疫系统先进集体"，连续两年获评全市"十佳服务地方发展先进单位"。

过去的一年，我们推进质量强市，形成共治新格局，品质泰州建设进一步展开。围绕争创全国质量强市示范城市，全市上下齐抓共管、形成合力，"政府主导、企业主体、行业自律、社会监督"的质量共治新格局初步形成。《泰州市国民经济和社会发展第十三个五年规划纲要》明确提出推进品质泰州建设的基本内涵和目标任务，市政府在全省率先发布《泰州市质量发展规划（2015—2020年）》，并把质量工作纳入市（区）政府绩效考核目标。扬子江药业荣获中国质量奖提名奖，双登集团已进入省质量奖公示阶段，中海沥青、双乐化工荣获第四届市长质量奖，形成了国家、省、市质量奖的梯队结构。河海纳米牵头制定的《防晒用纳米二氧化钛》国际标准正式批准发布实施，实现了泰州市国际标准制定零的突破。兴化大闸蟹获评国家地理标志保护产品，海陵区城西街道兴业社区助残服务获批国家标准化试点，这也是全省唯一由社区承担的社会管理和公共服务综合标准化试点项目。溱湖湿地公园、戴南不锈钢、黄桥小提琴获批列入全国知名品牌示范区创建计划，华强照明制定发布LED道路照明联盟标准。举办电梯安装维修工职业技能竞赛、电梯安全提示牌平面设计大赛，宣传质量安全常识，加强社会监督，形成了推动质量提升的叠加效应，进一步营造了推进品质泰州建设的良好氛围。

过去的一年，我们突出质量监管，构建监管新体系，质量安全水平进一步提

升。坚持"安全第一、预防为主"的方针,本着"监管到位"的基本要求,把加强质量安全监管作为质监工作的"重中之重",努力抓紧抓实抓好。举办质量认证、标准计量、特种设备、行政执法等专题业务培训,提升基层监管水平,推进监管重心下移,推动建立"横向到边、纵向到底"的基层监管网络。科学划分特种设备安全监管事权,坚持属地管理,力求做到分工合理、职责明确、权责一致。挂牌督办重大隐患查处,约谈企业负责人,派驻专家组进驻梅兰集团,开展安全"会诊",督促落实安全主体责任。组织气瓶、浴室小锅炉等专项整治,推动落实电梯责任保险,推进电梯应急处置平台建设。开展电梯安全监管大会战,排查存在安全隐患电梯2346台,整治"三无"电梯78台,更新改造老旧电梯5台,问题电梯建档778台,解决了一批"老大难"问题。推进质量诚信体系建设,组织申报质量信用AA级企业23家、AAA级企业4家。承接国家市场监督管理总局蓝月亮荧光增白剂事件的风控调查,承担造型黏土、车用制冷剂、湿巾、爬爬垫风险监测,开展吊索具、新型墙体材料、阀门产品市级专项监督抽查,其中爬爬垫和造型黏土项目由中央电视台《每周质量报告》作专题报道。监督评审实验室17家,开展农资产品、净水器、车用燃油等12个专项整治行动,检查辖区生产销售企业584家,立案查处130起,其中大案要案38起,涉案货值3375万元。全市生产领域未发生区域性、系统性、行业性质量安全问题,荣获泰州市安全生产"专项整治先进部门"一等奖。

过去的一年,我们优化质量服务,打造质检新高地,质量服务成效进一步巩固。积极倡导"服务更优"的新理念,推出行政许可到期提醒服务,实施容缺受理,制定并发布全国首个行政许可容缺受理服务地方标准。继续开展医疗单位、集贸市场计量器具"两免检",共检定1085家医疗单位4871台(件)计量器具、173家集贸市场10234台(件)在用衡器。开设"惠民服务站",每周一免费为市民检修、校准家用血压计,减免检定收费约3.6万元。借助"互联网+",打造全新的检验检测服务模式。市标准化研究中心建立标准服务、检验检测、WTO/TBT等服务平台,实现大型仪器设备、高级检验人才、检验检测技术等资源共享共用。市计量中心建成中小企业计量服务平台,帮助平台用户缩短检测周期50%、降低检测费用10%以上。省特防中心申报创建国家级中心取得积极进展,省测绘仪器计量中心检测实验楼项目开工建设,装备载体建设进一步强化。借力"一带一路",市纤检中心与新疆图木舒克市纤检所达成资源整合意向,市质检中心承办长江三角洲检测机构发展与合作论坛第十四届年会,牵头成立国家化学品质检中心技术联盟,与甘肃省临夏州质检所合作共建清真食品质量监督检验中心,提升了知名度,扩大了影响力,为项目大突破提供了强有力的技术支撑,荣获"台商最优服务团体","三服务"绩效考核名列第一。

过去的一年,我们聚焦关键环节,推动效能新提升,质监队伍形象进一步改善。体制改革深入推进,市(区)级按时组建市场监管部门,市局平稳划转稽查人员,事业单位重新明确"三定"方案,配合实施"三证合一""一照一码"。依法行政步伐加快,开展"六五"普法,承办"法治大讲堂",推进技术机构法制建设,梳理并发布11项部门职责、5项与相关部门的职责边界、11项加强事中事后监管的制度措施、26项公共服务事项和14项便民服务事项,向高新区市场监管局下放7项行政许可事项,并获"省级依法行政示范点"。组织开展质监工作"改革一小步,发展一大步""金点子"征集活动,并举办"金点子"头脑风暴,进一步激发广大干部职工支持、参与改革创新的积极性。干部教育深入开展,以中心组学习、质监大讲堂、网络培训平台、党员固定学习日等为载体,邀请市委组织部、纪委、公安局、审计局专家领导来局授课,多形式提升干部职工素质。作风建设继续深化,扎实开展"三严三实"专题教育活动,认真查找"不严不实"问题,切实提出整改措施,着力巩固党的群众路线教育实践活动成效。党风廉政建设持续巩固,加强日常廉政教育,排查廉政风险点44个,制定防控措施100项,保持了惩治腐败的高压态势。对口帮扶有序开展,选派骨干人员赴企业一线、村居一线驻点服务,社区共建、挂钩扶贫深入推进,成效显著。此外,质监宣传工作进一步加强,系统宣传网络进一步健全,"品质泰州"微信公众号正式开通,影响力进一步扩大,政务财务管理进一步规范,党建带群团作用进一步发挥,后勤保障进一步完善。

同时我们也要看到,质监工作中还存在着一些薄弱环节和问题,主要表现为:在服务党委政府中心工作上思考不深、抓手不多,体制调整后主动指导、服务市(区)质监工作明显减少;"三合一"后,基层执法打假力度减弱、办案数量下滑,特种设备基层监察人员变动较大,专业知识缺乏;技术机构能力提升不明显、核心竞争力不强;等等。

二、科学分析质监工作面临的形势

2016年是全面建成小康社会决胜阶段的开局之年,也是泰州建市20周年的喜庆之年。我们既面临新的发展机遇,也将迎接更多的挑战。

1.从全国来看,发展理念的更新,正全面推动经济社会迈入"质量时代"。

党的十八大提出"把推动发展的立足点转到提高质量和效益上来",党的十八届五中全会提出"创新、协调、绿色、开放、共享"的发展理念,这其中贯穿的就是质量和效益这根红线。我们必须把思维方式、工作方法、政策措施切实转到提高质量和效益这一中心上来,把握好速度和质量的平衡,以质量提升对冲速度放缓,做到调速不减势、量增质更优。正如习近平总书记提出的要"推动中国制造向中国创造转变、中国速度向中国质量转变、中国产品向中国品牌转变"。发展理念的重大更新,彰显了质量发展的重要性,也预示着我国经济发展正大步迈入"质量时代"。

2.从全省来看,转型升级的倒逼,正迅速加剧区域竞争接入"质量模式"。

当前江苏经济下行压力加大,内需不足和外需不振交织、中低端产品过剩和高品质服务供给不足并存等问题突出,动力转换步伐不够快、供给体系与需求结构变化不相适应、生产要素相对分散等深层次结构性矛盾集中显现。要彻底解决这些矛盾和问题,根本就在于转方式、调结构、强质量。《中国制造2025泰州行动纲要》等一批转型升级指导性文件都将质量、品牌、标准、技术等列为重要内容。近年来,无锡、南京、南通成功获评"全国质量强市示范城市",苏州、常州、扬州、宿迁、泰兴等市也被列入"全国质量强市示范城市"创建名单。地区间的竞争正因产业转型升级的倒逼而日趋激烈。我们必须跳出狭隘的微观质量思维,主动接入"质量模式",将质量建设融入经济社会建设的方方面面,引领带动经济、社会、文化、生态、民生、政务服务等更高层次、更多领域质量水平的不断提升。

3.从全市来看,品质泰州的建设,正不断丰富质量内涵融入"质感未来"。

地级泰州市组建近20年来,全市经济社会长足发展,城市规模迅速扩大,人居环境明显改善,发展特色日益彰显,区域的知名度、影响力日益提高。但泰州在长三角居中、在全省居后的格局尚未得到根本改变。造成这种局面的一条重要原因就是质量发展尚未取得根本性突破。这就迫切要求我们更加自觉和主动地追求质量发展。因此,推进品质泰州建设,让泰州的发展更有"质"感,既是我们的责任,更是我们的担当。

加快品质泰州建设,有利于更高水平打造"四个名城"。品质是城市的内在特征,决定了一个城市未来的发展速度、发展高度和发展前景。市委提出"四个名城"的城市定位,既站得高、看得远,着眼时代发展要求和未来发展大势,又看得见、摸得着,立足现实基础条件和自身比较优势。推进"四个名城"建设,关键在"名",核心在"质"。加快推进品质泰州建设,有利于我们更好地把握"四个名城"建设的精髓,加快提升泰州的产业竞争力、文化感召力、品牌影响力、区域集聚力和环境支撑力,实现内增原动力、凝聚力,外树知名度、美誉度。

加快品质泰州建设,有利于更大力度推进"三大主题工作"。"三大主题工作"既针对泰州的昨天,又决定泰州的今天,更事关泰州的明天,是全市经济社会发展的"牛鼻子",也是引领新常态的"先手棋"。加快品质泰州建设,必将促使全市上下对我们要实现什么样的发展,怎样实现发展等再思考、再认识,不断把思想解放提高到新境界;必将有效促进招商引资,进一步提高项目招引和建设水平,催生一批新的项目,形成新的项目源;必将更为有效地将质量和品位的理念贯穿到城市规划、建设和管理之中,加快把中心城市建得更优更美、更特更精。

加快品质泰州建设,有利于更快实现"双中高"战略目标。新常态下,泰州要实现经济增长8%以上的发展目标,必须加快转变经济发展方式,促进经济转型、迈向中高端水平。加快品质泰州建设,必将更有成效地推进质量、品牌、标准建设,强化创新驱动发展,促进现有产业向"微笑曲线"两端攀升。大众创业、万众创新,是发展的动力之源。加快品质泰州建设,将带来更多的创业创新机会,也必将促进每位泰州人更为自觉地投身到创业创新创优的时代实践,挖掘自身潜力、实现自身价值,进而促进供给侧品质的改善,推动结构优化、要素升级、发展转型。

加快品质泰州建设,有利于更深程度提升人民群众获得感。生活品质的提升是城市品质提升的出发点和落脚点。推进品质泰州建设,其根本目的就是让城市更美好,让生活更幸福。加快建设品质泰州,必然要以群众的需求为出发点谋划经济社会发展和城乡建设,从而让群众的创造愿望得到尊重、创造活动得到支持、创造成果得到肯定,最广泛、最充分地发挥每个人的能动性和创造性,必将使公共服务从数量型增长向质量型增长转变,更好地满足广大群众的物质精神文化需求,实现共建共享。

三、明确2016年全市质监工作任务

2016年全市质监(市场监管)工作的总体要求是:深入贯彻落实党的十八大和十八届三中、四中、五中全会精神,牢固树立"创新、协调、绿色、开放、共享"五大发展理念,坚持质量为本,紧紧围绕"品质泰州,质量强市"这一主线,突出创建"全国质量强市示范城市"这一重点,加强质量支撑,强化质量监管,厚植质量文化,完善质量体系,进一步发挥质监工作职能,力求做到"监管到位,服务更优",更好地为全市经济社会发展提供质量保障。

要重点抓好四个方面工作:

(一)加强质量支撑,夯实泰州质量基础

质量是品质的重要基础。要聚焦转型升级,强化质量支撑,引导支持企业夯实质量基础工作,增强质量发展动力,提升企业产品质量竞争力,夯实品质泰州的质量基础。

一是加强标准引领。贯彻《国家标准化体系建设发展规划(2016—2020年)》,优化标准体系,推动标准实施,强化标准监督。鼓励企业和社会组织制定严于国家标准、行业标准的企业标准和团体标准,加强标准与科技互动,促使专利与标准结合,进一步完善企业产品标准自我声明公开和监督制度。以现代园艺业、规模畜牧业、特色水产业、生态循环农业等为重点,组织制定现代农业标准,开展农业标准化试点,促进农业标准示范建设项目规模化、产业化。建立健全服务标准体系,开展现代物流、政务服务、社区服务等服务业标准化建设试点,规范服务质量分级管理,实施服务标杆引领计划,带动服务业提速升级。

二是加强计量保障。贯彻实施《江苏省计量发展规划(2014—2020年)》,围

绕产业发展,建立更加完备、合理的量传溯源体系,全面提升计量保障能力。深化能源计量审查,帮助重点用能单位完善计量管理体系,杜绝"跑冒滴漏",实现能耗物耗下降。推广先进计量管理模式,鼓励企业加大对计量基础设施和计量检测设备的投入,在生产加工、工艺控制、产品检验等关键环节合理配置、有效使用合格计量器具,提升企业计量管理水平和检测能力。

三是加强认证认可规范。加强资质认定检验检测机构监管,组织实施能力验证活动,确保检验检测工作质量。推广自愿性认证,引导企业建立健全质量管理、环境管理、职业健康安全管理三大体系,打牢管理根基,提高研发、制造、服务全过程质量和效率。推进节能低碳行动,推广能源管理体系认证,持续改进能源管理水平。加大强制性产品认证、有机产品监督检查,维护产品认证的权威性。

四是加强检验检测服务。瞄准建设检验检测新高地目标,大力引导和推进检验检测机构建设向产业链和集聚区集中,加快检验检测能力建设步伐。积极争创国家级特防产品质检中心,加快省级测绘仪器计量中心检测实验楼项目建设进度,引导省级墙纸产品、磨具磨料等质检中心紧贴产业需求拓宽业务领域。推动技术机构开展重点领域技术攻关,加大前沿检测技术、方法研究,提升专业领域影响力,为服务企业转型、产业升级提供重要的技术支撑。依托"互联网+",搭建"泰检易"等公共技术服务平台,创造全新检验检测服务模式,为各类科技园、孵化器、创客空间等提供全生命周期的质量技术支持。联合高校、科研机构、企业研发中心和各类科技创新平台,共同开展科研攻关,推广应用科研成果,形成研发、孵化、应用有序衔接的科技创新链条。支持发展标准事务所、品牌工作室、质量测试比对机构等质量服务新兴业态,扶持促进检验检测产业集聚区规模和品牌提升。

(二)强化质量监管,守护泰州质量安全

安全是品质的基本保障。要围绕贯彻落实省质监局《关于加强质监事中事后监管的实施意见》,加强消费品安全监管,强化特种设备安全监察,加大执法打假力度,推进监管模式创新,守好品质泰州的安全底线。

一是全力确保两大安全。坚持民生导向,确保消费品安全。以消费者关注的产品为重点监管对象,以消费者热议的问题为重点监管内容,以消费者反映集中的诉求为重点监管方向,突出空气净化器、电饭煲、智能马桶盖、智能手机、儿童纸尿裤、儿童玩具、婴幼儿童装、厨具、床上用品、家具等10种消费品,组织开展质量提升行动,努力增加高质量、高水平供给。加大特种设备安全监察力度,加强重点单位、重点场所、重点设备安全检查和特种设备生产企业、检验机构现场检查,开展油气输送管道和化工企业工业管道、厂内机动车辆、电梯、气瓶专项整治,督促使用单位落实隐患整改,减少一般事故,杜绝较大及以上事故,保持特种设备安全平稳态势。

二是切实提高执法实效。推进执法打假重心下移，切实落实辖区打假责任制，充分发挥基层执法监管作用，做到及时发现问题，及时查处，及时整改。加大对基层监管部门的执法指导，强化集中培训、个案剖析，厘清执法思路，明确执法重点，改进执法方法，提升执法效能。以消费品、农资、特种设备、食品相关产品、儿童用品、电商产品、汽柴油等为重点，组织开展执法打假专项行动，集中整治百姓关注的质量和安全难题。强化大案要案组办督办，对重大案件、跨地区案件，组织联合查办，切实解决体制改革后执法监管弱化、信息反馈滞后等问题。

三是积极创新监管模式。努力适应体制改革后的新情况、新要求、新挑战，积极发挥市级层面规划指导、组织协调、督查督办、总结推广等职能作用，推动构建行政许可、监督检查、执法打假、风险监控、信用管理等环环相扣、有效衔接的"闭环"监管模式。健全产品质量监测制度，加强产品风险信息分析、研判和处置工作。加快构建"风险监测、网上抽查、源头追溯、属地查处、信用管理"相结合的电商产品质量监管机制。研判特种设备安全形势，完善特种设备安全隐患排查整治机制，协调解决重大问题和重大隐患。健全特种设备突发事件应急预案，开展应急救援演练，增强应急反应能力。加快电梯应急处置服务平台建设，提高电梯事故应急处置效率，促进安全监察工作质量提档升级，打通特种设备安全监察"最后一米"。

(三)厚植质量文化，塑造泰州质量诚信

文化是品质建设的根与魂。要发挥文化的教育和引领作用，树立全面、全程、全员的质量观，提升质量发展软实力，形成良好的社会共治环境，塑造品质泰州的质量诚信精神。

一是培育提升质量意识。借助和运用报纸、广电等各种宣传手段，特别要发挥好微信公众号、电子阅报栏等新媒体的作用，唤醒广大干部群众的质量意识，增强质量理念。牢固树立全面的质量观，把质量建设扩大到以产品质量为基础的社会经济发展的各个领域。牢固树立全程质量观，推动企业全面加强产品设计、生产加工、物流配送、售后服务等各环节的品质管控，将质量管理向"微笑曲线"的设计研发和品牌营销两端延伸，提升产品竞争力。牢固树立全员质量观，以贯彻《质量发展纲要(2011—2020年)》为主线，建立起以政府为主导、企业为主体、各部门联动、全社会广泛参与的质量共治体系，建立健全协调机制、激励机制、考核机制，推动政府部门、行业、企业、社会全员抓质量。

二是推动塑造质量精神。在质量强市(区)建设中突出质量文化建设，结合盐税文化、宗教文化、教育文化、戏曲文化、红色文化、大江文化等泰州优秀文化基因，提炼兼具时代特征、地方特色、文化底蕴的城市质量精神，增强质量发展的内生动力。推动企业加强质量文化建设,挖掘质量奖获奖企业的质量工作经验,树立示范标杆,加大宣传推广力度,引导广大企业培养和确立质量文化。发挥行业协会、商会等组织的作用,指导开展质量文化建设和自律自强活动,积极推进质量兴业、质量强业。组织开展普法教育、技术培训、专业研讨、质量"义诊"等活动,增加质量文化交流互动,促进企业增强质量意识,走质量效益型发展道路。

三是引导崇尚质量诚信。以质量信用体系建设为抓手,整合监管资源,推进部门协作,规范企业生产经营行为,维护市场经济秩序。完善企业质量信用评价标准体系,发挥社会第三方评价机构的作用,组织开展企业质量信用评价,动态发布失信企业名单,落实重点监管。实施行政许可和行政处罚信息"双公示",方便企业查询,接受社会监督。建立跨部门、跨区域、跨行业质量失信联合惩戒机制,推进质量信用信息在行政许可、招投标、政府采购、工程建设、公共资源交易、评先评优等方面的综合应用。组织开展"3·15"、质量月等集中宣传活动,充分展示质量发展成效,引导全社会践行"守法诚信"理念,营造"人人重视质量、人人创造质量、人人享受质量"的良好环境,夯实质量发展的思想基础和群众基础。

（四）完善质量体系,铸造泰州质量品牌

品牌是品质之形,更是质量与文化的有机融合。要嫁接现代生产技术和质量管理体系,形成一批质量高、竞争力强的泰州品牌,增强品质泰州的知名度、发展力。

一是构建全流程的质量体系。注重在顶层设计中突出质量,在"十三五"规划和各专项规划编制中,坚持质量指标优先,推进质量发展,释放质量红利。提请市政府研究制定深化质量强市、促进质量发展的相关意见,在市（区）绩效考核中加大质量发展考核指标的权重,涵盖质量水平、技术和产品创新能力、品牌效应等方面的内容。在深化改革中创造质量,扎实推进简政放权、行政审批制度改革等,着力营造有利于质量发展的公开透明的营商环境、公平正义的法治环境、优质高效的服务环境。发挥市场配置资源的决定性作用,形成优胜劣汰、质量第一的竞争机制。

二是打造全方位的质量体系。从宏观来看,质量涵盖产品质量、工程质量、服务质量、环境质量,要全方位提升产品、工程、服务、环境质量,确保产品质量保障体系更加完善,建筑工程质量整体水平全面提升,基本实现服务质量的标准化、规范化和品牌化,构建人与自然和谐发展的生态环境。从微观来看,要提高产品的科技含量,推广应用先进管理方法和先进标准,不断提高产品档次和附加值;提高产品的服务含量,引导企业向产业链的下游进军,形成完整的售前、售中和售后服务体系;提高产品的低碳含量,实施燃煤锅炉节能工程,推行锅炉安全节能标准化管理,加强生产许可管理,把好涉及产能过剩产品和企业的准入关,发挥质量在去产能过程中的重要作用,带动供给侧结构调整、消费结构升级。

三是实施可持续的品牌战略。围绕战略性新兴产业、传统支柱产业、现代服务业发展需求,扎实做好重点企业争创名牌的指导、协调和服务工作,做到培育一批,申报一批,储备一批,形成良性循环。积极推动促进资本向品牌集中、技术向品牌集成、人才向品牌集合、资源向品牌集聚,形成一批产业链完整、市场占有率高、服务功能完善、综合竞争力强的区域名牌,放大品牌效应,推动泰州市成为品牌大市、品牌强市。

四、不断提高质监工作组织领导水平

"品质泰州,质量强市"的蓝图已经展开,工作任务已经明确,现在关键就在于抓落实,而抓落实关键又在于人。市委主要领导年前对质监工作的批示中明确要求,"请质监局为主进一步推进'品质泰州'建设落到实处"。这就要求我们必须不断提高组织领导水平,确保各项工作高效有序推进,确保各项目标任务落到实处。泰州建市之初,市委提出"三个一流"的目标定位。今天,我们站在二次创业、推进品质泰州建设的新起点上,仍然要弘扬建市之初的创业精神,瞄准"打造一流队伍、创造一流业绩、塑造一流形象"的目标,不断加强质监部门自身建设,更好地发挥质监工作职能。

(一)提升自身能力,勇担当、能担当

当前,经济社会发展处在调整转型关键时期,质监工作的体制机制、政策环境等发生了较大变化,急需转变思维理念和工作方式,这就要求我们始终高度重视和不断推进能力建设,为抢抓发展机遇、化解困难挑战提供有力保障。

一是提高服务发展的能力。自觉践行"三个转变"要求,积极投身"三大主题"工作,主动把握和适应经济发展新常态,围绕推进品质泰州建设,强素质、强本领。进一步深化质监队伍建设,紧扣打造"专业、敬业、诚信、文明、廉洁"的质监队伍的目标,抓好高层次人才和关键紧缺人才的引进和培养,不断强化内部管理,激励和调动广大干部职工建功立业的积极性和创造性,更好地发挥质监部门服务经济社会发展的职能作用。

二是提高依法行政的能力。要切实增强尊法守法的意识,建立健全学法用法考核评价机制,做到法定职责必须为,法无授权不可为;要加强行政指导,积极采取行政指导提示、告诫、建议、约谈等方式开展柔性监管;要健全依法决策机制、推行权力清单制度、严格履行执法程序,确保执法严格、公正、文明。

三是提高履职尽责的能力。要做到善学善谋善断,只有学得精学得深学得透,才能真正成为行家里手,才能掌握工作主动权。既要把市委市政府工作要求与质监工作实际更好地结合起来,立足全局想问题,突出中心作决策,又要敢于决策,遇到矛盾问题当断则断,不推不让,勇于担当。要做到苦干实干巧干,好的

工作方法,是解决问题、推动工作的"润滑剂"和"催化剂"。要善于统筹兼顾、弹好钢琴,围绕市委市政府的工作重心抓好本职工作,在贴近中发挥质监职能,在融入中彰显质监作用。

(二)凝聚质量合力,求共治、谋共赢

提升质量是全社会的责任,泰州市新常态下的质量发展应当始终围绕品质泰州建设,树立"一盘棋""一条心"的思想理念,形成共推共进、共鸣共振、共治共赢的质量发展合力。

一是积极争取政府发挥主导作用。争取政府对质量工作的关心和支持,将质量发展作为城市发展战略的重要内容,把质量发展目标纳入国民经济发展规划,出台支持质量工作的各项政策措施,加大对质量综合管理和质量安全保障的投入。针对政府关注、社会关心、群众关切的新兴产业、支柱产业、重点工程、重点项目中涉及的质量状况、发展前景和安全问题,要主动调查分析,及时向政府报送质量分析报告,为党委政府决策提供全面的参考依据。

二是注重发挥市场基础作用。一方面,要继续深化行政审批制度改革,最大限度地减少影响企业获证的不必要环节,宽进严出,事后严管,推动工作重心从事前审批向事后监管转变,更多地发挥市场作用。另一方面,要督查企业加强自我约束、依法依标生产,落实质量安全主体责任,让企业在市场公平竞争中实现优胜劣汰。

三是充分发挥社会公众监督作用。定期开展市民质量满意度调查测评,完善12365、部门网站等质量投诉渠道,曝光违法违规行为。深入开展在校学生质量安全志愿服务行动,选聘一批产品质量安全义务监督员。建立质量安全多元共治机制,推动建立产品质量安全责任保险制度。

(三)激发内生动力,建机制、解难题

随着基层职能部门"三合一"、分级管理体制改革的逐步深化,纵横联动、权界清晰、运行顺畅的质监行政管理新体系正在初步形成。要切实激发内生动力、内在活力,积极适应体制改革新变化,以改革创新求生存谋发展。

一是树立"大质量"的工作理念。只有高定位,才能有大作为。要树立具有宏观、战略意识的大质量观,跳出质监看质监,把质量工作置于经济社会发展的大背景下进行考量,真正把工作做实、做好、做出成效。在现阶段,我们必须紧紧围绕"三大主题"工作,认真贯彻落实市委主要领导重要批示精神,发挥好质监(市场监管)部门的牵头作用,主动自觉对接转型升级、项目大突破等中心工作,让全市的经济社会发展更加具有"质"感。

二是构建"大质检"的工作模式。检验检测机构是质监(市场监管)部门服务项目大突破的重要技术支撑。要加强"检政合作",借助检验检测机构长期积累的技术优势和政府购买服务份额加大的契机,开拓政府部门委托检验市场;加大"市区合作",市级和县(区)检验检测机构互通有无、互有侧重、互利共赢,抢占市场份额;实现"产业对接",主动把握产业需求,加强技术支撑力度,形成对产业链的强链、补链作用。

三是打造"大数据"的服务平台。深入研究大数据与质监工作的关联性,构建"互联网+质监"的大数据平台。通过统计归纳广大消费者的质量诉求,汇总分析各业务条线的信息数据,提高质量监管的针对性;继续完善中小企业服务平台、"泰检易"等检验检测服务平台的开发应用,通过实施远程数据传输、监控、比对和定期统计分析,增强服务企业的前瞻性。

(四)增强廉洁定力,扬清风、树正气

在2016年1月上旬召开的市委四届十次全会上,市委主要领导号召"再造一个激情燃烧、干事创业的黄金期"。对照这一要求,我们必须进一步凝心聚力,理清思路,明确目标,牢固树立"有为才能有位,有位更须有为"的理念,切实改进工作作风,立说立行,立行立改,深入推进党风廉政建设,进一步激发干事创业的热情,开创风清气正、团结一致、共谋发展的良好局面。

一是始终坚持规矩标准挺在前。新修订的《中国共产党廉洁自律准则》倡导了思想道德的高标准,《中国共产党纪律处分条例》列出了违纪行为的严规矩。要引领全系统干部职工牢固树立规矩、标准意识,把规矩与标准作为保障各项工作规范有序、运作高效的基本准绳,坚决贯彻落实。把党纪条规想通吃透,刻在脑中,时刻审视哪些底线不能踩,哪些红线不能碰。同时确立更高追求,瞄准更高标准,对标找差,从严要求,时刻提醒自己谦虚谨慎,戒骄戒躁,勇于攀登,自强争先。

二是始终坚持作风建设不放松。作风建设永远在路上。新的一年,任务艰巨,责任重大,必须有硬朗的作风、强力的执行作保证。要巩固"三严三实"活动成果,进一步提高基层党组织的凝聚力和战斗力。要主动聚焦"三大主题"工作,在本职岗位上凝神聚力,出实招、办实事、求实效,确保"三严三实"精神一以贯之、自觉践行。市委全会决定新设"蜗牛奖",发给那些推进重点项目不得力、履行职责不到位、解决群众关切问题不及时的责任人。我们要拒做"慢蜗牛",争做"老黄牛",倒逼各项工作高质量、高效率,确保各项任务快推进、快到位。

三是始终坚持责任落实不走样。坚决贯彻落实党风廉政建设的各项规定,把党组织监督与其他各项监督结合起来,形成监督合力。常态化开展党风廉政教育,着力加强党的宗旨教育、党的纪律教育、党内法规教育、优良作风教育和廉洁修身教育,使廉政意识内化于心,外化于行。

以打造品质泰州为追求
全力推进质量强市建设

（2017年1月20日）

一、"十三五"全市质监工作开局良好

2016年是"十三五"开局之年，面对纷繁复杂的经济社会发展新环境和任务艰巨的供给侧结构性改革新要求，全系统干部职工围绕中心，服务大局，自觉把质监工作融入全市"思想再解放、项目大突破、城建新提升"三大主题工作之中，积极作为、主动作为，质量强市、"品质泰州"、质量监管服务、长江经济带检验检测新高地、质监队伍建设等各项工作取得新进展。刚刚发布的"2016年泰州质监十件大事"，浓缩展示了2016年泰州市质监工作创新创优的实践成果。下面我再用五个"新"，对去年工作作一简要回顾总结。

（一）质量强市有新突破

全面启动全国质量强市示范城市创建工作，成功获批创建"全国质量强市示范城市"。一是强化顶层设计。市委市政府进一步加强对质量工作的领导，市领导多次对质监工作作出批示，提出明确要求。部门自觉发挥职能，建立健全质量强市工作联席会议等质量共治机制，加快形成各级政府、各个部门都重视质量工作的良好局面。2016年起，"品质泰州"建设情况纳入市委市政府对各市（区）效能目标考核。2016年9月，市局与高港区人民政府签订质量强区战略合作协议，促进双方发挥各自优势，合力打造"品质高港"，推动市区质量发展迈上新台阶。二是突出品牌带动。选择优势企业加大指导力度，普及卓越绩效、六西格玛、精益生产、质量诊断、质量持续改进等先进生产管理模式和方法，培育了一批行业冠军和"单打冠军"。扬子江药业集团荣获中国质量奖提名奖、全国质量标杆企业，成为2016年中国品牌价值榜中国生物医药类品牌强度、品牌价值双料冠军，并勇夺5项国际QC质量控制金奖。双登集团获省质量奖。泰州市在全省率先实现政府质量奖全覆盖。截至2016年底，泰州拥有中国质量奖提名奖1家，省质量奖2家，市长质量奖10家，江苏省名牌产品207个。三是夯实质量基础。切实加强标准、计量、认证认可、检验检测等质量基础工作。泰州标准首登国际舞台，泰州企业主导参与制修订国际标准7项，占全省国际标准制修订总数的14%，进一步提升了泰州企业的话语权。全国低维纳米结构与性能标准化工作组和全国质

量监管重点产品检验方法标准化技术委员会、儿童用品和学生用品检验方法专业工作组先后在泰州成立。积极推动标准化向社会治理、从严治党、农村公共服务、社会服务、提升市民生活品质等方面拓展,靖江市主持起草的5项江苏省农村公共服务运行维护系列地方标准发布实施,具有靖江特色的"1189"农村公共服务运行维护标准化模式由国标委向全国推广,姜堰区获国家第二批农村综合改革标准化试点项目,姜堰中医院获批国家社会管理和公共服务综合标准化试点项目,5项泰州名小吃地方标准发布实施,泰州市市场监督管理局精心制作的《标准的泰州味道》宣传片社会反响热烈。深入推进"计量惠民"工程,免费检定172家集贸市场10199台(件)计量器具、821家乡镇卫生单位4986台(件)医疗设备,开展新闻媒体法定计量单位使用情况、粮食收购计量器具、停车场电子计时计费装置等共计8项专项检查行动。开展检验检测机构信用评价试点工作,推进管理体系与节能认证,强化认证监管。

(二)"品质泰州"有新探索

紧紧围绕全市第五次党代会提出的"以质量效益为中心,以打造'品质泰州'为追求"的目标定位,全面叫响"品质泰州"建设。一是深入调研创新思路。在初步实践的基础上,学习借鉴国内外先进城市的成功做法和经验,结合中央关于城市发展的新要求,对供给侧结构升级新形势下如何建设品质城市做了进一步深入、系统的思考,提出打造"让城市更美好,让市民更幸福"品质城市的设想建议,得到市委市政府主要领导同志的高度肯定,调研成果被省委研究室《调查与研究》全文刊发,并获评泰州市第十届哲学社会科学优秀成果二等奖。二是培育弘扬品质文化。开展泰州质量故事、城市质量精神表述语、标识征集活动,正式确定并发布泰州质量精神为"祥泰之州品质为尚"。创办"品质泰州"微信公众号,编辑《品质泰州》杂志,在市级主流媒体开办"品质泰州质量强市"专版专栏。联合市委宣传部、文明办、人社局等9个部门在全国首创评选"泰州名匠",联合市文明办、文联开展"品质泰州"主题书画摄影大赛,联合新闻媒体举办"质量夏令营",联合文明办制作"品质泰州"公益广告宣传画,联合市教育局向市区中小学校赠送《学生质量安全教育知识读本》。通过系列活动的开展,逐步使泰州质量精神走进千家万户,全社会品质意识进一步增强。三是率先制订"品质城市"评价指标体系。联合相关部门组成课题组,制订并在全国率先发布"品质城市"评价指标体系。该体系遵循了先进、可比、公平、代表、可获得的原则,充分借鉴吸收相关国际标准、泰州市转型升级指数等标准体系的精神内涵,涵盖现代城市发展应着力关注的主要领域和社会经济生活的方方面面,具有较强的导向性、实践性和目的性。该项特色工作得到了国家市场监督管理总局、省质监局的高度重视和重点推广,《中国质量报》总编专门来泰调研。

（三）监管服务有新作为

坚持"监管到位，服务更优"的工作要求，努力寓监管于服务之中。一是全面开展"两大行动"。在全系统组织开展"质监项目行""质监民生行"两大行动，致力推进新形势下质监工作"上接天线，下接地气"，更好地为提升供给质量和群众生活品质服务。"质监项目行"主动上门"问诊把脉"，分别走进中海油气一体化项目、兴达钢帘线、汇福粮油等重大项目和企业，面对面交流对接，宣传质监职能，提供政策咨询和技术指导，把监管服务链条向前延伸，帮助企业"治未错"；"质监民生行"深入社区校园、田间地头，送服务、听意见，切实为群众解难题、做好事。2016年，全市质监系统成立7个项目行小分队和14个民生行服务小组，共走进208个项目现场，为亿元以上投资项目破解难题344个，连续2年被市台企协会评为"服务台商最优单位"；实施民生服务项目42项，开展各类民生服务100余次、大型广场宣传活动7次，发放各类宣传材料万余份，服务群众万余人次。围绕市委、市政府"项目大突破"主题工作，进一步融入"一带一路"，大力促成中国—东盟医药行业合作委员会成立，并将秘书处永久落户中国医药城。积极响应市委号召，全面动员开展招商引资工作，考核结果在全市市级机关中名列前茅。二是持续深化执法监管。不断深化"放管服"改革，编制办事指南。依法梳理随机抽查事项15项，清理确认行政权力事项467项。加大对市区市场监管局案件查处指导力度，指导案件办理33起，查获伪造质量证明文件钢材800余吨，以及防水卷材、配电箱等一批违法产品。开展农资、中国制造海外形象维护"清风"行动、质检利剑、"去产能"产品、重点消费品、基础教育装备产品质量等14个专项整治行动。探索研究发布的《电子数据取证工作指导意见》，被省局向全省推广。三是切实强化特种设备安全监察。坚持"守土有责、守土负责、守土尽责"，强化责任意识，确保责任落实到位。继续打好电梯、叉车、气瓶安全攻坚战，推动气瓶信息化管理升级，全面完成危化品使用、储存企业压力容器压力管道专项整治任务。成立事故调查中心，修订完善特种设备事故应急预案，调整充实市特种设备应急救援专家库、救援装备库和专业救援队伍信息库。研究制定的《泰州市电梯安全管理办法》，已经市政府正式颁布实施。建成运行电梯应急处置服务平台，成立泰州市电梯应急处置指挥中心，为每台电梯张贴安全警示牌，该安全警示牌已获两项国家专利。中心试运行后，救援人员到达电梯困人现场平均用时10分钟，比规定时间缩短60%以上。

（四）技术支撑有新提升

2016年，我们提出"打造长江经济带检验检测新高地"的战略构想，得到了市委主要领导的充分肯定。根据市委市政府工作部署要求，我们立足泰州实际，着力打造特色优势。一是研究制订检验检测发展规划及政策意见。牵头制订相关规划及意见,计划通过10年时间努力,建成集检验检测、标准研制、技术咨询、综合服务等于一体的省内领先、国内先进、特色鲜明的长江经济带检验检测新高地。二是成立全国首家本科检验检测学院。与南京理工大学泰州科技学院合作共建检验检测学院,进一步深化"政检学研"合作,紧密结合、优势互补、共同发展。目前该院已实质性运作。三是推进检验检测机构建设向产业链和集聚区集中。2个国家级质检中心和6个省级质检中心均分布在产业链上、集聚区内,成为企业的"研发实验室""厂外质检部""技术服务站"。四是建成运行"泰检易"公共服务平台。实现大型仪器设备、高级检验人才、检验检测技术等资源共享共用,创新使用科技创新券支付检验检测费用,拓展了检验检测服务新空间。五是着力提升检验检测能力水平。发起成立检验检测协会,促进行业整体规范化发展。组织市计量中心建成"互联网+计量业务管理"信息化服务平台,帮助平台用户缩短检测周期50%、降低检测费用10%以上。省特防中心参与起草《日常防护型口罩技术规范》国家标准,中央电视台《每周质量报告》再次对市质检中心检测的儿童地垫项目进行专题报道。

(五)队伍建设有新成效

注重能力建设和水平提升,质监队伍精神面貌焕然一新。一是始终保持争创一流的精神状态。引导全体干部职工牢固树立"有为才能有位,有位更须有为"的理念,瞄准"四个一流"目标定位,建一流队伍、创一流业绩、树一流形象、作一流贡献。大力倡导"立说立行",杜绝不作为、慢作为、乱作为,自觉把纪律挺在前面,把规矩放在心里,把标准扛在肩上,当好自己的管家,做精神高地的守望者。分批组织全市质监系统骨干参加浙江大学举办的为期1周的能力提升脱产培训,不断提高干部履职能力。坚持考核奖惩到位,深化全员绩效考核,奖惩措施动真碰硬,注重激发队伍潜能。二是始终强调舍我其谁的责任担当。在全系统组织开展头脑风暴和"我的小目标"征文活动,号召全系统干部职工把实现个人小目标与全局、全市大目标高度融合,进一步增强责任感和集体荣誉感。全面推行AB岗制度,提倡AB岗之间互相介入、进入、融入,真正实现履职不断档、工作不缺位。全系统干部职工主人翁意识进一步增强,干事创业激情大大激发。三是始终坚持求真务实的工作作风。在全系统开展发现亮点、发现缺陷的"两发现"活动,及时总结推广经验,查找补齐短板,不断提升工作品质。全年提交发现亮点411条、发现缺陷369条,公布有效亮点406条,已整改或正在整改的缺陷357条。扎实开展"百团千村万企"大走访大落实活动,并与"两大行动"深度融合,共走访居民家庭3800多户,梳理汇总各类问题700多条。

2016年,我们认真贯彻落实全市党风廉政建设工作的部署,突出反腐倡廉工作重点,坚持抓常、抓细、抓长、抓实。部署推进"四风"整治、"在岗不作为履职不担当"等专项行动,组织开展事业单位违规发放津补贴、奖金福利、吃空饷及"三公"经费使用情况专项检查和党政领导干部违规经商办企业专项清理。以"两学一做"学习教育工作为主线,全面推进机关党的思想、组织、作风、反腐倡廉和制度建设,努力为实现质监工作各项目标提供坚强的思想组织保证。

在肯定成绩的同时,我们也要清醒地看到,泰州市质监工作还存在着一些薄弱环节和问题,主要表现为:体制调整后,主动指导、服务市(区)质监工作的举措有所减少;深入各市区企业开展服务的频次有所降低;基层执法打假力度减弱、办案数量下滑;特种设备基层监察人员专业知识缺乏、监管力量不平衡、监管措施不得力;技术机构能力提升不明显、核心竞争力还不够强、高层次专业人才还比较匮乏;面对质量强市工作全面推进的高标准、严要求,各条线人员吃紧、"有生力量"不足的矛盾比较突出;等等。

二、正确把握和引领质量发展新常态

最近召开的中央经济工作会议和全国质检工作会议,对质量发展的新形势做出了准确和深刻的分析研判,对质监工作提出了新的更高要求。充分认识和了解质量发展的新形势,正确把握和引领质量发展的新常态,有利于我们以更清醒的头脑、更饱满的热情、更昂扬的斗志投身质监工作,推动事业发展。

(一)面对"品质革命"浪潮,必须进一步增强"质量第一"意识

2016年初,李克强总理提出要推进"品质革命",2017年的中央经济工作会议也明确提出"要树立质量第一的强烈意识",这是中央加快推进质量强国建设、下大力气抓品质提升的一个强烈信号。2016年,建设质量强国被写入《政府工作报告》、实施质量强国战略被纳入国家"十三五"规划纲要,习近平总书记和李克强总理多次就质量发表重要论述。省委省政府也高度重视质量发展,省委书记李强提出质量是品牌建设的生命线,标准是品牌建设的重要支撑,要以品牌建设为牵引,进一步提升标准、做优质量,着力增强有效供给,使江苏制造成为全球高端制造版图上的领跑者。面对这样的大环境、大趋势,质监部门作为质量的主管部门,必须摈弃狭隘的传统质量观念,推动政府、企业、社会自觉把质量融入发展的大背景之中,实现质量在经济发展、社会文化、生态环境、公共服务、居民生活等诸多方面的全覆盖,引导企业和社会各界把质量理念贯穿于生产流通消费的每个过程、社会经济发展的每个细胞、实体经济振兴的每个产品,让质量从幕后走向台前,从保障走向引领,真正把"质量第一"内化为价值理念和行为准则,以品质为一切工作的追求和准绳,从而为质量发展提供不竭动力。

(二)面对"品质泰州"目标,必须进一步增强"主动担当"意识

市第五次党代会明确了"坚持以质量效益为中心,以打造'品质泰州'为追求"的目标定位。在前期召开的市委五届二次全会上,市委主要领导更是明确提

出要围绕打造省内领先、国内先进、特色鲜明的长江经济带检验检测新高地的目标,加快"品质泰州"建设,用好国家级精细化学品中心、不锈钢制品质检中心,加快国家特种劳动防护用品质检中心创建,为产业转型升级、提高产品质量提供技术支撑。这次会前,蓝书记、史市长又专门作出批示,对质监工作提出新的更高要求。当前,一系列国家级改革试点在泰州市先行先试,众多国家和省重大战略在泰州叠加交汇。我们既面临着许多发展机遇,也面临着不少现实挑战。蓝书记要求以质监部门为主进一步推进"品质泰州"落到实处。这是我们的光荣,更是我们的责任。我们必须以时不我待的责任意识、舍我其谁的担当精神,自觉挑起"品质泰州"建设的重担,在路径的选择、特色的打造、亮点的培育等方面,聚焦、聚神、聚力抓落实,把共识转化为行动,把蓝图转化为现实,厚植优势,打造特色,形成示范,真正实现让泰州的发展更有"质"感。

(三)面对"品质质监"标准,必须进一步增强"有为有位"意识

"品质革命"的浪潮,"品质泰州"的目标,倒逼我们进一步提高工作标准,全面打造"品质质监"。当前,我们的工作在全省并不占优,在全市机关部门中也不占前列,唯有加倍努力、后发赶超,才能有为有位。这就要求我们更深刻地理解和把握"有为才能有位,有位更须有为"的辩证关系,自我加压、奋发作为。只有这样,才能赢得泰州质监工作在全省质监系统中的一席之地,在全市全局工作中的一席之地。我们要打破条条框框,突破思维局限,自觉对标找差,确立更高参照系,坚持以问题为导向,视不足为动力,见贤思齐,见强思超,奋力实现后来者居上的目标。

三、撸起袖子加油干好2017年全市质监工作

在市五届政协开幕式上,市委主要领导发出了"撸起袖子加油干"的动员令,为我们做好2017年全市质监工作指明了方向。全市质监工作的总体思路是:深入贯彻落实党的十八大和十八届三中、四中、五中、六中全会以及省、市党代会精神,以"两聚一高"为总引领,以打造品质泰州为总目标,以推进质量强市创建为总抓手,牢固树立"质量第一"的强烈意识和全面、全程、全员的质量观,大力开展质量提升行动,强化质量安全监管,优化质量技术服务,为全面提升供给质量和泰州品质提供强有力的技术支撑和质量保障。

2017年要重点抓好四个方面工作,归纳起来主要是四个"大":

1.推进质量共治,合力构建大质量格局。大质量的大,主要是指质量范围和质量共治面广量大。当前,全国质量强市示范城市创建工作已经吹响了冲锋号,这是今年全市质量工作的重中之重。能否早日扛回牌子,市委市政府对我们寄予厚望。我们必须从头抓起,一着不让,扎扎实实把推进质量发展的措施落到实处。

一是更加注重当好质量工作的"排头兵"。充分发挥好全市质量工作的牵头作用,进一步强化对质量强市工作的组织领导,建立横向到边、纵向到底的大质量格局,全方位提升泰州的产品质量、工程质量、服务质量、环境质量,把"质量第一"的强烈意识、把党中央国务院的"质量强音",深植于脑子里、体现在行动上、落实到工作中,让泰州大地处处追求质量、时时体现品质。加强与有关部门的协调配合,增强各级政府和各部门推动质量发展的责任感和使命感。认真组织开好创建全国质量强市示范城市动员大会,把目标分解到位,把绩效考核到位。通过倒排时间表、挂图作战,在全市迅速掀起创建热潮,力争年底通过省局组织的预验收。

二是更加注重当好品牌创建的"引路人"。强化品牌带动作用,注重以品牌化推进传统产业转型升级。制订科学完善的品牌培育计划,编制品牌创争实施方案,加大品牌宣传推广力度,增强培育工作针对性,分层分级搞好品牌培育工作。扎实做好重点企业争创名牌的指导、协调和服务,做到培育一批,申报一批,储备一批,形成良性循环。加快实施品牌发展工程、品牌价值提升工程和知名品牌培育工程,推动企业从产品竞争、价格竞争向质量竞争、品牌竞争转变。发挥品牌的辐射带动作用,形成一个品牌带动一个企业、一个企业带动一个产业的良性发展格局。帮助产业集聚区、高新技术开发区、现代服务区等各类园区创建"全国知名品牌创建示范区""全国产业质量提升示范区""江苏省优质产品示范区",引导特色鲜明、优势明显的产业集聚区向品牌集聚区转变。加大政策支持力度,促进资本向品牌集中、技术向品牌集成、人才向品牌集合、资源向品牌集聚,放大品牌效应,推动泰州市向品牌大市、品牌强市迈进。

三是更加注重当好标准化战略的"先行者"。推进标准化在经济社会各领域的普及应用和深度融合,不断优化标准体系,推动标准实施,强化标准监督。鼓励企业和社会组织制定严于国家标准、行业标准的企业标准和团体标准,大力开展"标准化+"行动,加强标准与科技互动,推动专利与标准结合。进一步完善企业产品标准自我声明公开和监督制度。以现代园艺业、规模畜牧业、特色水产业、生态循环农业等为重点,组织制定现代农业标准,开展农业标准化试点,促进农业标准示范建设项目规模化、产业化。建立健全服务标准体系,开展文化、旅游、民政、餐饮等领域服务业标准化试点项目,规范服务质量分级管理,实施服务标杆引领计划,带动服务业提质增效。

四是更加注重当好质量文化的"主力军"。质量文化建设是质量强市创建的重点内容和重要保障。我们必须把培育弘扬质量文化摆到更加突出的位置,切实加大工作力度,真抓实干,引导全社会树立全面、全程、全员的质量观,进一步唤醒广大干部群众的质量意识和品质自觉。加强城市质量精神宣传。传承盐税文化、宗教文化、教育文化、戏曲文化、红色文化、大江文化等泰州优秀文化基因,进一步做深做足宣扬"祥泰之州、品质为尚"泰州质量精神的文章,不断增强质量发展的内生动力。推动企业加强质量文化建设,挖掘质量奖获奖企业的质量工作经验,树立示范标杆,加大推广力度,引导广大企业培育和确立具有特色的质量文化。发挥行业协会、商会等组织的作用,指导开展质量文化建设和自律自强活动,积极推进质量兴业、质量强业。组织开展普法教育、技术培训、专业研讨、质量"义诊"等活动,增加质量文化交流互动,促进企业增强质量意识,致力打造"百年老店"。崇尚质量诚信。以质量信用体系建设为抓手,有效整合监管资源,推进部门联动合作,规范企业生产经营行为,维护市场经济秩序。完善企业质量信用评价标准体系,发挥社会第三方评价机构的作用,组织开展企业质量信用评价工作,动态发布失信企业名单。推进质量信用信息在行政许可、招投标、政府采购、工程建设、公共资源交易、评先评优等方面的综合应用,形成"一处违法、处处受限"的信用约束机制。弘扬工匠精神。培养更多的"泰州工匠"和技术管理人才,鼓励企业开展个性化定制、柔性化生产,进一步弘扬脚踏实地、注重细节、精益求精、追求完美极致的"工匠精神",树立对职业敬畏、对工作执着、对产品负责的积极态度,提倡干一行、爱一行、钻一行、专一行,注重细节、精益求精,出精品,创品牌,让追求卓越、崇尚质量成为全社会共同的价值导向和时代精神。

2.落实监管责任,全力筑牢大安全防线。大安全的大,主要是指质量安全监管责任重大。前不久发生的"地条钢"事件为我们的监管工作敲响了警钟,"4·22德桥仓储"等安全生产事故中也或多或少存在特种设备安全的"影子"。我们必须牢记质量安全时刻不能放松,质量监管只能加强不能削弱,千万不能存在事不关己、高高挂起的侥幸心理。要顺应人民群众对质量发展的期待,更好地行使监管职能,进一步聚焦监管重点、整合监管力量、创新监管方式、提升监管成效,牢牢守住质量安全底线。

一是全力保障产品质量安全。围绕基础工业产品、地方特色产业产品等组织开展市级监督抽查,围绕主打产业、主打产品,组织开展质量状况调查,抓住支柱产业中的重点企业、重点产品,组织开展质量攻关,提供质量问题解决方案。加大执法打假力度,实现综合整治与落实企业主体责任并重、个案办理与行业规范并重、案件查处与处罚信息应用并重,提升质量技术监督执法能力、网络销售新形势下源头打假治劣能力、行政执法大数据分析研判能力。持续推进"双打"专项行动,着力打好"质检利剑"攻坚战,深入开展互联网领域假冒伪劣专项治理行动,结合泰州实际,适时开展行业性、区域性、季节性专项执法行动。大力推行"双随机"执法,高质量开展"随点随检"活动,加强缺陷产品召回与执法联动机制建设,加强对基层市场监督管理局的行政执法指导。切实推进质量诚信建设,实施质量"黑名单"制度,加大企业失信成本,严厉打击质量违法行为。做好工业产品生产许可证省局委托办理事项承接工作,强化获证企业特别是钢铁、水泥、危险化学品等涉及产业政策产品获证企业的监管工作。

二是重点确保特种设备安全。全面落实企业主体责任、政府领导责任、部门监管责任和技术机构的检验检测责任,坚持"安全第一",加强隐患排查整治,突出学校、医院等9类人员聚集场所和春节、国庆等重要时间节点,加强对重点单位、重点场所、重点设备和特种设备生产企业、检验机构、考试机构的现场监督检查,督促隐患整改,保持特种设备安全平稳态势。大力推进气瓶专项整治,全面推广气瓶二维码安装应用,加大监督检查力度,严厉打击违规充装、检验行为。春节期间要组织安排好检查和值班,全面落实应急响应措施,确保万无一失。继续开展电梯、危化品、叉车等薄弱环节专项整治,提高电梯安全责任保险的覆盖面和赔付保障水平。加强特种设备检验检测能力建设,全力支持省特检院滨江工作站建设,力争早日为泰州产业转型发展和经济提质增效提供技术支撑。瞄准民生热点,运作好特种设备事故调查处理中心,完善电梯应急处置平台建设,确保年内实现全市范围应急救援全覆盖,不断提高群众满意度。

三是高度重视质量安全基础建设。着力建设高水平的计量体系、标准体系、认证认可和检验检测技术保障体系。围绕产业转型升级和社会发展需求,完善提升量传溯源体系,督促企业完善计量保证体系。全面深化标准化工作改革,着力放开搞活企业标准,培育发展团体标准。大力推进检验检测方法和标准制订,掌握行业话语权。提高风险监测效果,贯彻预防为主的方针,拓宽产品风险信息获取渠道,强化特种设备和民生消费品安全隐患排查,做到安全预警及时有效。规范风险监测后处理工作,加强缺陷产品召回,加快建立风险产品追溯处理机制。深入开展重点领域和区域质量提升行动,既抓质量"高地"建设,又抓质量"洼地"整治,对质量问题多发的区域或集群组织集中整治,必要时进行质量约谈。

3.实施精准对接,着力提升大服务效能。大服务的"大",主要是指质量服务涉及面大、难度大。一方面,要突出服务的大范围,能够强力支持和切实保障经济社会的健康发展,在大环境、大路径下开展服务工作。另一方面,要体现服务的大成效,精准对接"三去一降一补"、高水平全面建成小康社会、"三大主题"工作、"四个名城"建设,对照中国城市质量奖的重要指标,全方位提升人民群众生活品质来开展质监服务。要秉承"寓监管于服务之中"的理念,注重研究新常态下质量监管面临的新矛盾、新问题,创新工作思路和举措,在服务中强化监管、优化监管,在监管中实现优质服务、精准服务、高效服务。

一是主动服务,在"高"字上下功夫。围绕中心、服务大局,主动把质监工作放到新常态的大逻辑和泰州发展的大格局中来谋划,聚焦"三大主题"工作和四个名城建设,在实际工作中出亮点、在具体举措中见成效,体现质监服务的高标准定位,让质监工作成为党委政府实现质量发展目标的重要支撑和保障。积极顺应国际和国家产业发展大势,综合运用质量技术手段,服务沿海开发、长三角一体化、长江经济带、一带一路、转型升级综合改革试点等国家、省重大战略。助推区域产业振兴,着力解决传统产业转型升级的"痛点",致力疏通新兴产业发展壮大的"堵点",不断寻求产业质量效益提升的新路径。扎实推进"百团千村万企"大走访大落实活动,及时梳理和了解村民、居民对质监工作的期盼和要求,掌握企业在生产经营、科技创新、和谐稳定、发展环境等方面的意见建议,共性问题集中解决,个性问题对接落实。

二是精准服务,在"精"字上做文章。精准服务重大战略、"三去一降一补"和创业创新。深化"质监项目行"和"质监民生行"活动,不断向前延伸服务链条,深入一线,聚焦企业生产经营的难点、群众关注的热点和经济社会发展的焦点,提前谋划,超前介入,解决问题。组建"质量专家顾问团队",开设"质量流动诊所",充分发挥质监部门"用技术服务、凭数据说话"的职能优势,帮助企业改善生产工艺、解决研发难题、降低经营成本。围绕社会焦点和民生热点,继续开展"随点随检"活动。充分整合、融合品牌、标准、计量、特种设备、认证认可、执法打假、检验检测等条线的服务举措,整体化"打包",针对性"下单",彰显质监服务的效率效益。

三是全程服务,在"特"字上见分晓。瞄准打造长江经济带检验检测新高地的目标,大力引导和推进检验检测机构建设向产业链和集聚区集中,加快检验检测能力建设步伐。推动现有企业实验室单设运转统计,向社会提供检验检测服务。全面提升国家精细化学品、国家不锈钢制品质检中心技术能力,力争年内创成国家级特种劳动防护用品质检中心,引导墙体装饰装潢材料、磨具磨料、测绘仪器等6家省级质检中心紧贴产业需求拓宽业务领域。推动技术机构开展重点领域技术攻关,加大前沿检测技术、方法研究,提升专业领域影响力,为服务企业转型、产业升级提供重要的技术支撑。依托"互联网+",优化"泰检易"等公共技术服务平台,创新检验检测服务模式,为各类科技园、孵化器、创客空间等提供全生命周期的质量技术支持。联合高校、科研机构、企业研发中心和各类科技创新平台,形成研发、孵化、应用有序衔接的科技创新链条。积极整合技术机构和高校优势资源,合作办好检验检测学院,进一步打响品牌、扩大影响。鼓励支持技术机构加强合作,互利共赢,探索建立大型检验检测集团,进一步擦亮"泰州质检"金字招牌。

4.注重内外兼修,致力加强大队伍建设。大队伍的"大",主要是指质监队伍要大有作为。在新的一年里,能否在前"三大"上取得新突破,最根本最关键还要看我们的队伍是不是强、发挥的作用是不是大。全市质监系统要始终把队伍建设作为事业发展、工作开展的根本,持之以恒、坚持不懈地抓实抓好能力提升,切实解决好制约质监事业发展的瓶颈问题和薄弱环节，不断锤炼能打硬仗、能打恶仗、能打胜仗的质监铁军，内强素质，外树形象，真正实现"建一流队伍、创一流业绩、树一流形象、作一流贡献"的目标。

一是提高上下协同能力。加强内外协作，借势借力，凝聚智慧力量，推动质量发展。引导干部职工进一步强化全局观念，牢固树立质监工作"一盘棋"思想，系统上下、单位之间，心往一处想、劲往一处使，促进质监业务整合、队伍融合、力量聚合。充分运用"品质泰州"目标考核、质量统计分析、质量状况通报、示范区建设、区域整治等多种手段，传导压力、激发动力，使各级党委政府切实重视质量、抓好质量。想方设法解决目前基层市场监管干部队伍的理念认识、人员配备、履职能力与工作要求不匹配的现象，切实调动工作积极性、主动性，充分发挥分级管理优势，找到符合工作实际的新路径、新措施，加快建立新形势、新体制下质监工作的新机制、新秩序。

二是提高依法行政能力。积极加强法制宣传教育，切实推行重大行政决策合法性审查，充分发挥法律顾问咨询协商作用。强化执法监督，认真落实国家总局、省局、市局关于行政许可、检查抽查、行政执法的各项规定，及时纠正违法或者不当的许可、检测、执法行为。加快推进技术机构法治建设，强化技术机构人员的法制意识、责任意识和风险意识，进一步规范检验检测行为，促进检验检测检定机构健康发展。

三是提高科学履职能力。驰而不息打造过硬的作风，脚踏实地、求真务实，真正做到讲实话、干实事，敢作为、勇担当，用抓铁有痕、踏石留印的狠劲推进质监事业改革发展。坚持不懈练就过硬的本领，提高干部职工学习教育培训的针对性和实效性，坚持服务大局、按需培训，做到事业发展需要什么就着重培训什么，履职尽责需要什么就突出学习什么。顺应改革、顺势而为，不断增强质监队伍协调沟通能力，及时为群众释疑解惑、疏导情绪，努力提高质监工作效率。紧扣"项目大突破"，进一步加大招商引资力度，全面动员全系统干部职工贡献智慧力量，形成全员、全年招商的良好氛围，继续打好项目招引攻坚战。

四是提高廉洁自律能力。认真学习贯彻十八届六中全会和中纪委七次全会精神，增强政治意识、大局意识、核心意识、看齐意识，坚决维护以习近平同志为核心的党中央权威。用好监督执纪"四种形态"，突出抓早抓小、防微杜渐，发现错误苗头就谈话提醒、函询诫勉，有了问题就严格执纪，使失责必问、问责必严成为常态。巩固和拓展党的群众路线教育实践活动、"三严三实"专题教育和"两学一做"学习教育成果，始终抓好党风廉政建设，坚持全面从严治党，把严的要求贯彻全过程，真管真严、敢管敢严、长管长严，抓发展"第一要务"与抓党建"第一责任"一肩挑，为谱写好"品质泰州质量强市"的新篇章提供坚强有力的政治组织保证。

坚持质量第一　加快质量变革
更大力度建设品质泰州

（2018年1月31日）

一、明确新追求　实现新突破

2017年,是党的十九大胜利召开之年,也是全市质监系统大力推进质量强市、品质泰州建设的关键之年。市第五次党代会提出了"以打造'品质泰州'为追求"的目标定位,这是市委市政府审时度势,准确理解中央精神,科学把握泰州发展阶段实际作出的战略决策。围绕建设"品质泰州"的新追求,全系统干部职工全面动员、全力以赴,聚焦"三大主题工作""四个关键突破",积极作为、主动作为,致力推进全市经济社会高质量发展,各项工作取得新突破。

1.质量发展合力进一步汇聚。以创建全国质量强市示范城市为抓手,大力推进质量共治,"党委领导、政府主导、部门联合、企业主责、社会参与"的大质量工作格局初步形成。一是注重顶层设计。自觉站在全市工作大局中谋划思考质监工作,想党委政府所想,办党委政府所需,推动品质泰州建设从部门建议转化为全市战略部署。2017年5月,市委市政府高规格召开品质泰州建设大会,专题动员部署品质泰州建设工作,市四套班子主要领导全部到会,国家市场监督管理总局、省质监局领导到会指导。品质泰州建设被列入市政府年度重点工作,市人大、市政协分别把品质泰州建设列入年度重点议题,给予关心指导。2017年12月,泰州在全省率先成立由党政主要负责人任"双组长"的品质泰州建设领导小组。2018年1月,市委市政府又以一号文件形式颁布《关于推进质量强市　建设品质泰州的意见》,更加突出推动泰州高质量发展。二是强化协同推进。实现了从"泰州市质量强市领导小组"到"品质泰州建设领导小组"的成员单位大扩容,进一步整合了工作资源,有效推动了品质泰州建设全领域协同推进。建立完善联席会议制度,并分别建立标准化、品牌培育、打假整治等专项工作会议制度,形成了齐抓共管、协调联动、运转高效的工作机制。市政府与各市(区)签订《品质泰州建设目标责任状》,市效能办将品质泰州建设纳入全市绩效管理共性目标,持续加大对市级机关部门和各级地方政府领导班子的质量工作考核力度,进一步汇聚质量发展的合力。三是倡导全民共建。大力推进品质泰州建设与文明城市创建有机结合,不断增强全社会品质意识和质量自觉。在加强主流媒体宣传的同时,办好《品质泰州》杂志,发挥好"品质泰州"微信公众号、泰州质监门户网站等新媒体作用,编发质量读本,全媒体强力宣传质量文化。坚持质量从家庭抓起、从娃娃抓起,在全国创新开展"品质家庭"创建评选活动,新年送品质主题年画,举办质量夏令营,组织"百姓大舞台——品质泰州建设专场"等文艺活动,寓培育质量自觉于日常之中。大力弘扬"祥泰之州,品质为尚"的城市质量精神,"品质泰州建设取得新突破"入选2017年度泰州市十大新闻,"品"字当选2017年泰州年度汉字,"品质泰州"微信公众号蝉联全市十佳"最具活力政务新媒体"称号,"品质"成为家喻户晓的高频热词,全市城乡品质文化氛围日益浓厚。

2.质量强市创建进一步推进。认真学习借鉴先进城市成功经验,不断提高工作组织化程度,全国质量强市示范城市创建工作取得明显成效。我们用最短的时间通过了省级预验收,一举成功入选中国质量奖提名奖,这是国家在质量领域的最高荣誉,全国首批仅有3个城市获此殊荣。泰州市荣获2017年度全国十佳"质量魅力城市",泰州市的质量工作也首次在省级年度考核中获得优秀。泰州市市场监督管理局还荣获"江苏制造突出贡献奖先进单位",受到省政府表彰。一是积极履行质量主管部门职责。充分发挥质量强市办、品质办牵头协调作用,主动进位、勇于担当,协调配合各成员单位高质量完成创建工作各项任务。二是充分发挥品牌示范带动效应。聚焦服务全市主导产业、优势产业和新兴特色产业,扶持培育一批龙头企业积极争创政府质量奖。扬子江药业集团以排名第一的成绩再次入选中国质量奖提名奖,兴达钢帘线荣获第六届省长质量奖,江苏海阳化纤有限公司、江苏振华泵业股份有限公司荣获2017年度泰州市市长质量奖,全年新创成江苏省名牌产品44个、泰州市名牌产品120个。指导溱湖风景区等园区创建全国知名品牌示范区,积极打造区域名牌。组织开展十佳"名企、名品、名匠"品牌推选活动,着力培育一批创新能力强、技术水平高、质量等次优的品牌企业、产品和德艺双馨的名匠。三是大力开展质量提升行动。成立质量提升行动领导小组,完善组织体系,制定行动方案,协调推进质量提升行动早起步、早见效。举办全市质监系统"质量提升"能力培训班,培训基层业务骨干70余人。以高技术船舶与海工装备为切入点,在全省率先召开质量提升动员推进会,先后指导泰州市企业主导和参与制修订5项涉及船舶的国际标准。

3.质量技术基础进一步夯实。围绕服务"大众创业、万众创新",充分发挥职能优势,进一步加强质量技术基础设施建设。一是标准引领有作为。在全国率先研制发布《品质城市评价指标体系》省地方标准,并以此引领推进品质泰州建设。积极推动国际系泊链、石墨烯等专业标准化技术委员会秘书处、工作组落户泰州企业。指导企业制修订国际标准9项,其中已经发布5项。全年建有高新技术自主创新标准化试点12个、战略性新兴产业标准化试点9个、循环经济标准化试点3个,建有国家级农业标准化试点示范项目19个、省级试点示范项目21个、市级试点项目15个。兴化市获批创建全国唯一一家农产品电子商务标准化示范区。二是计量服务有特色。打造"用心计量"工作品牌,指导全市34家单位申报"2017年度省级诚信计量示范培育单位",免费检定医疗卫生机构、集贸市场在用计量器具14083台(件);开展加油机监督管理,检查256家加油站在用加油机1590台;新增测量管理体系企业9家、计量保证确认企业23家、计量合格确认企业243家。三是检验检测有亮点。创新打造集检验检测、标准服务、计量检定、认证认可等于一体的一站式"泰检易"公共服务平台,并在质检总局质量提升研讨会上作经验交流,被央视《朝闻天下》专题报道。坚持把检验检测机构向产业链和集聚区集中,辖区内国家级、省级质检中心业务领域持续拓展,省特防中心获批筹建国家中心。与南理工泰州科技学院合作共建全国首家本科检验检测学院,在检验检测人才培养、技术研究、平台建设等领域开展全面合作。最近,江苏省特种设备应急实操检验中心项目签约,正式落户泰州。加速聚合社会检测资源,促成中国医药城检验检测联盟上线,与劳氏船级社签订战略合作协议,开创了劳氏集团在大中华区域与政府部门合作的先河,从而让泰州中小企业"零门槛"享受到世界顶级机构的优质服务。四是认证认可有成效。举办管理体系标准内审员培训班、检验检测机构新准则宣贯会和强制性认证监管专题培训班。加强检验检测监督检查工作,按照"双随机、一公开"要求,对45家获证企业进行现场检查。严格机动车安检机构受理发证,建立公安、质监部门机动车安检机构共治机制,全市新增资质认定的检验检测机构15家,机动车安检机构7家。

4.群众质量获得感进一步增强。瞄准"让城市更美好,让生活更幸福"的品质泰州建设目标,着力在"质监为民"上做文章、下功夫。一是标准利民。推动标准化向党建、城市治理和公共服务领域延伸拓展。协助制定全面落实从严治党两个责任工作规范;制定镇村便民服务、农村公共管理等7项省级地方标准;在全省率先发布农贸市场建设与管理地方标准,开展社区助残、中医医疗服务等国家级标准化试点,制定老年人助餐点、道路深度清洁,以及泰州干丝、鱼汤面、溱湖八鲜名小吃等18项泰州市地方标准,努力用标准提升公共服务品质,让品质泰州建设成果更多惠及百姓。二是监管安民。积极部署"地条钢"、电线电缆、"质检利剑""双打"等15项专项行动,共检查企业1600多家,查办案件357起,其中大要案件26起,移送公安机关案件12起,货值4200多万元,有效打击了假冒伪劣等违法行为。强化特种设备安全监管,落实各方责任,强化督查考核,提升履职能力。持续推进气瓶二维码加装工作,涉危化品特种设备安全专项整治工作取得了阶段性成果。电梯应急救援服务平台在全省率先实现市级全覆盖,全年共接到市民求助电话1380起,解救被困人员876名,救援人员到达电梯困人现场平均用时比法定时间缩短60%以上。三是质检惠民。创新推出"随点随检"活动，完成孕妇防辐射服、运动头盔、儿童地垫、防紫外线服等22个产品300多批次的质量检验。连续8个月开展室内空气质量免费检测，100多户家庭因此受益。坚持开展每周一血压计免费检定、维修活动，全年免费检定家用血压计650台件，服务600多人次。

5.品质工匠服务品牌进一步叫响。我们致力打造"品质工匠"服务品牌，做打造品质的工匠，做有品质的工匠，用工匠精神推进品质泰州建设。一是坚持从严治党。认真贯彻落实市委、市纪委关于党风廉政建设的决策部署，突出全面从严治党，始终把主体责任放在心上、扛在肩上、抓在手上，内强素质、外树形象，努力营造既干事又干净的政治生态，不断坚定"品质工匠"的理想信念，锤炼"品质工匠"的政治品格，努力打造"建一流队伍、创一流业绩、树一流形象、作一流贡献"的质监铁军。认真执行中央八项规定精神和省市委十项规定，制定《质监系统正风肃纪十条禁令》，完善AB岗工作制度，推进党建标准化工作试点，研制机关党委、党支部、党员管理和党风廉政工作规范等22项基本标准。开展发现亮点、发现缺陷"两发现"活动，及时表扬先进，查补"短板"，全年共发现亮点、排查缺陷36条。二是强化能力建设。加强理论培训和实践锻炼，全年共开展"争当专家型中层干部"活动8期，举办干部能力提升班、党性教育提升班和青年干部培训班各1期，引进高层次人才4人，8人被确定为市"311人才培养工程"培养对象，加强干部轮岗交流、挂职锻炼，努力优化干部队伍的人才结构、知识结构和能力结构，不断提升质监系统干部职工应对复杂局面、服务高质量发展的能力和水平。三是全力服务社会。持续深入开展质监项目行、质监民生行，积极参加全市大走访大落实、项目大突破、创业富民、文明城市创建等活动，"品质工匠"日益成为泰州质监人最响亮的名字。质监项目行共走进全市重大项目和企业91家，为企业解决难题379项。泰州市市场监督管理局连续三年被市台企协会评选为"服务台商最优团体"。质监民生行全年开展民生服务130余项次，服务群众万余人次。在历时4个月的深化全国文明城市创建工作中，泰州市市场监督管理局牵头负责梅兰路等3条重点路段责任包干整治任务，党员领导干部共出动500多人次，协调解决多处疑难杂症，排查处理各类问题超过200项，充分发挥了党组织战斗堡垒和党员先锋模范作用。

在肯定成绩的同时，我们也要清醒地看到，面对新形势和新要求，我们的工作中仍然存在一些不足和短板：一是在服务党委政府中心工作上，思考有待进一步深化，举措有待进一步优化，主动指导、服务市（区）质监工作的深度和广度与基层的需求还有差距；二是技术机构还存在制度、人才、资金等瓶颈，导致能力提升不明显、核心竞争力不强，服务全市经济社会高质量发展的水平还不高；三是面对品质泰州建设深入开展、质量强市工作全面推进的需求，人力资源配备严重短缺，尤其是机构体制改革，行政审批和纪检监察人员的划出，造成当前有生力量相对不足；四是在党风廉政建设、依法行政、机关党建方面还存在一定的薄弱环节；等等。

二、认识新时代 抢抓新机遇

党的十九大指出中国特色社会主义进入了新时代，这个新时代的一个主要特征就是我国经济已由高速增长阶段转向高质量发展阶段。所以，从一定意义上说，新时代就是质量时代。这给质量工作带来了前所未有的机遇。从全国来看，党的十九大报告首次提出质量第一、质量强国，质量被赋予了前所未有的高度、深度和广度，这在我国质量发展史上具有划时代的里程碑意义。从全省来看，省委十三届三次全会明确提出实现"六个高质量"的质量发展任务要求。从全市来看，新年伊始，市委市政府以一号文件的形式出台《关于推进质量强市建设品质泰州的意见》，提出"五大品质提升"工程。可以说，我们有幸迎来了质量发展的春天。天与不取，反受其咎；时至不行，反受其殃。机遇千载难逢，机遇稍纵即逝，抓住了就是良机，错失了就是严峻挑战。作为质量主管部门、作为质监工作者，我们必须进一步增强时代感、机遇感、紧迫感和责任感，紧紧抓住这个大有可为的历史机遇期，加快转换思想观念、思维方式，明确质量变革的发展思路，承担起历史赋予的质量担当。

1.必须牢固树立质量第一的意识。《中共中央 国务院关于开展质量提升行动的指导意见》强调坚持以质量第一为价值导向、牢固树立质量第一的强烈意识。中央反复强调"质量第一"，充分说明推动高质量发展的极端重要性。这既是经济发展规律和质量逻辑使然，也有严峻现实的逼迫。作为质监工作者，我们必须认真领会"质量第一"的时代背景和深刻内涵，自觉把推进高质量发展作为解决新时代社会主要矛盾的关键举措，作为当前和今后一个时期确定发展思路、制定经济政策、实施宏观调控的根本要求。我国经济社会发展的实践证明：只有牢固树立"质量第一"意识，才能紧紧抓住新时代大有可为的历史机遇期，不断提升发展质量水平，增强发展质量优势。从质监部门职能出发，我们一方面要积极发挥作用，推动党委政府高度重视质量工作，真正把质量工作打造成"一把手工程"，更加突出一把手抓、抓一把手。另一方面，要牢固确立全面、全员、全程质量观，始终把质量挺在前面，更加突出时时讲质量、事事讲质量、处处讲质量，更加突出企业的质量主体地位、政府的主导地位，推动全社会更加重视、关注质量，自觉参与质量行动，真正把"质量第一"内化为价值理念和行为准则，从而为高质量发展提供不竭动力。

2.必须进一步明确质量变革的理念。进入新时代，面临新挑战。推动高质量发展,破解质量发展难题,靠老理念、老思路、老办法不行,必须大力推动质量变革。这是高质量发展的物质前提和质量基础,也是高质量发展空间和环境的基本保障。一要推动思想变革。彻底摆脱速度情结、路径依赖,从"铺摊子"转向"上台阶",从"有没有"转向"好不好",从主要依靠要素投入转向更多依靠全要素生产率提高,真正使质量第一、效益优先成为思想共识和行动方向。二要推动格局变革。围绕全领域、全链条、全过程,突出提高供给体系质量,实现质量工作从经济工作到日常生活的全领域变革,从产业基础到消费终端的全链条变革,从制度安排到责任落实的全过程变革。加快形成推动高质量发展的指标体系、政策体系、标准体系、统计体系、绩效评价、政绩考核,不断激发质量发展新动能,提高全要素生产率,增强经济质量新优势。三要推动方式变革。实现由微观监管向宏观主管延伸,由技术监督向综合服务拓展,推动从重事前审批向重事后监管、从被动管理向主动服务、从一般号召向精准提升"三个转变",努力为企业提供质量管理、技术攻关、标准建设、检验检测、品牌创建等综合服务,不断提升质量治理能力。

3.必须切实增强质量担当的自觉。新时代呼唤新担当,新发展需要新作为。我们要以质量担当的自觉认识机遇,以质量担当的作为把握机遇。一要自信自觉。深入学习领会、全面准确把握党的十九大精神,以习近平新时代中国特色社会主义思想的质量要求为指引,进一步增强更高水平推进品质泰州建设的责任感和使命感。这是旗帜鲜明讲政治、坚决落实中央决策部署的具体体现,也是坚持以人民为中心的发展思想、积极化解现阶段社会主要矛盾的重要举措,更是遵循经济发展规律、大力推动泰州高质量发展的担当作为。二要有为有位。能不能把握机遇、用好机遇,归根结底是干部能力的比拼、本领的比较。回顾近年来我们推进品质泰州建设的历程,每一个成功和收获,实质都是认识机遇、抢抓机遇、奋发作为的结果。我们要深刻理解和把握"有为才能有位,有位更须有为"的辩证关系,以时不我待的责任意识,以"功成不必在我,建功必定有我"的责任担当,充分释放机遇红利,努力变机遇为常态,让质量从幕后走上台前,从保障走向引领,把共识转化为行动,把蓝图转化为现实,真正实现让泰州的发展更有"质"感。三要想干敢干。只要认准了目标,就必须奋力前行。人民对美好生活的需要,就是我们的奋斗目标;"让城市更美好,让生活更幸福"是品质泰州的根本追求。更高水平建设品质泰州不仅要做锦上添花的事,更要办雪中送炭的事。我们要以舍我其谁的担当精神,化压力为动力,化挑战为机遇,想干、快干、会干、实干,立说立行,只争朝夕,以更宽的视野、更高的站位、更有效的作为,在苦干实干中不断认识、创造机遇,在把握机遇中不断创造新的业绩。

三、运用新思维 展现新作为

2018年是贯彻党的十九大精神的开局之年，是改革开放40周年，是实施"十三五"规划承上启下的关键一年。全市质监工作的总体要求是：全面贯彻党的十九大精神，以习近平新时代中国特色社会主义思想为指引，坚持以质量第一为价值导向，以质量变革为内生动力，以质量提升为主攻方向，以人民幸福为根本追求，积极运用新思维，更高水平推进品质泰州建设，加快建成质量强市示范城市，推动泰州经济社会在实现高质量发展上不断取得新进展。

（一）运用系统思维抓全局，提升质量发展总体水平

推进质量强市、建设品质泰州，关键是要全面提升发展质量。要学会并善于运用系统思维，站在全局视角，把握综合平衡，正确处理好点、线、面的关系，扎实开展"质量提升行动年"活动，不断提升泰州质量发展总体水平。

1.牵好质量创建牛鼻子。创建全国质量强市示范城市是更高水平推进品质泰州建设的一件大事、一件要事，要全力以赴，力争早日通过验收。要完善"大质量"的工作格局。发挥好品质泰州建设领导小组的统筹协调作用和质监（市场监管）部门的职能优势，加强与有关部门的协调配合，把全国质量强市示范城市创建融入实现"四个关键突破"和提升群众生活品质的全过程，充分调动各级政府、部门、行业协会及社会各界力量，全面动员、全员参与，真正把创建全国质量强市示范市作为推动泰州高质量发展的一项重大战略性举措协力推进。要打造"高质量"的特色亮点。深入贯彻《中共中央 国务院关于开展质量提升行动的指导意见》《国务院关于加强质量认证体系建设促进全面质量管理的意见》和省委"六个高质量"的要求、市委一号文件精神，立足实际，大胆创新，做到人无我有、人有我新、人新我优，不断干出特色、打造亮点。要营造"强质量"的浓厚氛围。大力弘扬"祥泰之州，品质为尚"的泰州质量精神，积极倡导脚踏实地、注重细节、精益求精、追求完美的"工匠精神"，不断增强质量发展的内生动力。开展"品质家庭"创建和十佳"名企、名品、名匠"评选，综合运用各种传媒手段，进一步加大品质文化传播力度，致力让品质意识落地生根、开花结果，让品质文化成为泰州文化的鲜明特质。

2.抓好质量提升关键点。开展质量提升行动是中共中央、国务院的部署和要求，也是推动泰州市高质量发展的重要举措。我们要进一步筛选、明确重点、难点，优化、细化质量提升工作方案，抓紧组织开展行动，力求突破重点、带动全面。要一个产业一个产业地抓。积极服务"一业牵引，三业主导，特色鲜明"的产业体系，深入开展大健康、高技术船舶与海工装备等产业质量提升行动，集中力量、集成资源、集聚要素，探索建立覆盖全产业链的系统性质量问题解决方案，致力打造品质高地，筑牢产业核心竞争力。积极推动产业集聚区、高新技术产业园

区创建国家级产品质量提升示范区、知名品牌示范区，不断增强区域品牌竞争力，打造一批产业地标。要以质量提升助推传统产业转型升级。瞄准实体经济和老百姓的日常消费，实施技术改造升级，补好质量短板，加快让"老树发新枝、开新花、结新果"。要一个领域一个领域地抓。以产品质量来实现经济强，促进技术与质量的融合，提高产品的一致性、可靠性和稳定性，提升品种丰富度、质量满意度，不断夯实产品质量基础。以工程质量来实现效益好，严格落实工程建设各主体的质量责任，打造更多的优质工程、精品工程。以服务质量来实现品质优，积极倡导"店小二"式服务，打造更优质的政务服务环境，促进基本公共服务均等化和公共资源优化配置。以环境质量来实现城市美，坚持"经济生态化、生态经济化"，切实保障良好的生态环境，实现生产发展、生活富裕和生态优美的良性循环。要一个企业一个企业地抓。深化"质监项目行"，主动上门"把脉问诊""对症下药"，延长监管服务链条，从源头上推动质量发展。要聚焦重点企业，支持品牌发展，指导争创中国质量奖以及省、市、县四级政府质量奖，省、市两级名牌，打造一批标杆典范企业。要特别关注细分市场中发展潜力较大的中小企业，重点开展质量管理帮扶专项活动，引导企业把产品做精做细、有品有质，形成比较优势，培育一批质量生命力强的"单打冠军"和"小巨人"企业。

3.打好质量创新组合拳。质量创新是提升产品和服务质量的有效手段，是满足市场多层次多样化消费需求的重要途径。要创新质量推进机制。按照中央提出的加强党对质量工作领导的要求，推动成立质量发展委员会，建立党委质量督察工作机制。加强与大院大所的合作，建立质量发展研究院，完善"政产学研"合作机制。各地市场监管部门要抓住有利时机多请示、勤汇报，推动本地党委、政府切实把质量工作摆上重要议事日程，成立由党委、政府领导挂帅的质量发展委员会或质量工作领导小组，加强对质量工作的统筹规划和组织领导，构建统一权威的质量工作体制机制，把党管质量落到实处。要探索建立质量评价体系。进一步完善《品质城市评价指标体系》，探索建立以质量发展贡献率、质量竞争力指数、公共服务质量满意度等为主要内容的新型质量统计评价体系，定期评估分析质量状况及质量竞争力水平，为宏观经济决策提供依据。鼓励开展产品质量比较试验、综合评价、体验式调查，推动质量评价由追求"合格率"向追求"满意度"跃升。要推动企业质量创新。强化企业质量创新和质量提升主体作用，将质量创新作为推动广大企业特别是中小微企业转型升级的重要动力。引导企业围绕新业态发展，注重运用互联网、大数据、人工智能等新技术，进行生产流程、管理模式和商业模式再造，加强质量管理、质量技术、质量工作法创新，推行个性化定制、柔性化生产，增强产品市场竞争力。推进行政审批制度改革，强化后置现场审查，最大限度方便生产企业。

（二）运用精准思维抓重点，提升质量基础设施水平

质量基础设施是质量提升的基础，也是经济社会发展的基础。要坚持问题导向，运用精准思维，针对阻碍高质量发展的难点、堵点，从一个个具体问题入手，抓住质量基础设施这个关键，以重点突破带动整体推进、以典型示范带动全面工作，不断提升质量基础设施水平。

1.打牢计量基础。深入推进量传溯源体系建设，全面提升计量保障能力。积极发挥好省计量测绘中心作用，健全计量科技基础服务体系，完善新材料、新能源、先进制造业等领域公共计量标准，更好地服务主导产业。强化能源计量，依法开展能源资源计量审查，组织开展能源计量示范活动，推动能耗物耗下降。关注民生计量，重点开展加油机、集贸市场、餐饮服务企业、定量包装商品、医用"三源"等计量监督检查，加大对税控加油机、出租车计价器、大型衡器违法作弊行为的打击力度。

2.突出标准引领。学习贯彻新修订的《标准化法》，探索开展标准提档升级工程和企业标准领跑者制度，增加个性化、高端化、高品质标准供给。申请创建标准国际化创新型城市，推动《品质城市评价指标体系》省地方标准上升为国家标准。按照市政府《关于加快实施标准化战略的意见》的要求，大力开展"标准化+"工程，发挥标准化试点示范项目带动作用，力争海陵区兴业社区助残、姜堰中医院医疗服务国家社会管理和公共服务标准化项目顺利通过验收。推动质量管理先进标准、方法向一、二、三产业和社会治理等领域全面延伸拓展。

3.强化认证认可和检验检测支撑。健全机构资质管理和能力认可制度，建立监管考评指标体系，制定管理体系认证、强制性产品认证和检验检测机构监管检查细则，鼓励企业运用质量认证方式加强质量管理。有效整合检验检测认证资源，实现检验检测资源向产业链和集聚区集中，建成国家特防中心，优化用好"泰检易"公共服务平台，建立扬子江检验检测技术联盟，推进江苏省特种设备应急实操检验中心项目建设，探索创建检验检测小镇，推动质量技术资源向社会共享开放，为产业发展提供全生命周期的技术支持，加快打造省内领先、国内先进、特色鲜明的长江经济带检验检测新高地。

（三）运用底线思维抓安全，提升质量安全保障水平

质量安全是"产"出来的，也是"管"出来的。要运用底线思维，坚持风险意识，强化全过程、全链条、全方位监管，做到质量安全时刻不能放松，质量监管只能加强不能削弱，不断提升质量安全保障水平。

1.提升消费品质量安全水平。做到严字当头，保持高压态势，实施"最严谨的标准、最严格的监管、最严厉的处罚、最严肃的问责"，坚决守住产品质量安全的底线。突出全面质量安全监管，注重从源头抓起，加强质量安全事前预防和事

中事后监管,不断完善监管链条。推行"双随机、一公开"监管模式,运用市场准入、产品伤害监测等手段,完善质量诚信鼓励激励和失信惩戒机制。加大产品监督抽查力度,深化"随点随检"活动,突出主导产业和特色产品,不断扩大抽查覆盖面。对抽查不合格产品,采取惩戒措施,加大曝光力度。

2.提升特种设备安全监察水平。深入开展特种设备安全专项整治,排查特种设备安全隐患,突出危险化学品等重点行业领域,突出学校、车站、商场、公园等公众聚集场所,突出检查企业特种设备使用安全管理"三落实、两有证、一应急"落实情况,督促隐患整改。开展特种设备百日整治行动,查处特种"两超"(超期未检、隐患超期未改)、"一无一违"(无证上岗、违章作业)等违法行为,进一步推进落实企业安全主体责任。全面推广气瓶二维码安装应用,建好电梯应急处置服务平台,推进电梯安全责任保险,实施电梯维保单位星级评定,保持特种设备安全平稳态势。

3.提升行政执法水平。深入开展"质检利剑""双打"行动,聚焦重点产品、行业和地区,加强消费品执法打假,重点查处一批货值大、跨区域的大要案,增强执法打假的震慑力。进一步发动社会力量,广泛搜集质量违法线索,研究破解违法"潜规则",推进技术执法,健全执法督查制度。对质量问题较多的生产集聚区、案件多发区、媒体曝光区,开展区域整治,加强综合执法、协同监管和联合惩戒。加大缺陷产品召回力度,扩大召回范围,完善技术支撑体系,强化缺陷调查和对企业的行政约谈力度,严厉查处隐瞒缺陷、不履行召回义务等行为,倒逼质量提升。

(四)运用法治思维抓队伍,提升质监队伍建设水平

打铁必须自身硬。运用法治思维,更加突出以人为本,更加突出人才队伍建设对质监事业发展的关键作用,依法加强政治建设、能力建设、作风建设、廉政建设,把高质量贯穿始终,把全面从严贯穿始终,致力打造"品质工匠"服务品牌,不断提升质监队伍建设水平,用高质量的队伍推动高质量发展。

1.从严从实加强政治建设。认真学习贯彻新修订的党章,把政治建设摆在首位,推进机关党建标准化,打造坚强的战斗堡垒,锻造合格的品质先锋。开展"不忘初心、牢记使命"主题教育,持续推进"两学一做"学习教育常态化制度化,不断增强党员干部"四个意识"。激励广大党员对"四个合格"笃行实做,推动全面从严治党严到每个支部、实到每个党员,扎实推进党员"月晒季评年考"制度。加强干部教育培训,全面提升干部人才队伍整体素质,打造高素质专业化干部队伍。加强事业单位领导班子建设,强化考核评价监督。

2.一着不让强化能力建设。增强依法行政能力,加大政务公开力度,统一规范质监权责清单和公共服务清单,建立健全政务公开事项目录,推进行政决策、

执行、管理、服务和结果"五公开",自觉接受监督,让权力在阳光下透明运行。增强抓落实的能力,大兴苦干实干之风、调查研究之风,低调务实不张扬,撸起袖子加油干,把精力放在办实事、抓落实上,放在补短板、增后劲上,说实话、出实招、求实效。加强干部队伍专业化,通过推进"争当专家型干部"活动、挂职锻炼等方式,加大干部培训力度,切实增强各级干部的专业素养、专业能力和专业精神。

3.落小落细深化作风建设。全系统各级领导干部要以身作则、以上率下,形成"头雁效应"。锲而不舍落实中央八项规定精神,继续在常和长、严和实、深和细上下功夫,密切关注享乐主义、奢靡之风新动向新表现,坚决防止回潮复燃。把执行八项规定精神、转作风改作风情况作为民主生活会和组织生活会对照检查的重要内容,认真查找"四风"突出问题,特别是形式主义、官僚主义十种情况,针对新问题新表现切实加以整治,坚决防止已经遏制的问题出现反复。进一步贯彻落实《质监系统正风肃纪十条禁令》,制定完善重大事项决策、财政资金使用等规定程序。巩固深化"大走访、大落实"活动成果,推动形成制度化、常态化、长效化的走访机制,带着问题、带着责任精准服务,促进企业质量发展、基层效能提升。

4.持之以恒推进廉政建设。党风廉政建设和反腐败斗争永远在路上,必须坚持不松劲、不停步、再出发。全系统各级党组织要切实担负起全面从严治党的主体责任,党组织书记要认真履行"第一责任人"的职责,真抓真管、敢抓敢管、常抓常管;纪检部门要切实履行监督责任,聚焦主责主业,强化监督执纪问责。教育党员干部特别是领导干部敬畏法律、敬畏纪律,坚守理想信念,增强政治定力、道德定力,带头树好廉洁自律的"风向标"。坚持纪在法前、纪严于法,注重标本兼治,运用好监督执纪"四种形态",看住人盯住事,及时进行谈话提醒、约谈函询,把发现问题及时处置工作见诸日常,进一步强化不敢腐的震慑,扎牢不能腐的笼子,增强不想腐的自觉。

集成创新 团结奋进
努力打赢市场监管改革发展攻坚战

（2019年3月20日）

一、回顾总结2018年工作，进一步增强开创市场监管新局面的信心

2018年，是全面贯彻党的十九大精神的开局之年，也是市场监管机构改革自上而下全面推进的一年。一年来，我们坚持一手抓改革，一手促发展，全市市场监管各项工作取得新进展。

1.大力推进质量提升行动。深入推进品质泰州建设，推动市委以一号文件出台《关于推进质量强市建设品质泰州的意见》，修订发布《品质城市评价指标体系》江苏省地方标准。获批创建"标准国际化创新型城市"试点和"国家新型城镇化标准化"试点，为泰州市人民政府荣获第三届中国质量奖提名奖作出重要贡献。举办高层次品牌引领高质量发展报告会、"大健康产业标准化高峰论坛"，发布泰州"名企名品名匠"。大力加强质量基础设施建设，广泛开展"标准化+"行动，在全省率先启动标准创新奖评选，发布我国首个海洋系泊链国际标准、首个石墨烯国家标准，"泰检易"公共技术服务平台工作站实现全市全覆盖。积极服务医药名城建设，仿制药质量和疗效一致性评价工作走在全国前列，加快口岸药检所建设，为泰州市药品进出口贸易和中国医药名城建设提供支撑保障。充分发挥牵头部门作用，积极服务"1+5+1"现代产业体系建设，在全国首创研制发布《不锈钢产业转型升级发展指南》，大力推进化工及新材料、生物医药及高性能医疗器械产业高质量发展。

2.严防死守市场安全底线。突出食品药品安全，扎实开展食品药品安全大督查大排查大落实集中行动，全年立案查处违法案件1020件，其中"3·7"特大生产销售不符合卫生标准化妆品案受到国家局通报表扬。建设食品生产企业电子追溯系统，建成企业121家。创成市级食品安全示范乡镇（街道）32个，推进基层机构食品快检室标准化建设，实现全市全覆盖。突出特种设备安全，开展特种设备安全"百日整治"行动，实施简易升降设备、电梯等专项整治，开展大型游乐设施应急救援演练。在全省率先建成覆盖全市域的电梯应急救援服务平台，2018年，接到求助报修电话1371起，解救被困人员587人。突出产品质量安全，持续开展"随点随检"活动，全市产品质量监督抽查合格率连续三年保持上升态势，国家监督抽查合格率和省监督抽查合格率分别位列全省第一和第三。在全省率先成立汽车消费专业维权调解中心。2018年,全市共接受举报投诉电话和函件2.38万件,其中受理处理投诉举报6800多件。

3.深入推进商事制度改革。扩大"多证合一"改革范围,对106项涉企行政审批事项实施"证照分离"改革。企业名称登记自主选择系统实现各类市场主体、各种登记类型、各市(区)行政区域"三个全覆盖",自主选择率达到90%以上,成为国家局企业名称自主申报改革试点。牵头建立"企业开办3个工作日办结"联动办理机制,新设企业开办3个工作日办结率100%。将外资商务备案与工商登记整合为"单一窗口"办理,实施个体工商户简易登记改革。全市企业年报公示率达94.45%,连续两年居全省设区市第一。

4.持续优化市场竞争环境。开展电商领域放心消费创建,全市经营性网站电子标识申报率、挂标率均居全省领先水平。持续抓好公平竞争审查工作,开展打击不正当竞争行为专项执法行动,立案查处市场混淆、商业贿赂、虚假宣传等案件18起。推进价格诚信创建活动,加大市场价格监管力度,开展供水供气供暖、电信资费、涉企收费、环保电价和医疗、殡葬、房地产中介服务价格专项检查,主动约谈中石化、中石油、中海油三大运营商。开展互联网广告专项治理、非法集资广告资讯信息排查清理行动,立案查处违法广告83件。开展"护航""雷霆""溯源"专项执法行动,累计发现涉嫌假冒专利及专利标识标注不规范商品920多件,假冒案件立案676件,侵权案件立案78件。

5.切实加强知识产权保护。建设"中国泰州专利信息综合服务平台",高效开展产业专利导航和专利预警分析,培育国家知识产权示范企业5家、国家知识产权优势企业近20家。组建高价值专利培育示范中心5家、培育一批发明专利"大户"。2018年,全市专利申请量35045件;专利授权量15555件,同比增长57.93%;万人有效发明专利量13.47件。增设2个中国(泰州)知识产权维权援助中心基层工作站,获批省级"正版正货"示范街区1个、省级"正版正货"承诺企业23家。新申请商标国内注册9000余件,新增商标注册企业近500户,新申请马德里商标国际注册10件,新获认定中国驰名商标1件,推荐申报驰名商标4件。

6.不断提升党的建设质量。牢固树立主体责任意识,推动全面从严治党向纵深发展。构建机关党建工作标准体系,创新制定党政机关法律顾问地方标准。积极配合开展巡察工作,自觉接受政治体检,严肃对待巡视反馈意见,坚持立行立改、举一反三,确保整改落实。积极打造服务品牌,进一步放大"郑美琴消费维权工作室""品质先锋""品质工匠""健康1+1""价格维权365"等党建服务品牌效应,传播市场监管正能量。2018年党建工作获创新创优十佳项目、先进基层党组织等表彰。

7.稳步实施机构改革。突出党建引领。积极筹划党组织建立和运转,以党建保改革、促发展。工作紧张有序。挂牌之日即召开第一次全体中层以上干部大会,一周内召开第一次党组会,同日印发《机构改革过渡期若干工作细则》《机构改革过渡期领导分工方案》,两周内召开第一次行政办公会,各项工作有序开展。加快融合人心。组织开展"新局新局面、开门开门红"主题行动,引导广大干部职工,提高政治站位,跳出条线思维,全面系统地考虑问题、谋划工作,全局上下保持思想稳定、工作稳定、队伍稳定,做到了思想不乱、工作不断、干劲不减,有效推动了各项工作稳中求进、稳中调优,圆满完成市委市政府确定的各项目标任务。

可以说,2018年是不平凡的一年,全市市场监管工作开展有声有色,成绩可圈可点。当然,也不否认,面对市委市政府的期望和要求,与兄弟城市的先进和成功相比,我们还有很多不足和短板。回顾总结的目的,就是要勇敢地"清零",把曾经的成绩刻在新的坐标上,在更高的基础上提高站位、面向未来;把过去的短板铺接成前进的跳板,不忘初心,奋勇前行。我们必须在不断地总结和反思中,进一步坚定开创市场监管工作新局面的信心和决心,更好地展现作为,实现超越。

二、牢牢把握机遇,进一步厘清开创市场监管新局面的思路

市场监管体制改革,掀开了市场监管事业发展的新篇章,也带来了新的机遇和挑战。形势喜人逼人,机遇稍纵即逝。对市场监管系统而言,全国都站在同一起跑线,谁抓得准、发力早,谁就能抢得先机、占领制高点、赢得话语权。面对新形势,踏上新征程,我们必须勇担新使命,展现新作为,开创新局面。

面对新形势,我们必须自觉应对挑战。从顶层要求来看,这次机构改革,实行统一的市场监管,突出了市场监管在政府构架中的重要作用。习近平总书记多次把加强市场监管、加强知识产权保护作为对外开放的重要举措向世界宣示。全国"两会"期间,李克强总理在《政府工作报告》中提出,要以简审批优服务便利投资兴业、以公正监管促进公平竞争、以改革推动降低涉企收费,要强化质量基础支撑,全面加强知识产权保护,加强消费者权益保护等,对市场监管工作提出了新的要求。从区域发展来看,省委从全省发展大局和苏中板块动能再造出发,赋予泰州打造江苏高质量发展中部支点城市的新定位、新使命。市委提出,要始终保持"进"的信心、增强"稳"的定力、实现"新"的作为,好字当先、快字当头,加快发展、跨越发展,担当起"支点"的重任。作为承担政府五大职能(市场监管、经济调节、社会管理、公共服务、环境保护)之一的市场监管部门,我们必须在打造"支点"的进程中充分发挥撬动、支撑作用。从社会环境来看,人民群众民主法治意识进一步增强,舆论环境更加开放透明,全社会对行政执法部门、对市场环境的关注和期盼越来越高。特别是随着"互联网+"和自媒体时代的到来,我们的一切工作甚至一言一行,都被置于社会监督之下。市场监管工作与民生息息相关、舆论燃点低,我们要切实从阳澄湖"过水蟹"舆情、金湖"过期疫苗事件"等市场监管领域的事件中吸取教训,不断改进工作,及时回应社会关切和应对舆论监督。从市场监管来看,商事制度改革后,市场主体数量持续增加,新业态不断涌现,经营行为不断发展,市场安全、交易公平、侵权假冒等问题仍然比较突出,给事中事后监管带来了更多挑战、更大难度和更高风险。一些传统的监管方式、执法手段已经不适应发展需要,一些新的监管模式、监管方法还处于改革完善过程中,等等。我们必须坚持问题导向,借助改革东风,下决心去除各种体制机制弊端,化不利为有利,变挑战为机遇,奋力开创泰州市市场监管工作新局面。

担负新使命,我们必须勇敢扛起重任。一是扛起推进高质量发展的重任。经济发展进入新时代,营商环境就是生产力,质量标准就是竞争力,知识产权就是创新力。市委市政府吹响了"深化'品质泰州'建设"的号角,发出了"让营商环境持续出众"的动员令,明确提出"加快标准国际化创新型城市创建,开展高端品质认证试点,引导企业强化标准思维、质量观念、品牌意识,推动泰州制造高端化、品牌化"。这就需要我们持续深化"放管服"改革,以更优的营商环境激发市场活力和创造力,为高质量发展提供新动能。二是扛起深化市场化改革的重任。中央经济工作会议首次提出"强化竞争政策的基础性地位",标志着我国竞争政策的实施将进入一个新阶段。市场监管部门作为竞争倡导、政策审查和执法机关,在深化市场化改革中担当着无可替代的重要角色。我们要以此次机构改革为契机,充分发挥统一的市场监管体制优势,强化公平竞争审查,激励保护创新创造,努力为各类市场主体创造公平竞争的市场环境。三是扛起优化市场消费环境的重任。进入新时代,社会主要矛盾发生变化,广大人民群众对消费品质、消费服务的要求更高,对维护消费权益的期望也更高,买得放心、用得放心、吃得放心成为广泛的民生需求。我们要始终坚持以人民为中心的发展理念,按照习近平总书记提出的"最严谨的标准、最严格的监管、最严厉的处罚、最严肃的问责""四个最严"要求,对食品药品、特种设备等领域进行全程监管,着力防范化解市场安全重大风险。要切实加强消费者权益保护,进一步提升消费信心,不断增强人民群众的消费获得感、幸福感和安全感。

展现新作为,我们必须认真交好答卷。作为一个职能广、人员多的"大局"和"新局","大局"要有大格局、"新局"要有新局面。我们要自觉把市场监管工作放到党委政府工作全局中去思考、去谋划,围绕"加强市场监管、优化营商环境、推进质量强市、建设品质泰州"的总要求,聚焦"监管到位、服务更优"主题,突出集成思维、集成方法、集成资源、集成心力"四个集成",严守市场安全、干部廉洁"两个底线"，努力实现建一流队伍、创一流业绩、树一流形象、作一流贡献"四个一流"目标。加强市场监管，就是既要立足实际，坚持依法监管、科学监管、有效监管和包容审慎监管，着力构建覆盖全领域全流程的新型市场监管机制，把该管的事坚决管住管好，同时也要坚持有所为、有所不为，不代替、不干预本应由市场机制调节、社会自我管理、企业自主经营的事务，做到凡是市场能自主调节的就让市场来调节，凡是企业能干的就让企业干，切实打造市场和政府双强"引擎"。优化营商环境，就是要从深化供给侧结构性改革、推动高质量发展的高度，更大力度推进"放管服"改革，进一步做好简政放权的"减法"、强化监管的"加法"和优化服务的"乘法"，推动以"政策洼地"刺激企业发展向以"环境高地"吸引企业发展转变，为泰州营商环境稳居全省第一方阵提供持久动力。推进质量强市，就是要积极践行高质量发展理念，着眼于做强实体经济，深入实施标准化战略、知识产权战略、品牌发展战略，促进供给侧结构性改革，依靠质量提升和创新驱动，推动经济发展质量变革、效率变革、动力变革，助力形成一批处于行业领先位置、具有国际竞争力和影响力的企业集团。建设品质泰州，就是要高扬品质主旋律，聚焦"让城市更美好，让生活更幸福"的目标追求，坚持把品质从每个家庭、每个企业、每个行业、每个部门抓起，着力打造生物医药及高性能医疗器械产业、化工及新材料产业发展的领域品质高峰，着力打造遍布城乡、部门条块的区域品质高地，着力打造以标准国际化创新型城市试点、标准化立法、质量教育基地建设等各类品质元素构筑的全域品质高原，让"祥泰之州，品质为尚"的城市质量精神渗透到城市的四面八方。

三、加强集成创新，进一步汇聚开创市场监管新局面的合力

2019年，全市市场监管工作要以习近平新时代中国特色社会主义思想为指引，按照市委五届六次全会和全省市场监管系统工作会议部署要求，聚焦高质量发展时代主题，坚持团结奋进，加强集成创新，推进机构改革，推进融合发展，进一步深化品质泰州建设，守住底线、营造环境、规范竞争、提升质量、促进发展，全力打造在全省领先率先、有为有位的泰州市场监管工作品牌，为打造江苏高质量发展中部支点城市充分发挥职能作用。

（一）集成思维，打开事业发展新思路

坚持集众家之长，做到思想先行、行动跟进，为开创市场监管工作新局面提供思想保障。

1.坚持系统思维。市场经济、市场监管是一个有机整体，要跳出部门思维、条线思维、板块思维，牢固树立大市场、大监管、大安全的理念，做到系统集成、一体建设、融合发展。一要推动质量、效率、动力三大变革。质量变革是主体，要用标准引领城市品质提升，加快标准国际化创新型城市试点建设，推动《品质城市评价指标体系》发布为国家标准，尽快出台《泰州市标准化条例》，深化品质泰州建设。效率变革是重点，要坚持创新驱动发展，实现实体经济、科技创新、现代金融和人才资源的有效融合，提高生产效率、协同效率。动力变革是关键，要把知识产权作为推动新旧动能转换的重要源动力，推进"技术专利化、专利标准化、标准国际化"。二要打通准入、生产、流通、消费四个环节。实现从封闭单一监管向综合开放监管转变，实施全过程、全链条监管，推动大数据监管，放大监管效能。三要防范"涉安""涉众""涉外"三类风险。全面深入分析与市场监管有关的质量安全、市场秩序、知识产权三大类风险因素，既要聚焦疫苗药品、食品、特种设备和重点工业产品等"涉安"风险，也要关注传销、价格垄断、侵犯消费者权益等市场违法行为的"涉众"风险，以及知识产权方面的"涉外"风险。要抓好系统风险防控，敏锐把握、抓早抓小、转危为机。

2. 坚持底线思维。防范化解重大风险是重要政治任务，要坚持守土有责、守土尽职，坚决守住不发生重大事故和系统性区域性风险底线。一要压实各方责任。以贯彻实施《疫苗管理法》《电子商务法》《地方党政领导干部食品安全责任制规定》《地方党政领导干部安全生产责任规定》等法律法规为契机，推动地方党委政府落实食品安全、特种设备安全责任，推动企业落实食品安全主体责任以及特种设备生产、使用单位安全主体责任，督促企业加强风险防控。二要锚定创建目标。深入开展省级食品安全示范城市和市级食品安全示范乡镇(街道)创建工作。开展餐饮质量安全提升行动，加强小作坊综合治理和网络订餐监管，深化食品生产经营电子追溯体系建设，理顺食盐质量安全监管工作机制。深入实施特种设备质量提升行动，积极开展特种设备较大危险因素辨识管控，着力开展重点行业和重点领域安全专项整治和隐患清零行动，切实提升特种设备安全生产水平。三要筑牢安全防线。深刻吸取金湖"过期疫苗事件"教训，深入贯彻习近平总书记关于安全生产"三个必须"、食品药品安全"四个最严"要求，以及省委"九个必须"和省局"十个坚持"要求，筑牢疫苗和药品安全、食品安全、特种设备安全、产品质量监管、网络市场监管等五道防线，着力解决百姓关心的突出问题，让人民群众吃得放心、穿得称心、用得舒心。

3. 坚持辩证思维。坚持两点论和重点论的统一，统筹好三对关系，谋划好具有基础性、全局性的重点工作。一是大与小的关系。"大"是指宏观经济环境，"小"是指市场微观主体。要通过深化市场监管领域"放管服"改革，减少微观管理事务和具体审批事项，最大限度减少政府对市场活动的直接干预，为企业松绑、为市场腾位。采取涉企信息公示、企业标准自我声明等多种手段，积极推动落实主体责任，实现政府监管与企业自治的良性互动和有效衔接。二是宽与严的关系。"宽"就是要包容审慎监管。对新产业、新业态、新经营模式要多观察、多研究、多鼓励。只要不触及安全底线，就本着鼓励创新原则，为其留足发展空间，不要一上来就管死。"严"指的是事前监管要严格审核把关，事中监管要严格监督检查，事后监管要严格执法办案。对触及安全底线、危害人民群众生命财产安全以及危害市场公平竞争秩序的违法行为，坚决按照"四个最严"要求予以严惩，绝不手软。对情节轻微、没有明显社会危害的违法行为，要综合考虑社会影响、社会稳定等社会管理因素，在既有法律规则架构内，与现实层面的社会情理相结合，切实做到宽严相济、过罚相当。三是综合与专业的关系。组建成立市场监管局主要是为了解决市场监管领域中存在的边界不清、多头交叉执法和监管空白等问题。我们这个机构的边界非常宽，但是各个领域的专业性又很强，如何把综合监管和专业监管相统一，在这方面目前还没有成熟的经验。要借助这次机构改革的契机，整合内部各条线工作，责任处室发挥牵头作用，相关处室积极配合，进一步握指成拳、增强合力，打好市场监管组合拳。

（二）集成方法，打造营商环境新高地

坚持集众人之智，做到流程再造、提效聚能，为开创市场监管工作新局面增添动力。

1.用好改革的方法。坚持问题导向和需求导向，持续深化商事制度改革，能放则放、能简则简、能快则快、能优则优，为市场放出活力，为营商改出便利。一要切实压缩企业开办时限。巩固"不见面审批"改革实效，全面推行名称自主选择、"全程电子化"登记实名认证、电子签名，提供"一网通办""一照通用"服务。牵头建立企业注销"一网"服务专区，实现市场监管、税务、商务、海关等部门注销"信息共享、同步指引"。二要全面推进"证照分离"改革。推进工业产品许可"瘦身"，加快实施"先证后审""一企一证"管理，简化工业产品生产许可和审批程序。推进食品许可改革，对部分低风险食品生产许可探索"公开承诺""先证后查"管理，在食品经营许可试点"告知承诺制"，优化小作坊准入服务，推进小餐饮备案管理。三要进一步深化药品医疗器械审评审批制度改革。鼓励药品医疗器械创新，加大仿制药一致性评价资金与政策扶持力度，健全"救命药"、短缺药供应保障机制。深化药品上市许可持有人制度试点，建立完善基于持有人制度下的监管新机制。加大医药产业集聚区、重点医药园区重大创新项目的帮扶力度，强化审评审批配套服务，推动医药产业高水平聚集发展。

2.用严监管的方法。进一步创新监管思路、监管方式、监管举措，做到源头严防、过程严管、风险严控，用公正监管管出公平、管出效率、管出活力。一要全面推进"双随机、一公开"监管。除特殊领域外，所有行政检查事项都要通过"双随机"抽查的方式进行，以小概率抽查产生大范围震慑。尽快整合市场监管检查事项，实现市场监管部门"双随机、一公开"监管统一化、常态化。加快建立跨部门联合检查制度,力争做到"一次检查、全面体检"。二要整合开展抽检监测。切实做到"四统一",即统一制定计划、统一组织实施、统一数据分析、统一结果利用。健全完善抽检工作组织实施、抽检结果信息发布、不合格产品后处理等全链条工作机制,提高抽检工作的科学性和有效性。规范开展评价性抽检和监督性抽检,加强风险预警和风险交流。三要不断强化信用监管。制定科学的信用修复机制,对主动纠正违法行为、消除或减轻违法行为危害后果的从轻或减轻行政处罚,建立信用修复通道。加大对失信"黑名单"的联合惩戒力度,真正做到"一处失信、处处受限"。加强检验检测机构监管,严厉打击出具虚假报告、数据等行为,提升检验检测结果公信度。全面实施定量包装商品生产企业自我声明制度,加强认证机构和认证活动监管,严厉打击非法认证活动以及伪造、冒用、买卖认证证书或认证标志等行为。

3.用活服务的方法。有效整合市场监管服务理念,树立"用户思维",注重"客户体验",精准发力,靶向施策。一要用心支持民营企业发展。全面贯彻落实促进民营经济高质量发展的举措,充分发挥综合监管、集成服务的体制机制优势,不断挖掘政策潜力、补齐政策短板。加强非公党建和关心下一代工作,持续释放民营企业创新创业活力。二要不断提升政务服务质量。优化"多证合一"管理,推广开办企业"全链通"平台,为企业提供从登记到注销"一站式"集成服务。推进"容缺受理"标准化,进一步明确"容缺受理"事项和要求,最大限度方便企业群众办事。简化企业注销管理,畅通市场退出机制。三要开展"两大行动"。结合"3·15国际消费者权益日""4·26世界知识产权日""5·20世界计量日""6·9国际认可日""6月安全月""9月质量月""10·14世界标准日""12·4国家宪法日和全国法制宣传日""全国安全用药月""食品安全宣传周"等重要时点,扎实开展"市场监管项目行""市场监管民生行"两大行动,深入了解企业、百姓所思、所想、所需、所求,致力营造优质发展环境,形成优质服务的加速度。

（三）集成资源,打通事业发展新路径

坚持集众创之力,做到优化配置、优势互补,为开创市场监管工作新局面夯实基础。

1.汇合数据资源。以信息化整合推进市场监管业务融合,加快推进全市市场监管数据共享利用,打造"智慧监管",提升线索发现、追踪溯源和精准打击的能力。一要整合维权服务平台。将12315、12365、12331、12330、12358五个投诉热线整合至12315平台,尽快出台工作制度,规范工作流程,提高处置效能。二要构建一体化信息平台。制定全市市场监管信息化总体规划,推进质量监管、特种设备安全监管、食品安全监管等业务系统应用开发,推行"互联网+政务服务""互联网+监管",降低监管成本、提高监管效能。三要加强数据分析运用。坚持以网管网,充分发挥大数据等新技术的运用。推进市场监管信息平台的应用,进一步加强涉企信息统一归集公示工作。加强电梯应急救援平台建设,开展分析和故障研判,为全市电梯科学监管、有效监管提供数据支持。积极与卫健部门信息系统对接,加强疫苗监管信息共享。推广应用"计量器具强制检定业务系统",夯实计量大数据监管基础。

2.聚合执法资源。理顺执法机制,整合执法资源,提升执法水平。一要积极推进市场监管综合执法改革。目前,省局正在牵头调研起草江苏省深化市场监管综合行政执法改革的实施意见,积极争取在设区市市场监管局建立统一执法队伍;积极争取乡镇(街道)一级的市场监管综合执法以县级市场监管局领导为主,部分适合基层监管执法的事项纳入乡镇(街道)综合执法。二要开展专项执法行动。充分发挥综合执法体制优势,深入开展以打击假冒伪劣、维护质量安全为重点的综合执法行动,全力整治"保健"市场乱象,扎实开展农村市场、食品安全、特种设备安全、电商平台、认证领域等专项治理。牵头开展"双打"行动,加强部门协同,形成执法震慑。积极参与扫黑除恶专项斗争,配合开展综治平安建设。三要加大案件查办力度。结合日常稽查、专项行动、随机抽查、投诉举报、大数据监测等工作,广开案源渠道,深挖案件线索,严查大案要案。加强"行刑对接"机制建设,深化信息共享、案情通报,对食品药品违法行为"处罚到人"。推进跨区域执法协作,建立健全线索通报、证据移转、案件协查及检验结果互认等机制,形成执法合力。四要规范执法行为。全面推行行政执法公示、执法全过程记录和重大执法决定法制审核制度。统一监管执法文书、执法程序和执法要求,建设统一的执法办案信息系统,加快监管执法工作深度融合。加强执法监督,提升监管执法规范化、法治化水平。

3.融合技术资源。抓住用好改革机遇,进一步贯彻落实市政府《关于加快检验检测高技术服务业发展的意见》,推动泰州市检验检测高技术服务业科学布局、提升能力、快速发展。一要优化平台建设。加速市药品进口口岸检验所建设,有序推进纤检院整体搬迁,加速"泰检易"公共服务平台扩容,筹建大健康产业计量测试中心,力争省特防中心通过国家验收,推进省特种设备应急实操检验中心建设,积极为各类科技园、孵化器、创客空间等提供全生命周期质量技术支持。二要统筹规划建设。摸清全市系统检验检测单位家底,特别是国家质检中心、省级质检中心、重大检测设备数据,推进市县检验检测机构错位发展、特色发展建设,推动有条件的企业实验室向社会开放,资源共享,避免重复建设。三要积极争取财政支持。加大对质量基础设施的投入,提升技术支撑能力;加大对现场检查、监督执法、现场取样、快速检测、应急处置等装备投入,提升基层执法装备水平。

（四）集成心力，打响品质先锋新品牌

坚持成众人之美，做到进一家门、干一家事，为开创市场监管工作新局面凝聚力量。

1.坚持党建引领。全面贯彻新时代党的建设总要求，把党的领导贯穿市场监管工作全过程。一要积极推进组建新的局机关党委，设置完善基层党组织，理顺党员组织关系，确保基层各级党组织构架健全、运行畅通，确保每名党员纳入党组织的有效管理之中。加强对群团工作的领导，推动选举成立基层组织。二要全面落实党建工作主体责任。坚持党建工作与业务工作同部署同研究同落实，全面落实党建工作责任制，细化分解任务，层层落实责任，构建党组书记负总责、班子成员分工负责、机关党委推进落实、支部书记"一岗双责"的党建工作责任体系。三要推进党建标准化。以标准作连线，解决机构改革后工作场所多点、党建工作难协同的问题，促进党建工作有序推进、保质保量；以标准划底线，解决人员结构多元、党员管理难统一的问题，促进党员管理有标可依、从严从实；以标准拉高线，着力解决履职方式多样、党员创优争先难持续的问题，促进服务中心方向明确、聚焦聚力，以标准化推动党的建设各项制度落细落地落实。

2.深化机构改革。虽然市场监管局已经成立，但这并不等于机构改革已经完成。当前，市县机构改革工作刚刚起步，要积极高效推进。一要突出"三个坚持"。坚持党的领导，坚决落实地方党委的改革部署和要求，严格执行各项纪律，确保政令畅通、令行禁止。坚持领导带头，在团结合作、担当负责、真抓实干上发挥表率作用，以上率下抓好各项工作。坚持制度先行，抓紧研究制定机构改革过渡期间领导分工、工作规则等文件，使班子建设和机关运转尽快步入正轨。二要把握"三通"。打通板块壁垒，贯通制度流程，融通工作职能。在设置三定方案时，要打破板块局限、打通障碍壁垒，推动制度整合、流程再造，要合并同类项，最大限度地简化；更要打通经络，实现兼容高效；还要注重扬弃，让流程更加科学合理，更具品质，最终实现合力、合心、合拍，真正从物理整合变为化学融合。三要做到"三个注重"。注重科学谋划快推进，认真学习吃透改革精神和要求，结合实际科学编排具体改革方案，倒排工期、挂图作战、压茬推进，力争在本级机构改革中走在前列。注重严实管理稳队伍，把思想政治工作做到每一位同志心里，凝聚改革共识，强化责任担当，绷紧纪律之弦，保持干部队伍稳定。注重协同推进强监管，统筹推进日常监管与机构改革工作，坚决做到两不误、两促进、两提升。

3.突出队伍建设。切实加强对意识形态工作的领导，牢牢掌握市场监管领域意识形态工作主动权。一要大力弘扬工匠精神。强化"有为才能有位，有位更须有为"理念，围绕新任务新要求，在技术革新、监管服务、消费维权、执法办案、检验检测等领域，组织开展岗位技能比武竞赛活动，不断提升干部职工适应机构改革形势、服务高质量发展的能力和水平。二要加强党员激励关怀。开展机构改革背景下机关党员干部思想动态大调研,通过发放调查问卷、谈心谈话、主题征文等方式,及时掌握党员干部职工思想动态和利益诉求,引导党员正确对待个人进退留转和利益得失,积极应对机构改革的挑战。三要发展机关先进文化。积极营造创先争优氛围,持续深化比能力、比担当、比贡献、争先进"三比一争"活动。开展"新局新局面"主题行动,"不忘初心勇担当,奋力开创新局面"红色教育,激发干部职工不畏艰难、砥砺前行的奋斗精神。大力选树先进典型,在年底集中展示一批具有市场监管部门特色、体现新作为、取得较大社会影响的亮点工作和创新项目,选树一批对党忠诚、勇于开拓、无私奉献、踏实干事、业绩突出的集体和个人典型,努力打造"建一流队伍、创一流业绩、树一流形象、作一流贡献"的市场监管"铁军"。

4.加强党风廉政建设。全面落实党风廉政建设责任制,形成科学定责、强化履责、严格追责的落实链条和责任体系。一要持之以恒落实中央八项规定,省、市委十项规定精神,抓住重要时间节点正风肃纪。严守市纪委、监委第二十派驻纪检监察组制定的《关于机构改革过渡期严守"五项纪律"的通知》,守住底线、不碰红线,做到令行禁止。二要用好监督执纪"四种形态",挺纪于前、抓早抓小。建立健全重点岗位干部轮岗交流制度,组织开展廉政风险点排查,加强权力运行监督和廉政风险防控,一体推进不敢腐、不能腐、不想腐。三要抓好巡察整改。严格落实巡察整改要求,高质量完成巡察整改的政治任务,综合运用巡察成果,持续巩固集中整改成果,确保问题清零见底、长效机制建立健全。四要全力支持派驻纪检监察组工作,切实推动党风廉政建设"两个责任"良性互动、协同推进、落到实处。

新局新局面　开门开门红

（2019年7月29日）

一、抓党建保改革促发展，努力实现泰州市场监管事业良好开局

自2019年1月21日挂牌组建以来，我们坚持抓改革、抓安全、抓发展齐头并进，按照"加强市场监管、优化营商环境、推进质量强市、建设品质泰州"的总体思路，突出集成创新，强化融合发展，不断深化升华品质泰州建设，实现了机构改革与市场监管、队伍建设平稳有序推进。

（一）党建引领，促进人合心合

坚定不移推进党建先行，着力建强战斗堡垒，进一步统一思想、统一行动，促进党员干部心齐力合，为机构改革开好局起好步打下坚实的思想基础和组织基础。一是进一步加强党的领导。泰州市市场监督管理局在全市涉改部门中率先成立机关党委和机关纪委，完成机关基层党组织设置，实现党的组织架构健全、政治功能齐备、工作运行通畅。制定出台局机关党建工作意见，深入推进机关党建标准化。会同派驻纪检监察组制定出台文件，严明机构改革期间政治纪律、组织纪律、工作纪律、财经纪律和保密纪律，为圆满完成机构改革任务提供坚强保障。泰州市市场监督管理局加强党建的相关做法在市级机关党的建设工作会议和第六期"机关书记讲党建"活动中交流推介。二是扎实开展"新局新局面"主题行动。以实施"集成思维、对标对表、融合服务、品质提升、合力汇聚"五大行动为抓手，针对机构改革初期党员干部的思想状况，突出实效性，做深做细思想政治工作。先后组织开展"集成新思维，开创新局面"专题学习研讨，机关处室负责人全部上台亮相交流；开展"我为市场监管献一策""发现亮点、发现缺陷"两发现活动，鼓励干部职工共同为新的事业发展出谋划策。融合服务资源，成功举办"3·15"主题公园、中国品牌日、食品安全宣传周、"4·26"知识产权宣传周、"5·20"世界计量日等系列活动，扎实开展"市场监管民生行""市场监管项目行"两大行动，"品质先锋"党建品牌和"品质工匠"服务品牌培育打造取得积极成效。三是有序推进干部队伍建设。举办"大家品质"讲坛14期，通过"大家讲、大家学"，营造比学赶超的良好氛围。开展新任中层正职干部宪法宣誓和集体谈话，进一步增强广大干部依法履职、勤政廉政的思想和行动自觉。突出机关文化建设，加大宣传力度，办好《品质泰州》杂志、微信公众号、门户网站；积极发挥机关群团组织的作用，指导组建局机关工会、妇联和团委，举办市场监管系统迎新会、女职工摄影比赛、青年干部拓展训练、"七一"演讲比赛等活动,丰富机关干部文化生活,激发机关向上活力。

(二)改革开局,推动大破大立

坚定不移推进改革措施落地落实,实现工作思路、工作流程、工作方法重构再造,机构改革效果初步显现。一是机构改革基本到位。出台内设机构职能规定,进一步理顺机构职责,做到了机构明确、职责明晰、职能配置到位,克服困难实现局机关集中办公,新OA系统上线运行。完成"三定"方案实施,打破原有架构,加大交流力度,调配选任处室主要负责人及其工作人员。制定出台局党组议事规则、"三重一大"事项决策程序等制度规范,局领导交叉分工、实行AB岗,促进机构融合,形成五指并拢、共同发力的工作态势。二是商事制度改革深入推进。推进"证照分离"改革,对除危险化学品外的16类省级发证工业产品实施"先证后核"程序,在食品经营许可领域试点告知承诺制,推进小餐饮备案管理。取消企业名称预先核准环节,全面推行企业名称自主申报,打造企业登记"全链通"平台。完善全市事中事后监管机制,推动"双随机、一公开"抽查工作列入政府效能考核。2018年度全市企业年报率达94%,连续三年居全省设区市第一。三是药品医疗器械审评审批制度改革继续深化。推进药品上市许可持有人制度试点,中慧元通等14家企业30个品规药品申报试点。开展仿制药质量和疗效一致性评价,7个批准文号通过评价,扬子江药业集团马来酸依那普利片成为全国首个通过一致性评价的药品品种。

(三)集成发展,实现有为有位

坚定不移以深化升华品质泰州建设为主线,集成整合部门职能,系统推进经济发展、社会文化、生态环境、公共服务和居民生活"五大品质"提升工程,机构改革的红利初步释放。2019年7月,省政府对2018年落实有关重大政策措施真抓实干成效明显的地方进行了表彰,泰州市"放管服"改革、推进质量工作,以及高港区促进制造业创新转型和高质量发展、先进制造业集群培育等榜上有名。一是市场安全形势平稳向好。从严从实抓好食品药品、特种设备安全监管工作,通过行政约谈、稽查执法等方式进一步压实企业主体责任。突出重点领域、重点环节,持续做好特种设备风险管控和隐患整治,省局领导来泰州专题调研并予以充分肯定。开展药品零售企业风险点隐患专项督查,加强药品不良反应、医疗器械不良事件监测,筑牢药品医疗器械质量安全防线。在全省率先打造农村集体聚餐标准示范点,积极推动食品快检工作规范化,市区豆制品小作坊专项整治取得初步成效。积极应对社会关切和舆情关注,妥善处置安井公司产品检出非洲猪瘟病毒舆情、太子乳业公司学生奶舆情。二是质量提升不断深化。出台《关于推进民营经济高质量发展实施方案》《泰州市市场监管系统强作风提效能"十项承诺"》,着力营造持续出众的营商环境,市人大专题评议组给予充分肯定。实施企业标准"领跑者"制度,标准化地方立法通过市人大一审。建立专利标准化创新机制,形成专利标准化工作规范和操作指南。围绕生物医药及高性能医疗器械、化工及新材料等主导产业发展,组织开展"新时代科技新长征"华东、西南、中南、东北等地高校对接活动,推动"产学研"合作取得积极进展。服务雀巢公司获得今年全国首张特殊医学用途全营养配方食品注册证,推动聚甲基丙烯酸甲酯(PMMA)工作组落户泰州,成为泰州市新材料领域第二个全国性标准化技术组织。口岸药检所综合楼建设稳步推进,市药检所首次完成6项国际药典的实验室扩项工作。特防中心获得国家实验室资质认定证书,省大健康产业计量测试中心筹建工作进展顺利。制定《市区农贸市场长效管理专项资金考核发放办法》,通过第三方测评促进农贸市场管理标准化、常态化、制度化。开展"泰州品质"认证试点,建设品质泰州文化园,启动"品质泰州"全国书法精品展征稿工作,在全社会营造浓厚氛围。三是知识产权工作取得新成效。加快实施高价值专利培育和商标品牌计划,以精准化服务促进知识产权高质量产出。全市新注册商标6521件,同比增长99%,有效注册总量达4.36万件,"骥洋""华昊"被认定为中国驰名商标。全市万人发明专利量达到13.81件,高港区获批国家知识产权强县工程示范县(区),姜堰经济开发区获批国家知识产权试点园区,双登集团等4家企业入选江苏省企业知识产权战略推进计划项目,扬子江药业集团入选江苏省专利奖。市知识产权维权援助中心绩效考核位居全国第18名、全省第4名,进入国家级援助中心第一方阵。四是市场环境进一步优化。积极做好市场领域扫黑除恶工作,深入排查欺行霸市、强买强卖、敲诈勒索等问题线索66件。创新构建"一二三四"稽查工作新模式,国家药品监管局调研组组织媒体来泰州集中采访。扎实开展埋地管材专项检查行动,检查在建工程91个,对11个批次不合格管材进行立案查处。开展停车计时收费装置专项整治行动,全面实施定量包装商品生产企业计量保证能力自我声明制度,进一步规范民用"三表"管理。实施电动自行车销售单位专项检查,严肃查处房地产中介价格串通案件。对"6·18"网络集中促销进行专项监测,切实维护消费者合法权益。妥善处置涉汽车销售金融服务费群访,处理各类投诉举报4800多件。加大广告监测力度,持续开展互联网、"保健"市场广告专项整治行动,全市立案查处违法广告57件,2个案例被总局、省局作为违法广告典型案例公布。

二、强监管优服务保安全,全力冲刺"开门开门红"

下一步,全市系统要继续围绕"加强市场监管、优化营商环境、推进质量强市、建设品质泰州"总要求,聚焦"监管到位、服务更优"主题,突出集成思维、集成方法、集成资源、集成心力"四个集成",更加自觉地守初心、担使命,找差距、抓落实,全力冲刺"开门开门红",确保泰州市质量强市工作走在全省乃至全国前列。

1.管好大市场。市场是激发各类市场主体活力的主战场。我们说的大市场,与过去的市场相比,范围更广、内涵更深,涵盖生产、生活、生态等诸多方面,可以说是全程全域、线上线下、有形无形。市场管得好,才能既有秩序又有活力。要深化"放管服"改革,致力构建公平竞争、健康有序的大市场,充分激发市场主体的发展潜力,让各类主体有更大的空间创新创富,抢占公平竞争的制高点。要打通准入环节。全面推进"证照分离"改革,加快工业产品许可"瘦身",进一步试点食品经营许可"告知承诺制",深化药品上市许可持有人制度试点。优化"多证合一"管理,推广企业"全链通"平台,推进"容缺受理"标准化。在压缩企业开办时间上,按照"3550"的改革要求,进一步优化流程、提高效率、压减时间,增设"企业开办服务专区",提供企业开办一站式服务,力争9月1日前实现企业注销业务信息共享和"一网"服务,与其他登记事项合并审查,不断降低企业创新创业门槛,提高市场主体准入便利化程度。要畅通竞争环节。加大价格监管力度,持续推进短缺药、医疗服务、教育、电力、运输、汽车销售等领域价格重点整治,加强节假日、重大活动等重点时段市场价格监管,及时处置价格异常波动,维护市场价格秩序。加大反不正当竞争执法力度,坚决查处医药等重点领域的商业贿赂行为。加大打击传销力度,灭存量、堵增量,努力铲除传销生存土壤。加大反垄断执法力度,继续聚焦供水、供电、供气、殡葬、医药等民生重点领域,深挖案件线索,查办一批有影响的经济垄断案件,持续形成执法强势,以解决问题的实际成效回应人民群众关切。加大公平竞争审查力度,实现公平竞争审查制度在县级以上政府全覆盖,对"滥用行政权力排除、限制竞争"的政策应改尽改,对妨碍公平竞争、束缚民营企业发展、有违内外资一视同仁的措施应废尽废,为各类市场主体创造公平竞争的市场环境。要融通消费环节。依托移动互联、大数据、云计算、人工智能等新技术,积极推进"智慧监管"。在市场监管领域全面推行部门联合"双随机、一公开"监管。统筹整合市场监管各领域"黑名单"制度,统一规范信用监管,更好发挥信用在市场监管中的基础性作用。加大打击假冒伪劣行为力度,查办大案要案。加强广告监管,针对名人代言、电视购物、保健食品、投资理财、房地产、教育培训等广告发布中存在的突出问题,严查虚假违法广告。加强网络市场监管,开展"网剑"专项行动,以群众反映强烈、社会危害较大的假冒伪劣商品、刷单炒信以及网络集中促销违法行为为重点,加大对网络交易违法行为的查处力度,净化网络市场。加快推进投诉及消费维权"五线整合",尽快推动12315新平台上线运行,实现"一条热线对外、一个系统运行、一套制度规范、一个体系贯通"。

2.提升大质量。质量是推动高质量发展的核心竞争力。质量时代的大质量,不再是狭义的质量,而是广义的质量,不仅仅包含产品质量、服务质量、工程质量、环境质量,还包括党的建设质量、教育质量、就业质量等。可以说,质量无处不在,无时不有。进入新时代,高质量发展已经成为时代主题。作为政府质量监督部门,我们必须牢固确立质量第一意识,坚定质量导向,增强质量自觉,采取切实有效措施,真正把中央24号文件精神落到实处。要强化标准引领。发挥标准系统性、协同性作用,抓住用好创建标准国际化创新型城市机遇,加快推进《泰州市标准化条例》立法进程,力争尽早发布实施。聚焦区域主导产业,集聚标准化智慧和资源,深化推进"新时代科技新长征"活动和"百城千业万企"对标达标提升专项行动,引导企业向国际先进标准看齐,着力提升产业标准国际化水平。争创专利标准化试点城市,创新建立专利信息综合服务平台,大力推进专利标准融合,结合地区优势产业、支柱产业,指导企业主导、参与制修订有关键核心技术支持的国际、国内标准,构建"泰州制造"先进标准体系。要强化品牌升级。鼓励指导企业争创中国质量奖、中国驰名商标、国家专利奖、省长质量奖、市长质量奖,支持产业园区、基地创建国家知识产权示范区,推动高新技术企业、建有省级以上工程技术研究中心企业围绕主导产品和关键技术开展专利挖掘布局,不断增强企业质量核心竞争力,打造"专精特新"和"小巨人"企业。强化质量基础。以市级检验检测机构为主体,致力把检验检测机构建在产业链和集聚区,面向中小微企业提供零距离服务。力争省特防中心尽快通过国家验收,筹建省大健康产业计量测试中心取得实质性进展,加快整合中国医药城检验检测联盟、检验检测学院、质量发展研究院的优势资源,推动"泰检易"列入国家质量基础一站式公共服务平台,加快建设口岸药检所,探索"政产学研检"的产业发展新模式,实现高校、科研院所和企业"优势叠加"。

3.守牢大安全。安全是底线,底线一失万无。以前,食药监管食品安全、药品安全,质监管产品质量安全、特种设备安全,现在,统一由市场监管部门管理,大安全点多线长、面广量大,风险点多,风险的隐蔽性、突发性和传导性强,社会关注度高。下半年,大事多、喜事多、敏感节点多。现在已进入夏季高温季节,各类安全问题也进入易发高发阶段,必须时刻绷紧"防风险"这根弦,切实守好防范化解重大风险的底线。要严守食品药品安全底线。遵循"四个最严"要求,贯彻落实《中共中央 国务院关于深化改革加强食品安全工作的意见》和《地方党政领导干部食品安全责任制规定》,建立食品安全现代化治理体系,提高从农田到餐桌全过程监管能力,提升食品全链条质量安全保障水平。深入开展食品药品安全大排查大检查大督查行动,深化食品生产经营电子追溯体系建设,常态化开展零售药店经营整顿,确保校园食堂"明厨亮灶"覆盖率达到70%以上,食品生产企业年内自查报告率达到90%以上,疫苗生产企业100%开展年报。要严守特种设备安全底线。贯彻落实《地方党政领导干部安全生产责任制规定》,建立完善特种设备安全委员会,层层压紧压实责任。开展涉危化品企业特种设备安全大排查大整治行动,涉及特种设备安全的企业必须100%开展年报,推动构建特种设备风险分级管控和隐患排查治理"双重预防"机制。加强96333电梯应急救援平台建设,完善电梯应急处置服务数据中心功能,实现统一应急救援呼叫号码、统一电梯编号、统一数据归集、统一软件平台、统一展示平台、统一公示电梯质量信息的"六统一"要求。推进电梯保险投保,确保在用电梯保险投保率达到30%。要严守产品质量安全底线。统一生产与流通、线上与线下产品质量监管工作体系,提高产品质量监督抽查的科学性和有效性。开展安全绳网带、压力元件、埋地管材、数控机床、潜水泵、特种防护产品、学生服、商品煤、柴油等市级产品质量监督抽查,加强不合格产品的后处理。开展认证检测行业集中整治,下大力气解决认证检测市场存在的突出问题。加强认证认可质量监管,大力发展检验检测高科技服务业,确保认证认可的有效性和公信力。

4.创优大环境。城市品质是最根本的营商环境。这里讲的大环境既包括经济发展质态、产业集聚度及上下游资源要素配套度等硬环境,又包括公共服务、市民素质等软环境。抓住用好长三角一体化发展战略机遇,最重要的就是要构建于法有据、于企配套、于事便捷,有利于激发各类市场主体活力的大环境,主动接轨、融入上海、杭州等发达地区,借助其"外溢效应"发展自身,着力破解"虹吸效应",不断提升城市经济发展品质、社会文化品质、生态环境品质、公共服务品质和居民生活品质,让营商环境具备更强大的吸附力、更优质的集聚度和更精准的匹配度。要致力让经济土壤更肥沃。积极服务"1+5+1"现代产业体系建设,重点聚焦生物医药及高性能医疗器械、化工及新材料两大主导产业,突出广大中小微企业,强化落实《推进民营经济高质量发展实施方案》,着力构建企业全生命周期服务体系,积极化解发展的难点堵点,帮助企业压降成本负担,稳定企业发展预期。组建质量管理、标准、计量、认证认可、知识产权等领域的专家团队,扎实开展"市场监管项目行"等活动,为企业发展、项目建设提供全面精准服务,通过厚植、深耕、翻新、涵养经济土壤,促进营商提优、质量提升、减负提效、产业提级。要尽力让发展气候更优越。积极形成富有泰州特色的营商环境小气候,让"顺风顺水""祥泰、富泰、康泰"真正成为泰州发展气候的显著特征。深入贯彻《关于推进质量强市建设品质泰州的意见》,积极发挥品质办的牵头作用,推动品质泰州建设全面深化升华。积极推动《品质城市评价指标体系》江苏省地方标准上升为国家标准,用高标准引领城市品质建设,实现办事方便、法治良好、成本竞争力强、生态宜居。大力加强知识产权保护示范城市建设,积极开展知识产权"铁拳"行动,深化知识产权涉外保护,为泰州市企业"走出去"提供更为高效精准的知识产权保护。整合市场监管职能和资源,积极探索推动上海的"一网通办"、浙江的"最多跑一次"和江苏的"不见面审批"在泰州市场监管领域能够通行共认,在标准、计量、检测等基础领域合作互认。要大力支持发展现代服务业,加强技术支撑服务,使各地企业尤其是长三角企业在泰州投资兴业更加便捷、更加舒适。要全力让社会主体更文明。一方面,发挥企业主体作用,通过开展"泰州品质"认证评价试点,推选发布泰州"名企、名品、名匠",推动企业加强品质文化建设。要以完善的信用监督体系和严格的查办惩处措施倒逼企业,形成守合同重信用的企业文化。另一方面,要发挥人的作用。人是影响营商环境最关键、最核心的因素。要加大宣传教育,通过一系列丰富多彩、行之有效的方式弘扬文明风尚,培养品质自觉。继续开展"品质家庭"评选活动,推进品质乡村建设,弘扬诚信精神和工匠精神,在全社会形成以诚信为荣、以失信为耻的精神风尚和精益求精、追求卓越的良好风气。

三、重融合抓落实讲规矩,打造高素质市场监管铁军

实现开门开门红、新局新局面,决定因素在人,关键要靠一支想干事、能干事、干成事、不出事的干部队伍,真正做到不忘初心、不辱使命、不虚此行、不留遗憾。

1.抓学习,加强思想武装。只有狠抓学习,才能不掉队。面对机构改革的新形势、新任务、新要求,我们有很多新的知识要学、新的功课要做。要自觉把学习当成一种生活态度、一种精神追求、一种工作习惯,把学习成效体现到增强党性、提高能力、改进作风、推动工作上,放下身段,全面系统学、深入思考学、联系实际学,在学习中集成、在学习中创新,不断增强开创工作新局面的强大内在动力,练就真抓实干的本领。要学理论。理论上的成熟是政治上成熟的基础,政治上的坚定源于理论上的清醒。要切实增强"四个意识"、坚定"四个自信"、做到"两个维护",以理论自信提升行动自觉,在思想上政治上行动上始终同以习近平同志为核心的党中央保持高度一致。当前,要迅速启动"两先一改"活动,通过学习先行、调研先行、即知即改,高质量开展"不忘初心、牢记使命"主题教育。深入学习贯彻习近平新时代中国特色社会主义思想,切实做到学深悟透、融会贯通,用新思想解放思想、统一思想。抓深抓实学习教育、调查研究、检视问题、整改落实等重点措施,深入开展基层调研,把"改"字贯穿始终,边学边查边改。以整改落实、解决问题、推动工作的实际成效作为检验主题教育成果的重要标准,确保学有所获,学有所成。要学业务。市场监管集众多职责于一身,任务繁重、责任重大。习近平总书记高度重视市场监管工作,作出了一系列重要论述和重要指示批示,提出"深化商事制度改革、完善市场监管体制""用最严谨的标准、最严格的监管、最严厉的处罚、最严肃的问责,加快建立科学完善的食品药品安全治理体系""强化竞争政策的基础性地位,创造公平竞争的制度环境""强化知识产权创造、保护、运用""开展质量提升行动,提高质量标准,加强全面质量管理""积极实施标准化战略"等,为做好新时期市场监管工作提供了根本遵循和行动指南。我们要把学习习近平总书记关于市场监管的指示精神作为一项政治任务,学深悟透,知行合一。当前,经济发展面临较大压力,相关领域风险隐患不容忽视,这需要我们进一步加强业务学习,着力解决本领恐慌和能力危机。要继续办好"大家品质"讲坛,促进大家有针对性地补充履职必备的知识,增强处理复杂问题的能力,及早成为各自监管领域的行家里手。要学先进。机构改革后,全国市场监管部门同处一条起跑线,都在谋新篇开新局,都在铆着一股劲比学赶超。刚才8家单位作了交流发言,各有特色、各有亮点,我们要相互学习、相互借鉴。要紧扣当前市委市政府中心工作、企业群众所需所盼、市场监管重点难点,深化对标对表行动,开展"发现亮点、发现缺陷"两发现活动,找好标杆、发现短板,找准思想和行动上存在的不足,找准问题背后的症结,弄清楚工作所处的层次,弄清楚走在前列的目标,弄清楚下一步工作的思路,压实压紧工作责任,努力实现自我革命、自我超越,推进"品质立局、监管开局、服务兴局"落地落实。

2.抓融合,培养系统思维。只有善抓融合,才能唱好大合唱。推进机构改革,不是原有机构和职能的简单组合,不是原有工作的简单延续,而是要以系统推进机构职能优化、协同高效为重点,实现由"物理聚合"到"化学融合"的转变,最终实现"$1+1>2$"的目标。要强化队伍融合。前期,我们在领导分工、处长选配、人员调配上,充分考虑交叉任职,加大交流力度,力求做到科学配置、混搭编配,骨干均分、优势互补。下一步要继续坚持党建带群建、群建促党建,充分发挥党的政治优势和组织优势,切实加强思想政治工作,跟进了解党员干部职工思想状况的新变化、新情况,及时发现改革中出现的苗头性、倾向性问题,确保思想不乱、工作不断、队伍不散、力度不减。发挥党建标准化作用,以标准作连线、划底线、拉高线,抓基层、打基础,实现人合心合事合力合。要强化机制融合。当前,"三定"新定,不少事权的边界并没有真正理顺划清,这是全国都在面临的共同问题,并无先例可循,需要我们勇于探索实践,用新思维新方法解决新问题,形成新机制。要加快形成综合执法机制。一些重大案件,往往涉及多部法律、多项业务、多个地区,社会影响大、敏感度高,需要建立综合会商、综合研判、综合执法机制,实现综合维权、联合惩戒。要加快形成综合服务机制,综合运用好市场监管部门的"工具箱""组合拳","一揽子"解决群众和企业诉求。要加快形成综合监管机制,全面推行部门联合"双随机、一公开"监管,提高监管的科学性和公正性。统筹整合市场监管各领域"黑名单"制度,统一规范信用监管,统筹部署重点领域的监管任务,形成全链条"闭环"监管模式。要强化文化融合。只有融合文化,才能从根本上提升品质。当前,机构改革正处于从"物理聚合"向"化学融合"转化的关键时刻,塑造先进机关文化刻不容缓。市人大调研时提出了打造"泰有品"

品牌的要求。作为品质泰州建设的倡导者、建设者,首先我们干事要有品质,做人更要有品质,我们的机关文化就应该是"泰有品"。要把品质融入机关建设的方方面面,让品质渗透到我们的工作和生活之中,争当品质工匠、品质先锋,真正让"品质"成为泰州市场监管机关文化的鲜明特质。要通过促进文化融合,让每个人都成为有品质的追梦人,让每个支部都成为有品质的战斗堡垒,真正形成一个正能量充盈、风清气正、优势叠加、相互促进提高的先进集体。

3.抓落实,练就过硬功夫。只有狠抓落实,才能下好先手棋。能不能抓落实、会不会抓落实,不仅是能力素质的一种检验,也是党性修养、思想作风和精神状态的重要体现。对于看准的事情、定下的决策要立即行动、迅速实施,绝不能让机遇在按部就班中错过,让项目在等待观望中流失。要锁定目标。市委主要领导在市委深改委第二次会议中提出了确保泰州市质量强市工作一直走在全省、全国前列的要求。市政府主要领导也要求市场监管系统高效履职,主动担当,打造过硬队伍。刚刚召开的市委五届八次全会也对市场监管工作提出了明确要求。可以说,市委市政府和各级领导对市场监管工作寄予了厚望。机遇难得,抓不住就是我们的失误;责任重大,干不好就是我们的失职。市局要围绕冲刺"十佳"的目标,在全省全国争先进位;各市区局也要在全省有名有位,工作有亮点、有特色。年初全市市场监管工作会议印发了《全市市场监管工作要点》,这是我们抓好全年工作的总纲和具体路径。现在已经到了7月底,时间过半,我们要倒排时间表,细化工作任务,分解成小目标,具体到每季每月每周,逐条逐项研究推进,确保高质量全面完成。要找准突破口。方法对了,事半功倍;方法不对,事倍功半。抓落实要善于突出重点、把握关键、抓住主要矛盾,牵住"牛鼻子"。不能不顾具体情况、照本宣科,不分主次、眉毛胡子一把抓。没有科学的方法,就难以取得明显的成效。要找准突破口、选准着力点,拿捏好分寸、掌握好火候,强化措施、强力推进,或从易处着手,或先啃硬骨头,以关键环节和重点工作的突破,带动全局工作的开展。省局局长在讲话中列出了需要重点落实的十个方面的工作,希望大家要抓紧抓实、抓细抓好。要锲而不舍。有为才能有位,有位更须有为,在岗使用就是最大激励。干工作不可能一马平川,总会遇到这样那样的困难。我们既要有"只争朝夕"的劲头,更要有"久久为功"的韧劲,还要有"建功必定有我"的担当和"功成不必在我"的境界,少讲办不成的理由,多找干成事的办法。要坚定不移深化机构改革,一着不让推进相关配套改革,把转变职能、理顺关系、优化流程抓到位,做细做实做好改革"后半篇"文章。针对市场环境中的突出问题,要敢抓善管、敢于碰硬,对制约监管的难点痛点要主动担当、主动作为,坚决做到守土有责、守土尽责,在位一天、赶考一天,一以贯之、一往无前,定一件干一件、干一件成一件,一步步把品质泰州的宏伟蓝图变为美好现实。

4.抓纪律,提供坚强保证。只有严抓纪律,才能筑牢压舱石。加强纪律建设永远在路上,要推动纪律建设向纵深发展,真正把纪律规矩立起来、挺起来、严起来。要严明政治纪律。带头做到"两个维护"是机关党建的首要任务。抓监管、做工作首先要自觉同党的基本理论、基本路线、基本方略对标对表,同党中央、国务院,同省委省政府决策部署对标对表,把"两个维护"体现在坚决贯彻党中央决策部署的行动上,体现在履职尽责、做好本职工作的实效上,体现在党员、干部的日常言行上。要严抓廉政纪律。全面落实党风廉政建设责任制,压实领导干部"一岗双责",做到明责、履责、尽责。要深入开展廉政风险点排查,抓住重要岗位和关键环节,建立有效的权力运行制约和监督机制,切实把权力关进制度的笼子。要推进警示教育常态化制度化,用身边案例警醒身边人,教育警示广大党员干部知敬畏、存戒惧、守底线。要坚持挺纪于前、抓早抓小,用好监督执纪"四种形态",一体推进不敢腐、不能腐、不想腐,营造风清气正的良好政治生态。要严肃工作纪律。认真贯彻强作风提效能"十项承诺",持续改进工作作风,认真查找形式主义、官僚主义突出问题,深入贯彻落实"基层减负年"工作相关要求,对各类会议和文件能统则统、应合尽合,确保文件和会议数量较去年压缩30%以上,一般性督查检查事项大幅度精简压缩。健全内部运行机制,按照"优化协同高效"原则,理顺工作关系,优化事权配置,加强审批许可、日常监管、执法稽查、风险防控、应急管理等各环节工作衔接,对综合性事项建立统筹协调机制,消除边界不清、权责不明、工作不顺、落实不力等问题。加快推进各业务条线"集合整队",实现人归口、事对接、上下通,确保每一项部署要求沉到基层、落到实处。抓紧制定完善各项业务工作规范,推进市场监管工作制度化、标准化、规范化。

坚持提升城市品质
与优化营商环境互促并进

(2019年12月31日)

2019年是市市场监管局组建元年，我们一手抓改革，一手促发展，改革的"四梁八柱"主体框架已经基本确定，各项工作取得长足进步，被表彰为全国市场监管系统先进集体，实现了新局新局面、开门开门红。2020年是市市场监管局发展进程中的重要一年。如何下好先手棋、如何做好改革的后半篇文章，如何步稳行远地推进市场监管事业高质量向前发展，需要我们认真谋划。如果说，改革第一年，我们是摸着石头过河、边探索边实践，那么经过这一年的整合磨合融合，现在情况更加明了、思路更加清晰，更需要我们多谋善断、谋定后动。所以，今天我们召开市局组建以来的第一次务虚会，主要任务是大力践行新发展理念，深入贯彻市委五届九次全会精神，分析研判市场监管工作面临的新形势、新挑战，研究全年工作思路，做到既"脚踏实地"又"登高望远"，既"埋头拉车"又"抬头看路"。月初局务会上就专题作了部署，提出了明确要求。会前又专门组织去广东佛山学习考察。刚才，市局领导班子成员、各市（区）局主要负责人和部分处室院所主要负责人分别作了很好的交流发言，大家谈认识、说想法，谈困惑、提建议，交流了思想，碰撞了观点，激发了灵感，可以说，这是一次有思想、有质量的会议，是一次集成智慧、共商大事的会议。下面，在大家发言的基础上，我谈几点思考，供大家参考。

一、形势更紧迫

2020年是全面建成小康社会和"十三五"规划的收官之年，既是决胜期，也是攻坚期；既是新机遇，更是新挑战。我们可以从这几个方面来认识：

1.方向更明。一是对推动高质量发展提出了新要求。高质量是发展的主旋律，现在是、将来也是，这是时代的要求、发展的必然。面对国内外风险挑战明显上升的复杂局面，刚刚召开的中央经济工作会议进一步明确把"稳"字作为经济改革的核心目标。"稳"是当前形势下实现高质量发展的重要保障和方向目标。最近召开的市委五届九次全会作出了"一高两强三突出"部署，"一高"是指"实现人民满意的高质量发展"；"两强"是指产业强、城市强，归根结底还是要品质强；"三突出"中有一个突出是"突出项目为王、质量至上"。可以说，"质量"一词是这一战略部署的关键词中的核心词。稳字当头，质量第一，质量是基础，稳是目标，没有质量的稳,不是真正的稳。如何稳市场、稳预期,如何强质量、提质量,做推动高质量发展稳中求进的压舱石和稳压器,市场监管大有可为,也必须大有作为。二是对推进治理能力现代化提出了新要求。党的十九届四中全会审议通过了《中共中央关于坚持和完善中国特色社会主义制度 推进国家治理体系和治理能力现代化若干重大问题的决定》(以下简称《决定》),《决定》指出,"深入推进简政放权、放管结合、优化服务,深化行政审批制度改革,改善营商环境,激发各类市场主体活力""严格市场监管、质量监管、安全监管"。市委五届九次全会提出,"积极构建社会治理新模式,打造政务服务、综合执法、社会救助、便民服务、公共安全为一体的基层治理新格局"。市场监管是推进国家治理体系和治理能力现代化的重要内容。科学高效、积极有为的市场监管,是提升市场配置资源效率的重要保障,是促进经济发展、优化社会治理、提高人民群众幸福感的重要一环,也是推进具有泰州实践特色的市域治理体系和治理能力现代化的题中应有之义。三是对优化营商环境提出了新要求。国务院出台《优化营商环境条例》(以下简称《条例》),自2020年1月1日起施行。《条例》特别指出,营商环境是指企业等市场主体在市场经济活动中所涉及的体制机制性因素和条件。市场监管部门承担了政府五项职能之一,实行统一的市场监管。营商环境只有更好,没有最好。《条例》既为市场监管部门开展工作指明了方向,也提出了更高的要求,优化营商环境是市场监管部门义不容辞的责任。关键是看我们在社会治理能力方面如何主动提升、在优化营商环境中如何精准发力。

2.要求更高。一是发展的环境要更好。近日,中共中央、国务院出台《关于营造更好发展环境支持民营企业改革发展的意见》。习近平总书记在民营经济座谈会上特别指出"民营经济只能壮大、不能弱化"。省政府出台《聚焦企业关切大力优化营商环境行动方案》,紧扣国家营商环境评价18个一级指标和87个二级指标,参照世界银行营商环境评价指标,明确了7类30条150项任务清单。2019年7月泰州市人大开展了"优化营商环境、服务民营经济"专项工作评议活动。最近,泰兴召开了优化营商环境大会,2000人参加,提出"要像爱护眼睛一样呵护营商环境",打出优化营商环境"组合拳"。面对国内外环境复杂、经济下行压力大的形势,激发微观主体活力仍是经济工作的重点。市场监管部门是民营企业从市场准入到发展壮大全生命周期的重要支持者和政务服务供给者,要按照"放管服"改革要求,围绕激发微观主体活力,向改革要动力、要活力,进一步减少审批、提高效率,为市场主体营造市场化、法治化、国际化的营商环境。二是安全监管的要求更严。最近国家密集出台市场监管领域的政策法规,12月1日号称史上最严的《食品安全法实施条例》正式实施。省委、省政府开展了为期一年的全省安全生产专项整治行动,泰州市专题召开安全生产专项整治动员大会。

食品、药品、特种设备等安全是底线，舆论燃点低，社会关注度高。安全可能很难做到"零风险"，但监管必须做到"零容忍"。如果发现问题不去解决，小问题就会变成大问题；遇到困难不去破解，小困难就会变成大困难，就有可能酿成社会问题甚至政治问题。我们不能心存半点麻痹和侥幸，不能有一丝一毫的放松。只有做到"见底、彻底、到底"，才能以"万无一失"防止"一失万无"。三是协同配合的事项更多。市场监管工作点多、线长、面广、量大。就全市范围而言，市局承担着品质泰州领导小组、标准化和计量联席会议、食品安全委员会、民营经济发展领导小组、民营经济关心下一代工作委员会、放心消费创建活动领导小组等议事协调机构办公室职责，还承担着平安市场、农贸市场长效管理、小餐饮整治等多个专项的牵头任务。就系统内部而言，行政许可、信用监管等，我们设有专门的职能处室，但还有部分处室的职能也包含行政许可、信用监管的事项。机构改革已近一年，我们必须把该挑的担子挑起来，把该负的责任负起来，多进位不缺位，多补台不拆台，加强协同配合，发挥改革的乘数效应，实现监管效能最大化。

3.责任更重。一是"品质泰州"建设的大考之年。2018年市委以一号文件的形式，部署"推进质量强市、建设品质泰州"，实施五大品质提升工程，相关指标都定到2020年。经过近3年的推进，我们迎来了品质泰州建设的冲刺之年、大考之年、决胜之年，如何咬定目标、压实责任，全员发动、全民参与，坚决打赢品质泰州建设攻坚战，确保市委目标必成，这是我们必须交好的答卷。我们更不能止步于此。在全面落实2018年一号文件的基础上，要再接再厉、继续前行，在深化升华品质泰州建设上下功夫，思考谋划品质泰州建设的升级版、加强版，让城市品质提升久久为功、生生不息。二是《泰州市标准化条例》（以下简称《条例》），贯彻实施的第一年。《条例》出台了，只是万里长征第一步。如果不沉下心来抓落实，再好的目标，再好的蓝图，也只是镜中花、水中月。加大工作力度、强化贯彻落实，其意义并不亚于出台好政策。要确保《条例》在实施中不打折扣不落空，还需要我们付出大量艰苦的努力。2020年，我们的两大主题工作——标准引领高质量发展和优化营商环境年，实施标准化战略都贯穿其中，标准化是工具是方法更是支撑。三是建章立制的关键之年。治理体系和治理能力，制度规则是关键。经过一年的运转，我们总体运转平稳，但还有很多时候，是被事情推着走，头疼医头、脚疼医脚，缺乏对工作的全盘筹划，甚至有时感到力不从心。过去我们可以把问题归结为改革，改革之前有人会等待观望，改革之初有人会有改革阵痛期的不适。但随着改革尘埃落定、稳步向前，我们再也不能以改革作为托词，为工作不能步入正轨、难以打开局面辩解。一代人有一代人的使命，一代人有一代人的担当，作为市市场监管局的第一任奋斗者，我们要跑好自己手中的第一棒，坚持完善制度打好基础，高度重视制度建设的根本性、全局性、稳定性、长期性作用，建设涵盖工作目标考核、业务流程规范、机关内部管理等成熟完备、具有泰州市场监管特色的制度体系，用制度管人、按流程办事，确保各项工作规范、有序、高效运转。

二、任务更聚焦

高质量发展，离不开高质量的市场监管。越是发展社会主义市场经济，越需要加强市场监管。市场监管局作为本轮机构改革力度最大的部门，把五大板块的工作职能合并起来，这本身就充分说明市场监管要进一步加强力量、汇聚合力、聚焦聚神。

1.更加突出标准引领。标准是推进治理体系和治理能力现代化的有效手段。借助标准这个工作来推进治理体系和治理能力现代化，我们有天时——泰州是全省首个、全国第五家标准国际化创新型城市，有地利——制定的全省首部《泰州市标准化条例》即将通过实施，有人和——市场监管部门管标准、定标准，我们已经有了较好的基础，开始了实践探索，所以我们更应当学会并用好标准这个工具，最大限度释放"标准化+"的催化效应。一是标准+城市。一套好的标准，能够指导实践路径、引领发展方向。它影响的不仅仅是一个产品、一家企业，而是一个产业、一个地区；也不仅仅是产品、企业等经济领域，而是政治、经济、社会、生态、文化等方方面面。《新型城镇化品质城市评价指标体系》国家标准已经立项，要加快组织研制。要力争推动市委市政府出台《标准引领高质量发展的意见》，将推动品质城市建设实践成果转化为国家标准，把标准作为提升城市内涵高品质的重要基础，推进标准化在经济社会文化各领域全方位普及应用和深度融合，让城市发展更具含金量，更有质感和品位。二是标准+产业。一流企业做标准，二流企业做品牌，三流企业做产品。谁掌握了标准制定权，谁就掌握了行业的话语权、市场的话语权。全国市场监管工作会议指出，"加强标准、知识产权布局与产业发展的统筹布局，弥补产业链的薄弱环节，为产业发展提供标准、知识产权引导"。我们联合冶金工业规划研究院，研制出台《不锈钢产业转型升级发展指南》地方标准，为戴南不锈钢产业转型升级、创新发展提供"一揽子"解决方案，借助标准和标准化的手段助推传统产业转型升级。要放大试点效应，推动企业标准领跑者制度，支持高新技术企业组建技术标准联盟，主导和参与国际标准、国家标准、行业标准研制，增加个性化、高端化、高品质标准供给，推动标准、科技、产业协同发展。三是标准+党建。用好《泰州市市场监督管理局党建工作标准化手册》，把抽象的党建工作规定转化为简明具体的"使用说明"，将管党治党制度体系转化为具体可操作的工作流程、方法和指南，明确党建工作谁来抓、抓什么、怎么抓，解决基层党建深不下去、实不起来、落不到底的问题，推动基层党组织全面进步、全面过硬，把党的领导贯彻落实到位，把党的建设落到实处，打造品质工匠、品质先锋。

2.更加优化营商环境。营商环境是一个地方的重要软实力,优化营商环境就是解放生产力,就是提高综合竞争力。作为负责市场综合监管和综合执法的职能机构,市场监管部门在优化营商环境过程中发挥着极其重要的作用。前期,我们分别组织到兴化、高港、泰兴,聚焦特色产业,开展"提升城市品质,优化营商环境"专题调研,通过与广大企业主和基层一线招商人员的互动交流,我们越来越深切感受到:城市品质是最根本的营商环境。这其中既包括经济发展质态、产业集聚度及上下游资源要素配套度等硬环境,又包括公共服务、市民素质等软环境。对标一流水平,对照企业所盼所需,我们的营商环境仍有不少差距,一些长期困扰市场主体的痛点难点堵点问题仍然突出。一要致力让经济发展土壤更肥沃。围绕泰州的汽车、船舶、食品、医药、新能源、新材料等特色优势延伸产业链,提升产业集聚度,增强技术支撑能力,为打造配套功能齐全、具有核心竞争力的产业园区贡献力量。2019年,我们制定出台了《推进民营经济高质量发展实施方案》,为企业提供了19条真金白银的政策支持。2020年,我们将组织实施优化营商环境年主题行动,进一步深化商事制度改革,更好地发挥市场监管的职能优势,主动作为,抓落实见行动,在促进市场主体持续增长上下功夫,在促进正向激励和优胜劣汰上下功夫,在延长企业生命周期、发展更多优质企业上下功夫,开展市场监管项目行、民生行活动,积极化解发展的难点阻点,帮助企业压降成本负担,稳定企业发展预期,让市场主体进得来、留得住、不想走、走不掉。二要着力营造有利于高质量发展的区域小气候。既要加大政策引导、扶持力度,增强吸引力,又要增强公共服务能力,把市场主体的事当自家的事办,不设卡不为难不惰政,推进集成创新、流程再造。更好地厘清政府与市场的职能边界,营造宽松便捷的市场准入环境,大力推行"证照分离"改革,继续压缩企业开办时间,推动行政许可事项"一网通办",完善企业注销"一网"服务,推动"小个专"党建工作;更加突出信用监管,探索建立守信联合激励和失信联合惩戒机制;强化竞争政策实施,营造公平有序的市场竞争环境。聚焦全市园区开发区建设,精准服务"三比一提升"行动,帮助重点园区在比质量规模、比推进效率、比产出效益上提质增效。积极发挥品质办的牵头作用,树立"抓发展就要抓质量、抓质量就是抓发展"的工作导向,推动品质泰州建设全面深化升华。积极形成富有泰州特色的营商环境小气候,让"顺风顺水""祥泰、富泰、康泰"真正成为泰州发展气候的显著特征。三要大力提升发展主体的综合素质。发挥企业主体作用,开展"泰州品质"认证评价试点,推选发布泰州"名企、名品、名匠",推动企业加强品质文化建设。12月的政府常委会对《泰州市市长质量奖评审管理办法》进行了修订,获奖企业数量从5家增加到8家,其中正奖4家、提名奖4家。扩大获奖面,更要加大发现、培植、选树、宣传的力度,让更多的企业有信心、有能力、有机会参选入选,让更多的优质企业脱颖而出,成为代表"泰州制造"的样板标杆,引领示范泰州各类企业转型升级。继续开展"品质家庭"评选活动,推进品质乡村建设,弘扬诚信精神和工匠精神,在全社会形成以诚信为荣、以失信为耻的精神风尚和精益求精、追求卓越的良好风气。

3.更加紧扣高质量发展。高质量发展是出发点,也是落脚点,更是我们做好一切工作的基本要求。一是质量基础设施建设要高质量。质量基础设施是经济和社会发展的基础,是质量提升的技术保障,是实现经济高质量发展的重要基石。全市五大主导产业,我们牵头生物医药及高性能医疗器械产业和化工及新材料产业。相比牵头其他三大主导产业的部门,我们主管质量基础设施,这是我们的优势所在。市委五届九次全会提出了"做强产业"的工作目标,着力打造先进制造业集群。当前,各地都高度重视质量基础设施建设,泰兴市成立精细化工产业研究院,高港区与吉林大学共建汽车动力传动研究院。我们要继续坚持将技术机构建在产业链上、建在产业集聚区,加快国家药品进口口岸检验所创建,力争特防中心早日通过国家验收,创建特殊食品中心,推动江苏省医药健康产业计量测试中心建设,推进特种设备"三中心"落地。深入打造"泰检易"公共服务平台,聚合更多的市场监管要素,为企业提供"点对点""门对门"一站式服务,为"产业强链"提供全面高效便捷的技术支撑。二是品牌建设要高质量。高质量发展,品牌建设是重要内容。2017年国务院将每年5月10日确定为"中国品牌日",江苏提出"江苏精品"品牌,浙江打造"品"字标——浙江制造品牌,上海打响上海服务、上海制造、上海购物、上海文化"四大品牌"。品牌源于品质,品牌高于品质,品牌是品质建设的必然结果。要加大商标品牌建设力度,打造以"泰州早茶"为代表的集体商标,推进地理标志申报,推动品牌升级,提高品牌附加值和含金量,形成一大批质量竞争力强、品牌附加值高的拳头产品,擦亮叫得响、传得久的金字招牌、百年老店,让泰州品牌成为高品质、高质量的代名词。三是知识产权创造要高质量。当前,知识产权日益成为开放型经济发展中不可或缺的一环。省委省政府出台《关于推动开放型经济高质量发展若干政策措施的意见》,提出了7方面26条意见,其中2条与知识产权直接相关,一条是提升自主品牌产品国际竞争力,一条是加强知识产权保护。我们要把知识产权工作与开放型经济工作深度融合,提升知识产权工作在开放型经济高质量发展中的分量和话语权。鼓励知识产权创造,尽可能做大总量盘子。积极推动上争设立中国(泰州)知识产权保护中心。提高知识产权创造质量,加大专利标准融合,开展专利标准创新型企业认定,促进专利应用和标准水平提升,推动企业在实施具有自主知识产权标准的基础上,实施"二次创新"、适应性创新,形成高价值专利。四是队伍建设要高质量。工作高质量,人才队伍是关键。市委五届九次全会进一步明确突出实干导向,建强干部队伍。会上还推出了《关于激励干部实干担当的六条措施》。我们要贯彻落实好,更加突出"实干至上"的选人用人导向。选好用好专业技术人才、监管人才、执法人才,建立健全务实管用、灵活便捷的用人机制,为提升监管执法水平、加强质量基础建设提供人才保障和智力支撑。深入打造品质工匠服务品牌和品质先锋党建品牌,最大限度地激发干事创业的热情,增强担当作为的意识,做到敢想敢干、坚持不懈、专业专注,以更强的能力、更好的作风,落实落细"监管到位、服务更优"的要求,打造一支想干事、能干事、干成事、不出事的市场监管铁军。

三、方法更集成

市场监管工作是全新的事业,就市级层面而言,成立不到一年。省局和市局的模式也不尽相同。无经验可搬,无先例可循。我们唯有顺应形势、因势利导,主动应变、主动求变,在游泳中学会游泳,才能做好机构改革的"后半篇"文章。

1.要系统思维。思想是行动的先导。新时代抓发展,必须更加突出发展理念。一要把握整体性。大局要有大格局,我们要有高站位、宽胸怀、大视野,跳出市场监管看市场监管,摆脱一亩三分地的条块思维,立足泰州、全省乃至放眼长三角,在更大范围思考我们该干什么、怎么干。围绕党委政府的中心工作,谋划市场监管工作的切入点、发力点,做到一切围绕中心、一切服务中心,找准坐标、找准定位、把准方向,才能在党委政府心中有位置、有影响。这次全会谈了不少品质泰州建设的情况,这说明,只要紧扣时代脉搏、紧扣中心大局,我们的工作就能在服务中心大局中彰显价值。二要把握矛盾性。事物都有矛盾性,矛盾性是推动事物发展的根本原因。一把钥匙开一把锁,各地的情况不尽相同,我们要做到因地制宜、因事施策,具体情况具体分析、具体问题具体解决。2019年新局组建之初,我们接连遇到两起食品安全的舆情事件,在积极应对、妥善处置的同时,我们认真研究问题矛盾,创新实施了食品生产企业"吹哨人"制度。实践证明这抓住了矛盾的主要方面,新修订的《食品安全法实施条例》也明确提出要建立鼓励企业内部举报制度,这说明只要我们抓住矛盾的主要方面,我们的工作就能符合改革方向,就能达到事半功倍的效果。三要把握协同性。市场监管是一项系统工程,各项工作有着内在的联系、内在的规律。要学会运用辩证法,善于"弹钢琴",处理好局部和全局、当前和长远、重点和一般的关系,有的时候要抓大放小、以大兼小,有的时候又要以小带大、小中见大,做到统筹兼顾、综合平衡,突出重点、带动全局。

2.要集成创新。集成创新是我们的长期任务和重要方法,要通过集成创新,形成集聚的平台、集中的优势、集合的力量。一要消化。市场监管聚合了原来五个部门的职能,我们每个人可能都只熟悉其中某一个方面,都是市场监管领域的"新兵"。虽然在人员配置上,我们有意识地进行了交叉分工、交叉任职。但是,要说熟悉了解全局的工作,恐怕还没有人敢拍胸脯保证。随着形势变化,任务在变,工作要求也在变。既有发展大局提出的新要求,也有市场环境潜藏的新风险;既有工作对象发生的新变化,也有监管工作自身的新情况。所以,2019年我们在工作相当繁忙的情况下,还是挤出时间举办了17期大家品质讲坛活动,在邀请专家领导、学术大咖授课的同时,我们更多地把讲坛交给各个板块的业务骨干,通过分享他们的方法技能经验,帮助大家消化市场监管的各项业务知识。2020年,我们还要继续坚持下去,要认真学习、消化吸收,打破思维定式、重塑知识结构,成为市场监管工作的行家里手。二要深化。唯有具体才能深入、唯有深入才能见效,这是抓落实的重要方法。要下功夫调研,加强研究,把上级原则性的要求具体化,把普遍性的要求个性化,创造性地抓好各项工作落地落实,干一件成一件,加快把蓝图变成现实。三要优化。我们常说干事要有品质,品质就体现在持续不断的优化上。市场监管部门职能广、摊子大,各个条线的工作能否与中央要求相适、与泰州发展相衬、与民生需求相呼,就在于我们的工作能不能优化。2019年9月,省局专题召开拉高线工作会议,就是要争先进位,领先率先,从而带动全系统工作实现整体跃升。省局各个处室都提出拉高线的具体目标,进行项目化推进。我们也要有这种勇于拉高线的信心和决心,敢于与强的比、与高的赛,调高目标,细化举措,优化效果。

3.要重点突破。要大兴实干之风,紧盯"把事干成""目标必成",重点突破,善作善成。一要抓重点。一项工作总是会牵涉方方面面,总是有多个环节,我们要找准牛鼻子、抓住牛鼻子,集中力量解决主要矛盾,寻找突破口,避免平均用力,集中力量办大事。抓重点,就要抓到底,抓不出成效决不收兵。因为重点往往是牵一发动全身,抓不到底,就可能是一着被动、着着被动;抓到底,往往就会纲举目张、事半功倍。抓安全,我们就要守好食品药品、特种设备、知识产权这几个关键重点的安全底线。抓质量提升,我们就要夯实计量、标准、认证认可、检验检测这几个重要的质量基础。二要攻难点。工作不会总是一帆风顺,我们也曾经呛过水,遇到过漩涡,遇到过风浪。工作中的问题、难点,往往是矛盾的焦点。要在应对困难挑战中坚定信心、看到希望、把握机遇,把外部压力转化为发展动力,不能让它成为事业发展的拦路虎、绊脚石。既要围绕现象攻坚突击,更要总结规律、解决根本。难点,有时就是机遇。我常说,机构改革让全国各地的市场监管局同处一条起跑线,大家都没有现成的经验可循。你难,其他人也难,大家都难。如果我们先想办法把难点攻下来,就会形成经验,就会在竞争中赢得先机。难点,更是锤炼队伍的磨刀石,要在攻难点、完成急难险重的任务的过程中,发现人才、培养人才,把我们这支队伍建强练精。三要出亮点。干工作,要做有心人,及时总结提炼工作中的好经验、好做法,打造特色、培育亮点,勇立潮头,勇争一流,要推动我们的工作干在前、走在前、有特色,做到"整体工作上台阶,单项工作争第一"。这次改革创新奖,我们没有能够获得一等奖,固然有方方面面的客观原因,但最主要的原因还是因为我们的工作没有完全做到位。做得好是基础,还要宣传得好,借助媒体的力量,这不仅仅是为了宣传我们自己,更主要的是宣传我们的工作、宣传相关法律,让我们服务监管的理念、举措更加深入人心,进一步打造共建共治共享的工作格局,实现工作品质的新飞跃。

更高标准提升城市品质
更高水平优化营商环境

（2020年1月21日）

一、坚持改革融合、创新发展并进，奋力实现新局新局面、开门开门红

2019年是市市场监管局改革元年。自1月21日挂牌组建以来，在市委市政府的正确领导和省局的精心指导下，我们按照"加强市场监管、优化营商环境，推进质量强市、建设品质泰州"的总体思路，一手抓改革融合，一手抓集成创新，扎实开展"新局新局面"主题行动，着力打造"品质先锋"党建品牌和"品质工匠"服务品牌，同心同德、团结奋进，不断深化升华品质泰州建设，各项工作实现"开门红"。泰州市被省政府表彰为落实"放管服"改革、推进质量工作真抓实干成效明显市，市局被人社部、市场监管总局联合表彰为全国市场监管系统先进集体，连续四年被市台企协会授予"服务台商最优团体"称号，全市系统13个单位获评"江苏省文明单位"，"品质工匠巾帼工作室"入选市三八红旗集体，郑美琴同志获评全国离退休干部先进个人。

2019年，我们坚持党建先行，织连线合心力。按期高质量完成机构改革，市和市（区）市场监管机构"三定"方案落地到位，五个板块职能实现整合，上下贯通的市场综合监管体制初步建成。一是全面加强党的领导。在市级机关涉改部门中率先成立机关党委和机关纪委，选举产生首届工会、妇联和团委，会同派驻纪检监察组严明机构改革期间纪律。持续深入开展谈心谈话，做细做实思想政治工作，为改革顺利推进提供坚强保证。制定实施机关基层党建系列标准，以标准作连线、划底线、拉高线。二是扎实开展主题教育。建立"学习一刻"和"微党课"制度，坚持学思用贯通、知信行合一，把学习教育、调查研究、检视问题、整改落实贯穿主题教育全过程。围绕"提升城市品质、优化营商环境"等15个课题，深入园区、企业调研。牵头开展整治食品安全问题联合行动，实施"一打三护"（打击食品生产经营违法犯罪，食安护蕾、食安护老、食安护农）专项行动，得到国家总局领导高度肯定。指导民营经济协会党委开展主题教育，取得明显成效。三是深入实施"新局新局面"主题行动。突出"集成思维、对标对表、融合服务、品质提升、合力汇聚"五大行动，开展"我为市场监管献一策""两发现"（发现亮点、发现缺陷）活动，鼓励干部职工为新事业发展出谋划策。推进党务业务服务"三务融合"，开展新风行动,加强机关文化建设,"泰有品"等品牌建设形成了广泛的社会影响。

2019年,我们聚焦中心大局,扣主线促发展。一是主导产业服务精准度增强。牵头促进生物医药及高性能医疗器械、化工及新材料等两大主导产业,组织"新时代科技新长征",开展质量提升行动。建立省生物医药产业院士协同创新中心,推进药品进口口岸城市创建,举办中国医药行业质量发展论坛,服务雀巢健康科学领取全国首张液体特殊医学用途全营养配方食品注册证。推动全国亚克力(PMMA)材料标准化工作组落户泰兴。二是品牌创建高度提升。指导企业申报各级质量奖,济川药业、徐镜人双获江苏省质量奖。举办中国品牌日主题活动,组织评选市长质量奖,开展"泰州品质"认证评价试点。指导"兴化小龙虾""兴化荷藕"成功申报地理标志商标,"护佑""兴达""寿牌""黄桥烧饼"等4件商标品牌当选"我最喜爱的江苏商标品牌"。三是标准专利融合度加深。创建全省唯一、全国第五家"标准国际化创新型城市"试点和专利标准化试点城市,推动市政府与中国标准化研究院签订战略合作协议。《品质城市评价指标体系》获国家标准立项,在全国地级市中率先开展标准化地方立法,《泰州市标准化条例》获省人大常委会全票通过。实施企业标准领跑者制度,鼓励企业参与标准制定,支持软管波纹管、吊索具等重点领域组建标准联盟。率先探索专利标准融合发展,推进技术专利化、专利标准化。全市万人发明专利拥有量达15.92件;企业专利授权11647件,同比增长32.61%,增幅列全省第一。四是知识产权保护力度加大。高港区获批国家知识产权强县工程示范县(区)、姜堰经济开发区获批国家知识产权试点园区、海陵工业园区获批江苏省知识产权示范园区。培育国家知识产权优势示范企业11家,14家企业入选省、市企业知识产权战略推进计划,26家企业入选国家、省、市专利奖。全市商标注册量12108件,同比增长55.59%。五是质量基础建设进度加快。省特防中心创建国家中心进展顺利,通过省局预验收。成立国家空调设备质量监督检验中心靖江分中心,省内唯一一家国家级智能商用汽车监督检验中心(测试基地)落户泰兴虹桥。市质检院牵头筹建省精细化工标准化技术委员会,市药检院参加国际能力验证,市计量院首次主导承担国家总局科技项目,市纤检院棉花公检量位居全省第二,进一步提升了影响力。加强载体装备建设,推进药品进口口岸检验所综合楼基建和省墙材中心二期工程建设。深入打造"泰检易"公共服务平台,聚合更多的市场监管要素,为企业提供"一站式"服务,为"产业强链"提供全面高效便捷的技术支撑。

2019年,我们突出风险防控,守底线保安全。一是加强食品药品安全监管。贯彻实施《地方党政领导干部食品安全责任规定》和新修订的《药品管理法》等法律法规,指导兴化、海陵和医药高新区争创省级食品安全示范城市。创新打造标准化农村聚餐"阳光宴会厅",在全国率先发布实施农村(社区)聚餐点《建设规范》《服务规范》两个地方标准,央视《朝闻天下》专题报道,省局主要领导批示肯定。在全国率先推行食品安全"吹哨人"制度,开展小餐饮大排档和市区豆制品小作坊专项整治,海陵区建成全市首个豆制品集中加工区。妥善处置安井非洲猪瘟、太子乳业学生奶等舆情。强化食品快检规范化建设,抽检食品2.36万批次、药品1216批次,省级食品安全评价性抽检合格率99.83%,位居全省第一。推进食用农产品快检体系建设,探索建立食品流通环节追溯体系。兴化市局创新购买第三方服务为食品生产企业免费体检,实行预防式监管。开展药品零售企业风险点隐患专项督查,加强药品不良反应、医疗器械不良事件监测,整治药品零售企业执业药师"挂证"行为,联合相关部门开展疫苗管理专项整治,建立药品医疗器械使用质量实践培训基地,筑牢药械质量安全防线。二是加强特种设备安全监管。开展涉危化品企业特种设备安全大排查大整治,突出沿江化工园区等重点区域,突出危化品生产、仓储等重点单位,发现各类隐患515条,停用设备123台(套),下达监察指令书62份,查封、扣押设备8台,关停企业1家,立案查处4起。开展燃煤锅炉清理、气瓶安全、电站锅炉范围内管道材质核查等专项整治,加强高校科研机构特种设备安全管理。三是加强产品质量安全监管。开展危险化学品、防爆电气、烟花爆竹、儿童和学生用品、安全帽等重点产品质量安全专项整治。广泛征集消费者抽检意向,开展"随点随检"14类376批次,检出质量隐患47批次。联合市住建局开展埋地管材检查,联合市效能办、住建局督查村庄生活污水治理情况,推动出台《加强埋地管材监管意见》等制度,构建长效监管机制。

2019年,我们规范市场秩序,立标线优环境。开展"品质泰州、放心消费"系列活动,发布十大消费维权案例,深化"放管服"改革,提升监管效能,优化营商环境,全市新增市场主体8.4万户。一是推行"双随机、一公开"检查。整合市场监管内部抽查事项,梳理抽查事项25类67项,建立检查对象和检查人员名录库,目前市局全面开展"双随机、一公开"检查。督促16家市级部门初步实施,联合市公安局、地方金融监管局跨部门实施。全市企业年报率94.09%,连续三年全省第一。二是加强重点领域监管。全面推进市场监管领域公平竞争审查,开展原料药购销、公章刻制行业垄断情况调查,深入推进"保健"市场乱象百日行动,开展涉农涉企、医疗、商业银行收费、环保电价、转供电等专项检查,行政约谈奔驰、大众等汽车销售公司。创新设立"住宅装修第三方资金监管平台",推进"正版正货"承诺项目。在全国率先出台《网店经营行为规范》地方标准,深入开展"网剑"专项行动。积极推进广告监测系统建设,开展商品量计量监督专项检查,强化农贸市场和药品零售企业安全信用体系建设,评选十佳文明诚信农贸市场和经营户、十佳诚信药店。三是加强稽查执法。探索建立"五统一"稽查执法模式,共查处各类市场主体违法案件1439件,罚没款总额4600多万元。在全省率先实现市场监管12315热线"五线合一、一号对外",24小时受理投诉举报。积极参与"扫黑除恶"专项斗争,摸排重点行业(场所)涉黑涉恶线索331条。四是优化民营企业服务。出台《关于推进民营经济高质量发展实施方案》《泰州市市场监管系统强作风提效能"十项承诺"》,开展"123"铸造泰州品牌才企双选活动。运用"全链通"综合服务平台,实现一网通、全链通、即时通。推进知识产权质押融资"一站通",实现知识产权质押融资贷款3750万。推动动产抵押登记,助企融资93.5亿元。实现除危化品以外的发证工业产品"先证后核"制度。取消企业名称预先核准,指导实施企业登记全程电子化实名认证,全面推进企业、个体工商户、农民专业合作社简易注销登记,进一步降低许可门槛、提升许可效能。

2019年,我们围绕队伍建设,拉高线争一流。以"监管到位、服务更优"为目标,加强队伍建设,努力打造"建一流队伍、创一流业绩、树一流形象、作一流贡献"的市场监管铁军。一是建制度打基础。修订《泰州市市长质量奖评审管理办法》,对《泰州市电梯安全管理办法》《泰州市食品小作坊登记管理办法》两部规范性文件的实施情况进行后评估。制定出台AB岗、采购内控管理、外出报备、挂牌督办、案件审核等20多项制度,进一步理顺关系,优化流程,加强衔接,推动工作融合。二是强培训提能力。组织参加法律法规知识学习考试,举办"大家品质"讲坛和各条线专题培训班,提升监管队伍能力素养。三是树品牌扩影响。进一步扩大"郑美琴消费维权工作室"品牌规模,全市达28家。常态开展市场监管项目行、民生行活动,举办"品质泰州"全国书法精品展、百姓大舞台,建成"品质文化园",组织实验室开放日、质量文化进校园等活动,宣传特种设备、保健食品、用药安全常识,让质量意识走进千家万户,官方微信公众号进入全国前3强。四是抓纪律强作风。全力支持派驻纪检监察组工作,切实落实全面从严治党主体责任,定期研究分析党风廉政建设工作形势,强化对工程招标、项目评审等重点环节的廉政监督。完成市委对原工商、质监巡察反馈问题的整改工作。积极运用监督执纪"四种形态",对苗头倾向性问题,及时提醒谈话,严明纪律,确保干部队伍风清气正。

在充分肯定成绩的同时,我们也要看到,市场监管工作中还存在着一些薄弱环节和问题,主要表现为:围绕中心、服务大局,优化营商环境、推进高质量发展的能力和水平还有待进一步提升;在推进队伍、职能深度融合方面需要进一步加强;推进综合执法改革和相对集中行政许可权改革中的事权关系等还要进一步理顺;在市场监管领域治理体系的完善和治理能力的提升上需要进一步发力;全面从严治党、党风廉政建设的长效机制需要进一步健全;办公及检验检测用房调整改造尚未完全到位,工作条件还有待进一步改善;等等。

二、坚持系统思维、奋发作为并重,全力应对新形势新挑战

2020年既是全面建成小康社会和"十三五"规划的收官之年,也是为"十四五"

发展和实现第二个百年奋斗目标打好基础的关键之年;既是"品质泰州"建设的大考之年,也是全面贯彻落实《泰州市标准化条例》的起步之年,更是全市市场监管机构改革完成后各项工作全面入轨、整体推进之年,全市市场监管工作面临着一系列新形势新挑战,对此,我们要系统分析、科学应对、主动作为,牢牢把握工作的主动权。

1.正确把握挑战与机遇。一要全面把握宏观大势。从国际看,当前世界经济增长放缓、外部环境趋紧,仍处在国际金融危机后的深度调整期,世界大变局加速演变的特征更趋明显,全球动荡源和风险点显著增多。1月15日,我国与美国签署《经济贸易协议》,其中商业秘密保护、专利、地理标志、电子商务平台、打击商标恶意注册等与市场监管职能紧密相关,需要认真研究,积极应对。从国内看,我国正处在转变发展方式、优化经济结构、转换增长动力的攻关期,结构性、体制性、周期性问题相互交织,经济下行压力加大。从全市看,产业层次总体不高、结构不优、竞争力不强,中心城市首位度不高,教育、医疗、养老等公共服务优质供给不足等问题依然突出。我们必须顺应大势,找准市场监管工作服务中心大局的切入点和发力点,在应对危机中寻获良机,在破解压力中积蓄动力,在把握趋势中再造优势。二要精准研判微观形势。要以企业需求作为根本导向,以企业集聚度、活跃度、感受度作为衡量标准,促进公平竞争,推进知识产权成果转化,提高知识产权服务能力,加大知识产权保护力度,最大限度地激发市场活力和创造力。三要清醒认识自身态势。2019年以来,中央、省、市委都对优化营商环境提出了新的更高要求,总局也专门出台了实施意见。如何把相关举措落细落实,对我们是严峻考验。2018年市委一号文件关于"推进质量强市建设品质泰州"的相关指标都定到2020年。作为牵头部门,我们必须切实发挥好品质泰州建设领导小组的牵头作用,把该挑的担子挑起来,只争朝夕、全力以赴,正确认识和处理提升城市品质和优化营商环境的关系,更高标准提升城市品质,更高水平优化营商环境。

2.正确把握大破与大立。一要破局部观念立系统思维,实现思想再解放。这次改革是历次市场监管体系改革中力度最大的一次,市场监管部门也是这次机构改革中涉及面最广的一家。要自觉打破"一亩三分地"的思维定式,多算大账少算小账,多算长远账少算眼前账,自觉将市场监管工作放在全市的大格局下整体考量,把落实市委全会提出的实现人民满意的高质量发展、把标准引领高质量发展、把开展优化营商环境年作为重要突破口,在更深更广的范围里解放思想。要"跨前思维",对于职责不清、边界模糊、社会关注的问题治理,要坚持提高政治站位,宁可跨前一步形成重叠,不可退后一步形成缝隙。要"链接思维",主动与前后道和相关方链接,加强业务协同,实现无缝对接。要"集成思维",善于在大市场、大监管、大质量、大安全的体制下思考问题、谋划工作,用足用活市场监管"工具箱",形成拳头效应、协同效应和叠加效应。二要破随性惯例立刚性制度,实现流程再优化。没有规矩,不成方圆。对于市场监管这样一个新组建的部门而言,更必须立好制度、用好制度,靠制度来解决根本性、关键性问题,靠制度来管权管事管人。要把准制度建设着力点,有的放矢,抓住关键,靶向施策。对实践中经常发生的、必须流程化管理的工作都要建章立制。要勇于、善于打破旧的、不合时宜的工作流程,建立新的、与时俱进的制度流程。用制度消除事权不清的盲点、衔接不畅的堵点和关系不顺的交叉点,构建基于流程导向的责任链条。要运用质量管理理念和标准化思维,加快构建务实管用的制度体系,做到自觉尊崇制度,严格执行制度,坚决维护制度。三要破传统路径立创新方法,实现创新再突破。市场在变,市场监管的手段、方式、机制等也要与时俱进。食品安全是风险易发多发领域,我们创新打造农村聚餐"阳光宴会厅"、在食品生产领域引入"吹哨人",就是在市场变化中摸索出来的、行之有效的方法。下一步,要放大试点效应,打造"阳光菜篮子"智慧农贸市场、"阳光厨房(食堂)"餐饮单位明厨亮灶、"阳光餐车"放心小摊贩,叫响食品安全"阳光放心工程"系列品牌,在餐饮、特种设备安全监察等其他领域推行"吹哨人"制度。要坚持问题导向,深入基层调查研究,倾听民意,问计于民。要从解决企业最关心的问题入手,建立健全以信用监管为基础、以"双随机、一公开"为基本手段、以重点监管为补充的新型监管机制,梳理出医院、商场超市、农贸市场、小商品市场、化工企业等监管执法"场景",列出检查事项,开展"清单式"检查,实现"一次检查、全面体检",从而提升监管效能,减轻企业负担。

3.正确把握有为与有位。有为才能有位,有位更须有为。一要明确更高目标。去年我们的主要精力放在抓改革、促融合上。现在机构改革已经基本到位,工作也已步入正轨。有些人觉得可以松口气、歇歇脚了,少了敢闯敢试的冲劲、缺了久久为功的韧劲。国务院出台的《优化营商环境条例》,自2020年1月1日起施行。《优化营商环境条例》既为市场监管部门开展工作指明了方向,也提出了更高的要求,优化营商环境是市场监管部门义不容辞的责任所在。我们要在做好品质泰州建设大考各项工作的基础上,聚焦主责主业,进一步深化升华品质泰州建设,贯彻落实好《泰州市标准化条例》,坚持标准引领高质量发展,着力营造有利于发展的小气候。二要赶超更强标兵。组建时,各地市场监管处于同一起跑线。经过一年的发展,已经逐渐拉开差距。差距并不可怕,可怕的是看不到差距。虽然我们捧回了全国市场监管系统先进集体的荣誉,但是对标佛山等先进地区,还有很大的提升空间。面对标兵越来越远、追兵越来越近的逼人态势,如果我们不敢于竞争、不争先进位,就等于主动放弃、自甘落后。要"比"有对象、"学"有榜样、

"赶"有目标、"超"有方向，找到差距、补齐短板、干出实效，力争各项工作都先人一步、胜人一筹，率先领先、走在前列。三要推进更深改革。在高质量发展的征程上，容不得一丝懈怠，也绝没有"中场休息"。市场监管改革不能小富即满、小胜即安，而是要用钉钉子的精神，一锤接着一锤敲，切实做好改革的后半篇文章，充分释放改革红利。对外，要积极应对相对集中行政许可权改革、综合执法改革、基层整合审批服务执法力量等带来的变化，更加主动地做好与相关部门的工作衔接、职责衔接。对内，要切实研究解决简政放权之后事中事后监管跟不上、难到位的问题，解决上级机关权力下放后基层接不住、管不好的问题，解决下面"一根针"穿不过上面"千条线"、基层工作疲于应付、"最后一公里"难以打通的问题。

三、坚持提升品质、优化环境并抓，致力深化品质泰州建设

面对新时代市场监管的新形势、新目标、新任务，我们要把巩固品质泰州建设成果与优化营商环境有机结合起来，以营商环境的大提升促进城市品质的大提升，实现品质泰州建设的深化升华。全年工作的总体要求是，以习近平新时代中国特色社会主义思想为指导，全面落实党的十九大和十九届二中、三中、四中全会精神，深入贯彻中央经济工作会议、省委十三届七次全会和市委五届九次全会精神，紧扣"标准引领高质量发展"主题，重点打造"一品牌一行动"（深化"品质泰州"品牌建设，开展"优化营商环境年"主题行动），埋头苦干、真抓实干、创新巧干，加快推进市场监管体系和监管能力现代化，努力实现在全省全国领先率先、在地方有为有位，为开创泰州"强富美高"实践新局面，实现人民满意的高质量发展作出新的更大贡献。

具体要重点抓好以下四个方面工作：

1.全面规范市场秩序。市场监管工作与民生息息相关，消费者期盼安全放心的市场消费环境，创业者期盼宽松便捷的市场准入环境，经营者期盼公平有序的市场竞争环境。要深化商事制度改革，加大"放管服"改革力度，致力构建公平竞争、健康有序的大市场，充分激发市场主体的发展潜力，让各类主体有更大的空间创新创富，抢占公平竞争的制高点。要放宽市场准入门槛。积极推行外资企业登记3个工作日办结，承接好省局下放的工业产品生产许可审批工作。借鉴特种设备行政许可做法，推动更大范围行政许可鉴定评审由专业机构承担。推进企业开办"全链通"平台应用，简化经营范围、住所、企业名称等网上登记环节，推动办事材料和证照信息在部门间共享互认。推广企业注销"一网"服务，提高注销便利化水平。积极推进"三品一械"广告备案，为广告申请人提供更加方便、快捷的服务。不断降低企业创新创业门槛，提高市场主体准入便利化程度。要保障平等竞争地位。加大公平竞争审查力度，完善考核机制，探索实行第三方评

估,提高审查质量和实效。保持反垄断执法高压态势,推进原料药、公用事业等民生领域执法,密切关注互联网平台竞争问题,依法制止和纠正滥用行政权力排除、限制竞争行为。规范直销企业行为,加大对网络传销的监测和防范干预,巩固拓展打击聚集式传销工作成果。以查处市场混淆、虚假宣传、商业贿赂等违法行为为重点,深入开展反不正当竞争专项整治。要规范市场交易行为。加强对重大节日、易发时段、重点领域的价格监管,落实猪肉和粮油蛋等保供稳价措施,持续开展涉企收费和商业银行服务价格专项检查,集中整治医疗、教育、水电气暖等民生领域价格违法行为。探索平台经济等新业态监管办法,落实平台主体责任,查处网络不正当竞争、侵权假冒等违法行为。加快建设广告智慧监管平台,全面推进"三位一体"广告监测系统建设。要维护合法消费权益。紧扣市场热点,严守消费安全底线,加大对食品药品、特种设备、工业产品质量安全的风险评估、隐患排查、监督检查力度。深入开展放心消费创建活动。开展"打假保名牌"专项活动,推进消费维权平台高效运行,畅通维权通道,增加"诉转案"比例,严厉打击消费欺诈、侵犯个人信息等违法行为。积极构建消费者保护社会共治新格局,协同改善消费环境。

2.大力推进质量强市。市委五届九次全会明确提出"产业强、城市强"的战略目标,产业强、城市强,说到底就是质量强,没有质量无以图强。新时代的大质量,不仅仅包含产品质量、服务质量、工程质量、环境质量,还包括党的建设质量、教育质量、就业质量等。推进高质量发展已经成为当前我们开展工作必须把握的主线。要围绕这一主线,坚定质量导向,增强质量自觉,真正做到以质强市,打造质量强市。要深化标准化战略。抓住用好创建标准国际化创新型城市的机遇,大力推进"标准化+"。加强《泰州市标准化条例》宣传贯彻,积极推进标准化技术组织建设,加快培育标准化服务机构,争取更多的国际、国家标准化技术组织落户泰州,鼓励企业积极参与制定有关键核心技术支撑的国际、国家、行业和地方标准,加快制定一批高于国家标准的"泰州制造"标准体系。大力推进专利与标准融合,稳步推进标准领跑者工作,建立完善标准体系研究成果转化机制。2020年新增国际标准1项以上,国家标准、行业标准、团体标准40项,专利标准创新型企业50家。要实施知识产权战略。高质量推进国家知识产权示范城市建设,上争建立中国(泰州)知识产权保护中心,实施知识产权强市、强县、强企工程,做大知识产权密集型产业,打造知识产权试点示范园区。加强高价值专利培育,完善知识产权创造激励政策,实施高价值专利培育计划,加快培育知识产权优势企业。围绕主导产业,完善知识产权密集型产业统计监测,做深做细产业战略预警和专利布局,组建"龙头企业+优势学科+高端服务"三位一体的高价值专利培育示范中心,推动"泰州制造"向"泰州智造"转变。要推进质量提升。启动新一轮质量提升行动,优化质量奖工作机制,指导企业开展"泰州品质"认证评价,积极争创各级质量奖,树立一批卓越绩效管理标杆。聚焦主导优势集群,实施质量比对、质量攻关、质量合格率提升三大工程,帮助企业攻克一批影响质量提升的关键共性技术。开展认证质量提升活动,打造中小微企业质量管理体系升级版,全面推进管理体系认证、产品认证、服务认证等质量认证体系建设。2020年新增市级以上质量奖8项、高端品质认证试点20项,质量管理体系认证突破5000家。加强商标品牌资产评估管理,引导企业开展品牌资本化运作,大力扶持"泰州早茶"等传统特色产业的品牌建设。要夯实质量基础。建立完善量值传递与溯源体系,推动社会公用计量标准升级换代。积极创建药品进口口岸检验所,拓展提升"泰检易"平台服务功能,发挥国家专利战略推进与服务(泰州)中心作用,引进注册一批高端知识产权服务机构,吸引高层次知识产权服务人才,加大知识产权服务业集聚区的创建工作推进力度。推进特殊食品中心、医药健康产业计量测试中心建设,加速特种设备"三中心"落地。发挥检验检测、计量检定等公共检测平台在人才、技术等方面的优势,为产业发展助力赋能。

3.切实守牢安全底线。当前,全省上下正按照中央部署开展为期一年的安全生产专项整治,国务院派出督导组对江苏省安全生产专项整治进行"开小灶"式的全程督导。我们一定要认清形势,提高政治站位,把防风险、保安全作为首要职责,坚持预防在先、关口前移、及时吹哨,抓早抓小,做到"见底、彻底、到底",以"万无一失"防止"一失万无"。要坚持高位推进。督促各地全面贯彻落实《关于深化改革加强食品安全工作的意见》《地方党政领导干部食品安全责任制规定》《安全生产责任制规定》,强化地方党委政府属地管理责任。加快构建常态化、制度化的食品安全考核机制,建立完善食品安全委员会、特种设备安全委员会各项工作机制,层层压紧压实责任,形成齐抓共管的良好态势,不断提高食品药品、特种设备等现代化治理能力和水平。要落实主体责任。以贯彻落实《食品安全法实施条例》为契机,出台《食品生产经营企业落实主体责任操作指南》,督促企业落实自查报告制度,推行"黑名单"管理,扩大重点产品电子追溯系统覆盖面,全面推动落实企业主体责任。加强特种设备安全监管效能,构建完善风险分级管控、隐患排查治理双重预防机制,督促企业落实特种设备管理"三落实、二有证、一检验、一预案",切实提高特种设备生产使用单位的本质安全水平。要注重制度创新。建立健全日常考核检查机制和突发事件应急处置机制,完善食品安全指数评价体系,制定《食品小作坊集中管理办法》。放大"吹哨人"、内部举报人制度效应,围绕举报奖励、举报人保护、举报约束,进一步创新保护和激励"吹哨人"举措和机制,扩大社会知晓度,深挖违法犯罪线索。推进食品安全责任保险,建立政府及监管部门、生产经营单位、承保机构、消费者,多方参与、互惠共赢的约束激励机制和风险防控机制。要用好现代技术。推进食品安全电子追溯系统的企业应用,加强96333电梯应急救援平台建设,完善电梯应急处置服务数据中心功能,整合完善气瓶追溯管理平台等特种设备信息化系统。充分运用互联网、大数据、物联网、云计算、人工智能、区块链等现代科技手段推动监管创新,努力做到监管效能最大化、监管成本最优化、对市场主体干扰最小化。要加强执法监管。严格食用农产品市场销售监管,开展乳制品、肉制品质量安全提升行动,扎实推进保健食品、婴幼儿配方乳粉、食盐等重点食品专项治理。推进校园食品安全守护行动,提高"互联网+明厨亮灶"覆盖率,幼儿园、小学达到100%。开展食品小作坊整治提优行动,实现小作坊100%登记建档,推进餐饮质量安全示范创建,严守食品安全风险。完善疫苗专项监管制度,针对疫苗储存、运输以及预防接种中的疫苗质量,实施严格监管。持续开展执业药师挂证、违规网络销售药械、违规使用化妆品原料等问题专项整治,净化药品生产经营秩序。筑牢重点产品质量安全防线,聚焦重点消费品和工业品,分类实施监督抽查。加强产品质量安全监测评估,建立健全行业和区域产品质量安全预警处置机制。深入开展特种设备安全专项整治行动,整合行政许可、执法稽查、应急救援、信用管理和特种设备安全监察等职能,发挥技术机构支撑作用,举全系统之力开展专项整治,确保整治效果。

4.更加优化营商环境。城市品质是最根本的营商环境。要把品质泰州建设与优化营商环境更好地结合起来,进一步提升城市品质,努力为各类市场主体创业发展提供更肥沃的土壤,更优越的气候条件和更诚信文明的人力资源。优化政策环境。积极推动市政府与省局签订战略合作协议,成立市质量发展委员会。认真贯彻中央支持民营企业"新28条",深入落实《推进民营经济高质量发展实施方案》,加大对地方发展最具有支撑作用的重点产业、重点项目扶持力度。积极推动市委市政府出台《标准引领高质量发展的意见》,组织开展"优化营商环境年"主题行动,促进"标准领航、监管导航、服务助航、安全护航、品质优航"落地见效,以项目化、清单化的方式,着力构建企业全生命周期服务体系,营造有利于集聚更多先进生产力、生产要素的营商环境。优化法治环境。严格依法行政,立足泰州实际,积极推动市场监管地方立法工作和相关条例颁布后的宣传贯彻工作。加快构建上下贯通、一体联动的综合执法体系,提升综合执法效果,加强清单管理,实现日常监管"双随机"全覆盖,企业抽查比例不低于5%。把大案要案作为执法工作的核心指标,集中力量组织查办一批具有标志性和影响力的跨区域大案要案。对涉及公众健康安全、假冒伪劣、商业欺诈、侵犯知识产权等社会危害大的违法行为,要严查重处、决不姑息。进一步加强部门协作、政企协作、区域协作,建立健全线索通报、证据移转、案件协查及检验结果互认等机制,形成执法合力。探索推动系统内外信用监管资源整合，推进市场监管领域涉企信息全口径归集，加强信用公示、强化信息共享、完善信用修复机制，探索完善"黑名单"制度，用好"红黑榜"，倒逼企业形成守合同重信用的企业文化。积极开展非法金融活动专项治理，纵深推进扫黑除恶专项斗争。优化发展环境。要把促进产业发展摆在重要位置，集成市场监管制度、技术、人才优势，推进"产业强链"，实现转型升级。开展市场监管项目行、民生行活动，综合运用市场监管"工具箱""组合拳"，积极服务重点开发园区高质量项目建设"三比一提升"行动，提升资源配置效率，化解企业难题阻点，压降企业成本负担，稳定企业发展预期，让市场主体进得来、留得住、不想走、走不掉，让泰州的营商环境具有更强大的吸附力、更优质的集聚度和更精准的匹配度。积极推动品质城市向品质乡村延伸拓展，及早谋划、主动应对城市化进程放缓、逆城市化的发展趋势，推动乡村振兴，用城市、乡村品质一体提升主动承接长三角一体化发展战略的"溢出效应"，对冲可能带来的"虹吸效应"。

四、坚持凝心聚力、固本强身并行，着力打造市场监管铁军

更高标准提升城市品质，更高水平优化营商环境，关键在人。以凝心聚力提振精气神、以固本强身练就真本领，是知与行的统一，两者相辅相成、一体两面、不可偏废。面对新目标、新任务、新职责，不仅需要我们同心同德、步调一致，心往一处想、劲往一处使，还需要我们标本兼治，克服本领恐慌和能力危机，快速练就一身高强武艺，拉得出、打得响、比得赢，不断适应新变化、新任务。为此，我们需要重点打造"三强"市场监管队伍。

1. 党性强。新的市场监管队伍首先必须党性强。市场监管部门首先是政治机关，要把政治建设摆在首要位置。要强化理论武装。政治上的坚定源于理论上的清醒。巩固拓展主题教育成果，以正视问题的勇气和刀刃向内的自觉，不断推进自我革命，把"不忘初心、牢记使命"作为加强党的建设的永恒课题和全体党员、干部的终身课题。持续推动学习贯彻习近平新时代中国特色社会主义思想往深里走、往心里走、往实里走，真正从灵魂深处增强"四个意识"、坚定"四个自信"、做到"两个维护"。要树牢理想信念。全体党员领导干部必须以共产主义远大理想、中国特色社会主义共同理想为引领，将个人追求自觉融入伟大事业、伟大梦想中来，融入实现人民满意的高质量发展中来，融入更高标准提升城市品质、更高水平优化营商环境中来，积极担当、主动作为，打造"品质先锋"党建品牌，努力创造经得起实践、人民、历史检验的业绩。要全面从严治党。认真履行全面从严治党主体责任，主要负责人要履行好第一责任，领导班子成员要认真履行"一岗双责"，一层一层抓落实，推进责任落实全覆盖。准确把握和运用监督执纪"四种形态"，抓早抓小、防微杜渐，敢于动真碰硬。全力支持派驻纪检监察组工作,真心欢迎监督,真诚接受监督,确保"两个责任"相互衔接、同频共振、形成合力。

2.本领强。合格的市场监管队伍还必须本领强。推进国家治理体系和治理能力现代化,提升监管服务能力,首先必须练就过硬本领,不断提升系统治理能力、源头治理能力、精准治理能力、科学治理能力、长效治理能力。一要术业有专攻。弘扬工匠精神,提升专业素养,办好"大家品质"讲坛,以专家讲、大家讲、业务骨干讲等形式,加强岗位技能、法律法规等培训,举办岗位技能比赛,引导广大干部职工学业务、钻本行,比一比、赛一赛,熟悉市场监管职能、掌握业务知识,真正从"门外汉"向"行家里手"转变,真正成为品质工匠。二要集成能融通。优化人才培训计划,进一步推行交叉任职,积极争取创造上挂下派机会,大力培养能够适应不同岗位的复合型人才。强化调查研究,领导干部要带头调研,党员干部要聚焦身边具体问题开展"微调研",要抽调精干力量开展精准调研,全面系统掌握实情,进一步开拓视野、破解难题、创新工作。三要实干勇担当。有为才能有位,有位更须有为。要突出实干导向,以实干论英雄。强化督查和效能考核作用,激励倡导说干就干、马上就干,干就干成、干就干好的实干作风。深入贯彻落实市委《关于激励干部实干担当的六条措施》,健全容错纠错机制,为党员干部干事创业、成长成才提供良好的环境。

3.合力强。优秀的市场监管队伍更需合力强。众人划桨开大船。同心同德才能谋发展,心合力合才能干事业。要以上率下聚合力。发挥"关键少数"的引领作用,带头冲在前、带头干在前。同时,要注重发挥团队成员的特长和优势,做到人岗相适,团结协作,凝心聚力拧成一股绳,充分激发团队活力。要包容关爱聚合力。尊重他人就是尊重自己,欣赏他人就是欣赏自己。要坚持"和而不同",善于博采众长、扬长补短,在工作理念、方式方法、制度规范等方面加强融合,充分发挥集成优势。要认真落实谈心谈话制度,增进交流交心,真正做到"领导心中有职工、职工心中有领导"。要文化引领聚合力。广泛开展读书学习、征文比赛、研讨交流等活动,充分运用门户网站、"品质泰州"微信公众号,打造具有市场监管特色的道德讲堂,持续开展党员义工服务活动,进一步弘扬主旋律、提振精气神。选树培育系统内先进典型,用身边人的美德善行教育干部职工爱岗敬业、乐于奉献,更好地展示市场监管人良好形象。适时组织迎新会、书画交流、青年拓展训练、妇女趣味运动、棋牌球类运动等喜闻乐见、积极向上的文体活动,着力营造高品质的市场监管机关文化氛围。

新起点谋划开新局　新时代展现新作为

（2020年12月4日）

2020年是市市场监管局组建的第二个年头。两年来,我们一手抓改革,一手促发展,经历了严峻挑战,经受了战斗洗礼,贡献了力量,锤炼了队伍,干成了一系列大事,收获了累累硕果。2019年泰州市市场监督管理局被表彰为全国市场监管系统先进集体,为泰州市被省政府通报表彰为推进质量工作真抓实干成效明显地方作出了积极贡献。2020年,泰州市被国务院通报表彰为推进质量工作成效突出地方,泰州市市场监督管理局也因此荣获泰州市第七批"骏马奖",许多工作走在了全省乃至全国前列,实现了"新局新局面、开门开门红"。2021年是"十四五"开局之年,这也是机构改革后市场监管部门的第一个五年计划的开篇。2021年更是实现第一个一百年目标的关键之年。如何在新的起点谋划开新局、在新的时期展现新作为?

一、对当前监管形势怎么看

2020年是不平凡的一年。从国际看,新冠肺炎疫情影响广泛深远,逆全球化趋势更加明显,国际环境日趋复杂,不稳定性不确定性明显增加。从国内看,我国已转向高质量发展阶段,制度优势显著,治理效能提升,经济长期向好;但同时,需求结构发生重大变化,生产体系内部循环不畅和供求脱节现象显现,"卡脖子"问题突出,结构转换复杂性上升。因此,自7月份以来,习近平总书记先后主持召开了企业家、经济社会领域专家等7个重磅座谈会,主题都是为"十四五"开门问策,核心都是为应对百年未有之大变局、构建新发展格局。最近召开的党的十九届五中全会,更是在我国即将进入新发展阶段、实现中华民族伟大复兴正处在关键时期,召开的一次具有全局性、历史意义的重要会议。我们要在这样的大背景大形势下认识把握新任务新要求。

一是推动构建新发展格局,我们要有新思路。加快构建新发展格局,是以习近平同志为核心的党中央根据我国新发展阶段、新历史任务、新环境条件作出的重大战略决策,是习近平新时代中国特色社会主义经济思想的又一重大理论成果。构建新发展格局的根本要求,就是要提升供给体系的创新力和关联性,解决好各类"卡脖子"和瓶颈问题,畅通国民经济循环。这对市场监管部门来说既是重大的课题,更是重大的责任。过去的市场监管,采取的是与市场和资源"两头在外"发展模式相适应的工作方式。而现在,新发展格局是以国内大循环为主体、国内国际双循环相互促进,这就要求我们完善内外经济一体化调控体系,通过促进相关法律法规、监管体制、质量标准、检验检测、认证认可等相衔接,推进同线同标同质,加速补齐要素、资源、营商环境等方面的短板和不足,强化产权保护,促进公平竞争,在更宽广的视野下引导产业提质增效和消费升级,让国内大循环更加畅通。

二是融入长三角一体化战略,我们要有新担当。长三角一体化战略是重大的国家战略。8月20日,习近平总书记专门主持召开扎实推进长三角一体化发展座谈会。党的十九届五中全会召开后,习近平总书记首次地方视察就来到江苏,对长三角一体化战略提出新的要求。长三角一体化战略对泰州而言,是重大机遇,也是巨大挑战。2020年初,我们在对全市营商环境进行调研时,深切感受到泰州如果没有切实可行的举措,在一体化进程中就有可能挡不住"虹吸效应"、接不住"溢出效应"、经不住"群狼竞争",就有可能在一体化中被边缘化、末位化。客观上我们正面临标兵越来越多、追兵越来越少的局面。所以,市场监管部门必须强化舍我其谁的担当意识,主动作为,争先进位。比如,我们一直致力打造长江经济带检验检测新高地。但现实路径怎么走?尤其是在国家总局《关于大力开展质量基础设施一站式服务的意见》出台后,"泰检易"平台功能怎么增强提升?总局发展研究中心在泰州市成立"长三角质量发展研究中心",我们怎么开篇谱曲,加强合作交流?我们如何更好地发挥职能作用,加速构建于法有据、于企配套、于事便捷,有利于激发各类市场主体活力的大环境、大市场?如何更有效地推进在标准、计量、检测等基础领域合作互认,互联互通,努力在长三角区域一体化进程中构筑自身优势、树立鲜明特色?等等,这些都需要我们认真思考和谋划。

三是深化升华品质泰州建设,我们要有新作为。推动品质泰州建设是我们围绕市委市政府工作中心、主动服务大局的重要抓手。2018年市委出台一号文件《关于推进质量强市建设品质泰州的意见》,围绕五大品质建设,提出到2020年的具体奋斗目标。2020年泰州质量工作被国务院表彰,这说明品质泰州建设实现了既定目标,取得了阶段性成果。我们还在全国首先研制了《品质城市评价指标体系》省地方标准,并于近日发布为国家标准。这次省政风热线"市长上线"活动,主持人在向全省直播介绍泰州时就重点点了品质泰州建设,这说明品质泰州正逐步深入人心,影响日益扩大。但这些并不意味着品质泰州建设已经大功告成。相反,对我们提出新的更高要求。所以,2020年我们积极推动市委市政府出台《关于推进标准引领经济社会高质量发展的意见》,这是2018年一号文件品质泰州建设意见的升级版,是我们今后几年在更高层次深化升华品质泰州建设的路线图。我们要围绕贯彻落实《关于推进标准引领经济社会高质量发展的意见》，聚焦市委提出的建设人民满意的幸福之城的目标任务，在细化实化上下功夫，开拓创新、驰而不息、久久为功，进一步擦亮品质泰州城市名片。

二、谋求新突破怎么干

2021年是全市市场监管工作进入深度融合、全面履职的新阶段，既有加快创新发展的诸多有利条件，也有需要重点破解的难题和挑战。我们要树立"大市场、大质量、大监管"理念，坚持系统思维，统筹谋划、协调推进，着力抓好以下五个方面。

一是优化环境"保"主体。"六保"是做好"六稳"工作的着力点，守住"六保"底线，就能稳住经济基本盘。"六保"的每一项任务都与市场监管工作相关，都需要我们积极发挥作用。保市场主体是"六保"的关键一环，一定意义上，保市场主体就是保居民就业、保基本民生、保产业链供应链稳定。我们要充分认清形势，坚持"以保促稳"，认真落实"放管服"改革要求，千方百计助企纾困，不遗余力推进营商环境优化、城市品质提升，促进市场主体在稳定发展中不断提升活跃度。要重点抓实抓好市政府与省局签署的推进高质量发展合作协议落地工作，积极推动"四畅通五优化""'六稳''六保'九条措施"等政策落地落实，使市场主体"活下去""留住青山、赢得未来"。对从事不涉及人身健康、公共安全、安全生产等一般性经营活动及新经济新业态，要坚持包容审慎监管，妥善加以引导、扶持，留足发展空间。综合运用市场监管"工具箱""组合拳"，不断优化市场监管项目行、民生行活动，积极服务重点企业、服务重点开发园区高质量项目建设"三比一提升"行动，推动条线指导转向集成服务、临时帮扶转向常态发力，着力化解企业难题阻点，压降企业成本负担，稳定企业发展预期，千方百计"保得住"，努力实现"保得好"，让泰州的营商环境具有更强大的吸附力、更优质的集聚度和更精准的匹配度。

二是突出质量"提"质态。党的十九届五中全会提出"十四五"时期要坚定不移建设制造强国、质量强国、网络强国、数字中国。我们很高兴地看到，建设质量强国被提到一个重要位置上来。作为质量主管部门，我们持续推进质量强市建设，取得了可喜成绩。在新的历史起点上，我们要肩负推进质量强市的重要责任，发挥关键作用，取得更大突破。要强化标准引领，加快落实《关于推进标准引领经济社会高质量发展的意见》，推动标准向社会经济文化各个方面拓展延伸，进一步提升城市品质、增创发展优势。要深入学习习近平总书记在中央政治局第二十五次集体学习中关于知识产权保护的重要论述，进一步推进专利标准融合创新，提炼形成成熟的可复制推广的工作模式。要抓住用好长三角质量发展研究中心建设机遇，聚焦三大先进制造产业集群，聚焦小微企业、双创企业，切实抓好质量提升工作，进一步增进产业基础高级化、产业链现代化水平，夯实产业强市的根基和现代化经济体系的底盘。要总结推广"泰检易"公共服务平台一站式服务模式,加大质量基础协同服务力度。围绕高端装备制造、化工新材料、生物医药等重点领域,加快建设一批高层次检验检测服务平台,充分发挥各直属事业单位在仪器设备、人才、技术等方面的优势,为各类产业和企业发展助力赋能。

三是规范秩序"促"公平。党的十九届五中全会提出,要建设高标准市场体系,构建高水平社会主义市场经济体制。2020年以来,党中央、国务院先后出台系列文件,明确把产权制度、市场准入、公平竞争等作为社会主义市场经济的基础性制度。市场监管部门是市场公平秩序的主要维护者,要进一步完善市场监管体系,促进市场公平竞争。要适应疫情防控常态化要求,切实加强防疫物资质量监测,持续强化农(集)贸市场、超市、餐饮单位等重点场所监管,加强督查指导,督促履行疫情防控主体责任,落实常态化防控措施,坚决守住来之不易的市场稳定秩序。深入推进公平竞争审查,健全竞争政策实施机制,确保各类市场主体公平参与市场竞争的机会。发挥价格监管"利剑"作用,持续开展民生价费专项整治,加强涉企收费监管,保障惠企收费政策落实。把执法稽查作为市场监管的"拳头",发扬执法"亮剑"精神,发挥办案"尖刀"作用,集中力量组织查办、挂牌督办一批在全省乃至全国具有标志性和影响力的跨区域大案要案,树立执法权威。

四是筑牢底线"守"安全。党的十九届五中全会提出,要统筹发展和安全,建设更高水平的平安中国。没有安全就没有稳定,安全的底线不容突破。市场监管部门是重要的安全监管部门,必须坚持守土有责、守土担责、守土尽责,进一步压紧压实食品、药品、特种设备、产品质量"四大安全"监管责任,加强市场监管领域安全体系和能力建设,加快构建常态化、制度化的安全管理机制,推动《泰州市食品小作坊集中加工中心管理办法》地方性法规落地落实,不断提高食品、药品、特种设备等现代化治理能力和水平。要坚持问题导向,突出预防在先、关口前移、及时吹哨、抓早抓小。聚焦重点抓整治,牢牢扭住专项行动的关键环节,盯紧盯牢高风险领域,保持常态化的监管高压态势,坚决预防和遏制安全事故发生。要强化隐患排查,堵塞漏洞、补齐短板,按照拉网式排查、清单式管理、对账销号式落实的要求,狠抓问题隐患整改落实,实行闭环管理。要压实政府属地责任、企业主体责任、部门监管责任不放松,齐抓共管、督导检查、形成合力,确保守牢安全底线。

五是补长短板"争"进位。在高质量发展已经成为时代主旋律的大背景下,省委省政府研究制定了监测评价指标体系和考核办法,是科学衡量和客观反映各地高质量发展水平、有效推进高质量发展各项工作的重要抓手。工作是否争先,考核结果最能说明问题。考核项目就是市场监管部门争先创优的方向和重点所在,要按照"推进高质量监管、助力高质量发展"的总体要求,紧盯高质量发展各项考核目标,全力以赴确保在高质量发展考核中取得好成绩。要积极主动与省局开展沟通对接,力求指标体系设置上能够客观、公正、全面地反映泰州市场监管工作,在指标落实上要准确吃透省考核指标体系要求,逐项梳理指标、逐项明确责任、逐项细化目标任务。要树立"不进则退、慢进也是退"的危机意识,以更高的标准自我加压,对现在相对较好的指标要巩固稳进防止滑坡,对处于第七位次以后的指标要抓紧冲、奋勇进,保持各项指标向好态势。仔细梳理新增市场主体、专利质量等发展短板和薄弱指标,抓紧改进时间、挖掘提升空间、排出工作计划,啃下"硬骨头"、拉长"最短板"。

三、狭路相逢怎么干好

狭路相逢勇者胜、智者胜、实者胜。明确了怎么看、怎么干,归根到底还要看怎样干好? 如果干不好,看的方向瞄得再准,干的举措想得再多,也都只是空话。干好干坏,最重要的一条就是看效率的高低。质量变革、动力变革,最终还要加上一条效率变革,这样才是完整有效的新旧动能转换。所以最后一点再来谈谈效率变革,这既是对务虚会提的要求,也算是本月的微党课。

一是时间紧任务重必须提升效率。打好全年收官仗必须提高效率。2020年还剩最后一个月了,行百里者半九十,各项工作都已到了冲刺决胜的关键时刻。从一定意义上讲,好丑输赢就看这一个月了,所以从现在开始就要争分夺秒、分秒必争。对年初制定的工作目标,要紧扣要求,倒排工期,确保目标必成;对绩效考核的要求,要逐项过堂,查缺补漏,努力做到得高分得满分;对手上的其他各项重要工作,要一着不让,一抓到底。下好来年先手棋必须提高效率。岁末年初,不仅要盯着扫好尾、收好官,还要多想来年如何起好步、开好头。要在时间上求主动,明年的工作,从现在开始就不能等,就要开始着手布局;更要在状态上求主动,立说立行早开工,提前起动,拉开框架,打好基础。谋好长远新蓝图必须提高效率。当前我们正在谋划明年的工作思路,更在谋划十四五规划。无论是短期的思路还是中长期的规划,都需要提高效率谋划好,不能指望边干边想,更不能指望"靠天收"。上个月我们就布置相关调研谋划工作,从刚才各位领导及处长的交流来看,我们的谋划还有需要完善的地方,我最后提的五个方面,也没有涵盖所有方方面面的工作。所以今天的务虚会后,还需要抓紧继续思考谋划,真正谋出符合实际,切实可行的好思路、好规划。

二是标准高要求严才能提升效率。要用优良作风树好标杆、带出高效率。这里的优良作风主要是指在座各位的作风,是指领导干部、处长院长的优良作风。尤其是部门负责人既是做决策的一把手,更是抓落实的执行者;既要当好指挥员,更要当好战斗员。要带好头做好表率,责无旁贷地把担子挑起来,把责任层层传递到位,一级带着一级干,一级做给一级看,想在前、干在前、冲在前,发挥

"头雁效应",最终形成"头雁"领航、"群雁"齐飞的生动局面。要用精益管理定好标准、炼出高效率。所以我们制定优化营商环境标准,向管理、向标准要效率。坚持问题导向,进一步把流程理畅、把制度建好,通过管理机制的深度变革和颠覆性的重塑,打通障碍壁垒,实现兼容高效。强化项目化管理,细化分解、明确责任,排出时间表、制定路线图,加快推进、早见成效。要用严明纪律立好标尺、管出高效率。强化纪律意识,用纪律规矩来推动高效率。把办事效率、办事质量纳入绩效考核中,积极引导倒逼全体同志争当"骏马"、不当"蜗牛"。推行干部"亮绩赛马",将日常考核和年终考核相结合,进一步发挥考核指挥棒和激励导向作用,让马上办、高效率成为良好风气,推动各项工作落实落地。

三是抓长远求常态持续提升效率。追求效率不是一时一地的事,只有所有人都向着一个方向努力,才能形成最大合力,激发最高效率。这就需要我们加强文化建设,大力营造注重效率、追求效率的机关文化氛围,把个人的思想感情和命运与单位紧密联系起来,产生对单位强烈的归属感和荣誉感,从而形成巨大的向心力和凝聚力。机关文化要固化于制,拉长制度短板。以制度建设推动文化塑造,通过制度性的固化,赓续接力、传承创新,立好规矩、约束行为,长期坚持、始终恪守。机关文化要内化于心,拉长思想短板。把制度逐步内化为个人的价值理念和自觉行为,让更多的规矩变成习惯、更多的习惯变成标准、更多的标准变成自觉,最终沁入骨髓、形成文化,实现软约束与硬管理相互补充。机关文化要外化于行,拉长载体短板。不断丰富机关文化的载体,将抽象的机关文化具体化,不仅要让"品质工匠""品质先锋"的LOGO、标语融入工作的方方面面,还要举办丰富多彩、健康向上的机关文化建设活动,让全系统干部职工的精神面貌焕然一新。通过文化建设,为事业发展提供丰富的思想滋养、全面的智力支撑和最持久的动能。

新起点新格局　新担当新作为

（2021年1月28日）

一、应对新形势和新变局，全市市场监管工作取得来之不易的成绩

2020年是非常特殊、极不平凡的一年。面对突如其来的新冠肺炎疫情，全市市场监管部门在市委、市政府和省局的坚强领导下，以深化升华品质泰州建设为统领，聚焦"六稳""六保"工作任务，攻坚克难、砥砺奋进，扎实开展"优化营商环境年"主题行动，统筹做好疫情防控和服务发展各项工作，在大战大考中交出了满意的答卷。

（一）坚持标准引领，品质城市建设达到新高度

一是高位推进更有力。推动市委市政府出台《关于推进标准引领经济社会高质量发展的意见》，全国首创《品质城市评价指标体系》成为国家标准正式发布，在全国地级市率先完成标准化地方立法，获批全省唯一的国家基本公共服务标准化综合试点。积极争取总局发展研究中心在泰州成立"长三角质量发展研究中心"，《中国100城市品质指数研究报告》课题获第七届中国管理科学奖。推动市政府与省局合作推进高质量发展，建成品质文化园、质量安全科普馆，将品质城市建设推向新的阶段。二是质量提升更有效。泰州生物医药行业入选首批长三角质量提升示范试点项目，新增太平洋精锻等3个省长质量奖（提名奖）企业，获得"江苏精品"认证3个。评出第九届泰州市市长质量奖（提名奖）组织8个，26家单位通过"泰州品质"认证。国家特种劳动防护用品质检中心通过总局验收，"泰检易"平台服务产业发展的先进做法得到总局肯定。省医药健康产业计量测试中心获批筹建，省级广告产业园获批挂牌。省减速机质检中心基建工程全面启动。市质检院获批成立省精细化工标委会，启动检验检测服务标准化省级试点项目。市纤检院抓住办公地搬迁机遇，加快提档升级。市药检院积极推进综合楼建设，达到口岸所硬件设施验收标准。市食检院完成组建，并获得检测资质认定。三是融合创新更有为。在全国率先出台《关于推进专利标准融合创新的意见》，推动建立专利标准融合创新工作体系、政策体系和应用体系，培育专利标准融合创新企业95家，推动968个专利转化为标准，相关做法得到国家知识产权局领导批示肯定。评出首批"泰州早茶"标准化示范店14家，助推泰州早茶产业发展。农村产权流转交易服务标准化试点、中医院公共服务标准化试点、社区助残服务综合标准化试点等3个国家级试点通过验收考评，标准化思维和方

法拓展到社会治理的方方面面。

（二）聚焦产业强市，优化营商环境取得新进展

一是主题行动扎实开展。围绕"优化营商环境年"主题，突出"标准领航、监管导航、服务助航、安全护航、品质优航"五大行动，打好优化营商环境"组合拳"。扎实开展市场监管项目行、民生行活动，运用市场监管"工具箱"帮助企业群众解难题、办实事。出台"四畅通五优化"九条措施，支持企业复产复工。制定"六稳""六保"九条措施，激发市场主体活力。二是"放管服"改革深入推进。在全国率先探索优化营商环境标准体系建设，研制发布首批5项地方标准。发布市场主体登记注册办事指引，办事窗口克服疫情影响，为多家外资企业提供优质服务，受到广泛好评。夯实信用监管基础，全市企业年报率连续多年全省第一。加强"双随机、一公开"监管，在市场监管领域16个重点部门实现全覆盖。开展涉企收费检查和违规涉企收费清理，切实减轻企业负担。建立公平竞争审查举报受理、审查协查、异地反馈"三项制度"，在全省率先制定市场监管行政执法免罚、轻罚实施规范，积极营造公正宽松的市场环境。三是促进创新成效明显。强化知识产权创造运用，16个项目指标纳入科技创新积分评估，出台《泰州市专利奖评审管理办法》并完成首届奖项评选。建立知识产权纠纷人民调解、仲裁调解、行业调解的多元化解机制，知识产权保护中心建设取得积极进展。2020年，全市发明专利授权量、万人发明专利拥有量、PCT专利申请量均创历史新高，其中发明专利授权量1413件，同比增长40.88%，增幅全省第一。完成专利质押项目31件，融资1.66亿元。新认定地理标志商标2件，新增注册商标1.27万件，同比增长4.63%，增幅全省第四。

（三）有效管控风险，安全监管水平实现新提升

一是食品安全监管持续深化。首次以市委、市政府名义印发《关于深化改革加强食品安全工作的实施方案》，在全省率先出台食品小作坊集中加工中心管理办法，成功举办全省食品安全事故应急处置演练。突出农村、校园等重点区域和粮、油、肉、奶、保健食品等重点品种，加大监管力度，食品安全评价性抽检合格率居全省前列。组建食品生产企业品质联盟，深入推进食品安全"阳光系列工程"，建成"阳光菜篮子"智慧农贸市场26家、农村（社区）"阳光宴会厅"标准化集体聚餐点113家，规范管理"阳光餐车"500多个，打造小作坊集中加工中心"阳光食坊"3个。二是药品安全监管切实加强。落实"四个最严"要求，将药品安全纳入高质量考核发展体系，全市零售药店、一级以上医疗机构、高风险医疗器械经营企业检查覆盖率均达100%。严格疫苗质量管理，对全市7个疾控机构、154个疫苗接种点以及疫苗配送企业全覆盖、多频次开展监督检查，与市卫健部门共同监督销毁过期等不合格疫苗5公斤。三是特种设备监管扎实有效。完善特种设备

安全生产明责、督责、追责"三位一体"工作体系,扎实开展特种设备安全专项整治,对重大风险隐患实行班子成员挂钩负责制,加大整改推进力度。3468条问题隐患整改率达94%,其中21条重大隐患全部整改到位,涉危化品企业排查出的1361台在用未登记、超期未检验设备均完成整改。四是产品质量监管有力推进。开展燃气具、电动车充电器等安全产品专项整治,强化车用汽柴油、船用燃料油等重点产品质量监管,开展"你点我检"活动,组织完成市级监督抽检400多批次,发现不合格产品43批次。埋地管材质量管控形成制度规范,与住建部门建立监管联动机制,查处不合格埋地管材案件39起。

(四)严格监管执法,规范市场秩序取得新成效

一是全力以赴防控疫情。及时暂停市场活禽交易,制定发布农贸市场、餐饮服务单位等重点场所疫情防控地方标准并督促落实。推动各市(区)进口冷链食品集中监管仓全部建成运营,牵头做好进口非冷链集装箱货物疫情防控工作。完成口罩、防护服等产品检测1.6万批次,办理一类医疗器械产品备案167件,处理价格投诉举报1200多件,立案防疫产品涉嫌违法行为90件。发布并实施全国首个公勺公筷地方标准,积极倡导"光盘行动",反对餐饮浪费,促进养成文明健康的餐饮习惯。二是市场秩序得到规范。开展禁售长江非法捕捞物专项整治行动,加强农贸市场常态化管理,推动市区63家市场的蔬菜、水果、肉禽蛋等主要品种100%明码标价,对计量器具实行统一配置、统一管理、统一检定、统一轮换、统一维修的"五统一"升级行动。深入开展"网剑行动",加强"6·18""双十一"专项监测,规范网络交易行为。开展非法金融、低俗庸俗媚俗广告专项整治,传统媒体广告违法率控制在较低水平。三是消费环境持续改善。围绕"凝聚你我力量"主题,线上举办"3·15"系列活动。深入开展放心消费创建活动,推行先行赔付制度,全市近300家商场、超市、市场等企业公开承诺七天无理由退货。放大"郑美琴消费维权工作室"效应,推进商超、市场、景区消费维权站点标准化建设。开展公共领域收费、医院医疗服务价格等专项检查,切实保障消费者合法权益。四是稽查执法成效显著。优化稽查办案模式,完善四方协商机制,全市共查处各类市场主体违法案件1053件,罚没3462万元。3个案件列入总局、省局重点挂牌督办案件,查处"4·26"特大化妆品案被国家药监局通报表扬,市局代表江苏在长三角地区市场监管执法协作会议作典型案件交流。

(五)从严管党治党,干部队伍建设得到新加强

一是政治建设深入推进。将习近平总书记最新重要讲话和重要指示批示精神作为党组中心组学习第一议题,开展党的十九届四中、五中全会精神、《习近平谈治国理政》第三卷、习近平总书记视察江苏重要讲话指示精神专题学习,实行中心组领学、党支部跟学制度,着力推动新思想深学细悟、入脑入心,自觉用新思

想解放思想、统一思想。二是党建品牌持续打响。严格落实党建工作主体责任，"微党课"常讲不懈，修订《党建标准化手册》，制定"品质先锋"党建品牌建设方案，率先探索党务、业务、服务"三务"融合标准化工作。疫情发生后，及时发出"争当'品质先锋'，让党旗在战疫一线高高飘扬"的倡议，组建14个党员志愿突击小组奋战在抗疫一线，得到各界充分肯定。三是法治建设成效明显。学习贯彻习近平法治思想，组织开展标准化、食品安全、知识产权等主题普法宣传，深入开展"送法到基层""以案释法"等活动，严格落实执法公示、全过程记录、重大执法决定法制审核"三项制度"，不断提高依法行政水平，泰州市场监管系统依法行政和服务群众情况满意度居全省设区市首位。四是队伍建设取得新进展。树立"有为才能有位、有位更须有为"的导向，坚持新时期好干部标准，全年选用正科职干部5人、副科职9人，晋升职级37人次。实行全员绩效管理，推行干部"亮绩赛马"，激励干部担当作为。五是正风肃纪更加有力。制定全面从严治党主体责任清单，支持派驻纪检监察组开展监督。积极运用监督执纪"四种形态"，提醒谈话11人次，党内警告处分1人、严重警告处分1人。组织开展"党风廉政电教月"活动，专项治理作风建设领域突出问题，认真落实任前廉政谈话、重大事项报备等制度，"不敢腐、不能腐、不想腐"的机制不断完善。

2020年的工作，为"十三五"画上了圆满的句号。回顾"十三五"，特别是市局组建后的两年里，我们一路耕耘一路收获，想干事、能干事、干成事，交出了一份厚重提气的答卷。两年来，我们一手抓改革，一手促发展，坚持集成创新，强化融合发展，实现了新局新局面，开门开门红。2019年，泰州被省政府表彰为落实"放管服"改革、推进质量工作真抓实干成效明显市。市局被人社部、市场监管总局联合表彰为全国市场监管系统先进集体。2020年，泰州被国务院表彰为推进质量工作成效突出地方。8个单位被省人社厅、省市场监管局表彰为全省市场监管系统先进集体。市局先后获评"泰州市五一劳动奖状"、泰州市第七批"骏马奖"。我们还连续五年被市台企协会授予"服务台商最优团体"称号。全系统13个单位获评"江苏省文明单位"。这一系列成果，为我们步入新阶段、开启新征程奠定了坚实基础。

在肯定成绩的同时，要清醒看到，我们工作中还存在一些问题和不足，主要是：服务高质量发展的作用发挥还不充分，优化营商环境方面的突破性举措不多；市场秩序、产品安全等领域还存在薄弱环节，事中事后监管亟待加强；有些工作落细落小落实不够，"最后一米"没有完全打通；队伍素质有待提高，廉政和作风建设需要进一步加强；等等。

二、进入新阶段和新格局，全市市场监管系统要有新思维和新作为

当前，国内外经济形势错综复杂，从国际看，新冠肺炎疫情影响广泛深远，逆全球化趋势更加明显,国际环境日趋复杂,不稳定性不确定性明显增加。从全国看,我国已转向高质量发展阶段,制度优势显著,治理效能提升,经济长期向好;但同时,需求结构发生重大变化,生产体系内部循环不畅和供求脱节现象显现,结构转换复杂性上升。党的十九届五中全会在这样一个关键时刻召开,会议系统谋划部署"十四五"时期经济社会发展,擘画了我国未来五年以及十五年的发展新蓝图。习近平总书记深刻阐述了事关现代化建设的一系列方向性、根本性、战略性问题,特别是对把握新发展阶段、贯彻新发展理念、构建新发展格局,做出了一系列新论断新部署新要求。从全省看,总书记在这次视察江苏时,赋予了江苏"争当表率、争做示范、走在前列"的重大使命。从全市看,省委十三届九次全会明确提出"泰州要彰显江海文化的底蕴与自信,全力打造令人向往的'幸福水天堂'、崛起中部的产业增长极"。市委积极推进落实"一高两强三突出"决策部署,着力建设"健康名城、幸福泰州"。"一高"是指"实现人民满意的高质量发展","两强"是指产业强、城市强,归根结底还是要品质强。打造令人向往的"幸福水天堂",让人民群众拥有"稳稳的幸福",更离不开经济社会文化发展方方面面持续不断的品质提升。可以说,"质量""品质"是当前市委市政府一系列战略部署的关键词中的核心词。稳字当头,质量第一,质量是基础,稳是目标,没有质量的稳,不是真正的稳。如何稳市场、稳预期、稳幸福,如何强质量、提品质、增效益,做推动高质量发展稳中求进的压舱石和稳压器,做提升"幸福泰州"品质成色的建设者和维护者,市场监管大有可为,也必须大有作为。

(一)坚持系统思维,努力交出融入新发展格局新答卷

加快构建新发展格局,是以习近平同志为核心的党中央根据我国新发展阶段、新历史任务作出的重大战略决策,是习近平新时代中国特色社会主义经济思想的又一重大理论成果。其根本目的在于提升供给体系的创新力和关联性,解决各类"卡脖子"和瓶颈问题,畅通国民经济循环。这对市场监管部门来说是重大的课题,更是重大的责任。

1.把握整体性,在统筹兼顾中提质态。新发展格局是以国内大循环为主体、国内国际双循环相互促进,内外既有区别有主次,又是互为补充互为促进,因此我们要从整体上把握双循环,积极探索完善内外经济一体化调控体系,通过促进相关法律法规、监管体制、质量标准、检验检测、认证认可等相衔接,推进同线同标同质,加速补齐要素、资源、营商环境等方面的短板和不足,突出竞争政策基础地位,强化产权保护,促进公平竞争,大力实施质量提升行动,推动实现经济在高水平上的动态平衡,着力培育完整内需体系,在更宽广的视野下引导产业提质增效和消费升级。

2.把握矛盾性,在对立统一中寻突破。事物都有矛盾性,矛盾性是推动事物

发展的根本原因。2020年的中央经济工作会议中提到加快构建新发展格局,"要紧紧扭住供给侧结构性改革这条主线,注重需求侧管理"。供给连着产业,需求连着消费,我们要把握好需求和供给这一对矛盾。过去我们谈得多的是供给侧改革,现在还要关注需求侧管理。在当前阶段性支持政策退坡的情况下,我们既要注重以深化"放管服"改革激发市场主体活力,聚焦打造三大先进制造业集群,加快科技与产业创新,推动产业链优化升级,有效对冲疫情影响和经济下行压力;还要围绕进一步扩大内需等重点任务,聚焦创造高品质生活,顺应消费升级趋势,主动跟进、深度融入、靶向施策、倾情服务,以扩大内需为战略基点,从引导消费、促进消费、保护消费入手,配合实施消费提振行动,推动品质消费,进一步释放需求潜力,将优化需求侧管理与深化供给侧改革一起,精准发力,相向而行。

3.把握协同性,在多元共治中求提升。市场监管是一项系统工程,市场监管领域涉及部门众多。我们要想在融入新发展格局中有所作为,就不能单打独斗,必须加强与市场监管各相关部门的交流合作。我们在全国率先探索构建优化营商环境标准体系,实现市场监管系统"双随机、一公开"监管全覆盖,都是为加强市场监管领域跨部门协作所做的积极探索。面对新任务新要求,我们要在品质泰州建设、知识产权保护、标准、质量、打假、消费维权、食品药品安全监管、特种设备监管等方面,全方位加强部门之间的协作,聚合力量和资源,形成推进构建新发展格局的工作合力,共同打造以技术、标准、品牌、质量、服务为核心的综合竞争优势。

(二)坚持集成创新,全力做好机构改革后半篇文章

机构改革的目标是在集成的基础上创新突破,如果还是沿袭过去的方式方法开展工作,就只能说明改革还停留在物理整合阶段,还远没有实现化学融合,说明改革尚未达到预期目标和效果。做好机构改革的后半篇文章,必须在集成创新上下功夫。

1.以消化积蓄工作动能。市场监管聚合了原来五个部门的职能。经过两年的历练,虽然在人员配置上,我们有意识地进行了交叉分工、交叉任职,并经过了几轮较大幅度的人事调整,但是要说全面熟悉了解全局各项工作的人,恐怕还是少之又少。随着形势变化,任务在变,工作要求也在变,我们既面临着市场形态多样化、经营方式现代化、市场竞争激烈化、违法行为隐蔽化带来的风险和挑战,也面临着市场监管能力方面种种不适应、不符合、不完善的问题。我们要进一步加强培训和学习,消化吸收,打破思维定式、打破条线意识,重塑知识结构,成为市场监管工作的行家里手,推动各项工作再上新台阶。

2.以深化激发工作潜能。当前,正处于国际国内经济发展形势日益复杂化、新旧动能持续转换的关键时刻,市场监管部门要坚持"既是监管部门又是发展部

门"的工作定位,在职能深化上下功夫。要加强研究,把上级原则性的要求具体化,把普遍性的要求个性化,创造性地抓好各项工作落地落实。市场监管归纳起来就是质量(包括安全)、秩序两大方面的职能,各个条线要围绕这两大职能,进一步深化具体化,最终实现这两个抓手协同推进,形成全面履职的"组合拳"。省局明确今年强化市场监管、规范市场竞争的主基调,在全省开展以反垄断、反不正当竞争和保护知识产权、保护消费者合法权益为主要内容的"两反两保"行动。我们要思考研究,如何结合自身实际抓好深化这项工作,比如省局提出"全面加强知识产权保护,优化完善全省知识产权保护载体布局",我们就要思考如何深化、加快推进中国(泰州·医药化工与高端装备制造)知识产权保护中心建设,在全省布局中赢得应有的位置。

3.以融化聚合工作效能。机构改革的最终目标是融为一体,实现"1+1>2",拧成一股绳,喊出一个声音,握紧一个拳头。融合需要以科学高效的市场监管治理体系和治理能力建设作为支撑。经过两年的运转,我们总体运转平稳。但有时,还是被事情推着走,头疼医头、脚疼医脚,缺乏对工作的全盘筹划。工作流程上,还没有达到如身使臂、如臂使指的效果。现在已经过了改革之初的阵痛期,所以要抓紧完善制度、打好基础,高度重视制度建设的根本性、全局性、长期性作用,建设涵盖工作目标考核、业务流程规范、机关内部管理等成熟完备、具有泰州市场监管特色的制度体系,用制度管人、按流程办事,确保各项工作规范、有序、高效运转。

(三)坚持关键突破,致力谱写市场监管事业新篇章

当前泰州市正面临着经济总量和经济质量同步提升、产业能级和城市能级同步提升、公共基础设施和公共产品质量同步提升的艰巨任务。与此同时,市场监管工作呈现出新的阶段性特征:市场创新进入加速推进期,市场消费进入充分释放期,市场竞争进入高度活跃期,市场监管进入深刻变革期。市场监管理念、队伍和业务将深度融合,市场监管方式将加速创新,市场监管综合执法、基层整合审批服务执法力量等改革将全面推进。我们要准确把握新任务新要求,找准关键点,准确识变、科学应变、主动求变,顺应形势、因势利导、乘势而为,重点突破,善作善成。

1.抓重点牵住促进高质量发展的牛鼻子。推动品质泰州建设是我们围绕市委市政府工作中心、主动服务大局的总抓手。2020年泰州质量工作被国务院表彰,这说明品质泰州建设实现了既定目标,取得了阶段性成果。城市品质的提升,任重道远。所以,2020年我们推动市委市政府出台《关于推进标准引领经济社会高质量发展的意见》,这是2018年一号文件品质泰州建设意见的升级版,是我们今后几年在更高层次深化升华品质泰州建设的路线图。我们要围绕贯彻落

实《意见》,聚焦市委提出的建设人民满意的幸福之城的目标任务,在细化实化上下功夫,抓纲带目聚合力,驰而不息,久久为功,进一步擦亮品质泰州城市名片。

2.攻难点打好促进高质量发展的攻坚仗。这个难点,一方面是指市场主体、服务对象的难点。当前我国发展仍面临巨大挑战和不确定性,疫情防控常态化,"六稳""六保"任务艰巨,泰州市部分行业和中小企业仍比较困难,一些领域风险隐患不容忽视。我们要紧紧围着市场主体转,突出"用户思维",注重"客户体验",千方百计围绕他们遇到的突出困难和关切,出政策、想办法、解难题。要"心中有数",针对人民群众和市场主体的突出关切,做好市场监管政策储备,拿出解决方案,帮助企业攻难点渡难关。攻难点,还指我们自身建设。工作中的问题、难点,往往是矛盾的焦点。要在应对困难挑战中坚定信心、看到希望、把握机遇,更要学会危中寻机,化危为机。我常说,机构改革让全国各地的市场监管局同处一个起跑线,大家都没有现成的经验可循。如果我们先想办法把难点攻下来,就会形成经验,就会在竞争中赢得先机。

3.出亮点练就促进高质量发展的撒手锏。及时总结提炼工作中的好经验、好做法,打造特色、培育亮点,勇立潮头,勇争一流,要推动我们的工作干在前、走在前、有特色,做到"整体工作上台阶,单项工作争第一"。要以改革创新为根本动力,推动各项工作"拉高线",力争在"没有先例"的方面率先做出成功案例,在"普遍在做"的方面做快做细做优,在解决"共性问题"的方面创造先行经验,切实把新使命新要求细化为具体举措、转化为实际行动。做得好是基础,还要宣传得好,这不仅仅是为了宣传我们自己,更主要的是宣传我们的工作、宣传相关法律,让我们服务监管的理念、举措更加深入人心,进一步打造共建共治共享的工作格局,实现工作品质的新飞跃。

三、立足新起点和新征程,全市市场监管系统要扎实做好各项工作

2021年是我国开启全面建设社会主义现代化国家新征程的开局之年,是"十四五"开局之年,也是泰州建市25周年。市委市政府立足新起点、面向新征程,明确了开创幸福泰州高质量发展新局面的战略目标。新的一年,我们既要登高望远,按照全市"十四五"发展蓝图,科学规划推进现代化市场监管体系建设,又要立足当前,围绕2021年全市经济社会发展目标任务,切实做好市场监管各项工作。2021年,全市市场监管工作的总体要求是:坚持以习近平新时代中国特色社会主义思想为指导,认真贯彻习近平总书记视察江苏重要讲话指示精神,全面落实市委五届十一次全会和全省市场监管工作会议部署,紧紧围绕"争当表率、争做示范、走在前列"的重大使命,牢固树立"大市场、大质量、大监管"理念,进一步弘扬"祥泰之州品质为尚"城市质量精神,以"推进高质量监管、助力高质量发展"为主题,以"加强市场监管、优化营商环境、推进质量强市、建设品质泰州"为基本

思路,更加主动地扛起政治担当、责任担当、发展担当,开拓创新,加快构建现代化市场监管体系,着力打造"有为有位"的泰州市场监管工作品牌,为"十四五"开好局起好步贡献市场监管力量。

(一)强化服务,在优化环境上见成效

习近平总书记多次强调要"营造稳定公平透明的营商环境",中央经济工作会议进一步明确,要着力优化营商环境,深入推进"放管服"改革。围绕泰州构建"成熟、透明、可预期的营商环境"任务,聚焦"六稳""六保"中心任务,积极提升服务效能,精益求精当好优化营商环境的"店小二"。要优化政策环境。抓实抓好市政府与省局签署的推进高质量发展合作协议落地,严格落实各项纾困惠企政策,推动容缺受理,激发市场主体活力。推动优化营商环境标准体系建设,加快登记许可事项全程标准化、登记许可流程全程规范化,有序推开商事登记"确认制""一照多址"等改革试点,营造有利于集聚更多先进生产力、生产要素的市场环境。要优化法治环境。加快《泰州市知识产权促进条例》立法工作,积极推进《泰州市标准化条例》《泰州市食品小作坊集中加工中心管理办法》两个地方性法规落地落实。对市场经济发展中的新技术、新产业、新业态、新模式实行包容审慎监管,妥善加以引导、扶持,留足发展空间。要优化发展环境。优化企业开办"一网通办",压减企业开办时间,力争实现企业开办"半日办结最优化、一日办结常态化"。持续开展市场监管项目行、民生行活动,综合运用市场监管"工具箱""组合拳",积极服务重点开发园区高质量项目建设"三比一提升"行动,打通、补强三大先进制造产业集群发展生态链,让泰州的营商环境具有更强大的吸附力、更优质的集聚度和更精准的匹配性,进一步激活市场内生动力。要优化消费环境。进一步完善消费维权网络,畅通维权渠道,推动维权体系线上线下结合,推动消保委成员单位形成维权合力,不断补全泰州市消费维权工作短板。积极推进线下实体店无理由退货,逐步建立完善企业动态名录库,扩大活动覆盖面。

(二)突出标准,在质量提升上再突破

中央经济工作会议明确提出,要用好宝贵时间窗口,集中精力推进改革创新,以高质量发展为"十四五"开好局。会议将"增强产业链供应链自主可控能力,强化共性技术供给,深入实施质量提升行动"纳入了全年八项重点任务之一。作为质量主管部门,我们要聚焦提升产业能级、构筑高配版产业载体等核心任务,责无旁贷当好推进质量强市的主攻手。要重视标准引领作用。泰州市标准国际化创新型城市试点将进入考核验收阶段,要全面总结试点经验,推广创新成果,确保取得优异成绩。充分发挥《品质城市评价指标体系》国家标准的引领、评价和辐射作用,加快落实《关于推进标准引领经济社会高质量发展的意见》,抓住用好国家基本公共服务标准化综合试点机遇,推动标准向社会经济文化各个方面拓展延伸。要加快质量品牌发展。依托长三角质量发展研究中心建设,聚焦三大先进制造产业集群,启动新一轮质量提升行动,推行首席质量官制度建设,推动质量合格率提升常态化,夯实产业强市的根基和现代化经济体系的底盘。积极推进"泰州品质"评价认证,试点开展品质学校、品质家庭、品质乡村创建活动,形成"泰有品"系列品牌。要推进质量基础建设。总结推广"泰检易"公共服务平台一站式服务模式,重点推进国家级特防中心建设。聚焦市委关于"举全市之力建设中国医药城"战略部署,集中资源、集中力量,聚焦大健康产业,加快建设一批高层次检验检测服务平台,积极推进药品进口口岸药检所、医药健康产业计量测试中心、特殊食品中心建设,更好地发挥技术机构在服务项目、服务园区中的重要作用。要切实加强产品质量监管。突出民生导向和问题导向,加大儿童和学生用品、危化品等重点消费品和工业品监督抽查力度,推进成品油、消防产品、埋地管材、认证认可市场等专项整治。紧贴质量需求,持续开展"你点我检"活动、深化"政研检产"合作、推广产品质量诊断书,推动产品质量、群众满意度双提升。

(三)聚焦短板,在发展指标上更进位

2020年,全市市场监管系统坚持瞄准靶心,咬定目标任务,压实推进措施,较好地完成了省高质量考核指标。展望新的一年,我们要继续锚定高质量发展各项考核目标,出实招、创实绩,主动进位当好促进高质量发展的主力军。团结一心增强凝聚力。省高质量考核指标体系正常要到二季度才会出台,我们要不等不靠、及早谋划,积极主动与省局沟通对接,力求指标体系设置能够客观、公正、全面地反映泰州市场监管工作,争取抢占前排、赢在起跑。要树立"一盘棋"的意识,各条线各板块之间要相互配合、资源共享、共同推进,形成推动高质量考核工作向前迈进的整体合力。突出创新增强源动力。在准确吃透省考精神的基础上,逐个梳理指标、逐个明确责任、逐个细化目标任务,切实提高拼劲与闯劲、增强活力与动力,以更高的标准自我加压,积极探索更加有力的工作新举措,对各项考核指标要巩固稳进防止滑坡,推动高质量发展各项工作深入开展、扎实推进。提升效率增强执行力。要坚持"考核、工作、发展"三位一体,强化考核发展深度关联,将考核指标具体落实到工作和项目上,严格落实责任倒查机制,仔细梳理发展短板和薄弱指标,抓紧改进时间、挖掘进步空间、排出工作计划,以务实有为的工作作风,推进市场监管各项事业实现新跨越。

(四)严守安全,在风险管控上兜底线

"更好统筹发展和安全""着力解决制约国家发展和安全的重大难题",2021年的中央经济工作会议上,"发展和安全"成高频词。市场监管部门肩负着发展和监管职能,必须坚持守土有责、守土担责、守土尽责,压实责任当好安全"守门人"。要全力筑牢疫情防控安全防线。把疫情期间总结提炼的科学防控系列标准落实下去,持续加大市场巡查力度,切实加强防疫物资质量监测。全面落实退烧止咳药物实名登记制度,严厉打击野生动物交易行为,强化进口冷链食品及进口非冷链集装箱货物监管,指导冷冻冷藏食品经营者建立健全食品安全管理制度。要全力筑牢食品安全防线。着力加强安全标准体系、检验检测体系、监管责任体系、产品追溯体系、食品安全信用体系建设,加快构建常态化、制度化的食品安全考核机制,继续推进"阳光系列"工程,加强食品生产企业品质联盟建设,放大"联盟""保险"效应,形成泰州特色亮点品牌。要全力筑牢药品安全防线。制定医疗器械使用管理地方标准,加强药品零售及使用、化妆品经营、医疗器械经营及使用质量监管,对使用范围广、检查发现问题多、不良反应集中、投诉举报多的产品,采取针对性抽检,有效防范风险。要全力筑牢特种设备安全防线。坚持问题导向,突出重点抓整治,盯紧盯牢高风险设备,保持常态化的监管高压态势,高标准落实"三年大灶"目标任务。严格落实特种设备安全各方责任,加快特种设备智慧监管平台建设,大力实施特种设备安全生产专项整治行动,按照拉网式排查、清单式管理、对账销号式落实的要求,狠抓问题隐患整改落实,确保隐患见底、措施到底、整治彻底。

(五)规范秩序,在维护公平正义上显担当

最近召开的中央政治局会议和中央经济工作会议均明确要求强化反垄断和防止资本无序扩张,前一段时间国家市场监管总局依法依规对涉嫌垄断行为的互联网企业展开立案调查,这都与党的十九届五中全会"构建高水平社会主义市场经济体制"的要求遥相呼应,充分体现了党和国家建设高标准市场体系的决心。我们要进一步完善市场监管体系,确保各类市场主体公平参与市场竞争的机会,勇于担当,当好维护公平秩序的监督员。推进竞争政策实施。深入推进公平竞争审查,探索建立重大政策措施会审机制,健全举报处理和回应机制,统筹做好增量审查和存量清理工作。开展反不正当竞争专项整治行动,加大打击传销、规范直销力度,严厉查处虚假宣传、违规促销、侵犯商业秘密以及不正当价格等行为。面向平台经济、药品领域、公用事业等市场主体开展竞争政策专题宣传,引导经营者公平参与市场竞争。建立反不正当竞争部门协调联动机制,推进全市商业秘密保护三年行动计划,开展商业秘密保护体系建设。强化重点领域监管。深入开展"长江禁捕、打非断链"专项行动,确保"生产企业无加工,线上线下无销售,餐饮单位无供应,所有环节无广告"。发挥价格监管"尖刀作用",持续加强涉企收费专项治理和民生领域价格监管。健全广告监测线索处置机制,扎实推进食品、医疗器械等领域广告专项整治行动。规范平台经济运行。密切关注平台经济发展动向,完善互联网广告监测机制,开展互联网领域市场混淆、虚假宣传等违法行为专项整治行动,加强对直播带货等新兴业态的监管,引导平台主体健康有序发展。

（六）助力创新,在经济发展上赋动能

习近平总书记在主持中共中央政治局第二十五次集体学习时强调:"创新是引领发展的第一动力,保护知识产权就是保护创新。"我们要坚持"知识产权的创造运用不能削弱,知识产权保护必须加强"的总体思路,以更大力度、更高水平推进市场监管时代的知识产权工作,赋能助力当好推动创新发展的新引擎。促进知识产权创造。积极策应和服务全市创新驱动发展战略的实施,助力知识产权创造和运用。进一步推进专利标准融合创新,提炼形成成熟的可复制推广的工作模式。加快知识产权战略推进中心建设,主动对接三大先进制造业集群,将知识产权创造与产业创新发展一体推进。深入推进知识产权强企行动计划,助推关键领域自主知识产权创造和储备,激发市场主体技术创新潜能。加强知识产权保护。加快建设知识产权保护中心,为企业提供快速审查、快速确权、快速维权"一站式"服务。深化知识产权维权行动,针对群众反映强烈、侵权假冒多发的重点领域和区域,深入开展知识产权执法"铁拳"行动。防范知识产权风险。规范知识产权对外转让行为,加强重大经济科技活动知识产权评议。进一步健全涉外知识产权纠纷预警和应急处置机制,引导企业加强知识产权海外布局,提高风险防范和化解能力。

（七）完善机制,在执法监管上提效能

党的十九届五中全会强调"十四五"期间要推进国家治理体系和治理能力现代化。我们要深化行政执法体制改革、创新行政执法工作机制、提升执法监管综合效能,先行先试当好创新执法监管的探路者。要强化智慧监管。积极推行智慧市场监管平台建设,发挥信息系统对一线执法人员的支撑作用。探索在市级层面建设数据资源池,实现数据资源的物理集中,着力推进大数据监管。探索区块链技术在药品、特殊食品等监管领域的应用,切实提升监管的精准性。要规范信用监管。探索推动系统内外信用监管资源整合,推进市场监管领域涉企信息全口径归集,探索完善"黑名单"制度,倒逼企业形成守合同重信用的企业文化。加强对年报进度的督查,持续清理长期不经营企业,保持企业年报公示高质量领先。要推进"双随机、一公开"监管。加强随机抽查事项清单动态管理,提高监督检查的靶向性、精准性。推动部门常态化"双随机、一公开"联合监管,在检验检测、人力资源市场、烟草经营等领域建立部门联合随机监管长效机制。加大执法办案力度。把执法稽查作为市场监管的"拳头",发扬执法"亮剑"精神,集中力量组织查办一批在全省乃至全国具有标志性和影响力的跨区域大案要案,对重大案件、敏感案件、复杂案件挂牌督办,适时向社会公开曝光一批典型的大要案,增强执法办案震慑力。

（八）坚守初心，在队伍建设上争一流

站在历史交汇点，市场监管部门要切实担负起党和人民赋予的使命责任，重在谋划，贵在落实，关键在人，要把加强市场监管队伍建设作为推进全系统治理现代化的核心任务，努力打造"创一流业绩、树一流形象、作一流贡献"的市场监管"铁军"，凝心聚力当好推进市场监管事业的答卷人。抓思想政治建设，用理论成果武装人。坚持党建引领，抓好党支部标准化规范化建设，坚持用党的理论创新成果武装头脑、指导实践，教育党员干部做政治信念坚定遵规守纪的明白人。进一步完善"三务"融合标准体系，创新"三务"融合载体，不断擦亮"品质先锋"党建品牌和"品质工匠"服务品牌。抓理想信念建设，用使命担当锻造人。大力弘扬"三个不相信"精神，强化思想淬炼、政治历练、实践锻炼，牢固树立"有为才能有位，有位更须有为"理念，围绕市场监管新业态新模式，在技术革新、监管服务、消费维权、执法办案、检验检测等领域，大力选树先进典型，积极推进改革创新奖、骏马奖争创工作，集中展示一批彰显市场监管部门特色、体现新作为、取得较大社会影响的亮点工作和创新项目。持续深化比能力、比担当、比贡献、争先进"三比一争"活动，激发干部职工不畏艰难、砥砺前行的奋斗精神。抓考评制度建设，用正确导向激励人。建立完善机关内部绩效考评体系，推行干部"亮绩赛马"，将日常考核与年度考核相结合，坚持正确的用人导向，促进干部职工考评结果运用，最大限度地调动"想干事"的积极性，激发"能干事"的创造性，强化接力跑、全力跑、加速跑的意识，营造团结干事谋发展的环境氛围。

建功新时代　立业新作为

（2022年1月21日）

一、新局新局面，新局新作为

（一）突出"融"，抓融合融通，改革成效进一步展现

1.职能融合协同高效。按照"加强市场监管、优化营商环境、推进质量强市、建设品质泰州"的总体思路，坚持扬长补短，强化融合发展，开展品质提升、合力汇聚等专项行动，围绕领导分工、职能转隶、会议制度等重点工作，分别明确工作规则，平稳高效推动机构改革，370多名干部定岗定位平稳有序。注重制度创新，会同派驻纪检监察组专门出台文件严明工作纪律，做到令行禁止，制定AB岗、采购内控管理、外出报备、挂牌督办、案件审核等20多项制度，进一步打通壁垒、贯通职能、理顺关系、加强衔接，推动工作融合。放大"郑美琴消费维权工作室""品质先锋""品质工匠""健康1+1"等传统优势品牌效应，在全省率先实现市场监管12315热线"五线合一、一号对外"，实现了一个标准管辖、一个窗口审批、一套工具治理、一套程序办案、一条热线维权的工作格局。

2."三务融合"不断深化。在市级机关涉改部门中率先成立机关党委、建立健全支部设置，在全省率先制定《"三务"融合工作规范》，持续推进"小个专"党建，以党建保改革、促发展。大力开展以"发现亮点、发现缺陷"为主要内容的"两发现"活动，研究解决缺陷问题232个，相关做法在市级机关党建工作会议和"机关书记讲党建"活动上交流推介。扎实开展"不忘初心、牢记使命"主题教育、党史学习教育，建立"微党课""学习一刻"等制度，NQI公交专线、提升千人食品抽检率列入全市"我为群众办实事"重点项目，牵头实施的整治食品安全问题"一打三护"专项行动，得到总局领导高度肯定。局机关党委连续两年荣获"市级机关先进基层党组织"，被市委表彰为"市先进基层党组织"。在2020年新冠疫情防控期间，第一时间成立14个党员突击小组，选派党员干部到企业一线助工复产，开展线上远程认证393次，减免企业费用694.7万元，助企融资99.2亿元。

3.队伍融通扎实推进。坚持以文化人，将品质文化建设融入机关建设的方方面面，建成海棠岛品质文化公园、质量安全科普馆，先后举办"品质泰州"全国书法精品展、品质家庭评选、小小质量官等丰富多彩的文化活动，举办"大家品质"讲坛、道德讲堂、"我的单位观"演讲，编好办好《品质泰州》《泰州之光》，让品质文化响鼓重锤、直抵人心。优化内部考核机制，采用自评申报、遴选推优、互评

打擂等方式,定期选树、培育先进典型,营造比学赶超的良好氛围,不断提升干事创业的能力水平。针对老百姓和企业关心的烦心事、揪心事,持续开展微调研、市场监管项目行、市场监管民生行等活动,认真贯彻"强作风提效能十项承诺",让马上办、高效率成为良好风气。市局被人社部、市场监管总局联合表彰为"全国市场监管系统先进集体",荣获"江苏省文明单位"、2020年度综合考核"十佳标兵单位",连续五年被市台企协会授予"服务台商最优团体"称号。

(二)突出"创",抓创业创新,营商环境进一步优化

1.推进强基创业。找准市场监管工作的切入点、发力点,在全系统开展新局新局面、优化营商环境年、能力提升年主题行动,开展"三比一争"、"五大行动"、我为市场监管献一策、解放思想大家谈等系列活动,引导干部职工跳出条线思维,全面系统地考虑问题、谋划工作。大力推动队伍能力提升,开设处长论坛、专题讲座,举办干部能力提升班和青年干部培训班,加强干部轮岗交流、挂职锻炼,努力优化干部队伍结构,组织专家型中层干部、专家型业务骨干评比,着力培养一专多能、通专结合的复合型人才队伍,努力打造"建一流队伍、创一流业绩、树一流形象、作一流贡献"的市场监管铁军。全市系统14个单位创成"江苏省文明单位","品质工匠巾帼工作室"入选市三八红旗集体,郑美琴同志获评全国离退休干部先进个人。

2.推进集成创新。充分认识标准化对高质量发展的支撑引领作用,运用标准化思维和方法,推动市场监管工作思路创新、流程再造。突出标准引领作用,推动《泰州市标准化条例》地方立法,创新设立"泰州市标准化宣传周",全省率先设立标准创新奖,推进专利标准融合。持续深入推动"标准化+"行动,探索推进标准全域化工作,实现标准化在各行业的深度融合和普及应用。推进"标准化+城市发展",全国首创《品质城市评价指标体系》国家标准,全国率先研制"优化营商环境标准体系",创成全国第三个、全省首个标准国际化创新型城市。推进"标准化+产业转型",创新研制发布《不锈钢产业转型升级发展指南》,推进不锈钢等传统优势产业转型升级。推进"标准化+公共服务",抓住国家基本公共服务标准化综合试点建设契机,创新建立均等化、普惠化、便捷化的基本公共服务标准体系,发布基本公共服务系列地方标准15项,《养老机构医养结合服务规范》填补全省空白。推进"标准化+社会治理",制定发布《企业安全生产双重预防机制建设规范》等地方标准,提升安全生产水平。发布江苏省首个《乡镇(街道)食品安全工作规范》市级地方标准,推动《公勺公筷使用规范》上升为省地方标准,探索出独具泰州特色的食品安全治理标准化工作经验。创新开展食品安全"阳光系列"工程建设,推动食品生产经营行业不断提档升级,获总局领导批示。率先发布实施《新型冠状病毒肺炎疫情防控无疫小区建设管理规范》地方标准,推动建设无疫小区,巩固防疫成果。

3. 推进监管创优。以宽松便捷为目标,深入推进商事制度改革,制定22条措施,实施"证照分离"改革,全面整合优化24个许可备案事项审批流程。开展涉企收费检查和违规涉企收费清理,企业年报率连续五年全省第一,做到更全面、更有力的"放"。以公平有序为原则,在全省率先探索"双随机、一公开"监管、打造企业特种设备智慧管理云平台,实现一网通办、一网统管;全国率先推行食品安全"吹哨人"制度,农批市场快检结果"全城通"项目入选总局创新案例;建成特殊药品销售登记平台,对全市零售药店"一退两抗"药品实行智慧化监管;深入开展重点产品质量"你点我检",组织抽查557批次。全省率先发布《消费维权服务站建设和服务规范》地方标准,全面推行网店经营"标准化+监管",搭建互联网广告监测平台,制定《机动车检验服务规范》。优化稽查办案模式,"4·26"特大化妆品案获国家药监局通报表扬,推进更阳光、更有效的"管"。以高效畅通为重点,开展小微企业质量管理体系认证提升行动,常态化开展项目行、台企行、计量服务中小企业行等专场对接,帮助140多家企业解决400多个实际问题。实施发明专利"深耕"、商标品牌发展"三年行动",培育知识产权密集型企业146家,全市万人有效发明专利量达23.94件,专利授权量60440件,拥有注册商标7.7万件。优化股权质押、动产抵押融资等服务,办理动产抵押登记1076件,帮助企业融资199.83亿元,有效缓解企业融资难问题,实现更精准、更有为的"服"。

(三)突出"争",抓争先进位,工作业绩进一步提升

1. 业绩争一流。建局之初,提出"在全国领先率先、在地方有为有位"的工作目标,对标更高标准、更高水平,推动各项工作"拉高线",力争在"没有先例"的方面率先做出成功案例,在"普遍在做"的方面做快做细做优。推动总局发展研究中心在泰州成立"长三角质量发展研究中心"、举办首届品质城市论坛,以品质城市国家标准为依据研究发布《中国100城市品质指数研究报告》。质量工作考核连续五次获评全省优秀等次,因推进质量工作成效突出,连续三次获省政府、国务院督查激励。"放管服"改革成绩突出获省政府督查激励,食品安全工作获评全省考核优秀等次,市场监管系统依法行政和服务群众满意度居全省设区市首位,先后荣获第七、第十批骏马奖。"以法治+标准化"聚力打造品质城市获评全省争创全国法治政府建设示范市县活动优胜项目。

2. 考核争进位。坚持在高质量考核中找准市场监管定位,牢牢抓住考核评价体系建设这个"牛鼻子",对市委、市政府年度重点工作任务、重大改革事项、重要考核指标实行挂图作战,聚焦市场监管主责主业,在品质泰州建设、"两反两保"、文明城市创建、优化营商环境、事中事后监管、疫情防控等重大活动中,加快建设适应、反映、引领、推动高质量发展的市场监管工作体系。综合采用多重考核方式、创新考核手段、强化考核监督、用好考核结果、注重考核实效,在全系统工作会、党组会、

局务会上,采取集中通报表扬、通报项目进展情况、推行干部"亮绩赛马",层层传导压力、层层落实责任,确保牵头指标考核结果率先、抢先、领先。深挖指标背后内涵,突出为民促发展、聚焦为民守安全、致力为民办实事,从偏重指标数据考核向彰显长效作用转变,多做打基础、利长远的工作,持续创造经得住时间检验的工作业绩,发挥好考核评价对高质量发展的引领作用,"高标准引领经济社会高质量发展""打造农村聚餐阳光宴会厅"分别荣获泰州市改革创新项目一等奖、二等奖。

3.服务争贡献。聚焦"致力民生、聚力转型"两大主题,在全市市级部门中率先与医药高新区签订"高质量发展合作协议",明确4个方面16条合作措施,出台推动大健康产业高质量发展"20条",强化落实《推进民营经济高质量发展实施方案》,加快推进产业链、创新链、价值链"三链融合"。创新"让证自己跑"服务模式,制定全省首部《行政许可容缺受理服务规范》,全省率先出台《企业"一照多址"备案登记管理办法》,简化企业经营场所登记手续,有效释放市场主体活力。做实支撑平台,打造"泰检易"质量基础设施公共服务平台,开通全国首条NQI公交专线,总局先后在WTO会议、联合国"中小企业活动日"上对"泰检易"经验做法进行推介。建成国家特防中心、药检院综合检验楼,获批筹建中国(泰州)知识产权保护中心、省特殊医学配方食品质检中心、省医药健康计量中心。出台"四畅通五优化"九条措施,帮助企业纾困解难,鼓励指导企业争创各级质量奖项,22家企业通过江苏精品认证,新增省长质量奖(含提名奖)获奖企业4家,生物医药行业入选首批长三角质量提升示范试点项目,扬子江药业荣获全国医药行业首个"欧洲质量奖"。

在肯定成绩的同时,要清醒看到,我们工作中还存在一些问题和不足,主要是:聚焦中国医药城、服务大健康产业等方面推出的举措还不够多,出台的配套机制还不够健全;知识产权工作短板明显,专利授权率偏低;在推进职能深度融合方面,仍然需要进一步探索和优化;全面从严治党、党风廉政建设的长效机制方面,仍然需要进一步加强;等等。

二、认清新形势,建功新时代

2022年工作的总体要求是,以习近平新时代中国特色社会主义思想为指导,全面贯彻党的十九大和十九届历次全会精神,深入贯彻全国市场监管工作会议精神,认真落实市委六届二次全会决策部署,持续深化品质泰州建设,扛起时代赋予的使命担当,建功新时代、立业新作为,以崭新业绩迎接党的二十大胜利召开。

(一)聚焦"高",拉好发展高线。

1.推动高质量发展。市委六届二次全会提出了"高质量发展进入全省第一方阵"的目标要求。面向现代化建设新征程,我们要从构建新发展格局、推动高质量发展的战略高度出发,深刻领会质量第一、效益优先的要义,更加注重质量和效益的转型,深化品质泰州建设,激活高质量发展的动力活力,更加重视催生高质量发展的新动能新优势,努力在推动高质量发展上闯出新路子,实现产业和城市互促并进的转型。用足用好促进大健康产业高质量发展20条等惠企措施,推进允许药品进口口岸城市创建,加快推动药品进口口岸所、口岸局通过验收。建好省特殊医学配方食品质检中心、省医药健康计量中心,推动建立省药监局审评核查泰州分中心,发挥药品检查员队伍的作用,提升产业竞争力。加强技术机构科技创新能力建设,精准对接产业发展需求,聚焦"卡脖子"环节,实施"揭榜挂帅"。高标准推进国家知识产权示范城市建设,加快建设中国(泰州)知识产权保护中心、泰州市知识产权运用促进中心,面向先进装备制造和医药产业开展知识产权快速协同保护工作,帮助企业专利申请快速审查和确权,开展专利导航服务。加强知识产权公共服务设施建设,充分用好国家知识产权局商标业务泰州受理窗口,方便企业就近申请商标注册。推动"知识产权大数据平台"扩面升级,促进知识产权服务一体化。推进知识产权强企行动,组织优质专利代理机构帮助企业进行专利挖掘,提升专利申请质量。加强知识产权创新载体建设,联合科技等相关部门支持企业牵头组建高价值专利培育示范中心等创新联合体,在关键技术领域充分挖掘技术创新成果,促进技术向专利转化,专利向标准转化。

2.创造高品质生活。围绕创造高品质生活做文章,以民生"小事"汇聚发展"大事"。聚焦疫情防控、食品药品、特种设备、产品质量等重点领域,全力以赴抓安全,确保群众吃得安心、买得放心、用得舒心。优化消费环境,健全消费投诉信息公示制度,提升投诉举报处置效能。深入推动购物无理由退货工作,探索建立消费环节经营者首问和赔偿先付制度,推动完善消费纠纷多元化解机制,放大"郑美琴消费维权工作室"效应,加强消费者权益保护,净化消费市场环境。推进广告智慧监管系统建设,持续加大金融、教育培训、房地产、医疗等民生领域虚假违法广告查处力度。严厉打击哄抬物价、囤积居奇等违法行为,密切关注米袋子、菜篮子、果盘子等重要民生商品价格动态,加强价格巡查,广泛开展提醒告诫,强化价格政策宣导,督促严格执行价格政策,落实明码标价制度,有效抑制价格异常波动。加大侵权假冒、防疫物资和"一老一小"用品质量执法力度,深入开展民生领域"铁拳"行动,严肃查处侵害群众利益的违法违规行为,维护消费者合法权益。发挥典型案例警示震慑作用,查出一件,处理一件,办成一批"铁案"。不断满足人民对美好生活的向往,守护好老百姓"尘世间的幸福"。

3.实现高效能治理。实现高效能治理,要更好发挥标准化在推进治理体系和治理能力现代化中的基础性、引领性作用,优化标准化治理结构,增强标准化治理效能。深入贯彻落实《国家标准化发展纲要》《泰州市标准化条例》,推动标准向农业、工业、服务业和社会事业经济社会全领域覆盖。更好发挥标准作为战略性创新资源作用,以标准搭建创新成果与产业、市场之间的桥梁,在更多领域、更高层次实施企业标准"领跑者"制度,推进先进标准体系迭代升级,形成产业优化升级的标准群,助力创新发展。健全统一、协同、高效的标准化工作机制,推动城乡、区域和一、二、三产业融合发展,助力协调发展。构建覆盖广泛、技术领先的生态文明标准体系,促进人与自然和谐发展,助力绿色发展。抓住用好创成标准国际化创新型城市的机遇,围绕国内国际双循环相互促进,推进标准互联互通,积极采用国际标准,推动国内、国际标准同步制定,助力开放发展。推进基本公共服务标准化建设,深化国家基本公共服务标准化综合试点建设,建立具有泰州特色的基本公共服务标准体系,通过国家新型城镇化标准化试点验收,助力共享发展。

(二)聚焦"大",划好业务连线

1.构建大市场体系。市场主体是市场的微观基础、核心要素,是我国经济发展的底气、韧性所在,是稳住经济基本盘的重要基础。中央经济工作会议强调今年经济工作要稳字当头、稳中求进。"证"和"照"是企业进入市场开展经营活动的两把"钥匙"。要深入推进优化营商环境,激发市场主体活力。聚焦打造全省"办事最便捷"城市目标,出台优化营商环境系列标准,全面推进登记许可"让证自己跑"服务模式,进一步完善企业开办"一网通办"便利化措施,继续深化"证照分离""一照多址""远程评审"等多项改革,对市场经济发展中的新技术、新产业、新业态、新模式采取"包容审慎"原则,实施"容缺受理",让服务更有速度。优化民营经济发展环境,依法保护各类市场主体合法权益,完善中小微企业和个体工商户成长培育体系,确保市场主体稳定增长、活跃发展。贯彻《知识产权强国建设纲要》《泰州市"十四五"知识产权发展规划》,健全知识产权保护体系,突出全环节覆盖,加强跨部门、跨区域协同治理。推进高价值发明专利培育工作,严厉打击非正常专利商标申请。建立完善知识产权质押融资制度,打通"互联网+知识产权+金融"的质押融资通道,推动企业形成"自主创新、换来资金、持续创新、增加效益"的良性循环,让优质"知产"转"资产"。加强"小个专"党建工作,发挥党组织党员的凝聚带动作用,激发小微市场主体发展活力。

2.打造大质量格局。贯彻落实《泰州市"十四五"质量发展规划》,加快推动长三角质量提升示范试点,争创全国质量强市示范城市,创建全国质量品牌提升示范区。完善政府质量奖励激励制度,发挥标杆企业示范引领作用,引导各行各业加强全面质量管理。聚焦医药、化工、装备等支柱产业、特色产业持续开展质量提升活动,对重点行业、重点企业实施质量帮扶,加强质量品牌培育、发展、推广,打造一批具有影响力的质量竞争型产业集群和企业。推动生产性服务业向专业化和高端化拓展,生活性服务业向精细化和高品质提升。加强质量文化建设,发挥好长三角质量发展研究中心、品牌建设促进会作用,深入开展"品牌日""质量月"活动,引导全社会增强质量意识。加强质量认证体系建设,聚焦重点行业领域和集聚区域,推进质量管理体系认证、产品认证和服务认证,带动质量全面提升。推进中小微企业质量帮扶,组织开展针对中小微企业的质量管理体系、卓越绩效评价准则培训,提高中小微企业质量管理能力,梯次培育"专精特新"企业和小巨人企业;组织质量专家开展质量问题"问诊治病",为中小微企业提供标准、计量测试、检验检测、认证认可、质量管理、品牌建设、知识产权等综合服务。发挥检验检测中心建在产业链上、建在产业园区的集聚优势,打造"1+6"公共服务平台集群,推进质量基础设施协同服务。推广"泰检易"公共服务平台一站式服务模式,建设"泰检易"线下区域服务中心、园区服务站。建成国内首个智能化棉花公检实验室、杜邦轰燃测试实验室、阻燃防爆性能测试实验室、安全防护沉浸式体验培训基地,建成省内唯一的1500吨立式吊梁检测基地,加快消费品中有毒有害物质检测平台建设,推动质量基础设施迭代升级,与支柱产业、新兴产业融合发展,打造全国一流的检验检测集群。

3.健全大监管模式。规范监管检查事项,优化联合监管机制,实现日常监管领域"双随机"全覆盖和部门联合监管"双随机"常态化。推进信用联动监管,探索信用风险分级分类监管,加大失信企业抽查力度,合理配置监管资源。推动市场主体开展年报信息公示,探索市场主体信用承诺、失信联合惩戒等机制,完善经营异常名录管理、严重违法失信名单管理等信用监管制度,倒逼企业形成守合同重信用的企业文化,实现企业年报率全省排名六连冠。加强认证监督检查,开展电动自行车、防爆电器、儿童玩具等强制性认证产品生产销售等专项监督检查。做好强制性认证产品认证监督检查,对无证生产或销售、获证企业不符合法定条件和要求从事生产经营活动等违法行为,依法严肃查处。组织开展管理体系、产品和服务等自愿性认证领域专项整治,依法严厉查处买证卖证、虚假认证等违法违规行为,严厉打击伪造、冒用、买卖认证证书或认证标志等违法行为。完善公平竞争审查制度,落实重大政策措施审查会审制度、第三方评估制度,推进公平竞争审查向重点园区、重要镇街延伸,扩大审查覆盖面。统筹推进全市商业秘密保护示范点、基地建设,完善保护规则,加大保护力度。强化广告产业监管引导,推动广告产业园区提档升级。加强网络市场监管,坚持线上线下一体化,重点开展"6·18"、"双11"、长江禁渔等专项监测监管工作,打击网络交易违法行为。健全执法体系,完善案件线索追溯管理制度、案件集体讨论制度,积极整合执法稽查资源,全面推行案件主办人员、协办人员制度。探索特定领域轻微违法案件行政处罚简易程序,细化适用情形。推广"数字化+执法办案""项目化+典型案件"专业化执法机制,加大执法考核激励,深挖案源线索,全面净化市场秩序空间。

(三)聚焦"安",守好安全底线

1.守牢食品药品安全。当前,新冠肺炎疫情全球大流行仍处于发展阶段,奥密克戎变异株进一步增加了疫情的不确定性,外防输入、内防反弹的压力依然较大。特别是春节即将来临,人员流动较大,各类聚集性活动明显增多,疫情防控任务更加艰巨。要始终绷紧疫情防控弦,严格落实各项防控措施。充分发挥进口冷链食品"集中监管仓+电子化溯源+铁脚板督导"常态化防控机制,做到全程溯源可控。突出泰兴、靖江集中监管仓疫情防控,严格工作人员闭环管理,筑牢进口冷链食品"外防输入"防控体系。高度重视进口水果输入风险,严格落实邮政快递企业人员物件防控措施。强化农贸市场、零售药店、奶茶店、咖啡馆、茶座和酒吧等重点场所疫情防控,督促落实好人员、场所防控措施。深化省级食品安全示范城市创建成果,争创国家级食品安全示范城市。加强食品安全全链条监管,完善食品安全风险处置机制,形成闭环管理网络。继续推进"阳光系列"惠民工程,新增"阳光菜篮子"15家、"阳光宴会厅"100家、"阳光厨房"500家,开展"阳光抽检"不少于5000批次。推进食品小作坊提档升级,打造省运会餐饮安全智能监管示范点。加强药械经营信息化监管,开展"祥泰·品质药房"评选,发挥"四类药品"实名登记在疫情防控中的"哨点"作用,强化疫苗储运使用质量监管,建成国家药监局法治宣传教育基地。

2.守牢特种设备安全。扎实推进特种设备安全专项整治三年行动,探索实施失信联合惩戒制度,督促生产经营使用单位严格履行特种设备安全生产主体责任、依法依规开展生产经营使用活动。推动落实属地政府责任,全面实施请示报告和挂牌督办制度,特种设备安全的重大问题、重要事项和重要工作要及时向当地党委政府请示报告,重大安全隐患要提交政府挂牌督办。对特种设备专项整治工作不力或者安全事故多发的区域,进行约谈、重点督办。完善电梯应急处置服务平台机制,推广无纸化维保新模式,持续抓好门式起重机双限位、电梯鼓式制动器、燃气管道法定检验、移动式压力容器等各类专项整治。加强与检验机构的通力协作,巩固压力管道排查整治成果,厘清使用登记信息,及时查漏补缺。全面加强安全管理,继续用好企业特种设备智慧管理云平台,全面推进特种设备双重预防机制建设,在涉危化品特种设备使用单位、大型游乐设施使用单位、气瓶充装单位、电站锅炉使用单位等重点单位开展双重预防,超前辨识预判安全风险,加强过程管控,构建隐患排查治理体系和闭环管理制度,实现特种设备使用单位安全风险自辨自控、隐患自查自治,坚决守牢守好安全责任底线,着力提升本质安全水平。

3.守牢工业产品安全。强化对涉及生产许可、强制性产品认证、安全生产、环境保护和群众生活密切相关的日用消费品的抽查,建立市级监督抽查重点产品目录,实现生产流通、线上线下一体化监管,提高监督抽检的针对性和靶向性。开展疫情防控用品、电动车、消防产品、埋地管材等重点产品专项整治,开展儿童和学生用品、洗染业行业"你点我检"。探索建立行业和区域质量安全风险监测预警机制,加强市场安全大数据分析应用,强化产品质量安全风险监测,积极融入参与长三角区域性产品质量安全风险预警协作,深入开展质量安全隐患排查,及时发现和处置行业性、区域性质量安全风险苗头,严防发生影响大的产品质量安全事故。强化抽查不合格企业及产品后处理工作,实行生产、流通双向追溯,后处理闭环率达100%。开展产品质量技术帮扶"巡回问诊",帮助企业查找产品质量问题症结,针对性提供解决方案,提升产品质量水平。在监督抽查、风险监测等过程中,大力宣传产品质量法律法规、技术标准、质量管理方法等,增强企业质量管控能力水平。优化产品质量风险监测机制,扎实推进产品质量安全风险信息共享,开展消费预警发布和风险信息通报,及时公布监督抽查、风险监测结果和质量分析报告,强化实施缺陷产品召回工作,为产品质量安全"保驾护航"。

三、立业新作为,展现新形象

1.坚持"实",弘扬实干精神。实干,成就梦想,今天的实干姿态,就是明天的发展业绩。思想要实。坚持用习近平新时代中国特色社会主义思想解放思想、统一思想,深化新思想"入心"工程,强化理论武装,通过主题党日、固定学习日、"三会一课"、微党课等形式,组织集中培训、日常学习和竞赛活动,使全体党员干部筑牢信仰之基、补足精神之钙、把稳思想之舵,完整、准确、全面贯彻新发展理念,做到学思用贯通、知信行统一,夯实思想根基。开展"建什么功,立什么业""在哪些方面建功立业"以及如何在既有成绩的基础上"再建新功"大讨论,谈"怎么看"、讲"怎么干"主题行动,理清目标、弄清方法。措施要实。深化品质泰州建设,实现美好蓝图慢不得,也等不起,更不能进两步退一步,必须咬定目标、锁定任务。要坚持目标导向,确定"路线图",绘好"时间表",制定"作战书",挂图作战,责任到人。甩开膀子、迈开步子,抓重点、攻难点、通堵点,实干、苦干、加油干、补短板、拉长板,确保一个月有一个月的变化、一个季度有一个季度的成效,高质量完成各项决策部署。考核要实。突出实干导向,以实绩论英雄,以亩产论英雄,强化督查和效能考核,突出正向激励,健全容错纠错机制,实行动态考核、精准考核,在改革发展的主战场、维护稳定的第一线、服务群众的最前沿考核干部职工,将考核结果与干部的评先选优、选拔任用挂钩,倒逼全体干部职工真抓实干,以实实在在的举措奋力扛起"致力民生、聚力转型"两大使命。

2.坚持"勤",坚守勤廉底线。人勤春来早,奋进正当时。要勤学。学习,不仅是个人的生活方式、精神追求,更是政治责任、岗位要求。要增强学习的主动性、自觉性,避免知识老化、思想僵化、能力退化。推行"一线工作法",带着责任带着问题到基层去、到一线去、到人民群众中去,有针对性地开展调查研究,摸清情况,解决问题。要勤奋。勤能补拙,勤是工作态度的基本体现。要立足岗位,积极奉献，敢于自我加压，坚持"干什么练什么，干什么比什么"，开展平台服务、检验检测、执法办案等大比武，比技能、比服务、比业绩，比贡献份额，比成果大小，横比争先进、纵比促进步，激发全系统干部职工学业务、钻技能的工作热情，形成赛着干、争着上的浓厚氛围。要勤廉。各级主要负责人要切实履行第一责任人的责任，抓好班子带好队伍。班子其他成员也要认真履行一岗双责，定期研究、部署、检查和报告分管范围内的党风廉政建设工作，层层压实管党治党主体责任。带头贯彻廉洁自律准则，带头构建亲清政商关系，带头加强家庭家教家风建设，做到真管真严、敢管敢严、长管长严。

3.坚持"好"，实现好上加好。好是要求，更是结果。能力要好。事业要发展、难关要攻克、风险要防范，必然要求我们全面推进法治建设，持续补足能力上的短板、本领上的不足。贯彻落实《法治政府建设实施纲要》，及时开展规范性文件和重大行政决策合法性审查工作，全面推行行政执法"三项制度"和行政处罚"三张清单"制度，切实加强行政执法指导和监督，组织实施"八五"普法规划，不断提升全市市场监管法治化水平。业绩要好。对标先进找差距、瞄准问题抓整改，自我加压，乘势快进，把"争"的参照物定得更高一些，把"进"的目标定得更远一些，把"比"的对手定得更强一些，敢于争第一、奋力创唯一，突出特色工作优势打造高峰、把握重点工作导向打造高地、统筹整体推进打造高原，努力创造出色、出彩、出众的一流业绩，点亮市场监管的显示度、形成优质服务的加速度，用市场监管部门"辛苦指数"换取幸福泰州的"发展指数"。形象要好。创一流业绩，还要树一流形象。树立"有为才能有位，有位更须有为"的理念，内强素质，外树形象，推动行政执法规范化、制度化、精细化，进一步提升综合服务效能，守纪律、敢担当、善作为，在队伍建设上争一流，擦亮"品质先锋"党建品牌、"品质工匠"服务品牌，彰显市场监管队伍新作风、新作为、新风采。

打造泰州标准
引领推进品质泰州建设

（2017 年 7 月 21 日）

标准是经济活动和社会发展的重要技术支撑，是国家治理体系和治理能力现代化的基础性制度。习近平总书记在致第 39 届国际标准化组织（ISO）大会的贺信中指出，"中国将积极实施标准化战略，以标准助力创新发展、协调发展、绿色发展、开放发展、共享发展"。建设品质泰州是贯彻落实"五大发展"理念、推进"两聚一高"的具体实践，我们必须充分发挥标准化的基础性、战略性、引领性作用，将标准化的原理和方法引入品质城市建设，努力实现"让城市更美好，让市民更幸福"的宏大目标。

一、标准是城市品质的重要支撑

1.标准是世界协同发展的"通用语言"。标准是经济社会活动的技术依据。伴随着经济全球化的深入发展，全球生产加工链、全球贸易链、全球创新链等"链"式发展，已成为世界经济发展的重要方式。全球化制造、分布式协作、跨地域协同、实时交互等，对标准的依赖程度越来越高。"一流企业做标准，二流企业做品牌，三流企业做产品"。谁掌握了标准制定权，谁就掌握了行业的话语权、市场的话语权。标准在便利经贸往来、支撑产业发展、促进科技进步中的作用日益凸显，成为生产和贸易的"宪法"。

2.标准是引领品质发展的"风向标"。品质是城市精神品位和发展质量的有机融合，人类的城市发展历程主要体现在品质的不断提升上。从某种意义上讲，人类的文明史就是城市品质持续提升的发展史。标准决定质量，有什么样的标准就有什么样的质量，只有高标准才有高质量。扬子江城市群的竞争，不是简单地比大小、比块头，比的是特色，比的是品质。就泰州而言，必须通过标准引领，打造特色标志，带动品质提升，让创新动力更加强劲、"富民坐标"更加精准、小康社会更有温度。

3.标准是规范社会治理的有效手段。党的十八届三中全会提出要推进国家治理体系和治理能力现代化,这就要求标准化发挥更大作用。新常态下,标准的覆盖范围不断扩大,从经济领域向社会治理、文化建设、生态环境、政府管理等方面延伸。李克强总理指出,标准是支撑城市规划、建设、管理的"技术规矩"。"互联网+政务服务"体系建设规划、《国家标准化体系建设规划(2016—2020年)》,都明确提出加强城市可持续发展标准化和新型智慧城市标准化的要求。标准化的实质是简化和统一,通过纵向继承,实现横向复用。导入标准化的理念和方法,经过反复迭代优化,"再造"城市管理、公共服务流程,使社会治理可量化、可追溯、可考核,推动形成"市场规范有标可循、公共利益有标可量、社会治理有标可依"的标准化格局,为品质城市提供制度保障。

4.标准是推进"两聚一高"的重要支撑。省党代会提出了打好"两聚一高"主攻仗的目标。标准是创新成果产业化、规模化的桥梁和纽带,通过标准共建共享,加快标准与技术融合、与专利互动,支撑推动科技创新、制度创新、产业创新和管理创新,最大程度释放"标准化+"对新技术、新业态、新模式、新产业的催化效应,推进"大众创业、万众创新"。标准是富民举措常态化、长效化的载体和媒介。高水平全面建成小康社会,最直接、最根本的是提高广大老百姓的富裕程度和生活质量。推进基本公共服务标准化,可以促进基本公共服务资源在城乡之间、区域之间合理配置,补齐短板、拉长长板,增加城乡居民的"隐性财富"。

二、积极打造具有鲜明特色的泰州标准

泰州市第五次党代会提出了"坚持以质量效益为中心,以'品质泰州'建设为追求"的目标定位,质监部门作为牵头部门,尤其要注重以标准为引领,推进标准化在经济社会各领域的普及应用和深度融合,全社会都应树立标准意识,坚持标准理念,强化标准思维,寻标、对标、提标、达标,从而让城市发展更具含金量,更有质感和品位。

一是引导泰州标准"闯世界",打造泰州经济核心竞争力。推动和引导企业主导、参与制修订国际标准、国家标准和行业标准。泰州企业主导制修订国际标准6项,参与制修订国际标准3项,其中5项国际标准已经发布。积极推动国际系泊链、减速机、石墨烯等专业标准化技术委员会秘书处、工作组落户亚星锚链、泰隆、巨纳新能源等企业。引导江苏省LED道路照明、吊索具行业和高港区壁纸企业制定联盟标准,在区域内实现集聚、抱团式发展。

二是促进泰州标准"领行业",抢占泰州创新发展制高点。国家低维纳米结构与性能工作组在泰州成立,全国首批确定的石墨烯方面4个国家标准计划,泰州企业主导承担制定其中2项,标志着泰州石墨烯产业赢得了全国石墨烯新能源行业话语权。指导兴化创建全国首家,也是唯一一家农产品电子商务标准化示范区。目前,全市建有高新技术自主创新标准化试点10个,循环经济标准化试点3个,战略性新兴产业标准化试点8个;建有国家级农业标准化试点示范项目18个、省级试点示范项目21个、市级试点项目3个。

三是增强泰州标准"固根基",促进泰州社会治理"接地气"。积极推动标准化向党建、综治、人防、安全、农村建设等方面拓展。协助制定全面落实从严治党两个责任的工作规范,探索推动党建标准化。开展便民服务国家级标准化试点,制定镇村便民服务、农村公共管理等7项省级地方标准。指导姜堰区开展国家农村产权交易标准化试点,使农村资源配置有标可依,农村公共服务有章可循,农村治理效果有据可考。

四是推进泰州标准"利民生",提升泰州市民幸福感。研究制定《品质城市评价指标体系》江苏省地方标准。靖江市农村公共服务运行维护标准化试点通过国家标准委验收,形成具有靖江特色的"1189"农村公共服务运行维护标准化试点模式。结合文明城市创建,在全省率先发布农贸市场建设与管理地方标准。指导开展社区助残、中医医疗服务等国家级标准化试点项目。发布老年人助餐点建设与管理、道路深度清洁规范、停车场计时服务和诚信旅游评定规范系列泰州市地方标准,组织制定泰州干丝、泰州鱼汤面、溱湖八鲜等18项名小吃地方标准,有效提升公共服务品质。

三、用标准化引领推进品质泰州建设

标准化引领推进城市转型发展、品质提升,是一项涉及方方面面的系统工程,需要组织动员各方面力量全方位、立体式推进。

一是开展"标准化+泰州制造",提升经济发展品质。支持鼓励生物医药及高性能医疗器械、高技术船舶及海工装备、节能与新能源等三大战略主导产业,主导或参与制修订有关键核心技术支持的国际标准、国家标准、行业标准和团体标准、企业标准,构建"泰州制造"先进标准体系。

二是开展"标准化+文明创建",提升社会文化品质。以城镇给水排水、污水处理、燃气供给等城市管理服务领域为重点,研究制定公共基础设施配置和管理标准,推进网格化城市管理模式。推进行政审批服务标准化建设,建立信用数据标准化体系,开展文化体育惠民服务省级标准化试点。

三是开展"标准化+生态治理",提升生态环境品质。逐步提升产业准入的能耗、物耗、水耗和环保标准要求。推动建立生态文明(美丽)乡村标准体系,深入推进农村综合改革标准化建设,加强农村生态环境保护、农村人居环境改善、农村基础设施建设等标准的制修订。制定并实施全市垃圾分类投放、搬运、处理标准,最大限度地实现资源利用。

四是开展"标准化+社会管理",提升公共服务品质。确保社会服务、居家养老等基本生活服务标准化建设,优化公共教育、医疗卫生服务、药品供应保障等基本发展服务能力标准化建设,联合相关部门强化企业安全生产标准、企业隐患排查标准和监管部门执法检查标准等基本安全保障标准化建设。

　　五是开展"标准化+市民生活",提升人民生活品质。开展特色小镇标准体系建设,推进新型城镇化标准化试点,以高标准推动建设高质量的特色小镇。开展旅游服务标准化建设,完善全域旅游标准体系。加快建立泰州名小吃名菜标准体系,引导餐饮企业制作过程统一、规范、严谨,确保菜品味道纯正,保护传统特色。

泰检易：为"双创"打造"共享"新平台

（2017年7月28日）

近年来，泰州质监局积极把握新经济、新业态和新模式，以打造"品质泰州"为主线，强化"共享思维"，创新建设"泰检易"公共服务平台，致力使质监服务更便捷更精准，更周到更贴心。平台启动一年来，已入驻检测机构110多家，注册企业用户580多家，提供标准查询450多次、认证咨询服务20多家，服务企业计量检定230多家、产品检测130多家，平均检测时间缩短了近30天，直接为企业节约检测、检定费用250多万元，间接帮助企业创造生产效益500多万元。

一、应运而生

所谓"泰检易"，是一个立足泰州、面向长三角、辐射国内外的集检验检测、标准服务、计量检定、认证认可等于一体的质量技术公共服务平台。应该说，"泰检易"的诞生适逢其时。

1. 改革驱动。我们谋划建设"泰检易"公共服务平台的初衷，是解决"放管服"改革后标准化院的发展出路问题。面对改革的倒逼，我们化被动为主动，发挥质监部门优势，通过"互联网+"的共享经济模式，推动检验检测机构、政府部门、市场参与者之间资源共享、信息互通，精准策应改革需求，拓展检验检测新空间。

2. "双创"带动。大众创业、万众创新，要求质监部门进一步创新服务。针对面广量大的小微企业的"双创"需求，我们充分激活、利用、整合、优化检测力量，为企业带来充足、优质、权威、实惠、便捷的检测资源，为检测事业注入更多"源头活水"，让平台成为企业的"厂外质检部""技术服务站""人才孵化器"。

3. 政策推动。国家关于支持高技术服务业发展的一系列政策，为检验检测事业注入了新动能。我们紧紧抓住政策机遇，搭建以国家级质检中心为龙头，省市级质检中心为基础，第三方检验检测机构为补充的多层次、多维度检验检测资源的"泰检易"平台，开放检验检测资源，带动整个检验检测行业步入发展快车道。

4. 自我发动。进入"十三五"时期，质量技术服务事业发展面临诸多挑战。我们发动系统上下开展"头脑风暴"，一致认为要顺应"互联网+"发展趋势，激发内在动力,依托质监部门检验检测资源优势,创新打造"泰检易"平台,综合提升技术机构服务能力水平,为技术机构事业发展探索新的路径。

二、探索前行

"泰检易"平台从初期在众多小微企业与检测检验机构之间架起桥梁和纽带入手,在实践中逐步走向耦合资源,向标准、计量、认证认可等业务拓展,为小微企业提供综合服务的新模式。

1.便捷化操作,力求"零障碍"。"泰检易"采取线上线下相结合的开放平台,检测机构自主注册,审核通过后就能入驻平台开"网店"。有检测需求的单位通过查询检测项目、发布检测信息等方式自主搜索"店家",经过比质比价后选择最合适的检测机构在线提交订单。订单生成后,用户可以实时在线查看检测进展情况、检测数据和检测报告等信息,也可直接联系平台寻求帮助,择优选择检测机构,操作高效便捷。

平台不但可以让用户迅速寻找到合适的检测机构,而且也让有富余检测能力的企业可以发布检测能力信息,以吸引到有需求的用户,有效解决了信息不对称的窘境。靖江市新桥镇多家企业创业之初,通过平台完成了检测,既解了小企业求检无门的燃眉之急,又解了大企业检测设备闲置的浪费之苦。

2.高科技检测,力求"零门槛"。"泰检易"平台通过整合系统内外检验检测资源,参与合作共建国内首家本科检验检测学院,努力为企业发展提供强有力的技术支撑和人才保障。平台注重吸纳行业顶级机构,国外知名检验检测集团相继入驻。2017年,劳氏船级社、天祥集团先后进驻泰州,为泰州市企业及检测机构开展专题培训,建设检验检测、数据集成分析及解决方案一体化机构提供了机遇。

国内外知名检测机构的加盟,提升了平台的技术含金量。这些"高大上"的机构,过去众多小微企业"可望而不可即",如今通过"泰检易",小企业也能有机会"零门槛"享受到大机构提供的优质服务。2017年5月,劳氏船级社(上海)有限公司加盟"泰检易"后,先后两次派遣重量级专家,为泰州市船舶、医药相关企业及检测机构开展专题培训,近200名本土企业主近距离接受了劳氏专家的授课。劳氏船级社还将在泰州设立办事处,共建合作实验室,推动第三方资质认可及人员培训,实现资源共享、共同发展。7月,天祥集团成立靖江检品中心,成为全球首家为产品提供供应链一体化解决方案的检品中心。作为天祥集团在中国的分支机构,投用后将创新成为全国领先的检品检验、商品分拨、数据集成分析、仓储服务及解决方案一体化机构,并吸引唯品会、苏宁、网易、京东等企业建立品控公司,不断壮大产业规模,提升产业集聚度。

3.全方位服务,力求"零距离"。"泰检易"作为第三方平台,连接检验检测机构和企业双方,通过数据整合,以团购模式打包服务,有效降低企业的检验检测成本。同时积极争取政府政策层面上的支持,凡在平台达成的检测交易可用政府"科技创新券"予以支付,进一步降低了检测成本。在实际运营中,平台还根据企业需求,主动帮助企业匹配、识别、联系检测机构,实现服务"零距离"。

2016年,泰州市华丽塑料有限公司一批货值2000多万元的塑料地板被检出二氯丙醇,外方要求退货。我们通过平台协调组织科研攻关小组入驻企业,开展近千次检测排查,帮助企业找到了污染源,保障企业产品行销欧美,年销售额超20亿元,一跃成为行业佼佼者。

4.多要素融合,力求"零缝隙"。"泰检易"平台聚合了跨区域质量技术基础的整体功能,提供计量检定、标准服务、认证认可和检验检测等质量技术基础"一站式"服务,促进企业产品研发、设计、制造和市场推广,助推企业、行业、产业集聚区转型发展,提升质量品牌。

2016年7月,泰州市招引的重点项目汇福粮油新购2台大口径涡街流量计,但无法实施检测。公司求助"泰检易"后,平台迅速联系到上海专业机构,顺利实施了检测,不仅节省了检测费用,而且"抢"出一个多月的生产时间,间接创造生产效益400多万元。随即,公司又通过平台落实了28个储油罐的检定,节省检定费用近百万元。

三、初见成效

"泰检易"作为公益性质的质量技术公共服务平台,为企业与质监部门的交流提供了全新渠道,跨行业、跨地区、跨能级的资源采集、共享、交换网络开始建立,初步实现了信息、资源、技术、要素"四个共享"。

1.精确精准,实现了信息共享。"泰检易"平台在服务小微企业过程中,集成和激活散布于企业、院校、社会机构中的检验检测力量,在企业与检验检测机构之间搭建沟通渠道和桥梁纽带,实现供需信息精确互联和精准匹配。从运行情况来看,平台能够在华东范围内为需求方搭建起优质、高效的"检索通道",为检定、检测方提供简捷、便利的"展示窗口",从而有效解决供给盲区与供给过剩,消除信息孤岛与信息鸿沟,打破传统检验检测市场扁平化、单一化的供给模式,满足小微企业差异化、个性化、多样化的检验检测等质量技术服务需求。

2.线上线下,实现了资源共享。"泰检易"平台先期以质监系统专业资源为基础,以相关部门、院校、企业单位的检测资源为补充,同时有计划、有针对性地引进国内外知名的检验检测集团入驻,汇聚了丰富的检验检测资源。在帮助小微企业解决"双创"初期检测设施投入不足、普遍存在检测难的问题方面,"泰检易"建立了检验检测服务绿色通道,利用线上线下平台,同步对接现有检验检测资源,提供产品研发和技术创新的条件和服务,助力小微企业起步腾飞。

3.互联互通,实现了技术共享。平台致力于营造"政产学研检"合作新模式,推动检验检测机构开展关键技术的开发研究,全方位服务泰州产业发展。当前,"泰检易"平台已与市科技局网上技术专利与科技服务交易平台"泰科易"实现了"互联互通"。泰州企业开展新技术、新产品、新工艺的研究开发等科技创新活动可向"泰科易"平台申请"创新券",凡在"泰检易"平台达成的检测交易可用科技创新券予以支付。平台还将开拓更多元化的增值领域,通过整合平台业务数据,建立检验检测大数据库,对产业发展和风险隐患进行分析研判,精准把握检验检测发展方向。

4.拓宽拓展,实现了要素共享。为进一步贴合服务发展需求,发挥质量技术基础的整体功能,"泰检易"平台的服务空间正在不断拓宽,服务范畴正在不断拓展,从专业的检验检测公共服务平台,成长为"一站式"公共质量技术基础服务平台。它的服务功能已经跳出单纯的检验检测,延伸到标准、计量、认证认可、质量管理、品牌建设等多个方面,在企业、行业、产业集聚区转型发展和区域质量品牌提升中,形成了集聚效应和叠加效应。

"泰检易"平台的探索实践才刚刚起步,下阶段我们将更好地学习其他先进地区的成功经验,取人之长,补己之短,不断拓展延伸平台功能,加强与国际顶尖检测机构的沟通合作,进一步深化认证咨询与标准化服务,努力把"泰检易"打造成"双创"服务的新"共享"平台。

突出"三同" 致力提升城市品质

（2018年1月16日）

2017年以来，我们在省局和泰州市委市政府的正确领导下，坚持以"品质泰州"建设为主线，努力在服务大局、推动质量发展中彰显质监作为、贡献质监力量，取得较好成绩。泰州市政府以排名第二的成绩入选第三届中国质量奖提名奖，并荣获2017年全国"质量魅力城市"。扬子江药业集团再度入选中国质量奖提名奖。泰州市市场监督管理局还荣获"江苏制造突出贡献奖先进单位"，受到省政府表彰。

一、与时代同向

紧扣时代脉搏，努力以促进城市品质提升来回应经济社会发展阶段转变、社会主要矛盾转化的新时代新特征。

1.把握质量时代新趋势。中央经济工作会议提出，新时代的基本特征是推动高质量发展。2016年初，我们针对泰州发展现实需要和人民群众所思所盼，在深入调研的基础上，提出了推进"品质城市"建设的构想，并创新开展了建设品质泰州的探索与实践。我们的目标是"让城市更美好，让生活更幸福"，这与党的十九大精神高度吻合。推进品质泰州建设，就是为了不断满足人民日益增长的美好生活需要，从根本上解决不平衡不充分发展的问题。随着学习贯彻十九大精神逐步深化，我们对推进品质泰州建设信心更足，意志更坚。

2.树立品质为尚新思维。坚持用重点论强化"质量第一"强烈意识，更加突出质量工作一把手抓、抓一把手，树立起"时时讲质量，事事讲质量"的鲜明导向。坚持用全局观打破条线思维和城墙思维，牢固树立全面全员全程的大质量观，发挥牵头抓总作用，推进构建"党委领导、政府主导、部门联合、企业主责、社会参与"质量工作格局。坚持用系统思维谋划质量工作，将产品、工程、服务、环境四大质量，升华为经济发展、社会文化、生态环境、公共服务和人民生活等五大品质，使质量工作深入各行各业、融入千家万户。

3.找准质监事业新坐标。面对新时代、新形势、新任务，我们及时校准目标定位，自觉让质量工作从幕后走上前台，从保障走向引领，从条线走向全局。一是当好质量参谋。聚焦改革重点、发展难点、社会热点和泰州特点，立足质量视角，积极建言献策。二是当好质量卫士。主动适应机构改革和政府职能转变新形势，提出"寓监管于服务之中"工作理念，秉持"监管到位，服务更优"工作要求，创新"会诊式、全流程、定制化"工作模式,将品质理念、质量政策和成长机遇送到企业身边。三是当好质量工匠。致力为市民打造"品质生活",提升质量工作的亲民性、参与度、关注度,让品质城市建设更具生命力,让市民生活更有质感。

二、与政府同心

围绕大局精准发力,努力使品质泰州建设成为市委市政府战略部署的重要内容和推进全局工作的重要抓手。

1. 追求质量工作与全市工作大局高度契合。自觉将质监工作放到全市工作大局中思考谋划,想党委政府所想,办党委政府所需,推动品质泰州建设从部门建议转化为全市战略部署。泰州市第五次党代会明确提出"以质量效益为中心,以打造'品质泰州'为追求"的目标定位,并将品质泰州建设列为全市"十三五"规划重要内容。2017年5月5日,市委市政府高规格召开品质泰州建设大会,市人大、市政协分别把"品质泰州"建设列入年度重点议题。12月,泰州在全省率先成立由党政主要负责人任"双组长"的品质泰州建设领导小组。2018年1月,泰州市委一号文件即为《关于推进质量强市建设品质泰州的意见》,明确"市委常委会每年听取质量发展工作情况汇报",探索建立质量督察工作机制,设立政府质量发展专项资金,更加突出推动泰州高质量发展。

2. 推动质量强市与品质泰州深度融合。坚持把质量强市与品质泰州建设作为推进质量提升的一体双翼,既各有侧重,又融会贯通。跳出"为质量而质量"的框框,提出"推进质量强市,建设品质泰州"的融合理念,把质量强市示范城市创建目标惠及于民,与品质泰州建设的根本目标"让城市更美好,让生活更幸福"有机结合起来,贯穿于创建工作全过程,让城市发展既追求物质发展,又重视精神追求;既符合泰州发展实际,更集中体现市民对美好生活的期盼,全方位全天候协力助推泰州发展迈入质量时代。

3. 促进质量文化与城市文明有机结合。主动将质量文化建设融入全国文明城市创建工作之中,深入挖掘泰州文化中的品质因子、创新因子,用"祥泰之州、品质为尚"的城市质量精神,涵养文明新风。全媒体强化质量文化宣传,创办《品质泰州》杂志与微信公众号,编发质量读本,在市级主流媒体开办品质主题专栏,宣传质量工作,凝聚质量共识。创新开展"名品名匠名企"评选活动,促使质量自觉和品质追求渗透到每个产品、每个岗位、每个企业。坚持质量从家庭抓起、从娃娃抓起,开展"品质家庭"评选活动,新年送品质年画进家入户,每年举办"品质泰州"质量夏令营,努力形成质量工作人人参与、人人尽力、人人享有的良好氛围。

三、与发展同力

坚持聚焦发展前沿,努力使品质泰州建设成为推动全市经济社会高质量发展的加速度和推进器。

1.强标准。面向扬子江城市群和里下河生态经济区建设,实施标准提档升级工程,积极引导标准与科技互动、与专利融合,以高标准引领各行业转型升级。指导企业主导制修订6项国际标准,参与制修订国际标准3项,其中5项国际标准已正式发布实施。以"技术专利化、专利标准化、标准国际化"为重点,积极推动国际系泊链、减速机、石墨烯等专业标准化技术委员会秘书处、工作组落户亚星锚链、泰隆、巨纳新能源等企业。兴化市获批创建全国第一家也是唯一一家农产品电子商务标准化示范区。

2.立标杆。积极把握新经济、新业态和新模式,强化"共享思维",创新建设"泰检易"质量基础公共服务平台,开展一站式服务,初步实现了信息、资源、技术、要素"四个共享"。坚持把检验检测机构向产业链和集聚区集中,辖区内国家级、省级质检中心业务领域持续拓展,省特防中心获批筹建国家中心。今年1月10日,江苏省特种设备应急实操检验中心项目正式落户泰州。加速聚合社会检测资源,成立中国医药城检验检测联盟,与天祥集团等国际知名机构合作,与劳氏船级社签订战略合作协议,开创了劳氏集团在大中华区域与政府部门合作的先河。与南理工泰州科技学院合作办好全国首家本科检验检测学院,共建11个检验检测实验室,探索整合"政产研检"资源培养质量人才的新模式。

3.紧标尺。一方面,将品质泰州建设纳入全市绩效管理共性目标,加大对各部门各地区领导班子的质量工作考核力度,层层传导压力,引导各级领导干部更加重视质量工作,加速推进品质泰州建设落地生根。另一方面,率先推出品质城市指标体系,以落实指标体系促进品质泰州建设,让品质泰州建设深度切入文明城市创建、"四大名城"建设、"智慧城市"建设的各个方面。2017年,该体系已正式发布为省地方标准,大大增强了可复制性、指导性和权威性。

四、与民生同行

在质监惠民、便民、安民上下功夫,努力用品质泰州建设的丰硕成果满足人民日益增长的美好生活需要。

1.打造一个品牌。作为质量主管部门、推进品质泰州建设的主力军,我们秉持"有为才能有位,有位更须有为"理念,致力打造"品质工匠"服务品牌,做打造品质的工匠,做有品质的工匠,用工匠精神推进品质泰州建设。我们跳出质监看质监,追求卓越抓质监,综合运用头脑风暴、两发现、微党课、小目标、青训班、专家型中层干部讲堂等形式,培养干部职工的"质量眼""技术手""工匠心",不断提高服务发展、服务群众的本领,打造一流队伍,创造一流业绩,塑造一流形象,为产业转型、民生改善提供一流技术支撑。

2.深化两大行动。持续深入开展质监项目行、质监民生行,使质监工作"上接天线,下接地气",得到社会的普遍认可和欢迎。质监项目行聚焦服务和保障项目建设,提前介入、超前服务、跟进指导,及时帮助解决困难和问题,全年走进重大项目和企业60余家,为企业解决难题200余项。泰州市市场监督管理局连续三年被市台企协会评选为服务台商最优团体。质监民生行以"社区行、镇村行、校园行、企业行、工地行"为载体,集中开展质量检验检测、打假维权、质量知识科普等活动,全年开展民生服务130余项次,服务群众万余人次。

3.实施三项工程。一是电梯联网工程。建成覆盖泰州三市四区的电梯应急救援服务平台,具备实时救援、数字监管、知识普及等功能。先后接到求助电话1400余起,解救被困人员880余名。二是民生质检工程。推出产品质量"随点随检"活动,完成孕妇防辐射服、运动头盔、儿童地垫等22个产品300多批次的质量检验。连续8个月开展室内空气质量免费检测,受益家庭100户。三是标准入户工程。加速标准化向党建、公共服务等领域延伸。协助制定全面落实从严治党两个责任工作规范;制定镇村便民服务、农村公共管理等7项省级地方标准;在全省率先发布农贸市场建设与管理地方标准,开展社区助残、中医医疗服务等国家级标准化试点,制定老年人助餐点、道路深度清洁、停车场计时服务以及泰州干丝、溱湖八鲜等18项名小吃泰州市地方标准,用标准提升公共服务品质,让质量发展成果惠及更多百姓。

加强标准引领　建设品质泰州

（2018年10月19日）

　　泰州地处江苏中部，长江北岸，是长三角区域中心城市之一。近年来，我们坚持以标准化理念为引领，推进质量强市，建设品质泰州，努力实现"让城市更美好，让生活更幸福"的建设目标。2018年，泰州市获国标委批准创建标准国际化创新型城市试点，市政府入选第三届中国质量奖提名奖。现将泰州市的做法和打算总结如下：

　　一、牢固树立标准领航的质量思维，加强标准化顶层设计

　　习近平总书记指出，标准决定质量，有什么样的标准就有什么样的质量，只有高标准才有高质量。我们将标准化作为牢固树立"质量第一"强烈意识的题中之义，更加突出标准引领作用。一是加强组织领导。市委市政府高度重视标准化工作，在全省率先成立由党政主要领导担任"双组长"的品质泰州建设领导小组，明确市委常委会每年至少一次研究标准化工作，并建立标准化联席会议制度，常态化有序推进。高规格启动创建标准国际化创新型城市试点，国标委领导、市委书记、省局局长及多名知名国际标准化专家出席。在全国首创《品质城市评价指标体系》并发布为江苏省地方标准，将标准化列为重要内容，纳入市委市政府对各市区和各部门的年度绩效考核。二是加强政策支持。2018年市委一号文件颁布《关于推进质量强市建设品质泰州的意见》，市政府制定《关于加快实施标准化战略的意见》，在全省率先设立标准创新奖，鼓励引导全社会积极参与标准化活动。三是加强平台建设。创新打造集检验检测、标准服务、计量检定、认证认可等于一体的一站式"泰检易"质量技术公共服务平台，为企业提供标准服务、计量检定、检验检测等国家质量基础设施服务，让标准服务更容易、更便宜。创新做法被央视《朝闻天下》《中国质量报》等中央媒体专题报道。目前，平台注册企业用户近2000家，仅"标准查询"一项就提供服务3万多次。

　　二、大力实施标准提档升级工程，打造特色鲜明的泰州标准

　　以促进产业转型升级为目标，以"技术专利化、专利标准化、标准国际化"为重点，完善标准体系，努力让泰州标准成为高端产品、技术创新、管理创新和服务创新的品牌象征。一是提升标准国际化，打造泰州经济核心竞争力。围绕泰州市主导产业，推动和引导企业主导、参与制修订国际标准、国家标准和行业标准。

泰州市企业共主导制修订国际标准6项,参与制修订国际标准3项。二是促进标准领行业,抢占创新发展制高点。推动国际系泊链、减速机、石墨烯、小提琴、儿童用品和学生用品等专业标准化技术委员会秘书处、工作组落户泰州。为推进不锈钢等传统优势产业转型升级,创新研制发布《不锈钢产业转型升级发展指南》地方标准。推动企业参与港口岸电系统国际标准研制,提升泰州市船舶及海工装备产业市场竞争力和价值分配的话语权。积极主动做好标准化组织推进工作,先后举办大健康产业、新材料产业等优势主导产业的标准化高峰论坛。三是推动标准出精品,积极打造示范试点项目。充分发挥标准示范引领功能,着力打造一批国家级和省级标准化试点项目。指导兴化创建全国唯一一家农产品电子商务标准化示范区。扬子江药业集团获批创建中药流程智能制造国家高新技术产业标准化试点,填补国内空白。全市建有高新技术自主创新标准化试点10个,循环经济标准化试点3个,战略性新兴产业标准化试点8个;建有国家级农业标准化试点示范项目18个、省级示范项目21个、市级示范项目3个。

三、充分发挥标准的社会治理功能,提升市民质量获得感

坚持"以质量效益为中心,以'品质泰州'建设为追求"的目标定位,推进标准化与经济社会各领域深度融合,形成"市场规范有标可循、公共利益有标可量、社会治理有标可依"标准化格局,让城市发展更具含金量,更有质感和品位。一是增强泰州标准"固根基",促进社会治理接地气。推动标准化向党建、综治、人防、安全、农村建设等方面拓展。制定全面落实从严治党两个责任的工作规范,探索推动党的建设标准化。聚焦全市大走访大落实"新风行动",制定品质乡村系列标准,推动干部有新作风、乡村有新风俗、家园有新风貌,以标准将品质泰州建设延伸到乡村、到家庭。开展便民服务国家级标准化试点,制定镇村便民服务2项省级地方标准。姜堰区开展国家农村产权交易标准化试点,靖江市农村公共服务运行维护标准化试点通过国家标准委验收,形成具有靖江特色的"1189"农村公共服务运行维护标准化模式。二是运用泰州标准"树形象",助力文明城市建设。立足文明城市长效管理,将标准化深度融入城市文明建设之中。开展文体惠民省级社会管理和公共服务标准化试点。开展旅游标识标准化工作,制定诚信旅游饭店评价规范等6个诚信旅游的评价标准。推进城市公共双语标识系统建设标准化工作,制定《泰州市饭店客房卫生清扫规范》《城市港湾建设与服务规范》等标准。三是推进泰州标准"利民生",提升市民幸福感。聚焦民生,在全省率先发布农贸市场建设与管理地方标准。开展社区助残、中医医疗服务等国家级标准化试点项目。发布老年人助餐点、道路深度清洁、停车场计时服务等地方标准。制定靖江蟹黄汤包、溱湖八鲜、干丝、鱼汤面等18项名小吃泰州市地方标

准,有效提升了公共服务品质。

近年来,泰州市标准化工作虽然取得一定成绩,但与先进地区相比仍有较大差距。下一步,我们将以提升城市经济发展、社会文化、生态环境、公共服务、人民生活等"五大品质"为着力点,抓住用好获批创建标准国际化创新型城市的重大机遇,积极推动标准创新地方立法工作,全面深化"标准化+"行动,促进标准化与经济社会发展各领域深度融合,进一步凸显标准在转变产业结构、提升生活品质、加强社会治理等方面的技术支撑作用。

新起点　新征程　新作为

（2019 年 1 月 21 日）

新一轮机构改革整合监管职能、组建市场监管部门的意义重大，我们将认真组织学习贯彻，坚决落实好机构改革的各项任务。

一、坚持政治挂帅，坚决打赢机构改革这场硬仗

一是认识上提高站位。我们将始终坚持以习近平新时代中国特色社会主义思想和党的十九大精神为统领，从讲政治的高度，把推进机构改革作为树牢"四个意识"、坚定"四个自信"、落实"两个坚决维护"的具体行动，自觉把思想和行动，高度统一到党中央关于深化党和国家机构改革的重大决策和市委市政府的部署安排上来，确保机构改革的各项任务要求落到实处。

二是行动上快马加鞭。市场监管工作与经济发展紧密相连，与民生保障息息相关，完善市场监管体系，加强综合监管，组建新的市场监督管理局，既是提升政府治理效能和服务水平的必然要求，推动高质量发展走在前列的有力保证，也是服务人民对美好生活向往的重要举措，市委市政府寄予厚望，全市人民高度期待。我们要以强烈的责任感、使命感，确保完成转隶组建工作，平稳有序、不折不扣地抓好机构改革工作的推进落实。

三是工作上加快融合。市场监管局是一个由多个单位合并组建的部门，大家来自不同部门、不同战线，工作千头万绪。在共同的事业面前，必须奏响大合唱、形成一盘棋，真正实现同频共振、步调一致。我们将加快推进机构、职能、人员、工作全面融合，主动担当、积极作为，互相理解、互相支持，齐心协力做好各项工作。

二、坚持集成创新，奋力开创市场监管工作新局面

一是严管守底线。市市场监管局刚刚成立，在改革的关键期，我们将始终坚持各项工作不断、不乱、不松，一着不让抓好当前，尤其是突出抓好节日期间食品、药品、重点产品和特种设备安全保障工作，加大价格监管力度，坚决守住守好质量安全底线，着力营造开放公平有序的市场环境，让人民群众买得称心、用得舒心、吃得放心。

二是整合促提升。这次机构改革全国统一时间表，各地都是同一起跑线，各项工作都是同一起跑线，大家都站在同一起跑线，谁发力早、准，谁就占领制高点，赢得话语权，掌握主动权。过去我们在各个条线时，都取得很多的成绩。但

过去取得的成绩只能代表过去,新的未来已来,必须勇于担当,善于创新,有效把各方面资源、优势叠加,更高标准更高水平推进市场监督管理工作,力争继续走在前列。我们将对照国家总局、省局"三定"方案,紧密结合泰州经济社会和产业发展实际,更好地适应机构改革发展的需要,促进职能、流程规范统一,做到准确定位、合理分工、增强合力,使市场监管的职能更加优化、权责更加协调、力量更加集中、成效更加明显。

三是谋划创特色。我们将按照市委五届六次全会要求,紧紧围绕全市工作重点部署,努力在提升城市品质、推动泰州高质量发展的进程中,贡献更多的智慧和力量,打造更多的特色亮点。我们将致力当好"放管服"改革的先行者、市场公平竞争的维护者、质量安全底线的守护者、消费者权益的保护者、高效监管的实践者、高质量发展的推动者,不断为市场监管事业发展增动力、添活力。

三、坚持团结奋进,努力实现新年新局开门红

一是秉持团结合作。我们将时刻讲党性、讲团结、讲大局,在思想上求共识、在性格上求共融、在工作上求共进,相互学习,取长补短,尽快实现从物理整合向化学融合的转变,真正做到机构融合、队伍融合、工作融合、感情融合,着力营造团结协作、干事创业的良好氛围,完成从事合人合到心合情合的转变,凝聚市场监管工作新的合力。

二是坚守有为有位。改革既是挑战也是机遇,夺得开门红,打得百拳开。我们将牢固树立"有为才能有位、有位更须有为"的理念,勇于担当,聚焦泰州市战略定位,以进一步深化品质泰州建设为总抓手,致力打造市场强引擎,为构建市场机制有效、微观主体有活力、宏观调控有度的经济体制,为推动泰州市成为长三角先进制造业基地和全国具有重大影响力竞争力的"健康名城"贡献力量。

三是弘扬工匠精神。我们将进一步弘扬精益求精的工匠精神,加强队伍建设,着力打造一支能打硬仗、能打胜仗的铁军。在机构改革和今后工作中,坚决落实市委市政府要求,不忘初心,牢记使命,在各种重任挑战面前从容不迫;保持恒心,执着坚守,持之以恒追求品质,坚持不懈树好形象;树立信心,聚焦使命,始终保持良好的精神状态,真干、苦干、实干、巧干、抓紧干,想干事、会干事、干成事。

以标准化抓党建保改革促发展

（2019年3月25日）

市市场监督管理局认真贯彻落实市委决策部署和全市组织部长会议精神，紧扣全面从严治党要求，坚持党建引领，综合运用标准化方法，突出集成创新，强化融合发展，努力以党建开门红，开创新局新局面。

坚持以标准作连线

着力解决工作场所多点、党建工作难协同的问题，促进党建工作有序推进、保质保量。

针对机构改革后，全系统所属事业单位更加分散的实际，以标准夯实打牢党建基础，让分散的党组织共念"一本经"。

一是制度建设标准化。制定泰州市市场监管局机关党建工作意见，积极筹划党组织建立和运转，做到改革到哪里，党的建设延伸到哪里。规范党组议事规则，机关党委、支部工作程序，健全和完善党组"三重一大"、支部"三会一课"、谈心谈话、党员联系群众等一系列制度，确保党建工作更加贴近市场监管工作实际，党组织政治功能和组织功能充分发挥。

二是运行机制标准化。进一步落实党要管党、从严治党要求，规范创先争优的要求、内容和推进方式。编制党支部党建工作考核规范，强化考核和结果运用。

三是工作保障标准化。制定出台改革过渡期工作规则，围绕领导分工、职能转隶等20项重点工作，分别明确工作规则。完善AB岗工作制度，规范发现亮点、发现缺陷"两发现"活动，及时表扬先进，查补"短板"。

坚持以标准划底线

着力解决人员结构多元、党员管理难统一的问题，促进党员管理有标可依、从严从实。

针对机构改革后，全系统党员性质更加多元的实际，以标准强化深化思想建设，让多样的党员群体拧成"一股绳"。

一是党员教育融自觉于行动。把政治建设摆到首位，用一年左右的时间在全系统组织以"新局新局面"为主题，开展集成思维、对标对表、融合服务、品质提升、合力汇聚五大行动。进一步打造"品质工匠"服务品牌和"品质先锋"党建品牌,号召全体党员做打造品质的工匠,做有品质的工匠,用工匠精神推进品质泰州建设。

二是党员管理寓关爱于严格。会同市纪委、监委第二十派驻纪检监察组专门制定下发文件,严明机构改革期间的政治纪律、组织纪律、工作纪律、财经纪律、保密纪律,守住底线、不碰红线,做到令行禁止。

三是党员素质促提升于规范。以能力提升为核心。开展献一策、金点子、小目标、头脑风暴等活动,举办干部能力提升班、党性教育提升班,着力促进党员全面发展。办好《品质泰州》杂志、微信公众号、门户网站,由青年党员轮流担任主编,编排供稿,即宣传质量文化、凝聚质量共识,更推动青年党员干部提升素质、展示才华。

坚持以标准拉高线

着力解决履职方式多样、党员创优争先难持续的问题,促进服务中心方向明确、聚焦聚力。

针对机构改革后,全系统服务发展的职能更加繁重的实际,以标准汇聚集成发展合力,让不同岗位、不同职责的党员聚作"一团火"。

一是服务中心高标准。自觉站在全市工作大局中谋划思考工作,准确把握市场监管部门的职责定位,把五部门的职责融合到一起,集众家之长,创新局之新,加强流程再造,实现市场监管的大统一。深化升华品质泰州建设,积极推进品质城市建设向乡村、向家庭延伸。

二是服务企业高标准。打造持续出众营商环境,积极推进"放管服"改革,全面实施"证照分离",严格规范涉企收费行为,以市场准入的高效率形成优质服务的加速度。大力发展检验检测高技术服务业,进一步向产业链、集聚区靠拢,服务主导产业高质量发展。加速市药品进口口岸药检所综合楼建设,实现"泰检易"公共技术服务平台扩容。

三是服务群众高标准。放大原工商、质监、食药监部门的"郑美琴维权工作室""品质先锋""品质工匠""健康1+1"等传统优势品牌效应,扎实开展"市场监管民生行""市场监管项目行"两大行动,当好"放管服"改革的先行者、市场公平竞争的维护者、安全底线的守护者、消费者权益的保护者、高效监管的实践者、高质量发展的推动者。

致力把城市品质优势转化为
高质量发展动力

（2020年1月7日）

从市场监管部门实际出发，贯彻落实市委五届九次全会"一高两强三突出"的决策部署，关键在于进一步提升城市品质、优化营商环境。优化营商环境是高质量发展的内在要求，城市品质是最根本的营商环境。我们将坚持集成创新、真抓实干，致力把城市品质优势转化为高质量发展动力，为建设"强富美高"新泰州作出新贡献。

一、在"高"上下功夫

1.高标准提升城市内涵品质。一套好的标准，能够指导实践路径、引领发展方向。作为全国第五、全省唯一国际化创新型城市试点，我们将抓住用好试点机遇，放大试点效应，加快组织研制《新型城镇化品质城市评价指标体系》国家标准，认真贯彻即将发布的全省首部《标准化条例》，推动出台《标准引领高质量发展的意见》，充分发挥标准引领作用，推进标准化在经济社会文化各领域全方位的普及应用和深度融合，让城市发展更具含金量，更有质感和品位。

2.高质量打造公共服务平台。围绕市委五届九次全会"做强产业"工作目标，进一步发挥质量基础设施对做强产业的重要技术保障作用。坚持将技术机构建在产业链上、建在产业集聚区，加快创建国家药品进口口岸检验所，力争特防中心早日通过国家验收，创建特殊食品中心，推动省医药健康产业计量测试中心建设。深入打造"泰检易"公共服务平台，聚合更多的市场监管要素，为企业提供"点对点""门对门"一站式精准服务，为"产业强链"提供全面高效便捷的技术支撑。

3.高强度推进知识产权创造。发挥知识产权创新驱动作用，积极推动上争设立中国（泰州）知识产权保护中心，提高知识产权创造和保护质量。加快专利标准融合，开展专利标准创新型企业认定，促进标准水平和专利应用提升。强化规上企业和高新技术企业商标品牌建设力度，推动形成一大批质量竞争力强、品牌附加值高的拳头产品。

二、在"优"上下功夫

1.审批做减法。把市场主体的事当自家的事办，不设卡不为难、不懒政不惰政，营造宽松便捷的市场准入环境。全面推广"全链通"综合服务平台，完善企业注销"一网"服务,减时长、减材料、减程序,继续压缩企业开办时间。落实除危化品以外的工业产品发证"先证后核"制度,实行"一次性告知"和"不见面审批",实现线上"零见面、一网办",线下"进一门、办一事"。

2. 监管做加法。市场安全是经济社会发展的红线和底线。安全可能很难做到"零风险",但监管必须做到"零容忍"。推行"双随机、一公开"监管,随机抽取检查对象、随机匹配监管人员、及时向社会公开检查结果,使企业一次进行多处"体检",降低检查频次,减轻企业负担。开展专项整治,"拉网式"排查、"清单式"管理、"对账式"销号,做到"见底、彻底、到底",守好食品药品、特种设备安全底线。

3. 服务做乘法。开展优化营商环境年主题行动,进一步深化商事制度改革,打好质量提升"组合拳",积极服务重点开发园区高质量项目建设"三比一提升"行动,广泛开展市场监管项目行、民生行活动,积极化解发展的难点阻点,帮助企业压降成本负担,稳定企业发展预期,切实增强市场主体微观活力,让市场主体进得来、留得住、不想走、走不掉。寓监管于服务之中,积极打造食品安全"阳光放心工程",打造"阳光菜篮子"智慧农贸市场、"阳光厨房(食堂)"餐饮单位、农村聚餐"阳光宴会厅"、"阳光餐车"放心小摊贩,打通食品安全保障"最后一公里",满足人民美好生活的需要。

三、在"实"上下功夫

1. 树立实干导向。对照市委五届九次全会出台的"实干六条",进一步强化"实干至上"的导向。当前,机构改革向纵深推进,我们唯有干字当头,带头干事,只争朝夕,不负韶华。强化调查研究,运用一线工作法,到一线去解决问题,强化领导带头示范,一级带着一级干,一步一个脚印,稳扎稳打向前走,尽快集成融合各项业务职能,通过流程再造,用务实管用的制度、用实打实的举措,推动工作、服务群众。

2. 点燃实干激情。引导党员干部争当实干家,把实干精神融入干部教育的全过程。坚决反对干与不干、干多干少、干好干坏一个样,让想干事、能干事、干成事的干部有劲头、有干头、有盼头。健全容错纠错机制,让干部放下包袱、轻装上阵,始终保持敢想、敢干、敢拼的热情,激励更多的干部勇挑重担、冲锋陷阵,以求实唯实务实落实的作风打造品质工匠,铸就先锋品质。

3. 倡导实干作风。实干不是一时一地,而是每时每刻。市场监管工作与经济发展紧密相连,与民生保障息息相关,容不得有半点的浮躁和疏忽。我们要不作空谈、不务虚名,关注百姓日用,情关一枝一叶,挺起担当的脊梁,不辱肩上的使命。只要是有利于地方发展的事,就要冲锋在前、敢作敢为;只要是有利于人民群众的事,就要锁定目标、精准发力,想干事、能干事、干成事,在监管上出实招,在服务上出好招,在创新上出新招,用实干笃定前行,不断创造过硬发展成果,实现人民满意的高质量发展。

健全标准体系　引领泰州高质量发展

（2020年8月20日）

　　面对国内外风险挑战明显上升的复杂局面，特别是新冠肺炎疫情常态化的新形势新情况，泰州市积极应对新挑战新要求，近年来在大力推进品质城市建设的基础上，坚持"标准决定质量，有什么样的标准就有什么样的质量，只有高标准才有高质量"，深入实施标准化战略，创新制定了《关于推进标准引领经济社会高质量发展的意见》，把建设"五大高标准体系"作为贯彻落实新发展理念、推进高质量发展的"泰州方案"。以标准化巩固固化品质泰州建设阶段成果，进一步巩固第三届中国质量提名奖、全国文明城市、全国水生态文明建设城市、推进质量工作成效突出获得国务院通报表彰等工作成果，推动《品质城市评价指标体系》国家标准研制发布，构建高质量发展长效机制。以标准化积极对冲经济社会发展形势的不确定性，加快推进区域社会治理体系和治理能力现代化，有效提升城市品质，增强城市韧性，不断增进高质量发展定力。以标准化有效畅通产业循环、市场循环、经济社会循环，优化经济运行调度调节效能，积极主动地促进区域"小循环"，融入国内国际"大循环"，持续激发高质量发展活力。

　　坚持创新发展，推进经济发展标准化。产业是城市发展的基石，标准是质量发展的核心，要实现产业强市目标，就必须发挥标准"兜底线、拉高线"的作用，用更高标准支撑引领产业发展，推动产业加快向价值链高端发展。聚焦产业集群培育，围绕生物医药和新型医疗器械、高端装备和高技术船舶、化工及新材料三大先进制造业集群，引导企业积极参与制修订国际标准，用标准提升企业"硬核"实力，支撑产业集群核心竞争力。聚神质量品牌打造，推行企业标准"领跑者"活动，培育、制定和评价一批比肩国际先进水平的"泰州品质"标准，开展"泰州品质"评价认证，推行首席质量官制度建设，促进"泰州制造"转型升级。聚力专利标准融合，推动高新技术企业、产业集群组建标准创新联盟，建立健全技术成果向标准转化机制，促进技术研发与标准创新同步发展，在基础性、前瞻性、战略性科技领域建立达到国际先进水平的标准。

　　坚持协调发展，推进社会文化标准化。文化软实力是城市价值提升的重要标志，蕴含标准化思维的文化更有利于推广传承，更容易激荡共鸣，通过将标准化的文化基因植入城市肌体，让"城市形态"与"文化神态"有机融合。文化传承更具神韵，推进新兴文化业态标准化，扩大泰州学派、梅派艺术、里下河文学流派等城市文化品牌影响力,鼓励传统手工技艺标准化,推进非物质文化遗产的传承和发展,不断塑造提升城市魅力。社会治理更接地气,加强基层社会治理网格化管理,建设基层社会治理标准体系,加强社区自治创新,推进预防和化解社会矛盾纠纷工作标准化建设,进一步促进社会和谐稳定。文明引领更富感染力,推进公民道德建设和志愿服务标准化,推进制定美丽乡村、农村电子商务、产权流转交易、农村环境治理、农业生产托管等领域地方标准,建设具有泰州特色的城乡发展一体化标准体系。

坚持绿色发展,推进生态环境标准化。生态环境是城市发展的命脉,提升生态品质是城市高质量发展的必由之路。标准化是生态环境保护战略、规划、政策落地实施的有力工具,是推进生态治理科学化、规范化、精细化的有效手段。高标准推动生态建设。建立健全自然资源调查监测评价、国土空间生态修复、耕地保护、不动产登记以及水源地、湿地、矿产资源保护标准体系,建设宜居宜业、绿色生态的现代化城市。高标准推动环境治理。完善机动车尾气、城市扬尘、农村秸秆焚烧防治、重点流域水环境综合治理等规范标准,加强生态保护修复,有效防范和化解环境风险。高标准推动绿色制造。推动实施节能、节水、节地、节材标准,实现重点行业、重点设备节能标准全覆盖。鼓励企业引进国内外先进节能技术,建立合作共同体。

坚持开放发展,推进公共服务标准化。公共服务是城市中心功能的体现,以标准化促进基本公共服务均等化、普惠化、便捷化,是新时代提高保障和改善民生水平、推进国家治理体系和治理能力现代化的必然要求。推动政务服务标准化,制定实施行政审批服务标准,推进"不见面审批"和"接诉即办"标准化建设,构建一体化网上政务服务体系,提高运行效率,优化营商环境。推动基本公共服务标准化,制定基础教育、医疗卫生、公共交通、社会保障、优抚优待等资源配置、服务提供、管理保障标准,全面推进"泰有爱""泰有福""泰有品"等泰有系列民生工程,构筑更有温度、更有质感的幸福家园。推动现代服务业标准化,建立健全现代服务业标准体系,完善金融、商贸等各类业态服务标准,推进现代服务业标准与国际接轨,实现现代服务业跨越式发展。

坚持共享发展,推进居民生活标准化。城市的核心是"人",一座有品质的城市,应当聚焦群众身边的问题,把标准嵌入居民生活的方方面面,提升社会管理的科学化、精细化和智能化水平,进而让城市更美好,让生活更幸福。标准让就业服务更便捷,建立健全公共就业服务标准体系,制定实施就业援助、职业指导等公共就业创业服务标准。推动提升人力资源服务标准,提高高层次人才供给能力。标准让智慧管理更高效,制定各类智慧建设和智慧服务标准,完善公共设施配置和管理、供电、供气、供水、通信、城市绿化、垃圾分类治理以及市容环卫服务标准。标准让百姓生活更温馨,鼓励制定地方特色食品制作技艺、餐饮服务标准,推进物业服务标准化,制定实施家政服务业各项标准,规范家政服务发展,提高居民生活水平。

全域标准化的泰州探索与实践

（2021年12月16日）

近年来，泰州市以品质城市建设为主线，大力实施标准化战略，创新标准化管理机制，集聚标准化创新功能，全面提升标准供给质量，城市品质指数明显提高，泰州标准"走出去"步伐明显加快，标准对经济社会高质量发展的支撑力度明显加强，泰州建成全国第三个标准国际化创新型城市，获得"全国科技进步先进市""中国最具幸福感城市"等荣誉称号，"推进质量工作成效突出"受到国务院表彰。

一、伴随高质量发展、品质城市建设，泰州全域标准化应运而生

早在2016年，泰州市围绕城市科学发展、高质量发展，逐步形成了建设品质泰州的目标追求。在品质泰州建设的过程中，我们逐步认识到，品质城市建设需要标准来引领，经济社会高质量发展需要标准来支撑，标准化方法、标准化思维、标准化理念对于提升城市品质、提升百姓幸福指数具有守底线、拉高线的作用，泰州自觉不自觉地走上了全域标准化建设的探索之路。

（一）深入探索全域标准化

品质城市建设包括经济发展、社会文化、生态环境、公共服务、居民生活等五大领域。近年来，各市区、各部门共同努力、共同发力，"品质"品牌在全市形成共识。靖江市聚焦品质提升，加快建设"品牌靖江、品质靖江"；海陵区打造"幸福之区，品质之城"；高港区推动品质城市建设标准化试点工作，致力打造品质高港；姜堰区积极打造"品质社区"，让品质在社区建设的细微之处见精神；医药高新区实施城市品质提升十大工程，奋力打造品质城市的样板、人居环境的典范。品质政协、品质法院、品质城管、品质住建、品质税务等一系列工作品牌纷纷叫响，建设品质泰州成为全市上下的共同追求。在这样的背景下，以标准化推动品质城市高质量发展，亟须不断拓宽标准化的覆盖面和实施面。我们探索从标准化的广度和深度两个层面来推进。在广度上，我们将标准化工作从传统的工业领域拓展到服务业、农业、社会治理、公共服务等领域，制定了一批全国领先的国家标准、行业标准和地方标准，取得了一系列令人瞩目的成绩。在深度上，我们从区域首位度和行业竞争力出发，推动标准化工作从品质城市建设的高点向下延伸到品质部门、品质乡村、品质社区，最终落脚到品质家庭这一社会"最小细胞"，形成一条脉络清晰的以品质为中心的全域标准化路线。

（二）推进标准转化为硬性要求

品质城市建设过程中，我们一直在思考，如何来评价城市发展品质，如何建立一套管用、好用的评价体系。我们以标准化为支撑，联合相关部门组成课题组，编制了一套行之有效的品质城市评价指标体系，通过搜集相关城市数据开展实证研究，验证指标体系的合理性、发现城市不足，指导以提升品质为核心的城市建设，研制了《品质城市评价指标体系》省地方标准并于2019年获批国家标准立项。2020年11月，《新型城镇化品质城市评价指标体系》国家标准正式发布，以该标准为评价依据形成的《中国100城市品质指数研究报告》荣获"中国管理科学奖"。市委市政府围绕品质城市建设，将全域标准化的研制、实施、评价、改进过程，转化为硬性规定，出台《泰州市标准化条例》《关于推进标准引领经济社会高质量发展的意见》。

（三）逐步形成品质城市"135"全域标准化模式

通过标准的制定实施与改进，《品质城市评价指标体系》实质内涵逐步拓展为泰州品质城市"135"全域标准化发展模式。

"1"即以品质泰州建设为中心。泰州在全省率先成立由党政主要负责人任"双组长"的品质泰州建设领导小组；泰州市委以一号文件形式出台《关于推进质量强市建设品质泰州的意见》；泰州市第六次党代会明确提出要深化品质泰州建设。

"3"即法规、政策和标准三方面形成标准化管理机制。"法规"是指《泰州市标准化条例》。这是全国地级市首部标准化地方法规，从法律层面确立了标准化工作在全市经济社会发展中的重要地位，通过充分发挥标准"温柔法制"作用，加快构建符合泰州城市定位、体现高质量发展要求的多层次、高水平的标准体系。"政策"是指市委市政府出台的《关于推进标准引领经济社会高质量发展的意见》《泰州市标准创新奖管理办法》《关于推进专利标准融合创新的实施意见》等一系列具体政策举措，充分调动各部门、各行业参与标准起草的积极性，以此打造全员参与、全面创新的标准化工作格局。"标准"是指《品质城市评价指标体系》国家标准。法规引领、政策推进、标准评价，三方面相辅相成、相互支撑，形成了具有泰州特色的标准化管理机制。

"5"即统筹推进5大领域标准化实践。围绕品质城市建设的5大方面，实施经济发展、社会文化、生态环境、公共服务、居民生活"五大品质"提升工程，促进标准化从生产领域向社会治理、公共服务、乡村振兴等领域拓展，推动实现市场规范有标可循、公共利益有标可量、社会治理有标可依的高质量发展格局。

二、把握治理体系、能力现代化趋势，大胆探索前行

探索之路上是没有"先例"可循的，在"没有先例"的方面率先做出成功案例是泰州开展标准化工作的"制胜法宝"。

（一）加强制度建设，培育创新思维

2018年以来，泰州市先后出台了7个关于标准质量方面的文件，市委常委会、市政府常务会议10次听取标准质量方面的专题汇报。为加快标准化工作进程，提高标准的有效性和针对性，泰州市从三个方面不断挖掘标准潜力。一是在全国率先开展专利标准融合创新。引导企业实现科技创新、专利创造、标准研制"三同步"，持续推进"技术专利化、专利标准化、标准产业化"，全市共建成专利标准创新型企业209家，推动1655项专利转化为1432项标准。二是深入开展对标达标行动。动员广大企业抢占标准制高点，全市编制软管波纹管、消防水带、纤维纸柔软复合材料等28项对标方案，302家企业发布对标成果494项。2018年以来，全市共有325个产品获得"采用国际标准产品标志证书"。三是坚持以问题为导向。制定《不锈钢产业转型升级发展指南》地方标准，为兴化市戴南镇不锈钢产业绿色转型、创新发展提供了"一揽子"解决方案，重新焕发新春。

（二）扩大标准供给，优化标准体系

2018年以来，泰州市标准化工作呈现出全新的发展态势。一是标准制修订全面提速。三年多来，全市新制修订的国际、国家、行业标准，以及市级以上地方标准、团体标准达556个，年递增率达10.5%，这类标准总数达到全市前6年的总和。二是标准制修订主体更加多元。除企业积极性更加高涨外，协会团体、乡镇社区、事业单位、机关部门等全面参与其中，近三年全市新制定的164个地方标准中，非企业类主体达134个，政府引导、企业为主、社会参与的工作格局初步形成。三是标准体系结构更加合理。农业、服务业、社会事业等领域的标准呈现爆发式增长，许多涉及人体健康、绿色环保、基本公共服务、安全生产等方面的标准填补了全市的空白。非工业类标准占比已由2017年的30.7%，提高到目前的47.4%。

（三）发挥区域特色，助力转型升级

泰州濒临长江，船舶装备制造是全市的特色产业，大大小小企业近300家。亚星锚链公司自主研制的《船舶与海洋技术——系泊链》ISO国际标准，成为中国企业主导编制的全球首个系泊链国际标准；姜堰船舶舾装件公司致力于船舶舷梯细分领域，主导制修订了《造船—舷梯》等3项ISO国际标准，产品获国际三大航运公司的高度认可，市场占有率提升12%。在龙头企业的带动下，2020年泰州造船完工91艘共916.36万载重吨，完工量分别占全省、全国、全球的52.9%、23.8%和10.42%。泰州土壤肥沃、水网密布，发展农业农村经济具有得天独厚的条件。兴化承担的全国首个也是目前唯一的国家农产品电子商务标准化示范区，建立了"农产品+电子商务"全流程的标准体系，形成"中国蟹库网""兴化大宗农产品电子商务交易平台"等交易平台，成功打造省农村电子商务示范镇3家，省电子商务示范村10家。姜堰区加强农村产权流转交易服务国家级标准化试点建设，组建产权交易平台，该区桥头镇实现土地规模经营四项指标均为100%，"桥头经验"被全省推广。

三、坚持有所为有所不为，泰州实践初见成效

从2016年的起步探索到今天，我们在品质城市国家标准、"泰检易"平台、专利标准融合创新等方面，实现了一个又一个的"全国首创""全国唯一"。在2021年的标准国际化创新型城市验收中，总局标准技术管理司徐长兴司长评价泰州探索了一条具有泰州特色的标准化之路，初步形成了泰州模式。可以说，泰州在全域标准化方面，走在了全国前列。

（一）产业集群更具发展优势

围绕生物医药和新型医疗器械、高端装备和高技术船舶、化工及新材料三大先进制造业集群，推动全国减速机标准化技术委员会、全国齿轮标准化技术委员会摆线行星齿轮分技术委员会，低维纳米结构与性能工作组、儿童用品和学生用品检验方法工作组共15个标准化技术组织秘书处落户泰州，泰州企业参与国际、国家标准化活动更加积极，2018年以来主导、参与制修订国家标准200项、行业标准124项。

（二）农业农村焕发更强活力

以农业标准化试点示范项目建设为抓手，以发展高产、优质、高效、生态的现代农业为目标，通过"公司+基地（标准）+农户"的产业化经营模式，有效促进农业增效、农民增收。全市已培育兴化香葱、泰兴白果、海陵奶牛、靖江香沙芋、河横稻米等国家级农业标准化试点、示范区22个，培育省级农业标准化试点25个，全市制定国家标准和省农业地方标准68项，市农业地方标准225项。靖江市通过开展农村公共服务运行维护标准化试点，形成具有地方特色的"1189"模式，靖江经验转化为《农村生活污水处理导则》等3项国家标准。江苏洋宇生态农业有限公司以生猪养殖为基础，以沼气罐发酵为纽带，以果蔬苗木种植为补充，将生猪养殖与果林园艺有机结合，形成生态养殖生猪全流程标准化的"洋宇模式"。

（三）社会治理更加精准精细

坚持推进标准化与经济社会各领域深度融合，推动标准化向综治、城管、营商环境、安全生产等方面创新拓展，让城市发展更具含金量、更有质感和品位。先后制定发布《企业安全生产双重预防机制建设规范》《剧毒化学品托管服务规范》等地方标准，提升企业安全水平。2020年新冠肺炎疫情期间，及时制定发布农贸市场、餐饮服务单位、单位（学校）食堂、食品生产企业新冠肺炎防控操作规范等5项地方标准，公勺公筷使用规范省地方标准正式发布。2021年8月，在全国率先发布实施《新型冠状病毒肺炎疫情防控无疫小区建设管理规范》地方标

准,推动建设无疫小区,巩固防疫成果。立足文明城市长效管理,制定实施《农贸市场建设与管理规范》地方标准,市区73家农贸市场已按照标准要求,完成新建和提档升级改造工作,评选出一星级24家,二星级21家,三星级28家。

(四)政务服务更加便捷高效

将"营商环境标准化"作为深化"放管服"改革的重要举措,在全国率先出台《优化营商环境标准体系要求》地方标准,相关职能部门细化制定了一批专项地方标准,为加快政府职能转变、提高行政服务效率、激发市场主体活力作出了积极贡献。市市场监管局编制的《市场监管领域"双随机、一公开"监管工作规范》地方标准,有效营造了公平竞争的市场环境,获省政府通报表扬;市行政审批局出台的《容缺受理服务规范》地方标准,明确政务服务容缺受理事项清单,相关事项审批时间大幅缩减;市住建局制定《施工图数字化审查工作规范》等地方标准,创新实施"大数据O2O审图",审图效率提高50%以上,审图时间压减至10个工作日以内。

(五)百姓生活更加幸福美好

抓住国家基本公共服务标准化综合试点建设契机,创新探索建立均等化、普惠化、便捷化的基本公共服务标准体系,发布首批15项基本公共服务地方标准。海陵区兴业社区开展国家级社区助残服务标准化试点,建成集康复理疗、文化娱乐、日间照料和技能培训为一体的帮残助残标准化服务平台,建成全省首家"残疾人幸福家园";制定《养老机构医养结合服务规范》省地方标准,填补全省医养结合服务标准的空白。发布老年人助餐、助浴系列地方标准,提升老年人助餐、助浴点建设和服务质量;针对农村聚餐食品安全难题,全国首创研制《农村(社区)聚餐点建设规范》《农村(社区)聚餐点服务规范》地方标准,经过两年多实践,建成标准化"阳光宴会厅"(集体聚餐点)200余家,未发生一起群体性农村集体聚餐食物中毒事故;在全国首创《"城市港湾"建设与服务规范》地方标准,全市建成71个融城市管理、便民服务、市民休闲教育、党建传播展示于一体的服务综合体。对泰州早茶制作技艺进行提炼和固化,制定靖江蟹黄汤包、五味烫干丝、鱼汤面等小吃地方标准,让正宗泰州味有了传承和推广的媒介,让市民享受到标准的泰州味道。

泰州推进全域标准化工作取得的成绩,离不开各级领导、兄弟单位和各市(区)的关心和支持,下一步,我们将进一步深入推进全域标准化工作,拓展标准化工作的广度,在更大范围、更多领域推进标准化工作;同时,挖掘标准化工作的深度,充分发挥标准的基础性、引领性作用,建立标准的全生命周期管理模式,形成全域标准化的泰州模式,在做专做精做优上做文章,在落细落小落实上下功夫,打造精品、树立标杆、做出特色,为国家推进全域标准化提供借鉴。

让发展更有"质"感

（2016年1月13日）

市委四届九次全会描绘了新泰州"十三五"发展蓝图。市委关于制定泰州市"十三五"规划的建议通篇贯穿了质的理念、质的导向、质的内涵。坚持以质量为本，让发展更有"质"感，已经成为把美好蓝图变为现实模样的行动指南。

坚持以质量为本，切实增强全社会质量意识。以质量为本，是新常态下的必然选择。习近平总书记走访美国时指出，中国经济成长已经从以速度为本转为以质量为本，而这将是中国经济的新常态。党的十八届五中全会将"以提高发展质量和效益为中心"作为"十三五"时期我国发展的指导思想，要求把质量升华到价值观、文明、理念来认识，把质量作为根本、中心、立足点来对待。我们必须在思想认识上来一个大转变，想问题、作决策、办事情，都能自觉坚持质量引领，把质量摆在第一位，并进一步增强广大干部群众的质量意识和质量理念，这是坚持质量为本的前提和基础。

坚持以质量为本，大力实施质量强市战略。质量为本，必须落实到具体的行动中去。市委四届九次全会提出建设"医药、文化、港口、生态"四大名城的战略任务，是质量为本的最好诠释。"思想再解放，项目大突破、城建新提升"三大主题工作，是实施质量强市战略的重要抓手。新常态下，我们追求让发展更有"质"感，必须把握好"总量、均量、含量、减量"四个维度。因为对泰州现阶段的发展而言，面对更加复杂的宏观经济环境和日趋激烈的区域竞争态势，没有总量就没有地位，没有均量就没有实力，没有含量就没有竞争力，同时没有减量就没有可持续发展力。推进质量强市，建设质量强市，理应成为新形势下新泰州建设和发展的重要任务。我们不仅要更加重视产品质量，还要更加重视工程质量、服务质量、环境质量；不仅要更大力度抓经济发展质量，还要更大力度抓文化发展质量；不仅要大力提升城市发展质量，还要大力提升人的发展质量……任务相当艰巨而又紧迫。

坚持以质量为本，共同迈向质量时代。城市品质蕴含于城市质量和城市文化之中,质量必将成为泰州发展最强大、最根本的内驱动力,而厚植于泰州大地的"祥泰之州"文化也必将为"品质泰州"建设提供强大支撑。让发展更有"质"感,最终将集中体现在让城市更美好、让百姓更幸福上,体现在广大人民群众的实实在在的获得感上。建市19年来,新泰州每一个进步和成就,都是在市委、市政府正确领导下,500万人民群众的共同创造的结果,而这些成就也必将为全体市民所共享。质量为本,引领我们走向质量时代。让我们一起发力,大力推动泰州制造向泰州创造转变、泰州速度向泰州质量转变、泰州产品向泰州品牌转变,共同谱写"品质泰州,质量强市"的崭新篇章。

致力推动质量变革

（2017年11月21日）

党的十九大报告指出，中国特色社会主义进入新时代，我国社会主要矛盾已经转化为人民日益增长的美好生活需要和不平衡不充分的发展之间的矛盾。人民日益增长的美好生活需要，实质是对高质量、高品质的追求；解决不平衡不充分发展的问题，关键还要靠质量变革。所以，从一定意义上理解，解决新时代社会主要矛盾，就是要坚持质量第一，推动质量变革，促进质量发展。

推动质量变革是个新课题。学习十九大报告和习近平总书记关于质量工作重要论述，让我们打开了思维新空间。初步理解，所谓质量变革，应当包含思想变革、组织变革、格局变革和方式变革等几个方面。

一、推动思想变革

思想是行动的先导。要推动质量变革，首先必须推动思想变革，打破原有的思维定式和惯性，树立新时代质量观，从而实现从理念到目标、从思路到举措的全方位变革。

一是增强质量第一意识。党的十九大报告首次提出质量第一、质量变革、质量强国、经济质量优势等新论断。质量被赋予了前所未有的高度、深度和广度。这是我们党审时度势，根据形势任务的变化发展作出的科学论断和战略考量，是构成习近平新时代中国特色社会主义思想的重要内容。从强调"又快又好发展"，到"又好又快发展"，再到"更高质量、更有效率、更加公平、更可持续发展"，要求越来越高。这些要求，归结到一点，就是质量。这就要求我们必须在各层各级牢固树立全面、全程、全员的质量观，把中央的新要求固化为质量意识、内化为质量自觉、转化为质量行动，真正让"质量第一"成为全民共识，让追求质量、崇尚卓越成为全社会的价值导向和时代精神。

二是确立质量强国理念。习近平总书记在十九大报告中把"质量强国"列在众多"强国"中的第二，充分说明中央对质量的空前重视。质量是实现中国梦、强国梦不可或缺的坚强基石。实现质量强国，不是建空中楼阁，而必须从质量强企、质量强县、质量强市、质量强省抓起，向各行各业拓展，一个企业一个企业抓，一个组织一个组织抓，一个行业一个行业抓，一个地区一个地区抓，让质量工作成为党委政府中心工作的核心内容，让质量融入经济社会发展的各方面、全过程，不断推进现代化经济体系建设，增强经济质量优势，提升人民生活质感。

三是运用质量发展思维。新时代是质量发展的时代,我国经济已由高速增长阶段转向高质量发展阶段。我们要学会运用质量发展思维,从质量的高度谋划发展大局,从质量的维度创新治理工作,以质量的标准检验执政能力。在研究解决质量发展中的矛盾和问题时,要树立时时讲质量、事事讲质量、处处讲质量的辩证思维和系统思维,并真正落实到实践之中,融入社会生产生活的各行各业、方方面面。

二、推动组织变革

质量变革,需要全社会齐抓共管,从更高层面、在更大范围、以更大力度进行资源的再组织、再动员,汇聚成质量发展的强大合力。

一是加强党对质量工作的领导。坚持党对一切工作的领导,包括质量工作。党的十九大召开前夕,中共中央、国务院印发《关于开展质量提升行动的指导意见》(以下简称《意见》),这是首部针对质量工作的纲领性文件。《意见》强调"加强党对质量工作领导",构建统一权威的质量工作体制机制。按照"党委领导、政府主导、部门联合、企业主责、社会参与"的要求,切实把质量第一落到实处,就必须坚持"一把手"讲质量、抓质量。否则,质量发展就会成为一句空话。

二是加强顶层设计。实现质量变革,既需要自下而上摸着石头过河的实践探索,更需要自上而下科学完善的顶层设计,制定总体规划,明确实施路径,寻求变革最大公约数,注重变革的系统性、整体性、协同性,提高变革的科学性、连续性和可行性,扎实推动质量治理改革、体制机制改革、监管模式改革,从而在质量变革中激发质量发展活力。

三是加强督查考核。加强质量工作,不仅要一把手抓,还要抓一把手。要通过建立健全质量发展责任制,进一步改进和强化质量工作考核,加大督察问责力度,将考核结果作为各级党委和政府领导班子及领导干部综合考核评价的重要内容。优化宏观质量统计分析,科学评价质量水平,把质量发展的责任压实压紧,把压力持续不断地传递下去,不断优化"质量第一"的实现路径。

三、推动格局变革

"质量时代"的质量一定不是狭义的质量,而是广义的质量,是涉及经济社会方方面面、时时刻刻的,全领域、全过程、全链条的质量。推动质量变革,要通过三个方面的格局转变,激发质量发展新动能,提高全要素生产率,增强经济质量新优势。

一是从经济工作到日常生活的全领域变革。党的十九大报告提出"让每个孩子都能享有公平而有质量的教育""提高就业质量""不断提高党的建设质量"等,充分说明质量已经超越了产品生产制造的范畴,涵盖了社会发展各个领域。全面提升发展质量,既要抓好产品、服务、环境、工程等质量,更要抓劳动者素质、企业核心竞争力、党委决策执政能力、政府服务效率和干部能力水平的提升,实现全领域的质量提升。对泰州而言,要加速推进"品质泰州"建设,大力实施经济发展、社会文化、生态环境、公共服务和市民生活"五大品质"提升工程,使经济发展更加优化,社会文化更加优良,生态环境更加优美,公共服务更加优质,市民生活更加优越。

二是从制度安排到责任落实的全过程变革。质量概念的宽泛化和质量现象的复杂化,决定了建立质量宏观管理机制,必须理顺市场、社会和政府这三大质量监管体系,提高战略发展规划力、质量监管机制执行力和基础工作现场力。正确处理好放、管、服的关系,推进简政放权,完善质量管理服务机制。加强质量基础设施建设,提高质量监管能力和效率,促进形成"重视质量、崇尚创新、追求卓越"的自觉和习惯。

三是从产业基础到消费终端的全链条变革。质量管理贯穿于生产、流通、消费、监管的全过程,要着眼于全产业链、全价值链,自觉将质量管理向"微笑曲线"两端延伸,将管理边际由单个组织拓展、链接到行业、产业群,将质量融入发展的全过程,让对质量的追求无处不在、无时不有,打造独具特色、富有竞争力的质量传递链条,形成横向到边、纵向到底的讲质量、求品质的浓厚氛围。

四、推动方式变革

质量变革,如何有效实施? 方式创新是关键。要以方式变革,推动思想变革指导实践、组织变革高效运转、格局变革落地生根。

一是由微观监管向宏观主管延伸。精准定位质监工作职能,跳出质监抓质监,摆脱狭隘的微观质量思维,在中观、宏观质量发展上发挥好牵头组织作用,担当主力,主动作为。强化宏观主管,深化微观监管;强化质监政研,细化具体事务。我们将以建设"品质城市"为载体和抓手,依据DB32/T3304-2017《品质城市评价指标体系》标准,建立以"五大发展"理念为基本遵循的品质城市指标体系评价机制,让质量发展导向入脑入心,让质量发展状况可知可判,让质量发展措施见效增效,当好党委、政府的参谋助手。

二是由技术监督向综合服务拓展。质监部门最大特点和优势是"靠技术执法、凭数据说话",技术监督是我们的看家本领。要注重和善于发挥优势,运用共享思维,进一步夯实标准、计量、认证认可、检验检测等质量基础,拓展技术监督和综合服务,有效整合、集成各类资源,集中力量打造"泰检易"一站式公共服务平台,服务"一业牵引、三业主导、特色发展"的现代产业体系,谋划质监部门促进质量发展、维护质量安全、筑强质量基础设施的新思路、新举措,努力为企业提供质量管理、技术攻关、标准建设、检验检测、品牌创建等综合服务。

三是由单打独斗向共建共享转变。要摆脱条条思维,打破部门界限,加强宣传发动,充分发挥社会各界的积极性和创造性,不断强化协作配合,变单兵作战为联合作战。要进一步强化相关部门职能作用,既科学分工,又通力合作,齐抓共管,全方位无缝隙推进质量工作。大力弘扬质量文化和城市质量精神,引导社会各界和广大市民,将对品质的追求和对美好生活的需求融入从自己做起、从现在做起的质量行动中,推动社会质量共治,促进质量发展成果全民共享,增强人民群众的质量获得感,满足人民群众日益增长的美好生活需要。

学习恩来精神　奋发作为有为

（2019年8月19日）

一、学习恩来精神，不忘初心想干事

周恩来同志从入党之时起，就下定决心："愿为革命而死，洒热血、抛头颅，在所不惜。"他正是秉持这样的初心，矢志不渝地为革命为人民鞠躬尽瘁。我们要把"两先一改"落到实处就必须学习恩来精神，以恩来同志为楷模，不断激发想干事的激情，增强想干事的自觉。一是增强坚定正确政治方向的自觉。恩来同志指出"党的立场就是领导干部的立场"。作为此轮机构改革程度最深、力度最大的部门，必须准确领会机构改革对加强和改进市场监管工作的重要意义，切实增强"四个意识"、坚定"四个自信"、做到"两个维护"，旗帜鲜明地拥护改革、推动改革。二是增强有为有位的自觉。要把"不忘初心"的要求落实到泰州市场监管事业的具体实践，就是要始终坚守以人民为中心的发展理念，聚焦"让城市更美好，让生活更幸福"目标，增强"有为才能有位、有位更须有为"的自觉，全心全意为高质量发展奋斗，自觉把为人民服务的初心付诸实际行动。三是增强主动担当的自觉。组建之初，百事待兴。面对新形势、新挑战、新使命、新任务，我们全系统每个共产党员都应志存高远、主动担当。尤其要自觉主动适应形势和任务的需要，不怕困难，不惧挑战，敢于探索实践新思路新理念新举措，加快融合形成市场监管环境下的部门职能和竞争优势。

二、学习恩来精神，不辱使命能干事

周恩来同志是新中国首任政府总理，领导新中国开启建设发展的新征程。他既是国家建设总体蓝图的重要设计者，又是将它付诸实施的卓越组织者和管理者。我们要向周恩来同志学习，敢于担当责任，勇于直面矛盾，善于解决问题。一是自我完善强素质。当前我们正面临机构改革的考验，要有忧患意识，马不停蹄练内功、提素质，尽可能缩短适应周期，尽快掌握基本政策和基本业务，加速从"外行"转为"内行"。二是带好队伍聚合力。作为一名领导干部要时时增强带好队伍凝心聚力的本领，当好事业和同志们的"主心骨"，并指为拳，同向发力，共同打出一个新天地。三是强化协同共干事。市场监管的边界大，事权划分还不够明晰。界限模糊地带正是考验是否"能干事"的"试金石"，我们必须把该挑的担子挑起来，碰到问题不回避，甘当事业发展的"铺路石"。

三、学习恩来精神，不虚此行干成事

为了新中国和中国人民，周恩来同志一生鞠躬尽瘁，死而后已。进入新时代，虽然新工作环境和生活待遇变了，但我们每个同志的组织身份没有变，都是组织的一分子，仍须奋力践行组织的理念，执行组织决定。我们受组织调派，承担第一方面工作，要思考为事业、为继任者也为自己留点什么。若干年过去，当我们回首往事时，能够为自己曾经亲历改革、为市场监管事业开基立业贡献过一份力量感到人生不虚此行而甚感欣慰。一是打开新局打牢基础。要像周恩来同志所说的那样，"像牛一样努力奋斗"，满怀"功成不必在我，建功必定有我"的胸襟，不计较个人的荣誉得失，多做利长远、打基础的工作，起好步、蓄足势，负责任地跑好自己手中的第一棒。二是集众之长集成创新。当前，机构改革正向纵深推进，我们要通过从机制体制到方法理念的深度变革和颠覆性重塑，把过去各条线的工作最大程度的集成优化，更加有效实现流程再造，实现高效兼容和合理创新。三是聚焦一流聚力前行。要学习周恩来同志精益求精、追求一流的工作态度。机构改革让全国市场监管部门都处于同一起跑线。这既是挑战又是机遇。我们锚定"十佳"目标，对标省内外的先进同行，明确追赶的标兵，精益求精、追求卓越，不断提升工作品质。

四、学习恩来精神，不留遗憾不出事

向周恩来同志学习，一身正气，两袖清风，自觉接受监督，敬畏人民、敬畏组织、敬畏法纪，拒腐蚀、永不沾，做一个堂堂正正的共产党人。一是恪尽职守。市场监管的首要任务是防风险保安全守底线。安全问题容不得半点闪失，我们决不能"畏难苟安"，必须把防范化解重大风险作为政治任务，做到守土有责、守土尽责，坚决守住不发生重大事故和系统性区域性风险底线。二是优化作风。我们必须认真践行新时代好干部标准，不断强化优化作风建设，不做政治麻木、办事糊涂的昏官，不做饱食终日、无所用心的懒官，不做推诿扯皮、不思进取的庸官，不做以权谋私、蜕化变质的贪官。三是廉洁自律。周恩来同志是严于律己、清正廉洁的杰出楷模。他除了要求自己"过好思想关、政治关、社会关、亲属关和生活关"，更严格要求家属、部下和身边的人，制定了"十条家规"，真正做到勿有一点灰尘，不留下一点遗憾。我们要学习周恩来严于律己，始终保持对权力的敬畏之心，始终把规矩挺在前面，严守底线、不越红线，做到稳得住心神、经得住诱惑、守得住"闸门"。

奋斗进行时

（2019年11月18日）

习近平总书记指出，新时代是奋斗者的时代。我们要坚持把人民对美好生活的向往作为我们的奋斗目标。作为一个市场监督管理工作者，我们必须精准领会其深刻内涵，并正确指导我们的工作。新时代的基本特征就是推动高质量发展，只有高质量发展，才能不断满足人民日益增长的美好生活需要。而这一切，都必须靠奋斗而得来。面向新时代，我们唯有加倍努力、接续奋斗。

一是要做有"清零"意识的奋斗者。历史只会眷顾坚定者、奋进者、搏击者，而不会等待犹豫者、懈怠者、畏难者。要在全国市场监管部门争先创优，贯彻落实市委市政府部署要求，加快机构改革后的化学融合，实现自我提升自我完善……都需要我们有勇气"清零"。"清零"，一方面是要不沉迷于过去的荣誉、不满足于过去的成就，不让其成为安于现状、不思进取的说辞和借口。更不能因为过去奋斗了，现在就可以不奋斗。另一方面是要主动自我革命，给自己做减法，抹掉思想上的"铁锈"、剔除精神上的杂质，丢掉工作上的不良习气，追求做人做事的高品质。改革不等人，事业不等人，一旦沉溺过去，墨守成规，就会一着被动，着着被动。改革不是简单地加加减减、拼拼凑凑，而是融合基础上的集成创新、流程再造。只有彻底"清零"，才能轻装上阵，打破原有思想观念的束缚，尽快适应改革后的新形势、新任务；才能早发力快启动，抢抓机遇，在同一起跑线上赢得先机、拔得头筹；才能有效应对挑战，真正在激烈的竞争中抢占制高点，立于不败之地。

二是要做有争先追求的奋斗者。奋斗是千舟竞发，不进则退，不先则后。2018年中国质量奖评选，泰州成为首批获奖城市之一，我们关键就赢在定位准、敢争先、速度快。即将过去的2019年，我们抓党建保改革促发展，基本实现了"新局新局面、开门开门红"。2020年，我们要巩固改革成果，做好改革的后半篇文章，争先进位，当"排头兵"、做"领头羊"，打赢品质泰州建设攻坚战，就必须做有争先追求的奋斗者，及早谋划、及早启动，面向全省全国选标杆、找对手，定坐标、争位次，检视问题，查找不足，补齐短板。要跳出市场监管看市场监管，跳出泰州看泰州，站在全省全国的高度，用超前的眼光来审视、谋划发展。进入新时代，我们面临着百年未有之大变局。对市场监管而言，改革赋予我们新定位、新任务、新要求，我们不奋勇争先，就会落伍，就会被淘汰。所以，要增强"等不起"的紧迫感、"慢不得"的危机感和"落不下"的压力感，深入学习、全面贯彻中央关于高质量发展和关于优化营商环境的决策部署，聚焦聚力"大市场、大质量、大安全、大环境"，持续用力、靶向施策，更加精准地推动高质量发展。

三是要做有创新精神的奋斗者。奋斗，不能走老路，更不能走回头路，而是要勇闯新路。回顾我们推进品质泰州建设的实践过程，从调研报告到评价体系再到市委市政府战略决策部署，"泰检易"从小到大再到被全国瞩目，每一步都是勇于创新变革的结果。发展也好，工作也罢，都从不眷顾因循守旧、安于现状者，从不等待不思进取、坐享其成的人，更多的机遇总是留给善于创新、勇于变革的人。进入新时代，市场监管工作面临的市场主体出现了许多新业态、新模式、新产业，我们唯有永葆创新精神，以变革创新应对日新月异的时代潮流，才能做时代的弄潮儿，而不是落伍者。做有创新精神的奋斗者，就要在高质量发展的旗帜下，从自身实际出发，不断提高创新变革的自觉，运用系统思维抓全局，运用精准思维抓重点，运用集成思维抓突破，运用底线思维抓安全，以创新把握机遇、以创新驱动发展，用创新激活高质量发展的"一池春水"，让发展的质量更好、效益更高、成果更优。

四是要做有攻坚本领的奋斗者。奋斗，无论前面是康庄大道还是坎坷崎岖，都要有一种魄力，明知山有虎，偏向虎山行；都要有一股闯劲，逢山开路、遇水搭桥。改革是思维方式的转变，是利益格局的调整，是工作流程的再造，决不会一马平川、一帆风顺。前行的路上，必然会有艰难险阻，必定不会轻轻松松、闲庭信步。高质量发展是新时代的主题，对一个城市而言，其核心要义就在于：让城市更美好，让生活更幸福。实现高质量发展，涉及多个层面、多个领域，涵盖经济发展、改革开放、城乡建设、文化建设、生态环境、市民生活等多个层面。要做有攻坚本领的奋斗者，就必须准确把握高质量发展的内涵，做到不走样、不偏题、不跑调，把协调推进高质量发展体现在坚持质量第一、着力抓好品质城市建设这一重点上来。要奋斗就要实干，要实干就要攻坚克难。不经历风雨，怎么见彩虹？只有摸爬滚打才能增长才干，只有层层历练才能积累经验。困难是培养锻炼干部的"练兵场"，也是我们磨炼作风的"大考场"，事业发展就是一个不断克服困难、战胜挑战的过程。我们应当齐心协力、不遗余力，想尽一切办法，克服一切困难，圆满完成市委市政府交给的各项工作任务，为建设江苏高质量发展中部支点城市贡献更大力量。

质量第一　品质为尚

（2020年12月14日）

习近平总书记在关于《中共中央关于制定国民经济和社会发展第十四个五年规划和二〇三五年远景目标的建议》的说明中指出,新时代新阶段的发展必须贯彻新发展理念,必须是高质量发展。在学习党的十九届五中全会精神中,作为一名质量工作者,我深刻认识到,推进高质量发展,用质量理念、质量思维、质量方法重塑经济社会发展格局,既是畅通国内国际双循环的内生动力,也是我们坚持"质量第一",建设品质泰州,努力"让城市更美好,让生活更幸福"的现实路径。

质量第一,首先要求我们科学理解质量。"质量"一词常说常提,过去常常狭义地运用于工业领域,通俗地讲,就是指产品或工作的优劣程度。随着经济社会的发展,人民对经济、文化、生态、服务、生活等领域社会供给产品的要求,从满足于"有"转到了要求"好"。与之相适应,"质量"一词的内涵和外延也在不断发展和拓展,其概念,从最初的产品质量,延伸到生活质量、文化质量、居住质量……从小处说,我们每个人每天都在与"质量"打交道,所谓质量无处不在、无时不有。从大处说,质量不仅日益成为当前一个社会高频词,更是解锁中国经济社会高质量发展的关键词。

品质为尚,主要体现在让生活更美好。习近平总书记指出,"人民对美好生活的向往,就是我们的奋斗目标"。人民对美好生活的向往实质就是对高品质的追求,这是城市未来发展的必然选择。刚刚闭幕的党的十九届五中全会提出"改善人民生活品质"的战略要求,市委五届十次全会明确,在就业创业、教育、医疗、养老、宜居生态等领域实施民生幸福"十大行动",其出发点和落脚点都是为了让人民群众对美好生活的需求得到更好满足,逐渐享受到高品质生活。城市以人为本,建设幸福城市,就是要提升生活品质,进一步彰显发展温度、提升发展质感,努力"让城市更美好,让生活更幸福"。

质量第一、品质为尚应当成为城市精神。城市精神是一个城市的灵魂,是城市追求、意志、品格的提炼。近年来,随着长三角一体化发展战略的推进,带来的是溢出和虹吸"双重效应",对泰州而言"危""机"并存。要想脱颖而出、后来居上,不断提升泰州的核心竞争力,就必须遵循城市发展的内在规律,将"质量"作为城市发展的重要基础,将"品质"作为提升城市内涵、塑造城市特色的重要抓手,顺应日益高涨的追求品质、崇尚品质的社会呼声,凝聚、形成"质量第一、品质为尚"城市精神,点燃人民群众向往美好生活的奋斗激情。通过抓质量来"强"体质,抓品质来"优"质态,用品质的提升"对冲"增速的换挡和结构的调整,实现社会和人的全面发展、全面进步,加快城市发展的步伐,让泰州的发展更有"质"感。

标准引领,推进品质泰州建设再上新台阶。"标准决定质量,有什么样的标准就有什么样的质量,只有高标准才有高质量。"为发挥标准的"温柔法制"作用,泰州深入实施标准化战略,创新制定了《关于推进标准引领经济社会高质量发展的意见》,把建设"五大高标准体系"作为贯彻落实新发展理念、推进高质量发展的"泰州方案",扎实推进经济发展、社会文化、生态环境、公共服务和居民生活等领域标准化建设,进一步提升城市品质、增创发展优势。站在百年历史交汇点,展望2035远景目标,泰州将坚持以标准化积极对冲经济社会发展形势的不确定性,有效畅通产业循环、市场循环、经济社会循环,提升城市品质,增强城市韧性,不断增进高质量发展定力,持续激发高质量发展活力,努力绘就一幅更高质量、更有品质的发展宏图。

高标准引领　高质量发展
建设"标准国际化创新型城市"

（2022年4月18日）

近年来，江苏省泰州市以创建"标准国际化创新型城市"为契机，大力实施标准化战略，创新标准化管理机制，集聚标准化创新功能，全面提升标准供给质量，泰州标准"走出去"步伐明显加快，标准对经济社会高质量发展的支撑力度大大增强，标准已成为泰州高质量发展的一张"新名片"。

构建"135"标准化管理模式

泰州市积极探索标准化在城市可持续发展中的作用机制，以标准化为纽带推动城市互联互通，创新构建了具有泰州特色的"135"标准化管理模式。

"1"，指树立以品质城市建设为中心的标准化理念。泰州市委于2018年以一号文件出台《关于推进质量强市建设品质泰州的意见》，于2020年出台《关于推进标准引领经济社会高质量发展的意见》，高层级、高要求地推进品质城市建设，将标准化工作推广到品质乡村、品质社区、品质家庭建设，多层次、多领域嵌入标准化管理理念与设置。

"3"，指形成法规、政策和标准"三位一体"的标准化机制。其中，"法规"指全国地级市首部标准化地方法规《泰州市标准化条例》，从法律层面确立了标准化工作在全市经济社会发展中的重要地位；"政策"指泰州市政府出台的《泰州市标准创新奖管理办法》《关于推进专利标准融合创新的实施意见》等一系列具体措施，打造全员参与、全面创新的标准化工作格局；"标准"指在全国率先研制的《品质城市评价指标体系》国家标准，构建了科学有效的评价体系。

"5"，指统筹推进经济发展、社会文化、生态环境、公共服务、居民生活五大领域的标准化实践。泰州组织实施"五大品质"提升工程，促进标准化从生产领域向社会治理、公共服务、乡村振兴等领域拓展，全面明确和布局标准化工作的发展方向和重点要求。

推进国际化和标准创新

泰州市聚焦"国际化"和"创新"两个主题，打造特色鲜明的标准体系，研究制定一批高水平的标准,不断提升标准国际化水平,坚持创新工作举措,推进产业标准化跨越发展。

推动更多"泰州标准"走向世界。围绕泰州主导产业,推动企业主导制修订6项、参与制修订2项国际标准。由泰州市某制造业公司主导制定的ISO20438《船舶与海洋技术——系泊链》,是中国企业主导编制的首个系泊链国际标准,打破国外标准壁垒,有力提升我国相关产品的国际影响力。

对标国际提升核心竞争力。鼓励企业向国际先进水平看齐,推动企业积极采用国际标准和国外先进标准组织生产。在低压开关设备、不锈钢产品、泵、互感器、吊索具等领域开展对标达标活动,302家企业在对标达标平台上发布对标结果494项,产业竞争力显著提升。

创新推进专利标准融合创新。引导企业加强高价值专利转化运用,实现科技创新、专利创造、标准研制"三同步",建成209家专利标准创新型企业,推动1655个专利转化为1432项标准。泰州市一泵阀公司将密封散热结构等专利融入企业标准后,产品无故障工作时间提升50%。

创新开展优化营商环境标准体系建设。以标准化推进"放管服"改革,在全国率先研制优化营商环境系列标准,进一步转变政府职能、提高服务效率、激发市场活力。如,由泰州市行政审批局研究制定的《优化营商环境容缺受理服务规范》地方标准,有效解决了企业因申报材料不全出现时间延误、反复办、来回跑等问题,帮助企业获证时间平均缩短约6个工作日。

形成标准创新实践示范

泰州市以"让城市更美好,让生活更幸福"为目标,以"国际化、现代化、品牌化"为重点,推动标准创新在经济社会各领域全面开花,努力让泰州标准成为技术创新、管理创新和服务创新的品牌象征。

产业集群更具发展优势。围绕生物医药、高技术船舶、化工新材料等先进制造业集群,举办大健康产业、新材料产业标准化高峰论坛,泰州企业参与国际、国家标准化活动更加积极。由泰州市某能源公司牵头起草的我国首批4项石墨烯领域国家标准中的2项,为我国石墨烯的科研、生产、应用等领域提供基础依据。

农业农村焕发更强活力。推进农业标准化试点示范项目建设,培育兴化香葱、泰兴白果等国家级农业标准化试点、示范区22个,有效促进农业增效、农民增收。由泰州市兴化市承担的全国首个国家农产品电子商务标准化示范区,建立了"农产品+电子商务"全流程的标准体系,成功打造省农村电子商务示范镇3家、省电子商务示范村10家。

社会治理更加精细高效。推进标准化与经济社会各领域深度融合,推动标准化向党建、综治、城管、营商环境、安全生产等方面创新拓展。疫情期间,泰州市市场监管部门及时牵头研究制定农贸市场、餐饮服务单位、单位(学校)食堂、食品企业新冠肺炎防控操作规范及公筷公勺使用规范等地方标准。立足文明城市长效管理,制定实施《农贸市场建设与管理规范》地方标准,市区73家农贸市场完成提档升级。

百姓生活更加幸福美好。推进国家基本公共服务标准化综合试点,创新探索建立均等化、普惠化、便捷化的基本公共服务标准体系。泰州市兴业社区开展国家级社区助残服务标准化试点,打造"助残580""助残彩虹桥"服务品牌,建成江苏首家"残疾人幸福家园"。在全国首创《"城市港湾"建设与服务规范》地方标准,建成71个融城市管理、便民服务、市民休闲教育、党建传播展示于一体的服务综合体。

2021年9月,泰州市通过市场监管总局"标准国际化创新型城市"评估验收。立足新起点,泰州市将进一步实施标准化战略,以社会需求为导向,围绕科技进步、经济发展、城市建设、民生改善、对外开放等重点领域,着力创新标准化工作,切实增强标准的供给能力和服务水平,更好发挥标准化对经济社会发展的重要支撑作用。

争当品质先锋　铸就先锋品质

（2019年7月1日）

一、争当品质先锋，必须当好改革的先锋

改革的目的就是对体制进行创新和突破，必然会触及利益调整。作为先进生产力的一分子，每一个党员都要争当改革的促进派和实干家。要正确认识改革。改革是一场严肃的"政治大考"，也是检验政治成熟度和忠诚度的"试金石"，我们要深刻认识深化地方机构改革的重要意义，坚决服从大局，旗帜鲜明讲政治，自觉把思想和行动统一到党中央决策部署上来，切实做到讲政治、顾大局、守纪律。要积极拥护改革。这一轮机构改革是历次改革中力度强度最大的一次，市场监管部门又是涉改部门中涉及人数最多、范围最广的部门，我们每一个党员都要正确对待个人的岗位变动、职务升降、名利得失，用坚强的党性保证改革，用共同的事业维护改革。要主动参与改革。改革是大势所趋，又是实际行动，每个同志身在其中。我们要始终坚持问题导向，干什么学什么、缺什么补什么，不断增强本领，争当改革创新的智多星、多面手，让新机构展现新气象、新职能承载新担当、新队伍实现新作为。

二、争当品质先锋，必须当好集成的先锋

我们"新局新局面"主题行动中有两大行动分别是"集成思维"和"融合服务"。所谓集成，就是要善于把一切有利于干工作、干事业的智慧和力量充分凝聚起来，创造性地集成运用。要集成思维。加强系统思维，牢固树立大市场、大监管、大安全的理念。加强标准思维，用标准作连线，用标准拉高线，用标准明底线。加强答卷思维，用集成创新的实际成效来回答答卷。要勇于清零。机构改革后，全国范围内各地市场监管部门都同处于同一起跑线，过去的荣誉和成就都已成为过去，我们要"而今迈步从头越"，力争在激烈的竞争中抢占先机和制高点。要融合发展。机构改革不能是简单的1+1=2，而应该是1+1>2。我们来自五个不同部门，这需要我们勇于打破过去的思维定式和工作定式，扬长避短、扬长补短，推动集成融合，实行流程再造，真正实现从"合"到"融"的跨越。

三、争当品质先锋，必须当好战斗的先锋

当前，大政方针已定、三定方案已定，目标明确、任务明确，必须全力投入战斗才能实现目标任务。要敢想敢干。如果前怕狼后怕虎，我们将一事无成，过去我们创造的亮点特色、取得的发展成果，无一不是敢想敢干得来的。要苦干实干。认准了的事就要干到底，干就干到最好、做就做到极致、走就走在前列。要落实市委主要领导在市委深改委第二次会议中提出的"确保泰州市质量强市工作一直走在全省、全国前列"的要求，要冲击"十佳"，要在全省乃至全国都有位置，这些都需要我们每个人苦干实干，始终保持热火朝天、只争朝夕的工作氛围，点燃灯火通明、挑灯夜战的工作激情，要有"明知山有虎，偏向虎山行"的勇气，要有"敢啃硬骨头"的韧劲，要有"勇立潮头"的决心，把纸上写的、口头讲的、会上部署的东西落实落细、落地生根。要善干巧干。面对问题和挑战，我们要善于抓住机遇、开动脑筋、多思善谋，创新思路，发现规律，改进方法，努力实现事半功倍，进一步发挥好机构改革的叠加效应和乘数效应。

四、争当品质先锋，必须当好奉献的先锋

要甘于奉献。刚才，我们每位党员同志都重温了入党誓词，里面有这样一句话"对党忠诚，积极工作，为共产主义奋斗终身"，积极工作，甘于奉献，这是对一名党员最基本的要求。要自觉奉献。市场监管是政府的五大职能之一，一个部门来承担一项政府职能，这是其他政府部门所不具备的，使命重大，职责光荣。我们常说，有为才能有位，有位更须有为，面对群众的期盼、党委政府的重托，我们唯有从自己做起，认真履职，不辱使命，以每个人的尺寸之功，推动泰州高质量发展。要长于奉献。从2019年6月开始，在全党自上而下分两批开展"不忘初心、牢记使命"主题教育。我们这次演讲比赛的主题就是"不忘初心跟党走，牢记使命谱新篇"。市场监管人的初心和使命就是"让城市更美好，让生活更幸福"。可以说，这是一场只有进行时没有完成时的远征，不可能毕其功于一役，很多工作是长期性的，不可能立竿见影、马上见效。我们必定有"功成不必在我，功成必定有我"的博大襟怀，甘做"铺路石"，愿做"栽树人"。

勇当建功立业、有为有位的
市场监管铁军

（2019年7月15日）

一、想干事，把不忘初心落到实处

当前，"不忘初心、牢记使命"主题教育正自上而下、紧锣密鼓地推进。作为此轮机构改革中改革程度最深、力度最大的部门，我们要先学一步、先行一步，按照"守初心、担使命，找差距、抓落实"的总体要求，自觉把主题教育与深化品质泰州建设有机结合起来，与深化机构改革、加快化学融合紧密结合起来，不断激发想干事的激情，培养想干事的自觉。

一要坚定政治方向。切实增强"四个意识"，站稳政治立场，不断强化党性锻炼，把牢政治方向，将理想信念内化于心、外化于行，坚决做到"两个维护"。对于市场监管人而言，讲政治，就是要准确领会机构改革对加强和改进市场监管工作的重要意义，旗帜鲜明地拥护改革、推动改革，坚决服从组织安排和决定，高标准、高质量地履职尽责，不辜负组织的信任和期望。

二要坚守为民情怀。不忘初心，方得始终。中国共产党人的初心和使命，是为中国人民谋幸福，为中华民族谋复兴。落实到泰州市场监管事业的具体实践中，我们的初心就是"让城市更美好，让生活更幸福"，就是建设品质泰州。我们要始终坚守以人民为中心的发展理念，以强烈的责任感认真履职尽责，真正把"监管到位、服务更优"的要求落细落实，让人民群众真正感受到机构改革带来的好处和优越性。

三要坚持融合发展。习近平总书记最近在党和国家机构改革总结会上明确指出，完成组织架构重建、实现机构职能调整，只是解决了"面"上的问题，真正要发生"化学反应"，还有大量工作要做。这就要求我们必须自觉、主动适应改革发展形势和任务需要，勇于打破过去传统的思维方式和工作方法，立足现在岗位，加快学习、熟悉、胜任市场监管新职能、新要求，加快融合形成市场监管环境下的部门职能和竞争优势。机构改革为我们每个人都提供了前所未有的广阔舞台。组织更是把大家推到了前台，这是信任更是重托。我们要倍加珍惜已有的各个岗位，把岗位责任担起来，静下心踏踏实实地干出一番事业。

二、能干事，把不辱使命落到实处

市场监管是政府的重要职能之一，使命重大，职责光荣。有为才能有位，有位更须有为。面对群众的期盼、党委政府的重托，我们唯有从自己做起，从现在做起，认真履职，不辱使命，以每个人的尺寸之功，推动泰州全市高质量发展。

一要自我完善强素质。机构改革倒逼我们一切重新开始，不少同志是跨板块、跨条线任职，可能短时间内都会不适应，甚至还有少数同志会出现能力危机、本领恐慌。这就要求我们大家必须马不停蹄练内功、提素质，尽可能缩短适应周期，尽快掌握基本政策和基本业务，加速从"外行"转为"内行"。"大家品质"讲坛，之前是请原先的处长讲原本熟悉的业务，过一段时间，还要请新上任的处长讲新任职的业务，这既是相互交流，也是比一比、赛一赛，看谁跑得更快、更稳、更远。

二要带好队伍聚合力。作为处室"一把手"，不仅要把自己的各项工作干到位、干出彩，更要带领团结处室全体同志，群策群力，共同打出一个新天地。上次月度办公会上，我明确要求各条线都要在全省乃至全国排名前列，这对大家都是新挑战。组织把一个处室交给你，就是要你带好这支队伍。现在处室更大，人员更多，职能更复杂，做好人的工作尤显紧迫和重要。要力求人岗相适，把处室中每个人的长处用好发挥好，不仅要用人所长，更要与人为善，帮助大家共同进步；要加强协同，处室中每个人的脾气禀赋不尽相同，要引导好、管理好、调配好，宽严相济，用共同的理想目标凝聚人心，并指为拳，同向发力。要充分发挥好专员的作用。这里再强调一下，专员不是"二线"，要始终战斗在第一线，要多出主意多出力，尤其在急难险重的任务面前要挺身而出、迎难而上，齐心协力共同推进事业发展。

三要强化协同共干事。由于各家"三定"不尽相同，不少处室之间事权划分还不够明晰。界限模糊地带正是考验是否"能干事"的"试金石"，我们必须把该挑的担子挑起来，把该负的责任负起来，多进位不缺位，多补台不拆台，遇到矛盾不怕事，碰到问题不回避，勇于挑重担、啃硬骨头、接烫手山芋，甘当事业发展的"铺路石"。

三、干成事，把不虚此行落到实处

雁过留声，人过留名。作为市场监管部门的第一任处长和专员，要为市场监管事业开基立业贡献自己的一份力量。

一要打开新局打牢基础。作为市场监管局的第一任处长，干成事，就是要起好步、蓄足势，负责任地跑好自己手中的第一棒。现在栽下去的树，很多是要留给后来者乘凉的，我们要牢固树立正确的政绩观，有一份"功成不必在我，建功必定有我"的情怀，不计较个人的荣誉得失，多做一些利长远、打基础的工作，为市场监管事业长远发展打牢基础。

二要集众之长集成创新。机构改革是一项系统工程,是从机制体制到方法理念的深度变革和颠覆性重塑,我们既要把过去各个条线的工作最大程度的集成优化,也要实现高效兼容和合理创新。处长是一线指挥官,承上启下,应对八方,更需要具备集成思维,能够跳出条线思维、板块思维,打破经验主义、思维定式,集众家之长,优化资源配置,实现流程再造,当好品质工匠,不断提升效能。

　　三要聚焦一流聚力前行。机构改革让全国市场监管部门都处于同一起跑线,这次省局朱局长在半年会上提出了各项工作进入全国前三的目标。组建之初,我们也提出了冲刺"十佳"的目标。远大的目标需要我们共同奋斗。全局争先创优的基础是每个处室在各自的条线上争先创优。打造品质先锋,每个处长都应当是先锋中的先锋。因此,任职之初大家就要锚定"十佳"目标,对标省内外的先进同行,明确追赶的标兵;要有自己的"施政纲领",明确短期目标和中长期规划,要精益求精、追求卓越,不断提升工作品质,一步一个脚印朝着目标、向着胜利进发。

四、不出事,把不留遗憾落到实处

　　干事又干净,十成事而不出事,知易行难。面对形形色色的诱惑和陷阱,稍有不慎,就有可能会是一失万无、一失足成千古恨。我们要牢记"平安是福"的道理,确保不出事、不留遗憾,尤其是要在名节操守上不出事、不留遗憾,否则上愧对组织的培养,下有负家人的期盼。

　　一要恪尽职守。市场监管的首要任务是防风险保安全守底线。安全问题往往会"一票否决",容不得半点闪失。作为第一任处室负责人,要把防范化解重大风险作为我们的政治任务,做到守土有责、守土尽责,坚决守住不发生重大事故和系统性区域性风险底线。决不能因为自己麻痹大意、失职渎职,让安全防线在我们手上出现疏漏和隐患。

　　二要优化作风。优良作风是事业成功的保证。机构改革越往前推进,越需要我们有扎实过硬的工作作风。作风不好往往会一败涂地。我们要认真践行新时代好干部标准,牢固树立"100-1=0"的理念,带头严守"五项纪律",带头践行"十项承诺",以优良的作风做好改革的后半篇文章,更为涵养良好的机关文化开好头,注入满满的正能量。

　　三要廉洁自律。廉洁奉公是大节,是大是大非。廉洁出了问题往往会一损俱损。要始终保持对权力的敬畏之心,始终把规矩挺在前面,严守底线、不越红线,做到稳得住心神、经得住诱惑、守得住"闸门"。作为处室负责人,要严格履行"一岗双责",既要管好自己,还要带好同志,不能让一个人掉队,大家好才是真的好。

唱响品质先锋之歌

（2020年3月25日）

泰州市市场监管系统将认真贯彻全市组织部长会议精神,突出"致力高质量"主题主线,聚焦"标准、系统、短板、落地",进一步巩固主题教育成果,坚持建强领导班子、提升干部素养、激励干部担当,紧扣高质量发展再发力,抓重点、创特色、求实效,不断深化升华品质泰州建设,为推动"一高两强三突出"、实现人民满意的高质量发展合力聚焦、再作贡献。

一、集成思维,谋划标准引领高质量发展大文章

宣贯落实《泰州市标准化条例》,进一步对标国际国内先进标准,以高标准引领泰州市高质量发展。坚持"标准决定质量"理念,强化集成思维、系统谋划,推动出台《关于推进标准引领高质量发展的意见》,从推动治理体系和治理能力现代化的高度,综合运用标准化理念、标准化方法,谋划推进"经济发展标准化、社会文化标准化、生态环境标准化、公共服务标准化、居民生活标准化",建立符合泰州城市战略定位、体现新时代高质量发展要求的行业发展标准、城市规划标准、技术服务标准、市场监管标准,鼓励企业积极创制国际国内先进标准,增强标准的权威性、严肃性和可操作性,充分展示可复制可推广的"泰州标准",以高标准引领高质量发展。

二、真抓实干,开展优化营商环境年主题行动

聚焦"更高标准提升城市品质、更高水平优化营商环境"主题,把"优化营商环境年主题行动"作为贯穿全年工作的主线,推动全系统上下瞄准影响营商环境的"堵点""痛点""难点","谋"字当先、主动出击、精准施策。充分发挥综合监管、综合服务职能,切实推动主题行动与日常工作有机融合,以项目化、清单化的方式,开展"标准领航、监管导航、服务助航、安全护航、品质优航"五大行动,在质量发展上拉高线,在市场秩序上划界线,在服务企业上不断线,在安全生产上守底线,在自身建设上树标线,充分发挥市场监管系统中高层知识分子人数多的人才优势和检验检测机构能力强的技术优势,着力构建企业全生命周期服务体系,营造有利于集聚更多先进生产力、生产要素的营商环境,真正让企业"想进来、留得住、不想走"。

三、叫响品牌,打造市场监管"品质先锋"

按照标准化、规范化、长效化的总体思路,用好机关党建系列标准,实现党建工作有规范、做事有章法,不断提升党建质量。深化党务、业务和服务"三务"融合,积极建设专家型中层干部队伍,以"市场监管项目行""市场监管民生行"为载体,推进党建服务品牌项目化、项目节点化、节点责任化。大力弘扬"有为才能有位、有位更须有力"的机关文化,提振精气神。组织"党员突击队""专家问诊团",深入疫情防控一线、复产复工一线,常态推行党员"驻点式"服务,为疫情防控、企业发展、项目建设提供精准服务。深化"党员先锋岗"创建,举办"三比一提升""党建创新引领服务创优"主题活动,激励党员干部围绕"强监管""惠民生""促发展",用各种富有创新性的"金点子"为服务发展建言献策、建功立业,让"争当品质先锋,铸就先锋品质"蔚然成风,努力创造经得起实践检验的一流业绩。

扎实开展主题行动　致力优化营商环境

（2020 年 7 月 20 日）

我们深入贯彻落实省局和市委市政府关于优化营商环境决策部署,以实施优化营商环境年主题行动为主线,提升城市品质为根本,大力实施"五航行动",不断深化升华品质泰州建设,着力营造有利于集聚更多先进生产力、生产要素的营商环境,推动提升城市品质与优化营商环境互促并进。泰州被国务院通报表彰为推进质量工作"真抓实干成效突出地方",泰州市场监管系统依法行政和服务群众情况满意度居全省设区市前列。

一、标准领航,在质量发展上拉高线

坚持标准引领、质量第一。积极推动市委市政府出台《关于推进标准引领经济社会高质量发展的意见》,在全国地级市中率先制定发布实施《标准化条例》地方法规,《品质城市评价指标体系》国家标准顺利通过专家评审。围绕疫情防控,先后制定发布农贸市场、餐饮服务、公勺公筷等相关地方标准,提升防控的科学性和有效性。深入推进质量发展战略,成立市质量发展委员会,举办"铸品质文化,创品牌标杆"主题活动,开展质量文化微视频展播、企业质量文化建设分享,编辑出版《泰州之光——品质成就标杆》,推广本土优秀企业成功经验,推动质量理念、质量文化、质量精神深入人心,融入经济社会发展的方方面面。

二、监管导航,在市场秩序上划界线

坚持规范有序、公平公正。严格执行党中央国务院、省委省政府、市委市政府关于长江流域退捕禁捕工作部署安排,大力实施全面禁售长江流域非法捕捞渔获物专项整治行动。深入开展公平竞争审查专项督查,清理废止违反公平竞争文件5份、修改3份,制止和纠正滥用行政权力排除限制竞争的行为。强化疫情防控用品质量监管,检查民用口罩生产企业32家,移交违法线索2条。加强熔喷布联防联控,检查相关生产经营户429家,立案42件。强化埋地管材质量监管,检查埋地管材生产经营企业31家,立案查处6起。积极推进农贸市场提档升级,市区二星级以上农贸市场全部规范实行明码标价。加强市场价格巡查、检查,发放价格政策提醒函2731份,处理价格投诉举报1200多件。稳步推进跨部门"双随机、一公开"监管,共查处各类市场主体违法案981件,3件案件列入国家总局、省局重点挂牌督办案件。

三、服务助航，在亲商惠企上织连线

坚持服务更优、效能更高。聚焦企业复产复工难题，出台"四畅通五优化"九条措施，支持企业复工复产、平稳健康发展。疫情发生以来，延期现场审核、检查等认证活动82次，线上远程认证393次，减免检验检测费用694.7万元，惠及企业6800多家。通过"小企业抗疫应急贷"、知识产权质押、动产抵押等途径，累计助企融资8.72亿元。深化"放管服"改革，提前介入特殊食品生产企业的产品注册、备案及生产许可审批，优化审批流程、压减审批时限。拓展"泰检易"平台服务功能，聚合更多资源要素，为企业提供"一站式"服务，为"产业强链"提供全面高效便捷的技术支撑。

四、安全护航，在风险管控上守底线

坚持明晰责任、分类施策。建立领导班子成员挂钩机制，制定安全生产责任清单，持续开展特种设备安全整治，进一步推动落实主体责任，加大涉危化品场所、锅炉、压力容器、压力管道等重点设备的隐患排查和问题整改推进力度，全面消除事故安全隐患。提请市委市政府出台《关于深化改革加强食品安全工作的实施方案》，将食品安全综合考核纳入市政府对各市（区）高质量发展考核。积极打造以"阳光厨房""阳光宴会厅"等为重点的食品安全"阳光放心"系列工程，守护人民群众"舌尖上的安全"。

五、品质优航，在自身建设上走实线

坚持政治引领、党建先行。进一步深化党建标准化建设，用党建标准化划底线、拉高线，引导党员干部端正政治思想、强化政治认同、坚定文化自信。推进党务、业务和服务"三务"融合，深入开展"市场监管项目行""市场监管民生行"，继续擦亮"品质先锋"党建品牌和"品质工匠"服务品牌。开展"三个表率"模范机关建设，锻造全面过硬的坚强"堡垒"。开展"大家品质讲坛""奋战抗疫情、巾帼绽芳华"工作日志评选和"品质青年担当有我"等主题活动，提振干事创业精气神。

我们将紧盯"六稳""六保"工作任务，坚持集成创新，突出真抓实干，不断提升市场监管现代化水平和治理能力，更高标准提升城市品质，更高水平优化营商环境。一是严格落实防控要求，聚焦农贸市场、餐饮单位等重点场所，聚焦口罩、防护服等重点产品，加强督查指导，坚决打赢疫情防控阻击战。二是牢牢把握试点机遇，大力推进省局与市政府签约合作事项落地落实，抓住国家级综合试点机遇，建立具有泰州特色的公共服务标准体系，加快专利标准融合创新步伐，以高标准引领高质量发展。三是提升治理能力水平，持续抓好特种设备专项整治工作，深化消防产品、燃气灶具及配件等专项整治，推进"食品安全阳光系列工程"建设，坚决守牢安全底线。四是持续加强市场监管力度，统筹制定跨

部门抽查事项清单和抽查计划,加强食品(保健食品)、医疗、房地产、教育培训等重点领域广告监管,维护公平竞争市场秩序。五是深入开展"优化营商环境年"主题行动,持续开展"市场监管项目行",积极服务重点开发园区高质量项目建设"三比一提升",综合运用市场监管"工具箱""组合拳",支持市场主体稳定发展。

新局新作为

（2021年1月21日）

两年前的今天，泰州市市场监督管理局正式挂牌成立。那一天，我们闻令而动，齐聚大楼之前，共同见证了挂牌组建的历史时刻。局因改革而生，人因改革而聚，我们的事业因改革而兴。"一二一"，是我们共同的律动，更是我们步调一致向前进的口令和铿锵。

两年来，我们百川归海，齐聚市场监管大家庭，众志成城，一手抓改革，一手促发展，集成创新，融合发展，实现了新局新局面，开门开门红。我们一路走来，一路坎坷一路风景，一路耕耘一路收获，一路探寻一路成长，一路披荆斩棘一路欢声笑语，想干事、能干事、干成事，经历大战大考，收获累累硕果，交出了一份厚重提气的答卷。

2019年，泰州市被省政府表彰为落实"放管服"改革、推进质量工作真抓实干成效明显市。市局被人社部、市场监管总局联合表彰为全国市场监管系统先进集体。

2020年，泰州市被国务院表彰为推进质量工作成效突出地方。市局先后被授予"泰州市五一劳动奖状"、泰州市第七批"骏马奖"。

我们还连续五年被市台企协会授予"服务台商最优团体"称号。全市系统13个单位获评"江苏省文明单位"。两年来共有86人次获各级表彰。我们每个人都很拼，每个人都了不起，每个人都值得点赞。

"一二一"，沙场点兵，号角连营。我们坚持党建先行，织连线合心力，人和事合。两年来，我们不断加强党的建设，在市级机关涉改部门中率先成立机关党委和机关纪委。我们成立了党建办，聚合资源，统筹力量，压实全面从严治党主体责任。实施机关党建标准化，探索推进"三务"融合，以标准作连线、划底线、拉高线。每月一期"微党课"，为大家提神醒脑。"市场监管项目行""市场监管民生行""党员义工服务"，架起了与企业、与老百姓之间的连心桥。党支部战斗堡垒和党员先锋模范作用充分发挥，在市级机关工委的年度表彰中，实现了优秀党员、优秀党务工作者、先进基层党组织"大满贯"，老干部第一党支部在市直唯一获评全省离退休干部"六有一提升"示范党支部。正是因为始终坚持党建引领，旗帜鲜明讲政治，不断提高政治判断力、领悟力、执行力，我们才按期高质量完成机构改革，五个板块职能实现整合聚合融合，上下贯通的市场综合监管体制初步建成。

"一二一",战旗如画,捷报频传。我们聚焦中心大局,扣主线促发展,好戏连台。两年来,我们围绕市委"一高两强三突出"决策部署,以品质泰州建设为统领,充分发挥职能作用,全力服务中心大局,实干担当,取得全新的工作业绩。

我们提升"大质量",深入推进品质城市建设。全国首创的《品质城市评价指标体系》成为国家标准正式发布,在全国地级市率先完成标准化地方立法。提请党委政府出台《关于推进标准引领经济社会高质量发展的意见》,总局发展研究中心在泰州成立"长三角质量发展研究中心",泰州市获批全省唯一的国家基本公共服务标准化综合试点,生物医药行业入选首批长三角质量提升示范试点项目,获批筹建省医药健康产业计量测试中心,创成省级广告产业园。特防中心久久为功,顺利通过国家级质检中心验收。市食检院后发先至,在全省首家获得告知承诺制审批检测资质认定证书。"泰检易"公共服务平台更上一层楼,服务水平显著提升。

我们服务"大市场",全力打造优质营商环境。深入开展"优化营商环境年"主题行动,在全国率先探索构建优化营商环境标准体系。实现市场监管系统"双随机、一公开"监管全覆盖,企业年报率连续多年列全省第一。建立公平竞争审查"三项制度",在全省率先制订市场监管行政执法免罚、轻罚标准,积极营造宽松包容的创业环境。出台"四畅通五优化"九条措施,支持复产复工。强化知识产权创造运用和保护,16个项目指标纳入科技创新积分评估,近500家企业享受政策红利。在全国率先出台《关于推进专利标准融合创新的意见》,培育专利标准融合创新企业95家,推动968个专利转化为标准,相关做法得到国家知识产权局领导批示肯定。

我们聚焦"大安全",坚决守牢市场监管底线。推动市委市政府出台《关于深化改革加强食品安全工作的实施方案》,在全省率先出台食品小作坊集中加工中心管理办法,成功举办全省食品安全事故应急处置演练,食品安全抽检合格率居全省前列。组建泰州食品生产企业品质联盟,深入推进食品安全"阳光系列工程"建设,建成"阳光菜篮子"智慧农贸市场26家、农村(社区)"阳光宴会厅"标准化集体聚餐点113家,规范管理"阳光餐车"500多个,打造小作坊集中加工中心"阳光食坊"3个。完善特种设备安全生产明责、督责、追责"三位一体"工作体系,全面消除事故安全隐患,全市未发生特种设备安全事故。

我们立足"大监管",切实维护市场秩序稳定。认真落实疫情防控要求,及时暂停市场活禽交易,制定发布农贸市场、餐饮服务单位等重点场所疫情防控地方标准,发布并实施全国首个公勺公筷地方标准,推动各市(区)进口冷链食品集中监管仓全部建成运营。完成口罩等产品检测1.6万批次,处理价格投诉举报1200多件,立案查处疫情防控产品涉嫌违法行为90件。加强农贸市场常态化管理和诚信建设。优化稽查办案模式,完善四方协商机制,"4·26"特大化妆品案被国家药监局通报表扬。

"一二一",军令如山,立说立行。我们突出队伍建设,拉高线争一流,奋勇争先。两年来,我们以"监管到位、服务更优"为目标,加强队伍建设,努力打造"建一流队伍、创一流业绩、树一流形象、作一流贡献"的市场监管铁军。我们建制度打基础。制定出台 AB 岗、采购内控管理、外出报备、督查督办、案件审核等 20 多项制度,进一步理顺关系,优化流程,加强衔接,推动工作融合。我们强培训提能力。举办"大家品质"讲坛和各条线专题培训班,持续提升监管队伍能力素养。我们树品牌扩影响。举办"品质泰州"全国书法精品展、百姓大舞台,建成品质文化园、质量安全科普馆,组织实验室开放日、质量文化进校园等活动,宣传特种设备、质量安全、保健食品、用药安全常识,让"祥泰之州、品质为尚"城市质量精神走进千家万户。我们抓纪律强作风。定期研究分析党风廉政建设工作形势。积极运用监督执纪"四种形态",对苗头倾向性问题,及时提醒谈话,严明纪律,严管真爱,确保干部队伍风清气正。

回首两年,我们豪情满怀。成绩的取得,凝聚着每位同志的智慧和力量,饱含了"咬定青山不放松"的坚忍执着、"标新立异二月花"的开拓进取、"删繁就简三秋树"的融合联通和"一枝一叶总关情"的为民情怀。我们每个人都坚守着自己的职责,用情做好每一件事情,用心守护着我们共同的家。我们用奋斗诠释了"品质工匠""品质先锋"的奉献与追求,彰显了新局新作为、大局大格局。

展望未来,我们信心百倍。前进的道路,就在脚下。让我们不忘初心、牢记使命,在习近平新时代中国特色社会主义思想的指引下,把握新发展阶段,贯彻新发展理念,融入新发展格局,发扬为民服务孺子牛、创新发展拓荒牛、艰苦奋斗老黄牛精神,逢山开路、遇水架桥,携手共进、集成超越,汇聚满天星、并作一团火,做有担当的奋斗者,做有品质的追梦人,施展才华,书写忠诚,争当骏马,不断开创新局面,作出新作为,交好"品质泰州"建设新答卷,为推进幸福泰州高质量发展贡献更大的力量!

一心向阳

YIXINXIANGYANG

　　不忘初心，向阳而行。一路奔跑，不敢懈怠。此章收录的72篇小言论，实为作者由地方党委中枢机关转岗到政府部门任职后，为能尽快适应工作，打开局面，履行职责，注重加强机关文化建设，从推进党务、业务、服务"三务融合"中创新实践"微党课"，每月针对工作中遇到或发现的矛盾和问题进行阐发，有的放矢地解决思想问题，有效促进了单位正能量的累积、叠加。

如何做到立说立行

（2016年4月5日）

记得六年前，当时我还在市委办工作。新一任泰州市委书记刚刚到任，我牵头为《泰州日报》写一组评论员文章，主题是提振精神状态、加强作风建设。第一篇就是怎么来倡导立说立行的作风。今天又说起这个老话题，是因为我感到有了一个与当时相同的境遇。2016年是泰州市组建20周年，站在开启推进二次创业的新起点，尤其需要树立和倡导立说立行的作风。

拒当"蜗牛"、争创一流要立说立行。我理解蜗牛的最大特点就是慢，而立说立行强调的就是快。你不想当蜗牛，就必须做到立说立行。市委市政府设立这个"蜗牛奖"，就是发给那些推进重点项目不得力、履行行政职能不到位、解决群众关切问题不及时的责任人。我在局年度工作会议上曾明确提出，我们系统一个人都不要得这个奖，而且要永远都不要得这个奖。但是能不能做得到，这就要靠大家，看大家能不能做到立说立行。

建设品质泰州、质量强市要立说立行。这段时间关于质量的话题比较热。李克强总理在《政府工作报告》中强调要弘扬工匠精神，最近在中国质量奖颁奖大会之前又作出批示，要让追求卓越、崇尚质量成为全社会、全民族的价值导向和时代精神。市委市政府领导也对质量工作作出批示，品质泰州建设已正式写入全市的"十三五"规划纲要，市委主要领导明确要求品质泰州建设要以质监局为主落到实处。作为主力军，我们应该以自身良好的工作品质来推动城市品质的提升，这也需要我们立说立行，不能有丝毫的松懈和迟缓。

实事求是、奋发有为要立说立行。立说立行是一种责任、一种胆识、一种担当，也是一种境界。我们依法行政也好，在一个部门当领导也好，都必须具备这个基本素质。我们倡导"有为才能有位，有位更须有为"的理念，就是要求大家自觉形成立说立行的优良风气，培育实事求是、奋发有为的机关文化。我们既要说到更要做到，重口号轻行动的做法要不得，有令不行、有禁不止、有诺不践的坏风气要禁止，办事拖拉，言行脱节，只求过得去、不求过得硬更要不得。

做到立说立行，至少力求做到以下几点：

大力弘扬工匠精神。李克强总理在《政府工作报告》中明确提出要培育精益求精的工匠精神。我理解立说立行应该具备这么几个特征：精益求精，追求卓越；锲而不舍，刻苦钻研；爱岗敬业，干一行爱一行；善于传承，勇于创新；具有良好的职业操守和社会美誉度。我们理应在弘扬工匠精神领悟理解上更深一层，行动上领先一步，快人一拍。希望同志们进一步加大宣传力度，真正做到入脑入心，化为自觉行动，更好地实施监管、提供服务。

立足从现在做起。立说立行就是要从现在做起，从现在开始。一年之计在于春，2016年的工作任务相当繁重，市委市政府也有明确的要求，现在关键就是抓好落实。一季度已经过去了，我们很多工作部署也正在积极地推进，尤其是3月份我们正式启动了"质监项目行""质监民生行"两大行动，这是我们争创质量强市示范城市的重要抓手。这两个行动能否持之以恒地开展下去，能否达到预期效果，能否打造出更多新的亮点特色，都取决于我们每个处室每个单位每个同志能否发扬"三个不相信"的精神，树立"今天再晚也是早，明天再早也是晚"的意识，着眼长远，立足当前，不等不靠，立说立行，充分发挥主观能动性，激发创造活力，创新理念和方法，保质保量完成各项目工作任务。以小任务、小目标的完成来支撑保证主任务、大目标的完成。希望同志们都能够增强韧劲、韧性，持之以恒、久久为功，抓铁有痕、踏石留印，一着不让、一步不落地推进落实，把各项工作做好。

注重从细节抓起。品质源于文化，细节成就品质。从大处说，细节决定成败，天下大事，立足于细；从小处说，没有细节就没有质量。所以有形之类，大必起于小；行久之物，族必起于少。推进质量强市建设品质泰州，必然也必须注重从细节抓起。立说立行不是光说大话、空话，而要从一件一件小事做起，从一个一个小环节抓起。我们讲监管到位、服务更优，必须要落实到一件一件的具体工作上，而不是仅仅落实在嘴上写在纸上挂在墙上。质监项目行、质监民生行需要我们一个一个的小活动小项目来支撑。初步思考，请机关党委牵头在全系统开展一个活动，这个活动名称就叫"两发现"：一个叫寻找发现亮点，发动大家，擦亮质量之眼，及时发现我们身边的、工作当中的特色亮点；一个叫发现缺陷，寻找发现缺陷，把我们在实施监管、提供服务的过程当中，做得不好不及时不到位，跟其他部门其他单位其他地区比有差距，对照标准有缺陷和不足的东西找出来。这样也体现我们从细节抓起，有具体的行动，有具体的效果。我们每天能克服一个缺陷，我们一年就可以克服365个缺陷，那我们的工作品质就可以有一个大的提升。我们的一举一动、一言一行都要符合规范，特别是我们质监部门，本身就是管质量管标准管规范的部门。上级要求我们做的，企业基层需要我们做的，我们要千方百计、尽心尽力地去做好；组织上不让我们做的，群众不愿意我们做的，我们要做到坚决不做，不越底线、红线，不碰高压线，在执行标准执行规矩方面当好模范、走在前面，希望我们每个领导、每个同志要高度重视，自觉践行。

加强能力建设。能力是立说立行的重要支撑，立说立行对能力本领提出了新的挑战。有时候我们主观上想做到立说立行，但客观上、能力上做不到，不能够做到拉得出打得响，出现了能力上的短板。怎么办？这就要求我们必须把能力建设作为一个经常性的工作来抓，做到常抓不懈，常抓常新，不断地充电补能，更新知识，增强本领。我们除了组织一些培训一些学习之外，还要多想些办法，多出一些题目，多组织一些活动，为同志们提升能力提供服务，提供帮助。这里我也要重点再强调一下作风建设，要让拒当"蜗牛"真正成为一种自觉。只有这样我们才能拒"蜗牛"于千里之外。全系统都要始终保持清醒头脑，同时要把拒当"蜗牛"的包保措施落到实处，发现苗头及时处理，该问责的问责，该处理的处理。

人勤春早，时不我待。我们要把"三个一流"的目标，内化于心，外化于行，落实到位，真正做到"三个一流"，用我们的智慧汗水谱写泰州质量发展史上的新篇章，到建市20周年时能够交上一份分量很重的成绩报告单。

一心一意抓落实

（2016年5月3日）

抓落实要在精准

抓落实首先要解决方向问题。如果方向错了，一切为零，甚至是负数，向相反方向运行。具体到质监工作，就是以质量和效益为中心；具体到泰州，就是建设"品质泰州，质量强市"。这是我们工作的主线，也是我们工作的出发点和落脚点。

抓落实要有明确的目标。我们的大目标是要成功创建全国质量强市示范城市。2016年的年度目标是，全局进入机关部门考核先进行列。要实现这些目标，需要大家共同努力。

抓落实要突出重点。工作千头万绪，任务纷繁复杂，我们必须在统筹协调、弹好钢琴的同时，突出重点抓落实，通过重点突破来创造新的高度，来扩大影响，带动其他各项工作取得新进展。目前，对我们瓶颈制约较大的是人力资源问题。好多处室和分管局长都提出力量不足，要增加人手。所以在突出重点方面，我们要多做一些梳理、多做一些指导，力争在一段时间里集中精力，突破一些重点工作，逐渐扩展到整个面，最终齐头并进。

抓落实重在细节

细节问题是开展工作的着力点、落脚点。过去我提出抓"两发现"，目的就是要调动、激发大家的积极性。亮点也好、缺陷也好，经常发生在我们身边，有时是习以为常，有时是视而不见。要通过活动开展，引导大家把我们的"质量眼"既对外，又对内。

从细微之处入手。举一个最典型的案例，就是4月22日，发生在靖江德桥的火灾事故。我们要结合质监工作总结反思：抓质量、抓标准、抓认证认可、抓检验检测，哪一条都来不得半点忽略和松懈，包括办公室、人教处、监察室，都要把细节作为重要问题。如果一个细节不注意，就会影响整个工作大局，就可能掌握不了工作的主动权，所以要时刻绷紧这根弦，千万不能犯低级错误。

弘扬工匠精神，做到精益求精。强调工匠精神，强调精益求精，目的就是要让大家充分认清：质监工作的性质、职责，决定了我们既要当好行家里手、业务骨干、专家型的中层干部,更要注重道德修行,塑造良好的职业操守,做精神高地的守望者。

学会并善于举一反三。要求大家能够发现缺陷,就是要调动和激发大家自查自纠,并且能够帮助同事进行自查自纠,做到每天一小步,十天一大步。同时对发现的问题,要能做到开动脑筋,分析原因,找出问题的症结,提出解决的办法和措施,防止再犯同样的错误,防止再犯同类的错误。在改进的过程中,要能够摸索出一些规律,做到触类旁通,举一反三,力求制度化、规范化。同时要加强考核,把结果综合运用到奖惩、提拔、交流中去,真正做到抓与不抓不一样、干与不干不一样、干得好与干得不好不一样,形成良好的工作氛围。

抓落实贵在坚持

质量工作任务艰巨,需要我们坚持。质量工作是百年大计,现在全党、全社会都高度重视质量工作,中央明确提出以质量和效益为中心。李克强总理对中国质量大会作出重要指示,强调弘扬工匠精神,勇攀质量高峰,让追求卓越、崇尚质量成为全社会、全民族的价值导向和时代精神。我们理应当好质量工作的先行军,当好质量发展的守护神。怎样把质量工作的大政方针落到实处、见到效果?关键还是坚持再坚持。要持之以恒地抓好政策、举措的落实,既不能以为抓质监工作是熟门熟路,就任性地抓,无所不为,也不能面对艰巨的任务,无所适从,更不能因为上级领导逼得紧、压力重,就病急乱投医,胡乱地抓,必须进一步增强我们的定力,认准目标,久久为功。

复杂的经济形势,需要我们坚持。经济下行压力继续加大,企业发展困难增多,对我们的监管和服务提出了挑战。所以,我们既要摸清找准监管的"麻筋",增强工作的有效性,坚持把监管工作做到位,同时还要想企业之所想,为企业降成本、补短板作出我们应有的努力。一时做好事不难,难的是长期做好事,要进一步增强韧性,抓常、抓长。

不断增强本领,需要我们坚持。抓落实不仅是一种工作方法,也是一种工作本领。工作能不能取得成效,从长远看,就在于能否坚持。2016年工作的总抓手,就是创建全国质量强市示范城市,具体的抓手就是"两大行动"。应该说,目前开局良好,下一步能不能取得扎实、更大的成效,取决于各条线、各单位。所以我们每个同志都要立足全年,增强本领,希望到年底能有一个又一个成果,向建市20周年、建局20周年献礼。

大力弘扬工匠精神

（2016年6月2日）

自2016年3月5日"工匠精神"首次出现在《政府工作报告》中以来，短短3个月的时间，李克强总理先后6次谈"工匠精神"。5月23日，在湖北考察时，他再次提出"'中国制造'的品质革命，要靠精益求精的工匠精神和工艺创新"。

弘扬工匠精神，勇攀质量高峰，不仅是要企业精益求精，增品种、提品质、创品牌，更是要让追求卓越、崇尚质量成为全社会的价值导向和时代精神。这其中政府部门尤其要首当其冲。2016年4月11日，在部分省（市）政府主要负责人经济形势座谈会上，李克强总理明确要求，"政府也要秉承'工匠精神'，要把工作做扎实、做精细"。作为政府质量主管部门，弘扬工匠精神既是职责所在，更是立足之本，每个质监人都应当自觉而又主动地将工匠精神融入日常工作之中。

一、联系实际和职能，深刻认识弘扬"工匠精神"的重要性

建设品质泰州需要弘扬工匠精神。在市委市政府高度重视和全市各行各业的积极支持配合下，品质泰州建设正有序向纵深推进。作为推进品质泰州建设的主力军，要使品质意识全方位深入人心，在全社会根深叶茂，还必须让工匠精神在质监系统内部先生根发芽。我们承担着质量安全监管和质量提升发展的双重责任，这就要求我们以身作则、身体力行，在树立品质标杆、传播工匠精神方面，充分发挥播种机、助推器作用，真正使"品质为尚"成为一种价值导向，一种时代追求，推动工匠精神在泰州落地生根、开花结果。

实现质量发展需要弘扬工匠精神。在大力推进"三个转变"、经济社会发展迈入质量时代的大背景下，市场竞争格局正由"人无我有"的较低层次向"人有我优"的高层次竞争转变。泰州是全省转型升级综合改革试点市，实现以质量和效益为中心的发展任务更紧迫。要啃下供给侧结构性改革的硬骨头，就必须聚焦重点领域和关键环节，精准发力，精准施策，这就需要我们弘扬精益求精的工匠精神，为政府决策提供科学的质量发展规划和建议。

推进"二次创业"需要弘扬工匠精神。2016年是泰州质监创建20周年。20年来，泰州质监从无到有，从小到大，艰苦创业，实现了超常规发展。站在新起点上，我们要实现更强更优的跨越发展，需要克难奋进、二次创业，这就要求我们每个同志都要发扬"咬定青山不放松"的钉子精神，成为创新创业的先行军、生力军，全力服务地方发展，保障质量安全。

二、面对困难和挑战，全面理解"工匠精神"的内涵

所谓"工匠精神"，是生产、设计者在技艺和流程上精益求精，追求完美和极致的精神，是一种踏实专注的气质，一种精雕细琢的钻劲。这与我们的工作职能，以及"监管到位、服务更优"的工作要求，特别是当前推进质量强市所需要的精神力量是完全一致的。至少应包含以下四个方面的要求：

精益求精，追求卓越。日前，国务院办公厅专门发出通知，要求培育和弘扬精益求精的工匠精神，引导企业树立质量为先、信誉至上的经营理念，立足大众消费品生产推进"品质革命"，走以质取胜、质量强国的发展道路，并对质量技术监督工作提出具体要求。质监部门是管质量、管标准、管规范的部门，精准、严谨、优质是质监工作的天然属性。增品种、提品质、创品牌，要求我们既要有一双"质量眼"，向上看、向外看、向细看，跳出质监看质监，追求卓越抓质监，充分发挥标准、计量、认证认可、检验检测等基本职能；还要求我们有一双"技术手"，大力推广卓越绩效模式，以高超的技术水平、过硬的服务本领，致力打造一流队伍、创造一流业绩、塑造一流形象，为产业转型升级提供一流的技术支撑。

锲而不舍，刻苦钻研。质监标识的主体是一个天平，无论是质量、特设"两个安全"监管，还是检验检测，我们的天职就是要一丝不苟，分毫不差。现在新的技术、新的产品、新的标准和检测需求不断涌现，我们既不能面对困难无所作为，也不能躺在原来的老底子上吃老本，以不变应万变，甘当蜗牛，而是要不断加强能力建设，加快自身"转型升级"，当好"品质质监"的急先锋。我们开展质监项目行、民生行，要始终紧扣思想再解放、项目大突破、城建新提升"三大主题"工作，一方面紧跟形势，吃透政策，钻研质量发展的现实路径；另一方面，加强学习，钻研技术，不断提升服务发展的本领，真正成为专家型的中层干部，瞄准目标，奋力攻坚，勇攀高峰，不达目标决不罢休。我看到报上来的信息，我们技术机构的不少同志，已经在系统地研究当前行业发展形势，预测未来走向，并且提出了操作性较强的意见和建议，站位较高，思考较深，很有借鉴意义。

传承创新，勇攀高峰。工匠技艺之所以能够代代相传，经久不衰，靠的就是传承中创新，创新中传承，这也正是工匠精神的基本内核。我们今天讲弘扬工匠精神，就是要在善于传承、勇于创新中不断攀登技术和管理高峰，推动品质革命。希望各条线、各单位都能加深理解，自觉行动，把我们的各项工作做得更好，创造出更多的亮点、特色。

爱岗敬业，奋发作为。工匠精神的一个显著特质就是干一行、爱一行、专一行。质监工作具有特殊性，我们系统有不少专家能手，有很多兢兢业业、默默无闻的"幕后英雄"。我们强调弘扬工匠精神，就是要在新形势下继续坚持"有为才能有位，有位更须有为"的理念，以"三个不相信"（不相信有克服不了的困难，不

相信有完成不了的任务,不相信有战胜不了的敌人)作为座右铭,立足岗位,建功立业,老实做人,踏实做事,在平凡的岗位上干出不平凡的业绩,把平凡的人生演绎出不平凡的光彩,用自己的业绩和光彩,为"品质质监"增光添彩。

三、用"三尽"作风弘扬工匠精神,打造"品质质监"

要让工匠精神落地生根、开花结果,就要做到尽责、尽心、尽力。

尽责是最基本的职业操守,责不尽无以致远。品质泰州建设蓝图广阔,质量强市创建长堤千里。只有守好"主阵地",种好"责任田",我们的监管工作和服务举措才能落实到位,"祥泰之州,品质为尚"的质量精神才能星火燎原。我们必须对质监工作职责有清醒的认识,做到事权清晰,权责一致,坚持有所为有所不为,在质量监管上不缺位、不越位、不错位,在服务工作上高定位、站主位、勤到位,确保工作责任全面履行。

尽力是最佳的工作状态,力到才能功成。在"品质革命"的浪潮之中,质量工作犹如逆水行舟,不进则退。我们在广东等地考察交流,他们的体量规模、工作状态、发展理念,以及与经济大势的融合对接程度都令人印象深刻。当前,正是泰州质量工作在全省争先进位、质量强市建设全面发力的紧要关头,全市质监系统能不能提档升级,能不能从第二梯队冲刺第一梯队,取决于我们自身。每位同志都应当有"宁施十成力,不省一分工"的思想觉悟,不当"蜗牛",争创一流,全力以赴,奋发作为。

尽心是最高的精神境界,心诚则灵。"工匠"与普通人的区别就在于拥有"匠心",我们提倡工匠精神,就是要将这种聚精会神、全情投入的赤诚之心引入工作之中。只要始终瞄准品质泰州建设的核心,保持公心、责任心、进取心,那么"力"就用之不尽,"责"就入木三分。只要每个同志都能真正把心尽到,把力尽到,把责尽到,我们就会无往而不胜。

实践告诉我们,不管时代如何变化,提高发展质量和效益的根本方向不会变。精益求精的"工匠精神",过去需要,现在需要,将来仍然需要。我们每一个人都必须进一步加深理解工匠精神的内涵,真正做到入脑入心,化为自觉行动,更好地实施监管、提供服务,致力打造"品质质监"品牌,为建设更美更好的泰州贡献力量!

讲求效率

（2016年7月5日）

  效率这个词我们经常在发言、讲话、写材料时用到，但究竟什么是效率？我还专门上网查了一下，效率基本的解释是单位时间完成的工作量，也指最有效地使用社会资源以满足人类的欲望和需要。今天就如何进一步提高我们的工作效率，更大力度、更有成效地推进质量强市，建设品质泰州，谈一些想法。

  一是怎么来看我们的工作效率。今天我提出这么一个问题，希望同志们结合上半年工作回顾总结，对自身工作效率进行评价。可以自评，也可以进行上下评、左右评。建议大家做效率评价的时候要多几个维度。比如说：纵向比较，今年比去年的效率提高了多少，改革后比改革前提高了多少，在提高效率方面有什么好的做法、好的建议？还有哪些欠缺与不足？横向比较，可以跟省内外同行之间进行对比，进行分析，我们处于什么样的位置？处于什么样的水平？哪些方面做得比人家好？哪些方面比人家差？问题出在哪里，原因在哪里？还可以把视角放到省外，最近专门到西安去学习，真是不学不知道，学了吓一跳，整个西安的质量工作氛围，跟我们是天壤之别。我们在西安乘车的时候，看到西安的街头巷尾，主要的宣传载体上，品质西安、质量强市的宣传标语，随处可见。之前我们也曾到广州、苏州、无锡等地区取经，也是很受启发。我们2015年就提品质泰州建设，人家西安是2016年3月份市委市政府才提出的，但是他们的力度跟我们不一样，我们是以部门来向市委市政府建议，市委市政府认可、赞成，然后来进行推动，西安则是新到的市长在2016年3月的"两会"上明确提出了要打造品质西安，并把它作为政府工作中的战略目标。我们听了介绍之后，确实感到力度不一样。人家提了六大品质：经济发展品质、城市治理品质、政府服务品质、和谐宜居品质、环境品质、人民生活品质。所以，单从氛围上来讲，我们跟西安就有差距，而且比较明显。还有，从创建全国质量强市示范城市来看，省内已经有3个城市拿到牌子了。苏州也通过了验收，扬州、常州、宿迁、张家港、泰兴也通过了答辩列入计划，像我们泰州现在属于第四层次。第一层次是拿到这个牌子的，第二层次是已通过验收没有拿到牌子的，第三层次已经列入计划没有验收的，我们是还没有列入计划的。所以如果我们现在要往前赶，就要两步、三步当作一步走。我们更要注重打造我们的特色、打造我们的亮点，这样在申报的时候、答辩的时候才能够得高分、多加分。这些都需要我们踏踏实实地来推进工作，一着都不能拖，一拖下来下一步竞争就更加激烈。

第二，怎么来提高工作效益。首先要明确目标方向。目标正确，方向对，工作努力才能有效，我们不仅要埋头拉车更要抬头看路。如果方向错了，一切努力都将是无用功。当前我们的工作，必须紧扣市委、市政府经济社会发展大局，突出"三大主题"工作、"四个名城"建设，大力推进质量强市，加快建设品质泰州。每个同志都要找准结合点、切入点，聚神聚力，精准施策，在推进供给侧结构性改革中，充分发挥部门职能，实施有效的支撑、引领、监督和保障，不断提高每项工作举措的有效性、准确性，多做有用功，少做不做无用功，真正做到有所作为，有效作为。其次是要有责任担当。在当前改革向纵深推进，经济下行压力进一步加大的情况下，责任担当对提高效率尤为重要。市委主要领导经常讲，在岗使用是对干部的最大鼓励。组织上给我们岗位，就是对我们的信任，泰州设"蜗牛奖"目的就是要解决不作为和作为不及时的问题，我们现在更是事多人少，有些处室恨不得一个人当作几个人用，一天当作几天用。所以每个岗位都非常重要，都必须过硬，都不能走软。这也是我们在全局全面推行AB岗的初衷。要时刻牢记自己的重要责任，主动担当，奋发有为，在纷繁复杂的形势下，保持清醒的头脑，排除干扰，一心一意抓质量，聚精会神干工作。要充分发挥共产党员的先锋模范作用和先进党组织的战斗堡垒作用。我们刚刚在党旗下庄严宣誓，更要珍惜党员的荣誉，爱岗敬业，争当专家型中层干部，同时加强学习，做到一专多能，把AB岗制度落到实处，取得实效，更好地提高我们的工作效率。

第三，要强调弘扬工匠精神。在上个月局务会的时候重点讲了弘扬精益求精的工匠精神，引导大家在工作中更加注重品质，更加注重细节，合力打造"品质质监"品牌。今天再强调工匠精神，就是希望能够通过弘扬精益求精的工匠精神，不断提高工作效率。我们经常会遇到一些时间很急要求很高的工作任务，但有时却会因为有些细节环节没有考虑周全到位，从而导致工作事倍功半，不能够按时保质完成任务。所以说我们弘扬工匠精神不是讲在嘴上的空话，而是时时刻刻都与我们的工作生活相关。我们提倡事半功倍，要尽可能地杜绝、克服事倍功半，关键就是要把工匠精神落到实处、落地生根。

如何强化责任与担当

（2016年8月2日）

这个月，讲的主题叫责任和担当。

最近市委主要领导专门听取了全市质监工作以及质量强市相关情况的汇报，市政府主要领导也专程安排半天时间到质监系统来进行调研。两位主要领导对我们近年来质监和质量强市工作都充分肯定，对下一步推进"品质泰州、质量强市"建设提出了明确的要求，市委主要领导还就打造长江经济带检验检测新高地作了新的指示。结合传达学习市委工作会议精神和市领导干部会议精神以及市主要领导对质监工作最新要求，我们深感现在的工作任务越来越重，工作压力越来越大，工作要求越来越高。在这样的一个背景和形势之下，如何才能奋发有为地开展工作，确保完成市委市政府、上级主管部门交给我们的任务？要中之要就是不断地强化我们的责任和担当。

要有世界眼光。泰州地处沿海开发战略、长三角一体化战略、长江经济带战略和长三角城市群发展规划等多个国家级战略和规划的交会点，市委市政府提出"四大名城"建设的目标，就是在这样的大趋势、大背景下作出的战略选择。我们作为政府的质量主管部门，应当义不容辞、责无旁贷地承担起相关职能，努力让泰州发展更有"质"感。我们必须跳出泰州看泰州，无论是质量监管还是支撑服务，都要放到更大的范围去审视、去分析、去评估，对照先进地区的成功做法和经验，找出我们自身的不足和差距，明确赶超的目标和突破的方法。我们既要乐于通过纵向比来不断增强加快发展的信心，更要敢于和善于横向比来不断增强加快发展的责任感和紧迫感，从而真正做到扬长补短、错位发展。

要有全局思维。质监工作也好，质量强市也好，品质泰州建设也好，这些事关大局、事关全局的工作、部署，应该说是功在当代、利在长远。我们必须坚决摒弃条条思维、部门思维。过去我们条管时间比较长，跟地方融合、交流、对接少一些，已经形成了一定的思维习惯、思维方式、思维定式。根据市委领导的要求，像我们这样的部门，在目前供给侧结构性改革推进的大背景下，更需要打破条条思维，要有全局思维，跳出质监看质监、抓质监，更加自觉、主动地把质监工作放到全市发展大局中去思考、去谋划，并从中找准我们更好地发挥质量技术监督职能的着力点和突破口。从一定意义上来说，我们质监部门没有部门利益，因为我们的一切职能和所做的一切工作，都是为了支撑和保障经济社会发展，是为政府和全社会服务的。所以我们要有"功成不必在我，功成必定有我"的胸怀，这就是我们的责任担当。我们一方面要奋发有为地发挥好质监部门的各项职能，把"监管到位、服务更优"落到实处，让质监项目行、质监民生行开花结果，不断提高泰州经济社会发展的质量。另一方面，还要不遗余力地宣传发动争取领导和其他各个部门的支持配合，共同做好大质量这篇大文章，不断提升全社会的质量意识，增强全社会的质量自觉，真正形成人人关心质量，人人贡献质量，人人共享质量的生动局面。另外，确立全局思维要求我们各个部门、各个单位、各位同志，要牢固树立全局观念，个人服从组织，小局服从大局，尽可能把工作放在第一位。

要有有为意识。我们强调奋发有为，反对碌碌无为；提倡积极作为，反对胡作非为；要求尽力而为，反对无所作为。面对新的形势、新的任务，我们还不能够停步歇脚，还要牢固确立"有为才能有位，有位更须有为"的理念，始终保持良好的精神状态，发扬"三个不相信"精神。现在，杨根思的"三个不相信"精神已经逐渐演变为新时期泰州精神的特质。"三个不相信"在我们质监系统也非常重要，上一次市委工作会议参观的时候到兴化境内，看见一个很大的牌子，内容除了"三个不相信"，还加了"一个不相信"：不相信兴化干不过人家。我们要做到在其位、谋其政、尽其力、建其功，每个局领导、每个处室每个单位负责人、每个具体工作的同志都要按照市委的要求，把状态调到最优，把干劲补足，尽心尽责把工作干好，把职责履行好，共同为打造"品质质监"出力。在干好本职的同时，要按照 AB 角的要求，主动进入、主动介入，不断提高效率。要坚持问题导向，把"两发现"持久地开展下去，并确保取得实实在在的效果。质量强市、招商引资等都是当前全局性的中心工作。质量强市示范城市创建，8月份、9月份有很多硬的任务要完成。招商引资这一块，一点不能松。各单位都要高度重视，加强配合，确保能够按时保质完成各项工作任务。

要有工匠精神。李克强总理在多个会议上提到政府工作要讲工匠精神，我认为我们质监部门应该要率先带头弘扬工匠精神。我们干每件工作，做每一件事情，都要弘扬精益求精、锲而不舍、敬业奉献、诚实守信的工匠精神，真正做到不达目的不松懈，不完成目标不罢休。

始终保持认真的态度

（2016年9月1日）

转眼间，我到质监局工作已经一年。上个月，泰州市迎来了建市20周年。市委主要领导在弘扬建市创业精神大会上发出了"20年，我们再出发"的动员令，提出"不忘初心，继续前进，再造泰州发展黄金期"的新要求。具体到我们泰州市质监局，如何才能做到"不忘初心，继续前进"？2016年11月，泰州质监也即将迎来建局20周年。回顾前20年发展历程，我们充满自豪和欣慰。站在"二次创业"的新起点上，我们更加豪情满怀、信心百倍。但在这样十分重要的时间节点上，我们应当认真思考一个问题：过去取得很大成绩靠的什么？今后要实现更大发展又靠什么？我看关键就在"认真"二字。

认真是什么

对我们这些当过学生的人来说，对"认真"二字并不陌生，小的时候经常被老师、家长叮嘱"学习要认真"，长大后又经常听到"世界上怕就怕'认真'二字，共产党就最讲认真"的毛泽东语录，耳熟能详。习近平同志指出："讲认真是我们党的根本工作态度，必须做到无私无畏、敢于担当，把认真精神体现到党内生活和干事创业方方面面。"回顾我们多年来的学习、生活和工作经历，无不和"认真"相依相伴，尤其在当前，讲"认真"更有重要的现实意义。

认真是一种态度。态度决定成败。可以肯定地说，古今中外，任何一个成功的人和事都是"认真"的结果；任何一件失败的人和事都必定和"不认真"有关。一个人在工作事业上取得成功，环境、机遇、天赋、学识等外部因素固然重要，但更重要的是依靠自身的认真和努力。每个人的能力、天赋有差异，但最关键的在于我们的工作态度。对质监工作而言更是这样。只要端正态度，以一种认真、执着、勤勤恳恳的态度面对工作，就能有效弥补自身能力上的缺陷，把工作在力所能及的范围内做到尽善尽美。

认真是一种责任。责任成就事业。认真是对责任的承载和坚守。习近平总书记多次强调，有多大担当才能干多大事业，尽多大责任才会有多大成就。有权就有责，有位就要有为。党组有党组的责任，领导有领导的责任，中层干部有中层干部的责任。不能只想当官不想干事，只想揽权不想担责，只想出彩不想出力。困难面前，关键要敢于开拓；矛盾面前，关键要敢抓敢管；风险面前，关键要敢担责任。

认真是一种精神。精神体现品质。20年风雨兼程，20年硕果累累。回望过去的20年，我们一路走来，靠的是建市创业的精神，而其中最重要的特质就是"认真"。站在再出发的新起点上，要把"品质泰州、质量强市"从蓝图变为现实，要打造长江经济带检验检测新高地，我们必须大力弘扬"四个长期""三个不相信"的新时期泰州精神，大力弘扬精益求精、追求卓越的"工匠精神"，必须时刻不忘"认真"二字。因为实践已经反复证明，丢了认真将一事无成。

认真是一种作风。作风保障成功。打铁必须自身硬。只有严格认真，才能高标准、高质量。作风问题具有顽固性、反复性，抓一抓就好转、松一松就反弹。面对激烈的竞争态势和繁重的工作任务，我们要坚决防止出现"混"的心态、"怕"的情绪、"拖"的风气，更不能"只求过得去，不求过得硬"，"只求做了，不求做好"。要始终坚持问题导向，认真发现问题，认真研究问题，认真解决问题。对屡查屡犯、屡改屡犯的要严肃问责，确立鲜明的"认真"导向。

为什么要认真

往大处说，大凡成大业、成大家者，共同的特点就是认真。往小处说，我们从事质量技术监督工作，确实来不得半点马虎和不认真。这段时间我们开展的"两发现"活动，其中有一些不足和缺陷得到了及时解决，这很好，但是也有一些问题，要么至今未被发现，要么即使经过多次发现并整改，却依然没有解决或者没有解决好，其中固然有一些客观的原因，但是归根到底，还是没有讲"认真"。

要赢得竞争主动，我们不能不"认真"。现在的市级机关效能考核竞争十分激烈，论实力我们质监系统无论是人员素质还是技术力量、工作水平都很有"质感"，对此我有足够的自信，但现实往往很"骨感"。所以我们必须付出比别人更多的"认真"和"努力"。年中我们已经明确，凡是涉及考核，由各分管局长扎口负责，哪条线被扣分就要扣分管领导的分。最近局党组会又对9月份主要工作进行了分工，每个党组成员都分别领衔3—4项重点工作，要求确保9月底完成。现在关键的关键就是要认真抓落实。能不能保质保量完成市委市政府交办的各项工作任务，能不能实现在年度考核中争先进位的目标，关键就看我们"认真"的程度。

推进干事创业，我们不得不"认真"。当前，泰州"三大主题"工作、"四个名城"建设正在全面推进，"品质泰州、质量强市"的宏伟蓝图已经展开，打造长江经济带检验检测新高地的目标已经明确，质监工作正面临着新机遇、新挑战，我们唯有不忘初心、不忘认真，才能在推进"二次创业"的新征程中再立新功、再创佳绩。反之，如果我们凡事都不"认真"，则只能是事倍功半，半途而废，失之毫厘、差以千里,最终一事无成,"推进质量强市,建设品质泰州"最终也必将成为一句空话。

要实现人生价值,我们不想不"认真"。我们所讲的不忘初心,主要是指各人不要忘了最初的人生理想信念,并一生为之不懈追求。质监部门是管质量、管标准、管规范的部门,精准、严谨、优质是质监工作的天然属性,认真是我们每个质监人的固有特质。是胸无大志,还是志存高远?是碌碌无为,还是奋发有为?对我们每个同志都是考验。只有始终不忘初心,不忘认真,立足岗位,认真做人,认真做事,才能在平凡的岗位上实现人生价值,才能把平凡的人生演绎出不平凡的精彩。

怎么认真

世上无难事,只怕有心人。这里讲的"有心",就是"认真",就是当真、较真、顶真。

认真要有本钱。我们质监部门虽然干部年龄结构偏向老化,但是干部职工普遍都接受过比较系统的高等教育,文化高、眼界宽、知识新,接受新生事物的能力比较强。这是我们的"长板"。但我们也有"短板",比如:条条思维多,系统思维少;技术方法多,综合方法少,等等。我们要跟上时代步伐,适应形势和任务需要,就必须练好本领,增强内功,充实"肚子里的货",这是我们的"本钱"。要加强"充电补能",不断加长"长板"、补长"短板"。坚持"活到老、学到老",始终怀有"本领恐慌"的危机意识,真正把认真学习作为一种生活方式、一种行为自觉。要始终坚持学以致用,理论联系实际,真正将书本上学到的知识应用于实际工作,将知识转化为生产力、转化为创造力、转化为工作的原动力,真正做到边学边干、边干边学、以学促干、以干带学,既当专家,又当杂家。

认真要有悟性。要勤于自省。真正做到"一日三省吾身",就要勇于认错,主动接受批评和自我批评。自省是"认真"的开始,人最大的敌人是自己,只有时时自省,才能不断弥补缺点、纠正过错。要勇于举一反三。不折不扣完成平时工作只是"认真"工作的第一步,对于工作中出现的问题、不足和缺陷,要勇于触类旁通,举一反三,由此及彼,这样往往可以起到事半功倍的效果。要善于归纳提炼。善于发现和总结规律性的东西,从中悟出门道,上升为理性思维。对于工作中的固有规律和既有经验,要能够创造性地归纳提炼,形成自己的"捷径"和"亮点",从而不断提升自己的工作效率,同时也为其他同志提供借鉴。

认真要有担当。一方面,要按照分工、职责,自觉担当。要向问题"叫板""开刀",列出清单、拿出措施,实打实,硬碰硬,不达标准不交账、不达目的不松劲,不完成目标不罢休。要杜绝"官老爷"的本位思想,克服"天花板"的负面心态,每个人都要结合自身的分工职责，自觉把自己作为工作的最后一道工序，拿出抓铁有印、踏石留痕的认真劲，做到在其位、谋其政、尽其力、建其功，形成一级管一级、一级带一级，职责分明、高质高效的工作运转机制。另一方面，要围绕大局，主动担当。我们每个人的工作分工都是相对的，必须牢固树立全局工作一盘棋的思想，加强处室之间、单位之间、分工之间的统筹协调，遇到矛盾问题，及时补位，同心协力做好工作，尤其要把AB角的角色切换好、担当好。这是我们每个同志都要做的功课、都要完成的作业。

如何创一流业绩

（2016年10月8日）

怎么看业绩

业绩，这个词大家都不陌生。通俗地讲，业，就是作业；绩，就是成绩。对工作人员而言，业绩指的是完成工作任务情况的综合评价。从量的角度来看，通常我们讲的开门红、双过半、提前完成任务等进度指标，都是讲的这个问题。这些都是领导检查工作推进完成情况的重要指标，有利于及时调整方法和力度来推进工作。就像抓考核，不仅考核是否完成目标任务，还要考核序时进度。所以，我们要按时完成任务，在这个前提下争取提前、超额完成任务。从质的角度来看，比如有创新高、领先、首创等评价指标。作为质量的主管部门，我们尤其要注重工作的品质，这个直接关系到我们事业的成败兴衰。考核各人工作业绩怎样，就像学生交作业一样，有人考50分是不及格，60分是及格，这些是成绩，考85、90、100分也是成绩，还有会做附加题的考100+也是成绩。所以，我们不仅要争取完成任务，而且要争取完成得漂亮，完成得高人一筹、与众不同，更有含金量。从效果的角度来看，就是社会对你所做工作的认可程度，有个人满意、领导满意、社会满意等效果指标。"做了"、"做完"和"做好"是完全不同的三个层次，有的人满足于做了，至于好不好、组织满不满意、社会满不满意，他无所谓；有的人认为既然做就得做好，没有最好，只有更好；还有的人善于钻研琢磨，工作不仅做得好，而且做得出彩，在同行业、在全省全国都有口碑。所以，我们决不能仅仅满足于做一天和尚撞一天钟，勉强完成任务，而是必须瞄准"三个一流"，致力于精益求精，不断实现自我突破。对这个问题，我们每个人心中都要有个谱、有个定位。

怎么干业绩

2016年初，我们明确了建设品质泰州这一总目标，推进质量强市这一总抓手。在刚刚结束的市第五次党代会上，市委主要领导明确指出："必须坚持以质量效益为中心，以打造'品质泰州'为追求……创建全国质量强市示范城市……着力提升城乡发展品质……让我们的城市有根有魂、有个性有品位、有魅力有活力。"说句实话，我听了还是很振奋的，这等于是明确了全市今后5年的发展目标追求。站在20年再出发的新起点上，我们应该有义不容辞的责任担当，瞄准既定目标，沿着正确路径，努力把共识转换为行动，把思路转化为举措，把蓝图变为现实，干在实处，争创一流，高质量完成市委市政府交办的各项工作任务，实现在年度考核中争先进位的目标，这就是"怎么干业绩"的真正要义。

要用心用力。过去，我们质监的特色品牌叫"用心创造质量"，这话现在仍然管用，说的就是我们如何发扬工匠精神的问题。"一分部署，九分落实"，只有心中有数，才能落实有方。做工作、办事情，用心不用心、用力不用力，情况大不一样，结果也大不一样。工作用心，方法科学得当，就能使复杂的问题简单化，取得事半功倍的效果；工作不用心，方法不当，就会使简单的问题变得复杂，出力不讨好。工作千头万绪，要想啃下"硬骨头"，创一流业绩，除了要发扬"老黄牛"的实干精神，还需要我们学会科学巧干。要善于"搭便车"，借桥过河，借梯登楼，借助外力，用好杠杆，补好短板，四两拨千斤。要善于"走新路"，条条大路通罗马，突破条条框框，办事不盲从、不机械，不等不靠、积极作为。要善于"弹钢琴"，既突出重点，又兼顾全盘，或抓大放小、以大兼小，或以小带大、小中见大，做到整体推进和重点突破相结合。自4月底以来，我们组织开展了"两发现"活动，就是要通过我们的"质量眼"，找对手、定标杆，与强的争、与高的比、与优的赛，寻找发现身边的亮点、身边的缺陷，扬长避短、扬长补短，打造一流队伍、创造一流业绩、塑造一流形象，真正做到"监管到位，服务更优"。通过近半年来的"两发现"，我们发现了不少亮点和缺陷，但也不能评价过高。下一步重点既要克服麻痹思想和厌战情绪，继续睁开眼睁大眼，找差距，找缺点，找不足，真正做到让亮点更亮、缺点消失。

要尽心尽力。有领导说过，你自己想做的才会做得好；你不想做，别人要你做的一般都做不好。这句话充分说明了工作态度的重要性。良好的精神状态，是做好一切工作的重要前提。不能因为工作中限制多了、管束严了、要求高了，就没了状态、不在状态，放松工作要求、降低工作标准，脑子不装事、心里不想事、手里不干事，不犯事但也不顶事。矛盾问题是压力，也是动力，更是施展才干、大有作为的机遇。换句话说，没有矛盾问题，要你干部干什么。从一定意义上说，如果你尽心尽力了，即使任务完成得不够好，领导和群众也会理解你、原谅你，但如果没有尽心尽力，那就会被彻底抛弃。这就需要我们自觉解开思想扣子、迈开改革步子，以"等不起"的紧迫感、"慢不得"的危机感、"坐不住"的责任感，找准"结合点"、寻求"突破口"，把状态调优，把干劲补足，把职责履行好，争创一流的工作业绩。

要恒心恒力。工作中，我们需要时不我待的使命感、紧迫感，但更要有面对挫折，百折不挠、持之以恒的工作心态。创一流业绩，贵在持之以恒，也难在持之以恒。"担子重、难题多、压力大",是当前工作中遇到的普遍情况,大多数干部的共同感受,新办法不会用、老办法不管用、硬办法不敢用、软办法不顶用等现象也普遍存在。不能遇到挫折、碰到困难,就激情消退、意志消沉。目标确定了,任务明确了,就要咬定青山不放松,不达目的不罢休。要有充分的思想准备,不能急于求成、心浮气躁,总希望毕其功于一役,更不可因久攻不下而泄了干劲、乱了章法。要锲而不舍、不折不挠,决不能抓一阵子松一阵子,热一阵子冷一阵子,虎头蛇尾,雷声大,雨点小。只有发扬钉钉子的精神,踏石留印、抓铁有痕,过了一山再登一峰,跨过一沟再越一壑,才能创造出事业和人生的辉煌,交出满意的答卷。

要同心同力。在市委五届一次全会上,市委主要领导强调,步调一致才能得胜利。讲的就是心往一处想、劲往一处使的问题。在一个单位一个系统,只能一心一意、全心全意,切不可三心二意、五花八门、七嘴八舌,这样才能把事业干成功。要牢固树立"有为才能有位,有位更须有为"的理念,不断提高自觉性、主动性。要充分发挥团队力量,既要各司其职、各负其责、各展其才,又要分工不分家,相互支持和配合,做到"职责分、思想合,工作分、目标合,权限分、力量合",真正实现用一个声音说话,握成一个拳头办事,形成一个面孔对外。我们在局领导和处室负责人之间设立 AB 岗,就是要强化全局工作一盘棋的思想,通过主动介入、及时补位,加强适岗性、增强融合性,共同创造一流的工作业绩,为打造"品质质监"出力流汗。

怎么评业绩

所谓一流的业绩,应该是自己满意、领导满意、群众满意,且超越以往、超过同行的业绩。业绩评价激励是重要的"指挥棒"和"风向标",有什么样的标准、什么样的考核,就会有什么样的干部、什么样的发展。市委、市政府评价各机关部门采用的是绩效考核,我们评价各处室、个人采用的是全员日常绩效考核。我们要进一步研究如何把业绩考准、考实,增强考核的科学性、导向性,激发干部职工干事创业的主动性、积极性。

要有正确的导向。在岗使用就是最大的激励,人尽其才是最大的尊重,人岗相适是最好的环境。目前,正在组织开展的"争当专家型中层干部"活动,就是要自觉形成立说立行的优良风气,增强闯关攻坚的本领,力争有一批钻研劲头足、业务水平高、创新意识强、实绩贡献大的优秀干部脱颖而出。下一步,要更大力度推进干部交流,推动能上能下、能进能出,激励干部在位一天、赶考一天,让能干事、干成事的有更大舞台,让不事张扬、埋头实干的有更好回报。

要有科学的方法。业绩的构成是多方面的,要科学、客观地考核业绩,全面、辩证地评价业绩,进一步提高考核评价的客观性、准确性,使考核评价结果更具说服力。要加强人文关怀。把严格要求与关心爱护结合起来，放开视野、着眼长远，鼓励创新、宽容失败，让干部内心有底、心中有数，放下包袱做事，甩开膀子干事。要加强日常考核。改变"一次考核定终身"的做法，不走简单程序，不搞例行公事，不靠年底的一张表格、一次性考核就解决问题，而是要重一贯、重平时，平时就"画好像""画准像"。要加强综合分析。单一的考评方法犹如盲人摸象，得出的结论只能是片面的。要积极探索综合评价量化指标体系，以科学的分值数据进行综合比较，从而决定业绩的实际效果。

要有奖惩的措施。考核评价结果的运用决定着业绩考评工作的价值。要将考评结果运用于奖励。真正建立以考评结果为依据的激励机制，根据完成工作任务好坏，拉开绩效奖励档次。要将考评结果运用于用人。作为干部考核、选拔任用、职务升降、奖励惩戒的重要依据。要将考评结果运用于问责。按照权责对等的原则，对重点工作执行不力、推进不力的，被认定为"蜗牛奖"的，除相关当事人应承担责任外，处室负责人、局领导也要承担相应的责任。通过奖优罚劣、奖勤罚懒，激励先进、鞭策落后，引导干部职工把精力聚焦到目标任务上来、把智慧凝聚到推动发展上来。

不断提高工作含金量

（2016年11月2日）

2016年9月下旬，在泰州市第五次党代会上，市委主要领导提出要"提高转型创新含金量"，具体到我们质监部门，如何提高工作含金量？这值得我们所有干部职工认真去思考、谋划、落实。

什么是含金量

含金量这个词，原本是指黄金制品的成色，如过去我们常说的18K、24K、足赤等，现在经常引申来形容某一事物内在的品质和价值。就质监部门而言，从工作层面讲，含金量就是工作态度、工作作风、工作质量、工作效率、工作成绩等的综合。对照这些方面，我们的表现如何？与上下左右比一比有没有差距，还有没有提升的空间？我们要经常自省、时刻对照、认真总结。几个月来，我们一直在坚持开展"两发现"活动，这本身就是提高我们工作含金量的一项有效举措，目的就是要把各种缺陷找出来，准确地把"短板"补齐，把"杂质"去掉，把"成色"提高。从个人素养讲，含金量就是学识、水平、能力、修养、操守、品行等的综合。我们看一个人，经常会从举止谈吐中获得"第一印象"，这就是对这个人含金量的直观反映。如果接触时间长了，了解多了，则会对这个人的内涵有深入的发现，看出他的"成色"究竟如何。

怎么看待含金量

市第五次党代会描绘了泰州未来发展的宏伟蓝图，要把蓝图变为现实，就得靠我们全体泰州人奋斗奉献。你想要建功立业，就必须有必备的本领和能力。这个本领和能力就是含金量。大才大用，小才小用，无才无用。没有含金量，当然成不了大气候，派不上大用场。再从质监工作来说，我们要推进质量强市，建设品质泰州，本身就是极具含金量的事业，这就要求我们打铁自身硬，用自身的含金量，提升"质量强市、品质泰州"的含金量。

如何提高含金量

突出"三讲"：讲政治、讲学习、讲规矩。讲政治，就是要坚持补好精神之"钙"，进一步增强"四个意识"，自觉地在思想上、政治上、行动上同以习近平同志为核心的党中央保持高度一致。具体到质监部门，就是要牢固树立"有为有位"的理念，充分发挥质监系统的职能优势，找准工作发力点，积极投身泰州"四大名城"建设和"三大主题工作",为提升泰州转型创新含金量多做贡献。讲学习,就是要经常性地充电补能。既要把学习当成一种习惯,更要把学习当成一种生活态度,变"要我学"为"我要学";既要读好书,更要常读书,变"学一阵"为"学一生";既要读有字之书,更要读无字之书,变"学理论"为"学实践"。不但要学习自身的岗位知识,做到学精钻深,还要学习其他方面的业务知识,做到涉猎广泛。我们现在推出的 AB 岗工作制度,一方面是为了解决人少事多的矛盾;另一方面,更重要的考虑就是鼓励大家多学习、多担当,既当专家,又当杂家。讲规矩,就是要时刻将纪律放在心中、抓在手上、扛在肩头。要牢固树立规矩、标准意识,把规矩与标准作为保障各项工作规范有序、运作高效的基本准绳,坚决贯彻落实。真正做到把规矩标准内化于心,外化于行,时刻审视哪些红线不能碰,哪些底线不能踩。

讲求"三效":讲求效果、效率、效能。首先,要讲求效果。看有无含金量,最终看的就是效果如何。对我们来说,当前最重要的任务就是要认真贯彻落实市第五次党代会精神,扎实推进质量强市示范城市创建工作,尽快拿到示范市的牌子,这就是效果,就是含金量。我们常说,做了、做完和做好是完全不同的三个工作层次,我们不但要完成任务,而且要高质量地完成好任务。其次,要讲求效率。从一定意义上说,效果来自效率。我们要学会补短板、拉长板、架跳板、打快板,更要注重改进方法,力求做到事半功倍。要紧扣市委、市政府经济社会发展大局,拿出自己的硬招数、真功夫,突出"三大主题"工作,"四个名城"建设,高效率地推进质量强市,建设品质泰州。最后,要讲求效能。这就要求我们加强学习和实践,敢于开拓创新,善于化解问题和矛盾,不断提升适应形势任务需要的能力水平,练就一身过硬的本领。同时,还要善于发挥团队力量,形成合力,步调一致才能得胜利。

实现"三成":实现成长、成熟、成功。"三成"是人生三部曲,成长是一个过程,一个贯穿人的一生的漫长过程;成熟是一种状态,一种经过历练、积淀,处事有序、处变不惊的状态;成功是一种结果,一种经过成长、成熟而最终实现目标的结局。对我们每个人而言,只要我们不忘初心,坚持做有意义的事,就每天都会成长,并一步一步地走向成熟。在走向成熟的过程中,我们不可避免地会遇到各种各样、形形色色的艰难险阻,经历多多少少、大大小小的失败和考验,每克服一个,跨越一个,我们就会成熟一点,日积月累,就会让我们不断强大起来,最终走向成功的大门。

关于查补短板的几点看法

（2016年12月2日）

进入12月份，年终岁尾，各项工作都到了收官阶段，所以我们既要务实抓好当前，冲刺全年目标，又要务虚开展调研，科学超前谋划来年，更大力度扎实推进品质泰州、质量强市建设，努力把市第五次党代会描绘的美好蓝图转化为现实模样。因此，查补短板就很重要。

为什么要查补短板

"补短板"出自西方管理学的"木桶"理论。一只木桶到底能储多少水，不是由其最长的那块木板决定，而是由最短的那块木板决定。要想让木桶能够装更多的水，就要把短板加长补齐。联想到评价我们的工作做得好不好，往往不是由长板、加分项来决定的，而是由短板、扣分项来决定的。所以，我们在工作中必须始终重视查补短板的问题。

查补短板，本质是坚持问题导向。我们要求查补短板，不是没事找事，也不是找碴儿，而是为了更好地坚持问题导向，形成良好的机制。2016年以来，在大家的共同努力下，我们的工作取得了不少成绩，"项目行、民生行"走入百企千家，质量强市示范城市答辩顺利完成，"品质泰州"口号全面叫响。我们要肯定成绩，但是更要看到不足和差距。我们在全系统组织开展"两发现"活动，目的也正在于此，就是要让大家始终有问题意识，能够既看到优点、成绩，又自觉地看到问题、差距和不足。每个人都要养成这种良好的习惯，通过查补短板，形成质量工作不断向前推进的良性循环。

改革创新、提升品质，本身就是不断查缺陷、补短板的过程。这次浙江大学培训，几个课程都很直观地表明，质量发展本身就是一个不断消除"痛点"、追求卓越、提升品质的过程。实践中，有时候我们注重某一阶段性的工作，长处凸显出来了，但相比之下，另一些工作就相对成了"短板"。这种阶段性、相对性的短板，是事业发展过程中的常态。所以，我们要破除一劳永逸的想法，善于用发展的眼光看问题。眼睛向内，自己对自己"吹毛求疵"，才能使我们所从事的这项特别有意义的质量工作赢得全社会的普遍信赖，才谈得上建设"时时有质量、处处见质量、事事保质量"的"品质泰州"。我们强调"工匠精神"，首先就要以"工匠精神"来查补短板，这一点，全局上下要形成共识。

在现在这个时间节点，尤其要重视"查补短板"。年终岁尾，既是对全年工作进行回顾总结和考核的时间点，也往往是安全问题易发的时间段，同时也是敏感时间段。我们既要按照年初既定的"十佳"的目标不放松、抓冲刺，又要时刻绷紧安全生产这根弦，确保万无一失。刚刚发生的江西丰城电厂"11·24"事故和泰兴三木物流化学品储罐区"11·25"火灾，虽然从调查结果来看，与质监部门没有直接关系，但也给我们敲响了警钟。重特大突发事件，不论是自然灾害还是责任事故，隐患排查治理不彻底是其中重要原因之一。目前国家对待安全隐患的态度十分严厉，11月27日下午召开的全国安全生产电视电话会议强调，有安全隐患未查出或未整改的，视同事故问责追责。因此，特种设备安全、基础质量安全必须常抓不懈，狠抓责任明确到位、落实到位，切实做到监管到位、查处到位、整改到位。

要重点关注哪些短板

几个月来，我们一直在坚持开展"两发现"活动，这是我们查短板的一项有效举措，目的就是要把各种缺陷、不足和问题找出来，准确地把"短板"补齐。实践证明，这项工作是有成效的。现在我们的很多工作，无论是大的层面，还是细节方面，都有人提，都有改进，这就是我们补短板取得的阶段性成果。但是从发展的角度来看，从高品质的标准来看，还有差距，还有改进和提升空间。

从工作层面讲，除了搞好"硬件"，完善工作流程、改进工作方式、提升工作环境之外，我们是不是可以再拓展一下思维，拔高一下标准，优化一下"软件"？对照"三个一流"的标准，看看在工作态度、工作作风、工作质量、工作效率、工作成绩等方面，自己的表现如何？与上下左右比比，有没有差距，还有没有提升的空间？从而经常自省、时刻对照、认真总结，然后客观地作出评价：够不够"品质"？

从个人层面讲，工作的"大品质"由我们每个人的"小品质"汇聚而成。我们的学识、水平、能力、修养、操守、品行等方面，是不是还能有所提高？我想这个答案是不言自明的。在新常态新形势下，我们可能会遇到各种各样的新情况、新问题，因此更要常修为政之德，常怀本领恐慌。只有以时不我待的精神去追求新知，不断提高自身的综合能力素质，才能变"恐慌"为"从容"，变"勉为其难"为"得心应手"，变"碌碌无为"为"大有作为"。

如何查补短板

对木桶而言，只要有一块板松动、残缺了，板与板之间的"抱团"与"咬合"，就会出现问题。所以，补短板单单在"短板"这一处用力还不够，还要兼顾前后左右，讲究"整体效应"。我们在工作上查补短板，也是一个道理，要的就是对标找差，精准定位，深查彻改，整体推进。

一是"查"。查找工作的短板和软肋,功夫要下在"前、严、深"三个字上。查在前。坚持问题导向,放眼长远,防患于未然。全覆盖、无盲区、零死角彻查薄弱环节,切实把风险和隐患控制在小,解决在早,消除在萌芽状态。查得严。建立健全责任体系,严明责任、严明作风、严明纪律,以严而又严、实而又实、细而又细的作风,全面提升质量供给,为全市经济发展营造良好的质量环境。查深入。沉下身子,举一反三,透过现象抓本质,汇总分析"点"上的问题,深层调整制度肌理,从保底线、强基础到有创新、创特色,从自身作风转变到引领社会风尚,变被动"跟跑"为主动"领跑"。具体方法上,除了自查外,我们还提倡互查,相互帮助,共同提高。

二是"补"。补好短板,也要抓好三个关键。补及时。出现短板并不可怕,可怕的是对它漠视,任其发展。要牢固树立规矩、标准意识,把规矩与标准作为保障各项工作规范有序、运作高效的基本准绳,坚决贯彻落实;发现有什么地方工作还不到位的,个人能力还有所不足的,就要聚焦短板,及时将短板拉长;对补不了、拉不长的短板,要及时调换,努力实现协调发展。补到位。我们强调"监管到位,服务更优",补齐短板,就要补在点子上,补到关键处,补到"最后一米"。要紧扣"三大主题"工作、"四个名城"建设,精准发力,精益求精,拿出硬招数、真功夫,对待工作任务有落实、有检查、有考核、有结果,服务企业和群众有方案、有实招、有解答、有回复,真正做到踏石留印、抓铁有痕,一招一式落地有声。补长效。补短板就要补到里子上。解决一个具体问题,要坚持标本兼治,从根上找原因,改进方式方法、反复检验、确保实效,努力把"短板"变成"长板"。我们还要坚持久久为功,从长计议,把好的方法、经验固化、制度化,形成长效机制。

三是"创"。补短板,就是要补出"特色"、补出"创新"、补出"品质",向更高层次努力,打造核心优势。补短板,不单单是为了"追平",而是为了"超越"。我们去北京参加示范市创建答辩,备选城市就有32家。大家都在努力,我们如何脱颖而出、后发先至,关键还是要解放思想,强化创新意识,善于学习、消化、吸收,取长、补短、创新,提升自己的核心竞争力,努力拿出更多的第一、唯一,这样才能在竞争中赢得主动,立于不败。推进"品质泰州"建设,不仅仅是强调质量,更重要的是打造独具泰州特色的城市名片。希望大家能够更多地从这个角度思考,认真贯彻落实省市党代会精神,力求做到"人无我有,人有我优,人优我特",齐心协力,共同推进质量强市示范城市创建工作,争取早日达标、尽快创成。

如何理解规范

（2017年1月5日）

为什么要规范

所谓规范,规就是尺规,范就是模具,这两者分别是对物、料的约束器具,合称为规范。一般认为明文规定或约定俗成的标准就是规范,后来又拓展指对思维和行为的约束力量。在2016年一次局务会上,我曾以"规矩和标准"为主题和大家一起探讨过,而在目前这个时间节点上再提规范,有着更深层次的现实意义。规范既有纪律层面的要求,也有道德层面的要求;既有约束的要求,也有示范的要求。所以一个规范的人,一定是一个严于律己的人、道德高尚的人、率先垂范的人、值得尊敬的人。从工作层面来看,我们质监部门,搞服务、抓监管,每一项工作都和规范密不可分。作为质监人,我们要始终以规范为准绳、为遵循,不踩红线、不碰底线,做任何事都要经得起检验,经得起推敲。

规范什么

一是要规范思想,做到谨思。思想是行动的指南,只有保证思想上规范才能确保行动上规范。一方面,信念要坚定,要始终保持坚定的政治立场和正确的价值追求。作为党员和干部,我们不仅要知道自己是谁,还要明白自己是为了谁,对真善美、假恶丑心里要有杆秤,要从内心深处形成规范自身的思想自觉。另一方面,思想要高尚,要做一个纯粹的人、脱离了低级趣味的人。现在的社会,物质上和精神上的诱惑太多,要抵制这些诱惑,就必须把好思想这个"龙头"。

二是要规范语言,做到慎言。说得简单些,就是要明白什么话该说,什么话不该说,什么时候说什么话。作为质监部门工作人员,我们的管理对象和服务对象是企业、是广大人民群众,对涉及企业权益、群众利益的问题,不能不负责任地信口开河,说得不靠谱、说得不实际、说出来的事情做不到,久而久之,企业和群众就会认为你不可信,周围的同事也会认为你不可交,不仅自身工作做不好,还会损害部门形象。

三是要规范行为,做到笃行。这要求我们不但要说得好,更要干得好。提升工作品质,需要我们的监管服务不仅要合法合规,也要合情合理,让服务对象理解支持我们工作,真正做到良性互动、合作双赢。这里重点强调一下如何分清公与私的问题，说白了也就是有无装错口袋的问题。最近市纪检机关公布了一批干部违纪处理的信息，市委全委会上播放的视频也曝光了一批执法服务部门的违规违纪现象，应当引起我们的高度警惕。前车之鉴，后事之师，希望同志们认真吸取教训，防微杜渐，保护好自身安全。这里还有一个问责的问题，也提醒大家一定要慎之又慎、规范办事。

如何规范

一是要加强自我修行。从个人角度来讲，坚持自我发现，进而自我完善，最后实现自我提升，这是一个动态而且不断循环的过程，也是规范自身的内在动因。在生活、学习、工作的过程中，通过反思和自我检查来认识自己的个性特长、能力以及自己的优缺点，这是一个自我发现的过程。通过自我发现，正视和面对自己的缺陷和不足，发现自己不符合规范的地方，这是第一步。针对缺陷和不足，加以改进完善，采取具体的举措来纠正自己不规范的言行，这是第二步。通过前两步量的积累，实现自身素质的飞跃，缩短与成功的距离，达到甚至超过标准的要求，成为模范、典范，这就是自我提升。

二是要加强制度约束。要强化规范，必须健全落实各项制度，这是规范的外在保障。一方面，要进一步健全制度体系。通过制度健全完善教育、监督机制、预防机制、管理机制和惩戒机制，对于工作中反复出现的共性问题要从制度上找原因。要加强制度的执行力建设，确保各项制度能够落到实处，而不是成为一纸空文，通过提升制度执行力，始终保持大家在制度面前的敬畏之心。另一方面，要充分发挥制度的激励作用。激励机制在制度建设中显得尤为重要，是因为激励对于提升大家遵守规范、学习模范、超越典范有着明确的导向作用，要充分完善和综合运用精神激励、薪酬激励、荣誉激励、工作激励等诸多激励制度，调动大家的工作积极性，在部门内掀起与高的比、与好的争、与优的赛的良好局面。

三是要加强监管。在我们的现实生活中有许多行为规范，其中法律是最大的规范，每个人都必须要遵守；道德是最基本的规范，深植在每个人心中；除此之外还有很多行为规范，例如党纪就是严于道德和法律的党员规范。不管是法律道德，还是党纪党规，保护的是绝大多数人的合法权益。所以我们每个人都要自觉遵守身边的这些行为规范，尤其是党员和干部，要做好榜样。监察室要严格按照"四种形态"的要求，不折不扣抓落实，一心一意强监管，不仅是对局机关，对各直属事业单位也要加强督查。这里也宣布一下，"两发现"活动今年继续搞，而且要进一步深化，要出典型、出成果，要奖惩兑现。

工作到位才能百战不殆

（2017年2月4日）

为什么要讲工作到位

应该说，这方面我们既有经验，更有教训。当前，在我们的工作中，有一些同志只满足于把工作做完，而很少考虑如何将工作做对、做到位，结果轻则做无用功，重则把正确的事做错。2016年我们付出了很多，也取得了很大的成就，很多工作都取得了新进展、实现了新突破，得到了省局、市委市政府的高度肯定和人民群众的普遍好评。但是在2016年的政府机关部门绩效考评中，我们没有能够实现争先进位，这与我们的付出不成正比、与我们的努力不相吻合。而2016年我们的招商引资工作却勇夺第一，这凝聚了全体干部职工的心血和汗水，体现了我们集体的智慧和力量。通过一正一反这两个事例，我们要静下心来，好好思考其中的原因：我们干得好，但是别人比我们干得更好；我们虽然做了大量工作，但是还有一些"工作"没有做到位，在一些环节上没有衔接、处理到位。一直以来，我们积极倡导"监管到位，服务更优"的工作理念，工作是否到位，不仅关系到能否擦亮"品质质监"这块金字招牌，还关系到能否全面推进"品质泰州"建设和顺利创成全国质量强市示范城市，更关系到能否为"三大主题"工作和四个名城建设提供强有力的技术支撑和质量保障。所以，我们必须把"工作到位"提高到全局和战略的高度来理解和把握。

如何理解工作到位

只有把工作做对、做到位，才能提高工作效率，才能获得更多的发展机会，才能让质监事业的发展"有为有位"。

第一，树立"三种意识"是工作到位的前提。一是大局意识。就是从大局看问题，把工作放到大局中去思考、定位、摆布。要想得到党委政府的肯定，得到广大市民群众的认可，就必须把我们的工作自觉放到全市整体经济社会的发展大局中去谋划、去定位，紧扣市委市政府中心工作，服务"品质泰州"建设这一大局。二是主动意识。就是面对机遇与挑战、困难与风险，能够主动作为、自觉担当。有些工作，主动要做，被动也要做，这其中不仅结果大不同，就连过程都会不一样。主动做工作，你会自然有一种自豪感、主人翁感，尽心尽力，精益求精；而被动做,则会始终感到是被逼着、催着做的,马马虎虎,应付了事,一直被不爽的情绪控制。所以说,主动意识既是一种人生态度,也是一种价值取向。三是有为意识。就是我反复强调的"有为才能有位,有位更须有为"。如果无为,则必然无位;如果有位但是无为,则位必然不会长久。要想让我们的工作能够在全省质监系统中有一席之地,在全市全局工作中有一席之地,真正实现"三个一流"的目标,就必须把有为意识内化于心、外化于行。

第二,练就"三种本领"是工作到位的基础。一是过硬的工作本领。没有金刚钻,就揽不了瓷器活。要干好工作,光有豪情壮志不够,还必须有过硬的本领。没有过硬的本领,要想工作到位,就是一句空谈。只有坚持高标准,力求过得硬,才能在任何情况下不改初衷,奋发有为。二是积极的补位本领。我们应当在关键环节、关键时刻、关键部位、关键问题出现漏洞时,通过"补位",随时抓住工作中"进球"的机会。AB角之间、局长之间、处长之间、所长之间、主任之间,都有补位的问题。补位还有个技巧问题,不仅要愿补,而且要善补、会补;不仅要补得了,而且要补得好、补得到位。三是出色的协调本领。只顾低头赶路,会看不清前进的方向。面对新形势、新情况和新目标,质监工作任务重、头绪多,光靠我们自己埋头苦干,可能会事倍功半。所以,统筹兼顾协调好上下、内外,理顺内部各处室、各事业单位之间的合作关系,理顺与党委、政府和有关部门之间的协作关系,就显得至关重要。

第三,完善"三种机制"是工作到位的保障。一是工作管理机制。俗话说:"没有规矩,不成方圆。"科学合理的管理机制,是克服人性弱点、增强工作效率的重要途径。只有坚持以制度管人、管事,才能够管长远、管根本,实现更高的效益追求。对于工作中经常出现的问题我们必须从规律上找原因,反复出现的问题必须通过制度来匡正和改进。二是纠错提升机制。工作中存在的缺陷和不足、呈现的亮点和特色,我们自己看得可能不是很清楚,总结得也不是很到位。建立切实高效的纠错提升机制,发挥大家的智慧和力量,通过自查和互查,及时查找补长短板,总结推广经验,往往会起到事半功倍的效果。2016年,我们开展的"两发现"活动,实质就是一种纠错提升机制,取得了很好的效果,2017年应当继续深化。三是跟踪评价机制。一项工作干得好不好,自己说了不算,要大家说好,才是真的好。这就需要有一套公开公正的跟踪评价机制,便于持续对工作的开展情况进行综合分析研判,作出评价,这样才能真正做到激励先进、鞭策后进,促进大家共同提高共同进步。

怎样做到工作到位

干工作,说了不等于做了,做了不等于做对了,做对了不等于做到位,今天做到位不等于能永远做到位。要想把工作干到位,就必须重点把握住策划、执行和督查三个环节。一是策划到位。这是干工作的第一步，也是工作到位的先决条件。一项工作任务，要想做好，离不开前期的策划和思考。我们在开展工作之初，就要明晰它的目的，明确想要取得的成效，在此基础上开展充分的调查研究，熟悉内外环境要素，制定系统、周密、科学的工作方案。二是执行到位。执行就是落实，这是工作的重中之重，思考得好，更要干得好。有了好的方案，但如果只是把它说在嘴上、印在纸上、挂在墙上、存在电脑上，那就不可能到位。要加强学习，不断提高综合素质，学会在实践中积累经验、破解难题，要创新思维、勤于思考、善于总结，增强工作的技巧，学会"借梯登楼""借桥过河""借力发力"。三是督查到位。作为全市质量发展的主管部门，我们指导企业和社会各界制定标准，但是我们自己的工作标准是什么？我们检验产品质量是否合格，但是我们自己工作质量的合格率有多少？这就需要我们进一步加大督查力度，突出"深"、把握"细"、讲究"活"、力求"新"，脚踏实地，雷厉风行，马上就办，做到令行禁止，立说立行。对于工作不到位的现象，敢于顶真碰硬，一针见血地指出问题，一督到底地跟踪落实解决，屡教不改或者产生不良后果的，坚决问责，绝不姑息。对于工作出色、能干事、肯干事、干成事的有功之臣，要建立健全奖励制度，通过评优评先，在全局系统迅速掀起见贤思齐、见强思超的良好工作格局。

精神状态也是战斗力

（2017年3月6日）

为什么要在这个时间节点上讲精神状态

精神状态是指人的思想意识的定位，就个人而言，它表明一个人当时的心理情况如何；就单位而言，众多人的心理表现则构成一个集体的精神状态。精神状态会随着时间、环境的变化而变化，我们每个人、每时每刻的精神状态都可能不一样。当前这个时间节点很重要，也很关键，需要我们把精神状态调得更优更好。

冲刺"开门红"需要我们保持饱满的精神状态。夺取首季"开门红"是市委市政府交给我们的任务。俗话说：1月过年，2月开会，3月大干。3月是春节过后工作周期相对完整的第一个月，也是决定我们2017年工作能不能开好局、起好步的关键一个月，对于奠定全年工作基础、增强我们完成目标任务的信心和决心，具有非常重要的意义。能不能实现一季度开门红，关键就看3月份的工作冲刺。开门红、红一年，开门歉、补一年，希望大家撸起袖子，振奋精神，奋力打赢开春第一仗。

打硬仗、打胜仗需要我们保持昂扬的精神状态。今年的工作任务非常艰巨：创建示范城市，打造新高地，特防中心升国家中心，争改革创新奖，绩效考核争先进位，等等。每一条都是"硬骨头"，每一仗都是"硬仗"。我们唯有保持昂扬的精神状态，才能不断激发出强大的战斗力，真正做到遇难必克，逢战必胜。

深化"两发现"需要我们保持良好的精神状态。"两发现"开展近一年时间，成效很明显。2017年，我们将进一步深化、细化"两发现"活动：一方面，要持续改善工作质量和效益，提升工作质态。另一方面，还要防止和克服厌战情绪、应付情绪。实践证明，没有良好的精神状态，亮点就不能持久，经验就难以保持；缺陷就会被忽视忽略，司空见惯，或事不关己、高高挂起；缺陷就会自然生长，老缺陷不灭，新缺陷丛生。所以，我们必须时刻保持警醒状态，睁大眼、绷紧弦，一着不让优化"两发现"。

我们要有什么样的精神状态

我觉得当前好的精神状态至少应当包含以下四个方面：

见贤思齐、见强思超。说白了，就是要好、向好、学好。这个是文明人之本性。只有这样，才能不断推动社会和事业进步、发展。反之，则只能停滞或倒退，"四个一流"就会是一句空话。

不服输、不气馁。这是一种正确的人生态度，有这两条，才会有优秀和成功。如果一遇强就认怂，一遇挫折就气馁，那就注定永远只能是失败者。由于各种原因，我们去年没争到绩效考评、改革创新奖，但我们不气馁更不服输，我们甚至更加自信。今年能不能拿到，关键就看这一条。

快乐工作、幸福生活。在单位上班，快乐是一天，不快乐也是一天，不如快乐；在家里，幸福是一天，不幸福也是一天，不如幸福。苦乐是相对的，也是各人自己认为的。以苦为乐，幸福一生；以乐为苦，痛苦一辈子，还要痛苦一家子。所以说，只有在快乐的工作里，追求幸福的生活，让工作更富成效，让生活更显精彩，才是我们最终的目标。

团结友爱、互帮互促。上周，我参加了局里青年干部培训班的几个活动，很有感触，无论是无领导小组讨论，还是交流演讲，我充分感受了单位中青年的力量、团结的力量。青年干部能够团结一心，互相帮衬，有谦让和包容的胸怀，值得我们所有人学习。我们鼓励和提倡这种精神状态。现在我们正处于人少事多、时间紧任务重的时候，我们搞 AB 岗制度，目的就是提倡互相补位、互相学习、互相促进的团队协作精神。质监部门是一个大家庭，我们每个人都是其中的一分子，大家要心往一处想，劲往一处使，充分发挥 1+1>2 的叠加效应，并最终形成推动事业发展的强大合力，真正做到这一条，我们的事业就能无往而不胜。

怎样保持良好的精神状态

我们肩负着建设品质泰州的重任，不能有丝毫的懈怠，不能有半时半刻的松垮，必须大力弘扬"四个长期""三个不相信"的新时期泰州精神，以时不我待、只争朝夕的自觉和担当，不断推动质监事业向前发展。

正确处理精神和状态的关系。精神是信念、是魂魄、是内在，状态是载体、是表现、是外在。精神是状态的内在诱因，状态是精神的外在表现。两者互相作用，不可分割。有什么样的精神，就会有什么样的状态，反过来，状态又会在一定程度上影响精神。以精神促状态，以状态塑精神，精神振奋，状态优良，是推动工作良性发展的最大保障。

始终保持清醒的头脑。"四个意识"要时刻谨记，政治意识、大局意识、核心意识、看齐意识，是我们观察思考解决问题的指南，切不可头脑发热，手脚冰凉。

强化主人翁意识。要把工作当成自己的事情来对待，我们的一切努力和付出都会有回报，也都是为了自身发展。我们所做的一切，也许暂时还看不到成功,但并不是我们没有成长,而是在扎根,根扎得越深,今后的成长就越有前途。有了主人翁意识,就不会有抱怨和埋怨,就不会有推诿和扯皮,就不会敷衍和塞责,就不会上有政策下有对策,我们的单位就会是一个激昂奋进的集体,一个勇往直前的集体,我们的明天就会更加美好。

确立目标意识。最近这段时间,我高度关注目标的问题,年前布置的"我的小目标"征文,这次青干班又搞了"我的小目标"演讲,目的就是要不断强化大家的目标意识。我们将把青干班上大家的交流发言汇编成册,发给大家学习借鉴,启发提升强化自己的目标意识,用一个个切实可行的小目标,支撑起"品质泰州"的大目标,用集体的智慧和汗水,共同推进泰州发展更有"质"感。

如何应对压力

（2017年4月1日）

正确认识压力

适度的压力是不断前进的动力，正确认识压力是有效地把压力转化为动力的前提。积极应对压力，首先要分析我们的压力来自何方？

压力缘于任务。这是一种被动的压力。你在一个组织中工作，你就必须有任务，否则你就是一个可有可无的人。由任务而产生的压力，是推动我们前进的正能量，这是我们应该有的正确态度。如果谁跟任务作对，这时压力就会产生负能量，长此以往，人就会废掉。具体到质监工作，随着经济社会的发展，人民群众和社会各界对质量工作的关注更多、要求更严、期待更高。2017年李克强总理在《政府工作报告》中明确提出，全面提升质量水平，推进中国经济发展进入质量时代。市委市政府把"品质泰州"作为泰州经济社会发展的新追求，提出了打造长江经济带检验检测新高地等目标任务，所以质监工作面临的压力前所未有，而这个压力最终都要担到我们每个质监人的肩上，是不以我们的意志为转移、想躲也躲不掉的客观存在，是我们无法回避的职责使命。

压力缘于目标。这个压力总体上讲是主动的。你给自己定一个目标，包括大目标、小目标，不管是写在纸上，还是说在嘴上，或是挂在墙上，都会激励自己为实现它而努力。这种动力来自内心，是更具韧性和耐久力的。绝大多数的成功者都是因这种压力而成就的。正确认识压力，不仅要勇于面对外来任务的压力，更要不断提高工作标准，敢于自我加压，真正让压力成为推动我们改进工作、提升工作的不竭动力。

压力缘于对比。这种压力来自内心感受。见贤思齐，见强思超，这种对比产生的压力就可以转化为动力；自惭形秽，自叹不如，这种对比产生的压力就会产生阻力，阻碍自己的进步发展。我们搞品质泰州建设，搞品质城市指标体系，目的就是要精准把脉，通过对比，把握好自己的长处和短处，强项和弱项，更好地扬长补短，发扬成绩，克服不足，把工作做得更好。这种前有标兵、后有追兵的对比，让我们倍感压力，时刻保持清醒的头脑和昂扬的斗志。

压力缘于基层。基层实践是创新创造的源泉。来自基层的创新创造，同样可以给我们带来强大的压力。作为领导者，这些压力倒逼我们要把学习作为首要任务,作为一种精神追求,不断充实和提高自己。

积极化解压力

压力是一种主观感受,更是一种客观存在,不以你的意志为转移,不以你的好恶而存废。它是一把"双刃剑",既能成为推动前进的动力源,也会成为"压死骆驼的最后一根稻草",所以我们必须练就化解压力的真本事。

乐观面对。既然回避不了,不如乐观面对。应对压力的过程往往是痛苦的,但这个过程也是发展人、提高人、成就人的极好时机。凤凰涅槃、破茧成蝶,压力催人奋进,促人成长。我们许多成绩正是在不断化解压力中取得的。这两年来,质监部门一方面面临着机构改革大环境的压力,一方面又面临着资金、人才短缺等方面的自身压力。但是,压力并没有把我们压倒,反倒激发出了斗志和战斗力,一些工作取得了很大的成绩,在全省乃至全国都有影响。所以不要害怕压力,要把有效应对压力作为重要的人生历练,乐观面对压力,在化解压力的过程中提升自己。

主动应对。实践反复告诉我们,遇到压力,与其被动应付,还不如主动应对。在竞争日趋激烈的现代社会,当别人都在大踏步地前进,你的停顿和慢步就是一种后退。主动应对才能赢得主动,勇于迎难而上才能闯出一片新天地。

科学比对。这里说的科学比对,实质上是讲应对压力要有一种健康、良好的心态,能进行合理的心理调适。因为只有合适的压力,才能有效转化为动力,压力过大过小都不行。所以,我们必须学会用一点"精神胜利法":既不无限放大压力,把自己"逼疯",又要在面对压力时不忧不惑不惧,能尽心尽力,尽自己所能干好工作。

科学传递压力

压力既然是一种力量,就得不断传递。有效处置压力,必须科学传递压力。

前后传递。向前传递压力,就是要加强对压力的事前管理,在压力产生之前,增加预判能力和应对准备。尽管在工作的不同阶段,我们面临的压力不尽相同,但质监工作是有规律可循的,有着相当的延续性和可预见性,新情况新问题往往并不是一朝一夕突然生成。因此,要加强对质监工作规律的探寻和掌握,加强对本职岗位的研判,及早制定工作预案,针对重点部位和薄弱环节建立快速应急机制,未雨绸缪,这样压力来临,就能心中不慌,从容应对。向后传递压力,就是要加强对压力的事后管理。在压力处置结束之后,及时总结经验教训。当我们第一次遇到压力时,可能会手忙脚乱,甚至应对不当。但如果善于事后总结,当类似的压力再次来临,就能胸有成竹,有效应对了。因此,每一次大的活动结束、每处理完一件棘手的工作,建议大家都要静下心来总结探讨得失成败,不断积累应对压力的经验,从而不断提升自己的抗压能力。

上下传递。向上传递压力,不是上交矛盾,而是多向上级报告情况,争取上级的理解和支持。积极有效的沟通能够让领导知道你的压力,得到指点和帮助,这样会对工作起到事半功倍的效果。很多重点工作,我都会及时当面向市领导汇报,不仅让市领导知道我们质监局最近在干什么,更是听取市领导的意见和指示,从而让质监工作更好地紧扣中心、服务大局,少走弯路。一些重点难点工作请他们出面帮助做做工作,推一推,促一促,效果就大不一样。压力还需向下传递。向下传递压力,不是要你做甩手掌柜,而是要你既能以身作则,做好表率,把该负的责任担起来,同时还要合理分工,把本处室、本部门的工作压力科学地传递给手下每一位同志,把各人的主观能动性调动起来,各施所长,群策群力,拧成一股绳,共同应对压力,协力破解难题。

左右传递。左右传递压力,就是要讲求协同合作。质监事业是我们共同的事业,需要我们同心同德,共同努力,尤其是当遇到压力和困难时,更要心往一处想,劲往一处使,同舟共济,相互支撑。构建大质量格局,筑牢大安全防线,提升大服务效能,都需要大家紧密配合。左右传递压力,要注意两点:一要分清主次。牵头部门要真正把牵头抓总的责任担起来,而不能因为压力已传递,就推卸责任。二要甘于奉献。无论是牵头部门还是配合部门都要有"功成不必在我、建功必定有我"的胸襟,甘当配角,不计得失,共同应对工作中出现的压力和困难,在协作中凝聚发展共识,汇集推动质监事业前进发展的力量。

如何化解问题

（2017年5月2日）

关于问题，各有各的理解和认识。所以，谈问题，首先必须正确地认识问题。从某种意义上说，社会进步的过程就是不断发现和解决问题的过程。问题是人们认识世界改造世界的起点，是开展工作的具体抓手，也是我们努力的方向、潜在的成绩和成长的载体。可以说，我们干质监工作就是提出问题、发现问题、解决问题和防止发生不应发生的问题。因此，我们必须牢固树立问题导向，正确面对问题，科学应对问题，圆满解决问题。千万不能被问题吓着，对问题束手无策，最终变成这也是问题，那也是问题。

一、看看主要有些什么问题

从工作的角度来讲，我认为问题大致可以分为以下几种：

按内容分。一是发展的问题。面对改革浪潮，我们的质量工作要朝哪个方向走？要走到什么高度？我们自身在全市经济发展大局、全省乃至全国质量工作中又该如何定位？怎样规划？这些长远的、根本性的问题，是我们思考和开展一切工作的起点。二是方法的问题。工作中遇到同样的困难，有的人此路不通，就"山重水复疑无路"，有的人却能另辟蹊径，"柳暗花明又一村"；同样是完成任务，有的人按部就班、得过且过，有的人却能招招出彩、入木三分；同样的目标，有的人一波三折、不堪重负，有的人却能一把抓住牛鼻子，四两拨千斤。这就是工作方法的问题，方法不同，工作的质量和效率也截然不同。三是制度的问题。有些问题长期存在、无人问津，或者一再复发、断不了根，多半都是制度保障不到位。所以，有很多问题，我们不能等到聚多了、放大了再来过问、再来扎牢制度的篱笆。靠人治一般只能治标，靠制度才能治本。四是环境的问题。"入芝兰之室，久而不闻其香"，说的就是环境问题，但结果因人而异。有的司空见惯，有的潜移默化，还有的则属于近朱者赤、近墨者黑。工作整体氛围好，对个人能够起到推着走、拉一把的作用，反之亦然。我们希望更多的是正向作用，无论是争创"三个一流"，还是倡导"监管到位、服务更优"，都是为了创造积极向上的工作环境，形成干事创业的良好氛围，更好地凝聚工作合力。

按时间分，可以分成已经发生、正在发生和还未发生的问题。有一种消极论调，说"已经发生的事无法挽回，正在发生的事无法阻止，还没发生的事无法预知"。但是面对工作、面对问题，这样的"无用论"本身就是大问题，并且百分之百还要引发更多的问题。对待问题的"时间轴"，有三句话要记牢：一是"前事不忘，后事之师"，已经发生的问题，要分析原因、落实责任、总结经验。二是"塞翁失马，焉知非福",正在发生的问题,要正确面对、妥善协调、积极解决。三是"凡事预则立,不预则废",还未发生的问题,要提前预判、制定对策、防患于未然。这也是我们从时间角度对问题进行划分的最终落脚点和目的所在。

按主体分,可以分成我的、他的和大家的问题。相对来说,"他的",也就是别人的问题最容易被发现,因为往往都是马列主义电筒只照别人,不照自己。而"我的",也就是自身的问题、身边人的问题,我们往往就看不见、不愿看,或者看见了也不肯说。"大家的"问题,则更容易沦为谁都有份、谁都不管的问题"死角"。需要认清的是,不论是共性还是个性问题,不管板子打不打得到我们身上,其实都是"与己相关"的问题。自己的问题当然责无旁贷,大家的问题自己也都有份,应当共谋出路、合力解决。就算是他人的问题,我们也应当反思:这其中有没有哪个环节是我可以提醒的? 我可不可以提供帮助? 需不需要引以为戒? 去年发生的"地条钢"事件为我们的安全监管敲响了警钟,"4·22德桥仓储"安全事故也或多或少存在特种设备安全的影子。所以面对问题,万不可"事不关己高高挂起",那样只能既害人又害己。

二、弄清问题在哪

问题的发生,往往有客观和主观两方面的原因。客观上来说,问题普遍存在,也有很多不以意志为转移的因素。但是我们可以通过主观上的努力创造条件,尽量消减不利因素的叠加效应,这也是今天我们要谈的主要方面。

没有问题,本身就是最大的问题。问题并不可怕,可怕的是有问题没被发现,或发现不了,这是一个水平问题。处理问题和解决问题往往就是创新和改变的开始,如果看事情只看好的一面,或看事情浮于表面,眼中无"疑"、心中无"问",就会出现问题"盲点",事先不知道,知道吓一跳,导致工作陷于被动。

听之任之,会让小问题变成大问题。"不回避问题,不掩盖问题",是习近平总书记对树立问题意识提出的要求。现在,在日常工作中,有些同志存在"拖一拖、放一放、重形式、走过场"的想法,对眼前的问题熟视无睹、置若罔闻。这种想法只会任由问题扩大、泛滥、蔓延,最终导致从量变到质变,使小问题变成大问题,小窟窿变成大窟窿,一发不可收。这实质是一个态度问题,无论是对个人成长,还是对工作发展,都是有害的。

方式不对,就会滋生更多问题。在问题解决的过程中,如果不加注意,就很容易"一波未平,一波又起",形成新的问题,好事变成坏事,企业和百姓的抱怨声就会响起来。在走访企业和群众的过程中,我们发现他们反映的一些问题,比如说检验检测收费,是可以通过沟通和解释取得理解的;还有一些,是可以采取一些柔性方法予以协调的。这都是工作的方式方法问题,功夫要下在平时。

三、如何解决问题

树立问题意识。善于发现问题,是对待问题应有的态度,也是检验政治敏锐性的一个重要标准。要善于通过调查研究发现问题、分析问题,从习以为常的现象中敏锐地发现短板,超前谋划改进措施,实现创新发展。我们今年深化"两发现"活动,就是一个不断发现亮点、发现问题的过程。但据我现在观察,目前效果还不太明显,有许多问题没有被及时、准确发现。比如内部管理上、财务管理上,都存在不少问题,但未被及时纠正。这说明,过去我们不是没有问题,而是未被发现。所以,强化问题意识,是坚持问题导向的重要前提。

坚持问题导向。一切工作的最终目标都是为了解决问题,不以问题为导向,工作就做偏了,也就失去了意义。怎样才能做到坚持问题导向?一是以中心工作中存在的问题为导向。在"推进质量强市,建设品质泰州"的过程中,问题和矛盾不可避免。那就要以工作中出现的问题为导向,认真研究、群策群力,以创新的精神、百倍的努力,千方百计地解决好这些问题。二是以履行本职中存在的问题为导向。今年我们开展了"小目标"的征文,就是让大家围绕中心工作,梳理自身工作中存在的问题,明确目标路线图。我们把各自的本职工作抓好了,基础夯实了,中心工作也就抓好了。三是以企业和群众关心关切的问题为导向。在项目行、民生行以及大走访大落实活动之中,我们收集了企业和群众反映的不少问题,相当一部分需要集中解决的"急难愁盼"问题已经找到了解决途径。还有一些因涉及面广、工作环节多,目前仍在解决推进中。这些都应成为我们今后工作的努力方向。

强化问题担当。质监系统是一个整体,一荣俱荣,一损俱损。遇到问题或推或绕,只会变成恶性的内部循环。就拿我们的绩效考核来讲,哪个环节出了问题,最终影响的都是全局利益。困难和问题不可能凭空消失,唯有真抓实干,才是解决问题的根本办法。特别是随着改革的逐步深入,新情况、新问题不断涌现,更需要我们从实处着眼,坚持守土有责、守土尽责,想方设法、不折不扣地抓好每一项改革任务、重点工作的推动和落实,真正把责任压实,把承诺兑现,最大限度地将困难和问题解决在职责范围之内,使每一项工作任务都能落地见效、落地生根。实事求是地讲,许多问题解决起来确实有难度,但如果我们不想方设法、积极主动解决,往往就会越拖越被动,最终一事无成。

练就问题解决能力。能不能解决问题,是对干部的综合考题,既考验态度、责任,又考验能力、水平。要练就一身解决问题的本领,应在脑海中始终绷紧"问题"这根弦,尽可能从日常工作事务中"跳"出来,经常性地静下心来,思考问题所在和解决问题的对策。要建立动态的问题收集和梳理机制,形成"问题清单",以时效性增强问题化解的有效性。要善于在解决问题中增长才干,提升能力,真正做到干有标准,比有标杆,考有标尺,真正实现"三个一流"的目标。

敢作为善作为

（2017年6月2日）

为什么要作为

我们反复强调"有为才能有位，有位更须有为"，这里的"为"，指的就是作为。

从大局的角度来看，作为体现价值。人生的价值在于奋斗，干部的价值在于作为。习近平总书记指出，"干部干部，干是当头的，既要想干愿干积极干，又要能干会干善于干"。这深刻诠释了"干部干事""为官作为"的真谛。特别是当前，迈向质量时代，给质量工作带来了新的机遇与挑战，更带来了巨大的动力和压力。机遇难得，抓不住是失误；责任重大，干不好就是失职。当前，质监工作的大局就是推进质量强市，建设品质泰州。我们应当把作为当成最基本的价值取向，把人生的理想信念融入质量时代的洪流中，把个人的作为融入全市的工作大局中，融入全局的中心工作中，在建设品质泰州的具体实践中实现人生的价值，成就人生的高度。

从工作的角度来看，有位必须有为。"位"是指岗位、职位、地位，更是荣誉、鞭策、责任。组织和人民赋予我们的"位"，归根到底是用来"为"的。因为有了"为"，才会有"位"。有了"位"就要按"位"的期待和要求来干事创业，做到"在其位，谋其职，尽其责"。敢不敢作为，体现的是胆识、气魄，展示的是责任、担当；能不能作为，拼的是能力和水平。局面是"打"开的，事业是干成的，一个单位的发展快慢和干部作为的力度大小紧密相关。大干大发展，小干小发展，不干不发展。这次市委市政府之所以以前所未有的高规格召开品质泰州建设大会，重要的一条就在于我们的工作在贯彻落实市委市政府工作要求中有声音、有作为、有成效，让市委市政府主要领导意识到质监作为是建设"强富美高"新泰州的重要力量，品质泰州是泰州名城建设不可或缺的应有底色。现在创建全国质量城市示范城市的竞争相当激烈，形势逼人，形势催人，形势不等人。我们要在其中脱颖而出，抢得先机，赢得主动，后发先至，除了实打实地干、硬碰硬地争，除了付出加倍的努力，作出更有成效的作为，没有捷径可走。

从个人的角度来看，有为才能有位。有多大担当才能干多大事业，尽多大责任才会有多大成就。无为，必然无位。"有为"，才能实现"有位"。年初，大家都结合本职工作,制定了"小目标",目标虽小,也是作为的方向,实现了就是作为的体现。只要我们将一个个小目标依次实现,串联在一起,就如同形成了一条阶梯,让我们登得更高,走得更远。过去的作为成就了今天的你;今天的作为才能带着你走向更加灿烂的明天。所以,我们要进一步增强作为意识,理直气壮地"为"、义无反顾地"为",通过诚诚恳恳的"为"、扎扎实实的"为",赢得前位、争得重位。

在哪儿作为

无论职位高低、权力大小、身处何地,只要你想作为,都可以大有作为,我们要将作为贯穿到工作、生活的全过程。

作为在解决问题。这是作为的出发点。作为就是要坚持问题导向,奔着问题去,针对问题改,以解决问题为动力来推进作为,以解决问题为标准来检验作为。我们首先要有问题意识,上班前想一想我该干什么、下班后思一思我干得怎么样,通过纵向比、横向比,发现问题、找准问题,清醒认识自身差距、存在不足,这样作为才能靶向精准,有的放矢,事半功倍,才能成为个人成长成才必不可少的历练。

作为在完成任务。完成任务是作为的结果。我们要激发干事创业的激情,培养咬定目标不放松的定力,做到心中有党、心中有民、心中有责、心中有戒。而不能只想当官不想干事、只想揽权不想担责、只想出彩不想出力。我们都有自己的职责、岗位、任务,作为就是要履行职责、胜任岗位、完成任务。习近平总书记要求,干工作要"案无积卷,事不过夜",所以完成任务是最基本的作为,我们每个同志都必须勇挑重担、敢于负责,善始善终、善作善成。

作为在一言一行。作为的过程体现在一言一行。在工作中,我们要善于用好"质量眼""技术手""工匠心",面对繁重的工作任务,始终保持奋发有为的精神状态,从小事做起、从点滴做起、从现在做起,一丝不苟地完成各项工作,让"品质为尚"的理念渗透到我们工作、生活的一言一行。最近在我们身边就出现了好几个这样的例子,他们有的在工作之余逛商城时,还紧绷质量安全之弦,及时发现避免了一起电梯安全事故;有的在质量培训班上不失时机地推广宣传我们的"品质泰州"微信公众号;有的在为老人检测医疗产品时敏锐地发现老人被骗,及时找来了老人的亲人。可见,作为无所不在、无时不有,品质泰州建设就需要更多这样的有品质的服务,有品质的作为。

怎么作为

我认为至少要从以下四个方面加强努力:

靠主动。行动自觉源自于想干事的思想自觉。干事的前提是想干,作为的基础是主动。主动，折射的是精神状态，反映的是工作作风，核心是态度问题。凡事只有主动了，才会有希望；不主动，则一事无成。主动是愿望所致，是职责使然，是事业心责任感的表现。比如，我们的招商引资工作，就是检验主动性的重要标尺。与其被动应战，还不如主动出击。我们之所以能与劳氏船级社这样一个国际顶级的权威的认证机构建立良好的合作关系，靠的就是主动对接，主动跟进。所以，我们每个人都要有一种"主动"的主人翁意识，多想想发展需要什么，多想想企业关心什么，多想想百姓期待什么，把精力集中到干事上，把能力施展到作为上，在推进质量强市、建设品质泰州的新征程中干出一番新作为。

抓执行。"三分战略，七分执行。"再高超的战略决策，再完善的政策措施，如果执行不到位，就等于一纸空文。当前品质泰州的蓝图已经绘就，打造长江经济带检验检测新高地的目标已经明确，能不能把该抓的工作执行到位、落到实处，是检验我们每个人能力水平的"试金石"。我们将"两发现"纳入全员日常绩效考核，就是要确立一个鲜明的导向，加大执行力度，推动发现的问题真执行、快执行。品质泰州建设大会召开后，各处室、各单位都报送了贯彻情况和下一步思路举措，这很好。当务之急就是要把这些思路举措落实到位、执行到位，不能光说不做，光说不练，空对空，放空炮。

勤思考。我们常说要上接天线，下接地气，怎样才能做得到？这就需要我们多思考、善思考。要善于抬头看路，认准方向，然后低头拉车，苦干实干。要善于学用政策，把政策优势转化为发展优势，真正用足用活用好政策来落实工作、推动发展。要善于聚焦中心，以质量视角为市委市政府决策部署出谋划策，以质量思维谋划质监工作服务中心大局的作为举措。还要善于借梯登楼，借船出海，以他山之石来攻转型升级之玉。比如，深化文明城市创建是当前全市的重点工作，我们要把品质泰州建设与文明城市创建有机结合，把标准化渗透到公共服务、社会管理的方方面面，让品质更有温度，让标准更接地气，让文明更有质感。

多创新。大众创业，万众创新在质监如何体现、实施？每个处室、每个单位、每个同志，都要围绕"大目标"订好"小目标"，排好创新的路线图、时间表和突破点。最近，我们在打造"质监专家型中层干部"工作中，要求每个中层正职均需梳理出1条本部门（单位）业务开展、事业发展中的"老大难"问题，形成有针对性的破解对策材料。这个题出得好，破解"老大难"问题，老办法、老思路显然是不行的，唯有新思路、新方法，才能解决老问题。

时间一晃已进入6月，2017年即将过去一半。品质泰州建设大会召开也已有一个月，时间不等人，任务不等人，只有把心思集中在"想作为"上，把胆识体现在"敢作为"上，把能力展现在"会作为"上，把目标落实在"已作为"上，才能让我们的事业大有可为。

切实加强党性修养

（2017年6月30日）

什么是党性修养？

什么是党性？《党章》开宗明义，说明了党的性质："中国共产党是中国工人阶级的先锋队，同时是中国人民和中华民族的先锋队，是中国特色社会主义事业的领导核心，代表中国先进生产力的发展要求，代表中国先进文化的前进方向，代表中国最广大人民的根本利益。"习近平总书记指出："党性是党员干部立身、立业、立言、立德的基石，必须在严格的党内生活锻炼中不断增强。"归纳起来，共产党员的党性有四个主要特征，即先进性、时代性、稳定性、实践性。具体体现到我们质监部门的党员身上，党性体现为爱岗敬业，高标准高质量完成自己的本职工作。最近，我们在全系统进一步提出了争当"品质工匠"的目标，就是要在致力质量提升、迎接质量时代的大背景下，用"工匠精神"的要求磨砺党性，让全系统的党员干部都成为打造品质的工匠、成为有品质的工匠，共同用"工匠精神"推进品质泰州建设。

什么是修养？"修养"一词源于孟子所言"修身以养性"。中国历史上有很多关于修养的论述，影响和教育了一代又一代中国人，至今仍有许多精华值得我们广大党员在自我修养中学习借鉴。

什么是党性修养？"党性修养"既是一个名词，又是一个动词。说它是名词，指的是党员的品德、情操、学识、才干、道德、涵养等；说它是动词，指的是修养是一个过程，是通过内心的反省，培养一种完善人格的过程。党性修养是党员自我教育、自我改造、自我完善、自我净化的过程，应当成为每个共产党员牢记一生的"座右铭"、终生不渝的"必修课"。从历史上看，加强党性修养有其必然性。"党性"的概念是列宁提出来的，而"党性修养"则是中国共产党人的发明创造。中国共产党诞生在半殖民地半封建的旧中国，由于工业落后，工人阶级的数量很少，农民和小资产阶级占绝大多数，党的阶级基础以农民为主。因此，党的建设面临新的课题，既要从大量非无产阶级的成员中吸收愿意参加革命的人到党内来，又要使这些人克服非无产阶级思想。这样，党性修养的问题必然被突出地提到日程上来。中国共产党人的党性修养理论和实践，使自我修养达到了一个新的崇高境界。这种境界要求我们每一个党员必须按照党性的要求（坚持党的性质、纲领、指导思想、宗旨等），通过学习、改进和锻炼来磨砺自己的品格和意志，以保持政治上的坚定性和思想道德上的纯洁性。从实践上看，加强党性修养有其必要性。共产党人是"用特殊材料制成的"，但这并不意味着每个共产党员在是非面前都能时刻保持清醒的头脑，在诱惑面前都能始终做到百毒不侵。所谓"特殊材料"，也是由普通材料经过千锤百炼而成的。因此，加强党性修养十分必要。

加强党性修养必须坚持问题导向

党性修养是一个长期过程，不可能一劳永逸。近年来，中央每年都开展主题教育，就是要推动每个党员及时发现问题、解决问题，在发现和解决问题中加强党性修养，提升综合素质，不断适应新形势新要求。去年以来，我在每次局务会上都要围绕一个主题讲一堂微党课，比如谈认真、谈规范、谈效率、谈作为、谈工匠精神……实质都是针对全局同志党性修养中存在的一些比较突出的问题和不良现象，给同志们醒醒脑、提提神。还有我们组织开展的"两发现"活动，目的也在于此，希望大家有所启发、有所感悟。有些问题如果经常或长期没有改进、没有纠正，就必须有刮骨疗毒的勇气，进行问责和处理了。

总之，加强党性修养是每个党员面临的紧迫而长久的任务，必须常抓不懈。发现问题不及时有效解决，党性修养的提升就无从谈起，"品质工匠"也只能是徒有虚名。

如何加强党性修养

对我们每个党员来说，讲党性具体就是要讲政治、讲大局、讲规矩、讲标准。要旗帜鲜明讲政治，只有讲政治，才不会迷失方向、偏离轨道；要心系中心讲大局，只有顾大局，才不会搞团团伙伙、搞以权谋私；要心中有戒讲规矩，只有讲规矩，才不会办出格的事，甚至犯错误；要志存高远讲标准，只有讲标准，才不会放松自我要求、降低工作质量。具体要做好"三个加强"。

加强学习，打牢先进性思想基础。首先党员要有党员的样子，过好思想关。一是要原原本本学，在学深学透、真学真信上不浮躁。我们不反对具体学习碎片化，但必须总体上要有计划、成体系，不能东一榔头西一棒槌，不注重学习效果；我们不反对快餐式学习，搞突击、搞速成，但更要沉下心来读原著、学原文、悟原理，反复研读、反复钻研，常读常新、领悟真谛；我们反对搞应景式学习，把学习当负担，借口工作忙放松学习，做表面文章应付了事。二是要带着问题学，在对标找差、见贤思齐上不落后。要把坚持问题导向贯彻学习全过程，学习党章党规，就是要对照党章党规要求，弄清楚自己做到了多少，哪些还没有做到，哪些是下一步应该改正的；学习系列讲话，就是要看自己是否存在习近平总书记提到的问题,是否担当起党员的责任,是否做到了带头示范。只有坚持带着问题学、针对问题改,才能学有所获,学有所进。三是要结合实际学,在学以致用、学用相长上不停步。我们现在抓学习,是在经济发展进入新常态的大背景下,是在全面推进品质泰州建设的新形势下抓学习,不能"为了学而学",必须紧密联系扬子江城市群和里下河生态经济区建设的生动实践,紧密联系泰州市致力"两聚一高"、全面建成小康社会的目标任务,紧密联系建设品质泰州、争创全国质量强市示范城市等具体工作抓好学习,真正在知行合一上见真功,在学用相长上求实效,更好地推动泰州科学发展、质量发展。

加强锤炼,铸就能战斗过硬本领。党员要有党员的实力,过好能力关。我们提出争创"品质工匠"的目标要求,就是要用工匠精神铸就品质,以品质要求"工匠"。一要有"术业有专攻"的本领。工匠不是一天练成的,这需要我们耐得下性子甘坐冷板凳,下苦功夫学与思,不断更新知识,使自己能够应对挑战、战胜困难,成为本职岗位的行家里手,使自己的能力能够承载起组织的厚望、人民的重托。二要有"不达目标不罢休"的韧劲。工匠不仅是能力,有时更是一种精神。要有"止于至善"的自觉,专注、仔细、用心地对待自己的工作,努力让自己提供的服务和产品达到百分百的完美。三要有"精益求精"的追求。品质工匠是个很高的追求,是个大目标,没有"精益求精"的工匠精神就很难实现这个目标,我们每个单位、处室,每个同志都要勇于敢于用"工匠精神"来激励锤炼自我,当好品质泰州建设的先锋。

加强修养,塑造品质工匠基本素质。党员要有党员的良好形象,过好品德关。质监部门就是抓质量、提品质的,"品质工匠"首先要做有品质的人,必须有无私奉献的精神境界,永葆清正廉洁的政治本色。具体来讲,要保持"三个心":工作上保持进取心。品质泰州,对老百姓而言可能是水城慢生活,但对我们从事质监工作的同志而言,必须是工作快节奏,都要树立"每个岗位都是主阵地,每个党员都是责任人"的主动意识和责任意识,始终把工作的每一天都作为履职尽责的新起点,立足平凡的岗位,做出不平凡的业绩。品质城市建设我们提出得比较早,但现在很多城市都在做,别人都很快,我们更要快。创建全国质量强市示范城市,竞争很激烈,我们申报时间晚,准备时间少,没有一点只争朝夕的进取心,是很难脱颖而出的。现在市里评"蜗牛"奖,就是要鞭打慢牛,通过负向激励让更多的奔牛涌现出来。纪律上保持敬畏心。对于一个政党来说,纪律规矩就是生命线;对于一名党员来说,纪律规矩就是高压线。加入了党组织,就是党的人,就要时刻把讲规矩守纪律摆在重要位置,心中有敬畏、言行有规范。纪律和规矩不仅是"紧箍咒",更是"护身符",在全面从严治党的大形势下,不知敬畏纪律规矩的人,早晚要付出惨重的代价。我们不仅是产品质量的监督者,更要做自己人生

"质量"的管理者和监督者。要严肃政治纪律、组织纪律、经济纪律、群众纪律,尊崇党章党规党纪,把纪律规矩挺在前面,办什么事情都要问一问是否符合党纪党规要求,以此不断增强自己的纪律意识和纪律自觉。生活上保持平常心。无论是在局机关,还是在下属单位工作,要始终保持淡泊的心态,用感恩的心去工作生活,把事业和追求看得高一些,把名利和地位看得轻一些,把心态保持好了。还要加强家风建设,练好"看家"本领,达到"齐家"效果,用良好的家风,引导崇德向善的社会风气、积极向上的党风正气。

加强党性修养,争当品质工匠,是时代、岗位、职责赋予我们的使命和要求。我们要用党性修养来涵养品质工匠的风范,以品质工匠来彰显党性修养的成效,以更优的作风、更大的作为为品质泰州建设作出更大的贡献。

谈谈如何当好品质工匠

（2017年8月2日）

如何理解"品质工匠"

所谓"品质工匠"，其核心就是三句话：做打造品质的工匠，做有品质的工匠，用工匠精神推进品质泰州建设。这三句话分别代表了三层意思：做打造品质的工匠，这是第一个层次，就是说我们这个工匠不是一般意义上的工匠，而是专注品质的工匠，是一种高层次的追求；做有品质的工匠，这是第二个层次，既然我们的追求是打造品质，那我们自己就必须具备高品质，就要时时讲品质、事事讲品质、处处讲品质；用工匠精神推进品质泰州建设，这是第三个层次，我们讲品质也好、工匠也好，不是要你具体去做一个车工、钳工、瓦匠、木匠，而是要将其上升到一种精神追求，一种道德情操，一种思想自觉，真正把打造品质当作自己的事业，真正把品质融入血脉、嵌进骨髓，精益求精、锲而不舍地推进品质城市建设。

"品质工匠"有三个关键词：匠心、慧眼、巧手。匠心，是"品质工匠"之魂。心有才能有，世上无难事，只怕有心人。慧眼，是"品质工匠"之要。能够发现、认识，去伪存真、去粗取精，由表及里、由浅入深，由低到高，先知而后行。巧手，是"品质工匠"之道。光说不练假把式，眼高手低难成事。只有肯学肯干，才能练就本领、成就品质。匠心、慧眼、巧手是一个有机融合的整体，"三合一"才能创造品质、保持品质。

为何要打造"品质工匠"服务品牌

说白了，就是我们在品质泰州建设中充当什么样的角色？就质监系统而言，想来想去，还是"工匠"一词比较贴切。

当好"品质工匠"是质监人的应尽职责。习近平总书记明确指出，供给侧结构性改革的主攻方向是提高供给质量，提升供给体系的中心任务是全面提高产品和服务质量，要树立质量第一的强烈意识，下最大气力抓全面提高质量。同时质量工作关系国计民生，影响千家万户，工作上容不得半点敷衍马虎。质监部门责任重大、使命光荣。前不久国务院依法依纪对西安地铁"问题电缆"事件严厉问责，相关责任部门、责任人受到严肃惩处。产品哪怕只有0.001%的不合格，但落到具体消费者头上就是百分之百的伤害。我们打造"品质工匠"，就是要求大家心中的弦不能松,要始终上紧发条,拧紧螺丝,以规范为准绳、为遵循,不踩红线、不碰底线,做任何事都要经得起检验,经得起推敲。

当好"品质工匠"是公务人员的应负使命。身份也意味着责任。较之普通公民,公务人员的言行举止有着特殊规范要求,每一个公务人员都应该首先是一个具有品质的人。我们提出"品质工匠",就是要求大家志存高远,对自己高标准、严要求,要时常反思自己的权力观、利益观、群众观,从内在涵养到外在风范都能做到有礼有节、合法合规。

当好"品质工匠"是泰州人的应有担当。市委市政府高度重视品质泰州建设,明确提出要把其与创建文明城市有机结合起来,"祥泰之州、品质为尚"已经成为泰州城市发展的时代追求。在上月召开的市委五届三次全会上,播放的效能专题片,虽然没有涉及质监,但是并不代表我们系统里不存在这样或那样的问题,我们一定要警钟长鸣。现在仍然有一些同志,工作得过且过,做事不讲品质,这样的工作状态万万要不得,否则,下一次警示片就会放到你,下一个"蜗牛"奖就会发给你。我们提出"品质工匠",就是要让品质意识全方位深入人心,让工匠精神外化于行,全体质监人要以身作则、身体力行,充分发挥播种机、助推器作用,推动品质泰州建设真正落地生根、开花结果。

如何当好"品质工匠"

聚焦"让城市更美好,让生活更幸福"的品质泰州建设目标,弘扬工匠精神既是职责所在,更是立足之本,每个质监人都应当自觉而又主动地将工匠精神融入日常工作之中,在品质泰州的建设大潮中贡献自己的力量,做一个合格的"品质工匠"。

勇当先锋,争当标杆。从个人看,要挑起推动工作、破题解难的重担。质监系统中有不少专家能手,有很多兢兢业业、默默无闻的"幕后英雄"。新形势下,要继续牢固树立"有为才能有位,有位更须有为"的理念,立足岗位,建功立业,啃得动骨头、扛得起重担、拼得出精神,在平凡的岗位上干出不平凡的业绩。从全局看,要扛起引领城市发展品质提升的大旗。近年来,我们有一些创新工作得到了市委、市政府和省局、国家总局的重视和认可,形势喜人、形势也逼人。我们更应当奋发有为,既要纵向比,更要横向比,在更广范围内找自己的学习标杆,特别是要把自身放在扬子江城市群融合发展的大格局中来审视,对标找差补短板,再接再厉立新功。

精益求精,追求卓越。从正面看,要坚持品质提升。质监部门是推进品质泰州建设的"火车头",精益求精、追求卓越应该成为我们刻在骨子里的本能。要学会钻研、学会完善、学会提高,不断提升服务发展的本领;要瞄准目标、奋力攻坚、勇攀高峰,不达目标决不罢休。从反面看,要坚持不出差错。我们始终强调,精准、严谨、优质是质监人的天然属性,质监部门管的是质量、是标准、是规范。所以在我们质监部门,来不得半点马虎,出不得半分差错,做事情干工作要严格要求、一丝不苟、分毫不差。

守住底线、不出问题。从精神风貌看,要廉洁奉公,做精神高地的守望者。一定要牢固树立底线意识。做人有底线,做事有原则,始终保持一身正气、一尘不染,不走歪道、不入歧途。要时常反思自己的工作干得好不好、还有哪些不足,时常清理思想灰尘,虚心听取他人的意见建议,走好人生每一步。从工作态度看,要爱岗敬业,做小岗位上的大工匠。要对质监工作职责有清醒的认识,守好"主阵地",种好"责任田",做到事权清晰,权责一致,坚持有所为有所不为,在质量监管上不缺位、不越位、不错位,在服务工作上高定位、站主位、勤到位,确保工作责任全面履行。

讲大局，敢担当

（2017年9月1日）

什么是大局？

从字面上解释，"大局"是指事物的整体或事物发展变化的基本规律。我们所说的"讲大局"，就是要把部门、系统的工作放到经济社会发展大局和全局中去考虑和谋划。

从国家层面讲，"大局"是安全与发展，是主权、政权等一些事关生死存亡、国计民生的大事。从单位层面讲，"大局"就是集体荣誉，是指一个单位或部门在社会上的作用、作为和影响力。从个人层面讲，大局就是个人尊严，就是符合社会主义核心价值观的个人品行和形象。

讲大局，不仅要认识大局、把握大局，还要服从和服务于大局。说大了，就是要个人利益服从党和国家利益，局部利益服从全局利益。说小了，就是把个人尊严和集体荣誉有机融合起来，在维护集体荣誉中赢得个人尊严，多做有利于集体荣誉和个人尊严的事，不做不利于集体和个人尊严的事；多说有利于集体荣誉和个人尊严的话，不说不利于集体和个人尊严的话。这既是政治问题，也是个人品质素养问题。

为何要讲大局？

讲大局就是讲政治。始终心系大局，是一名党员、干部必备的基本素质，展示的是党性修养和思想境界，是旗帜鲜明讲政治的具体表现。讲大局，就是要做到对党忠诚、对人民负责；就是要努力做好本职工作，服从服务全局全系统的中心工作；就是要自觉做到局部和个人利益服从整体利益，眼前利益服从长远利益。

讲大局才能出政绩。要有"功成不必在我，功成必定有我"的胸襟，自觉摒弃锱铢必较的狭隘思维，以健康、良好、大气的心态去面对矛盾、困难和问题，正确把握和处理局部与全局、当前与长远的关系，以宽广眼界审时度势，权衡利弊得失，把握现在、谋划未来，不断出成绩，出大成绩，好成绩，这样才能减少挫折和弯路，达到事半功倍的效果。

讲大局才能有好心情。登高望远，心宽体胖。主动融入大局，能促进我们用大局观来思考分析问题,进而涵养更宽的视野、更远的情怀和更大的智慧,这对个人的成长是十分有利的。我们不能片面地理解讲大局就是牺牲和服从,而是要善于换个角度思考问题,这样往往就能从讲大局中悟出道理,赢得快乐,提升自己的幸福感。

如何讲大局?

要有大局意识。习近平总书记强调,必须牢固树立高度自觉的大局意识,自觉从大局看问题,把工作放到大局中去思考、定位、摆布,做到正确认识大局,自觉服从大局,坚决维护大局。质监部门及每个同志都要深刻理解和领会习近平总书记讲话精神实质,并自觉地贯彻落实到我们的具体行动中,真正做到同心同德、同向同力、同频共振、同甘共苦。

要有责任担当。我们每个人都有自己的单位、岗位,都有自己的职责和分工,都在既为集体荣誉又为自身发展而奋斗。我们倡导大家按照讲政治的要求,始终牢记自己的身份和职责所在,敢于担当,勇挑重担,奋发有为,积极主动作为,尽心尽力干好本职工作,把上级交办的任务完成好,把自己定的小目标实现好。这是对每个人讲大局的最基本的要求。难以想象,一个没有责任担当的人,会讲大局,会讲集体荣誉。

要有奉献精神。一个讲大局的人,一定是既能吃亏又能吃苦的人,一定是既能任劳又能任怨的人,一定是既有高标准又有严要求的人。可以肯定,一个不能自觉与党中央保持步调一致,过分强调个人利益,甚至损害集体和国家利益,不甘奉献,过分计较得失的人,难以担当重任,难以有大前途。

要有真功夫。要在学习中进步,在实践中成长,努力把自己练成名副其实的"品质工匠":做打造品质的工匠,做有品质的工匠,用工匠精神推进品质提升。要领悟"舍得"的深刻内涵,懂得放下、学会放下,舍得放下、善于放下,放下旧我、放下小我、放下眼前。只有这样,才能不断地成长成熟,成功成才。

贵在坚持

（2017年10月9日）

贯彻落实中央质量提升意见，需要我们坚持。《中共中央、国务院关于开展质量提升行动的指导意见》具有划时代性，这个时代就是质量时代。我们如何认识、理解、把握？从大国走向强国，质量应有何担当？更具有首创性，我们如何作为？等等。这些都需要我们不断坚持，继续坚持。

推进质量强市、建设品质泰州，需要我们坚持。这是个战略性课题，我们才刚刚破了题，责任重大，路途遥远。实现目标，还要坚持不懈努力，还远未到喝庆功酒的时候，千万不能小胜即满。比如：我们虽然通过了质量强市示范城市省级预验收，但距离总局验收所需达到的各项严要求还有一定差距；虽然泰州市已进入中国质量奖候选名单，但仍然存在许多变数；虽然泰检易已在省内乃至国内形成一定影响，但真正发挥更大作用，仍然任重道远，等等。所以我们全体同志都必须不断坚持，继续坚持。

完成省局、市委市政府交给的任务目标，需要我们坚持。近年来，省局、市委市政府对我们市质监系统工作大力支持、寄予厚望，明确要求泰州市质监工作能够不断改革创新，更好地为全市经济社会发展提供技术支撑和质量保障，为全省提供示范。打造检验检测新高地、推进文明城市与品质泰州建设有机结合、推行大健康产业标准化、实施标准化战略、加强国家质量基础建设，等等，仍然存在不少短板，仍大有文章可做。所有这些，都要求我们不断坚持，继续坚持。

打造品质工匠服务品牌，需要我们坚持。今年以来，全系统上下围绕打造品质工匠品牌做了大量工作，各层各级各条线全体干部职工付出了艰辛劳动。应该说，我们取得了初步成绩，质监项目行、民生行、随点随检、用心计量、外联合作、标准咨询服务、公共服务平台建设、青年文明号、先锋示范岗、巾帼示范岗、党建、精神文明建设和党风廉政建设都可圈可点，形成了良好的社会影响，整个泰州质监形象又有了新的提升。这些都值得肯定和总结，并不断示范传扬。但我们必须清醒地看到，按照新形势新任务的要求，按照"对标找差、跨越赶超"的要求，按照再接再厉、有为有位的要求，对照年度绩效考核目标和局党组最新发布的正风肃纪"十条禁令"，我们还有较大差距。我们唯有不断坚持，继续坚持。

既然尚未成功，我们就必须坚持；既然这样选择，我们就必须坚持。

"昨天所有的荣誉，已变成遥远的回忆。辛辛苦苦已度过半生，今夜重又走进风雨。我不能随波浮沉,为了我挚爱的亲人。再苦再难也要坚强,只为那些期待眼神。心若在,梦就在,天地之间还有真爱,看成败,人生豪迈,只不过是从头再来。"

我用刘欢的这首歌词来作为我今天的讲话结尾,并以此与大家共勉。

如何看待问责

(2017 年 11 月)

为什么要强化问责

一是中央有要求。党的十九大报告在"新时代党的建设总要求"部分一开头就提出,要"坚持和加强党的全面领导,坚持党要管党、全面从严治党",明确指出要"赋予有干部管理权限的党组相应纪律处分权限,强化监督执纪问责"。全面从严治党,要害就在一个"治"字,强化问责是鲜明特色、重中之重。我们各级党组织和全体党员都是全面从严治党的主体,也都是全面从严治党要教育、管理和监督的对象,都有自己的责任,一定要找准自己在"坐标系"中的位置,维护好自己的组织,做好一名党员。

二是党内有规矩。去年起实施的《中国共产党问责条例》,对规范和强化党的问责工作各方面作出了详细规定,敲了一记响鼓重锤。问责这块"压舱石",要在每个党员干部身上压紧压实,时时刻刻都要心中有尺子、肩上有担子、手上动刀子,把制度转化为一个个落实到位的具体行动。

三是实践有倒逼。联系质监工作实际,联系系统内各单位实际,我们在推动促进事业发展的过程中,创造了许多新经验,打造了许多新亮点,作出了许多新贡献,可圈可点,也得到社会方方面面的肯定和认可。但对照高标准严要求,对标找差,我们也确实还存在许多问题和不足,甚至有的性质还比较严重。所以,我们既不能"一白遮百丑",沾沾自喜,更不能听之任之,放任自流,而必须严格问责,狠打"板子"。因为有些问题,我们自己不打"板子",就可能会被动"刀子",这绝不是危言耸听。

问责什么

问责,主要是问职责、问效能、问廉政,具体到当前我们的质监工作,主要是三个问题。

一是问"两个责任"落实是否到位。今年,市委研究制定《落实全面从严治党主体责任工作规范》和《落实全面从严治党监督责任工作规范》,为"两个责任"的落实定标立规。在上周四的落实整改会上,市纪委第二十派驻纪检组组长顾贤卫同志指出,我们还需要进一步明确责任,加强规章制度建设,针对廉政风险点制定有力措施,切实提高制度的针对性、有效性,加大执行力度。"两个规范"是硬杠杠、基本线,一定要按照要求落实到位,从而把"两个责任"真正抓细抓实,同时结合质监职能,我们要加强党建工作标准化的研究。提高党建质量,泰州市市场监督管理局就从这里破题。

二是问"十条禁令"是否执行。市局党组发布的正风肃纪"十条禁令",是我们结合部门实际,对执行《中国共产党问责条例》和规范的特色化、具体化举措。如果说《中国共产党问责条例》和《落实全面从严治党主体责任工作规范》《落实全面从严治党监督责任工作规范》是国标、地标,我们的"十条禁令"就是要求更严、更具针对性的企标。其中的各项条款,都是总结以往发生在本部门本系统的案件实例,都是有前车之鉴、有具体所指的,一定要入脑入心。同时要注意,现在行政执法、政府采购、费用报销等方面,有些条款作了改动,也出了不少新的规章制度。一定要加强相关学习培训,严格对照执行,切不可越雷池而不自知。

三是问工作任务是否按时保质完成。责任不是抽象的、空洞的,它体现在我们的具体工作之中,体现在一岗一位、一言一行。工作到位了,责任才能到位,否则就是失职,一样要追究责任。工作到不到位,要看时效,也要看质量。我们有的任务布置了,很长时间都看不到动静,听不到反馈,一拖再拖,杳无音信;有的工作开了头,这个月是这样,下个月还是这样,日日月月,看不到进展。一年马上过去了,我们离年初自己定的"小目标"还有多远,大家可以自己回头看一看。我们反复强调,有为才能有位,有位更须有为,对部门单位是这样,对干部同样适用。工作落实负不负责任、有没有担当,是衡量干部能力水平高低的重要标准。老话说,不骑马,不骑牛,骑着毛驴坐中游。得过且过、看摊混事,分内的工作做不好,达不到效果,责任的落实就会变成空话。这不符合我们"品质工匠"的招牌。

怎样问责

一是常态化问责。问责不是汇报、考察时才拿出来用一用的面子工程,功夫要下在平时,平时方方面面拧紧螺丝,就出不了大问题。我们每个月上"微党课",长期开展"两发现"活动,就是要防微杜渐,让自查自纠成为常态,让质监系统成为拥有自我清洁和提升能力的"源头活水"。近年来,我们的工作有很多地方得到了改进,但是现在看来这还不够,还有认识不到位、查纠不到位、落实不到位的情况。在主体责任汇报会上,市纪委指出了我们当前存在的一些问题,第一条就是落实全面从严治党主体责任不够有力,有的问题比如财经纪律的执行,反复强调,却一再出现。究其原因,还是缺少有效的问责监督。我们必须坚持问题导向,切实反思改进,以常态化的问责唤醒责任意识和担当精神。今后,我们的任务完成、问题处理和责任追究情况要定期报告,不能是临时走过场、一笔糊涂账。纪检监察体制调整后,局党组作了研究,这块工作由机关党委来承担,近期也充实了力量。今天会上也明确了,目前具体工作由朱来根同志负责,徐小平作为纪检委员要充分发挥作用。

二是刚性问责。抓问责,就要严格责任追究,叫板较真、真问真责,用问责的鞭子倒逼责任落实。怎么较真?首要的是职责对等,责任到人,在分解工作任务的同时分解责任,担起担子,对号入座,层层传导压力,才能谈得上抓早抓小,有的放矢。要不怕得罪人,不怕丢票。我相信我们系统的干部职工基本素质是高的。否则,就会出现撂挑子、做样子、糊面子,整改吊在半空,落不了地,小问题拖成大问题。局效能办要进一步加强监督考核,重要目标任务完成情况、问题的整改落实,都要纳入督查督办范围。对于工作做得不到位、责任履行不到位的现象,要敢于顶真碰硬,一针见血地指出问题,屡教不改或者产生不良后果的,坚决问责,决不姑息。

三是追踪问责。问责不是画句号,而是要动态管理,过程监督。从纵向上,要看进展、分阶段,一督到底地跟踪落实解决;从横向上,要有重点、分主次,追踪连带责任。2015年习近平总书记在浙江调研时强调,对一些干部在工作中出现的问题,要采取有针对性的措施加以解决。"属于能力不足的,就要加强培训,加强实践锻炼,加强总结提高;属于担当精神缺乏的,就要明确责任,加强督查;属于不作为的,就要严肃批评教育,认真执纪问责。"任务没完成,整改不到位,"车轮追问"就不能停止。除了局机关党委开展内部监督、自查自纠以外,各单位、各处室也要加强自我排查整改,结合"两发现"活动,切实承担起责任。

浅谈系统思维

(2017年12月1日)

时间一晃，一年就要过去了，又到了总结今年思考来年的时候了。十二月份，既要收好官，又要为开好头打好基础，所以，今天和大家谈谈系统思维问题。我们常说：思路决定出路，有什么样的思路，就有什么样的出路，只有好的思路才有好的出路。但好的思路出自哪里？必须出自好的思维方式，而系统思维就是一种好的思维方式。

系统思维既是认识论也是方法论

所谓系统思维的思维形态，理论上讲，就是把认识对象作为系统，从系统和要素，要素和要素、系统和环境的相互联系、相互作用中综合地考察认识对象的一种思维方式。说通俗点，系统思维就是用全面的发展的眼光看问题，用综合的整体的方法动脑筋、谋思路。在过去的学习和工作中，我们或多或少地、自觉不自觉地都在运用系统思维。今天我与大家来讨论这个话题，目的就是想进一步唤醒自觉、更好地运用系统思维来谋划、推进工作。

学会运用系统思维是推进质量变革的迫切需要

党的十九大报告中明确提出质量变革的概念和要求。什么是质量变革？为何推进质量变革？回答这一系列重要问题，都必须运用系统思维。

大质量格局需要系统思维。质量变革首先要求思维变革，格局变革。我们现在讲的质量已经不是过去意义上的产品质量，而是涵盖产品、工程、服务、环境等一切领域的质量，甚至包括了教育质量、医疗质量、党建质量，等等。所以，我们必须摒弃过去狭隘的条线思维方式，培育全面、全员、全程的质量观，用系统思维来谋思路、求发展。

品质泰州建设需要系统思维。质量变革目标需要组织变革。市委市政府明确由质监局来牵头推进品质泰州建设，这是对质监部门全系统同志的充分信任。但推进这项工作，绝不仅仅是质监一个部门的事，或几个部门的事，而是全体泰州人的事，所有部门共同的事。我们既不能用老办法来单一地思考、谋划推进品质泰州建设，又不能碎片式、片面式地考虑问题，只顾自扫门前雪，不看他人瓦上霜，也不能只见树木，不见森林，单打独斗，独来独往。我们所理解的城市品质包含经济发展、社会文化、公共服务、生态环境、市民生活等五大品质,其既相互独立又相互联系、相互影响、相互作用。这就要求我们必须牢固树立全局观念、整体观念,通盘谋划思路举措、制定政策、强化考核督查,学会并善于与多个部门打交道,借梯登楼、借船出海、借桥过河,只有这样才能更加快捷有效地推进品质泰州建设。明年,品质泰州考核会进一步改进完善,特别是对部门,可直接根据其职能提出具体目标任务,提高考核准确性、有效性。

创新突破需要系统思维。质量变革还需要方式方法变革。从泰州市近年来的质量发展实践来看,之所以能在全省至全国产生一定影响,主要得益于我们坚持不懈地在打牢、提升基础的同时,致力于打造亮点和特色。但这些亮点、特色绝不是,也不可能是孤立、偶然出现的,它实质是系统思维的成果,尽管有的我们当时还未认识到。比如:推进品质泰州建设,打造"泰检易"平台、打造"品质工匠"服务品牌、开展质监项目行、民生行,开展"随点随检"等,都是系统思维的直接成果。

自觉运用系统思维指导工作实践

联系实际看问题。要坚持问题导向,善于分析形势,在现实判断与实践中发现问题、研究问题,努力做到既上接天线,又下接地气。我们既反对理想主义形而上学,也反对官僚主义、形式主义。全面、辩证地看问题,由表及里、由点到面、由个体到整体、由局部到全局,把问题研究透,把原因找准,把对策议实。特别是对"两发现"中发现的问题,要进行梳理、分析,认真查找产生问题的原因,并举一反三,触类旁通,千万不能一叶障目、以偏概全、盲人摸象、张冠李戴。每个同志都要结合思考谋划来年发展,认真补好这一课。

紧扣中心谋思路。部门工作有一定的特殊性,过去质监属于条管时,我们的重心主要是围绕省局的部署要求来谋划思路、开展工作。现在改归地方管理,我们必须迅速、及时地把工作重心调整过来,紧紧围绕市委市政府中心工作来发挥职能,切不可另起炉灶、搞两张皮,也不能搞体外循环、自娱自乐。近年来,我们所推的每一项重点工作,都契合了这一要求,这实际上就是系统思维的具体体现。明年,我们必须认真谋划十九大后的质量发展问题,想想假如示范城市、中国质量奖牌拿到后,再干些什么特色亮点工作?如何推动质量变革、效率变革和动力变革?等等,这些都需要我们去思考、去破题。可以预见,往后竞争越来越激烈,我们的压力也会越来越大。大家都要胸怀大局来考虑自身工作,谋划创新。

扬长补短想办法。党的十九大对质量发展提出了新要求,我们的压力更大,挑战更多。过去我们常说,办法总比困难多,办法从何而来?我想扬长补短就是一个好的方法论。知己知彼才能百战不殆,实质就是好的系统思维。市里布置开展的"对标找差、跨越赶超"活动,对我们来说就是一个系统思维的过程,它包含了点与面、条与线、上与下、里与外、此与彼、大与小、前与后等各种相对关系,我们必须通过系统思维来发挥优势、补足短板,从而达到全面提升、综合发展的目的。

如何再出发

（2018年1月3日）

刚刚过去的2017年，泰州市质量强市工作和品质泰州建设捷报频传，我们交出了一份靓丽的成绩单：创建全国质量强市示范城市通过省级验收；泰州市政府荣获第三届中国质量奖提名奖（本届第一次将城市政府纳入评选范围，未设正奖），成为首批获奖的3个城市政府之一；扬子江药业集团入选第三届中国质量奖提名奖（票决位列第四，取前三名为正奖，系提名奖第一名）；泰州成为全国10个"年度质量魅力城市"之一。这些成绩的取得，是我们年初播下的质量种子，年中绽放的质量之花，年末收获的质量之果，这些都离不开大家一年来的辛勤付出。

回顾2017年，我们豪情满怀。站在2018年的新起点上，我们充满期待。面对高质量发展的新要求，我们只能高开高走，鼓足干劲，再出发。

再出发就要有"清零"意识

形势喜人，形势也逼人。高质量发展是新时代我国经济发展的基本特征，中央和省、市委对高质量发展的新要求，容不得我们在已经取得的成绩单上沾沾自喜；地区和城市之间的激烈竞争态势，等不得我们过多的停歇修整；泰州自身高质量发展的内在动力推动着我们走向更高更强。我们已经踏上了高水平发展的快车道，既小不下来也慢不下来，唯有加倍努力，奋力前行。

再出发，就是要以脚下为起点。过去的成绩再大，也已经成为过去。今年的工作不能是去年的翻版，而是要成为去年的加强版、升级版。每一次再出发，都是对过去的扬弃。要增强"清零"意识，不忘初心，向前看、不满足，百尺竿头、更进一步。一方面，"清零"要求我们不沉迷于过去的荣誉、不满足于过去的成就。成功的经验当然要保留和发扬，但是不能有丝毫的沾沾自喜，不能让它成为安于现状、不思进取的说辞和借口，更不能成为自我满足、故步自封的藩篱。只有"忘掉"成绩，一切从零开始，才会有动力、有冲劲干好今后的工作。另一方面，"清零"还要求我们放下包袱、轻装上阵、重新出发。"清零"的本质就是主动地自我革命，给自己做减法，抹掉思想上的"铁锈"，剔除精神上的杂质，甩掉工作上的不良习气。我们既要善于在顺境中再出发，也要善于在逆境中再出发。顺境时适时"清零"，可以把心态调整到坐标原点，辩证地看待已有的成绩；逆境时勇于"清零"，清理掉那些经历过的失败和挫折的阴影，可以让我们有效地扫除前进路上的绊脚石。

再出发就要有争先追求

再出发所面临的是千舟竞发，不进则退，不先则后。我们组织"对标找差，跨越赶超"活动，目的就是要发动大家不断有新的更高的追求。格局决定视野，视野决定定位，定位决定地位。2017年中国质量奖评选，泰州成为首批获奖城市之一，我们关键就赢在定位准、敢争先、速度快。2018年，我们要在去年比较高的基础上争先进位，当"排头兵"、做"领头羊"，就必须充分激发全系统全部门的智慧和力量，及早谋划、及早启动，每个处室、每个条线都要从自身出发，面向全省全国选标杆、找对手，定坐标、争位次，既要有综合标杆也要有单项标杆，既要有横向定位也要有纵向定位，要跳出质监看质监，跳出泰州看泰州，站在全省全国的高度，用超前的眼光来审视、谋划发展，更要增强"等不起"的紧迫感、"慢不得"的危机感和"落不下"的压力感，一次一次向"潮头"冲击，一步一步向"更高"的位置攀登。

再出发就要有创新精神

再出发，不是走老路、原地踏步、兜圈子，更不是走回头路、走邪路，而是要勇闯新路，别开生面，敢闯敢试，勇于创新变革。回顾我们推进品质泰州建设的实践过程，从调研报告到评价体系再到市委市政府战略决策部署，"泰检易"从小到大到全国瞩目，每一步都是勇于创新变革的结果。但这些过去是创新，现在只能算是创优，所以我们要不断寻找和打造新的亮点。尤其是当前，高质量发展已经成为新时代我国经济发展的基本特征，推动高质量发展是当前和今后一个时期确定发展思路、制定经济政策、实施宏观调控的根本要求。什么样的发展才是高质量的发展？面对新时代我国社会主要矛盾已经发生的变化，如何准确把握质量工作主要矛盾，更好地满足人民群众日益增长的美好生活需要？质量变革与效率变革、动力变革的内在关系是什么？如何在变革中实现质量、效率和动力的整体互动，在质量变革中激发质量发展活力？这一系列新问题，只有通过创新、通过变革才能破解。发展也好，工作也罢，都从不眷顾因循守旧、安于现状者，从不等待不思进取、坐享其成的人，而是将更多的机遇留给善于创新、勇于变革的人。我们要不断提高创新变革的自觉，不为原有思维定式、知识视野和工作方式所限，解放思想，大胆突破。如果说传统的发展是做加法，那么创新发展就是做乘法。所以，我们要用新眼光观察问题，用新思路分析问题，用新方法解决问题，以创新把握机遇，以创新驱动发展，用创新激活高质量发展的"一池春水"，让发展的质量更好、效益更高、成果更优。

再出发就要有攻坚本领

再出发，无论前面是一马平川还是坎坷崎岖，都要有一种魄力，明知山有虎，偏向虎山行；都要有一股闯劲，逢山开路、遇水搭桥。每一次再出发，都是向难关的再搏杀。前行的路上，必然会有艰难险阻，必定不会轻轻松松、闲庭信步。所以，我们要把困难预估得大一点、难一点，做好充分的思想准备和工作准备。既要看到形势有利的一面，也要看到社会关注度越高，要求就越高，就越不能有半点差池。既要看到过去取得的喜人成绩，也要看到工作越往前推进，遇到的阻力可能越大，深层次的矛盾越显现。今年我们将迎来质量强市示范城市国家验收，市委市政府《关于推进质量强市 建设品质泰州的意见》印发，品质办开张，如何推动《意见》扎实落地、精准落细、迅速落实，统筹协调各成员单位完成市委市政府交办的各项任务、推进全市高质量发展等是摆在我们面前的新课题。如果永远只是围着蓝图打转转，那蓝图也只能永远是水中月、镜中花。因此，我们要多一点攻坚克难的意识，练就攻坚克难的本领，比别人更加敢于拼搏，比别人更多舍得付出，比别人更能超水平发挥，勇于挑最重的担子，敢于啃最硬的骨头。我坚信，只要我们意志足够坚强、准备足够充分，就没有迈不过去的坎，就没有翻不过去的山，就一定能走出一条好路，闯出一条新路。

如何认识和把握机遇

（2018年2月6日）

前不久，《人民日报》发表署名文章《紧紧抓住大有可为的历史机遇期》。这是中央对形势的一个基本判断。对质监工作而言，我们如何认识和把握这个机遇期，是一个重要的现实课题。

机遇可遇不可求，需要倍加珍惜

一方面，从全国的大形势来看，质量工作发展面临的机遇十分难得，不可坐失良机。无论是时代特征变化，还是社会主要矛盾转化，都倒逼我们必须紧紧抓住眼下全党重视抓质量的这个历史性机遇。可以说，这个机遇千载难逢。党中央、国务院这么密集出台文件专门谈如何抓质量，毫无疑问，现在是抓质量的最好时机。天予不取，必受其咎；时至不行，必受其殃。我们必须深刻领悟，必须倍加珍惜，必须更加努力，把机遇认识好、把握好。另一方面，从泰州的小环境来看，质量工作发展的机遇是我们自己争取和创造来的，不可半途而废。市委市政府高度重视质量工作，早在市第五次党代会上就明确了"坚持以质量效益为中心，以打造'品质泰州'为追求"的目标定位，今年又出台了一号文件，成立党政主要领导任双组长的领导小组。这既说明我们市领导认识水平高，抓工作抓到了关键之处；也说明我们积极争取有成效，在大家的共同努力之下，我们探索实践，一些工作走在全省乃至全国的前列；同时，这也促成了领导更加重视质量工作的良性循环。因此，我们必须乘势而上，牢牢抓住机遇，干好以前想干干不了、干不成的事。

机遇稍纵即逝，需要分秒必争

一方面要用得好，用足用好，充分释放机遇红利。机遇，用好了能成就大事，但如果用不好，就会擦肩而过。国家、省市每一项重要的文件、制度出台，相关的条线和处室都要把握好时机，第一时间从中发现机遇。比如，针对标准法修订、全国标准化工作会议精神贯彻落实，标准化处要加大分析研判力度，立足泰州实际，找准工作的着力点和突破口；再如，《关于加强质量认证体系建设促进全面质量管理的意见》才出台，相关处室也要坐下来一起会商落实措施，制定实施方案，等等。我们不能让新制定的法律、制度只停留在纸面上，而落不到实处，发挥不了应有作用。宣传工作也要及时充分,聚焦重要的活动、文件和重点时间节点,把握时机、选准角度,加强宣传,抓好舆论氛围的营造和思想共识的凝聚,从而使我们的每一个机遇都发挥更大的效应。

另一方面要守得住,借力借势,努力变机遇为常态。机遇也是有"保质期"的,过了时间点,机遇能发挥的作用和效能就大不一样。要积极争取领导对机遇的重视,促使其更多地关心关注质量工作。要积极争取社会各界对机遇的重视,质量工作的机遇并不仅仅面向质监部门,同时关乎各行各业、方方面面。我们要利用当前这个有利时机,加大统筹协调力度,更加有效地推动大家一起抢抓机遇、用好机遇。在这次政协会议上,我提交了关于加快泰州市城市治理和社会服务标准化的提案,主要是利用城市治理成为全社会关注热点问题和标准化法新修订的有利时机提出的,涉及城管、人社、卫生等多个部门,就是要借力借势。各个部门职能不同,各有优势和特长,力量整合得好,就能延长机遇有效期、扩大机遇受益面,使机遇变成常态,产生更大的溢出效应。

机遇更是考验,需要全力以赴

机遇考验能力,要厚积薄发,做有准备的人。机遇青睐有准备的头脑。只有平时准备充分,才能在关键时刻抓得住机遇。台上一分钟,台下十年功。没有平时苦练内功,就算给你一个舞台,你也不可能脱颖而出,赢得满堂彩。当机遇在不经意间来到我们身边时,无论是对个人还是对单位而言,都是最能考验综合素质的。这次创建质量强市示范城市,从拿到入场券到通过省级预验收,我们用时最短。主要就因为我们工作基础扎实、准备充分。所以说平时的准备积累很重要,知识、能力等各方面的充分储备,能让我们增强信心和胜算,在机遇面前从容不迫、游刃有余。

机遇考验担当,要迎难而上,做有情怀的人。机遇有时更是挑战。为了抓住机遇,我们往往要付出更大的努力和更多的辛劳,有时还要甘冒失败的风险。面对机遇,有人退避三舍,有人浅尝辄止,只有勇于担当的人,才能迎难而上,赢得机遇。2017年中国质量奖评选首次扩大到城市政府,其他不少市事先也是知道,但有的地方担心创建难度大不敢报,有的担心创建工作量大不愿报,还有的担心惊动市领导万一评不上,受累不讨好,所以不想报。而我们在经过充分评估后,形成了思想共识:只要有利于泰州发展就应该报,只要有五分把握就应该积极去争取。我们顶着压力下定决心去报,想了千方百计,历经千辛万苦,结果一举成功。许多条件比我们好的城市,就是因为没有抓住机遇的勇气和决心,丧失了大好机会。如果当时我们也选择了放弃,就不可能取得今天的成绩。所以说,面对机遇,要有对事业高度负责的态度,要有乐于奉献、甘于吃苦、勇于担当的精神。

有了这样的情怀，我们才能真正抓住机遇，才不会让机遇从我们身边白白溜走。

考验耐力，要瞄准长远，做有远识的人。在我们的工作生活中，机遇往往会与我们不期而遇，有时抓得住、用得好，有时擦肩而过，没抓住。但从主观上讲，我们一方面要珍惜每一次机遇，真正做到想干事、能干事、干成事、不出事，让每一次机遇都能被充分利用，成为推进我们事业不断向前发展的助推器和加速度。另一方面，还要善于从不同的机遇中发现规律，从而及早发现机遇，甚至能够预判机遇，把握机遇，下好先手棋，提前做好准备，更好地让机遇为我所用，而不是视而不见甚至坐失良机。当然，这种提前发现机遇、捕捉机遇、预见机遇的能力不是一朝一夕就能养成的，需要长期关心专注本职工作，需要有强烈的推动事业发展的责任感和使命感，需要我们在工作中长期培养和锻炼，这样才能在不断发现、用好机遇的过程中持续推动事业的发展。

春节将至，春天也已经来临。这个大有可为的历史机遇期，既是质量工作的，也是我们自己个人的。让我们撸起袖子、甩开膀子、迈开步子，携手共进，以更大的作为，为质量工作再上新台阶、再创新辉煌添砖加瓦、贡献力量，书写更有"质"感的人生新篇章，把"品质工匠"的品牌叫得更响。

如何做到保持定力

（2018年3月2日）

春节后的第一个局务会,选择和大家谈谈"定力"。主要基于以下考虑:一是给大家收收心,春节过了,长假模式结束了;春天到了,加油干模式开启了。二是帮大家舒舒气,节前揭晓了一些奖项,泰州市市场监督管理局虽有进步,但未能完全如愿,少数同志或多或少产生了一些情绪。三是鼓鼓劲,近几年,我们一路走来,奋发作为,取得了一个又一个含金量高的成绩,为下一步更高水平发展打下了良好基础,我们已经吹响了再出发的号角,就必须心无旁骛,奋发前行,继续撸起袖子加油干,不达目的不罢休。

要保持什么样的定力

党的十八大以来,习近平总书记多次强调党的各级领导干部要增强政治定力、纪律定力、道德定力、抵腐定力。通俗地讲,定力是把握自己、掌控自己的决心和意志,是认识问题的清醒判断力,思考谋划的果断决策力,实际行动的坚定执行力,规范自身的强大自控力。现阶段,我们主要需要这样几个方面的定力。

锁住目标坚定不移。目标,是前行的方向,是奋斗的结果。大的方面讲,要有理想信念;小的方面讲,要有既定目标。总的目标是要推动高质量发展,实现更加美好的生活;近期的工作目标是要拿到全国质量强市示范城市的牌子。局有局的目标,院有院的目标,个人也要有个人的目标。大目标都是由小目标组成的,一个个小目标的完成正是为了大目标的实现。我们只有锁住目标不放松,横下一条心、铆足一股劲,一天也不耽误、一刻也不停歇,全力以赴争先进位,集中精力推进工作,才能坚定不移确保各项既定目标任务圆满完成或超额完成。

面对困难勇往直前。世上任何事业的成功都不会是一帆风顺的,在通往成功的过程中,总会遇到各种挑战、各种困难。困难是考验思想觉悟、提升能力水平的"磨刀石"。克服困难的过程本身就是强大提升自我的过程。越是遇到困难,越要保持定力。只有这样才能不断迎接新的挑战,战胜新的困难。我们提出打造"品质工匠"服务品牌,一方面是要号召大家当推动高质量发展的先行军,另一方面是要号召大家自我磨砺,精益求精,臻于炉火纯青,练就解决困难的过硬本领。

对待荣辱不喜不悲。讲定力,还需要我们正确对待名利得失。勿以物喜,勿以已悲。对待荣誉名利,我们不能小胜即满、自我陶醉;对待困难问题,也不能怨天尤人、自暴自弃。而是要把荣誉当作前进的起点,不断瞄准新的目标,再攀新高。即使有时遇到误解甚至不公正待遇,也不能意气用事、鲁莽行事,而是要多从自身找原因,分析问题究竟出在哪,还有哪些工作没有到位。当然,我们干工作,绝不是冲着名利而去的。我们要有"功成不必在我,功成必定有我"的胸怀,丢掉包袱,继续前进。如果有时有的"荣誉"被庸俗化了,我们宁可不要。只有保持了这样的定力,才不会斤斤计较、患得患失,才能宠辱不惊,耐得住寂寞,真正干出一番事业。

为什么讲定力

心有定力,则能笃定守志;保持定力,则能抵御诱惑;涵养定力,则能干净身安。

定力是实现事业成功的保证。成功的人,往往是比常人具备了更强的定力。有了定力,就有了力量,任何艰难困苦都变得微不足道,任何干扰诱惑都不能动摇初衷。没有定力,三天打鱼两天晒网,再好的设想也只是幻想,再好的政策也只是纸上谈兵,终究难成大事。我们推进品质泰州建设、争创中国质量奖等一系列工作,没有哪一件是一帆风顺的,都遇到了大大小小不少的困难,有的难题在当时看来似乎已是无法可想、无计可施了,但正因为我们保持定力坚持下来,迎难而上,以钉钉子精神,一个困难一个困难地解决,才能在看似山穷水尽的地方迎来了柳暗花明,最终取得今天的成绩。

定力是成就人生梦想的支撑。幸福都是奋斗出来的,世上没有从天而降的幸福,无论是从无到有,还是转危为机,只能依靠定力。没有谁能随随便便成功,每一个成功的人都经历了长时间坚持不懈的努力。只有找准方向,保持定力,才能赢得成功。近两年来,我们评选出一批"泰州名匠"。如果研究一下他们的经历,就不难发现,他们之所以能成为"名匠",共同的一条就是他们都有定力,能坚持不懈地把一件事做好做精,最终成为各自领域的行家里手。在我们系统里,也有不少技术能手、办案能手、文字能手,虽然目前他们各自成就大小不同,但我相信,只要他们能够保持着一股这样的定力,假以时日,就一定能够取得更大成绩,也能成为真正的"名匠"。"没有比人更高的山,没有比脚更长的路",有了定力才能专注目标,有了定力才能耐得住寂寞,有了定力才能不怕苦累,唯有依靠定力,一砖一瓦地建,一步一步地进,伟大的梦想才能在真抓实干中照进现实。

定力是脱离低级趣味的法宝。有了定力,就有了不随波逐流的"定海神针"和让人不再六神无主的"定心丸"。这里有三条线:一是道德的"高线"。高线是目标和方向,即精神层面的崇高追求和价值坐标,如坚定的理想信念、纯洁的党性修养、高尚的道德情操和强烈的宗旨观念等。二是纪律的"底线"。底线是尺子和边界，纪律面前不能抱有侥幸心理，如果在权力、金钱等面前把持不住，欲望太强、胃口太大，就会置党的纪律和规矩于不顾，建圈子、进圈子，就会迷失方向、迷失自我。三是党员的"标线"。标线是要求和标准，党的先进性要靠党员的先进性来体现，党的路线方针政策的贯彻落实要靠广大党员的积极参与。只有处处用更高、更严的标准要求自己，才能更好地体现党的先进性，实践党的先进性。

如何保持定力

定力并非与生俱来，它源于崇高的追求，清醒的认知，艰苦的磨砺，需要长时间、不间断、持之以恒的积累沉淀，需要我们执着于梦想和事业，百折不挠，不断前行。

加强党性修养。党性是党员干部立身、立德、立业、立言的基石。要立根固本，增强党性修养，把党性原则立起来，做到持之为明镜、内化为修养、升华为信条、固化为习惯，做到自重、自省、自警、自励，努力把握政治生命线、追求道德高标准、守住纪律底线，以自身的党性修养化为前行的强大动力。今年，按照中央部署，我们将深入开展"不忘初心、牢记使命"主题教育，推进"两学一做"学习教育常态化制度化。"不忘初心、牢记使命"，是党员政治定力的集中体现。机关党委要把主题教育与争当品质工匠有机结合起来，及早谋划，统筹推进，更好地发挥党员的先锋模范作用，更好地展示品质工匠的时代风采，引导全系统党员职工以更大的作为，共同答好高质量发展的时代考卷。

加强正向激励。方向明确了，脚步才能扎实，努力才能有效。当前，推动高质量发展是大势所趋、民心所向，春节后上班第一天，省委省政府就以推动高质量发展走在前列为主题，开设县委书记工作讲坛，省委书记围绕"高质量发展"主题发表重要讲话。可以说，我们开展的品质泰州建设契合中央的要求、省委的部署，但我们千万不能沉醉于过去的成绩沾沾自喜、坐失新的机遇。行百里者半九十，越是取得阶段性成绩，越是不能放松，越是要保持定力，朝着正确的方向，进一步增强"主动担当"意识，正确把握"有为才能有位，有位更须有为"的辩证关系，自我加压、奋发作为，切实推动品质泰州建设取得新突破、打开新局面。

加强自我约束。定力不是一天养成的，需要每时每刻地修炼涵养。一方面，要加强自律。定力的养成首先取决于内因，是一个人的自我要求的表现、自我约束的结果。随着品质泰州建设、质量强市创建等工作已进入关键阶段，面临的任务更重、要求更严、时间更紧，我们保持定力，最重要的一条，就是要各就各位，咬定目标，勇于担当。要防止和克服选择性执行、拖拉性执行，杜绝有利就执行，无利就不执行；容易就执行，有难度就不执行；要求严时就执行，稍一放松就不执行等现象。对属于自己职责范围内的,要想方设法,创造条件,攻坚克难;不是自己职责范围的,也要积极补台,主动配合,相互支撑。另一方面,要加强他律。定力培养离不开外部的提醒和监督。节后上班第二天,第二十纪检组就来局检查迟到,有两名同志被查到。从表面看,反映的是少数工作人员纪律和规矩意识淡薄,守纪不严,自由散漫,但也暴露出部门和处室负责人主体责任意识淡化、执纪不严、管理松懈等深层次问题。把纪律和规矩挺在前面,这是不折不扣的"铁"要求。年前局成立了机关纪委,各党支部也明确了纪检委员。下一步局机关纪委要加大明察暗访力度,进行更加严格的纪律作风督查,严查效能不高、纪律不严等问题,确保正风肃纪"十条禁令"落到实处,从严从实提升全体干部职工的定力。

不忘品质初心

（2018年4月2日）

党政机构改革方案出台，国家市场监管总局也于3月21日正式成立。最近很多人在原质检总局大门前合影留念，依依之情，溢于言表。透过这一张张合影、一个个表情，设身处地我想到了许多。当初设立质监部门是顺应改革发展的需要，现在机构重组合并也是顺应改革发展的需要。作为质监人，我想，最好的纪念和应对，就是无论去哪，无论何时，都不忘品质的初心，都不忘品质的使命。

不忘初心，当不辱使命

两年多来，我们聚焦聚力推进高质量发展，建设品质泰州，这项工作才刚刚开头、起步，近年来所取得的一些成绩都还是阶段性的，离"让城市更美好、让生活更幸福"的目标还有很长的距离，需要不断砥砺前行。这其中，质监队伍必然是主力，也必须是主力。我们每个人都要始终牢记推动高质量发展的神圣使命，致力提升自身品质，矢志不渝地做打造品质的工匠，做有品质的工匠，用工匠精神推进品质泰州建设。

牢记。不忘初心，方得始终。作为质监人，我们的初心和使命就是打造品质，让城市更美好，让生活更幸福。初心一旦淡忘，就会偏离方向，完成使命也将无从谈起。现阶段，机构改革是大势，是我们每个人都面临的考验，但我们的职能不会因为改革而削弱，我们所付出的努力、取得的成绩，也不会因为合并而消失。越是在关键时刻，我们全体干部职工，越要牢记我们的品质初心，越要把建设品质泰州的使命担当融入我们的一言一行，贯穿到工作的细枝末节，切实维护好品质工匠的形象和尊严。

坚持。行百里者，半九十。坚持到底，才能取得胜利。当你在认准了的事情上坚持到底的时候，就会发现自己充满了激情，充满了动力，充满了希望，人生也将会更有乐趣和意义。反之，很多人实现不了自己的目标，很大程度上就是因为缺少坚持的韧劲，以致功败垂成。因此，无论风云如何变幻，我们的坚持都不能放弃和松懈。

奋斗。幸福是奋斗出来的，品质也是奋斗出来的。事业的发展永无止境，奋进的脚步永不停歇。唯有不忘初心、不辱使命、不懈奋斗，方可善作善成、一往无前。习近平总书记号召我们当好新时代的答卷人，对于质监人而言，建设品质泰州,推动高质量发展是最大的考题,我们要用奋斗来答题,并力争考出好成绩。

不忘初心,当不懈追求

建设品质泰州,倒逼我们要不断提升工作品质,以更强的本领、更优的作风、更好的精神状态,积极有效地应对挑战、克服困难、解决矛盾,不断创造新的业绩。

大目标。成功不是一蹴而就的,很多时候,我们需要一个远大的目标来为自己指引方向。当前,建设品质泰州、推动泰州经济社会高质量发展,让城市更美好、让生活更幸福,就是我们的大目标。义无反顾奔着这个大目标而去,就能够在纷繁复杂的局势变幻中始终坚持正确的方向,从而不忘初心,坚守本心,不走错路,少走弯路。在高质量发展的新时代,不进则退、慢进也是退,稍不留神,就会出现前面"标兵"越来越多、后面"追兵"越来越少的被动局面。因此,我们每个同志都要胸怀大目标,紧盯大目标,排除干扰,去争取胜利。

中目标。品质泰州建设是一项系统工程,需要我们在工作的每一个阶段或者每一个时期,确立一个具有引导性作用的阶段性目标,来明确路标、汇聚动力。党的十九大报告提出了"两个一百年"奋斗目标,分为两个十五年来安排,方向、目标十分明确。品质泰州建设也需要有"分段走"的中目标。今年市委一号文件,明确了到2020年品质泰州建设的主要目标,这就是我们的中目标。当前,正是品质泰州建设的关键时期,越来越多的地区、部门积极投身于此,在这个时候,我们自己千万不能小胜即满、小富即安。必须紧扣中目标,倒排时间表,优化路线图,一个环节一个环节地推进,一个问题一个问题地解决,真正形成高点定位、高标要求的工作质态,大力营造专心专注、出力出彩、有为有位的工作生态。

小目标。大目标是由许多中、小目标组成的,没有小目标的实现就没有大目标的实现。工作中,要把我们共同的大目标、中目标分解落实到我们每个处室、每个部门、每个岗位的小目标上来。我们每完成一个小目标,就会前进一步。很多人做事之所以难以取得成功,往往不是因为工作任务难度大,而是没有正确处理大、中目标的关系,总是觉得距离成功太过遥远而半途而废。对质监人来讲,实现小目标,就是要在落细、落小、落实上下功夫,把"五大品质"提升工程转化为生动实践,推动全体党员干部职工一切着眼于实际、着力于落实,真正把心静下来,把身子沉下来,一门心思抓质量、谋发展。

不忘初心,当不随流俗

品质工匠的品质,关键体现在他的品德、尊严和修养上。作为一个有品质的工匠,一定是脱离了低级趣味的人。

品德。品德是品质的心脏。人无品不立,细微之处见精神。一个人的品德,很多是通过工作细节、生活琐事来展现。品德还体现在关键时刻,大浪淘沙,越是变革年代,越见一个人的品德操守。沧海横流方见本色。我们既不能随波逐流,更不能兴风作浪,而要做中流砥柱。不管是在工作中,还是在生活里,都要在大事前守大节,在细微处讲品德,不以恶小而为之,不以善小而不为。

尊严。尊严是品质的眼睛。人无尊严,品质就无从谈起。我们应当时时刻刻自重、自省、自警、自励。千万不能认为质监部门只是一个小部门、在大变革中难有大作为;千万不能认为马上就要合并,何必这么认真。当我们以一个部门之力,把自己的思路想法上升为市委市政府的战略目标和重点工作,当品质泰州日益成为全市上下共同的追求和愿景,成为泰州又一块熠熠生辉的金字招牌,我们应该感受到自信和尊严的价值。人的一生只有短短几十载,碌碌无为的"垃圾年"只会成为我们人生的遗憾和缺陷。要有"功成不必在我,功成必定有我"的胸怀,想干事、能干事、会干事、干成事,用品质的杠杆来撬动高质量发展。

修养。修养是品质的手足。人无修养寸步难行。修养源自于内心的文化。作家梁晓声曾经用四句话来给文化定义:根植于内心的修养;无须提醒的自觉;以约束为前提的自由;为别人着想的善良。如果一个人具备了这四个层面,那他一定是一个有文化的人、一个有修养的人。当前,党政机构改革已是大势所趋,我们要明白,"变"的是单位门口挂的牌子,"不变"的是我们的初心、是我们的使命、是我们的品质。这个时候,切忌跟风随俗、窃窃私语,改革的动态,既不要主动地揣测议论,也不要被动地人云亦云,这些于工作无益、于修炼无益,唯有进一步加强自身修养,坚守品质初心,才是我们顺应变革、勇立潮头所应采取的态度。

如何打造特色品牌

（2018年5月3日）

我们把今年5月份确定为品质宣传月。在这个5月里,我们将迎来首个中国品牌日,对"泰州三名"（名企、名品、名匠）进行发布,并举办"大家品质——品牌引领高质量发展"高层讲坛;我们还将举行首个"品质家庭颁奖礼"、征集"深化品质泰州建设金点子"、组织开展"五四"歌咏比赛、"520计量你的爱"等主题活动。应该说,这些活动都与品牌相关,甚至都是围绕"品牌"这个主题。

首先,我们先来探讨一下品牌和品质的关系。过去我们常讲,品质就是品位+质量,也有人说,品质就是质量+品牌。质量这个概念大家都懂,但一提品位、品牌,就有了文化的概念。于是,关系就复杂了。简单地说,品质包含品牌,品牌源于品质。两者互融互促,不可分割。可以说,没有品质,品牌就没有生命,终将难以为继;而没有品牌,品质就难以发展,必然没有前途。我们讲品质也好,讲品牌也好,都不能独立、割裂开来,而必须辩证系统地观察和思维,把品质和品牌作为一个有机统一体来认识和把握。只有这样,才能推进品牌建设与品质提升双促进、双丰收。希望大家不断提高品牌意识,用精益求精的精神和追求完美的标准来指导工作和学习,努力把各项工作做得更好。

突出三"点",聚力打造"品质泰州"大品牌

对泰州来说,当下最叫得响的品牌当数"品质泰州"。在市委市政府的正确领导和全市上下共同努力下,品质泰州建设已经初见成效,这大家有目共睹。新的一年,市委市政府对深化品质泰州建设提出了新的更高要求,市委一号文件、深化改革要点都将其作为重点任务。如何把"品质泰州"这个含金量极高的品牌进一步叫响？这对包括我们在内的全市上下都是新挑战。目前,市品质办正在征集"深化品质泰州建设金点子",我们应当义不容辞地积极推动参与,高质量献计献策。我们应着力解决好三个"点"的问题。

一是找准撬动市委市政府中心工作的支点。建设品质泰州的根本目的是"让城市更美好,让生活更幸福"。要实现这一目标,必须组织调动全市上上下下共同参与、形成合力。我们要在前几年打下的基础上,进一步找准杠杆支点,以期撬动更多更大资源来共同推进这项工作。我们有基础,也有条件,更有必要,再添一把火,再加一把劲,促进品质泰州建设再上新台阶。

二是编织部门协同动作的交点。品质泰州建设是一项事关发展大局的系统工程，需要部门之间形成合力。今年开春以来，地税、城管等部门先后到泰州市市场监督管理局调研考察品质泰州建设，越来越多的部门、地区认同并参与到品质泰州建设的大潮中来。这样的局面来之不易，我们要利用好绩效考核的指挥棒，充分发挥品质办的协调沟通作用，更好地激发各成员单位的主动性和积极性，真正把品质泰州建设的责任压紧压实，真正使品质泰州建设成为全市各地区、各部门通力协作的品牌工程。

三是打造城市高质量发展的亮点。品质泰州建设和高质量发展的要求一脉相承、互融互通。各地各部门推动高质量发展是各有奇招、各领风骚，现在关键要多出一些创新、领先的思路举措，形成亮点和特色，进而打造一大批示范区、示范点，然后再将星星之火引以燎原，形成经济高质量发展优势。作为牵头部门，我们在深入推进质量强市示范城市创建的同时，正加紧研制出台品质城市评价指标体系、争创标准国际化创新型城市，这些都是为深化品质泰州建设打造新的亮点、新的品牌，必须一招不让做精做好。

突出三"真"，致力打造"品质质监"中品牌

近年来，我们围绕打造"品质质监"做了大量工作，也取得了不少成绩，获得了全国质检系统先进集体等多项集体荣誉。但这些都已经成为过去。新的形势和任务要求我们必须面向未来，轻装上阵。现在，越来越多的地区和部门开始注重品质和品牌建设，品质（品牌）靖江、品质海陵、品质高港、品质地税、品质规划、品质城管，等等。作为品质泰州建设的主力军、先行军，我们更应当充分发挥部门职能作用，力争把"品质质监"的部门品牌越擦越亮，从而赢得更多社会组织、群众对质监的认可和点赞。

一是真"带"。火车跑得快，全靠车头带。打造品质的工匠，自身必须具有高品质，做到时时讲品质、事事讲品质、处处讲品质。局党组全体成员要率先垂范，把品牌意识内化于心、外化于行，给全体干部职工做好表率，当好榜样。在座的都是各个处室、单位的主要负责人，都应当以身作则，发挥好传帮带的作用，带好自己的团队，汇聚工作合力。只有这样，系统内的全体干部职工才能最终拧成一股绳，心往一处想、劲往一处使。

二是真"管"。管理出凝聚力、出执行力、出战斗力。机关党委、办公室、人教处等要抓紧对之前的制度规范进行梳理，针对当前管理中存在的漏洞和缺陷，结合新的规定要求，抓紧制修订切实可行的规章制度，真正做到以制度管人、管事、管根本、管长远。要进一步深化"两发现"活动，健全问题发现、整改、督查机制，实现无缝隙监管，尤其要严肃认真对待此次巡察中发现的问题，不仅要边查边

改、即知即改,更要举一反三、防微杜渐。

三是真"干"。打造品牌是一个艰辛的过程,要花大力气、下大功夫。尤其是现阶段,一方面机构改革自上而下全面启动,另一方面品质泰州建设进入深化优化的决胜阶段。面对改革,我们不能等待观望;面对发展,我们不能置身事外。习近平总书记要求不慕虚荣、不务虚功、不图虚名,我们必须发扬啃硬骨头精神和钉钉子精神,真干、苦干、实干、巧干、抓紧干,想干事、会干事、干成事,攻坚克难,勇于争先,善于创新,不断创造深化品质泰州建设的新业绩。

突出三"心",努力打造"品质工匠"小品牌

"品质工匠"是我们的服务品牌,全系统的每一个干部职工都是品质泰州、品质质监的一分子,都应当有自己的"小目标",努力做更好的自己,不断提升监管和服务水平,不断提升能力素质,最终实现自己的人生价值。

一是不忘初心。只有不忘初心,才能准确定位,扬长补短,不断提升自己的修养和境界。面对高质量发展、品质革命的大潮,最重要的就是谨守自己的初心,只有这样,才能在各种重任挑战面前从容不迫,成为业务精、能力强、水平高的品质工匠。

二是保持恒心。行百里者半九十。打造"品质工匠"的服务品牌是一个漫长的过程,不可能一蹴而就,一丝一毫的放松都可能让之前的努力和坚持功亏一篑。身为质监人,提升品质是我们的矢志追求,打造品牌是我们的必成目标,这就需要我们大力弘扬工匠精神。只有持之以恒追求品质、坚持不懈打造品牌,才能在改革和发展的关键时期抢得先机,立于不败之地。

三是树立信心。千里之行,始于足下。面对打造品质泰州大品牌、品质质监中品牌的目标,我们既要有足够的困难估计,更要有足够自信。希望每位同志都能始终保持良好的精神状态,在工作中迸发激情、展现热情,充分施展自己的天赋和才能,用智慧和力量把品质工匠的品牌叫得更响。

如何解放思想

（2018年6月1日）

　　思想是行动的先导和指南。没有思想的解放，就没有实践的发展。只有思想的大解放，才能真正带来实践的大发展。从一定意义上讲，我们跳出质量，讲品质；跳出质量强市，讲品质城市建设，本身就是一次思想解放的过程。现在"品质革命""品质时代""品质经济"已经成为全社会的共识，充分说明我们当时的思想解放是富有远见、富有成效的。解放思想是一个永恒的任务，我们越向前发展，越需要高扬解放思想的旗帜。在现阶段，进入新时代，思想解放应更具时代性。

　　解放思想应立足新时代基本特征。新泰州组建至今，组织开展过多次解放思想活动，解放思想的步伐一直没有停歇。1996年，建市之初我们就开展了"建设新泰州、塑造新形象"大讨论活动；2003年，开展了"沿江开发与泰州的跨越式发展"大讨论活动；2008年，开展了"践行科学发展观、我为泰州作贡献"主题教育活动；2014年，开展了"解放思想再发力、科学发展勇攀登"大讨论大落实活动，开展了"思想再解放、项目大突破、城建新提升"活动，等等。可以说，每一次思想大解放都有其特殊的时代背景，都起到了统一思想、凝聚共识、推动发展的作用。进入新时代，我国经济发展的基本特征是推动高质量发展。因此，这一轮解放思想应当立足这一特征，重点排查找出制约高质量发展的思想障碍和思维定式，充分运用系统思维和创新思维，致力克服城河思维，跨过思想上的"长江天堑"，激活"大海基因"，敢为人先，敢创物新，把"三个不相信"升华为新时代的泰州城市精神内核，更好地激励引领全市上下更加自觉地投身到走在高质量发展前列的洪流之中。

　　解放思想应紧扣社会主要矛盾。党的十九大作出重大判断，新时代的社会主要矛盾已经转化为人民日益增长的美好生活需要和不平衡不充分的发展之间的矛盾。人民对美好生活的向往，实质就是对高品质生活的追求，不平衡、不充分发展说到底还是发展质量不高的问题。因此新一轮解放思想应紧紧围绕如何解决社会主要矛盾。比如，如何满足人民日益增长的美好生活需要？美好生活需要具体包含哪些方面？不平衡、不充分发展主要表现在哪里？原因在哪里？结合泰州实际，如何解决新的社会主要矛盾？等等。所以，最近我们提出"品质成就美好"，创新开展了品质家庭的评选活动，就是要突出品质对美好生活的引领作用，让品质渗透到家庭这个社会最小细胞。我们开展"我为深化品质泰州建设献一策"活动,旨在发动全社会共同关注品质,献言献策,让我们今后的工作中能够瞄准主要矛盾分类施策、精准施策。紧扣社会主要矛盾解放思想,就是抓住了事物发展的主要矛盾和矛盾的主要方面,体现了辩证思维。只有扣问题扣得越紧,抓矛盾抓得越准,解放思想才越有生命力、越有价值、越有意义。否则,就只能是隔靴搔痒、头痛医脚。

解放思想应突出变革这个关键。解放思想的过程,是对旧的观念、思路和方法扬弃和革新的过程。新一轮思想解放的重要特点突出了"变革"这个关键。党的十九大报告中明确提出,要推进质量变革、效率变革、动力变革。什么是变革?为何要变?对我们而言是一个新课题。应准确理解"三大变革"的深刻内涵,正确把握"三大变革"之间的关系,抓住质量变革这个核心,通过推动质量工作的思想变革、组织变革、格局变革和方式变革,统筹协调推进"三大变革",实现新旧动能转换,为泰州在新一轮的区域竞争中获得质量发展的优势,从而实现"突围中游、力争上游"。最近,泰州正式获批开展创建"标准国际化创新型城市"试点,我们要抓住用好这个国家级试点的大好机遇,以标准引领发展,以标准倒逼变革,真正把新一轮解放思想"解"出新意、"解"出实效。

解放思想应坚持质量第一。新一轮思想解放主题是推动高质量发展,这就要求我们坚持"质量第一"来推进思想解放。一要真解放,防止叶公好龙。要力戒形式主义、官僚主义,防止把解放思想当成一顶帽子、一个幌子,变成摆摆样子、亮亮嗓子、写写稿子,要真正做到真刀真枪、"解"以致用。二要深解放,防止蜻蜓点水。解放思想要勇于、敢于、善于直抵事物本质,触及灵魂深处,真正起到扫除障碍、荡涤尘埃的作用。品质泰州建设实施两年多的时间,取得了一系列成绩,但如何进一步深化优化强化,是我们每个人都要思考的课题。所以现在我们解放思想就要往深处想、往远处谋,这样才能解决深层次矛盾,让品质泰州建设向深处扎根、向高处攀登、向远方挺进。三要实解放,防止好高骛远。解放思想不是坐在办公室里闭门造车,更不能天马行空,而是要经常深入到群众中,了解群众心目中的品质泰州是个什么模样;要走进企业项目中,掌握企业对品质泰州的需求;要时刻关注大局大势,思考品质泰州建设如何更好地围绕中心、服务大局。因此,解放思想要坚持问题导向,大兴调查研究之风,深入到一线去,掌握一手资料,察实情、出实招、谋实效,真正做到不做虚功、不骛虚声。四要常解放,防止浅尝辄止。解放思想不可能毕其功于一役,是要时刻紧跟时代发展的脚步,始终处于解放思想进行时,常"解"常新,以经常性、常态化的思想解放,引领推进实践探索和创新,为高质量发展走在前列提供不竭动力和智力支持。

正确认识和面对考验

（2018年7月3日）

当前面临的考验是什么、有哪些

考验的字面解释是："通过具体事件、行动或困难环境去检验人们是否坚定、忠诚或正确。"这其中的内涵十分丰富：检验一个人是否经得住"考验"，就看他在遇到具体事件、行动或困难时的表现是否坚定、忠诚或正确。那么，对我们质监人来说，当前最大的考验是什么？就是如何突破自我，真正把自己打造成名副其实的"品质工匠"。

如果要说得具体点，我们目前至少面临以下几个方面的挑战。一是政治上的。市委巡察组刚结束了对泰州市市场监督管理局的巡察，最终巡察报告尚未见面，但可以肯定的是问题肯定少不了。如何面对、如何应对？对我们是考验。二是本领上的。过去我们传统的工作理念、方法已经不能适应、满足新时代新任务的要求，大家都不同程度地出现了知识短缺、本领危机，如何改进、如何提升？对我们是考验。三是作风上的。面对日趋激烈的地区竞争，我们能否始终保持良好的精神状态，以优良的作风更完美地锤炼"祥泰之州，品质为尚"的质量精神，在更高的起点上把泰州品质推上新台阶？对我们来说，是更大的考验。

如果要说得再具体点，可分为以下四点：

一是质量变革的考验。质量变革是一场以质量提升为核心的从思想理念、目标导向、基本行为到政策保障、法律约束、制度规范的全方位变革。变革，既是告别过去的扬弃，更有拥抱未来的创新。这是一场从理念到思路到能力的全新考验。过去的经验做法显然已不能适应质量变革的要求，这倒逼我们必须抓紧抓实自身能力的提升，这样才能更好地应对挑战和考验。近年来，我们定期组织干部开展能力提升培训，就是要让大家开阔眼界、增长才干，更好地应对质量变革的考验。

二是深化品质泰州的考验。经过全局上下的共同努力，品质泰州建设已经初见成效。但面对成绩，作为牵头部门和排头兵，我们是小胜则满，还是高开高走，进一步深化升华品质泰州建设？这是对我们的考验。打个比方，从一楼爬到五楼容易，从五楼爬到十楼就要难得多。要打开新局面，更上一层楼，就需要我们付出更多的艰辛努力，汇聚更多的智慧力量。我们常说，要做品质工匠，要记住"三句话"：做打造品质的工匠，做有品质的工匠，用工匠精神推进品质泰州建设。如何才能做到？最重要也是最核心的要义就是精益求精。这就必须注重细节，很多时候就是"细节决定成败"，没有细节就谈不上工匠精神。请在座的大家都要能够潜心修炼，练就一双慧眼，一双巧手和一颗匠心。

三是机构改革的考验。机构改革是大势所趋，我们全体干部职工，都要坦然对待，牢记我们的品质初心，更加自觉地把建设品质泰州的使命担当融入我们的一言一行之中，贯穿到工作的细枝末节，切实维护好品质工匠的形象和尊严。

四是对标找差的考验。目前，解放思想大讨论正在向纵深推进，其根本目的就是为了"新跨越"。我们过去习惯于纵向比较，在与自己的过去相比之中，我们总能看到进步。"对标找差、跨越赶超"活动则是要我们把目光投向远方，在横向比较中找到差距和不足。能否善于发现差距、勇于承认差距、最终缩小差距实现迎头超越，这对我们而言是一场考验。对标常州、绍兴，我们发现了在质量发展上确实存在不小差距。目前我们已经初步梳理出差距和不足，下一步，就是要抓落实抓改进。要逐项分析原因，查找症结，寻求对策，责任到人，排出时间表和作战图，项目化推进，一个问题一个问题地解决，最终实现跨越赶超。

面对考验，我们应该怎么做

面对考验，我们别无选择，唯有正面应对。

高站位。站位高低，体现的是格局。对我们而言，高站位就是要善于审时度势，树立全局思维、系统思维，跳出质监看质监，自觉站在全市工作大局中谋划思考质监工作，想党委政府所想，办人民群众所需。去年以来，兴化市相继出现对自来水、燃气管道工程质量问题的投诉，市政府高度重视，要求我们派人查处。虽然问题得到了处理，但如何举一反三，做到防患于未然？我们根据领导要求，抓紧研究出台一个文件进行规范。

深思考。做工作、谋发展，实质就是一个不断思考、不断解决问题的过程。有效的行动，一定建立在深刻思考的基础之上。这本身就是一个发现规律、认识规律、遵循规律、运用规律的过程。实践证明，只有深思熟虑才能百战不殆。我们每年开展务虚会、"两发现""金点子"等调研、头脑风暴等活动，都是在鼓励大家平时多作深思考。深思考，既体现在应对考验的决策之前，更体现在应对考验的过程之中，品质泰州建设、"泰检易"服务平台从无到有、从小到大，其过程就是一个不断思考的过程。

善创新。最近市委组织开展"解放思想再出发，对标找差新跨越"大讨论活动，意义十分重大。因为任何创新都是从思想解放开始，没有思想的解放，就难以产生富有成效的创新。上个月我们的微党课专门谈了解放思想，目的就是希望大家一起解放思想、开拓创新。我们先于市委布置,面向社会开展"我为深化品质泰州建设献一策"活动,主要也是要广泛吸纳社会智慧,创新我们的工作思路和举措。创建"标准国际化创新型城市",其关键点就在"创新"二字。所以,增强创新思维,提高创新能力,争当创新型人才,应该成为当务之急,成为我们共同的目标。

肯实干。"空谈误国,实干兴邦",真抓实干才是硬道理。我这里用了一个"肯"字,就是要求全系统上下能够形成自觉、主动、积极、认真干事创业的浓厚氛围。我们强调"品质为尚",首先要从我们系统内做起。这就要求我们必须克服浮躁情绪,抛弃私心杂念,崇尚精益求精,反对虚大假空,真正做到察实情、讲实话,鼓实劲、出实招,办实事、求实效。

严要求。家无品不兴,人无品不立。"品质工匠"既是对全系统的要求,也是对我们每个同志的要求。争当"品质工匠",就必须自我从高从严要求。严要求的最起码的要求,就是要讲规矩,守规矩,按规矩办事。每个党员干部都要始终保持共产党人的本色,在自重、自省、自警、自励中使自己的思想境界、文化素养和道德水平与时俱进,经得住各种考验。

如何做到单位如家

（2018年8月1日）

今天和大家谈的话题是：如家。主要是想和大家讲讲"家"的小道理：像对待家人一样对待同事，像做家务一样干工作，像维护家庭荣誉一样守护集体尊严。今天讲这个话题，有一定背景：一是上半年市委巡察泰州市市场监督管理局，发现了一些问题；二是我在日常工作包括每一阶段谈心谈话活动中发现了一些问题，有些问题性质比较严重，甚至匪夷所思。尽管造成这些问题的原因很多很复杂，但归根结底最主要的原因就是有的同志未能做到像在"家"一样做人做事。所以，在这个时间节点上，和大家拉拉家常，目的就是想用小道理给大家"洗洗脑"，动员全系统干部职工更深程度地解放思想、凝聚共识，用"家"的理念和文化去调整、引领、规范、提升我们的言行，以更高的站位和姿态、更优的精神和状态、更强的素质和本领，去完成市委市政府交办的任务，为推进质量强市、建设品质泰州作出新的更大贡献。

要把单位的事当家里的事来办。办自家的事，一定会认真、负责、仔细、精益求精……，用多少好词都不过分。如果有谁办自家的事都马马虎虎、敷衍了事，这个家庭一定难走远。但如果放到一个单位，情况就可能大不相同。在座的各位可能都有这样的体验，同样是去买东西，如果是给家里买，很多人都会精打细算、货比三家，质量要好，价格还要便宜；但是如果是给单位买，往往首先想到的是方便省事。这样的例子我们单位同样存在，我可以举出很多。从小的说，我们"两发现"发现的问题许多都是大家成年累月熟视无睹的，但大都事不关己、无动于衷；从大的来说，招商引资直接与绩效挂钩，上个月市委举办了全市项目集中观摩活动，这次全委会上又作了通报，我们上半年的项目招引工作进展并不理想。这说明，我们在这方面用心不够。我们不要求每个人都能做到大公无私，只要求能把公家的事当作自家的事来办，这实际考验的是一个人的良心底线。还有一种情况，就是凡是自己家里的事，做起来总是干劲十足、尽心尽力。但如果是单位的事，则往往不尽如此了，甚至有少数人能省则省、能推则推、能拖则拖。可以想象，如果这种风气蔓延开来，单位就很难搞好。所以，我们反复强调：坚决反对选择性执行，坚决反对久拖不决、屡教不改。这次全委会上曝光的反面典型，也给我们敲响了警钟，决不容许此类问题发生在我们系统内。

要把同事当家里人来处。不是一家人，不进一家门，大家在同一个部门工作,是难得的缘分。同事之间,工作对象之间,如果能当自家人看待,矛盾就会少,即使有矛盾也容易化解,而且不会记仇使绊。反之,则会家无宁日,小事也会酝酿发酵,小矛盾就会变成大矛盾,发展下去,工作就会每况愈下,更不要说干事创业了。俗话说:家和万事兴。家庭成员也好,单位同事也好,首先要讲团结。一个家庭里、一个单位里,个人脾气秉性各不相同,这就需要我们每个人多一点大局意识,多一点宽容之心,严己宽人、与人为善。很难想象,家庭成员始终就想相互算计、投机取巧,最终能干成什么大事。当然,我们也反对不讲原则,一团和气,怕得罪人。要讲诚信。讲诚信,是做人最基本的品格。家人之间更需要以诚相待,做到真诚、坦诚、赤诚,千万不能行奸耍滑、尔虞我诈。要讲合作。在家庭中,我们每个人都有自己的角色,或为父母,或为子女。在单位也是一样,大家只是分工不同、职责不同而已。我们既要各司其职又要紧密配合,分工不分家,尤其是AB岗之间,要多补台、不拆台,相互支撑、相互配合,齐心协力,共同推进我们事业的发展。

要亮丑亮剑结合。最近,市委主要领导在全市向环境污染宣战大会上,开头就讲了两条:亮丑和亮剑。亮丑是为了亮剑,为了以后不再出丑。巡察、审计、问责出来的问题,都属于我们的"家丑",有"家丑"并不可怕,怕的是无动于衷、纹丝不动。对待家丑,要有正确的态度,既不能因为与己无关,就袖手旁观;也不能患得患失,处置失当。一方面,要有亮家丑的决心和勇气。"家丑"的存在是个客观事实,让不掉,也躲不掉,并非不亮出来就不存在。问题的关键是有了家丑到底想不想真正解决。我们不能因家丑不可外扬,就丧失原则一味捂盖子,被动地大事化小,小事化了,让制丑、出丑者得不到应有的教育和惩戒。而是要把亮家丑作为帮助同志、改进工作的有效途径,在适当范围内,敞开来谈,深入地讲,深入挖掘,找准症结,明确对策。另一方面,要有亮家丑的艺术和技巧。亮家丑,本身就是一个提升自身工作品质的过程,亮家丑的根本目的是解决家丑。如果不讲政治地上纲上线,不负责任地以讹传讹,见风就是雨,甚至是无风也起浪,只会使事态扩大、失控,造成不必要的负面影响。俗话说:金无足赤,人无完人。我们在工作的过程中难免会出现这样或那样的问题,出丑不可怕,关键是要有改正提升的举措和成效,关键是不能接二连三地出同样的丑。我们开展"两发现"活动,其实就是揭短亮丑,这项工作还要持之以恒地抓下去,并实行制度化。

要大力弘扬品质家风。"家风"是家庭或家族世代相传的风尚、生活作风,是家庭成员都必须恪守的价值准则。我们打造的服务品牌是"品质工匠",我们的"家风"就是"品质为尚"。好的家风不但要传承,更要弘扬。一要把规矩挺在前面。没有规矩不成方圆,只有严规矩才能管出好家风。要以全面落实质监系统整风肃纪十项禁令为抓手,完善制度,坚持用制度管事、管人、管根本、管长远,对于工作中反复出现的问题必须通过制度和规矩来匡正和改进。机关党委目前正在开展的党建标准化工作，就是要在党员干部职工中立规矩、正家风，真正做到干有标准、比有标杆、考有标尺。还要结合巡察问题整改，抓好请示汇报制度、外出请假制度等相关规章制度的修订完善。二要把好家风传递下去。树立好的家风，不光要有规矩、有标准，还要有人执行、有人落实，各个分管局长要把分管的条线管好，处室、院中心主要负责人要把自己的部门管好，谁家的孩子谁领走，要言传身教、宽严相济，出了问题出了丑就要把板子打到位。我们在全系统开展打造"品质工匠"服务品牌和"品质先锋"党建品牌活动，就是要求人人争当"品质工匠""品牌先锋"。我们既要面向社会评出"名匠"，也要立足局系统，评出优秀合格的"品质工匠""品质先锋"，通过典型引领示范，让品质家风成为全系统的共同追求，在各层各级传递接力。三要把好家风传播开来。好家风要面向社会。我们打造品质工匠、铸就先锋品质，不应当仅仅局限在质监系统内部，还要有向全社会宣传推广的自信和自觉。要让质监系统好的家风、行风成为品质泰州建设中一道亮丽的风景线，这不仅是在树立质监人良好的对外形象，更是在宣传品质文化，弘扬城市质量精神，唤醒全社会的品质意识，让质监部门的品质家风成为一种社会风尚，进而推动事业发展。

大家同在一个屋檐下，拥有"质监人"这个共同的名字，担负同样的使命，我们要珍惜缘分，共守初心，把深化品质泰州建设作为我们共同的目标和追求，同舟共济，齐心协力，为推进泰州高质量发展走在前列作出新的更大贡献。

如何正确认识奉献

（2018年9月3日）

之所以选"奉献"这个主题，主要是缘于最近学习丁薛祥在中办讲的党课后有所感悟。

讲奉献就一定要肯付出

我们每位党员同志入党时都曾宣誓："随时准备为党和人民牺牲一切。"这种以牺牲为代价的奉献在战争时期非常普遍，但在和平年代，就非常少，今天我们所提倡和要求的"奉献"，主要是指一些基本的"付出"：履行工作职责、完成工作任务。这样的付出是最平常，也是最低门槛的奉献。如果连这样最基本的奉献都不愿意，那就不要指望其在关键时刻能有豁出去为国为民作出牺牲的行动。付出与收获往往是成正比的。从个人能力上看，我们付出得越多，自身的水平就会提升得越快。从工作成效上看，每个人付出得越多，愿意付出的人越多，大家心往一处想，劲往一处使，工作成果就会越来越显著。近年来，泰州入选第三届中国质量奖提名奖、通过全国质量强市示范城市创建省级预验收、获批创建标准国际化创新型城市试点，这些成就的取得，无不凝聚着质监系统全体干部职工的辛劳付出。今后的日子里，仍然需要我们继续付出，更多付出。希望每个同志都有这样的准备和自觉。

讲奉献就一定要做对

这也是一条最起码的要求。要走对路。路线对了，奉献才会有奔头。路线不对，走岔了、走错了、走邪了，即使付出再大的努力都只能是无用功。这就要求我们必须始终保持清醒头脑，善于学习思考，勇于探索实践，敢于创新争先，始终沿着正确的方向前进。近年来，我们集中全局智慧力量，致力推动品质泰州建设，在全省乃至全国都产生了较大影响。正是因为我们的路线走对了，才取得了一定成绩。要做对事。干工作、讲奉献，不光要苦干、实干，更要巧干、创新。事半功倍和事倍功半，天壤之别。面对高质量发展的新课题、新挑战，靠老思路、老办法不行，想歪点子、坏主意也不行，只能运用智慧想新招、走新路，力争把每件事都做对做好。如果一个人老是做错事，不是思想问题，就是能力问题，久而久之，就会失去组织和同志们的信任。要有对的态度。要做好工作、完成任务，必须依靠全局全体党员干部的同心同德、共同努力。面对组织交办的工作任务要有正确的态度,这是做好工作的前提。态度对了,就成功了一半;态度不对,就很难成功。

讲奉献就一定要对得起自己

我们每个人在组织工作的时间都是有限的。雁过留声,人过留名。在其位就要谋其政、尽其才、创其绩,希望大家要进一步强化"有为有位、有位有为"理念,将来在品质泰州建设、高质量发展的功劳簿上越来越多地留下质监干部职工的名字。组织上也要尽可能创造真正让"有为者有位、吃苦者吃香、实干者实惠"的良好政治生态。要力争上游,更加主动融入、服务发展大局。高质量发展是新时代的根本要求,如何把泰州特色、亮点打造好? 拿示范城市牌子、标准国际化创新型城市试点、品质城市标准化试点等对我们都是严峻挑战,没有对自己的严格要求,就难以实现这样的担当。要力求达标,认真查改自身不足和短板。质监部门是标准化工作的行政主管部门。我们管标准、发标准,都知道什么是标准;我们查质量、保平安,主要就是看被查对象是否达到标准。这就必然要求我们自己的工作首先必须达标。2018年已过去大半,年初制定的目标进展如何? 能不能完成?"两发现"找出的短板和不足,有没有应改尽改改到位? 对于未完成的目标任务和存在的问题短板,怎么办? 怎么干? 上半年我们经历了市委组织的巡察,发现了不少问题。这段时间,国务院第十督查组入驻江苏开展实地督查,省委巡视组正在泰州巡视,市纪委也就工作作风问题提出了严格要求。所以,我们一刻都不能掉以轻心,不能有丝毫的侥幸心理。前期,人教处、机关纪委对全局出勤情况进行了抽查,就是要给大家敲敲警钟、紧紧发条,这样的明察暗访以后还会经常搞。这里也给大家提个醒,千万不要认为违纪违规离我们很遥远,每个同志尤其是关键岗位上的同志,都要慎之又慎。大家会后要将有关要求传达到每位干部职工,有则改之、无则加勉,确保自己不出事、单位不出问题。要力戒下游,防止成为"七机"干部。所谓"七机"干部:一是"推土机"干部,对上级决策部署,敷衍塞责、推诿扯皮;二是"压缩机"干部,责任层层递减,要求层层缩水;三是"洗衣机"干部,遇事把自己"洗"得干干净净、事不关己、高高挂起;四是"搅拌机"干部,一天到晚尽瞎搅和、和稀泥;五是"拖拉机"干部,遇事能推则推、能拖则拖;六是"复读机"干部,习惯照搬照抄、机械教条,不会想、不去想;七是"跑步机"干部,"原地踏步"式拼搏,工作没有成效。这七种状态,大家可以自己对照对照,引以为戒。我们不愿意看到我们的同志稀里糊涂又混过一年而一事无成,这样既对不起家人,也对不起自己。

以积极的态度抓整改

（2018年10月8日）

以积极的心态对待整改

态度决定一切。整改成效如何，首先看心态。

一要闻过则喜。如果说，巡察是"政治体检"，反馈意见就是"体检报告"，整改就是"照方抓药""治病救人"。巡察反馈为我们及时发现问题、纠正错误提供了很好的契机，防止小问题变成大窟窿、小错酿成大错。反馈报告中很多问题提得很具体、很尖锐。面对这样一份沉甸甸的"体检报告"，我们要闻过则喜，正确对待。要认识到，正是有了这样的当头棒喝，让我们及时警醒，找到了平时疏于发现、没有发现或是已经习以为常、见怪不怪的问题，为我们提醒预警，千万不能产生抵触情绪，消极对待。

二要不回避。在巡察情况反馈会上，我说我们要"正视问题，虚心接受，照单全收"，这不是虚话，更不是应付，而是要实打实地做。"照单全收"就是要不回避问题，对照整改清单，不讲条件，不讲客观，逐条逐项抓整改，不改到位不收兵。"照单全收"还要不回避矛盾，不避实就虚。我们要迎难而上，直奔解决问题而去，该运用"四种形态"的，坚决运用"四种形态"；该整顿的，坚决整顿，板子要打到人、要打疼，不和稀泥，不打白条。

三要不推诿。巡察整改工作，不是某一个人或者几个人的事，而是全局的大事。局党组组织领导，机关纪委具体牵头，各处室、各院所以及每个人都要积极配合，认真对照、认真整改，有则改之，无则加勉。在整改落实中，既不能"看戏"，认为自己没被巡察组"点名"，就与己无关，不把自己摆进去，甚至是袖手旁观看热闹；也不能"演戏"，只求热闹不求实效，逢场作戏不走心。每个人都要摆正位置，不推诿不扯皮，压紧压实整改责任，真心实意地整改。

以积极的行动实施整改

整改是否到位、问题能否解决，既取决于我们的认识，更取决于我们的行动。

要闻风而动。巡察整改马虎不得，拖延不得。巡察过程中，我们边整边改，即知即改，已经解决纠正了一批问题。现在巡察已告一段落，问题都已起底，更要迅速行动起来，结合前期整改落实情况，按各处室和单位职责制定整改方案，明确整改内容、整改措施、整改目标、责任人员、责任单位和整改时限。要发扬钉钉子精神，雷厉风行，对能够马上改的，不等不拖，迅速整改；对涉及多部门的，牵头处室要加强协调，配合部门要主动进位，相互配合，共同整改；对需要较长时间整改和长期跟踪落实的问题，要排出时间表和阶段性目标，定期对照检查，始终紧盯不放，驰而不息。

要精准施策。巡察整改涉及多个方面，任务繁多，不能眉毛胡子一把抓，要理清头绪，善于抓住关键环节、主要矛盾，精准发力，做到"因案施策"，切实提高整改措施的针对性、可操作性和系统性。要针对问题，具体情况具体分析，对于一些典型性的问题，要重点研究。最近，机关纪委牵头对发现的问题已经进行了全面的梳理分解，共涉及42类问题，120余项整改措施，对这些问题和措施要逐项梳理归类，谋划对策举措，一把钥匙开一把锁，各个击破，推动整改工作有序推进。

要举一反三。要注重问题的关联性，注重运用系统思维，防止"头痛医头，脚痛医脚"。对于反复发生的问题，要透过现象探究根源；对于普遍存在的问题要从体制机制上寻找对策；个别偶尔的问题也要放到全局中去考量，在偶然中发现必然。巡察中发现的不少问题，看起来是一件事，实际上是各种因素共同作用的结果，因此既要看表象，更要挖根源，综合分析研判。比如，巡察报告提出财务上以困难补助名义拨付经费给培训中心，对这个问题，既要加强管理、压缩人工成本，也要严格食材招标采购程序，降低原材料成本；还要规范接待制度，严格控制用餐人数、用餐标准和接待次数。只有这样，才能保证整改措施既管当前又谋长远，既能治标又能治本。

以积极的成效验证整改

巡察整改，说一千道一万，关键看成效，要多环节、全方位集中发力，层层推进巡察问题整改落实到位，以积极的成效取信于民。

要建章立制。对巡察中发现的共性问题和暴露出的廉政风险点，要从制度机制上找原因、查不足、寻漏洞。建章立制要系统全面，最近，市委韩书记将来泰州市市场监督管理局视察党建工作，重点是泰州市市场监督管理局党建标准化工作，目前我们已经初步构建起机关党建工作系列标准。下一步针对整改问题，我们还要建立各个方面的制度标准体系，密织制度的笼子，用制度管人管事。建章立制要务实管用，以解决实际问题为目的，力戒形式主义，不搞花架子，通过有针对性地制定、修改和完善相关制度规定，健全防止问题发生的长效机制。建章立制关键在于执行，不能一建了之，挂在墙上，印在本子里。要通过整改，进一步强化干部职工的规矩意识、规则意识，制度一旦确定，就要严格执行，用不折不扣的执行树立制度威信,发挥制度威力。

要明确责任。推动巡察整改见实效,关键在如何把整改责任压实到每个人身上,尤其是每一名班子成员身上。作为党组书记、局长,我是整改落实的第一责任人,其他班子成员要履行"一岗双责",结合各自分工,担任相关整改任务的责任人,对分管单位和处室的整改工作检查指导、督促推进。对问题整改完成一个,销号一个,扎实有序抓好整改问题的落实。坚持做到"四个不放过",即问题原因查找不准确、不透彻的不放过,整改责任不明确、不落实的不放过,整改措施不切实际、没有力度的不放过,整改效果不明显、群众不满意的不放过。对不能及时办理或办理不力的事项,机关纪委要重点督办,确保整改率达到100%。

要监督检查。一方面,要认真接受巡察组监督检查,按照要求,做好巡察整改月报、双月报工作,对整改落实情况,以适当方式进行党内通报、向社会公开;接受市委开展的每季一督查、半年一汇报和一年一考核督查工作。另一方面,要加强内部监督检查。巡察是一次全面的检查,但巡察反馈的问题并不代表已经涵盖了所有问题,有的问题是作为线索上交了,有的可能尚未发现。所以我们既要不折不扣地完成整改任务,还要自我加压,加强自我监督,自我排查,机关纪委、计财处、人教处、办公室要根据分工,定期不定期组织开展相应的检查,督促相关制度、纪律落实到位,各个直属事业单位也要定期开展全方面自查,及时发现问题解决问题。

如何科学谋划未来工作

（2018年11月1日）

2018年还剩下两个月了。这两个月，既是冲刺全年目标任务的决胜时期，也是为来年工作谋篇布局的关键时刻。虽然机构改革在即，但质量发展事业的职能不会变。所以今天和大家谈谈"谋划"的问题，就是希望大家保持定力，在聚精会神把本职工作做好的基础上，超前对明年乃至更长时间的发展做一谋划，从而更好地推动工作。

谋划的三重境界

个人谋划。也就是给自己制定"小目标"。首先要围绕本职岗位做好谋划。推进高质量发展是一项长期而又艰巨的任务，需要质监系统每一个岗位各负其责、紧密配合，哪个环节都不能掉链子，所以我们每个人都要谋划好如何立足本职岗位，建功立业，争光出彩，做推动高质量发展的先锋岗、模范岗。其次要立足个人成长做好谋划，谋划越早、方向越明，越能推动个人成长。机构改革是挑战更是机遇，我们的事业将更宏大、平台更广阔。如果浑浑噩噩混日子，机遇摆在你面前也抓不住。所以要及早做好个人今后几年的成长规划，给自己成长进步排好时间表和路线图，然后朝着目标奋力前进，这样往往能起到事半功倍的效果。

单位谋划。改革不管怎样改，质量工作的职能是改不掉的，而且伴随着高质量发展的深入推进，要求将越来越高。我们既不能等待观望、消极悲观，也不能束手无策、无所事事。党组成员要牵头统筹思考各自分管的条线，整体谋划，谋定后动。各个处室、各个院（中心）要在现有工作基础上抓好谋划。要敢于创新创先，开拓突破；对已经取得阶段性成果的工作，要谋划如何优化深化；对刚刚开好头、起好步的工作，要谋划如何做大做强；对才初步形成方案或尚在探索构思的，要谋划如何落地落实。

全局谋划。这个全局，不仅仅是指质监局这个全"局"，更是指全市工作的大"局"。我们谋划工作，要有这个大局观。我们从条条转向地方，要从思想深处在根本上消除条条思维，跳出质监看质监，跳出质监想质监，跳出质监干质监。市委把推进化工及新材料产业的牵头任务交给质监局，是对我们过去工作的肯定，更是对我们压担子，体现的是信任和期许。我们在谋划工作时，一定要胸怀大局,提高站位,主动进位。

谋划的三大任务

调查。时代在发展,形势在变化,谋划的质量高不高,关键就看你是否有效地开展了调查研究。调查研究不能为调研而调研,而要有明确的目的;不能浮光掠影,而要沉得下心沉得下身子。大家都积极行动起来,做足调研的功课,用更多的时间蹲在基层、深入一线,用更多的精力解剖麻雀、了解实情,广泛听取各方面意见尤其是基层一线、服务对象的意见。

研究。谋划的过程本身就是比较权衡的过程,有时碰到几种方案难以抉择,就需要克服片面认识,需要深入分析探讨,倾听各方意见,既听顺耳话,也听逆耳言;既总结先进经验,也研究突出问题;既看到有利的一面,也看到不利的一面。反复地比较研究、分析探讨,才能真正把情况弄清、把症结找准、把思路理顺,才能谋到点子上。

创意。要想拿骏马奖、改革创新奖,首先就是要有创新的点子和思路。2016年我们开展了关于提升城市品质的调查研究,并不是简单地完成一份调研报告就了事了。我们不仅提出了建设品质泰州的创意,还就如何建设,提出了完整的路线图和一揽子措施,所以很快引起市委主要领导的重视,并迅速成为市委决策部署。希望大家在谋划工作中,能够突破原有、固化的思维方式和格局,使谋划更加有创意、有新意。

谋划的三个要素

肯想。肯想是做好谋划的前提。只有肯想,才有可能做出好的谋划。我们上争拿到了创建标准国际化创新型城市试点的入场券,这就是很好的例证。下一步,我们要围绕推进高质量发展、深化品质泰州建设、创建标准国际化创新型城市、推进化工及新材料产业发展等方面认真谋划,多动脑筋,多出点子。可以说,一切好的思路、好的成效,都是建立在肯想基础上的。

会想。会想是做好谋划的保障。肯不肯想,是态度问题;会不会想,则是方法问题。会想,是长期锻炼的结果。谋划的过程,是个人能力提升的过程。我们要在谋划中学会谋划,尤其是要学会运用辩证法、系统论、矛盾论等科学的思维方法,注重理论联系实际,去思考、去谋划、去指导实践。会想,还要善于群策群力。一个人的智慧毕竟有限,在谋划的过程中,要注重交流探讨、博采众长。单位内部可以多开几次诸葛亮会、多来一点头脑风暴,把积极性都调动起来,共同谋划。对其他单位其他部门的先进做法,也要善于拿来,融入我们的工作谋划中,化为我有,为我所用。

敢想。敢想是做好谋划的关键。敢想,就是要解放思想,不被固有的经验和做法所束缚。心有多大,舞台就有多大。想都不敢想,做就更无从谈起了。面对高质量发展的要求,面对机构改革的形势,我们只有一如既往地敢想敢拼,才能让特色更优、让优势更强,才能更好地迎接挑战、抓住机遇。当然,敢想,不是要你天马行空、不着边际,而是要你把潜能发挥到最大。敢想,也不是要你脱离实际,而是要你有条件就去做,没有条件就积极创造条件去做。

谋划体现的是眼界、是能力、是担当。说到做到,不放空炮。我们不仅要谋划好,更要落实好,把蓝图变成现实。

开足马力,发动冲刺

（2018 年 11 月 29 日）

为什么要冲刺

冲刺原本是体育用语,我这里讲的冲刺则是指一种为完成任务、实现目标必须有的工作状态。

年底收好官需要冲刺。今年以来,我们取得的成绩有目共睹,泰州市人民政府荣获第三届中国质量奖提名奖,泰州市获批创建标准国际化创新型城市试点和国家新型城镇化标准化试点,市委一号文件的出台,品质泰州建设领导小组的成立,在全国首创研制《不锈钢产业转型升级发展指南》地方标准,等等。之所以能取得这些成绩,靠的就是在座的各位带领全系统干部职工奋力打拼,应该说每一个成果都凝聚着大家的智慧和汗水。前天韩书记来局调研也给予了充分肯定。为了这些,我们可以也应当给自己点无数个"赞"。前几天感恩节我也转发了一个朋友圈,主题就是谢谢自己。但是,这不代表我们可以歇一歇脚、松一松劲。相反,在眼下这个关键的时间节点上,我们更应当保持清醒头脑,认真进行一次对标找差:既对进度时效这个"标",又对绍兴、常州这个"标",查漏补缺,抓紧最后这一个月的时间发动冲刺,迎头赶上,确保圆满、高质完成各项目标任务,向市委市政府交一份合格答卷。从一定意义上说,能不能给质监局画上一个圆满的句号,就看最后的冲刺质量如何。

打基础开好头需要冲刺。过了 12 月,就是 2019 年,我们将站在更高的起点上争先进位。2019 年怎么干,需要从现在就开始谋划。我们要深刻地认识到,现在所做的一切,都是在为将来打基础。12 月到 1 月,是承前启后的关键期,是决战决胜的关键期,也是冲刺开门红的关键期。从一定程度上来说,现在干得好不好、冲得快不快,将极大地影响来年的工作成效。我们要清醒地意识到,我们取得的成绩还远没有尽善尽美,品质泰州建设也还有很多工作要去做。唯有持续加油,才能打牢基础开好头。我们还要清醒地看到,市内外兄弟单位都在进步,我们创新建立了"泰检易",很快宿迁有了"宿速检",包头有了"包检道",大家相互瞄着,铆足了劲,你追我赶。如果我们冲刺的劲头弱了,就会被人家迎头赶上;我们不冲刺,就会被人家拉开差距。我们不能输在 2019 年的起跑线上。所以,年终冲刺,势在必行,慢不得,等不得,更停不得。

迎接改革需要冲刺。前天,市委主要领导专程来泰州市市场监督管理局调研,明确了改革的总基调,提出了要明大势、守纪律、顾大局、尽责任。会上,我也代表局全体干部职工进行表态,将认真贯彻落实中央和省、市委深化改革的决策部署,全系统上下坚持做到工作不乱、人心不散、劲头不减、标准不降。如何做到这几点? 我想,当前最好的行动就是冲刺,不仅要有冲的意识、冲的状态,还要能冲出加速度、冲出精气神、冲出新天地。"有为才能有位、有位更须有为。"这一句话在迎接改革的关键时期显得尤为重要,越是关键时刻越能考验一个人。所以,在这里,我也想以这句话与大家共勉。

怎么冲刺

在年终岁末的紧要关头,希望大家切实发挥好示范作用,带头干、带头拼、带头冲。

要不折不扣完成任务。任务指标是工作干得好不好、行不行的直观反映和最终体现,大家辛辛苦苦忙了一年,最直观的就是在各项主要工作任务指标的变化上。这几年,我们之所以能够不断进位赶超,就是因为我们在全力抓发展的同时,始终把各项主要指标牢牢把握在手上。从目前工作的序时进度上来看,我们今年大部分的工作任务完成情况还是令人满意的,但是,越到最后越不能掉以轻心。所以大家要对照年初制定的目标任务,好好进行梳理。要抓跟踪,对于各项工作任务要加大监测力度,尤其是没有完成的,要排出时间表。要抓对接,特别是列入绩效考核的工作任务,要主动与牵头部门和效能办加强沟通联系,从工作上、感情上,想方设法,把具体细致的工作做在前面。在这里,我要特别提醒一下,关于化工及新材料产业高质量推进工作,要确保不失分、拿高分,要一炮打响。要抓短板,对于梳理出来的"短腿"项目,要开动脑筋,创新办法,千方百计填平补齐。

要个性鲜明打造特色。客观地说,2018年的工作成效很明显,品质泰州、质监项目行、质监民生行、随点随检、泰检易、标准引领城市高质量发展,这些都是我们的特色。我们提出要打造品质工匠、品质先锋,可理想很丰满,现实很骨感,如何把这些特色保持好,让特色更特、优势更优,进而打造出更多的特色亮点,尤其是在机构改革之后,如何在大市场监管的氛围中进一步彰显大质量的氛围,需要我们进一步发扬质监人的智慧和担当,深入思考并付诸实践。要善于"搭便车",借桥过河,借梯登楼,借助外力,用好杠杆,补好短板,四两拨千斤。要善于"走新路",条条大路通罗马,突破条条框框,办事不盲从、不机械,不等不靠、积极作为。要善于"弹钢琴",既突出重点,又兼顾全局,或抓大放小、以大兼小,或以小带大、小中见大,做到整体推进和重点突破相结合。

要以身作则做出样子。冲刺，不是说说就好，要有切实的行动。我这里说做出样子，不是指工作的表面文章，而是要大家以成就事业的使命感、造福一方的责任感和时不我待的紧迫感，树立战斗精神，打赢最后一个月的攻坚战。要有过硬的作风，冲刺必须要有冲刺的精神状态，有冲刺的勇气魄力，要再接再厉，乘势而上，三步并作两步走，两天并作一天干，确保目标必成。要有浓厚的氛围，坚定大局意识，牢固树立一盘棋思想，要把本处室、本单位的力量和积极性都调动起来，凝心聚力，心往一处想，劲往一处使，真正做到上下同心、目标同向，全面深化升华品质泰州建设，让我们的事业大踏步地向前进。要有严明的纪律，尤其是在改革的关键期，要进一步统一思想、提高站位，深刻领会机构改革的重要意义，把思想和行动统一到中央和省市委的决策部署上，令行禁止，立说立行，扎实做好改革过渡期间的各项工作。要有刚性的考核，要强化考核力度，对于工作做得不到位、责任履行不到位的现象，要敢于顶真碰硬，一针见血地指出问题，屡教不改或者产生不良后果的，坚决问责，决不姑息。

奋力实现开门红

（2019年1月2日）

今年的开门红，与以往不尽相同

开门红，年年提。放到今年这样一个特殊的年份，意义尤显突出。

一是继往开来。去年的基础水平更高。刚刚过去的2018年，在市委市政府的正确领导和大家的共同努力下，品质泰州建设硕果累累，可以概括为"三个一"：一是创成一个大奖，泰州市人民政府荣获第三届中国质量奖城市政府类提名奖；二是出台一系列文件，包括市委一号文件等；三是拿下一批试点，市政府获批创建标准国际化创新型城市试点、第三批新型城镇化标准化试点，黄桥镇同获国家级标准化试点。其他各项工作也都取得了有品质的提升，比如《品质城市评价指标体系》通过国家标准立项评估、"云端民生计量小镇"建立等，成绩可圈可点，也将泰州市质监工作水平提到了一个新的高度。基础抬高了，新的一年工作难度也必将相应增加。当然，我们也要看到一些遗憾和不足，比如：创建全国质量强市示范城市国家验收姗姗未至；国家特防中心验收未能如期开展；省特种设备应急实操检验中心未能按时开工，等等。所以，我们只能把过去的成绩当成是起跳的跳板，而不能变成阻碍前进的绊脚石。

二是承前启后。今年起点更高。市委主要领导对深化品质泰州建设提出了明确要求。细细分析品味，韩书记的要求很高，所以我们的开门红必须高开高走、高举高打。

三是改革创新。机构改革给开门红打开新空间。根据安排部署，本月市一级机构改革将到位，并将于月底前基本完成。重组整合给质量发展带来挑战，但也将创造许多新的机遇，质量工作会在新的起点上、在更大的舞台上得到新加强。在这样的背景下实现开门红，对我们的智慧将是一大考验。

今年开门红应该红在哪儿

我想应该至少红在以下方面：

查补短板争取主动。要把大事要事难事及早谋划、及早启动，为有序推进全年工作赢得时间和主动。刚才提到的2018年的几件憾事，以及办公室准备的工作从今天开始就要着手做，明确责任人，倒排时间表。一旦改革方案出台，各项工作将千头万绪、紧锣密鼓,更加复杂、更加繁重,只有抓早抓好才能打牢基础,只有抢先争先才能赢得先机,只有一招主动才能招招主动,要通过开门红,为全年开好头,牢牢掌握工作主动权。

调好心态积极应对。机构改革让每个人都面临"进退留转"的考验,涉及切身利益,各人难免有不同想法,但支持改革、服从安排,既是一种要求,也是一种修养,更是铁的政治纪律。我们不能因为改革迫在眉睫,就心存消极的等待观望心态。要调整好心态,明大势、讲大局,要不管风吹雨打,锚定目标,以实打实的开门红迎接改革、拥抱改革。机构改革是一场大考,我们只有实现了开门红,才能在改革中赢得主动,成为领跑者。有耕耘必有收获,面对改革,我们有信心也有决心百尺竿头更进一步,创造出更大更多的成果。

领导带头树好形象。我们提出,做打造品质的工匠,做有品质的工匠,用工匠精神推进品质泰州建设。在机构改革的关键时刻,这三句话尤为重要。我的理解是,无论机构怎么改,品质工匠的精神和追求不能丢;无论岗位怎么变,品质泰州的目标和任务不能忘。几个部门合在一起,不能是简单的1+1=2,而是要1+1>2,所以要发扬各自的优点和特色,比学赶超,相互促进,最终拧成一股绳。质监系统的干部要"聚是一团火,散是满天星",领导干部要带头弘扬工匠精神,始终彰显我们品质工匠、品质先锋的特质,从而亮出好形象,做出好榜样,用有为扩影响,用有为换有位,让好的作风一脉相承,用好的形象鼓舞人、引领人。

怎么才能实现开门红

开门红,要善于抓重点抓主要矛盾。

抓聚焦。开门红要聚焦高质量发展的时代要求。在最近刚刚召开的中央经济工作会议上,质量成为高频词,明年重点工作任务第一条即是推动制造业高质量发展。12月26日召开的省委全会指出:"稳中有进、进中求质。"质量是"进"的方向,品质是"进"的追求。开门红必须紧紧围绕把泰州建成"江苏高质量发展的中部支点"的最新要求,充分发挥质量主管部门的职能作用,敢担当,勇争先,会创新,肯作为,把推进品质泰州建设的各项任务落到实处。

抓特色。要发扬成绩,巩固已有的特色,突出重点精准干、撸起袖子加油干、遵循规律科学干、扑下身子务实干,让我们的特色更特、优势更优。同时要开动脑筋,创造新的特色,在最近局务虚会上,大家提出了不少有价值的思路,要有强烈的责任意识和进位意识,抓紧制定落实的方案,尽快将这些好的思路转化为现实的发展路径,最终形成新的更鲜明的特色。

抓统筹。改革是一个系统工程,各个局长要协调分管的条线抓好干部队伍,切实做到工作不乱、人心不散、劲头不减、标准不降。从现在开始就要认真思考如何在大市场监管格局下推进各自分管的工作？办公室、人教处等综合处室要统筹好对内对外的协调衔接，强化服务和管理，保障改革各项措施平稳有序地落实落地。各个业务处室、事业单位一方面要积极有序开展各项常规工作，一方面更要跳出思维定式，树立系统思维，积极谋划各项工作的创新创优。

新年伊始，春光已不遥远，希望大家以良好的精神状态、优良的作风、实干的劲头，携手共进、共同努力，起好步、迈稳步、跨大步，奋力实现开门红，为最终实现满堂红打下坚实的基础！

如何开创新局面

（2019年2月2日）

1月21日，市场监管局正式挂牌成立。来自五个不同单位的同志，为了一个共同的目标，齐聚于这个新的组织、新的集体——泰州市市场监管局，我们每个同志都历史地、光荣地成为这个组织、这个集体的创业者。日历已迅速翻过12页，目前各项工作正有序推进，并逐步走向正轨。今天是市场监管局成立后的第一次行政办公会，所以今天跟大家谈谈"新局新局面"这个主题。

组建新局的任务历史性地落在了我们肩上

这次机构改革，是深化党和国家机构改革的重要组成部分，是一项政治性、政策性、敏感性很强的工作。组建市场监督管理局的神圣光荣的任务历史性地落在了我们肩上，这是我们的骄傲，更是责任。作为开局者，我们怎样才能不负历史使命、组织重托和人民期望，这是我们从挂牌第一天就应当考虑的问题。

缩短整编期。机构改革首先是物理的组合。这么多的机构、这么多的人一下子聚到一起办公。办公用房、停车、吃饭都是迫切要解决的问题，前期我们已经做了一些工作，但肯定与同志们的期望还有不小差距，还有提升的空间。最迫在眉睫的，就是要加快纤检院、标准化院的搬迁速度，抓紧进行整个局机关办公环境的整治，加快形成功能齐备、方便快捷、特色鲜明的办公环境。这样才能既不亏待老弟兄，又不怠慢新兄弟，才能让至今还未入驻的同志尽快入驻，真正形成一盘棋。

缩短蜜月期。机构改革要从"物理整合"转化为"化学融合"，首先要有感情的融合。大家来自不同部门、不同战线，这是难得的缘分。大家从不认识到认识，从不熟悉到熟悉，还有一个比较长的过程。要缩短这个过程，蜜月期很重要，我们要抓住这难得的机遇、缘分。要相互学习，互学互帮，取长补短、扬长避短，让优势和特长发扬光大。要同心同德，加强合作。既然现在成了一家人，就不再说两家话，就要相亲相敬，情同家人。就应该相互支持、密切配合，形成一盘棋，拧成一股绳。所以我们商量决定举办迎新会，让大家增进了解、欢聚一堂。

缩短磨合期。要提高政治站位。结婚是为了过好日子，成立新局是为了完成新任务。目前机构基本整合到位，但工作的磨合、人员的融合才刚刚开始，如何定"三定"、如何协作分工、如何流程再造，都需要大家开动脑筋，献计献策。要严格按照市委韩书记提出的"讲政治、顾大局、守纪律"的要求,旗帜鲜明讲政治。树立大局意识,坚持五湖四海的原则,不存门户之见,不搞亲疏有别,尤其是班子内部,更要以身作则、率先垂范,自觉加强团结,精心呵护团结。要加强党的领导。这是缩短磨合期的关键所在,要强党建、保改革、促发展。局党组已研究决定,在全系统组织开展"新局新局面"大讨论活动,目的就是要进一步拉近距离、增进感情、形成共识。

新局的"新"是前所未有的

机构改革不只是改个名字、换块牌子,不是简单的增增减减,而是一次深刻的重塑、重构和优化。可以说,市场监管迎来了大展身手、创造更加辉煌历史的转折点,这个新局的"新"是前所未有的。

首先职能新,要有新目标。机构整合后,市场监管履职领域从生产到生活、从研发到使用、从一般商品到特殊商品、从有形市场到无形市场,职能多、责任重。作为一个新组建的综合监管部门,需要我们积极探索实践。春节长假一结束,我们就要扎扎实实开展"新局新局面"大讨论活动,通知近日就要下发。各位领导干部还要带队开展调研,既要调研原先熟悉的领域,还要调研不熟悉的领域,既可以是单项的,也可以是全局的,要把情况摸透,尤其是改革后市场监管部门如何真正做到"品质立局、监管开局、服务兴局"? 如何迅速打开工作局面? 要通过我们的不懈努力,厘清思路、把握重点、创新举措、提升效能,从而真正营造公开公平公正的市场准入环境、市场竞争环境、市场消费环境,让人民群众买得放心、用得放心、吃得放心,增强获得感、安全感、幸福感,更好地满足美好生活需要。

其次集体新,要有新形象。新的部门将展示出怎样的形象和精神面貌,党委政府在拭目以待,企业群众在密切关注。市场监管部门是抓质量、管安全的,我们自身的工作首先要讲质量、有品质。我原来在质监局工作期间,提出打造"品质工匠"品牌,内涵有三句话,即"要做打造品质的工匠,做有品质的工匠,用工匠精神推进品质泰州建设"。我想,不改是相对的,改是绝对的。不管机构怎么改,不管岗位怎么变,我们都要保持积极精神状态、养成良好个人心态、保持实干工作姿态。下一步,我们在"大市场、大质量、大监管、大安全"的背景下,如何发挥各自特色优势,在更高起点上把这个品牌打造得更有新意,我们要"调"出新职能、"组"出新动能、"改"出新效率,彰显市场监管干部职工的精气神,树好市场监管干部职工的新形象。在今天这个第一次行政办公会上,我要强调一下,既然现在是一个新局,就要有新的样子、新的规矩。我们要把过去各个部门、单位的好传统、好经验、好做法充分地继承发扬好,更要把过去存在的一些突出问题和不足全部摒弃,我们不希望把不好的东西带到新的集体中来。拜请各位重点关注一下这个问题,并切实加以预防和解决。

最后,任务新,要有新作为。市委五届六次全会上,市委韩书记提出了加快"品质泰州"建设、建设"健康名城"的新要求。昨天表彰大会上,又对此进行了表扬。面对市委的决策部署与重托,我们要深刻分析研判当前的形势任务和存在的问题不足,认真对照新的职责要求,来谋划今年乃至未来三五年的工作,拿出务实管用、切实可行的办法和举措,努力在提升城市品质、推动泰州高质量发展的进程中,体现我们的担当和作为,贡献更多的智慧和力量,打造更多的特色亮点。

新局的未来靠我们共同开创

在设区市市场监管这个起点上,可以说我们与全国兄弟城市站在同一起跑线上。在同样的政策、工作背景下,谁发力早启动快,谁就能抢占有利地形,掌握主动权;谁路线对方法对,谁就能抢占制高点,赢得话语权;谁能吃苦肯吃苦,谁就能走得高走得远。

无断档不掉链。越是重要关口越见精神品质,越是关键时刻越看担当作为。无断档不掉链,不仅仅是工作要求,更是政治要求。泰州经济高质量发展的大局、人民群众对品质和安全的需求,不会因为机构改革而中断,出现空白期。这容不得我们工作出现任何的断档掉链。为确保机构改革过渡期各项工作平稳有序开展,局党组和市纪委监委第二十派驻纪检组专门下发了《关于机构改革过渡期严守"五项纪律"的通知》,做到机构改革与当前工作两不误、两促进、两提升。以前,原质监局有一个很好的做法叫"两发现",即发现亮点、发现缺陷,我想我们可以把它剪切粘贴到市场监管的页面中来,通过组织开展"两发现"活动,及时发现改革过程的亮点,加大宣传,树为表率;对缺陷不足也要及时认真地指出,广而告之,鞭策后进。

会融合善集成。融合、集成是重要的方法论,大到国家民族的进步,小到单位个人的发展,都离不开融合、集成。谁融合得好、谁集成得好,谁就发展得好、发展得快。市委韩书记在全市综合考核暨项目大提升奖励大会上反复强调流程再造。从本质上讲,集成创新就是流程再造,过去我们各个条线的工作都有一整套的流程。现在合并了,不能简单地把流程合并,而是要合并同类项,最大限度地简化;更要打通障碍壁垒,实现兼容高效;还要注重扬弃,让流程更加科学合理,更具品质。比如知识产权工作和标准化工作,过去我们就提"技术专利化、专利标准化、标准国际化",但如何实现两者互联共通,如何提升专利的标准转化率,这需要我们思考实践。我们要跳出原来的框框,认真研究过去各个条线的好经验,充分吸取全国各地的好做法,博采众长,为我所用,从而把握战略主动,形成新的竞争力。

敢创新勇争先。面对大市场监管的新要求,将会遇到很多我们过去不熟悉、不了解的新情况、新问题,过去熟悉的、了解的,也可能因为形势的变化而变得不熟悉、不了解。目前,我们还基本沿袭了过去的分工,各处室基本还是保持着过去的工作方式。但这种局面很快就要打破。你不学习新知识,不注意创新争先,就很难适应新任务新要求。有为才能有位,有位更须有为,不管在什么岗位、主抓什么工作,无论是对促进事业发展而言,还是对个人进步而言,都需要我们保持积极进取、敢闯敢试、勇于创新的激情、决心和信心,在改革中寻找机遇,使市场监管的职能更加优化、权责更加协调、力量更加集中、成效更加明显。

开弓没有回头箭,我们要以更坚定的决心、更科学的举措、更有力的行动,在推进机构改革和各项改革发展任务的过程中主动担当、主动作为,迅速推进各项工作打开新局面,为推进建设打造江苏高质量发展中部支点城市多作贡献。

如何推进集成创新

（2019年3月4日）

集成创新是一个新机遇

每次机构改革都是对上一轮改革的修正、完善，既是挑战，也是机遇。

上中下纵向的集成创新。要把中央、省委精神、市委市政府决策部署要求、市情实际和基层实践有机集成，通过集成，创出泰州新的特色。

左中右横向的集成创新。这次机构改革全国统一步调，处于同一起跑线，各家有各家的做法和经验。谁发力早，谁就掌握主动权；谁招子高，谁就占领制高点。我们应当博采众家之长，与自身实际结合，扬长补短、扬长避短，创新局之新。

系统内部的集成创新。我们这个新局是每种职能的新组合，原来各有各的一套体系。这次改革的目的就是要打破过去不合时宜的传统定式，重新建立适应支持高质量发展的新体制、新机制。在这个大背景下，我们必须先从系统内部进行集成创新，实行流程再造。戏法人人会变，各有巧妙不同。希望大家一起来把这篇文章做好。

集成创新是一次思想再解放

思想是行动的先导。每次改革都是一个解放思想、统一思想的过程，我们必须通过卓有成效的思想政治工作，推进集成创新，实行自我扬弃，不断探索、实践、总结出新的成果。

加强系统思维。树立大局观、全局观、长远观，确立一盘棋思想，跳出过去部门思维、条线思维、板块思维，增强统筹谋划、长远考虑、系统推进的能力和水平，并逐渐成为自觉。

加强标准思维。用标准作连线，把过去不相干、不一致、不同类的点、块连接起来，用一把尺子、一杆秤去判断、衡量、评价、决策事情，努力把全系统变成一个有机整体；用标准拉高线，激励广大干部职工立标杆、学先进，比学赶超，奋发作为，有为有位；用标准明底线，把五项纪律、十条禁令、党建标准等进一步落细落实，确保既干成事还不出事。

加强答卷思维。改革对每个单元每个同志都是考验，大浪淘沙，数风流人物还看今朝。面对市委提出的五张新答卷、局党组提出的新局新局面的四个问题，全系统上下要全面发动，全员投入到主题行动的实践中去，用集成创新的实际成效来回答问卷，争取每个单元、每个人都能得高分。

集成创新是一种方法论

党建引领。这是泰州市市场监管局的特色亮点，如何既开花又结果，早开花快结果？新的机关党委要抓紧组建并切实加强系统党建工作，以党建保改革促发展。要深化"发现亮点、发现缺陷"两发现活动，把过去各自好的传统、经验充分继承发扬好，更要把过去存在的一些突出问题和不足全部摒弃，坚决不把不好的东西带到新的集体中来。

流程再造。真正实现从"合"到"融"的跨越，必须依靠五个板块原有职能的流程再造，建立覆盖市场准入行为、交易行为、竞争行为、退出行为全领域，生产、流通、消费全过程，监管、执法、技术支撑相统一的市场监管机制，全面提高市场治理效能，变过去各自为战为现在的一体化作战。

项目化推进。强化对标对表，花大气力抓落实抓改进，抓提升抓超越。针对发现的问题和追赶的目标，聚焦改革中发现的难点和阻点，逐条分析原因，逐项研究对策，拿出时间表和作战图，责任到人，项目化推进，一个问题一个问题地解决，蹄疾步稳，最终实现跨越赶超，打开新局新局面。

浅谈和而不同

（2019年4月1日）

　　新局挂牌已经有两个多月了。前一阶段，我们重点推进的是局与局之间的合并，随着机构改革向纵深推进，我们将很快进入推进内部整合、融合的新阶段。最近，各种预测、猜想、议论也逐渐多了起来。局党组在市委市政府的正确领导下，充分发挥主观能动性，积极、稳妥、有序地推进改革。这段时间内，我们启动了"新局新局面"主题行动，召开了全市市场监管工作会议，选举成立了第一届机关党委，各项工作有序推进。作为此次机构改革中融合力度最大、涉及人员最多、工作任务最重的部门，我们许多工作走在了全市涉改部门的前列，得到市委市政府主要领导的肯定。总结前期的探索实践，我认为值得继续在今后工作中坚持发展的关键一条就是"和而不同"。

　　"和而不同"是孔子的著名论断，本意是指君子在人际交往中能够与他人保持一种和谐友善的关系，但在对具体问题的看法上却不必苟同于对方。

　　新时代我们倡导"和而不同"，是打造积极健康向上的机关文化的需要。文化是软实力，和谐健康、积极向上的机关文化能够凝人心、聚合力。这主要体现的是包容性。大家来自不同单位，对市场监管局这个新单位新集体的认同肯定多多少少会有一个过程。但我们相信，只要我们坚定不移地追求"和"，把"和而不同"融入我们机关文化的方方面面、点点滴滴，成为品质工匠、品质先锋品牌的重要内涵，成为每个干部的行为自觉，就一定能营造出朝气蓬勃、团结奋进的良好氛围。

　　新时代我们倡导"和而不同"，是推进集成创新的需要。我们所说的"和"并非绝对的统一，而是由许多"不同"组成的"统一"。这主要体现的是多元性。"和而不同"就是要集成各原单位的优势优点，博采众长，扬长补短，打通、贯通、融通原先的思维定式、方法局限、制度壁垒，实现流程再造。

　　新时代我们倡导"和而不同"，是不断实现新突破的需要。我们提出新局要有新局面，要勇于善于打破原有的条条框框、坛坛罐罐。这体现的是突破性。我们在全局开展了"集成新思维，开创新局面"专题研讨学习活动，就是要大家畅所欲言，把智慧和力量汇聚起来，形成共识和合力。以"不同"求"大同"，创新局之所新。

　　和而不同，是一种方法论。"和"是指内在的和谐统一，"同"则是表象的相同一致。内在的和谐统一,并不一定需要表象的相同一致;表象的相同一致,也并不一定代表内在的和谐统一。我们要科学客观地分析"同",宜"同"则"同",宜"不同"则"不同",最终形成既团结一致又百花齐放,既守正执一又创新纷呈的生动局面。从讲政治的高度来看,"和而不同"就是要服从大局,对市委市政府及市局党组作出的各项决定坚决服从、不讲条件,确保政令畅通。尤其是在"三定"方案出台前,各位班子成员要督促各处室按照原有的分工继续站好岗、履好职,决不能出现消极懈怠、工作脱节等问题。我们每个领导干部都要善于喊"121",让每个人都能跟得上节奏、调节好节奏,最终把不一致的步伐变成步调一致向前进,拧成一股绳,形成一盘棋,聚成一团火。

和而不同,是一种修炼。费孝通先生讲过四句话:"各美其美,美人其美,美美与共,天下大同。"他讲的是文化问题,意思是说,世界上的各种文化,都有其长处,光看到自己文化的长处还不够,还要看别人文化的长处;彼此互赏,相互吸收,世界大同并非不可以期待。文明因交流而多彩,文明因互鉴而丰富。文明交流互鉴,是推动人类文明进步和世界和平发展的重要动力。"和"是和谐,文明因多彩才有交流互鉴的价值;"和"是平等,傲慢和偏见是文明交流互鉴的最大障碍;"和"是包容,一切文明成果都值得尊重。对待不同文明,我们需要比天空更宽阔的胸怀。从个体层面来看,我们要容许"不同"、鼓励"不同"、承认"不同"、欣赏"不同",最终促成"大同"。市市场监管局整个系统能否实现"和",首先看领导干部、看我们这班人。也许大家在工作方法、工作思路上会有所不同,但决不能影响整个集体的"和"。民主集中,事前反复酝酿,一旦形成决议,就要不折不扣地贯彻执行。

和而不同,是一种风气。从整体层面来看,要把讲团结、求团结、促团结作为一条政治纪律,作为衡量是否赞成改革、拥护改革的重要标准。要消除块块思维、门户之见,不利于团结的话坚决不讲,不利于团结的事坚决不做,切实做到令行禁止。机关党委要关注党员干部的思想动态,加强宣传教育,深化思想政治工作,谈心谈话,交心交流,传递正能量,提振精气神,持续灌输"和"的理念,推动形成"和"的共识,让"和"成为加速化学融合的催化剂、增进感情的黏合剂,让"和而不同"在全系统蔚然成风、风行草偃。当然,"和而不同",决不是搞无原则的一团和气,对工作不实、工作不力的处室和个人,机关纪委该批评的批评、该问责的问责,不打和牌、不和稀泥,确保改革过渡间各项工作抓紧抓牢、有效落实。

浅谈坚持不懈的重要性

（2019年5月5日）

　　时间已到5月，全年已过三分之一。市场监管局成立也已有3个多月。这3个月来，我们扎实推进机构改革的各项任务，业务工作取得了显著成效，队伍融合也有条不紊，大市场、大监管的氛围日益浓厚，可以说，"新局新局面，开门开门红"的目标已经基本实现。目前，局"三定"方案即将落地，改革正向纵深推进。越是在这个节骨眼上，我们越是来不得半点的松劲和懈怠。要坚持不懈，憋住一口气，铆足一股劲，干出精气神。

　　坚持不懈，就是要坚持到底，一点也不松懈，一刻也不松懈，直至取得成功。干工作、干事业，非要有一种坚持不懈的信念；想干事、干成事，更要有一股坚持不懈的干劲。尤其是现阶段，我们正处于机构改革的深水区，处于百业待兴的关键期，如果没有坚持不懈的精神，就根本不可能成功。

　　从实现有为有位来看，坚持不懈有必要性。开弓没有回头箭，工作越往前推进，越需要以时不我待的紧迫感、舍我其谁的使命感，驰而不息，久久为功。改革深化需要我们坚持不懈。机构改革到目前为止还只是开始。如何将改革进行到底、如何将各项业务职能尽快集成融合、如何将品质泰州建设深化升华，这些考题就摆在我们面前。做好改革的后半篇文章，需要我们坚持不懈，需要我们多动脑筋、多下功夫，打持久战、打攻坚战。市委市政府的重托需要我们坚持不懈。市场监管工作与经济发展紧密相连，与民生保障息息相关，成立市场监管局，市委市政府寄予厚望。3个月的工作，我们能感受到，市场监管工作不但面广量大，而且责任重大。流程再造，集成创新，深度融合，没有哪一件工作是一朝一夕就能取得成功的，都需要我们坚持不懈。争创"十佳"目标需要我们坚持不懈。这是我们建局之初就制定的目标。市场监管局体量大、在市委市政府心目中的地位高、与人民群众的联系密切，这是我们的优势所在，但同时也是我们不能掉以轻心之处。社会关注度高，我们工作稍有松懈，就有可能成为众矢之的，就有可能板子打到身上。"太子奶"、购车金融服务费、电动自行车国标等事件都时刻提醒我们，要坚持不懈地把每一项工作做好做到位做精彩，才能赢得认可，才能做到目标一击必成。

　　从推动事业高质量发展来看，坚持不懈有现实性。过去，我们各个部门在各自的战线上砥砺前行，为市场监管工作的发展打下了坚实基础，现在，我们同在一个战壕中，为推动市场监管事业高质量发展谋篇布局。只有坚持不懈，才能将蓝图变成现实。要让坚持不懈成为整个局机关争先进位的品质。一个单位有一个单位的精气神。我们提出要打造品质工匠,提出要铸就先锋品质,如何干? 怎么干? 做打造品质的工匠,做有品质的工匠,用工匠精神推进品质泰州建设。工匠精神实质就是精益求精,把每一件事做到极致,就需要坚持不懈。只有坚持,也唯有坚持,才能真正树立起品质工匠的良好形象。要让坚持不懈成为部门处室比学赶超的动力。全局一盘棋。这盘棋下得好不好,下得活不活,要看每个部门处室的作用是不是得到了充分发挥,职责是不是真正履行到位。"新局新局面"主题行动有五大行动,活动持续的时间从年头一直到年尾,比如"大家品质"讲坛,在很短的时间内就举办了4场,大家反响就很好。所以不能只有"5分钟热度",更不能是虎头蛇尾。部门处室之间要形成比学赶超的持续热烈氛围,见贤思齐,见强思超,持之以恒抓发展。要让坚持不懈成为每名同志积极成长的追求。站在新起点,踏上新征程,展现新作为,我们每个人都应当实现自我的二次成长。市场监管部门是一个全新的部门,每个人都面临着机遇与挑战,职能的融合、工作的互通、人员的交汇,机会多了,竞争也就多了。工作能力的好与坏,工作态度的优与劣,大家一眼就能看出来。所以,我们要教育身边的每个同志,坚持不懈地认准目标,持之以恒地奋力前行,这样才能在推动事业发展的进程中,推动个人的成长,实现个人的价值。

从扩大泰州市场监管的影响力来看,坚持不懈有艰巨性。这次机构改革全国统一时间表,各地市场监管部门都是在同一起跑线上,发展犹如逆水行舟,不进则退,机会也是昙花一现,稍纵即逝。要想占领制高点、赢得话语权,就需要持续发力,坚持不懈。要在全国有影响。过去我们在各个条线时,都取得了很多的成绩,很多工作在全国都有一定的影响力,但是,我们也要清醒地认识到,过去的成绩只能代表过去。市场监管工作面临新形势新要求新任务,如何在过去辉煌的基础上更上一层楼,如何在领先的情况下不被其他兄弟单位反超,这就要求我们有坚持不懈抓发展的韧性和拼劲,持续发声发力,不断扩大影响。要在全省有位置。市场监管部门成立后,全省的位置排名都要推倒重新洗牌。我们的品质泰州建设与省委省政府提出的"六个高质量"的发展目标是一脉相承的,在这方面我们有优势。如何把这种优势转化为我们泰州市场监管部门前进的动力,我想,只有坚持不懈。要坚持不懈地守住安全的底线,坚持不懈地深化升华品质泰州建设,坚持不懈地提升泰州的发展品质,坚持不懈地扩大品质泰州建设的影响力和美誉度。要在全市争第一。这次机构改革,全市涉改部门众多,大家都铆足了一股劲,为踏入第一方阵你追我赶。作为承担政府五大职能之一的市场监管部门,我们不能落于人后。要在监管上出实招,在服务上出好招,在创新上出新招,始终秉持"没有最好,只有更好"的理念,始终保持敢想、敢干、敢拼的热情和态势,打出属于市场监管的一片天地,在市级机关部门中独占鳌头。

如何重新出发

（2019年6月5日）

今天是"三定"确定、明确处室召集人后召开的第一次月度办公会，也是机构改革后第一次将月度办公会扩大到处室负责人。如果说，1月21日机构合并到上个月，我们主要还是沿着过去各自的条线和板块工作的惯性在推进工作，那从这个月开始，我们市场监管局机构改革就迈出了从物理整合向化学融合的关键一步。一方面，我们要将过去的成绩归零。过去的成绩再好再高，也只是今后冲击更高成绩的基础条件，我们决不能停留于满足过去，因此要"清零"。另一方面，我们要将过去的包袱抛弃，不能让其成为拖累我们前行的累赘，因此要"清零"。我们要一起向过去告别，共同向未来进发。

"清零"要有大勇气

在全国市场监管部门争先创优，需要我们有勇气"清零"。机构改革，让市场监管这个新机构，在全国范围内都处同一起跑线。在这样的工作背景下，过去的成就和辉煌只能代表过去，我们也不能把过去各个条线板块的成绩，简单地相加成新的市场监管局的成绩。一切都将重新开始，只有彻底"清零"，才能轻装上阵，才能早发力快启动，才能真正在激烈的竞争中抢占先机和制高点。

坚决落实市委市政府部署要求，需要我们有勇气"清零"。机构改革，市委市政府对市场监管局给予了新的定位，提出了新的要求。上个月，市委市政府主要领导来泰州市市场监督管理局调研，对市场监管工作寄予厚望，也提出了新的更高要求，他要求我们高效履职，主动担当，打造过硬队伍。所以，我们只有彻底"清零"，而不是躺在过去的功劳簿和成绩单上吃老本，才能善于抓住机遇，才能有效应对挑战，才能不负市委市政府的殷切希望。

顺利推进机构改革，需要我们有勇气"清零"。机构改革，各个板块都已打散打通，原有工作职能、工作流程正在重构，新的工作机制、工作方法正在形成。改革正在以不以人的意志为转移的深度、广度和速度，大踏步向前推进，我们唯有主动"清零"，方能主动应对。一旦沉溺过去，墨守成规，就会是一招被动，招招被动。改革不等人，事业不等人，你不主动"清零"，就会在事业进程中被"清场"。

实现自我提升自我完善，需要我们有勇气"清零"。要把"清零"作为打破舒适区、闯出新天地的大好契机。我们是新组建的市场监管局的第一任领导干部、第一任处室负责人。怎样看待这个"第一"？我想就是要能够打开新局面。过去我们在各自的岗位摸爬滚打多年，但现在要迈步从头越，就必须把过去的一切都归零。这个"零"既是对过去画的句号，更是向未来进发的起点。这个"清零"，必然是一次自我革命，是一次脱胎换骨。

"清零"要有大智慧

学会扬弃。从头开始，重新出发，并不是要简单地割裂过去，而是要在"清零"的过程中，学会扬弃，既要把不合时宜的理念和方法清去，把过去存在的一些突出问题和不足全部摒弃，坚决不把不好的东西带到新的集体中来。同时，也要继承好的方法和经验，做到触类旁通，融会贯通。"清零"不是简单地清除，而是在盘点过去的过程中，找准长处和短处，最终做到扬长避短、扬长补短。

强化集成。"清零"以"破"开始，以"立"为目标。机构改革，不是在原有的各个条线板块的基础上修修补补、加加减减，而是一项系统工程，需要从机制体制到方法理念实施深度变革和颠覆性重塑，所以"清零"只是手段、集成才是目的，要把过去我们各个条线的工作的流程合并同类项，最大限度地通过集成，实现简化优化；更要打通障碍壁垒，实现兼容高效；还要注重创新，让流程更加科学合理，让效率更加高效，让工作更具品质。

保持常态。"清零"不是孤立的过程，更不是一个静止的过程，"清零"的过程，同时应该是一个不断产出、不断创造的过程。我们在"清零"做减法的同时，更要抓紧赋能做加法，提前学习思考，提前谋划组织，尤其是各位处室负责人到岗后，要尽快熟悉新业务、新人员，加强内部融通拧成一股绳，更要加强与其他处室的外部贯通，比如知识产权工作和标准化工作贯通，比如综合与应急管理处的应急管理与电梯、食品药品等专业应急反应、应急指挥如何互通，比如内部档案管理与对外档案服务，都需要处室之间早谋划、常沟通，争取业务工作早上手，上好手，真正让工作不脱档、不断线、不掉链子，不出现空白期。

"清零"要有大格局

要胸怀全局。"三定"落地，原有的各项职能、各项业务，已是你中有我、我中有你，难分彼此了。以前的板块界线已彻底打破，我们每位领导的分工和不少处长的任职都有全新的领域。打破原有板块，实现"跨界"分工任职，就不能凭老经验办事。这倒逼我们从头开始，从零开始。所以"清零"，从一开始，就要着眼全局工作，系统地分析谋划，真正做到面向全局，彻底打破条条块块，打通、贯通、融通原先的思维定式、方法局限、制度壁垒，实现流程再造。

要放眼长远。机构改革既有职能的融合，也涉及利益的调整，每个人都会受到不同程度的影响，大到职务岗位，小到工作环境，有人不满意，有人有意见，这都可以理解。但是一旦组织作出决定，就必须坚决执行。要放眼长远，正确对待进退留转和个人得失。尤其是在座的各位领导干部、各位处室的负责人，更要做好表率，顾全大局，勇于担当，从自己做起，管好身边人，既要谈心谈话，耐心细致地做好自己分管条线和处室同志的思想政治工作，更要带头清除负能量、注入正能量，把那些消极的情绪和意见"清零"，调整心态团结奋进。

要坚守初心。最近中共中央印发了《关于在全党开展"不忘初心、牢记使命"主题教育的通知》，昨天全省召开了动员部署大会，主题教育正紧锣密鼓地推进。在这个关键时刻，我们提出"清零"，一个很重要的方面，就是要放下包袱，把不利于团结、不利于前进的因素全部清除。要牢牢把握"守初心、担使命，找差距、抓落实"的总要求，把"新局新局面"主题行动作为我们开展主题教育的重要抓手，正本清源，突出集成创新，坚持扬长补短，强化融合发展，在监管上出实招，在服务上出好招，在创新上出新招，始终保持敢想、敢干、敢拼的热情和态势，打出属于市场监管的一片天地。

加强机关文化建设

（2019年7月2日）

今天要重点强调一下营造健康向上的机关文化问题。

随着改革向纵深推进，尤其是"三定"方案实施到人事调整阶段时，在总体平稳有序的大好形势下，也出现了一些不太和谐的现象，比如有少数同志在没有准确了解情况的情况下发布不负责任的言论，更有甚者，做了一些不够理智的事。作为一级组织，我们欢迎各种形式的监督，包括写所谓"人民来信"，帮助我们不断改进工作、修正错误、完善方案，但关键必须是出以公心，客观公正，负责任，也希望大家都能从大局和长远考虑，换位思考、系统思维。但必须明确，我们坚决反对各种无稽之谈、无事生非、无风起浪、无理取闹；坚决反对为了一己之私利，不惜给集体抹黑、减分。客观地讲，这些不负责任的言行，说大了对改革是一种破坏，说中了是砸"新局新局面"的牌子，说小了是丢我们市场监管人的脸。对此，绝大多数同志都认为此风不可长，必须旗帜鲜明地反对，及时进行纠正，不抓势必会对全局形象造成负面影响。

建局之初，局党组就高度重视机关文化建设，专门安排一期"大家品质"讲坛讲机关文化问题，组织开展"新局新局面"主题行动第一个行动就是"集成思维"，我们请全局所有正科级干部和部分党员代表上台谈体会讲打算。我基本上都听了，应该说，大家讲得都很好，表态也很好，充分体现了"新局"的水平。我也很受感动、很受启发，进一步坚定了我们冲刺"十佳"的信心和决心。但，要实现这个目标，谈何容易，必须靠我们大家、全体团结一心奋发有为干出来。我过去常说，有为才能有位，才能有话语权；有位更须有为，必须更好地当表率当标杆。所以，我们不仅要说得好，而且更要干得好。否则，再好的表态也只能是一堆空话。我们把每个同志的发言汇编成册，印发给大家，一方面是为了让大家互相学习借鉴，另一方面也是为了让大家互相提醒监督。这里，我也建议各位抽时间重温一下，按照"守初心、担使命，找差距、抓落实"的要求，进行一次对照，找找差距，抓抓落实。千万不能变成说归说、做归做，说一套做一套，否则不仅于事业有害，也必将导致人设崩塌。

我们认为，所谓改革改的就是体制，必然触及利益调整，否则就不叫改革。改革的目的就是防止思维固化、本领固化和利益固化。在"三定"实施过程中，我与局机关所有正科级干部进行了面对面的谈心交流，大家表态都很好，都表示服从组织安排。但也可能因为信息不对称，或因为看问题的角度不一样，少数同志有一些想法或议论，这些都可以理解，但表达诉求必须按规矩守纪律，不可有非理智行为。改革前市委韩书记来局调研时明确指出"讲政治、顾大局、守纪律"的要求。建局之初，局党组就和派驻纪检监察组联合发文强调"五项纪律"，大家都必须严格遵守。对一些苗头性问题必须做到露头必纠。我们在加强正面教育引导的同时，也请派驻纪监组、局纪委帮助做一些工作，抓个把典型。

一个单位也好，一个家庭也好，对外是一张脸。挂牌成立以来，在大家共同努力下，开局良好，各方面评价也比较高，我们赢得了"大局"应有的尊严。但尊严也是一个易碎品，稍有不慎就会一塌糊涂。要建一座大厦很难，但要毁掉一座大厦很容易。千里之堤可以毁于蚁穴。实践反复证明，前进路上，不能容忍"负能量"干扰。我们反复强调，局党组尽最大努力为大家干事创业打开空间、搭建舞台，让所有想干事、能干事、干成事的同志有面子有里子、有前途有奔头。但我们坚决不能容忍"负能量"泛滥，坚决不让错误言行有市场有土壤。

再回到机关文化主题，我们这支队伍来自五湖四海，各种传统文化基因在这里交汇融合，其中有好的主流，也有不好的逆流。我们看问题要看"主流"，但也不能忽视"逆流"。"逆流"如不及时梳理引导，将会败坏一个新集体的品牌。我们讲"新局新局面"，必然要求每个同志"新人新气象"，这就必须打造健康向上的机关文化。虽然这不可能一蹴而就，但我们必须明确方向，坚定信心，下定决心，采取切实有效的措施。一方面，要切实发挥组织的作用，结合即将开展的"不忘初心、牢记使命"主题教育，建强党支部战斗堡垒，用好标准化先进武器，加强教育，加强监督，争当品质先锋，铸就先锋品质。另一方面，号召倡导每位同志进一步加强自身修养，提升综合素质。

我在今年年度的工作会议上讲过，过去我们就是靠这支队伍攻坚克难打硬仗打胜仗，今后还要靠这支队伍去开拓再创辉煌。今天，我再补充一句：所有的成绩都是干出来的而不是看出来的说出来的。希望大家一起同心同德，同向同力，百折不挠，奋勇向前，冲刺"十佳"，真正实现开门红。

全面推进参与改革

（2019年7月2日）

这轮机构改革走到今天，"三定"已定，人员已基本到位，但还远没有到画句号、说大功告成的时候。一方面，"三定"虽然已定，但具体的工作融合、流程再造还远未完成，还需要我们下绣花功夫去完善。另一方面，改革带来的影响和阵痛，还在不同程度上影响着我们许多同志。改革越是向纵深推进，越是需要我们统一思想，越是需要我们站在讲政治的高度来理解和深化改革。所以，今天和大家谈谈如何正确面对改革这个话题。

首先是如何看待改革。主要看三对关系：

一是破与立的关系。改革是不破不立、边破边立的过程。对市场监管事业而言，一切都是全新的开始，我们打破打散了原有的各个板块，新的监管服务格局和体系正在建立。对个人而言，原有的工作思路、方法、经验显然已不能适应新局新局面的新要求，也必然会被打破，否则，你就会跟不上形势，就会被淘汰。因此，"破"就必须是义无反顾、一往无前；"立"就要刻不容缓、一招不让。改革破立之间，容不得我们犹豫迟缓、等待观望。

二是得与失的关系。改革意味着变化调整，必然会带来得与失。尤其是对个人，大到岗位职务调整、分工变化，小到办公场所、工作环境变换，这些改变，有的同志可能短时间内还不适应。面对这些得失，我们应该在思想上始终保持政治坚定、头脑清醒，工作上率先创优、力争上游，行动上作风优良、纪律严明，应该笑看得失，从容淡定，而不是患得患失，顾此失彼。

三是危与机的关系。改革对我们最大的"危"，是过去的光荣和成绩都已成为过去，而我们还没有做好应对变革的充分准备。能力危机、本领恐慌、思维定式、经验主义，都在阻碍改革，都是我们的敌人。改革对我们最大的"机"，在于机构融合带来舞台的扩大，队伍聚合带来力量的壮大。市委市政府的重视，社会各界的期望，各项职能融通交汇带来的叠加效应，都是我们最大的机会。改革"危"与"机"并存，容不得我们因循守旧、坐失良机。

其次是如何对待改革。主要体现三个"态"：

一是淡定的心态。我们都是在改革开放的过程中成长起来的，对于改革应该都有基本的认同。面对变革，我们要心态淡定，要拥护改革，改革是大势所趋、是常态，本轮改革就是下轮改革的准备和开始。所以，每逢改革，我们都应该愉快地接受,按照中央部署,尽自己所能,做好自己的工作。心态淡定,还要相信改革,不为流言所惑,更不去散布流言,面对流言更应勇于站出来答疑解惑、辨明是非。心态淡定,还要推动改革,不畏浮云遮望眼,咬定青山不放松,向着既定目标笃定前行。

二是正确的姿态。就是要打开新局面。我曾强调我们是新组建的市场监管局的第一任领导干部、第一任处室负责人。我们在座的各位都要有雄心壮志,干出一番事业,对得起这个"第一"。正确的姿态,还要放出样子、做好表率。无论作为分管领导还是处室负责人,都要以身作则,从自己做起,管好身边人,带头注入正能量、清除负能量,调优心态团结奋进。正确的姿态,更要自我革命、脱胎换骨。过去都已画上句号,我们正在向全新的未来进发,要把改革作为打破舒适区、闯出新天地的大好契机,学习新本领,适应新领域,在机构改革中提升自我、完善自我。

三是良好的状态。在工作顺利的时候,保持良好的精神状态并不难,难的是在改革的风口浪尖,能够始终保持昂扬向上、奋发有为的精神状态。良好的状态,是做好一切工作的重要前提。首先要"在状态"。挂牌至今,已近半年,有没有跟上改革后的工作节奏?板块思维、圈子思维有没有彻底清除?岗位调整后有没有真正把心思全都放到工作上?从中都能看出一个人在不在状态。其次要有"好状态"。改革千头万绪,没有好的状态,就难以理清思路;矛盾层出不穷,没有好的状态,就难以攻坚克难;人员禀性各异,没有好的状态,就难以融合共进;推动市场监管事业向前发展,没有好的状态,就难以集成创新。

最后是如何经历改革。主要做到四个反对:

反对好高骛远。改革从来不会是一步到位一蹴而就,我们鼓励脚踏实地,负重前行。我们都是大市场监管格局的开创者,新局如何打开新局面,没有现成的路线图可循。我们的一切举措,既要上接"天线",吃透改革的精神,还要下接"地气",贴近工作的实际。要坚持问题导向,一个问题一个问题地解决,把流程理畅、把制度建好、把规矩立严,通过从机制体制到方法理念的深度变革和颠覆性的重塑,打通障碍壁垒,实现兼容高效。还要切实抓好抓基层打基础各项工作,做改革的催化剂。

反对叶公好龙。改革是政治坚定的试金石,进退留转之际更显政治本色,我们要经受住考验,旗帜鲜明讲政治,做改革的促进派。不要改革没有来临或没有触及自己时,就唱尽高调;一旦改革来了或动了自己的奶酪,就抵触不满。更不能当面一套背后一套,搞阳奉阴违、口是心非。

反对坐而论道。改革没有捷径可走,从来不会是动动嘴皮就能成功。新局要有新局面、新气象,大局要有大格局、大气魄。我们不能有大局的架子,但必须有大局的样子、大局的水平。我们追求品质、追求卓越,鼓励干字当先、干在实处。任何事业都是一步步干出来的,改革更需要实干巧干,不能谈起来头头是道,做起来一塌糊涂。对于局党组会、办公会研究决定的事项,对于各个条线工作,分管领导、具体负责的同志要切实把责担起来,一抓到底,不能当甩手掌柜。处室主要负责人既是指挥员又是战斗员,更要亲自上阵靠前指挥,抓急事难事抓关键点,谋事谋人谋长远,在解决问题中推进改革,做改革的实干家。

反对电筒主义。不能拿个电筒光照别人不照自己,对别人高标准,对自己低要求。日前"小三定"已经反复征求意见,局党组会讨论通过,但是再科学严密的"三定"也不可能把所有事权都划分清晰,在事权模糊交叉地带,在急难险重的任务面前,不能事不关己高高挂起。每个同志都要多一点大局观念、多一点协同意识,该牵头的主动牵好头,该负责的认真负好责,心往一处想,劲向一处使,共同推动事业发展,画好改革的同心圆。这里也再明确一下,"小三定"明确后,先试运行抓落实。对许多不可预测未列进清单的工作任务,特别是涉及多个分管领导或处室的,根据工作需要临时明确牵头领导或牵头处室,其他领导和处室都必须尽力尽责完成相关工作任务,绩效考核失分追究问责。

改革正处于关键期、深水区,越往前走越需要我们齐心协力、携手奋进。正确对待改革,体现的是大智、大勇和大节。相信全系统全体同志都能够在最短的时间内度过阵痛期和转型期,能够在这场大考验中都考出好成绩,共同开创新局新局面。

致力打造"泰有品"品牌

（2019 年 8 月 2 日）

上个月，市人大领导在市场监管局调研时给我们出了一个很好的题目：打造"泰有品"品牌。这段时间，我一直在思考如何破题解题，初步想出了一点头绪，与大家分享。

什么是"泰有品"

简单地说，"泰有品"就是做事有品质、做人有品质。起码应该具备以下几个重要特征：一靠谱，事不拖，言有信，心态稳；二要好，向上求精争先，不甘落后；三不害人，与人为善，积德行善，爱做公益修名声；四有激情，不暮气沉沉，不疑神疑鬼，不消极应付，等等，不一而足。从大的方面说，打造"泰有品"品牌很重要，既是响应市委号召——打造"泰有"系列民生服务品牌是市委近期确定的一项具体的重点工作，也是品质泰州建设发展到了现在这个阶段的一种很自然的内在要求。从小的方面说，市场监管局刚组建完成，我们都是新市场监管人。作为推进品质泰州建设的倡导者、主力军，无论是做事还是做人，我们理应"更有品"，否则，就根本谈不上什么"品质工匠""品质先锋"。

"泰有品"要从我做起从现在做起

一方面，我们干事要"泰有品"。上个月在全体新上任的中层正职任职谈话中，我提了"想干事、能干事、干成事、不出事"的要求与大家共勉。这实质也是干事有品的起码要求：首先要会想。可以说，所有的品都是想出来的，没有理想、目标，就不能干成大事；其次，要会干，要能干，要肯干，这就要求我们干一行爱一行、专一行精一行，不甘落后、勇于争先，精益求精、追求卓越，这样才能干得比别人好，才能赢得众口称赞。"泰有品"不仅要求大家干，还要求领导带头干，一级带着一级干，坚决反对干好干坏一个样、干与不干一个样。干部群众心里都有一杆秤，公道自在人心。正所谓"品"为众人之口，"质"乃斤斤计较。机构改革已进入深水区、攻坚期，开基立业，万事待兴，各项工作千头万绪。如何做好这改革的"后半篇"文章，对我们都是考验。刚刚结束的全市市场监管工作座谈会对下一阶段工作进行了部署，从全局到各个处室、各个事业单位都有规划、有打算，现在要做的就是迅速行动，干一件成一件，加快把蓝图变成现实。"泰有品"必须讲求方法,要把握重点,找准突破口关键点,不能眉毛胡子一把抓,主次不分;要保持定力,咬定青山不放松,不能狗熊掰玉米——拿起一个丢掉一个,顾此失彼;要快马加鞭,不能阴天驮穰草越驮越重,久拖成疾;还要握指成拳,系统推进,不能一盘散沙,各自为战。

另一方面,做人更要"泰有品"。就是要让品质渗透到我们每个人的工作和生活的方方面面,争当品质工匠、品质先锋。首先要有品德。我们党选人用人的标准,概括讲就是"德才兼备、以德为先",品德是始终摆在第一位的。沧海横流,方显英雄本色,越是关键时刻越见品德,机构改革对每个人的品德都是一次考验,进退留转之际,急难险重面前,最能看出一个人的品德高下。要有品位。品位源于热爱,只有爱之深,才能钻之深,才能形成自己的领悟。同一件工作,有人是按部就班,做了就好;有人是精益求精,做好方了。久而久之,这两类人的工作能力和成效将大不一样。我们不能把工作仅仅当作是谋生的职业,更要视为引以为豪的事业,秉承工匠精神,打造自己的高品位,把工作做得更精细、更精致、更精彩。要有品格。品格源于品德,但不等同于品德,更突显的是一个人的格局。推动品质泰州建设从部门倡议上升为市委市政府的决策部署,体现的就是格局。在市场监管事业谋篇开局之际,我们更要有这样的品格,胸怀全局,把领导交办的、社会期盼的、职责要求的、自己承诺的,一招不让、一抓到底,做出成绩。

"泰有品"还要群策群力系统集成

打造"泰有品"品牌需要引导全社会共同参与,要跳出市场监管看市场监管,我们打造"泰有品"品牌既是"泰有"系列品牌之一,又是其他"泰有"品牌的统领,一定要不同凡响才行,落实到品质泰州建设的方方面面。

一方面,要整合全系统的力量。我们这个新局是原先五个板块职能的新组合,原来各有各的一套体系。这次改革的目的就是要打破过去不合时宜的传统定式,重新建立适应支持高质量发展的新体制、新机制。改革至今,新的制度和流程正重构再造,这为打造"泰有品"品牌提供了新机遇和新空间。我们要从系统内部进行集成创新,挖掘优势潜能,共同把"泰有品"这篇文章做好。

另一方面,要动员全社会的力量。"泰有品"品牌的打造建设是一个系统工程、社会工程,必须全员动员。要发挥各类主体的能动性。引导企业、机关部门、广大市民积极参与其中,结合自身特点,共建共享"泰有品"品牌。要突出文化引领作用。大力弘扬"祥泰之州,品质为尚"城市质量精神,加大宣传教育,通过一系列丰富多彩、行之有效的方式弘扬文明风尚,培养品质自觉,强化品质文化和诚信文化,让"泰有品"品牌真正成为品质泰州一张金字招牌。

只要我们做事有品质,做人有品质,让每个人都成为有品质的追梦人,让每个支部都成为有品质的战斗堡垒,就一定能够在全市、全系统叫响"泰有品"品牌。

如何更好地发挥带头作用

（2019年9月2日）

今天和大家谈的话题是"带头"。在座的是局领导班子成员、是局各处室院所的主要负责人，是泰州市场监管事业发展的骨干力量。我们这支力量能否发挥好带头作用，事关全局、事关长远。

自1月21日起，我们这支队伍汇聚到一起，已经有7个多月了。按照"三定"方案，调整领导分工，明确各处室主要负责人和人员，也已3个月了。这一路走来，我们抓党建保改革促发展，取得了一系列成绩。应该说，成绩来之不易，但与预期相比还有差距。差距主要表现在，与兄弟市、兄弟部门相比，一些过去的强项尚未展现出明显优势；条线与条线之间，处室与处室之间还存在不平衡性；步调一致向前看、风清气正同发展的机关文化氛围还没有真正形成；改革的红利尚未有效释放，改革的阵痛还在延续；等等。针对这种局面，我想用一句话来概括：成也萧何，败也萧何。具体解释一下，就是：取得的成绩得益于在座各位发挥带头作用；存在的差距和不足也是因为我们的带头作用发挥得还不够。所以，我们在座的各位能不能带好头，不仅事关泰州市场监督事业的高质量发展，事关江苏中部支点城市建设进程，更直接事关泰州市场监督局能否冲刺成功今年的"十佳"。

关于如何更好地发挥带头作用，下面主要从正反两个方面谈一谈。我们先开一个"正面清单"，即应该带什么头，如何带头？

一要带头干事。所有的成绩、荣誉都是干出来的。我们说要"想干事、能干事、干成事、不出事"。这四句话核心就是"干事"。尤其是在改革向纵深推进的节骨眼上，我们唯有干字当头，带头干事，方能不辱使命。首先要谋得高。只有想得高，才能干得好。市场监管事业不是过去几个板块的简单叠加，而是集成后的创新超越。所以要多谋划如何起好步、如何干成事，谋定而后动。"三定"方案实施也有3个月了，不知在座各位处长有没有在谋篇布局上下功夫、见真章？有没有形成自己的施政纲领？如果还没有，那就得抓紧。决不能凭老经验、用老办法办事，更不能等靠要、一混了之。其次要冲在前。改革给了我们前所未有的舞台和机遇，但我们现在所从事的工作又没有现成的经验可循，一切都需要我们探索前行。越是这样越是需要我们领导干部带头冲、带头闯、带头干，千万不要做甩手掌柜。俗话说，群众看党员、党员看干部，党员干部以身作则、率先垂范，大家就会跟着学、照着做。只有你放出样子,你的下属才会甩开膀子。再次还要带得好。带头干事,不是要你单打独斗,而是要你善于化解矛盾、消除误会、理顺情绪,和大家团结一心,带领大家跟着你干。带得好,就是要你能成为处室单位的主心骨,充分发挥各人的特长和优势,做到人岗相适,团结协作,凝心聚力,拧成一股绳、汇成一条河,发挥好团队的力量,一起干大事、干好事、干实事、干成事。

二要带头讲奉献。要想干成事,必须要奉献。讲奉献,又必须从领导开始。首先要能吃苦。我们在座的都是市场监管的第一任局长、处长、院长、所长。第一任有第一任的光荣,更有第一任的辛苦。我们种下去的树,可能是要留给继任者乘凉的,但我们不能因此就不种下这棵树,相反还要花大力气精心选好苗、培好土、施好肥,让它早日成材。如果你留意,你会经常看到节假日奔波在执法检查一线的身影、看到冒着酷暑检验检测被汗水打湿的脚印,看到深夜办公室加班的灯光,这些都是我们市场监管局的"品质之光"。我相信这样的苦是值得吃的,也是不会白吃的。其次要能吃亏。吃亏是福,话好说,亏难吃。但实践反复证明,越怕吃亏,往往吃的亏越大。作为一名党培养的干部、一名共产党员,克己奉公本来就是理所应当的。改革必然涉及利益调整,工作中更难免有磕磕碰碰,这就要求我们讲大局、讲风格,看长远、看主流,求大同、存小异,宁愿自己吃点亏,也要维护好我们的大局、我们的长远。再次要能任怨。任劳体现的是素质,任怨体现的是修为。作为一个新组建的集体,现在无论是工作流程,还是人员相处,都还处在磨合期,有矛盾、有不理解在所难免,但千万不要一言不合,就怨气冲天,更不能闹无原则纠纷。作为分管的领导、处室的负责人,你要比别人站得更高、想得更全、看得更远,善于找到问题存在的症结,找到改进化解的方法,化怨气为和气,变消极为积极。

三要带头守规矩。带头要带好头,不能带坏头。这里我再排一个"负面清单",即不能带头干什么。一不干坏事。坏事一般都是坏人干的,但也有时有好人被人利用干了坏事,所以我们要防止极个别人,出于一己之私利,不守规矩,暗中使坏。有人说,林子大了,什么鸟都有。但我今天要说,市场监管局林子再大,也绝不容忍坏"鸟"存在,绝不容忍不守规矩的人干坏事,祸害别人、祸害集体。之前我曾在局务会上说过坚决反对各种无稽之谈、无事生非、无风起浪、无理取闹;坚决反对为了一己之私利,不惜给集体抹黑、减分。这样的话过去讲过,今天再讲,算是反复讲,目的就是要不停地敲边鼓、提提醒。二不违反规定。改革之初,我们就会同派驻纪检组制定了机构改革过渡期"五项纪律",最近我们又制定出台了强作风提效能十项承诺,目前各项规章制度都在紧锣密鼓地制定完善,目的就是要让大家有规可依、依规办事,防止无组织无纪律,防止自由散漫。大家要切切实实把规矩挺在前面,既要遵守党纪国法,也要遵守局里制定的各项规章制度。随着各项改革措施的到位,如何依法依规行使好我们手中的权力? 如何把权力关进制度的笼子? 我们每个人都要警钟长鸣、时刻警醒。三不看不得人好。这是一条基本要求,我们要做"品质工匠""品质先锋",最基本的就是要人品好。改革为我们每个人都提供了前所未有的广阔舞台。每个同志都应该抓住机遇,展示才华,提升自我,组织也会尽可能公平公正地给每个同志更多的机会。我们要正确对待这样的机会,对自己要有自信;更要与人为善,为别人的进步发展鼓掌喝彩,从别人身上看到自己的不足、找到差距。安全生产有三句话:不伤害自己,不被别人伤害,不伤害他人。放到平常工作生活、与人相处中,也同样适用。尤其是第三句话"不伤害他人",值得我们细细体会。要真诚待人,看得别人的好。别人有不好,就当面指出,而不是背后使坏,这应该是做人最基本的一条。现在有一种坏风气,就是有少数人喜欢"八卦",我在这里正式强调一下,请大家不要信"八卦",也不要传"八卦",更不要做"八卦"。可以想象,如果我们的身边,经常有这样的人和事,必然会导致人人自危,让人像防贼一样防着你,最终把自己把单位都搞烂搞垮。我相信,这不是我们大家所期待和需要的。希望我们今天在座的各位都能带好头,做一个纯粹的人、高尚的人,一个脱离了低级趣味的人。

榜样的力量是无穷的,我们讲政治、讲党性、讲大局,要从自己做起,从现在做起,把带头贯穿始终,一级做给一级看,一级带着一级干,真正做到不忘初心、不辱使命、不虚此行、不留遗憾,共同开创市场监管新局新局面!

关于对标对表的几点认识

（2019年10月8日）

9月份已过，2019年就还剩最后一个季度了。国庆长假一过，10月份就又过去了近四分之一。很快，这个对市场监管部门有着特殊意义的年份就要过去了。这一年，是市场监管局的改革元年、开局之年。这一年，我们各项工作开展得怎么样？有没有起好步、开好头？不仅决定着今年的"收成"，更会影响我们今后很长一段时间的工作成效。所以，现在已到了冲刺全年目标的关键时刻，也到了需要谋划明年思路的重要时刻。今天和大家谈谈"对标对表"话题，对标找差，对表行动，很有必要。

所谓对标，就是要咬定目标、拉高标准、赶超标杆；所谓对表，就是要和党组的决策部署对表、和市委市政府的中心工作对表、和人民群众的所需所盼对表。对标对表，要求我们时刻有方向、有目标、有追求，而不能胸无大志、漫无目标；也不能自说自话、自娱自乐；更不能坐井观天、小富则安。

为何"对"

开创新局新局面的重要行动。1月21日新局挂牌成立，1月28日，局党组就下发一号文件，在全局开展"新局新局面"主题行动。在"集成思维、对标对表、融合服务、品质提升、合力汇聚"五大行动中，对标对表是一项具有关键性、基础性的行动，可以说其他四大行动取得的每一项成就，都是在对标对表中推进实现的。对标对表无止境，"差距在哪里、优势是什么、下步怎么办"，需要我们经常追问自己，在工作中加以检视，时时排查梳理，从而更好地校准时间表、调优路线图、压实责任状，紧张有序、扎实有效推进。

发挥市场监管职能的需要。我们一直讲，机构改革不是简单的部门、职能的相加，而是流程再造后的化学融合。只有我们更加精准地对标对表新任务新要求，才能有效应对机构改革带来的机遇与挑战，才能更好地发挥市场监管的职能作用，释放出改革的红利。这次张市长来局调研，提出了"四个围绕"的要求，即围绕营造公平竞争的市场环境来改革创新，不断激发市场主体的活力和动力；围绕推进高质量发展务求实效，在品质泰州建设上要不断增强获得感、扩大影响力；围绕管行业必须管安全的要求，强化责任，在食品、药品、特种设备、产品质量安全上抓紧抓实；围绕加强作风能力建设，打造过硬的市场监管队伍。除了最后一条讲的是自身建设，其他三个围绕讲的都是市场监管的职能定位。对标对表这"三个围绕"，我们有大量的工作要做。

冲刺"十佳"的需要。冲刺"十佳"，是我们建局之初就定下的目标，也是我们对标的一个重要内容。冲刺"十佳"，从小处讲，关系到年底我们每个人的福利待遇。从大处讲，就是我们的工作要能让人民满意，成为人民满意机关的前十名。应该说，这是一个很高的目标，也是一个跳一跳够得到的目标。市场监管局与社会经济发展密切相关，直接面对人民群众的生产生活。这是我们的优势所在，但同时也是我们不能掉以轻心的地方。因为社会关注度高，工作稍有松懈，就有可能成为众矢之的，就可能是一损俱损。所以冲刺"十佳"，就是要力争让我们的每一项工作都能做到位做精彩，都能经受得住市场主体、监管服务对象的检验。同时，我们还要做好大量的基础性工作，要把绩效考核工作做扎实，应该拿的分全部拿到，不该失的分坚决不失。我们不能用"做得多就错得多""监管必然得罪人"这些理由安慰自己。去年，好几个市（区）的市场监管局在当地获得了"十佳"，这说明，这个目标并不是高不可攀，只要有努力，就会有回报。我们要用"十佳"的成果，兑现"开门开门红"的承诺，实现"新局新局面"的目标。

"对"什么

对标准。标准决定质量，只有高标准才有高质量。作为标准的主管部门，首先我们自己要有高标准。新局组建，五大板块的职能正在重组融合。在此过程中，我们要积极对接国家局、省局的"顶层设计"，严格贯彻执行上级局制定的各项工作标准和制度规范，依法依规履行好各项工作职能。同时，要抓住流程再造、集成创新的有利时机，立足泰州实际，研究制定自己的工作标准，形成"管好大市场、提升大质量、守牢大安全、创优大环境"的制度框架和标准体系。要更好地发挥"两发现"活动的作用，深入查找日常管理中存在的问题和不足，推动高标准严要求的精细化管理。

对标杆。市委给我们的目标是走在全省乃至全国前列，这对我们每个人都是挑战。我们必须见贤思齐、见强思超。国庆前夕，国家表彰了国家勋章和国家荣誉称号获得者，他们都是我们的学习榜样。我们还要向兄弟市局学习，向市里兄弟单位学习，尤其是涉改部门，学习他们在改革发展中的创新实践。机构改革让我们同处一条起跑线，他们有不少做法已经走在了前面，只有认真学习，才能迎头赶超。我们还要向身边的先进人物学习。比如，就在最近，在省局的比赛中，计量院的同志团体和个人都取得佳绩；叶平同志荣获市"十佳巾帼建功标兵"。他们都是品质工匠、品质先锋的践行者，是我们对照学习的榜样。我们每个同志都要自觉对照标杆、学习标杆，最终争取让自己成为标杆。

对任务。杨根思同志著名的"三个不相信"精神中的重要一条就是"不相信有完成不了的任务"。我们不仅要有这样的豪气，还要有精益求精地完成任务的能力和水平。要"对"市委市政府布置的任务。这次张市长来局调研，一个重要的内容就是检查年初市委市政府重要文件、重要会议中对市场监管局提出重点工作的完成情况。各条线和牵头处室，要抓紧利用年底有限的时间查缺补漏，争取向市委市政府交上一分满意的答卷。要"对"党组交代的任务。年初局党组研究制定了全年的工作要点，最近在半年工作座谈会上，对相关工作又进行了细化优化，要根据分工和职能，逐项过堂，把各项工作做好做到位。要"对"本条线本部门既定的任务。"三定"确定后，我们对领导分工和处室负责人都进行了调整，大家一方面要对照自己的"施政纲领"，看兑现了多少，有没有欠账；另一方面，还要对调整前相关条线处室的工作安排，做一个回头看，做到新官也理旧事，保持完成任务的连贯性。

对初心。当前主题教育正深入推进，要把对照初心作为对标对表行动的重要内容。在对初心的过程中找差距，通过回顾反思强党性，力争把问题找实、把根源挖深，明确努力方向和改进措施，切实把问题解决好，努力形成悟初心、守初心、践初心的行动自觉。作为市场监管人，还要牢记"让城市更美好，让生活更幸福"的品质初心，把建设品质泰州的使命担当融入我们的一言一行之中，贯穿到工作的细枝末节，切实维护好品质工匠的形象和尊严。

如何"对"

要聚焦聚力。对标对表中发现的问题，往往都是硬指标、硬任务。目前时间所剩无几，尤其是年初布置的重点工作、"十佳"的目标，都是在年底就要见分晓见真章的，慢不得等不起。我们要集中精力，勇于啃硬骨头，善于打攻坚战。要发挥领导班子的带头作用，相关条线的分管领导，要统筹安排，针对发现的问题，抓好指挥协调。要突出处室负责人的骨干作用，把解决对标对表中发现的问题同做好年底各项工作有机结合起来，倒排时间表，精准发力，逐项解决。同时要加强协作，既要勇于把牵头的责任挑起来，也要善于把任务分解布置到位，分工合作，统分结合，协同推进。要重视激发青年干部的活力，把对标对表行动作为培养青年人才的练兵场，鼓励青年干部比学赶超、创先争优、建功立业。

要落细落实。对标对表让我们发现了问题、找到了差距。但这只是第一步，关键是要做好后半篇文章，真正把找到的问题解决好，明差距迎头赶上。这要求我们在抓落实上下功夫。要进一步深化"两发现"活动，在对标对表中发现的问题、找到的差距，要查明原因、研究切实可行的措施对策，过细过硬地推进整改、抓好落实。同时要举一反三，标本兼治，做到既解决发现的问题，又构建长效机制,防止类似的问题发生。

要再接再厉。发展是一个持续的状态,对标对表是一个动态的过程,实现了一个目标,就要去瞄准更高的目标;超越了一个标杆,就要去追寻下一个标杆。我们抓发展,就是要把标兵搞得少少的、追兵搞得多多的。我们就是要在这样一个不断追赶、不断超越的过程中,推动市场监管事业向前发展。2020年是全面建成小康社会的决胜之年。对品质泰州建设而言,2020年更是检验之年、大考之年。我们要把对标对表的行动持续深入地推进下去,结合主题教育,强化调查研究,提前谋划明年的工作思路,树立更远大的目标,勾勒更美好的宏图,为推进高质量发展贡献更大的力量。

不断提升工作品质

（2019 年 11 月 4 日）

8 月份的局务会，我们谈了"泰有品"话题。"泰有品"既是一个愿景目标，又是一个持续不断的过程。"泰有品"不可能一朝一夕建成，必须通过一点一滴量的积累，才能最终实现质的飞跃。年初以来，我们在全系统组织开展了"新局新局面"主题行动，其中一个环节就是"品质提升"。所以今天和大家谈谈"品质提升"这个话题。

为什么"提"

个人成长所需。我们把"品质"二字拆开来看：品为众人之口，质乃斤斤计较。所以要提品质，既要修名声，又要重细节。你的品质，既体现了你现在的价值，更隐藏着你未来的前途。品质提升，从根本上说，提升的是自己的竞争力、是自己的人生质量。品质，应该成为你人生的硬核实力。你不自提，又怎能期盼别人提你？机构改革，让我们每个人同处一个起跑线，同时又都会遇到自己不熟悉的领域，都会产生不同程度的本领恐慌。所以越是这样，越是要把学习作为常态，越是要有意识、有规划地提升自己做人做事的品质。所以我们一直在提要争当品质工匠，就是要在全系列创造一个提升品质的积极氛围。改革至今，有的同志适应得很好，工作有声有色；有的同志还明显不在状态，原地踏步，如果再不做调整提升，三五年下来，肯定要被甩在后面、显出差距。

部门发展所需。机构改革推进至今，物理聚合已大体完成，化学融合正在向纵深推进。可以说，工作每向前推进一步，都会遇到不少新情况新问题，挑战和困难远远大于改革之初的预期。如何解决，唯有不断提升工作品质。建局之初，我们提出"新局新局面、开门开门红"的目标，现在快到年底见真章的时候了。有没有打开新局面、实现开门红，就要看能不能拿到"十佳"，能不能走在全省乃至全国前列。从目前状态看，对标先进，对表任务，我们还有不少短板要补。所以我们迫切需要提升工作品质，只有这样才能得到大众的认可、经得起斤斤计较的推敲，才能实现既定的目标，以开门红赢得满堂彩。

品质泰州建设所需。2018 年，市委以一号文件部署品质泰州建设，实施五大品质提升工程，相关指标都定到 2020 年。所以说，2020 年是检验品质泰州建设成效的大考之年。一方面我们要发挥好品质办的作用，不断提升自身工作品质，在这一年内推动全市上下冲刺各项指标,确保市委目标必成。另一方面,要积极谋划如何在更高层次深化升华品质泰州建设,以更高的品质把这项事业推向前进。在最近的调研中,有的同志已在思考这个问题了。我们发现社会各界尤其是企业家对提升城市品质有很深的认同感,认为城市品质关乎营商环境。可以说,城市品质是更广内涵更高层次的营商环境。最近中央国务院出台关于营商环境的意见。在这样的大背景下,我们要思考如何把品质泰州建设与营商环境更好地结合起来。如果我们把这项工作有品质地推进下去,不仅为泰州增光添彩,还极有可能为我国制定建立新的营商环境评价机制作出有益的贡献。

"提"什么

提精气神。我们是一个大局,大要有大的样子。我们原先在各自板块都曾取得过不少可圈可点的成绩。现在合而为一,成为一支队伍,应该是强强联合、1+1>2。提升品质,首先就要提精气神,要让全局全系统干部职工的精神面貌焕然一新,要拉得出、打得响、站得住。提精气神,最基本最核心的一条,就是要工作在状态,不管做什么事,干一件成一件,决不能拖拖拉拉、松松垮垮、得过且过,否则就会出意外、出纰漏。品质是磨出来的,也是熬出来的,这个过程有时会很痛苦。习近平总书记号召全党要善于斗争敢于斗争,提升品质说到底就是同自己斗争,同自己的不良习惯斗争,同自己的"舒适区"斗争,是自我完善、自我革命、自我修炼。这意味着要把规矩变成习惯、把习惯变成标准、把标准变成自觉。这个过程,是在提精气神,也是在提升品质。

提责任心。提升品质离不开责任心,没有责任心就不可能有品质。要把工作当自家的事来做,但不能把自家的事当作工作来做。扬子江药业集团董事长徐镜人谈责任心,有一句话很有名,"为父母制药,为亲人制药"。这句话没有什么深文大义,却为责任心划出一个清晰的标准,那就是能不能把工作当自家的事来做。企业有这样的觉悟,我们作为民生部门、服务部门、监管部门,是不是更应该有这样的觉悟?以一颗"为父母""为亲人"的赤诚之心,高品质地做好本职工作,守好安全、管好市场、抓好质量。可以说,这颗追求品质的责任心,就是我们的品质初心。

提执行力。有没有品质,最终还要看有没有执行力,体现在抓落实的能力上。没有执行力,再好的方案和目标也落空,所谓品质就无从可谈。上个星期,中共中央 国务院发布《关于促进中医药传承创新发展的意见》,我把涉及我们职能的内容发到微信群,相关处室很快都作了回应,提出了很好的思路举措,这很好。但一个星期过去了,当时提出的各个举措有没有启动?不能光说说而已,而是要实打实地做。年初制定的全年工作要点,目前到什么进度了?每个月制定的月度重点工作,有没有都如期完成? 这些体现的都是执行力,办公室要加大督查的力度,机关纪委要查庸懒散的不良风气。提高执行力还要自我加压。领导不可能什么都替你想到,处长们要有这个敏感性,在吃透上级的大政方针、党组的决策部署的基础上,自己给自己出题目、定目标,自己检查目标执行完成情况,不能光做被动的执行者,而是要做主动的执行者,这样才能更好地打开局面。

怎么"提"

带出样。火车跑得快,全靠车头带。提升品质,要一级做给一级看、一级带着一级干。打造品质的工匠,自身必须具有高品质,做到时时讲品质、事事讲品质、处处讲品质。局党组全体成员要率先垂范,把品质意识内化于心、外化于行,给全体干部职工当好表率,做好样子。在座的都是各个处室、单位的主要负责人,应当以身作则,发挥好传帮带的作用,带好自己的团队,汇聚工作合力,千万不能将熊熊一窝。只有这样,系统内的全体干部职工才能最终拧成一股绳,心往一处想、劲往一处使。

管到位。没有规矩,不成方圆。要成方圆,必讲规矩。任何安全事故都是质量问题,要么产品质量,要么工作质量,所以,要保安全,必先抓质量。标准决定质量,只有高标准才有高质量。既要划底线,也要拉高线。光有底线只能保安全,常拉高线才能求发展。要提品质,就要不断拉高线。别人的进步,基本上都是拉高线拉出来的。所以,机关党委、办公室、人教处、财务处等要抓紧对制度规范进行梳理,针对当前管理中存在的漏洞和缺陷,结合机构改革的新要求,抓紧制修订切实可行的规章制度,把制度的底线和高线划好拉好,真正做到以制度管人、管事、管根本、管长远。要进一步深化"两发现"活动,健全问题发现、整改、督查机制,实现无缝隙监管。尤其要严肃认真对待主题教育中检视出的问题,不仅要边查边改、即知即改,更要举一反三、防微杜渐。

干到底。品质提升是一个艰辛的过程,要花大力气、下大功夫。尤其是现阶段,一方面机构改革正向纵深推进,另一方面品质泰州建设进入深化优化的决胜阶段。面对改革,我们不能观望避让;面对发展,我们不能置之度外。习近平总书记要求各级领导干部不慕虚荣、不务虚功、不图虚名。我们必须发扬啃硬骨头精神和钉钉子精神,真干、苦干、实干、巧干、抓紧干,想干事、会干事、干成事,在干中提品质,在干中见品质,在干事创业中勇当品质工匠,不断创造深化品质泰州建设的新业绩。

再说谋划

（2019年12月2日）

　　谋划是个每年必说的老话题。今天再说谋划，有着不一样的意义。今年是市场监管改革元年，新机构组建近一年来，一手抓改革融合，一手抓创新发展，初步实现了"新局新局面，开门开门红"的目标。但也仍然存在许多不到位、不达标、不尽如人意的地方，需要我们认真总结反思。明年任务更加艰巨，我们怎么干才能力争在全省乃至全国率先争先？需要我们思考谋划。所以，今天再和大家作一次"老生常谈"。

为什么要谋

　　谋划是成事之基。凡事预则立，不预则废。这里的"预"就是谋划。我们开展任何一项工作，都必做到谋划先行，才能增强工作推动的预见性、系统性，从而提高落实的针对性、实效性。我们不能光埋头拉车，更要抬头看路。如果不用心谋划，就很难把握规律、顺应大势，就会胸中无韬略、手中无办法，结果要么是"方向不对，努力白费"，要么如"盲人骑瞎马，夜半临深池"，要么是"脚踩西瓜皮，滑到哪算哪"。只有谋划在先，才能干在先、走在前。

　　谋划是行职之需。谋定而后动，谋划得当，事情也就成功了一半。只有谋得早、谋得准，才能心中有数，心中有谱；才能吃透吃准上级的要求是什么、落实工作的方向在哪里、有哪些需要攻坚的难点，从而统筹安排，推动各项工作井然有序、有条不紊。岁末年初，各条线、各处室都很忙，但不管多忙，也不能把谋划弄丢了。月底，我们将召开全市市场监管工作务虚会，集中听听大家的思路，最终形成全局的工作思路。

　　谋划是提质之要。我们推进建设品质泰州，打造"泰有品"品牌，归根结底取决于我们做事做人的品质。要推动事业提质、工作提质，首先必须自己提质、谋划提质。只有想得好、想得高，才能做得好、做得高。凡事满足于"差不多"，最终只会是"差得多"。不管做什么工作，我们都要事先谋划好这项工作是什么、要达到什么效果、怎样去做、做的过程中会遇到什么困难和问题，等等，只有在脑海中提前路演，全面谋、谋全面，才能做实、做好。不打无准备之仗，这不仅仅是对工作负责，也是对自己负责。

谋什么

　　谋问题。能否发现问题、解决问题是工作能力和水平的体现。如果问题找不到、找不准,问题就会越积越多,小问题就会变成大问题。机构改革即将满一年,阻碍影响化学融合的深层次问题逐渐显现,所以谋划来年工作首先就要聚焦这些问题。要敢于正视问题。每个条线、每个分管领导、每个处室都要对标对表,检视问题,排找不足和短板,瞄准走在前列的标杆,研究拿出整改赶超的措施。全局要率先领先必然要求各条线各处室都能率先领先,否则率先领先就是一句空话。要在实践中解决问题。要注重发挥我们自身优势,加强集成思维、流程再造,打造特色亮点。比如,如何近水楼台先得月、多得月。用好标准化手段来推进工作。标准是推进治理体系和治理能力现代化的有效手段。这方面现在全国都是空白点。谁先发力,谁就能抢占先机。2018年,市委市政府一号文件《关于推进质量强市建设品质泰州的意见》,就是依据《新型城镇化 品质城市评价指标体系》标准制定。《标准化条例》即将颁布,我们如何借助标准这个工具,深化升华品质泰州建设,服务社会治理,推动高质量发展,这些考题已摆在我们面前。要注重薄弱攻坚。2019年即将收官,各条线、各部门都要以倒计时的姿态,一刻不放松决战开门红,抓紧每一天、干好每件事,把每项指标都放到全省比一比、赛一赛,认认真真找问题、扎扎实实补短板。有什么问题就解决什么问题,什么问题突出就重点解决什么问题。对普遍存在、影响面广的问题要"拉网式"排查、"清单式"管理、"对账销号式"落实,一个一个攻坚,一项一项解决。

谋思路。思路决定出路,思路清晰,就能够把握时代脉搏,跟上发展步伐;思路清晰,就能够在激烈的竞争中,赢得先机,拔得头筹。要解放思想。越是困难重重,越要理清思路,谋定而后动。市场监管面临的形势在变、任务在变、工作要求也在变,全国市场监管系统你追我赶、竞相发展,不进则退、慢进也是退。我们既要下功夫打基础提升整体工作水平,又要激发智慧打造特色亮点。现在是全国处同一起跑线,广阔天地,大有作为,只要大家开动脑筋,一定能开辟新天地。要把握大局。要有大局观,自觉把部门工作放到全市大局中去思考,把当前工作放在未来趋势中去谋划,把上级要求与自身实际结合起来,跳出泰州看泰州,跳出市场监管看市场监管,进行多维度、多角度的综合比较和分析,充分认识泰州市场监管的优势,增强发展信心。要找准定位。坚持从本地实际出发,聚焦改革重点、发展难点、社会热点和泰州特点。谋划要保持战略定力,不能只谋眼前,更要谋长远。我们既要有一年推进两三件事的狠劲,也要有两三年做成一件事的韧劲。比如品质泰州建设,比如阳光系列工程……都要不断谋划调整思路,一步一个脚印,久久为功,不断取得更大的成效。

谋方法。方法得当,事半功倍;方法不当,事倍功半。这也就是为什么有的人一天到晚很忙很累,却看不见成效,而有的人忙而不乱、有条不紊,又能出成果的根本原因。要集成创新。集成创新将是新组建的市场监管局的长期任务和重要方法,机构改革既是一次系统内部的集成创新,也是一次左中右横向的集成创新,更是一次上中下纵向的集成创新。我们要在原来各条线的基础上,制度创新、流程再造,集成创新是重要的方法。集成创新就是要集众家之长、众人之智、众创之力,最终成众人之美,真正实现从"合"到"融"。要加强调研。没有调查,就没有发言权,调查研究是我们党的传家宝,是做好各项工作的基本功。当前,提升城市品质、优化营商环境的任务十分繁重,很多事情不能等、不能停,更不能刻舟求剑、闭门造车,亟须通过调查研究,找准问题,拿出破解难题的实招硬招。要突出重点。中共中央办公厅 国务院办公厅印发《关于强化知识产权保护的意见》,明确指出"将知识产权保护绩效纳入地方党委和政府绩效考核和营商环境评价体系"。我们要集中工作精力和资源要素,下狠劲、用实劲、使韧劲,以重点领域、关键环节的突破带动市场监管工作的整体推进。

怎么谋

肯学习。遇到难题,老办法不管用,新办法不会用,归根结底还是学习不中用。长期不认真学习,不更新知识,思想上不经常"充电",慢慢就会"掉队"。尤其是我们这样一个新组建的大局,职能多,我们对服务对象说"总有一款适合您",那就要问自己:"是不是每一款我们自己都很熟悉了解?"对市场监管而言,中央、省市委相关大政方针在泰州落地落实,我们是"最先一公里",如果我们自己都不认真学习领会,贯彻落实的第一棒就掉链子,那到了基层"最后一公里",就有可能是谬以千里、落了空。所以学习很重要,不学习就无以谋。最近国家密集出台市场监管领域的政策法规,就在昨天,号称史上最严的《食品安全法实施条例》正式实施。政策法律越完备,对我们依法行政、依法监管的要求就越高,我们就越要保持常态化学习的状态,学中干、干中学,下真功夫、学真本领,学在日常,用在经常。

肯动脑。这里不是指的投机取巧的小聪明,而是四两拨千斤的大智慧。要在看似平常的生活中发现机遇,在司空见惯的环境中找到机遇,在各种各样的条件下抓住机遇。能不能迎难而上、化危为机,关键就在于会不会开动脑筋。不开动脑筋,有政策就不会利用,有机遇就不会把握,有优势就不会转化,从而错失发展机遇。

肯吃苦。没有难做的工作,只有不肯下苦功的人。吃得苦中苦,享得乐中乐;吃得苦中苦,才能成为人上人。完成各项工作任务没有捷径可以走,要敢于硬碰硬,敢啃硬骨头,不达目标誓不罢休,逢山开路、遇水架桥,最终把"任务书"变成"成绩单"。作为领导干部,更要铆足干劲,开足马力,带头吃苦。只有以身作则、以上率下,比别人吃更多的苦、流更多的汗,才能团结带领群众迎难而上、勇往直前。

加强宣传至关重要

（2020年1月2日）

新年第一次月度办公会就跟大家谈谈宣传这个问题，从形式本身就充分说明了宣传的重要性。这里讲的宣传，是一个大概念，既包括全局的宣传，也包括各条线、各处室（单位）、各个人的宣传；既包括对外的宣传，也包括对内对下的宣传；既包括传统主流媒体的宣传，也包括新兴非主流媒体的宣传；既包括工作成效、成果、成绩的宣传，也包括工作职责职能、政策法规、监管服务范围、工作方式、组织架构的宣传，是一个综合的、多元的、全方位的宣传，希望能给大家以启迪。

一、宣传的必要性

1.宣传是工作的重要组成部分，不可或缺。做与说是一体两面，两者相互依存，不可分割。过去我们强调最多的是如何做好，但仅仅做好还远远不够。光做不说或者说得不到位，就不能让我们的服务对象了解我们政策举措的初衷、价值和意义，就不能让我们的主张、政策、措施家喻户晓、深入人心，我们的工作效果就会大打折扣，所以我们在推动工作的进程中，必须同步考虑谋划宣传。我们常说"谁执法谁普法""谁主管谁负责"，我理解这个"责"也包括宣传的责任，也就是说谁开展工作，谁就有义务宣传好。这个宣传不是邀功讨好，而是做工作的必需举措，不抓宣传就说明抓工作抓不到位，没抓到点子上，就是不会抓工作，到最终也必然做不好工作。

2.宣传是提升效能的有效途径，不可轻视。抓好宣传可以事半功倍、提高效率；反过来，抓不好宣传就会事倍功半，成效大打折扣。我们市场监管局是一个新部门，市场监管工作是在集成基础上全新的事业，外界光从字面上理解很难全面准确地了解我们是干什么的。新形势、新机遇，新职责、新使命，新问题、新矛盾，相互交织、错综复杂，从主流看，社会各界对我们的工作是支持的、认可的，但或多或少也还存在一些不理解乃至误解，在这样的背景下，抓好宣传是我们提升工作效能的有效方法。抓好宣传是向上级部门争取支持，集聚市场监管资源，推进自身事业发展的重要途径；是向监管对象普及政策，确立企业主体责任，推进社会共治的重要手段；是向人民群众展示部门形象，让社会了解市场监管、支持市场监管、参与市场监管的重要窗口；是向同级部门传输理念、凝聚共识，形成合力的工作方法；也是系统内部统一思想、交流工作、沟通信息、营造氛围、树立榜样、总结经验的重要平台。通过宣传，我们可以最大程度的争取理解和支持，从而让我们的工作效率更高。

3.宣传是出彩出新的必要条件，不可忽略。"酒香也怕巷子深"，工作做得再好，宣传不到位，也不能达到预期的效果。宣传可以让我们的工作更加出色，"品质泰州"品牌叫响，很大程度上得益于宣传到位。"泰检易"平台建立后，正是得益于广泛的宣传，我们平台的在线企业数、加盟单位数、检测需求数、交易成交数成倍数增长。"泰检易"品牌唱响全国，"泰检易"经验被总局推广，各地慕名前来学习。宿迁建立"宿速检"，包头建立了"包检道"，从而让我们更深刻地认识到"泰检易"适应时代的需要，符合发展的方向，坚定了我们优化平台功能拓展服务的信心，这就是宣传工作与业务工作深度融合、相互促进、出新出彩的一个很好的例子，还有阳光宴会厅，等等。宣传还能为我们的工作加分添彩，无论是年终的考核还是平时的督查，宣传的成效不仅是推进工作的佐证资料，也是重要的加分项。因此，要理直气壮地大声宣传，"声音大"，才不会被掩盖掉；"常发声"，才不会默默无闻。

二、存在问题

一是高度不够。见山就是山、见水就是水，不能联系全市、全系统的大局工作、中心工作，不能充分体现市场监管工作在服务经济社会高质量发展中的重要性，只就具体业务谈"一二三"，缺乏全局性、前瞻性、战略性思考。这样空洞无物、不知所云的宣传不能吸引人。二是温度不够。宣传的表达方式相对单一，市场监管工作服务民生、服务发展的工作情怀未能充分书写，缺乏温度、缺少互动、没有共鸣，宣传的亲和力影响力不够，这样索然无味、无关痛痒的宣传不能打动人。三是深度不够。满足于单纯报会议、报活动，缺少深度开采，对工作涉及的社会背景、现实意义、特色举措、长远影响反映较少，尤其缺少在各个条线的理论、评论文章，这样炒冷饭、送快餐式的宣传不足以说服人。四是广度不够，宣传稿件来源单一，主要集中在少数几个处室，宣传面较窄，对市场监管内容宣传还做不到全覆盖；全媒体联动还不够，一些重要的内容还不能做到同时推送、同步报道，这样小众化、碎片化的宣传不足以激发人。五是力度不够，缺乏跟踪报道、系列报道，对市场监管领域涌现出来的先进典型宣传推广不够，在大报大刊大平台，省级以上媒体的出镜率、出版率不高，与我们的工作成效不成正比，这样望天收、无所谓的宣传不足以鼓舞人。六是参与度不够。有个怪的现象，我们的"品质泰州"公众号是泰州市级机关最早的公众号之一，已经形成了一定的社会影响，但系统内部职工（包括市本级及下面基层）参与度不高、关注度不高，许多好的头条，关注度较低，点"在看"更是十分吝啬，看都不看，你想他转发就更难了。这样自娱自乐、自说自话的宣传难以达到满意效果。

存在这些问题的原因是多方面的，主要表现在认识上的偏离，认为只要干好本职工作就行，宣传无关紧要，不知道宣传本身就是本职工作的重要组成部分。责任上偏移，认为是宣传上的事、办公室的事，与己无关，漠不关心，不知道信息时代人人都是自媒体，你不主动宣传，一定会被淘汰。业务上偏差，对本部门本领域业务研究不深、思路不清，不善于提炼和总结，自己的工作成效讲不清、讲不全、讲不透。技术上偏颇，不及时，错过最佳时机，犹如过时凤凰、衣锦夜行；不精准，犹如隔靴搔痒、张冠李戴，不知道酒好更要勤吆喝会吆喝。

三、必须加强

1.提认识。宣传工作首先是一项政治工作，要坚守思想舆论主阵地，用好宣传工具，澄清谬误、明辨是非，最大限度消除杂音，用真理之镜揭露流言蜚语，以理论之光驱散思想迷雾。宣传工作是一项群众工作，要坚持群众路线，通过宣传把市场监管的理念转化为社会共治的自觉行动，争取人民群众对市场监管最大理解、认同和支持。宣传工作也是生产力，宣传所产生的强大精神力量，会转化为强大的物质生产力，宣传工作做得好，则事半功倍，反之则事倍功半，南辕北辙。

2.明责任。宣传工作是一项事关全局的工作，人人都要参与，个个都有义务。我们既要有全局观也要会统筹，办公室、综合处要履行牵头抓总职责，要定方案、建机制、排计划，还要畅通渠道，通联好市内市外各大媒体。各处室、事业单位要切实履行宣传主体责任，把宣传工作与业务工作紧密结合，同谋划、同部署、同落实，要挖亮点、排成效、找特色，形成有深度的新闻信息稿件。牵头部门和配合部门一个要搭好台一个要唱好戏，齐心协力打好"组合拳"、弹好"协奏曲"。

3.广发动。新时代，人人都有麦克风，每个市场监管干部职工都要用好"口头""笔头"和"指头"，要常发声，利用走基层、进园区、访企业等各种时机、场合，深入广泛宣传市场监管最新政策、最新动态、最新成效；要勤动笔，在各自业务条线挖掘市场监管精彩"故事"，唱响市场监管"好声音"；要多转发，关注"品质泰州"等新媒体，在朋友圈、微信群分享市场监管的好新闻、好典型、好经验。

4.下任务。搞好宣传工作要有计划也要有目标，要根据市场监管职能，围绕中心工作，结合"3·15""4·26""质量月"等重要的宣传时间节点，排好全年宣传计划，在此基础上进一步明确工作责任，既要考虑2020年全局宣传的"大目标"，也要综合考虑各部门工作职责，采取量化积分的形式，着手量化明确各个处室、事业单位的"小目标"，要做到年初有目标、年中有督查、年末有考核，通过目标任务的推进，让市场监管宣传这池春水活起来。

5.严考核。要用好考核指挥棒，实行量化考核，在责任传递上见成效。要强化信息宣传工作的日常管理,每月通报一次采用稿件数量,每年考核一次信息采用情况。要把新闻宣传考评结果纳入年度目标考核内容,并作为评先评优依据,从而有效调动各方力量、运用各种资源,吸引广大干部职工共同参与,更好开创市场监管宣传工作新局面。

自觉维护尊严

（2020年3月2日）

正月初十上班的第一天上午，我们开了一个由局领导班子成员参加的局务会。在会上，我提出了一个"泰州市场监管集体尊严"的概念。因当时疫情防控任务紧急，未能细讲，所以今天补讲一下。

一、何谓尊严

先百度下，尊严通常是指人和具有人性特征的事物，拥有应有的权利，并且这些权利被其他人和具有人性特征的事物所尊重。简而言之，尊严就是权利和人格被尊重。说得浪漫有诗意一点，尊严就是挺起脊梁、不屈不挠的骨气；就是刻在心里、不畏艰险的底气；就是融入血液、争创一流的志气；就是扬在脸上、勇往直前的锐气。

从概念上看，尊严虚无缥缈，但现实社会中，尊严又客观可感知。应该说，每个人都有自己的尊严，同样作为具有人性特征的集体也有集体的尊严。人没有尊严就会被人看扁了，单位没有尊严就没有社会地位。作为单位的一分子，我们的个人荣辱与单位紧密相关，个人的尊严与单位集体的尊严相互依存。个人尊严只有融入集体尊严中才能更有价值。集体尊严同样离不开每个成员的自觉维护。所谓"众人划桨开大船""一泡鸡屎坏了一缸酱"就是从正反两个方面讲的这个道理。

尊严既是被动认可，又是主动作为。尊严虽然主要体现在日常，但往往在危难之时更能彰显光芒。这次抗击新型冠状病毒感染的肺炎疫情中，市场监管部门闻风而动、迅速反应、主动出击，很多同志在急难险重的任务面前主动请战，市场、食品、药械、物价、稽查等条线深入一线，冲锋在前，有力有效履行了市场监管职能，充分体现了大家维护我们共同尊严的自觉和自信。

二、如何理解泰州市场监管集体尊严

我理解，我们所要的集体尊严，起码应具备以下几个要素：

1. 业绩高。业绩是我们工作的结果和集体存在的价值所在，也是尊严最基本的骨架和最有力的证明。如果缺乏业绩，没有成效，那不管你多么辛苦、多么忙碌，一切辛苦都是白费，一切付出均没有价值。有为才能有位，没有功劳只有苦劳的付出，是得不到应有的尊重的。只有具有含金量的业绩，才能树立尊严。

2. 作用大。我们是一个刚刚成立一年的新局，又是一个在机关中体量数一数二的大局。在服务中心大局中发挥多大的作用,决定了我们在党委政府和老百姓心目中的地位。实践证明,只有主动融入全市中心工作发挥更大更多作用,才能赢得尊严。

3.形象佳。市场监管形象由每个市场监管人的个体形象组成,是市场监管人共同的"脸面"。每个人的形象都支撑和影响全局的整体形象。而且这种形象具有很强的传染性和乘数效应,越好就越好,越差就越差。勇于担当的党员干部越多,真心服务的党员干部越多,严于律己的党员干部越多,勤政廉洁的党员干部越多,市场监管的群体形象就会越来越好。只有这样,才能维护尊严。

4.精神好。对外,外人看一个部门、单位,一个重要途径就是看它的干部、职工精神状态如何。对内,良好的精神状态是干好一切工作的重要前提。任务越是艰巨,越是要振奋精神;时间越紧迫,越是要保持状态。要始终保持舍我其谁的担当、干则干成的勇气,牢固树立想干事、能干事、干成事的精气神,只有始终保持着那么一股劲,尊严才能靠得住、站得稳。

三、怎么塑造泰州市场监管尊严

尊严从来不是别人的施舍,而是需要靠自己真刀真枪干出来的;尊严也从来不会从天而降,需要我们每个人自觉倾心塑造;尊严也从来不会一劳永逸,需要我们日复一日地修炼养成。市场监管是我们共同的事业,泰州市场监管的尊严是我们共同的尊严。为了这个尊严,我们至少要做到"十个自":

1.自高自强。这里不是指盲目自高自大,而是指高定位、高标准,志向高远、本领高强。自高自强,要把自己摆在全省乃至全国市场监管系统中去比拼,坚定领先率先的信心和决心,敢争第一,敢扛红旗。反正要干,反正是干,要干就干到最好、要做就做到极致、要走就走在前列,力争各项工作都迈入第一方阵。具体到今年,我们的目标还是要冲"十佳"。具体到个人,就是要努力成为复合型人才,成为适应不同岗位的多面手,真正用好市场监管的工具箱,打好组合拳,在服务大局中担当有为,充分发挥自身的监管优势、技术优势,在促进发展、服务民生中自我加压、勇挑重担、实现价值。自高自强,还要把自己摆到市场监管事业的薪火相传中,作为第一代市场监管人,我们理应跑出第一棒的姿态、塑造第一棒的精神、展现第一棒的作为,为市场监管事业开基立业树立高起点,让我们的事业在高开高走中赢得尊严。

2.自信自立。自信就是要有底气、有信心,坚信我能、我一定行;自立就是立足于自力更生、真抓实干。年度工作会议上,我们提出了"一品牌一行动"。所谓"一品牌",就是进一步叫响"品质泰州"品牌;所谓"一行动",就是组织开展"优化营商环境年"主题行动。能不能做得到、做得好,关键就看大家能不能"自信自立"。自信自立,不是空喊口号,而是落细落小、落地落实,苦干实干、大干巧干。

很多时候,不试一试,都不知道自己有多优秀。要在大事小事中经受摔打、在层层历练中积累经验,磨砺出化解危机的真本领。自信自立,还要注重克服自满情绪,过去我们的一些工作取得了一定成效。但成绩只能代表过去,大家一定要有归零意识,放下包袱,打开思路,从头开始思考谋划今年的特色亮点工作,为年终申报改革创新奖做好思想和工作准备,每个条线至少报一个项目。大家要超前谋划,好好充电补能,等疫情一过,迅速投入战斗。

3.自重自爱。就是要有大格局、履好责,讲道德、重品行。人当自重,而后人重之;人当自爱,而后人爱之。自重自爱,体现在大局上。这么多的职能集中在市场监管局,我们要充分认识到压在肩上的这副沉甸甸的重担。大市场、大质量、大安全、大环境,无不事关全局。大局要有大局的样子,所以我们要始终站在全局的高度想问题、看问题、解决问题,而不是自说自话、自娱自乐,更不能自我矮化、自我边缘化、自我虚无化。只有把市场监管工作摆到全市的工作大局中谋划,我们才能赢得更大的舞台,争取更高的地位。自重自爱,还体现在珍惜在岗任职的机会,尽心尽力,履职担当,真正做到爱岗敬业。我们提出争当品质工匠,就是对我们的事业、对我们的队伍形象的自重自爱,只有我们每个人真正践行"做打造品质的工匠,做有品质的工匠,用工匠精神推进品质泰州建设",才能让我们的事业赢得更多的尊重和支持。自重自爱,更体现在爱护单位的形象上,体现在把单位的事当成自家事来办。我们对外打交道时,我们的形象就是市场监管局的形象。我们要抓住一切机会主动作为,在树好市场监管形象的过程中树立尊严。比如我们的公众号,排名已经跃上全国系统内前列,得到了越来越多的领导和社会公众的关注,这是我们宣传工作很好的阵地。但还有不少同志关注重视不够,仍等闲视之、漠然置之,反复提醒,就是不愿转发也不愿点"在看"。现在有很多同志在群里发"在看"进度,目的就在于提醒没点的同志。像这样的举手之劳都不愿为之,我们很难说他是真的热爱这个集体,真能干成什么大事,真在乎我们共同的尊严。这看似小节问题,却反映了一种思想问题。你对集体漠然视之,集体必然会对你漠然视之。

4.自省自励。就是要照镜子、正衣冠,自我反省、自我鼓劲。市场监管是一个新部门,大家看着;市场监管是一个大部门,大家看着。所以,我们来不得半点懈怠和麻痹,只能不断自省自励。自省自励,是党性修养的完善提高,要对照党章党规,自觉把党性修养正一正;对照群众期盼,把宗旨意识理一理;对照正反典型,把党纪国法紧一紧,不断自我净化、自我革新,时刻保持良好形象,永葆一身正气。自省自励,要通过进一步用好"两发现"等行之有效的方法,加强对日常工作的检视,及时总结发现存在的问题和不足,找到改进的方向。比如这次疫情防控,我们做了大量的工作,但许多地方比如在事先研判、事中应急,对外联络、对内协调、执法检查、内部保障等方面，是不是存在有待改进的地方？希望防控工作结束后，各个处室都能做一次"复盘"，看看哪些地方值得肯定、哪些地方尚有缺陷，形成一批制度性成果，最终提升我们的治理能力。自省自励，还体现在细节上，比如正式会议着正装，这已是基本的礼仪，但就是有人不愿遵行。少数人的我行我素、特立独行，让别人怎么看？所以说细节决定成败，尊严要从小处小事抓起。要让我们工作中的一言一行、发出去的每一份文件、作出的每一个决策措施都能经得起推敲，要在细微处展示市场监管人的尊严。

5. 自警自律。就是要严纪律、守规矩，自觉警醒、自我约束。美国总统罗斯福曾说："有一种品质，可以使一个人从碌碌无为的平庸之辈中脱颖而出。这个品质不是天资，不是教育，也不是智商，而是自律。自警自律，要知敬畏。我们需要的是一个高品质的文明、高尚的集体尊严，我们要一起去铸造和维护她。一个人只有有所敬畏，才能行有所止。倘若不知敬畏、不守规矩，长此以往必定会摔跟头。自警自律，要洁身自好，严防潜规则。市场监管部门与市场主体打交道多，不管是处长还是普通工作人员，手中都有着或大或小的权力，要把握好"亲清"的尺度，做到常在河边走，就是不湿鞋。只有在维护制度权威、保障制度执行上坚持更高标准，自觉当好表率，始终保持纯洁性、战斗性，才能在履行职责中更有底气、更加硬气。自警自律，还要防微杜渐。无数案例告诫我们，千里之堤毁于蚁穴，积小恶则成大恶。一个人如果自己管不住自己，别人再怎么管也难以管住。任何人任何时候都不能心存侥幸，这次疫情防控，又一次给我们敲响了警钟。我们必须在私底下、无人时、细微处也能始终不放纵、不越轨、不逾矩，做老实人、说老实话、干老实事。只有这样，才能久炼成钢，成为真正的品质先锋。

积极发挥带头作用

（2020年4月1日）

从这次新冠疫情防控的中国实践来看，领导带头功莫大焉。我想：这么大这么难的事，由于领导带头都能搞定，其他还有什么事我们不能搞定？关键就在于：领导带头。所以今天借这个机会，和大家谈谈带头这个话题。

一、带头是什么？

带头是什么，大家都懂，也都会，就是平常经常会丢掉或忘掉。带头从具体工作讲，就是要带头向前，推动我们的事业不断向前进，不落后、不掉队；就是带头向上，不满足于已取得的成绩，始终保持积极向上的姿态，勇攀高峰、争创一流；就是要带头向好，端正思想、修正品行，崇尚真善美、摒弃假恶丑，弘扬正能量、提振精气神。

二、谁要带头？

1. 领导干部要带头。这里指的领导就是我们局领导班子的每一位成员。领导，顾名思义，领者，带路也；导者，指引，启发也。若是带路和指引的人搞错了方向、做坏了样子，势必"上梁不正下梁歪"。带头是领导的重要方法之一。上为之，则下效之。"火车跑得快，全靠车头带""兵熊熊一个，将熊熊一窝"，这些通俗形象的说法，都说明了领导带头的重要性。好的队伍、好的作风是抓出来的，更是领导干部以身作则带出来的。领导干部带头，是无声的命令，也是最有说服力的教材。对于身处特殊岗位、具有重要影响的"关键少数"来说，只有一级带着一级干，一级做给一级看，发挥"头雁效应"，才能形成"头雁"领航、"群雁"齐飞的生动局面。

2. 部门负责人要带头。这里指的就是每个处室、单位的主要负责人。部门负责人既是决策的一把手，也是落实的执行者；既要当好指挥员，更要当好战斗员。带头，是具体的而不是抽象的，是实打实的而不是口头的。要合理分配工作，发挥团队最大合力。要清楚工作推进的难点、找准矛盾交织的堵点，哪里困难多，哪个环节问题大，哪件事情最紧急，就主动抓、认真抓，一件件抓落实、一项项抓兑现。

3. 党员要带头。党员看干部，群众看党员。党员以身作则、率先垂范，大家就会跟着学、照着做。凡事带一次头容易，难的是事事带头、时时带头、处处带头。面对工作要"跟我来"，面对危机要"跟我上"，面对纪律要"跟我学"，身先士卒、向我看齐、走在前列,才能以点带面,形成号召力、感染力。希望每个党员都是"品质先锋",从而影响带领全系统干部职工都成为"品质工匠"。

三、如何带头?

1.带在前头。这个前头,就是要带头超前谋划。我们带头走在队伍的最前面,首先要思考,要把这支队伍往哪里带?怎么带?要思考,朝着这个方向前进会碰到什么困难?如何解决这些困难?否则,漫无目标或是凭着老经验、老办法干事,是很难适应机构改革后的新形势的,也很难不断推动我们的事业向前进。在这个问题上,尤其是我们每个班子成员,每个副处级以上领导干部更要带好头,带头思考各自分工条线的工作安排。所以,最近办公室每周一都把各位领导的当周工作安排发布到微信工作群里,这个做法很好,有利于让各个处室都知道分管领导的近期工作安排,从而更好地安排计划好本处室的工作。有的领导一周安排很周详,也有的领导可能没有真正理解这一制度的初衷,写得很简略,还有少数同志一周都是日常工作,很容易让人产生误读。当然带在前头,这个"前"肯定不仅仅是一周,而应该是更长的时间。要做到长中短期谋划相结合,做到把条线工作的谋划和全局工作的谋划相结合,做到自己带头谋划与群策群力、集采众智相结合,真正带在前头,带出新思路、新举措和新作为。

2.带在田头。就是要带头干在实处,把自己的一亩三分地种好。春耕夏耘、秋收冬藏。我们干工作就和种田一样,有耕耘才有收获,误了一刻农时,落下一道工序,就会荒了庄稼。带在田头,就是要把带头贯穿于工作的全程全域。组织把一个条线、一个处室交给你,这就是你的责任田,你就要流汗出力,精耕细作,协调好"生产小组",统筹好"农活""农时",一时一刻、一丝一毫都不能马虎,更不能无所作为望天收,切实带头把责任担起来。这还是你的试验田,机构改革给了我们前所未有的舞台和机遇,但一切都没有现成的经验,需要我们探索前行,流程再造,创新发展。越是这样,越是需要负责的同志带头冲、带头闯、带头干,开拓创新,争当骏马奔牛,用改革解决改革中遇到的难题,这是大家大显身手的大好机会。这还要最终变成你的示范田。带在田头,就是要牢固树立"亩产论英雄、业绩见高低"的鲜明导向,不能光满足于做了,更要追求做好、做精,精益求精,争当品质工匠,努力让自己的责任田成为丰产田、高产田、样板田。

3.带在关头。就是要关键时刻拉得出、打得响,冲在前、做表率。关头是最考验人的时刻。只有你放出样子,你的下属才会甩开膀子;只有你不掉链子,群众才会迈开步子。党员干部以身作则、率先垂范,大家就会跟着学、照着做。关头是急难险重的任务,领导干部带头了,迎难而上,靠前指挥,群众才会坚信没有完成不了的任务,才会心服口服地跟着你干,才会团结协作,凝心聚力拧成一股绳,汇聚团队的力量,一起干大事、干好事、干实事、干成事。关头还考验党性修养的大是大非。分管领导也好,处室、院的主要负责人也好,都要带头讲规矩,守规矩,按规矩办事。始终保持共产党人的本色,在自重、自省、自警、自励中经得住各种考验。只有带好头,做好表率,言传身教,才能把自己分管的条线、自己分管的部门管好带好,最终形成风清气正的政治生态和积极向上的机关文化。

如何评价对错与输赢

（2020年5月6日）

今天和大家谈谈对错与输赢的问题。这个问题的提出，源于一次偶然的阅读，一则"心灵鸡汤"说：只论对错，莫论输赢。乍一看，有些道理；细一想，不敢苟同。借此机会，与大家分享一下自己的所思所想，今天讲，更有现实意义。

一、如何理解对错与输赢

先来谈对错。做对的事、把事做对，这是对每个人的基本要求，也是一个根本要求。除极少数坏人外，绝大多数人，都希望自己是对的，当然不排除也有人会好心办坏事。讲对错，首先要方向对。从大处讲，就是要旗帜鲜明讲政治。落实到具体工作，就是要不折不扣地贯彻执行局党组的决策部署。只有大家的方向都对了，步调一致向前进，才能全局一盘棋。否则，方向一错，各行其是，只会和大部队渐行渐远。讲对错，还要方法对。机构改革已经一年多了，我们正努力做好改革的下半篇文章。改革越往前推进，越需要对的方法。方法对了，才能够交出好答卷。我们在标准化、食品安全等方面取得了新进展，就是因为我们打破旧思路旧方法，找对找准了方法。反之，如果方法不对，只会是事倍功半、费力不讨好。讲对错，还要心态对。干工作要有好的精气神，心态要正，状态要对。机构改革以来，我们一直注重构建富有泰州市场监管特色的机关文化，无论是去年贯穿全年的"新局新局面"主题活动，还是随时随地的"两发现"，抑或一以贯之的"品质先锋""品质工匠"品牌铸造，目的就是要在全系统涵养正气锐气朝气，去除邪气娇气暮气。所以无论是面对改革的进退留转，还是面对抗疫防疫等急难险重的任务，我们绝大部分同志都保持了健康的心态、进取的状态和奋进的姿态。反之，如果心态总是不对，必将难成大事、难有作为。

再来谈输赢。谈输赢，从本质上讲就是比高低、分上下，就是经得起考验、经得起排名。这次全省高质量综合考核，泰州名次滑落，我们该负多大的责任？机构改革，让全国市场监管局都同处一条起跑线。现在一年多下来了，差距正在拉开。我们的位置如何？我们的强项和短板分别在哪儿？如果干工作都是很"佛系"、看淡输赢，肯定会被别人甩得老远，已有的成果必将销蚀，应有的尊严也会丧失殆尽。讲输赢既要看长远，也要争眼前。要有"敢扛红旗，敢争第一"的信心和决心，很多工作真的是等不得也等不起，我们的事业好比接力赛，接力跑没有中场休息，更何况我们跑的是第一棒。我们既要埋头谋长远，也要只争朝夕、抢占先机。不能一白遮百丑,可能有些缺陷就是致命短板,有些问题不及时发现解决就成为终生遗憾。只有把眼前的每一件工作都做出彩做出成绩,我们才能在争先创优中赢得主动,也才能真正赢得长远。讲输赢既要看全局,也要谈自己。输赢很多时候是全局的输赢,所以我们在全市争"十佳",在全省全国争一流。但全局的工作能否赢,取决于我们每个处室、每个条线的实力和位置。离开个体的群体是不存在的。只有更多的处室和条线把自己的工作放到全局的工作大局去谋划,跑赢全国全省的同行,全局的赢才会有坚实的基础。讲输赢既要实实在在,也要善于总结宣传。赢要赢得货真价实,不能虚头巴脑,更不能做表面文章。但赢了,还要会总结会宣传,把好的经验做法固定下来,讲好市场监管故事,用成绩鼓舞士气、弘扬正气。所以今年1月的局务会我专门讲了宣传。酒香也怕巷子深,工作做得再好,宣传不到位,也达不到预期的效果。不注重宣传,就是不会做工作;赢得胜利却不会不愿宣传,这样的胜利,成果成效也会大打折扣。

二、正确处理对错与输赢的关系

今天我们把这两个概念摆到一起来讲,是因为不少人在日常工作中没有正确处理两者关系,出现了三种倾向:第一种倾向是只讲对错,不讲输赢,这是无能的表现。讲输赢就是要争先创优,就是要把对的事做成。输赢是检验对错的重要依据,没有做成的事,也就很难说是做对了事。对的事,如果不能做成做赢,就无所谓对错。面对输赢,我们不能做消极的淡定。第二种倾向是只讲输赢,不讲对错,这是无德的表现。不讲对错就是没有是非观,就是在大是大非面前不能保持正确的立场,这样可能会取得一时的赢,但肯定不能保持长久的赢。第三种倾向是既不讲对错,也不讲输赢,这是虚无的表现。不讲对错是没有是非观,不讲输赢则是没有上进心,如果对错和输赢都不讲,得过且过无所谓,糊里糊涂无作为,这样的人就应该腾出位置,让贤者上、让能者上。因此,正确处理对错与输赢的关系,要坚决防止上述三种倾向。我们既要讲对错,也要讲输赢。做对事是基础是根本,干赢事是目标是追求。讲对错是我们保持政治定力,讲输赢是我们保持创业激情。所以说讲对错与讲输赢,两者相互依存,不可偏废。

三、既要做对更要做赢

谋在前头。既要做对,又要做赢,这不是一件简单的事,要提前谋划好,把工作想周全,才能在关键时刻作出对的选择、找准赢的方向。要谋问题。改革越向前推进,发展的要求越高,各种深层次的问题就越加凸现,无论内部的流程再造,还是对外监管的机制体制,这些问题是客观存在的,是躲不掉让不掉的,要坚持问题导向,直奔问题而去,找准问题的症结,拉出清单、开好药方,谋划好解决的方案。要谋思路。形势在变、任务在变、工作要求也在变,全国市场监管系统你追我赶、竞相发展,我们现在是标兵越来越多,离我们越来越远;追兵越来越少,离我们越来越近。对我们来说，不进则退、慢进也是退。我们既要下功夫打基础提升整体工作水平，又要激发智慧打造特色亮点，所以要提前谋划对的事、能够赢的事，只要大家开动脑筋，一定能开辟新天地。要谋方法。做对事做赢事，一定要讲求方法。运用好集成创新方法，谋划如何更好地集成工作精力和资源要素，做到集众家之长、众人之智、众创之力，实现1+1>2的效果。要有步骤有重点，以重点领域、关键环节的突破带动市场监管工作的整体推进，真正实现从"合"到"融"，实现重点突破。

冲在前头。把对的事做成做赢，需要我们冲在前头。千舟竞发，谁冲在前头，谁就能抢得先机、争得主动。要敢闯敢试。只要是认准的事，就要朝着赢的方向去闯去试，下狠劲、用实劲、使韧劲。我过去经常举的例子，就是泰州荣获中国质量奖，你不闯不试，就不可能赢得这项荣誉。作为分管领导、处室负责人都要带好头，带头冲，敢闯敢试，这样才能真正把全局上下的潜能激发出来。要赶早赶先。"今天再晚也是早、明天再早也是晚。"所以要积极创造条件，早起步，早发力，让我们更多的工作能够争率先领先、抢第一唯一，这不仅仅是为了荣誉，更是为赢得工作的主动。同样是做工作，与其跟在别人后面亦步亦趋，还不如冲在前面，让别人模仿。要担当担责。做对事、做赢事，首先是我们在座各位的责任。只要我们责无旁贷地把这个担子挑起来，就会影响带动更多的同志，把责任层层传递到位。当然，我们难免也会犯错，不会事事都赢，但只要我们冲在前头，越是吃劲的时候，越是把责任担起来，带头总结经验教训，就会在下一步工作中，朝着正确的方向大踏步前进，赢得最终的胜利。

立在前头。既要做对更要做赢，不仅我们每一位分管领导、处长要有这种意识和自觉，还要我们立在前头，做好表率，把这种意识和自觉灌输传递给身边每一名干部职工。要明辨对错。面对大是大非，我们都能做到立场坚定、爱憎分明，但这仅仅是最基本的要求。具体到市场监管，我们是一个大局，一个与社会经济发展密切相关的部门，职能多、责任大、要求高，所以我们要清醒认识到什么事是对的，什么事是错的；什么事能做，什么事不能做。我们不仅要自己心里有一把尺，更要放出样子、拿出规矩，而不是和稀泥、做老好人。请纪检组、机关纪委结合"两发现"，加强问题发现力度和查处力度，及时纠偏，警钟长鸣。要落地落细。强化效率意识，加快办事节奏，进一步提高执行力，保证工作质量。把握好工作角度，对确定的目标任务，对定下来的事项，细化分解、明确责任、狠抓落实；对分管的工作，该协调的要立即协调、该争取的要及早衔接，排出时间表、制定路线图，加快推进、早见成效。要久久为功。没有一蹴而就的变革，也没有一劳永逸的进步，赢的唯一秘诀就是坚持。这个月《标准化条例》正式施行，从起草到发布，历时13个月，历经13次重大修改。所以说，要想在事业上有所成就，就要有一股韧劲,绵绵用力、久久为功。面对重重险阻、种种挑战,如果严一阵松一阵,三天打鱼、两天晒网,急功近利,只想创造短平快的"显绩",是不可能把事做对做赢的。只有拿出水滴石穿的韧劲和咬定青山不放松的精神,一张蓝图绘到底,最终才能赢得胜利、赢得尊严。

衷心希望今年能有更多的狮子、骏马、黄牛型干部涌现,不希望看到出现一个蜗牛。

学会反思

（2020年6月2日）

时间过得很快,转眼已到6月。2020年,时间即将过半,任务能否过半? 年初的既定目标进展如何? 能否完成? 等等。面对这些问题,在年中即将到来的时候,我们有必要谈一谈"反思"这个话题。

一、什么时候反思

前事不忘,后事之师。这就是反思。古往今来的人间世事,不停、反复地告诫我们:要经常反思。只有经常反思,善于反思,才能让过去的经验和教训成为指导我们不断前进的老师,让我们不再犯曾经犯过的错误,夺取比过去更大的成绩。反思,是一种批判吸收、螺旋上升的思维方式,是一种自己与自己较劲、精益求精的工作状态,是一种继往开来、追求卓越的精神境界。用曾经的经历做自己的老师,这在个人的成长进步中有很重要的作用,对单位的发展壮大也同样不可或缺。

1.逆境时要反思,顺境时也要反思。遇到困难挫折,我们一般能够静下神来、沉下心来,痛定思痛,找一找错在哪儿,想一想问题的症结,这就是逆境时的反思。顺境时,就会飘飘然地自以为是、自然而然忘了反思。这很危险。这次我们的质量工作被国务院表彰,这本来是可喜可贺的成绩。但如果我们就此沾沾自喜、不思进取,就会走向成绩的反面。所以,无论是逆境还是顺境,无论是正面还是反面,无论是失败还是成功,都要敢于并善于反思,从而从中发现更多有利于我们成长的养分,让坏事变成好事,让好事更好。

2.反思要看结果,也要看过程。结果来自过程,过程产生结果。无论成功还是失败,关键在过程。这就要求我们,反思不能仅仅局限于结果本身,而必须学会前溯后延。反思过程,步步经心,不仅仅是对成功经验的总结,或失败教训的归纳,更要在成功中找到缺憾,在失败中发现希望,让我们在今后的工作中更加坚定有力、更加从容不迫。

3.反思要回头看,更要向前看。反思,是对过去的回顾和总结。我曾和有的同志讲过,每天晚上回家都要"过电影",把一天的工作做个回放。不时地回头看,是为了更好地向前看。反思过去,尤其要对那些反复出现的问题、那些本不该犯的错,要盯住不放,多杀几个"回马枪"、多来几次"回头看"。反思更要向前看,要带着发展的眼光回顾过去,无论反思逆境还是反思顺境,我们最终都是为了打开一片新天地，而不是重蹈覆辙；为的是发扬成绩，而不是躺在功劳簿上故步自封、沾沾自喜。反思过去，从本质上讲，就是谋划将来。

二、反思什么

1.找准问题。反思要坚持问题导向，找不准问题，就是做无用功。失败不可怕，关键是从中吸取教训。反思中，首先要找准问题，如果找不准问题就不会反思，就不能有效、精准地打破思维惯性、工作惰性和路径依赖。问题总是客观存在的，但如果我们对问题熟视无睹、视而不见，这些问题就会成为阻碍我们事业发展的拦路石。尤其是机构改革到现在，工作上的融合尚未全部完成，机制尚未健全，还不停地遇到各种各样的老问题和新难题。对于各条线、各处室而言，由于基础、体量、条件和职能等各不相同，问题的性质、表现形式也不尽相同。这就要求我们通过经常性的反思把突出矛盾、深层次问题找出来，这样才能对症下药、精准施策。

2.找明原因。问题找准了，还要找到病根，揭开里子、深入骨髓、触及灵魂，才能找到治病的真方。否则，问题只会越积越多、积累发酵、积重难返。找到认识上的原因，要反思自己是不是对政策理解有偏差？是不是没有分清通过努力可以改变、克服的困难，无限夸大了面临的困境？是不是没有结合实际死搬硬套？反思认识上的原因，可以帮助我们学会运用系统的思维方法，研究分析解决具体问题。找到方法上的原因，要反思自己在工作方法上有没有欠缺？方法对头，事半功倍；方法不对，事倍功半。在现实工作中，有的人一天到晚很忙很累，却看不见成效；有的人工作起来忙而不乱，又有成果。所以要反思方法上的原因，掌握正确的方法论，不断丰富完善自己的工作方法和技巧，进而不断提升工作效能。找到力度上的原因，要反思自己是不是执行不坚决果断，不立说立行，"雷声大、雨点小"，拖拉疲沓、敷衍执行？是不是"断章取义"，合意的就执行、不合意的就不执行？工作力度强弱的背后体现的是政治站位高不高，尤其是市委市政府布置的工作任务、局党组的部署决策，都是"必答题"，而不是"选择题"，必须做到有令则行、行则迅速，有禁则止、止则彻底，立说立行、务求实效。绝不能"上有政策、下有对策"，绝不能"有令不行、有禁不止"，绝不能在贯彻执行过程中打折扣、做选择、搞变通。

3.找对出路。反思的目的在于解决问题。如果反思找不到解决问题的出路，反思出再多问题或原因也没有多大意义。所以，在反思的过程中，要运用大局观念和发展眼光找准深层次矛盾，找到主要矛盾的主要方面，通过流程再造、建章立制，把失败的教训、成功的经验转化为务实管用的制度机制，实现方法管得住、办法行得通、政策用得好，确保上下衔接、配套有序，实现常态化、长效化。

三、如何反思

1.把自己摆进去,三省吾身。反思,首先要从自身找原因,而不是甩锅找客观。反思没有旁观者,要把自己摆进去,从思想观念的深处,反思和检讨自身存在的问题,进而解决问题。三省吾身,从次数上讲,要经常反复;从内容上看,要全方面多角度。敢于善于反思,也是工匠精神的体现,品质工匠更应如此。从严不从宽。机构改革一年多,时间不长,但条线与条线、处室与处室之间并没有齐头并进,并不是每个条线、每个处室凝聚力、战斗力都很强,都是肯干事、能干事、干成事。我们的分管领导、处室主要负责人都要反思。下属的状态折射出的就是领导者的状态。我们只有对标高线、从严要求、处处以身作则、事事率先垂范,大家才会跟着学、照着做、争着干。兼听不偏听。反思不仅要自己思,还要动员更多人一起思。旁观者清,对工作中存在的突出问题,其他人往往看得很清楚。要拓宽征求意见渠道,调查研究、广开言路,开诸葛亮会、"头脑风暴",群众提、上级点、互相帮、集体议,收集真想法,发现真问题,愿意听取意见、学会征求意见、能够听进意见,而不是讳疾忌医、文过饰非。真改不假改。反思不仅是要思,更要以思促行,做实干家、行动派,不做空谈家、语言的巨人。对找到的问题,要主动认领、对号入座,不回避、不推脱,能够立即解决的要立行立改、立竿见影,干净彻底地改;需要持续攻坚的要设定时限,项目化推进,不能拖泥带水、遮遮掩掩。

2.要把工作摆进去,举一反三。反思要把工作摆进去,才能实打实,才能取得实效。对标对表。反思的过程是方向的再校准。反思不能仅拿自己和自己比较,而要用标杆榜样校准我们的工作举措。现在组建已经一年多,各地之间的差距逐渐拉开。我们的许多工作并没有走在同行的前列,一些暂时领先的工作也面临着追兵越来越近的状态。形势逼人,更需要有清醒的危机意识。每个条线、每个处室都要找到追赶的目标,发现对方的亮点,从而反思自身的不足,对标对表、加压加力,补缺补差,挖掘潜力、激发动力、比学赶超。聚力聚焦。反思的过程是力量的再集结。要发扬钉钉子精神,握指成拳,下大功夫、下真功夫、下硬功夫,狠抓执行、狠抓落实。要抓细,靶向发力,精准施策,变"漫灌"为"滴灌",对分管的工作、负责的事情,做到底数清、问题清、任务清、对策清。《关于推进标准引领经济社会高质量发展的意见》已经通过政府常务会审议,即将出台。各条线各单位都要学习消化,进一步研究细化目标任务和配套措施,选准突破口,打造更多的特色亮点。同时,还要着手起草实施细则,更加充分发挥标准"温柔法制"作用,促进标准在更大范围、更宽领域应用。深化升华。反思的过程是目标的再超越。尤其是机构改革以来,我们实现了职能调整、机构重建,要真正发生"化学反应",还有大量工作要做。6月底7月初我们要专门召开会议,请大家对机构改革以来取得的成绩和存在的问题来一次反思,反思如何在成绩面前戒骄戒躁、更上一层楼,如何拉长短板补齐弱项。为了做好准备,建议每个人都要反思,反思自我、反思处室、反思全局,在全员反思中实现深化升华,实现自我变革、自我超越。

3.要把实际摆进去,融会贯通。反思最终目的是推动实际工作。反思要想取得实实在在的效果,必须坚持把实际摆进去。上下贯通。转发文件、印发文件,一般都会有"请结合实际",这不是一句可有可无的空话、套话。而是提醒我们在认真学习、全面领会上级文件精神的基础上,紧密联系实际,有机衔接、有序推进,对实际工作起到指导和推动作用,而不是上下"两张皮"。左右连通。反思不能局限于自己的一亩三分地,反思要有大视野、大格局。无论是分管领导,还是处室负责人反思工作都要放到全局乃至全市工作大局中谋划。要通过反思,彻底打破条线思维,变过去唱独角戏为大合唱,多补台补位,善借力借势,更加充分发挥市场监管部门的职能优势,在信用监管、标准+专利、品牌建设等方面尽快发生化学反应,真正构建大市场、大质量、大安全、大环境的工作格局,形成叠加效应,释放改革红利。内外融通。在全年工作会议上,我们提出了"三强"的目标要求,其中之一是"合力强"。单打独斗难出成果,众人划桨才能开大船。我们要反思机构改革以来在加强内外融合方面的经验,进一步提升工作合力,尤其是要反思品质办、质量委员会、各种联席会议工作的成效。这次深化文明城市创建,市场监管部门承担农贸市场创建、餐饮店等食品消费场所管理等职责,牵头和人大办、社科联负责路段包保,要把每一个环节工作部署周密,务必合理安排工作主次,善于处理中心工作和其他工作的平衡协调,使之产生有节奏、有规律的运转,以"实打实"的举措推动各项重点工作"真落地"。

讲大局，谋发展

（2020年7月1日）

我们常说，大局要有大格局。但究竟什么是大局？为什么要讲大局？怎样做才是讲大局？所以，跟大家谈一谈"大局"这个话题。

一、什么是"大局"

狭义地看，市场监管局是个大局。我们是名副其实的大局，大市场、大质量、大安全、大环境，大要有大的样子，要有大的格局，更要有大的作为。从这个角度讲，我们每一个泰州市场监管人，都必须牢固树立正确的大局观。

广义地看，市场监管要融入大局。大局是相对的，我们虽然体量大、责任大，但放到全市工作大局中，又只是其中一部分。只有把市场监管工作摆到全市工作这个更大的大局中去思考、定位，顺应大势，把握规律，才能找准切入点和发力点，在应对危机中寻获良机，在破解压力中积蓄动力，在把握趋势中再造优势，从而才能有为有位，赢得更大的舞台，作出更大的贡献。

二、为什么要讲"大局"

1.大局是政治。没有大局就没有小局。地区、部门的工作，是全国、全市大局的一部分，既受到大局的制约，也会对大局产生影响。市场监管部门既是一个重要的监管部门，也是一个重要的发展部门。我理解，组织上成立我们这个部门主要目的就是为了加强市场监管、优化营商环境，所以我们的工作一刻都不能游离于大局之外。对我们而言，加强市场监管，不仅仅是本职工作，更是一项重大的政治任务。疫情期间，我们尽锐而出，各条线守土有责、守土负责、守土尽责，积极有效地应对了农贸市场监管、餐饮行业复工、熔喷布监管、药械安全执法等一个又一个难题。尤其是特防中心，长时期加班加点连轴转，在技术上精益求精求突破，不仅为全市防疫大局作出了贡献，从一定意义上讲，更是为全国防疫大局作出了贡献，这些都体现了市场监管人服务大局、保障大局、支撑大局的初心和决心，体现了我们这个集体是一个讲大局、讲政治的集体。

2.大局是战略。2020年是全市机构改革完成后，各项工作全面入轨、整体推进之年，改革越向纵深推进，越要准确把握机构改革的意义，培养战略思维、系统思维，把五个板块（五个小局）的监管力量整合成一股力量，就是要综合地、系统地加强监管、优化服务，就是要坚决落实改革的目标和任务，把全局的工作放到全市工作大局中去谋划，打破条线思维，小局服从大局，小道理服从大道理。我们这个局运行得怎样，标志着这轮改革成效如何，所以我们一点都马虎不得。

3.大局是担当。这个担当体现在要时时事事处处以大局为重。有没有大局意识，能不能以大局为重，反映出干部的思想作风、综合素质。市场监管是新部门，我们肩负着繁重的任务，也承担着巨大的压力。作为第一任领导班子、第一任处长，很多工作没有先例可循，也没有经验可搬，我们每前进一步都需要探索、都需要"闯"。以大局为重，就是要冲锋在前、挺身而出，面对大局，越是急难险重的任务越要迎难而上，越是吃劲岗位越要有舍我其谁的胆识和魄力，只有这样才能不负组织、不负事业、不负韶华。最近，市级机关工委要求在全市市级机关党组织中开展一次专题组织生活会，主题是以优良作风服务"六保"夺取"双胜利"。大家要认真自我对照、自我检查，更要在工作实践中，书写好自己的答卷。

三、怎么来讲"大局"

1.心中有大局。大局是一个整体，工作千头万绪，必须坚持系统思维，运用系统论的方法，正确处理好局部与全局、个体与整体、当前与长远的关系，自觉服从大局、敬畏大局。无论什么时候、什么情况，想问题、办事情、做决策，都自觉把部门工作放到全市大局中去思考，服从大局、服务大局。我们积极推动市委以一号文件下发《关于推进质量强市、建设品质泰州的意见》，这就是高位谋划的典型案例。正因为站得高、抓得准、干得早，才有了泰州市政府入选中国质量奖提名奖，泰州被国务院表彰为质量工作真抓实干地区。所以我们要克服自我边缘化、自我矮化的心理，不能满足于在自己的小圈子里自娱自乐、自说自话，而是要心系大局，主动作为、勇于担当、登高望远。

2.眼中有大局。善于立足全局看问题、立足长远看问题，善于运用系统思维、集成思维。市场监管是一个整体、一个集体，需要分工，更需要协调配合。只有每个条线、每个人都找准坐标、找准定位，步调一致、协同并进，才能维护好、推动好我们共同的大局。既有"公转"，又有"自转"。虽然各个条线的业务各有特点，但千万不能各吹各号、各唱各调，识大体、顾大局的"公转"和有针对、合实际的"自转"缺一不可，同样重要。要善于从全局的高度厘清工作思路，以系统方法谋全局、以系统思维聚合力。上个月，市政府与省局签订协议，建立省局支持服务地方发展的对接平台。下一步，各条线要在协议的统一框架下，结合自身职能，主动承接合作事项，推动协议内容落地落细，早日开花结果。既要补位，又要进位。大局是我们共同的大局，不是哪个人的大局，许多综合性的工作，牵涉多个处室，很难说谁的职能大些、任务重些。虽然我们内部有分工，但对外我们是一个整体，代表市场监管。对于职责不清、边界模糊、社会关注的工作,牵头处室要主动牵好头,配合处室要积极配合好,多些主动担当,少些推诿扯皮,宁可跨前一步形成重叠,不可退后一步形成缝隙。既拉长板,又补短板。组建已有一年半,条线之间的差距正逐渐拉开,有的亮点纷呈,有的原地踏步。麻绳最容易从细处断,补短板是一个十分重要的工作方法,辩证地看,越是短板,越具有后发优势。关注大局,我们既要关注长板强项,让优势更优,也要关注短板弱项,争取早日让弱项变强,越是在薄弱环节上多发力,越能起到"四两拨千斤"的良好效果。

3.手中有大局。方法千万条,实干第一条。服务大局,最终是靠双手干出来的。一切机遇只有在实干中才能抓住用好,一切困难只有在实干中才能找到破解之道。对事关大局工作,不但要抓得住,还要抓得准、抓得好。只有抓住主要矛盾,抓住矛盾的主要方面,才能以点促面、事半功倍。2020年我们贯穿全年工作的主线是"优化营商环境年",各条线都要围绕"优化营商环境",找到突破口、抓住关键点。在即将召开半年工作会上,我们还将围绕"优化营商环境"进行专题研讨,要通过交流研讨,相互启发,进一步找准努力的方向,把营商环境抓好,抓出成效。不仅要"抓总"推进,还要"抓重点"求突破。要分清主次,善于抓住"牛鼻子",突出重点,攻坚克难,带动全局。市场监管工作服务大局,各个条线都有义不容辞的责任,但从全市大局的角度来看,不可能面面俱到,而是要精准发力,所以我们要抓住用好创建标准国际化创新型城市试点的机遇和贯彻实施《泰州市标准化条例》的契机,大力推进标准化战略,提出以高标准引领经济社会高质量发展的思路,得到了市政府主要领导的认可,朱市长带队调研基本公共服务标准化工作,标准专利融合工作稳步推进,相关意见、文件已通过市政府常务会、市委常委会审议,即将印发,我们要把握这个重点,不断提升服务大局的能力和水平。还有,食品安全方面,要倾力打造好阳光系列工程,做出特色、做出品牌。

4.脚下有大局。服务大局,要练就一副"铁脚板",练出好脚力,"志之所趋,无远弗届,穷山距海,不能限也",再远的距离,只要脚踏实地,一步一个脚印,就一定能够到达。要多下去,多带领自己分管的条线、负责的处室,深入一线调查研究,在调研中掌握第一手情况,有助于全面了解大局,找准服务大局的着力点。要坚持问题导向,多到矛盾最集中、问题最突出的地方去。前期,我们分别开展了优化营商环境和知识产权专项调研,目前优化营商环境的调研报告已经基本成型,知识产权的调研报告正抓紧完善,要力争体现泰州特色,解决实际问题。要深下去,不能走马观花、浮光掠影、浅尝辄止。市场监管局职能多、涉及面广,你不深下去,就很难掌握实情。所以我们开展市场监管项目行、民生行,就不能流于形式,满足于去了、看了,而是要深入现场,发现现象背后的本质,找准深层次矛盾和问题,形成问题清单,逐项解决,这样才能真正做到问计于民、问计于企。要钻下去,就是要有"钉钉子"的精神,一锤接着一锤敲,一步接着一步走,对已经明确的目标任务、排定的工作重点,立说立行,一抓到底,做到今日事今日毕、干一件成一件。我们要在"干成"中追求"干好",争创"四个一流",进入"第一方阵",努力干出特色、创出品牌。

正确认识比较

（2020年8月4日）

比较是一种方法，本义在于区分高低和异同。过去常有人说，"不怕不识货，就怕货比货"。只有比较，才能见分晓。但同样是比较，有人比出斗志、奋起直追、力争上游，有人却消极沉沦、甘居下游。所以，我们必须科学地运用"比较"这个方法，不断地促进进步、推动发展。

一、比什么

每个人都会自觉不自觉地把自己和其他人相比较，比进步大小、比升迁快慢。但你在比较的同时，别人也在把你和其他人作比较。但我们应该比什么？究竟比什么才是正确的比较？我想主要有四点：

1.比业绩。比较，首先就要比业绩。业绩就是成果，包括单位的业绩、个人的业绩，这是最重要的、终极的比较。"三定"确定、人员调整已经有一年多的时间了。大家基本上都是新岗位，可为什么这一年下来，有的条线、处室主动干、创新干，风生水起、有声有色，有的却是不推不动、推而不动，冷冷清清、无声无息。数字最能说明成绩、位次最能反映问题。能不能苦干实干、稳扎稳打，把蓝图变成现实、将愿景化为实景，老百姓和领导心中都有一杆秤、一把尺，都会称一称、量一量，在全省、在市级机关处于什么样的位次？

2.比表现。比较，还要比过程，比在干事创业过程中的表现。业绩怎么样？过程很重要。过去考数学结果与过程都要计分，甚至有时结果错了过程对了，还能得点分。在单位做决策也好，做科研也好，干具体事也好，往往不一定都有对的结果。但我们不能因此而全盘否定过程的表现。很多工作短时间可能是看不出成效的，需要我们甘坐冷板凳，多做打基础、利长远的事。尤其是机构改革才一年多，有的工作还在起步阶段，有的工作需要多个部门协作。行动是最有力的证明，在此过程中，能够看出一个人能不能耐得住寂寞、能不能沉得下心、能不能有"功成不必在我，功成必定有我"的胸襟，能不能有"一张蓝图绘到底"的韧劲。虽然在短时间内没有干出成果，但是你的表现大家看在眼里。要对得起组织的信任，要对得起分管条线领导的信任，对得起单位全体同志的信任。

3.比水平。这是成功业绩的重要支撑。没有金刚钻，揽不了瓷器活。有了真水平，江湖任你走。所以要想立于不败之地，必须有真才实学。有的工作从过程到成效，本身是没有可比性的。但从中可以看出一个人的综合思考能力、组织协调能力，看出一个处室的凝聚力、执行力，这就是要比水平。面对大事要事，就要比能否勇挑重担、从容协调；面对难事烦事，就要比能否迎难而上、攻坚克难；面对小事琐事，就要比能否严谨细致、不厌其烦。在平时工作的一点一滴中，就能比出水平高低。

4.比品质。千比较、万比较，最终比的是品质。人无品不立，没有品质，就没有市场，就没有未来。比品质关键看细节，我们既是监管部门，更是发展部门，细节尤为重要，一举一动、一言一行，都有人看着你，都有人在拿你作比较。我们办的每一件事、发的每一个文，必须经得起比较，经得起推敲，千万不能犯低级错误。

综上所述，我们主张和提倡在座的各位以及你们的团队，都应当敢于和善于作比较，重点比较业绩、表现、水平和品质，通过比较，知长短、优劣、好坏，明是非、曲直、功过，然后找准自己前进和突破的方向，找准学习的榜样和追赶的目标。

二、怎么比

比较，方法要对，既要"用上劲"，更要"用对劲"，按客观规律办事，借势用势、因势而动、顺势而为。

1.纵向比。就是要与方向目标比，看发展，跟过去比，跟将来比。我们干工作不是漫无目标，而是要朝着既定的方向目标不断前进。今天与昨天比，明天与今天比，只有时时用工作现状与方向目标相比较，比进度、比质效，拉长长板，补好短板，才能不断校准工作方法和节奏。首先要与市委市政府对市场监管的要求"比"。对照高质量发展考核指标、年初市委市政府重要文件、重要会议中对市场监管局提出重点工作的完成情况不断"盘点"，看序时进度有没有完成，抓紧时间查缺补漏，争取向市委市政府交上一份满意的答卷。与党组交代的任务"比"。年初局党组研究制定了全年的工作要点，提出了继续争创"十佳"的目标，现在大半年过去了，与这个目标相比，我们做了什么？我们的短板弱项在哪儿？我们的突破口在哪儿？不比较是很难得出正确结论的。与自己既定的目标"比"。2020年已过去一大半时间，昨天召开的优化营商环境推进会上，各分管领导对条线工作又进行了细化优化，要根据分工和职能，逐项过堂，不折不扣地完成好各项任务，确保各项工作到岗到人、到边到位。

2.横向比。就是要与先进标兵比，看高低。我们干工作不是自说自话、自娱自乐，而是在你追我赶中不断向前推进。只有在竞争中向标兵学习，对标找差，才能在与标兵的比较中发现问题、找到差距、找准对策。我们每月的局务会，请班子成员交流，请代表处室交流，目的就是要让大家相互学习借鉴、取长补短，方便让大家比学赶超。对局而言，要同市级机关部门的先进标兵相比。尤其是涉改部门,要看他们是怎样集成创新的？怎样融合发展的？怎样流程再造的？我们要争创十佳,就要主动同过去的十佳部门比较,比较他们是怎样紧扣中心服务大局的？怎样聚焦民生让群众满意的？只有比出差距,才能产生动力,才能找到改进的方向。对个人而言,要向身边的先进标兵学习。在我们身边有不少值得学习的先进典型,比如刚刚被评为"泰州市优秀共产党员"的钱辉同志、"泰州最美"的梅志宏同志,比如最近局党组表彰的抗疫先进个人,他们都是品质工匠、品质先锋的践行者,是我们对照学习的榜样。我们的每个同志都要自觉同他们作比较,对照标兵、学习标兵,最终争取让自己成为标兵。我们开展"两发现"的目的也正在于此。

3. 错位比。就是要和周边同行比,看方法。我常说,机构改革让各地的市场监管部门同处一条起跑线。现在组建已经一年半,各地之间的差距逐渐拉开。这次在省里参加省局工作座谈会,就有明显的感受,各个地方总有一项或几项工作冒尖、领先。我们过去有些亮点、优势,但怎样巩固发扬,同时在更多的条线、更多的领域,打造品牌、打造亮点,形成特色,有为有位。田忌赛马的故事,就是错位比的最好证明。我们要把长板拉得更长,最终在全局的比较中脱颖而出。

综上所述,要通过比较,扬长补短,培育优势,重点突破,最后赢得成功与胜利。我们近几年的工作及成绩无不证明了这一道理。建议大家都要运用好纵向比、横向比,学会错位比,以己之长比人之短,各个击破,全面丰收。

三、比与赛

比一比、赛一赛,最终是为了促一促,推动工作进展,取得实实在在的成效。

1. 比出差距。比较的过程是定位的再明确。现在组建已经有一年半的时间了,各地之间的差距逐渐拉开。最近,我学习了省局工作座谈会上各个市局局长的发言,我们的许多工作并没有走在同行的前列,一些暂时领先的工作也面临着追兵越来越近的状态,有时真的是不比不知道,一比吓一跳。面对这些差距,我们要保持清醒的头脑,学会在比较中,发现对手的亮点,从而找到自身的不足,对标对表、加压加力,补缺补差,挖掘潜力、激发动力。

2. 比出目标。比较的过程是目标的再校准。对于已完成的目标,就是要看能不能把成绩发扬光大。比如标准工作、质量工作,比如年报工作,我们相对领先于同行,但我们新的突破口和增长点在哪儿？我们要在比较中思考谋划,在比较中实现自我变革、自我超越,而不是躺在过去的基础上,甚至是功劳簿上睡大觉。对尚未完成的目标,就是要看能不能把早日完成。

3. 比出信心。比较的过程是心态的再调节,不能是越比越沮丧、越比越消极,而应是比斗志、比干劲、比信心。比后知不足,比后明差距。对已取得的成绩要大张旗鼓地宣传总结,再接再厉、再上一层楼。对存在的弱项短板,不气馁、不放弃,反复思考研究,不能有回避躲闪的"鸵鸟态度",遮遮掩掩、视而不见。

4.比出方法。比较的过程是方法的再优化。他山之石,可以攻玉。前一段时间,我们到佛山学习餐饮摊贩集中管理和专利标准融合发展等工作,确实很受启发。比较中发现的别人的先进经验做法,可以开阔眼界、拓宽思路。大家要多向先进同行学习比较,拿来主义,最终为我所用,转化成为我们的硬核实力。

综上所述,比是比一比、赛一赛,较是较上劲、不服输,我们谈比较,就是要把眼光放得更远一点,把标准定得更高一点,把要求提得更严一点,不是要比出个三六九等,而是要学会比较、敢于比较、科学比较,比出你追我赶、齐头并进的生动局面,从而在全省乃至全国争先进位、多作贡献。

在扬弃中前进

（2020年9月4日）

在建设市场监管文化的过程中，"扬弃"最为关键，正所谓"删繁就简三秋树，领异标新二月花"，通过删、立、纳、化等环节，我们才能真正形成富有特色、彰显活力的市场监管文化。

一、博采众长

1.内部原各单元优秀基因传承聚合。文化来自传承，涵养机关文化是一个长期积淀的过程。作为此次机构改革中融合力度最大、涉及人员最多、工作任务最重的部门，大家起初都会有来自哪个条线的自我感知、评价定位。但对外，对老百姓和市委市政府而言，我们只有一个共同的新名字：市场监管。所以对我们这样一个由多板块组建的新局，建设机关文化，既是对原有多板块文化的解构，更是对新的机关文化的重构，这个过程是一个扬弃的过程，是一个删繁就简的过程。

2.其他单位先进经验嫁接吸纳。文化需要学习，新的机关文化必须保持开放性，与时代同呼吸，与大局共命运。要善于向市级机关其他部门学习，尤其是涉改部门，要学习他们是怎样集成创新、融合发展、流程再造的。我们要争创十佳，就要主动向过去的十佳部门学习，学习他们的机关文化，学习他们如何以文化引领事业。要善于向外地市场监管部门学习。机构改革让各地的市场监管部门同处一条起跑线，要同周边先进同行比，对标找差，在学习中比出差距、找明方向。

3.上下、内外、古今融合创新。文化的生命力在于创新，我们建设有品质的机关文化，无论是原先各板块的优秀基因，还是其他单位的先进经验；无论是传承过去，还是学习周边，都离不开融合创新，都需要我为主、为我所用。不能全盘照搬照抄、原样拷贝，也不能在原有的基础上开窗户、打补丁，而是要科学运用扬弃的方法，集成优势优点，摒弃消极不利因素，博采众长、扬长补短，打通、贯通、融通原先的思维定式、方法局限、制度壁垒，最终形成我们特有的机关文化。

二、优胜劣汰

1.敢于比较，敢于胜利。机关文化的建设，不能闭门造车，而是要以开放的姿态，反复比较提炼。敢于比较，既要保持谦虚，又要充满自信。要把市场监管文化放到市级机关各部门机关文化、全国市场监管文化的大格局中去比较谋划，所以要有谦虚的态度，见贤思齐，学习先进，赶超先进；同时也要树立自信，比如我们的质量文化,可以说走在了全国的前列,我们要有文化的自信与自觉,在比较中坚定信心,进一步找准拓展提升的路径,发扬光大。敢于比较,既要同他人比,又要与自己比。同他人比,就是要找准标杆,对标找差,拿来主义,最终为我所用,成为涵养我们自身文化的有机养料;与自己比,就是同自己的过去相比较,自己同自己较劲,始终保持胜不骄、败不馁的积极心态,放眼长远,让过去的经历照亮机关文化前行的方向。

2.勇于否定,勇于抛弃。机构改革为我们构建新的机关文化提供了有利时机,要充分利用这个洗牌重组的窗口期,坚决否定抛弃机关文化中一些不好的东西,轻装上阵。要对过去各个板块的文化彻底盘点,弘扬积极面,剔除消极面,要有自我革命、自我净化、自我完善的勇气和担当对原来各板块文化进行盘点。比如垂直时期遗留下来的条线思维,机构合并带来的板块思维,等等,都要作彻底的检视和清算。要对新的文化构建过程中出现的问题随时纠偏,涵养新文化,必须保持正确方向。机构改革至今,总体而言,我们的作风是过硬的、文化是向上的,但也有一些消极的东西,比如有人"看不得人好",有人喜欢"八卦",有人仍沿用旧思路老方法办事,这些都是不好的苗头,要保持清醒头脑,及时发现问题,及时纠正偏差,打好打牢文化建设基础。

3.善于总结,善于前进。文化是在不断总结提炼中持续发展的,不善于总结,就难以推动文化更高质量的发展。善于总结才能谋划未来。总结是为了更好地前进,既要总结机构改革前各个板块文化的得与失,也要总结新局成立以来这一年多的文化建设的得与失。文化建设不是一抓就灵、立竿见影的,而是要一抓到底、常抓不懈。文化建设不是哪个领导分管或哪个处室的事,而是我们每个人的责任。善于总结才能树好品牌。文化建设要树好典型、选好标杆,最终形成品牌,要总结好选树好典型品牌。这一年多来,我们这个集体涌现出不少先进典型。要把这些典型宣传好、学习好,同时发现培育更多的先进典型,用先进典型教育引领干部职工,铸就"品质工匠"服务品牌、"品质先锋"党建品牌以及"品质泰州,用心计量""有安全防护的地方,就有江苏特防"等子品牌,让市场监管文化具备高识别度和高感召力。

三、扬长补短

1.让优势更优。概括一下,市场监管文化至少应突出以下几个关键词:品质、诚信、标准、公平、创新、融合,等等。这些关键词,首先是我们的职能目标。我们服务企业服务群众,就必须要有这样的人文关怀和文化视野。我们对外要求市场主体具备的,对内首先要自己做到。在这样的起点建设市场监管文化,既是职责所在,也是优势所在,我们要让这些优势更优。我们倡导建设品质泰州,首先自己要争当品质工匠、品质先锋;我们弘扬质量文化,首先在内部管理中实施"两发现"活动;我们推进标准化战略,首先在党建工作等重点领域实现标准化。我们要把这些职能优势转化为文化优势,通过从机制体制到方法理念的深度变革,实现流程再造,打造有鲜明特征的市场监管文化,进而有引领社会风尚的自信,影响辐射整个社会,让市场监管文化成为全社会先进文化、主流文化的源头活水。

2.让短板加长。文化建设是一个扬长补短的过程,文化建设的进展,不仅取决于能否锻长板,更在于能否补短板。机关文化要固化于制,拉长制度短板。以制度建设推动文化塑造,通过制度性的固化,规束行为,并逐步内化为个人的价值理念和自觉行为,要把更多的规矩变成习惯、把更多的习惯变成标准、把更多的标准变成自觉,最终沁入骨髓、形成文化,实现软约束与硬管理相互补充。机关文化要外化于行,拉长载体短板。不断丰富机关文化的载体,将抽象的机关文化具体化,不仅要让"品质工匠""品质先锋"的LOGO、标语融入工作的方方面面,还要举办丰富多彩、健康向上的机关文化建设活动,让全系统干部职工的精神面貌焕然一新。

3.让强者更强。积极打造高品质的市场监管文化,目的是让我们这支队伍更加强大。要注重发挥党员干部的主体作用,激发干部职工的主观能动性,做机关文化建设的建设者,坚持全员参与、上下同心、集思广益、汇聚智慧,在机关工作的实践中逐步积累、总结、归纳、提炼而形成机关文化,做到来源于实践,在实践中发挥指导作用,并在实践中发展完善。要注重发挥文化的引领作用,坚持以文化人、以文育人,让机关文化提神醒脑、响鼓重锤,健康向上引领人;让机关文化生动活泼、直抵人心,和谐灵动感染人;让机关文化海纳百川、气象万千,包容融合凝聚人,以良好的机关文化引领全系统激浊扬清,使得广大干部职工心理上认同、行为上适应、思想上归属,最终让机关文化内化于心。

如何实现"一体化"

（2020年10月9日）

应该说，从2019年初机构合并的第一天起，我们就在推一体化。经过近两年的磨合，有成效也有不足，所以今天有必要再进一步强调一体化。

一、何为一体化

通俗讲是多个因素组合到一起后从物理到化学的融合过程。我们由五个部门整合而来，过去办事群众办一件事可能要进五个门才能办好，现在五合一，做到一个门对外，这是物理融合，但这只是实现了一体，机构改革的初衷绝不仅仅限于此。只有让老百姓、服务对象进一个门、填一张表格、接受一次检查就能把事办好办成，这才是化学整合，才能称之为一体化，这才是改革的最终目的。到目前为止，一体我们已做到了，但一体化还没有完全实现，很多工作仍然是沿袭原先部门分立时的工作逻辑、方式、流程在推进。所以现在谈一体化很重要，也很有必要。一体化，体现的是简政放权，体现的是"小政府、大市场"的政府职能转变的方向，这既是目标也是过程，需越短越好；既是形式也是内容，需形神兼备；既是认识也是行动，须知行合一。

二、为何要一体化

一体化的进程，无论是从目标导向、趋势导向，还是问题导向上看，都是必需的、不可逆的。我们与其被动地接受，不如主动地适应；与其消极地等待，不如积极地行动。

目标导向。一体化是机构改革的最终目的。机构改革不是单纯地职能叠加，更不是简单地在一个大楼里办公，而是要将职能打散再塑融合，从解构到重构，优化组合，最终化作更为简便、更为高效的一体。作为本轮机构改革力度最大的部门，市场监管部门涉及部门最多、人员最多、职能最多，所以推进一体化的任务也最为繁重、最为复杂，我们还有很多工作要做，还有很长的路要走。

趋势导向。一体化是事物发展的必然趋势。在当前，一体化正成为政治经济生活中的一个热词，不仅有全球一体化、长三角一体化这样的从国际到国内的大战略，就是具体到一个部门一个机构，也面临着一体化的大趋势。对于我们这样一个涉改部门，如果在改革之初不能围绕一体化的趋势早发力、准发力，就不可能在今后的竞争中抢占先机。我们要在顺应趋势的基础上，进而引领趋势形成优势。建设"泰检易"线上线下一体化服务平台是一个例子，推动标准专利融合发展也是一个例子。最近总局张工局长在广东调研时指出,要树立"大市场、大质量、大监管"理念,紧紧围绕构建新发展格局,持续推进市场监管领域改革创新。"三个大"体现的就是一体化。我们要准确把握机构改革后的大背景、大趋势,聚焦"三个大",运用一体化思维,系统考量谋划工作,进而争做发展趋势的引导者,最终在引领趋势中形成更多的优势。

问题导向。一体化是解决当前影响制约发展问题的关键举措。机构改革至今,我们取得了很大的成绩,也还存在一些不容忽视的问题,透过这些问题现象看本质,无论是思想上的条线思维、板块思维,还是工作中的分散主义、经验主义,归根到底就是一体化还没有完全彻底地形成。可以说,解决当前我们面临的主要问题,关键就在于我们能否尽快地推进一体化、实现一体化。

三、怎么化

一体容易、一体化难,难就难在能否内化于心,外化于行。只有把一体化化入思想,化作行动,化为自觉,才能真正实现一体化。

一方面,"化心"是基础。首先要化思想,提高认识、统一思想。一体化是机构改革的根本任务和最终目标。我们要站在讲政治的高度看待一体化。一体化能不能迅速实现,是检验机构改革成效的重要标尺,所以支持拥护机构改革,就必须把思想认识统一到一体化上来,积极推进一体化,团结一致向前进。要化思维,系统全面、统筹协调。思维方式决定了行为的高度。面对市场监管这样一个职能涉及面广、社会关注度高的新部门,我们必须在思维上适应一体化的趋势和目标,更加全面地看待问题、更加系统地分析问题。无论是分管领导还是处长、院长,都要有"不谋全局者不足以谋一域"的胸襟和胆识,运用一体化的思维方法研究分析问题,而不是仍停留在机构改革前条线分立的思维状态中,不能只见树木不见森林,只见局部不见整体。要化思考,多谋善断、谋定后动。要化思维,侧重于宏观的方式和格局,体现的是战略层面。要化思考,侧重于具体的路径和思路,体现的是战术层面。路径决定方向,思路决定出路。我们思考工作,都不能偏离一体化这个大方向和大原则。我们是在一体化下的分工合作,牵头部门要切实把牵头抓总的责任担负起来,其他责任部门也要切实把职能作用发挥出来,而不是壁垒分明,各自为政,只讲分工不讲合作,满足于种好自己的一亩三分地。尤其是在当前,在一体化工作格局尚未完全建立的情况下,我们反复强调"宁可跨前一步形成重叠,绝不后退一步形成空白",就是希望大家主动进位、主动担当,主动补位,宁可自己多做一点,也不能形成一体化的盲区和空白。

另一方面,"化行"是关键。首先,迟化不如早化。心动不如行动,不仅要在思想上知晓一体化的重要性,更要在行动上抢先一步抢抓落实。机构改革以来,我们大凡一体化抓得紧抓得实的工作,就能抓出成效,在全省乃至全国走在前列;反之,则进展和起色就不明显。当前全国市场监管部门都面临着一体化的机遇与挑战,早抓与晚抓、主动抓与被动抓,效果肯定不一样。所以说迟化不如早化,与其被动地换脑筋乃至换人,不如自动自觉,通过早行动、快落实,下先手棋,打主动仗。其次,假化不如真化。机构改革前,我们是五个局、五股力量分头开展市场监管工作,机构改革就要把这五个指头攥成一个拳头去开展工作,所以说,一体化是对我们过去工作方式颠覆性的变革,是根本性、制度性的流程再造,只能真化,不能假化。真化,要认真研究新发展格局下市场监管工作的规律,找准推进一体化的发力点和突破口。比如,质量工作的一体化,过去我们也讲大质量,但张工在最近调研中提出的大质量,已不是质量技术监督意义上的大质量了,他指出"在建设高标准市场体系上有新探索,建立完善产权、准入和公平竞争等三项市场经济基础性制度,夯实促进质量发展的市场体系基础",所以我们现在抓大质量不仅要抓质量基础设施,还要抓质量发展的市场经济基础性制度。这只是举了一个例子。现在我们的"工具箱"里的工具更多了,"组合拳"的拳法也更多了,但如果不能融会贯通、化为一体,再多的工具、再多的拳法,也只能是东一榔头西一棒槌,难成章法,难有作为。最后,虚化不如实化。做好机构改革的后半篇文章,就必须老老实实地推进一体化,而不能搞一些虚头巴脑的花架子。更不能嘴上说起来重要,真正做起来不重要,阳奉阴违,口是心非,还是沿袭过去的老思维旧方法办事。实化,这个"实"字就体现在我们围绕一体化构建的制度要务实管用,要在提升市场监管服务便利度上下功夫,在提升市场主体获得感上下功夫,在提升营商环境美誉度上下功夫,这些都需要我们从严从实用实际行动推进一体化。目前我们正在大力开展市场监管基本公共服务标准化工作,积极探索运用标准化推动全局职能的一体化。这是一项全局性、战略性的工作,决不是标准化处或哪几个处室的事,需要我们全局上下一体推进。

当然,大力推进一体化,并不意味着就否定个性化,重视整体的协同一体,也不意味着就忽视局部的重点突破。我们要在尊重过去各个板块的优势和经验的基础上,加强心力的聚合、流程的再造、制度的融通,最终形成团结一心、步调一致、行动一体的工作新格局。

正确认识舍得

（2020年11月2日）

无论对个人，还是集体，都会经常遇到舍与得的选择。不同主体对舍得会有不同的理解和选择。我想谈的是市场监管人面对舍与得时，应该有怎样的理解和选择。

一、舍得是什么

舍得是一个哲学命题，从一定意义上说，舍得推动了社会发展与进步，也体现在我们每个人的日常工作与生活之中。

舍得是一种本能。我们首先要承认舍得的客观性。因为不管你愿意不愿意，自觉不自觉，你每天都在舍得之中，关键在于必须明辨是非，趋利避害。舍与得，是个人的选择，从中可以看出一个人的政治觉悟高不高、大局意识强不强、奉献精神浓不浓，体现的是综合素质。所以，必须树立正确的舍得观，化本能为动能，在实践中，舍去消极面，求得积极面。

舍得是一种规律。"舍"与"得"是一对辩证统一的关系，有舍才能有得，不会舍就更难有所得。手上抓满东西，就很难再抓住新的东西；只有放下一些东西，才能去拿更多更新的东西。以此类推，我们做任何事，都必须学会科学正确的"舍"，去谋求更高层次的"得"。因此，必须准确把握舍得的规律性，掌握正确的方法，在"舍"与"得"的过程中，实现扬弃，实现螺旋式的上升。

舍得是一种智慧。说舍得是本能，如果能够驾驭本能，而不是做本能的奴隶，这是一种大智慧；说舍得是规律，如果能够充分尊重规律、顺势而为，有所舍有所不舍，而不是逆势而动，这也是一种大智慧。机构改革的过程就是舍与得的过程，舍去若干部门的各自为政，得到更加统一高效的市场监管工作新体制，这是顶层设计对"舍"与"得"的大智慧。具体落实到基层，我们如何舍之以道、得之以法，也体现了我们的智慧、格局和情怀。如果我们舍不得放弃过去那些放在现在已经不合时宜的思想认识、经验做法、制度手段，那就会背离改革的初衷，就会很难实现改革的既定目标。

二、舍得什么

一要舍得名。要舍得放下虚名浮名，努力取得实实在在的名和实实在在的工作成果。没有"实"的支撑，一时的"名"也只会是昙花一现。我们研究谋划工作之初，不要先想着如何显山露水，而是要追求内在的工作品质，看实际的工作效果。我们现在取得的每一个成绩每一项荣誉，无不源于最初的脚踏实地、行稳致远，背后都有扎扎实实的辛勤付出。泰州市的质量工作真抓实干获得国务院的表彰，我们也因此拿到骏马奖，这正是我们长期以来默默耕耘、厚积薄发的结果。回首当年，我们工作基础的优势也并不明显，但我们有一群人，舍一时的安逸，奋起直追，最终得到长久的精彩，这正说明无论干什么事业，都需要先做好基础工作，练好基本功，奠定牢固深厚的根基，这样才能能干事、干成事。尤其是像我们这个成立还不到两年的新局，基本的流程没有彻底再造、核心的制度没有完全健全，还有很多抓基层打基础的工作要做。所以更要静下心来、埋下头来，甘坐冷板凳，不务虚名，只做实功，多谋有利长远之事，多做脚踏实地之事。

二要舍得利。之前我们谈过干工作既要讲输赢，也要讲对错，对"利"而言，更要讲对错，要坚决舍得不当之利、不义之利。工作也好，岗位也好，为我们的生活提供了一个"饭碗"，这是正当之利，是值得保护和肯定的，但这不能让工作、让岗位成为"寻租"谋私利的工具。利的诱惑无时不在、无处不有。对监管服务过程可能产生的不义之利，我们一丝一毫都不能有舍不得放下的心理。舍得不义之利，才能堂堂正正地做人、公正无私地执法。舍得利，还要舍得一时之利、蝇头小利。不能为得到眼前的芝麻舍掉了西瓜，好大喜功、急功近利。这需要我们更好地研究社会经济发展的大势，研究市场监管工作，发现掌握运用规律，这样才能"不畏浮云遮望眼"，才能谋得事业的长久之利、根本之利。

三要舍得权。权是一柄双刃剑，用好了就能多作贡献，用不好不仅会贻误事业，还会伤及自身，所以要舍得权。首先要用好权。权是组织、岗位赋予我们的，有了权力，就有了责任。行使权力一天，就是履行好职责的一天，就不能习惯当"甩手掌柜"，平平安安占位子、庸庸碌碌混日子。稍微遇到点矛盾和问题，就不肯担当、不敢担当，畏首畏尾，生怕承担丝毫的责任。舍得权，还要管住权。权力姓"公"不姓"私"，公器不可私用，有权不能任性。对权力要心怀敬畏，权由法定，法外无权。要舍去任性，提高自律。更要加强监督、完善他律，确保权力在法治的轨道上行使，依法履职，自觉接受监督。舍得权，还要放下权。岗位不同，权力大小也不尽相同。不要把关注点放在岗位权力的大小上，而是要把精力集中到如何更好地开展工作上。这几次岗位调整，不少同志流露出想到更好更关键的岗位上的心理，我想这部分同志与其心心念念舍不得放下这些东西，还不如珍惜现有岗位，干一行爱一行，踏踏实实把工作干好，干出成效，时机成熟自然会有更好的岗位等着你。

三、如何舍得

算大账。"舍"与"得"之间，是一个权衡的过程，也是一个算账的过程。怎样算账，站在什么角度上算账，体现的是一个人、一个领导者的境界和胸襟。在

"舍"与"得"之间，算大账，就要守大节，讲大局，从大处着眼，而不是算小账，更不是算坏账、呆账。对个人而言，人生是不可彩排的单程路，所以"舍"与"得"之间，要保持政治定力和清醒，千万不能因为一时诱惑、一念之差，动摇理想信念，存有侥幸心理，混淆了"舍"与"得"的分际，舍了正道、偏了方向。算大账，对工作而言，就是要时刻把本条线、本处室的工作放到全局工作乃至全市工作大局中去谋划、去实施，服从大局、顾全大局，坚决克服条线思维、板块意识，该主动进位的要勇挑重担，该积极配合的要不躲不让，该补位补台的要义无反顾，舍小我成就大我，舍去部门处室的小异，求得全局一盘棋的大同。

算长远账。我们是第一代市场监管人，第一代人有第一代的辛劳，更有第一代人的使命。现在正是制定"十四五"规划的关键时刻，这是机构改革后的第一个五年计划，是在新发展格局下书写我们第一代市场监管人精彩的全新起点，所以要把相关的规划谋实谋细谋好。过去的功劳再大、经验再足、成绩再好，也已成为过去。要舍得与往事告别，舍得放下既有的荣誉，早舍得早放下，从零开始，轻装上阵，抢占先机，对标看齐找差距，锐意进取抓落实，开拓创新求突破，为后来者打好基础、打开局面。谋划"十四五"，更需有大格局，更需要算大账、算长远账。

算健康账。身体是革命的本钱，健康是1，其他是后面的0。没有了健康，人生的一切追求、一切美好都会显得苍白。为了健康，名利权皆可舍。而现实中，往往有少数人在舍得上纠结，患得患失，甚至稍不遂意就满腹牢骚，这些心理状态对健康都是不利的，我们每个同志都要注意心理健康，对名对利对权，都要拿得起，放得下，得的时候从从容容，舍的时候潇潇洒洒，及时调节调适心理，不管是面对困境，还是顺境，都要有颗平常心、算好明白账。只有这样，健康才是你的，明天才是你的，幸福才是你的。

大力推进效率变革

（2020年12月4日）

　　狭路相逢勇者胜、智者胜、实者胜。明确了怎么看、怎么干，归根到底还要看怎样干好？如果干不好，看的方向瞄得再准，干的举措想得再多，也都只是空话。干好干坏，最重要的一条就是看效率的高下。质量变革、动力变革，最终还要加上一条效率变革，这样才是完整有效的新旧动能转换。下面来谈谈效率变革。

　　一是时间紧任务重必须提升效率。打好全年收官仗必须提高效率。2020年还剩最后一个月了，行百里者半九十，各项工作都已到了冲刺决胜的关键时刻。从一定意义上讲，好坏输赢就看这一个月了，所以从现在开始就要争分夺秒。对年初制定的工作目标，要紧扣要求，倒排工期，确保目标必成；对绩效考核的要求，要逐项过堂，查缺补漏，努力做到得高分得满分；对手上的其他各项重要工作，要一着不让，一抓到底。下好来年先手棋必须提高效率。岁末年初，不仅要盯着扫好尾、收好官，还要多想来年如何起好步、开好头。要在时间上求主动，明年的工作，从现在开始就不能等，就要开始着手布局；更要在状态上求主动，立说立行早开工，提前起动，拉开框架，打好基础。谋好长远新蓝图必须提高效率。当前我们正在谋划明年的工作思路，更在谋划"十四五"规划。无论是短期的思路还是中长期的规划，都需要提高效率谋划好，不能指望边干边想，更不能指望"靠天收"。上个月我们就布置相关调研谋划工作，从刚才各位领导及处长的交流来看，我们的谋划还有需要完善的地方。所以今天的务虚会后，还需要继续思考谋划，真正谋出符合实际、切实可行的好思路、好规划。

　　二是标准高要求严才能提升效率。要用优良作风树好标杆、带出高效率。这里的优良作风主要是指在座各位的作风，是指领导干部、处长院长的优良作风。尤其是部门负责人既是做决策的一把手，更是抓落实的执行者；既要当好指挥员，更要当好战斗员。要带好头做好表率，责无旁贷地把担子挑起来，把责任层层传递到位，一级带着一级干，一级做给一级看，想在前、干在前、冲在前，发挥"头雁效应"，最终形成"头雁"领航、"群雁"齐飞的生动局面。要用精益管理定好标准、炼出高效率。所以我们制定优化营商环境标准，向管理、向标准要效率。坚持问题导向，进一步把流程理畅、把制度建好，通过管理机制的深度变革和颠覆性的重塑，打通障碍壁垒，实现兼容高效。强化项目化管理，细化分解、明确责任，排出时间表、制定路线图，加快推进、早见成效。要用严明纪律立好标尺、管出高效率。强化纪律意识,用纪律规矩来推动高效率。把办事效率、办事质量纳入绩效考核中,积极引导倒逼全体同志争当"骏马"、不当"蜗牛"。推行干部"亮绩赛马",将日常考核和年终考核相结合,进一步发挥考核指挥棒和激励导向作用,让马上办、高效率成为良好风气,推动各项工作落实落地。

三是抓长远求常态持续提升效率。追求效率不是一时一地的事,只有所有人都向着一个方向努力,才能形成最大合力,激发最高效率。这就需要我们加强文化建设,大力营造注重效率、追求效率的机关文化氛围,把个人的思想感情和命运与单位紧密联系起来,产生对单位强烈的归属感和荣誉感,从而形成巨大的向心力和凝聚力。机关文化要固化于制,拉长制度短板。以制度建设推动文化塑造,通过制度性的固化,赓续接力、传承创新,立好规矩、约束行为,长期坚持、始终恪守。机关文化要内化于心,拉长思想短板。把制度逐步内化为个人的价值理念和自觉行为,让更多的规矩变成习惯、更多的习惯变成标准、更多的标准变成自觉,最终沁入骨髓、形成文化,实现软约束与硬管理相互补充。机关文化要外化于行,拉长载体短板。不断丰富机关文化的载体,将抽象的机关文化具体化,不仅要让"品质工匠""品质先锋"的LOGO、标语融入工作的方方面面,还要举办丰富多彩、健康向上的机关文化建设活动,让全系统干部职工的精神面貌焕然一新。通过文化建设,为事业发展提供丰富的思想滋养、全面的智力支撑和最持久的动能。

有为才能有位，有位更须有为

（2021年1月4日）

　　今天是2021年正式上班的第一天。新年要有新气象、要有新作为，所以今年的第一堂微党课，想和大家谈谈"有为有位"这个话题。我们经常说，有为才能有位，有位更须有为。对共产党人而言，有为是讲政治在工作中的具体表现，有位则是有为的价值体现。这里的"为"不能简单地理解为做了，而应是想干事、能干事、干成事、不出事，是做成做好，在"为"中出成效，在"为"中显品质。这个"位"也不能简单理解为职位、位子，需要科学认识、准确领会。只有正确把握"为"和"位"的内涵和关系，才能真正做到有为有位。

　　"为"就是要乘势而为，考量的是睿智。谋大事必先观大势。谋势者，方能事半功倍。有为既要埋头苦干，更要抬头看路。有为者须乘大局之势。党员干部"对国之大者要心中有数"，要主动了解掌握形势之变，立足实际，围绕大局，服务大局，推动大局。比如党的十九届五中全会提出的以构建国内大循环主体、国内国际双循环相互促进的新发展格局"，比如12月底召开的中央经济工作会议在推进供给侧改革基础上提出的"注重需求侧管理"，这些新精神对我们做好市场监督管理工作都提出了新的要求，我们都要准确地理解掌握，在工作中加以贯彻落实。要通过积极作为，顺应大势，充分释放制度优势和治理效能，既善于顺势而为，会开顺风船，又勇于逆势而上，会开顶风船，善于化危为机。有为者须乘规律之势。干事创业必须尊重客观规律，按规律办事，有所为有所不为。党的十九届五中全会提出要推动有效市场和有为政府更好结合，市场监管部门的"有为"就是要保护促进市场的"有效"，我们的知识产权保护、反垄断工作、商事制度改革，等等，无不要遵循市场规律、价值规律，无不要适应新发展阶段，遵循新发展理念，顺应新时代大潮。我们要不断提升在新发展格局下的工作能力，进而运用规律，引领潮流。有为者须乘众人之势。党员干部的有为，决不是单枪匹马、单打独斗，而应是大力践行党的群众路线，坚持为了群众、依靠群众，带领大家一起干事创业，集众人智慧力量，领众人划桨开大船，以合和之美，为大多数人谋福祉。市场监管部门工作对象的一个很重要的方面就是企业，我们既要加强监管，还要优化服务，尊重企业家，服务企业家，想企业之所想、急企业之所急，用好工具箱、打好组合拳，通过质量提升、标准引领、品牌培育等，为企业赋能增效，努力把这些市场主体的积极性激发起来，帮助企业在竞争中脱颖而出、大显身手，为做强产业多作贡献。

"为"就是要尽力而为,展示的是敬业。成大事必须尽全力。有为需要殚精竭虑、全力以赴。有为者要尽脑力谋得更深更透,有为须有章法有步骤,要大兴调查研究之风,掌握客观实情,精准分析研判,站高一步,看远一步,想深一步,谋定而后动,而不能拍脑袋决策、想当然办事,眉毛胡子一把抓,东一榔头西一棒槌。只有谋划更用心,有为才能更走心,服务才会更暖心。新的一年,究竟怎么干?怎么干好?希望大家都能谋深谋透。有为者要尽能力干得更实更好,有为必须充分发挥主观能动性,深挖潜能,不断提高自身的判断力、领悟力和执行力,既要牵住"牛鼻子",又要学会"弹钢琴",善于想千方百计,舍得吃千辛万苦,秉持工匠精神,以严实作风,精益求精,追求实实在在、经得起检验的工作成效,真正把好事办实,把实事办好,而不是敷衍了事,只求过得去不求过得硬,更不是搞虚头巴脑的形式主义和表面文章。有为者要尽脚力走得更稳更远。有为需要坚持不懈、善始善终,而不能虎头蛇尾、有始无终。行百里者半九十。没有什么事可以随随便便成功,都需要驰而不息、久久为功、善作善成。品质泰州建设要实现深化升华,营商环境优化要取得实质性进展,基本公共服务标准化试点要有根本性突破……都需要我们在现有工作基础上一往无前、继续前行。所以有为,决不是花拳绣腿、蜻蜓点水,需要我们练就一副铁脚板,始终保持"在路上"的状态,持之以恒,行稳致远,积跬步而致千里,不达目的不罢休、不获全胜不收兵。

"为"就是要奋发有为,彰显的是境界。成大事必须勇奋进。有为不仅要把手上的事办好,更要志存高远、奋勇向前。有为者当奋勇争先。树立争先创优意识,在推动高质量发展中,主动进位,见红旗就扛、见第一就争。2020年我们获得了"骏马奖",2021年更要无须扬鞭自奋蹄,争取出现更多的"骏马"。这次市委全会提出要把泰州的地理优势、先发优势、资源优势转化为交通优势、整体优势、发展优势。在新旧优势转化的过程中,需要我们奋勇争先。要巩固发扬已有成绩,让优势更优、长板更长;更要积极寻找新的增长极,聚焦新业态、新模式、新产业,提高工作前瞻性,早发力准发力,下好先手棋,打好主动仗,努力赢在起跑线上。有为者当奋起直追。树立对标找差意识,向先进地区、先进标兵学习,在与先进的比较中找明问题、找到差距、找准对策,不抛弃不放弃,知耻后勇,迎难而上。习近平总书记对江苏的要求是"两争一前"(着力在改革创新、推动高质量发展上争当表率,在服务全国构建新发展格局上争做示范,在率先实现社会主义现代化上走在前列),市政府制定贯彻落实的"泰州方案",要求各个部门都报保障的工作举措,实际上就是要各个部门的工作走在全省乃至全国的前列。就市场监管工作而言,我们取得了不少成绩,但同全省全国同行相比,还有很多工作存在差距。涉及我们的许多高质量指标,还有很大的增长空间。所以我们从年初开始就要明确目标、奋起直追、奋勇向前。在追赶中补短板强弱项，积蓄后发优势，努力实现弯道超车、后来居上。有为者当奋发创新。树立创新求变意识，尤其面对百年未有之大变局，有为就集中体现在能准确识变、科学应变、主动求变，在体制机制、思路方法等各个方面不断深化改革创新，以改革促进高质量发展，以创新谋求根本性突破，在危机中育新机、于变局中开新局。

让有为者有位，让吃苦者吃香。党员干部当以忠诚干净担当为荣，有为是基础、是根本，是党员先锋模范作用和先进性的集中体现。只要想为、敢为、善为，就能在干事创业的征程中，更好地体现人生价值，让自己的人生境界迈向更高的位置，看到更加精彩的风景。有为有位的位，还应是群众心目中的位置，也就是老百姓的口碑，党员干部的有为，归根到底，最终都是为了百姓谋幸福，这是每个党员的初心所在、使命所在。而你在群众心目中的位置越高，党和人民赋予你的位子就越重要、舞台就越宽广，就越期待着你有更大更优秀的作为。

树立正确安全观

（2021年2月5日）

安全问题，要常讲不断、常抓不懈。

今天把这话题拎出来，主要基于几点考虑：

一是时值岁末，大家都在欢欢喜喜过大年，越是在这样的时刻，监管部门越不能放松警惕，越要站好岗、把好关。二是当前，不少安全主体在抓防疫的过程中，放松了日常安全管理，大家要利用春节放假在家，好好思考疫情常态化下安全工作如何抓，以监管责任的过细过实督促主体责任的落细落实。三是市场监管部门人员多、社会关注度高，打铁必须自身硬，管理安全的人自身安全更容不得有半点闪失。所以，安全是我们的生命线，有安全才会有品质，防风险保安全守底线是每个市场监管人的政治责任。所以不仅在今天，在今后，还要一直讲安全，反复讲。

正确认识安全问题，必须把握好几对关系：

要把握总体安全与个体安全的关系。安全问题，既要系统抓、整体抓，密织防护网，做到万无一失；也要事事抓、时时抓，一个都不能少，一刻都不放松，以防一失万无。所以，总体安全和个体安全缺一不可，做到"万"与"一"的统一。我们既要通盘抓好院子外的安全，包括食品药品、特种设备、产品质量等市场监管领域三大安全和涉及市场监管的防疫安全，也要抓好院子里面的安全，包括防火防盗等安全，还要抓好个人政治安全、廉政安全、人身安全，等等，做到点、线、面全覆盖，缺一不可。

要把握本质安全与形式安全的关系。本质安全，是指通过设计等手段使生产设备或生产系统本身具有安全性，即使在误操作或发生故障的情况下也不会造成事故的功能。形式安全，则顾名思义，是指本质安全的表现形式。本质安全是根本、是基础。形式安全只有根植于本质安全，通过一定的形式把本质安全表现出来，才会有生命力，否则就会流于形式。比如关于安全的制度、规程、标准，光是在形式上印在文件上、挂在墙上、说在嘴上，肯定是远远不够的，还必须落实到行动上、具体到管理中，才能真正将形式安全转化为本质安全。

要把握长久安全与时点安全的关系。对于安全来说，无论是管理，还是监管，都必须是一个长时间坚持的过程，不可能一蹴而就，也不可能一劳永逸。要有长期作战、连续作战的准备，坚持长期主义，久久为功，坚决打赢安全的持久战。同时，还要关注时点安全，尤其是关键时点的安全。时点安全是对长久安全的压力测试，越是关键时刻越容易出差错、越不能出差错。比如当前，临近春节，各种安全问题会集中凸显，所以要抓紧排查，发现问题，及时整改。比如2021年，是建党100周年，是"十四五"的开局之年，在这样的关键节点，安全是不能出任何的纰漏和差错的。

要把握安全第一与质量第一的关系。安全和质量互为表里，安全是要以质量作保证，没有质量的安全肯定不能持久，质量管理是更广义的安全管理，安全管理是质量管理的关键环节之一。同时，高质量发展也必须是在安全的条件和环境下产生，安全是质量的题中应有之义。从这个意义上讲，安全第一与质量第一是相互等同、相互促进的。我们无论是监管市场主体，还是强化自身建设，都要把质量精神融入安全管理之中，学会综合运用质量卓越管理的方法来提升安全管理的能力。

全面加强安全管理，必须坚守几个维度：

严守安全底线，要让风险意识深植每个人心中。机构合并以前，我们各自应对的风险还比较单一。现在在"大市场""大质量""大监管"的格局之下，我们共同面对的风险就更加复杂多元了。要满怀忧患之心。习近平总书记指出："增强忧患意识、防范风险挑战要一以贯之。"在安全问题上，每个市场监管人都要有"一以贯之"的责任感，要格外清醒、格外重视、格外认真、格外严格，把困难估计得更充分一些，把风险思考得更深入一些，常怀忧患之心、常思防范之策。要坚持问题导向。对安全问题不能习焉不察，要善于发现，勇于面对。发现不了问题，本身就是最大的问题。问题并不可怕，可怕的是有问题发现不了，事先不知道，事发吓一跳，这是一个水平问题。对安全问题更不能听之任之，让小问题变成大问题，不能心存"拖一拖、放一放、重形式、走过场"的想法，任由问题扩大、泛滥、蔓延，最终导致从量变到质变，使小问题变成大问题，小窟窿变成大窟窿，一发不可收。要做好充分准备。海恩法则告诉我们，每一起严重事故的背后，必然有29次轻微事故和300起未遂先兆以及1000起事故隐患。所以我们要全方位知晓市场综合监管体制下所面临的安全风险点、风险源，尽快打通思想壁垒、知识壁垒、能力壁垒。无论面对风险苗头和小概率风险，还是面对风险聚焦点和大概率事件，都要有防范化解的先手，制定应急预案，积极探索运用标准化、智慧化手段，从苗头抓起，打好防范化解安全风险的有准备之仗。

严守安全底线，要让规矩意识融入每个岗位。防风险保安全守底线，关键在于用规矩管事、按规律行事、守规则办事。要突出建章立制。无论是监管服务，还是内部管理，都要始终坚持把规矩挺在前面，遵循市场规律，严守法律规则、技术规则，以规矩、规律、规则，实现流程再造、集成创新。要突出防微杜渐。既高度警惕"黑天鹅"事件,也要防范"灰犀牛"事件,对各类风险苗头不能掉以轻心,更不能置若罔闻。要不断深化隐患排查治理,建立常态化排查预警机制,加大对易发生事故的重点领域、场所、环节、岗位和时段的隐患排治,做到科学防范,早识别、早预警、早发现、早应对、早处置。要突出自身建设。作为市场监管的管理者、执法者,队伍安全是事业安全的保证。大到全系统,小到每个处室、每个干部职工,都要严守纪律底线,用规矩管人管事,守规矩做人做事,以清亲之风构建持续出众的营商环境,确保能干事、干成事、不出事。

严守安全底线,要让协同意识贯穿每个环节。严守安全底线是一个系统工程,要"既聚焦重点,又统揽全局,有效防范各类风险连锁联动"。要强化协同协作。当前我们面临着市场形态多样化、经营方式现代化、市场竞争激烈化、违法行为隐蔽化带来的安全风险和挑战,所以我们要深化改革,用改革解决发展中遇到的难题,坚决破除分段监管、多头执法的体制弊端,彻底打通准入、生产、流通、消费等监管环节,实施全环节、全链条、全过程的监管,既不缺位,也不越位。要强化进位补位。市场监管是一个庞大复杂的系统,每个岗位每个处室都是这个系统的重要组成部分。对于严守安全底线而言,每个岗位每个处室都不可能置身事外、独善其身,都要向前跨步。安全底线一旦失守必然全线崩溃,工作一票否决,形象一损俱损。要强化群防群治。加大与相关职能部门的合作,不断提升及时查漏补缺、健全防控机制的能力,实现风险研判评估、风险防控协同、风险防控责任的系统有机协作,共同夯实防风险保安全守底线的基础。

安全无小事,安全责任重于泰山。我们每个人身上都有沉甸甸的担子和责任,在深化升华品质泰州建设的征程中,我们要以笃定应万变,坚持把严守安全底线作为工作的重中之重,一如既往、一以贯之、一抓到底,让安全成为品质的根基和底色。

再谈如何做到单位如家

(2021年3月1日)

这是新春佳节后的第一节微党课。刚才,我领学了《我的单位观》。文章作者把自己的单位观归纳总结为四个字:单位如家。我们说我们是市场监管人,说的就是我们都是一家人,市场监管事业是我们共同的事业,需要像看待家一样看待单位,像爱护家一样爱护单位,像建设家一样建设单位。这里我在之前已经讲过的基础上再谈一点自己的新感受。

单位如家,就是为单位干事要始终饱含热情。单位如家说得容易做起来难。不少同志满足于种好自己的一亩三分地,其他的,事不关己,高高挂起,就是油瓶倒在面前也不愿主动上前扶一下,像高质量考核、改革创新项目、市委市政府布置的中心工作,不少处室是算盘珠子不拨不动,甚至拨了也不动,很多时候想的是如何搭顺风车、如何大树底下好乘凉,毫无主动进位意识。我们不要求每个人都能做到大公无私,只要求能把公家的事当作自家的事来办,这实际考验的是一个人的良心底线和道德操守。

单位如家,就是与同事相处要始终付出真情。同事,是难得的缘分,尤其是像我们这样的涉改部门,很多人共事的时间并不长,如果说第一年是行政结合,第二年是物理整合,那今年就应该是化学融合,这就更需要我们捧出真心,视单位如家,视同事为家人。我们要的是爱人以德,与人为善。上个月月底顾组长为我们上了一堂廉政党课,谈了抓早抓小,对于我们同事之间和睦相处,很有教育意义。不要散发小道消息、不要背后做小动作、不要贪别人的小便宜、共事不要耍小任性……概而言之,就是千万不能愚弄他人,更不能行奸耍滑,否则就可能会因小失大。

单位如家,就是为人要始终满怀激情。要自觉把自己看成是单位里的顶梁柱。单位给了我们一个大展身手的平台,离开了单位,我们可能什么都不是。所以不要问单位能为我们做什么? 而要先问我们能为单位做些什么。对单位要心存感恩,努力做单位的顶梁柱,让自己成为值得单位信任、同事依靠的人。想要在一个单位有话语权,首先要看你的贡献度。只有把非凡的工作干得有声有色,把平凡的工作干得不平凡,让人感到你是最棒的,别人无法与你比拟或无法取代你,你才真正成为这个家的建设者,才能赢得大家的尊重与认可。所以我们把今年确定为"能力提升年",希望大家补短板、锻长板,不断提升自己的硬核实力。

具体到每个人,要勤学习、多思考、重实践;具体到一个处室、一个院,作为大家庭中的一个小单元,还要相互学习、取长补短、携手共进。努力使每个人既要成为本职岗位的行家里手,更要成为复合型人才、成为适应不同岗位的多面手,既能独当一面,更能集成作战,聚是一团火、散作满天星,综合发挥好市场监管的监管优势、服务优势、技术优势,在服务大局中担当有为、勇挑重担、团结奋进、实现价值。要把每个人、每个单元攥成一个拳头、汇成一股力量,一个声音对外,一个声音喊到底,坚定率先领先的信心和决心,勇于在全省乃至全国市场监管系统中比拼,敢争第一,敢扛红旗,争取各项工作都迈入第一方阵。

大家同在一个屋檐下,拥有"市场监管人"这个共同的名字,担负同样的使命,我们要珍惜缘分,共守初心,把深化品质泰州建设作为我们共同的目标和追求,同舟共济,齐心协力,把市场监管这个大家庭,建成名副其实的"品质家庭"。

如何把握好"相当"的"度"

（2021年4月1日）

今天和大家谈谈"相当"这个话题。相当，是指两方面差不多、配得上或能够相抵，处于最适宜、最恰当的状态。平时，我们常提到旗鼓相当、名实相副、功过相抵、权责相称，等等，说的就是"相当"的意思。如何把握好"相当"这个"度"，既是认知，也是水平，还是德行。

从心理角度上讲，"相当"是一个物我相适、致中于和的感受。比如，在工作中我们往往会遇到劳动与收入、付出与报酬、贡献与位置、表现与评价等比较，是否相当，因人而异，不同的人会有不同的感受。这时适量喝点"心灵鸡汤"是有效的。从工作方法上讲，"相当"是一个动态平衡、协调发展的状态。比如，用人与岗位是否相适，工作成本投入与最终收益是否相当，考核评价的指标与实际的工作举措是否相宜，计划与成果是否相符。这些都需要有一个动态的协调过程，只有不断校准，才能最终实现相当。从价值取向上讲，"相当"是一个不断追求公平合理的愿景。比如，监管要过罚相当，在法律的框架内，既要有容错的机会，也要有严惩的力度，打疼不打死；服务要供需相当，要有客户思维，能够换位思考，切实解决企业所想所盼所需，而不可自己想当然硬塞强加，结果只会是适得其反。

相当，实质就是把握好"度"，掌握好"火候"，拿捏好"分寸"，做到既不过也不欠。在追求实现"相当"的过程中，难免会存在过与不及的状况，这些都是对我们的考验，要求我们不断提升能力，练就一身硬功夫、真本领。

首先，为人要调适心态。就个人而言，相当，最终体现的是付出与收获是否相当，这在很大程度上取决于个人的感受和觉悟。我们的所作所为、对单位对集体作出的贡献，最终都会在一定范围内得到相对公正而恰如其分的评价和酬劳。在这个过程中，我们首先要问自己能为单位做些什么？而不是先想着单位能为自己做什么？面对单位给予的荣誉、岗位、奖励，要多问自己是不是实至名归？是否才堪所任？是否够格配得上？当自己的付出一时没有得到肯定与认可，是否能风物长宜放眼量，做到对标找差、知耻后勇？是否能风清云淡、宠辱不惊？所以对待个人的一时得失是否相当，要少一点锱铢必较的算计，多一点甘于奉献、吃亏是福的境界。

其次，处事要调控分寸。人与人的交往，切忌豁边、冒调，否则既害人又伤己。与同事相处，大家分工、职责不同，彼此之间既要各司其职又要紧密配合，分工不分家，多补台不拆台，善补位不缺位，不能只想讨巧占便宜，遇事对自己有利的就上、不利的就让，更不能只想当官不想干事、只想揽权不想担责、只想出彩不想出力。与工作对象相处，要把握好亲清的界限。在监管和服务的过程中，做到监管到位、服务更优，而不是拿服务的政策做人情，更不能把监管的权力作为寻租的工具。"以利相交，利尽则散；以势相交，势去则倾；以权相交，权失则弃"。所以说，世上没有无缘无故的爱，我们决不能心存非分之想、侥幸心理，谋求权钱交易。否则，一旦碰了高压线，就难免会落得个过罚相当的下场。

再次，干事要调准尺度。干工作，也要考虑"相当"。企业在运营中会考虑成本和收益是否相当。政府机关行政决策既要算经济账，还要算政治账；既要算眼前账，还要算长远账。这些都是对相当的追求。所以，校准尺度，首先要提高校准的能力和本领。不管是局领导，还是处长院长，都要善于统筹协调、精打细算，争当市场监管事业的精算师，精心谋划、精益管理、精准实施。每一位干部职工都要聚焦中心大局，校准工作目标，优化工作举措，努力成为一名精益求精的"品质工匠""品质先锋"。校准尺度，还要找准标尺。找准找对标尺，才会一分耕耘、一分收获，十分耕耘、十分收获。否则就可能办错事、办坏事，就会做的多错的多。还有一种情况，比如一些工作的考核排名，与实际有目共睹的成绩不相当时，我们不能光讲客观，喊冤叫屈，还是要积极调校工作方法，努力适应外部环境，有针对性地加以改进提高，做到名实相当。

"春种一粒粟，秋收万颗子。"我们期待收获，就要舍得耕耘；我们渴望尊严，就要懂得自爱；我们追求荣誉，就要乐于奉献。开局关全局，起步即冲刺。我们要按照市委市政府的号令，紧扣全市工作大局，创造性地开展新一年的市场监管工作。如果说，昨天的总结表彰是对泰州市市场监督管理局去年工作的肯定和认可，那从现在起，我们必须按照"保六争先"目标来定位我们的工作，以"相当"的认知、水平、德行，见贤思齐、见强思超，百尺竿头、更进一步，以自身努力的确定性冲抵外部考验的不确定性，通过全局上下一起"相当"的努力奋斗，展现市场监管队伍的新业绩、新作为。

浅谈心态问题

（2021年5月31日）

什么是心态

所谓心态，就是性格加态度，是思想、情趣、意志、能力、性格等综合素质的集中体现。人生的成长其实就是心灵跋涉的历程，心态如同生命的舵轮，积极的心态像太阳，照到哪里哪里亮；消极的心态像月亮，初一十五不一样。就我个人理解，心态反映了一个人的形态、神态，决定了一个人的状态、姿态，影响着一个人的业态、生态。心态不同，运行的姿态、状态就不同，随之发展的业态、生态就截然不同。心态正常则为常态，不正常则为变态。人与人之间往往就是因为在不同阶段，不同事情上有不同的心态，而逐渐有了差距。所以只有自觉培育积极健康的心态，保持奋发进取的精神状态，才能抓住机遇、迎接挑战，完成党和人民赋予的任务。

应当有什么样的好心态

一方面，要提倡积极的心态。积极心态归纳起来主要有以下几种：空杯心态。满招损，谦受益。成绩只代表过去，勇于归零才能勇开新局。一个人只有对自我不断扬弃和否定，才能够承载得更多、看得更深、走得更远。面对成绩和荣誉，要勇于归零，永不满足，追求卓越。阳光心态。这是一种自信乐观、向上向善、开放包容的处世态度。要满怀希望，用发展的眼光积极地看待一时的得失，及时清扫心理垃圾，始终以平和、淡泊、知足的心态对待名、利、权、位。积极主动的心态。这是个体对待自身、他人或事物的积极、正向、稳定的心理倾向。拿破仑·希尔"黄金定律"十七条，第一条就是积极主动。多一点努力，就多一分幸运。你不主动，对手就会赢得先机，好运也会擦肩而过。要以积极的心态主动作为做好每件事、面对每一天。坚持的心态。"不经一番寒彻骨，怎得梅花扑鼻香。"世界上没有谁可以随随便便成功，成功者大都是锲而不舍的长期坚持者。所以既要有动力也要有定力，既要有干劲也要有韧劲，持续用力、久久为功，善作善成，不获全胜决不收兵，将每一项任务干好、干成、干出彩。合作的心态。一个人走得快，一群人走得远。合则共赢，分则俱损。美人之美，美美与共。尤其对我们这样一个涉改部门而言，合作精神更显重要。要做到大事讲原则、小事讲风格，尊重信任他人,善于换位思考,发挥个人优势,团结协作,补台补位,形成集体合力,实现合作共赢。感恩的心态。古人云:"滴水之恩,当涌泉相报。"做人要讲良心,一个人懂得感恩,别人才敢信任你,才会帮助你。树不能离根,人不能忘本。无论在什么岗位,担任什么职务,都要常怀感恩之心。首先感恩单位,这是因为单位是我们成长成才的舞台。更要感恩时代、感恩党、感恩人民、感恩父母、感恩帮助过自己的人。认真的心态。认真是一种态度、一种能力和一种习惯,认真成就优秀。对待每一件事都要发扬一丝不苟、精益求精的工匠精神,从最简单、最平凡、最细小的地方做起,把事情做精细、做精准、做精深。勤勉谦恭的心态。就是指放低自己的姿态,摆正自己的位置,脚踏实地、守好本分。要按本色做人、按角色做事,不管周围环境怎样变化,都一如既往地谦虚做人、勤奋做事。付出奉献的心态。赠人玫瑰,手留余香。任何时候,"施"比"受"好,"给"比"拿"快乐,给予了别人就提升了自己,奉献者才是有福之人。要"捧着一颗心来,不带半根草去",心甘情愿燃烧自己、照亮别人,牺牲"小我"、成就"大我"。乐观豁达的心态。世上没有过不了的坎,只有过不去的心。要面对逆境不消极悲观,得意不忘形,失意不失态,以平常心对待个人得失。凡事学会顺其自然、不钻牛角尖,做一个快乐的人、一个心胸开阔的人。敢于挑战的心态。不仅要勇于面对困难和问题,更要勇于挑战自我。人生最大的竞争对手即自己,最难的是自我超越。要敢于自我否定、勇于自我革新,主动走出"舒适区",不惧风险,披荆斩棘,大胆创新。知足平衡的心态。"养心莫过于寡欲","事能知足心常惬,人到无求品自高"。要在名利上有满足感、能力上有危机感,学会用知足的砝码去平衡内心的天平,耐得住清贫、抗得住诱惑、守得住小节,清清白白做官,公公正正用权。宽厚容人的心态。古人云:"君子贤而能容罢,知而能容愚,博而能容浅,粹而能容杂。"心小了,小事就大了;心大了,大事都小了。要有海纳百川、有容乃大的宽广胸襟,做事要精明,做人要厚道,严以律己,宽以待人,以开放包容的心为人处世。永远自信的心态。自信是发自内心的自我肯定与相信,自己相信自己,才能得到别人的信任。一个人没有自信,就难有作为。要拥有自信心态,不断增强实力、增强底气,在平凡的岗位上创造出不平凡的业绩。诚实守信的心态。人无信不立。要诚实地对待一切,脚踏实地,说到做到,对党忠诚,不搞"两面派"、不做"两面人"。

另一方面,要抵制消极的心态。消极心态归纳起来主要有以下几种。懈怠心态:松松垮垮,拖拖拉拉,迷迷糊糊,嘻嘻哈哈,马马虎虎,疲疲沓沓,工作低水平标准,只求过得去不求过得硬,这种心态少了干事创业、主动作为的激情。麻木心态:看破红尘无所谓,对待批评无动于衷,事不关己高高挂起,不求有功但求无过,混一天算两个半天,这种心态少了争先创优、追赶超越的冲劲。自恋心态:自私,排他,看不得别人好,自以为是,自视甚高,眼高手低,这种心态少了谦虚谨慎、见贤思齐的修养。

如何涵养好的心态

我们打造"品质先锋"品牌，唱响"品质工匠之歌"，首先要求每个同志都必须具有"品质"的心态，关键要抓好四条。

学党史，悟思想。好的心态是用历史映照出来的。习近平总书记多次强调："历史是最好的教科书。"今年，我们党成立100周年，每名党员干部要自觉把党史作为"强心健体"的"营养剂"，积极参加党史学习教育，注重用党的奋斗历程和伟大成就鼓舞斗志、明确方向，用党的光荣传统和优良作风坚定信念、凝聚力量，用党的实践创造和历史经验启迪智慧、砥砺品格，还要善于从党遭受的挫折中汲取教训和营养。在党史学习教育中，要结合市场监管的实际开展好"我为群众办实事"实践活动，比如进一步优化"项目行""民生行"，丰富"泰检易"办实事项目，把学习心得转化为工作动力和成效，进一步牢记初心使命，不断增强党性修养，提升完善自我，让自己的心态更正，更有伟力。

多读书，长知识。好的心态是用知识涵养出来的。杨绛先生曾说："你的问题在于书读得太少，而想得太多。"为什么我们一些同志会出现这样那样的负面心态，归根结底，就是书读得太少，脑子里负能量的信息太多。人的生命长度是有限的，你不可能经历世间所有事，而读书是最好的弥补方式。只有当知识积累到一定程度，看问题才会更全面系统，干工作才会更得心应手，心态自然而然也会越来越好。最近机关举办了"我的单位观"的征文比赛，从征文中就可以看出作者的学识、涵养和心态。因此，要在工作中坚持干什么学什么，缺什么补什么，努力使自己成为业务能手和全面人才。还要在平时的生活中勤学习，少一点吃吃喝喝、少一点无效社交、少一点垃圾应酬，多读书、读好书，多为自己充电赋能、陶冶情操，让自己"腹有诗书气自华"，让自己的心态更好，更有光芒。

多干事，强本领。好的心态是用实力支撑出来的。干事创业，最能看出一个人的心态。面对繁重复杂的市场监管工作，做起而行之的行动者，想干事、能干事、干成事、不出事，在矛盾面前不躲闪，挑战面前不畏惧，困难面前不退缩，体现的就是良好的心态。比如在最近举办的"品质城市"论坛等一系列工作中，都能看出我们的队伍有着良好的精神状态和心理素质。要进一步弘扬实干精神，提升"偏向虎山行"的勇气、"敢啃硬骨头"的韧劲、"争当出头鸟"的胆识，在实干中增强本领，让自己的心态更稳健。

多历练，经风雨。好的心态是用问题磨炼出来。我们每个人的一生都会经历很多棘手的事，越是担心恐惧，越会消耗心神，导致事情更糟，有的还会选择逃避，最后只能是逃无可逃。反过来，遇到事情，不躲不靠，逼自己一把，积极想办法去解决，结果不仅事情解决了，自己的能力也在不知不觉中得到了提升。我们许多工作都是之前没有遇到过的，没有现成的经验可供借鉴，需要我们自己去探索、去历练，提出解决之策，比如，"泰检易"、基本公共服务标准化试点、专利标准融合等工作，靠的就是积极面对，迎难而上，千方百计去解决问题。难题解决多了，遇事自然会从容应对，不乱阵脚。所以我们鼓励各处室改革创新，就是要让大家在开拓创新、化解难题中长才干；分批组织年轻干部挂职锻炼，就是要让他们到基层经风雨，让自己的心态更强、更有力量。

心态，决定心境；行动，决定命运，只有始终坚持积极的心态，才能保持住好的姿态、状态，才能创造出好的业态和生态，才会拥有更好的人生与未来，才会让我们的事业在我们的共同努力下不断打开新的局面、创造新的辉煌。

浅谈选人用人

（2021年7月2日）

最近，一个突发事件让如何选人用人变成了热词。这就是南京京禄口机场的疫情以及东部机场集团的冯军。这个突发事件对如何选对人、用好人提出了十分残酷和非常严肃的拷问。结合局里实际，这个月就先和大家谈谈选人用人的问题。

严格说，选人用人是组织的事。在当今中国，党管干部是一条铁律。选对人用好人，是事业发展的保证，也是单位发展的需要。作为一级组织，责任巨大；作为一名工作同志，事关重大。坚持正确的选人用人导向，坚持科学的程序方法，是每一个组织的应尽之责。做好自己、关爱他人、多作贡献，是每个工作同志的应有本分。最近，听到一些关于局里选人用人的议论，这是好事，也属正常，说明大家关心政治、关注前途。说实话，市场监管局组建以来，局党组一直高度重视选人用人工作，也一直在积极争取多创造机会、岗位，尽力给更多同志搭建干事创业的平台，来对冲机构合并带来的瓶颈制约。据统计，全局机关一共才170号人左右，但组建后我们已经动了130多人次干部，而且有很多人动了2次，甚至还有人动了3次。可能有人觉得好像太容易太普遍了，有点不可思议了，都有点不自然了，都想习惯成自然了。有的人心都浮起来了，尽想着这件事，也不想做事了。这就有点过了，必须及时泼点冷水降降温，不然容易烧糊涂了，到时还要组织负责任。

我们说单位如家，一个单位、组织成立和存在的价值就在于能有效地行使职能、承担工作、完成任务，否则就没有存在的必要和价值。那么，单位就要有人去干这些事，就要选人用人，选合适、称职的人干合适的事，用优秀的人干重要的事。这就得有个标准，也就是我们通常所说的德才兼备。首先是讲政治，然后是有才、顶用、肯做、能吃苦的人。在每个家庭里也一样，每个家长都希望子女有出息，能为家多作贡献，每个家长也会尽心尽责尽力为家庭着想、操劳、付出。一个家庭过得好不好，一看家庭成员好不好，二看家长持家是否有方有道。到了单位也一样，一个单位好不好，关键看单位内的干部好不好。如何评定好不好？中央有20字的标准：信念坚定、为民服务、勤政务实、敢于担当、清正廉洁。

好干部不会自然而然产生，成长为一个好干部，一靠自己努力，二靠组织培养。如何选人用人？就凭就靠这20个字。再说如何评价？主要凭主观，为了公平公正,现在也设定了一些程序,民主推荐、量化考核、审计巡察、工作圈生活圈考察,等等。这些程序也大都是一种主观判断,并没有特别的专用工具计量。所以,要让组织选用到你,除了机遇、职级、岗位等要素外,你必须首先自身很优秀,然后要领导认为你很优秀,另外还要你周围的同事说你很优秀。

所以,对个人来说,必须重点关注并做好几件事:

求上进。这是前提,没这一条,一切免谈。自己不求上进,谁都推不动、拉不上,即使拉上去也会很快掉下来。有了这一条,就会有无穷的动力支撑你前进、奋斗。求上进,就会有比较。我们提倡对标对表,指的是工作上见贤思齐、见强思超,你越求上进,就会干得越好越出色。我们不赞成自己消极地去比提拔、比职级,因为这样会越比越消极;而是要积极地与人比贡献、比成果、比核心竞争力,这才是正确的方式,才会越比越有干劲、越有前途。

肯干事。这是根本。没这一条,一切都是空话,一个家一个单位都是这样,不肯干事,你就是个闲人,闲人就是可有可无、碍手绊脚的人,闲人没出息、没出路。你既是个闲人就不要想不干事,还想吃好果子、坐好位子、拿多票子,单位能容着你就够宽宏大量了。肯做事就是要做好分内事,干好本职工作,最好能争先进拿荣誉,而不是要你去做一些不该你做的事、不合情理的事、让人瞧不起的事。我们单位也有极个别的人干了一些不应该他干的不光彩的事。当然,他一定很累。我们还要注意一条,就是提倡补台、补位,但反对越位、错位。因为你在其位应该谋其政,不在其位就不应也难谋其政,要等你坐到其位再谋其政。否则,即使碰巧进了球也不算,还要被处犯规。

会处世。这一条也很重要,在家在单位都一样。在家,长辈晚辈、兄弟姐妹,相处不设防,也不一定要技术含量,因为家人会相互包容、谦让、帮衬,即使你偶尔犯浑,你过激,你不理性,你失态,家人也可能会原谅你,不跟你计较。当然,经常这样也不行。但在单位就不一样了,有时有人会原谅你,但更多人可能就不原谅你。偶发倒也罢,长此以往则对你的发展非常不利。所以,学会处世,说到底也是为了不给自己添堵。从这点出发,我们倡导单位如家,首先必须都能把同事当家人看待、对待,最好不闹矛盾,即使偶发冲突也能和平化解,不记仇不报复不搞小动作。

知要好。这一条不能忘,这也是我们讲究品质的应有之义。要保持良好形象,穿着打扮要讲究;要注重细节,言谈举止要讲究;要追求品质,干活做事要讲究。很难想象,一个不要好、不讲究的人能干成什么大事,会有多大出息。你不要好,谁敢把任务交给你;你不要好,谁会信任你;你不要好,谁肯跟你一起玩。久而久之,你就一定会被淘汰。要好还有一层意思,就是珍惜荣誉、名声和尊严,这些既是别人给的,更是自己挣的。对家对单位都一样,过去小孩要谈对象必须先访亲,找工作必先访单位。如果这个家、这个单位臭名昭著、恶名远扬,一定不受欢迎和待见。同时,修好荣誉、名声、尊严,必须日积月累,千难万难。而要毁掉则片刻之间。一只苍蝇就能坏掉一缸好酱,稍不注意就会让万丈高楼土崩瓦解。

总之,关于选人用人,从组织角度,要有正确的导向,说到底就是要选用为人民谋幸福、为民族谋复兴的人;要有先进的标准,就是20字好干部标准;要有科学的方法,现在一整套程序,包括组织部的,还有纪检监察的;要有工作需要,就是要有用、顶用、好用,缺一不可。我们将积极创造条件、改进办法,为大家多创造机会,力争更多优秀的同志能得到提拔重用。

从个人角度,你若盛开,蝴蝶自来;你若精彩,天自安排。每位同志都要自我从高追求从严要求从优表现,努力把自己塑造得更优秀更璀璨更出众。我们相信,两个方面有机结合良性互动,就会形成良性循环越来越好,否则就有可能进入恶性循环,不仅自毁前程,还拖累他人拖累单位。这是我们不愿意看到的,也是坚决不允许的。同时,我们更要看到,作为第一代市场监管人,我们应当树立一种良好的社会形象,保持一种良好的姿态、状态和心态,切不可犯个人主义、自由主义、利己主义,切不可关键时刻经不起考验,也决不允许为了一己之利,不择手段损坏集体名誉和形象。

关于干事的思考

（2021年8月3日）

上月讲的选人用人，这月接着讲干事。因为，选人用人的根本目的就是为了干事。不干事，单位要你干什么？品牌代言？形象大使？可能有可能，现实不现实。对这个问题，大家都应该想得通。一个组织一个单位，不可能白养一个不干事的人。不管谁当领导，只要他想干点事，都必然会要求部下干事。每个人换位思考一下就会想得明白。所以，干事就很重要。过去，我常讲，一个干部要想干事、能干事、干成事、不出事，这是有出息、有前途的起点和终点，也是有意义、有价值的状态和过程。我也常讲，有为才能有位，有位更须有为。这是一个正确的逻辑，也是一个干部人生的正确打开方式。

回头说干事，先讲个略显代沟的故事。1984年，我从企业调到县级机关工作，负责人事的同事递给一本工作证，职务：干事。当时感到很新奇。本来只知道本人身份是国家干部，现在又多了个职务叫干事。既叫干事就得干事。于是就认真干事，加班加点、起早贪黑、没日没夜地干事。功夫不负干事人，一切辛苦都会有回报。以后，就一路走到现在。很庆幸，受组织委派，能与大家同事共事。两年多来，大家一起干成一些对社会有益、有意义的事，我很有满足感、自豪感、荣誉感。我想各位一定和我有同样的感觉。

从泰州市市场监督管理局实际来看，总的来说，干部队伍干事创业的氛围和状态是好的，但也有极少数同志有点跑偏。我初步总结了一下，大致有这么几种表现：懒、怕、拖、推、选、躲、熬、混……这些都是要不得的，如果染上了，不及时治好就会出大事。

干事，要立说立行，不拖拉、不敷衍、不回避、不狡辩，指到哪儿打到哪儿，速战速决。

干事，要思行合一，善思考，巧行动，会总结，重宣传，不练虚功，不放空炮，不三心二意，不做无用功，善作善成，标本兼治。

干事，要经得磨炼，不达目的不罢休，不遇难就退，不半途而废，不怨天尤人。

最后，总结几句话，与大家共勉：

你既然选择了进单位，你就同时选择了干事，别指望在单位不干事还得好处。

你在单位的价值和影响，取决于你的贡献和表现。你必须进入良性循环才有前途和未来,否则你只能在恶性循环中走向消亡和毁灭。

　　干好事情,既是本分,也是修养,更是理想。干好事情,既能安身立命,又能修身养性,还能放飞梦想,何乐而不为?

　　珍惜机缘,一起干事,相互支撑,共同成长,为自己争气,为单位增光。

谈谈对贡献度的几点看法

（2021年9月1日）

今天我和大家聊聊"贡献度"这个话题。"贡献度"这个词，至少有两层含义：一是贡献量的大小，也就是贡献的绝对量；二是贡献份额的多少，也就是你的贡献量在全局整体成果中的占比。换个角度，对贡献度也可以这样理解：

贡献度是存在感。在日常工作和生活中，有人喜欢刷存在感，这个存在感，实质应该就是贡献度。你在一个单位，一个家庭，没有贡献度，就无从谈有存在感。所以，贡献的大与小，与你的存在感是成正比的。要刷存在感，就必须学会并善于作贡献。你对集体或别人丝毫贡献都没有，有你没你一个样，你哪来的存在感？

真正的"存在感"不是刷出来的，而是贡献出来的，你的贡献大了，存在感自然而然就强了。一旦你成为单位、同事当中不可或缺的人、值得信赖的人、有口皆碑的人，刷不刷，你的"存在感"都是满满的。

贡献度是发展力。从大处说，时代进步、社会发展，是由亿万人接续奋斗贡献出来的；从小处说，一个单位的成就与荣誉，是全体同仁共同努力的结果。所以，在一个单位里，你职位越高，责任就应越大，贡献度就应越高。一个单位越想有大发展，就越需要大家都争作贡献。一个人越想有大进步，就必须有比别人更大的贡献度。

贡献度带动发展力，它更多考量的还是一个单位的凝聚力、核心竞争力问题。它要求每个人不能只顾打着自己的"小算盘"，而是要讲大局、讲奉献、讲操守，懂得贡献、愿意贡献、舍得贡献，始终把集体放在第一位，想着如何为单位作贡献，而不是想着一己私利，想着歪门邪道，走着旁门左道。

贡献度是竞争力。我们创"十佳"，争"骏马"，靠的是集体竞争力、贡献度，离开贡献度空谈竞争力是苍白的。这几年，我们取得一些成绩及荣誉，哪一项不是真枪实弹、真金白银的贡献度支撑起来的？换成处室、个人来讲，同样如此。个体的贡献度大了，说明你所经历的事多，磨炼得多，你的竞争力就一定不会差，就自然会胜人一筹。这就是努力工作、积极贡献带给我们的最好回报。就具体的阶段性工作而言，我们可以"不以成败论英雄"，可以容错纠错。但就长期工作而言，就要看你的贡献度，要以高产"论英雄"。你在处长的位置上作出其他处长没有作出的贡献，就会令人尊敬，就会被提拔重用。相反，如果你占着处长的位置，作出的只是副处长,乃至科员的贡献,那说明你还要积淀,还要提升。

我们工作的目的不仅仅是为了让领导看到,也不是在为领导工作,而是在为自己工作。因为工作不仅仅是让我们获得薪水,更重要的是,它能教给我们经验和知识。通过工作,我们能够提升自己,使自己变得更强大,更有竞争力,能够真正适应更大的舞台。一旦机遇来临,你能抓得住、用得好,也自然会取得更大的贡献度。

对市场监管系统而言,我们恰恰是一个极度需要正反馈的集体,是需要输入核心竞争力的集体。如果我们这群人,人人都能通过贡献来成就自己,让追求贡献度成为我们机关文化的鲜明特质,对我们身边那些"高存在感、低贡献值"的人来讲,能够起到正面导向作用,能激起他们的斗志,能让他们动起来。我们这个集体就一定大有希望、大有前途。

贡献度从哪里来?

首先,贡献度是靠干出来的。吃饭穿衣是为了活着,但是活着绝不仅仅是为了吃饭穿衣。所以,上个月微党课我讲到过,人活着就要干事。事干好了,干成了,干多了,就是对单位、对集体的贡献度。所以,贡献度是需要付出很多努力的,是干出来的、做出来的,是一条条数据、一份份报告、一次次调研、一趟趟检查、一点点改进积累而来的,是大家一双双辛勤的手赢得的。

就事论事,市场监管局组建的这三年,靠大家的苦干实干巧干,我们做成了许多前人未做成的事,可圈可点,甚至可歌可泣。这些,都是大家共同努力的结果,都是大家争作贡献的结果。这种贡献,不是坐在办公室里纸上谈兵,也不是捧出来、吹出来的,更不是"葛优躺"躺出来的。想"躺平"或者"躺赢"是行不通的,我们必须听从组织召唤,撸起袖子加油干,想干事、能干事、干成事,干出一番新贡献,干出一个新天地。

其次,贡献度是比出来的。工作和生活是个竞赛场,很公平,也很残酷。比输了,出局;比赢了,出众。

横向比,是不比不知道,一比吓一跳。说实话,我们少数同志,是不敢把自己与别人作比较的,谁对单位、集体贡献度有多大,大家心中都有一杆秤,眼中都有一把尺。还可以纵向比,就是把自己的今天与昨天比,是进步还是退步了?是贡献大了还是小了?自己心中有数,别人心中也有数,领导心中更有数。我们要坚决防止和纠正这样一种现象,就是职位、职级提高了,而贡献度却降低了。提醒大家每个人都可以作一次自省和反思:看看是不是所有职位调整的人,调整后的贡献度都比调整前更高?是不是有人觉得"功成名就,马放南山"?有没有少了干事创业的激情,少了不虚此行的担当。实践证明,一个没有贡献度的人,时代一定会抛弃你,要让你出局。所以,我们在使用干部时,不仅要看资历、学历,更要看他的能力、看他的贡献度。

比贡献度，不仅要多比、常比，还要会比、善比，田忌赛马的故事给我们很好的启示。要通过主动比、科学比，不断发现和改进自己的不足，既要扬长又要补短，既要激情燃烧又要一如既往，既要仰望天空又要脚踏实地。

第三，贡献度还是考出来的。这个考，既是考试也是考核。考核是一个系统工程。要科学用好考核这个"指挥棒"，最大限度调动和激发每名同志干事创业、建功立业的积极性和创造性。要综合运用年考、季考、月考等手段和方法，把全年工作任务，把"能力提升年"主题活动的任务落地落实，真正做到干事担当大家挑，人人肩上有指标。要严格奖惩兑现，让干得好、贡献大的得好处、实惠、荣誉，让干的差、贡献小的受刺激、鞭策，真正形成良好的政治生态和用人导向。

我们相信，只要大家都能不断提升自己的贡献度，我们这个单位、集体，就一定会越来越好！

不断增强执行力

（2021年7月2日）

昨天我们大家一同观看了建党百年华诞盛典，数万人集聚天安门广场，整个庆典活动让人倍感震撼。我认为，也只有中国共产党有能力做到，从这当中也让我们看到了超强的执行力。所以，今天选"执行力"作为本月的微党课主题，更具有其特殊意义。

什么是执行力？

执行力，是指贯彻战略意图和领导决策部署，完成预定目标的实际操作能力，是把团队战略、规划转化成为效益、成果的关键。中国共产党之所以成功，一次又一次的成功，一次比一次成功，一个很重要、很关键的法宝就是超强的执行力，这一点历史已经证明，并将继续证明。学党史、悟思想，这是一条基本经验，大家应当深学深信、常学常新。

执行力的关键看哪几条？

真，就是执行的纯度。执行力如何，首先看态度。态度如何，看纯度。你是否三心二意、敷衍了事、避重就轻；是否假执行、选择性执行；是否当面一套背后一套、搞阳奉阴违？这些除了你自己知道，领导也知道，群众也知道。人在做，天在看。真执行，就要杜绝这些心态，绝不能"掺杂质""走过场"。只有我们各方各面、各层各级都全身心百分百地真执行了，才能避免执行走样、层层衰减，才能确保任务圆满完成。

准，就是执行的精度。执行无精度，就是做无用功，就会失之毫厘，谬以千里。在执行过程中，必须要以精细、精准、精深的工匠精神全身心投入，精准地领会领导意图，精确地落实工作举措，确保每次执行都能有的放矢、直中靶心、直击要害、刀刀致命，做到无常识性错误、无低级失误、无缺项漏项。

快，就是执行的速度。在任务面前，我们不能犹豫，不能等待，不能观望，必须迅速行动，先下手为强。唯有如此，才能抢占先机、赢得主动、处处领先。

狠，就是执行的力度。一旦执行，就应付出大于百分之百的努力，你才能实现百分之百的目标。不讲条件，不怕困难，雷厉风行，一抓到底，善作善成。如果你的执行力度不够，你的成果就会大打折扣，就会虎头蛇尾，甚至有头无尾。

韧，就是执行的格度。所谓格度，就是在面对困难和挫折时，自身所迸发出来的张力和耐力，是顽强精神和坚韧意志的集中体现。执行有韧劲，就是要直面问题,迎难而上,百折不挠,不达目的不罢休。

如何提升执行力?

干部行不行,主要看品行,关键看执行。当前,我们局最大的问题,不是思路问题,也不是决策问题,而是执行力的问题。在座的都是局系统中层以上干部,是抓工作落实和体现执行力的主要力量和关键环节。如果我们这些人,都没有一个好的执行态度、能力、效率和水平,那么整个局的前途就很难说了。但是如果大家都有超强的执行力,我们的市场监管事业就一定会有伟大前途。如何改变这一现状,如何将要求化为行动,如何将蓝图变为现实? 这就要看在座的各位能不能不折不扣地去抓落实,提升执行力了。

提高理解力,强调一个"悟"字。理解力是对某个事物或事情的认识、认知,是更好地去执行的前提。缺乏理解力,就很难执行到位,更不可能创造性地开展工作。要提高执行力和理解力,增强悟性是关键。那么,"悟"什么? 我想,主要是对上级的方针政策、重大决策部署有所"悟",做到吃透上情;对现代化市场监管体系建设中面临的新形势、新任务、新要求有所"悟",做到认清形势;对总局、省局的部署要求、对兄弟局的成功经验有所"悟",做到找准标杆;对做好本职工作所必须掌握的能力与知识有所"悟",做到业务精通。只有不停地去"悟",你才能有领悟,执行起来才能有顿悟。怎么"悟"呢? 我认为,就是要加强学习,树立终身学习意识,多看书、多思考,通过不断学习来提高理解力,提升执行力。

提高操作力,强调一个"干"字。再好的目标,再好的蓝图,如果不沉下心去抓执行抓落实,也只能是镜中花、水中月。联系我们市场监管局而言,成立两年多来,全局上下经历了重重考验、履行了重要使命。以一个"干"字,推动各项工作迈上了新台阶、实现了新跨越。但成绩已属于过去,进入新的发展时期,泰州市市场监管工作如何再上层楼、再开新篇? 还是那个字,"干"! 领导干部要带头干,要以身作则,甩开膀子,做出样子,而不是做甩手掌柜;要带领干,要把执行的责任压力层层传导,带领所属同志一起干,让他们在执行的过程中,能够迅速成长,独当一面;要合作干,要善于在执行过程中,加强团结协作,心往一处想,劲往一处使,多补台、不拆台,多到位、不越位,分工合作,形成执行的合力,切实做到守土有责、守土负责、守土尽责。

提高思考力,强调一个"通"字。梁漱溟先生曾提到思考问题的"八层境界",其中最高的境界是"心透",是指当你拥有了思考问题的最高境界,则一通百通,彻悟通透。结合执行工作而言,"心透"就要通盘考虑,要有系统思维,能透过现象看本质,透过局部看整体。具体讲,一是从全局的角度考虑,要使自己站得高、看得远、想得深;二是从职责范围的角度考虑,要使自己在完成工作时,把握得更全面、更周到;三是从事件的全过程去考虑,要使自己做事做得更有条理、更有章法;四是从事情的利弊得失去考虑,要把各种可能性想得更清楚、看得更透彻,做到预警预判、趋利避害。要通过这四个方面思考力的提升,找准薄弱环节,明确下半年工作思路,扬长补短,发挥优势。

提高完成力,强调一个"好"字。执行力不讲如果,只讲结果,而且是好的结果。要实现最好的结果,必须用最好的态度,最佳的方法,要比常人付出更多的努力。比如,市级机关每年一度的"创十佳""争标兵"活动,再比如去年泰州市市场监督管理局所获得的"骏马奖""五一劳动奖"等殊荣,如果仅靠一般性地完成任务,只求过得去、不求过得硬,就能上奖台、拿奖牌吗?我看是绝无可能的。同志们,想要赢得他人拍手称好,必须多下苦功、多出经验、多出做法。对于个人而言,亦是如此。在具体工作的执行中,领导往往是明确一个思路,确定一个目标,规定一个时限,提出一个期望,这就要求我们千万不要孤芳自赏、千万不可自我满足、千万不能局限于完成,要充分发挥主观能动性,践行工匠精神,争当品质工匠,力争做到精益求精、尽善尽美。只有这样,你才能在机遇与挑战面前脱颖而出,超越自我,超越他人,你才能成为一名执行力强的优秀人才。

关于田忌赛马的几点启示

（2021年11月1日）

田忌赛马，故事发生在战国时期，大家耳熟能详。虽历两千余载，依旧为今人所津津乐道。古为今用，这个典故对今天的我们如何在职场拼搏中取得成功，提供了重要启迪。下面，与大家分享几点我近期的感悟。

启示一：用长克短。田忌赛马之所以取胜，一个重要秘诀就是用长克短。从泰州市市场监督管理局的情况来看，如何在激烈的竞争中脱颖而出、笑傲江湖？江湖很残酷，你不笑傲江湖，江湖就笑你。要用长克短，首先就要客观审视泰州市市场监督管理局局情，真正找准"长"有什么、"短"在哪里，既要在发挥"长"上做文章，又要在解决"短"上下功夫，真正做到锻长板、补短板。市场监管"工具箱"里工具多，但从全国全省系统来看，你有我有大家有，大家一起竞争，就要看谁用得好、用得巧。我们积极推进大市场、大质量、大监管，在全面履职的过程中，要有意识地集中力量，练好我们的"杀手锏""必杀技"，打造高峰、高地，让优势更优，强势更强。在善于发现打造自己长处的同时，还要勇于面对应对短处。长是我们的优势所在，短是我们的潜力之源。我们既要重视当下眼前的用长克短，更要谋求更多的短项变长项，形成新的增长极和竞争力。

启示二：错位竞争。唯物辩证法告诉我们，不仅量变可以引起质变，调整事物内部结构也会引起质变。田忌并没有引入更快更强的赛马，只是调整了出场顺序，就让整体战斗力形成质变，这就是错位竞争的优势所在。

错位竞争，关键在养成错位思维方式，形成错位自觉行为。错位竞争不是一时的投机取巧，而是立足长远，争取竞争优势。一旦你在错位竞争中取得了优势，就会成为你在下一步全面竞争中，不断取得新的更大胜利的重要起点和基础。我们许多工作形成品牌，走在全省乃至全国前列，就是取决于同志们肯动脑筋，勇于创新突破，率先探索实践，就是抢跑领跑，就是打的时间差。比如刚发布的《国家标准化发展纲要》提出了一个全新的概念即全域标准化。但认真研究一下，我们并不陌生，因为几年前我们就开始做了，也取得了一些成果，包括国家标准、标准化条例、市委8号文件、标准国际化创新型城市、基本公共服务标准化试点，等等。应该说，我们事实上抢先、领先了一步。现在的问题是，下一步如何从田忌赛马中得到启示，更好地扬长补短，把标准化工作做得更好，以保持领先优势。如何继续打好这个时间差，就要看我们的能力和水平了。搞得好，好上加好,越来越好,锦上添花,良性循环;搞不好,龟兔赛跑,坐吃山空,一蹶不振,恶性循环,优势丧失。正所谓,一招主动,招招主动;一招被动,招招被动。错位竞争、反复打磨、接续经营,才能让我们优势更优、特色更特,最终由一开始的单一优势,变为全面优势、长期优势。错位竞争还可以打好空间差。泰州搞品质城市建设是从杭州、西安等先进地区学来的,由于市委市政府高度重视大力支持,一张蓝图绘到底,一任接着一任干,一锤接着一锤敲,我们把人家的经验与泰州实际相结合,逐行业、板块、部门实实在在地推,实实在在地抓,坚持不懈地干,义无反顾地干,成效日益显现,泰州城市品质指数不断提升,持续向好。错位竞争还可以打好次序差。就是如何抓重点求突破,集中优势兵力搞攻坚行动。比如我们每年一个主题行动,分阶段明确工作重点,抓主要矛盾和矛盾的主要方面,依次有序推进。质量工作,营商环境,特种设备,食品药品安全,支持医药城发展,等等,这些都大有文章可做,大有潜力可挖,大有前景可期。

启示三:统筹运作。田忌赛马,还告诉我们一个道理,就是要善于运用系统思维。力量配置得当、资源整合到位,就可以事半功倍;否则,就可能导致事倍功半,甚至失败。

我们一直强调,分管领导也好,处长、院长也好,都要学会弹钢琴。所谓弹钢琴,就是要顾大局,会统筹,看长远。田忌赛马最终获胜,根本靠的就是这一条。有所为有所不为,因势利导,乘势而上,因地制宜,借梯登楼,不计一时得失……都是说明这个道理。我们要善于统筹协调,做好资源优化配置的"精算师"。一个处室、一个院,同样是那拨人,但不同的人来领导,就能产生不同的战斗力和凝聚力,这体现的就是领导者的统筹协调能力。放眼全局也是这样,我们市场监管五局合一,更需要统筹协调,这样才能有效形成集成优势。比如,我们推标准专利融合,再比如我们推食品安全"阳光系列工程"等,今后,我们还需要更多的这样从"物理组合"向"化学融合"深度转变。依我看,目前这样的化学反应还不够激烈、融合升级还不够到位、流程再造还不够科学。一个重要原因,就是条线与板块还缺乏"黏合剂"和"催化剂"。牵头处室缺少主动协调、统筹各方的能力,配合处室缺少主动配合、甘当配角的风格。有些处室,甚至有的板块,仍沿袭过去的思维方法和行为方式,按照旧的方法去开展工作,既不善于统筹协调各方力量,又不乐于参与配合。遇到急事、难事、大事,不是向前跨进一步,齐心协力想办法,而是独善其身,推三阻四,避而远之。机构合并以来,我们花大力气推动干部跨板块、跨条线的交流融合。下一步,更重要的是推动促进每个人思想深处无形的融合。大家身处改革最前沿,这既是挑战更是机遇,都要学会适应大局、融入大局,进而统筹协调各方力量服务大局。

启示四:志在必得。典故启示我们,在解决任何一个问题的过程中,我们一定要有志在必得的决心和顽强的毅力。假如孙膑在赛马之初，光想"马"不如人，畏手畏脚，只讲客观、讲短板，就肯定不会赢得胜利。所以说，志在必得看问题，会让你在解决问题的过程中，始终充满斗志、傲视对手，会让你在千辛万苦面前千方百计去破解难题。前方有100个困难，你就要有101个决心，这就是你战胜困难的态度。对于一个单位、一个集体而言，要在竞争中赢得更多优势，除了用长克短、错位竞争、统筹运作之外，还要有意志、有志向、有志气，志存高远、志在必得。无论遇到任何困难和挫折，都要信念不摇、追求不变、初心不忘。只要付出努力、洒下汗水，肯定会收获累累硕果，在多次"赛马"中成长为名副其实的"骏马"。

话不多说，点到为止。道理简单，奥妙无穷。希望大家都能从田忌赛马中获得有益启示，悟出更多真理，指导工作和人生，活得更加精彩，更有尊严。

换位思考天地宽

（2021 年 12 月 1 日）

通常讲，换位思考就是转换角度、调整视角、变换位置去看问题。换位思考是一个哲学命题，也是一种思维方式。会用、善用、多用这种方式，可以起到事半功倍的效果，甚至是意想不到的效果。而不会用、不肯用这种方式，则往往会钻进死胡同，不能自赎，甚至酿成大错。所以，学会运用换位思考，善莫大焉。

换位思考养成好心态。生活与工作不如意事十之八九，但如果我们主动换位思考，我们的心态会变得更加成熟。要能高能低。做人，心态要高，姿态要低。我们不能把自己不当回事，但千万不要太拿自己当回事，把别人不当回事。事实上，越强大的人，越是能够管理控制自己的情绪和心态。实践证明，离开单位，离开位子，你啥也不是。因此，不论你处于什么位置，什么局势，都要力求做到不高估自己，不低估他人。一时的高位和风光，要放下身段换位保持谦逊与忧患；一时的挫折和逆境，要高昂头颅换位保持高远的心境和格局。要能大能小。能大能小是一个人为人处世时灵活性的集中体现，是一种能变化、善变化的智慧，是一种顺天时应人和的技巧。仅仅能大，不能把控细节，很难成大事；仅仅能小，缺乏大局观，绝对成不了大事。只有能在大小之间顺势换位，方能成就大事。要能进能退。人能屈能伸，还有什么过不去的坡坎；人会收会放，还有什么达不成的理想。进退留转之际，多从积极面思考。进时不忘退时路，退时不失进取心，保持一份冷静，保持一份洒脱。相反，给一点阳光就得意忘形，有一点委屈便意志消沉，受一点挫折便恼羞成怒，不懂人生辩证法，往往会进退失据，不仅毁了事业，毁了前程，甚至直接毁了自己。要能上能下。上与下是人生的常态，能否理智地看待上与下，能否真正做到能上能下，反映的是一个人的韧度与忍度。人生一世难免遭遇这样那样的挫折与坎坷，这就要求我们必须有能上能下的心态。

换位思考养成大智慧。在我们身边，那些把工作、事业、生活都能处理得很好的同志，无外乎都有着自觉换位思考的品行与修养，及其所体现出来的能力和智慧。习惯换位思考，能够养成"集成思维"的智慧，全方位多层次的换位思考，能够在反复比较中，形成具有集成化的思维。对于我们而言，不管是管理者还是执行层，都是需要用集成思维来化解诸多难题的。例如高质量考核，是一项具体实在又需要"顶层设计"的工作，需要我们"换位"全局、对标全局、放眼全局。对待考核指标中的每个单项，都要用好集成思维，统筹兼顾，整体推动，任何单项都不能拖后腿、拉低分。如果没有集成思维，没有一揽子拿得高分的办法，就会瘸腿走路，怎么也快不了。习惯换位思考，能够养成"错位竞争"的智慧，换位与错位，看似不同，实则相通。多角度多维度的换位思考，能够在反复比较中发现长项和短板，进而形成扬长避短的错位竞争优势。上次微党课，我们讲了田忌赛马，实际体现的就是错位竞争的智慧。我们在和其他市局的竞争中，在市里争创改革创新奖的过程中，就要用好换位思考：其他市局的工作如何展开，其他单位的改革创新奖是哪些项目，要做到知己知彼，这样就能更好地发挥我们的强项，更有效避免用我们的短板和别人的长处比，进而能够扬长避短。习惯换位思考，能够养成"时空转换"的智慧，换位思考，就是打破时空的限制，将自己置于别人所处的立场上思考问题。只有这样，才能真正了解对方，定位自我。同事相处要有换位思考，与服务监管对象之间同样也要换位思考，这就要有"客户思维"。比如对监管对象的无心之失，是否可以探索容错纠错机制，对办证办照企业和群众是否可以超时默认、容缺受理。对企业能否做到无事不扰，上门服务要统筹安排，而不是好企业、大企业扎堆上门，小微企业却门前冷落。这些实际上就是要求我们必须想群众之所想，急企业之所急，就是运用"时空转换"的智慧，跳出一隅，突破自我，真正做到监管到位、服务更优，做到好上加好、再上层楼。

换位思考养成大担当。干部敢于担当作为，这是政治品格，也是从政本分。现实工作生活中，一些同志总是习惯性地指责抱怨和推脱责任，很少愿意换位思考别人的想法和感受，多数情况下我们听到的是："这件事不归我管，他们负责这块。"面对任务，只顾门前雪，怕担当、怕矛盾、怕担责。为什么会怕这怕那，有部分是不想出力，但更多的是怕拿不下来。践行担当，首先要有"人家能做我就能做得更好"的志气。凭什么他行我不行，要有这种自我加压、不服输不放弃的韧劲，要多问自己，我和他的差距在哪？没有差距，就要多问，为什么他行我不行？在对标对表的换位思考中，发现不足，比出斗志，进而敢想敢干、敢打敢拼，敢接"烫手山芋"，哪怕是失败也要成为成功之母。市场监管局从组建开始，每项工作都是在摸索中前进，困难与挫折不可避免，但由于我们骨子里始终浸润着"三个不相信"精神，各级干部勇于挑重担子、啃硬骨头，坚信"人家能做我就能做得更好"，坚信狭路相逢勇者胜，才打开了新局面，有了新作为。其次要有"舍我其谁"的霸气。这种气势与气魄，就是在面对职责时，敢于担当，该做的事绝不推脱，领导交办的任务绝不避让。在换位思考中，要增强在急难险重的任务面前的自信和底气。尤其是泰州市市场监督管理局这样一个大局，如果没有一个团结一心、坚强有力的领导班子，没有一个敢担当、肯担当的干部队伍，何以成事？何以成大事？两年多来，我们欣喜地看到，全体泰州市场监管人始终以一往无前的奋斗姿态、舍我其谁的精神状态奋战在监管服务一线，为泰州的高质量发展作出了积极贡献,也铸就了自我的先锋品质。在一些重要机遇面前,比如标准国际化创新型城市成功创建,比如推进泰州市政府荣获国务院督查激励,我们没有等待观望,有条件上,没有条件创造条件也要上。正是凭着"我难别人也难""别人行我更行"这股"舍我其谁"的劲头,我们最终赢得了胜利。再者要有"功成必定有我"的豪气。要恪守好"功成不必在我,功成必定有我"的信念,只出"成功"之力,不求"功成"之誉。近期,我们进行了一轮规模较大的人事调整,有新提拔,有轮岗。应该说,这次调整正处在新局组建三周年到来之际,我们已经站在了一个较高平台上和时点上。在新旧交接过程中,大家一定要有换位思考的风度和格局,前任成功经验做法要毫无保留,让继任者业务尽快上手,工作不停顿;继任者对之前的难题矛盾要毫无怨言,新官也要理旧事,争取问题妥善解决,确保整个交接平稳有序。同时,更要勇敢面对新挑战,敢想敢干、多想多干,发扬革命传统,争取更大光荣。当前,每名市场监管人必须坚持一张蓝图绘到底,把具体工作体现到贯彻落实省、市党代会精神上来,以"人家能做我就能做得更好"的志气、"舍我其谁"的霸气、"功成必定有我"的豪气,一锤接着一锤敲,一任接着一任干,走好我们这一代人市场监管新的长征路。

换位思考,是适应多元时代的一种工作方法。提倡换位思考,并不是要无原则地附和、迎合他人,而是在立足自身、认清自我的基础上,多角度地观察、思考、实践。这个月已是2021年的最后一个月,到下个月就是机构改革的三周年了。此时此刻,我们倡导换位思考,就是希望我们把全局的精气神,汇成一股更有品质的磅礴力量,融合发展,笃定前行,不断把品质泰州建设推向前进。

只有坚持才能胜利

（2022年1月5日）

上个月，我们办成了一件大事，就是国家知识产权局批复同意建设中国（泰州）知识产权保护中心。消息传来，大家都很激动。我们为此历经千辛万苦，这事终于办成了。关于这事要不要办，曾有过激烈争论。市委朱书记对这事的认识很到位：如果办得快，我们还有比较优势；如果不办，就只能是比较劣势。通过这件事，我有许多感悟，其中最重要的一条就是"坚持"。正是因为坚持，这事才死而复生、乘风破浪，才大功告成、赢得胜利。如果没有坚持，就只能任其夭折，以失败告终。

实践再次证明，只有坚持，才能胜利。通过这些经历，我们又加深了对"坚持"的理解。

首先，坚持就是目标明确、方向正确。只有目标明确，方向正确，坚持才有意义，才有价值。正确的坚持才叫坚持，错误的坚持只能叫固执。没有正确的方向，坚持，不仅不会成功，有时越坚持会错得越远越深，就会是做无用功，甚至会走向事物的对立面。当前，对我们来说，目标和方向，就是要紧扣市委市政府工作中心，谋划思路，突出重点，认真落实，而不能自以为是，自娱自乐。

其次，坚持就是不抛弃、不放弃。既然目标已定，就要坚持不懈，坚忍不拔，遇到困难、阻力不抛弃、不放弃，不达目标不罢休。我们常说，困难是弹簧，你弱它就强，你强它就弱。越是遇到困难，越要迎难而上，逢山开路，遇水搭桥，千万不能一遇到困难就泄气，打退堂鼓，一遇到困难就绕道走，这样将永远一事无成。我们在竞争中，是不是经常发现，我难对手也难，这就要比耐力比韧劲，狭路相逢勇者胜，你一松，对手就会超过你；你一强，对手就会被压下去。

举两个例子，比如，创建标准国际化创新城市，我们是第五个获批创建，却第三个通过验收，靠的就是不放弃、不抛弃的劲头，迎难而上，不惧对手，最终取得成功。再比如，中国（泰州）知识产权保护中心最终能够抢在年底前拿到批文，就是因为我们不放弃、不抛弃，最终柳暗花明，峰回路转。当然，知识产权保护中心虽已成功获批，但这只是万里长征的第一步，还有很多的困难和矛盾等待我们去解决、去克服。我们仍要继续保持不放弃、不抛弃的工作劲头，时刻做好战胜一切困难的准备。

最后，坚持就是"三个不相信"。杨根思的"不相信有克服不了的困难，不相信有完成不了的任务，不相信有战胜不了的敌人"的铮铮誓言，已经成为泰州城市精神的鲜明特质。这对我们是巨大精神鼓舞，同时也是巨大现实挑战。所以，不管遇到什么事，我们都要从大局着想，从长远考虑，只要对品质泰州的发展有利、对民生有利、对转型升级有利，就应当不遗余力，不怕牺牲，坚持不懈，坚持到底。只有这样，才能取得胜利，从而从胜利走向胜利。

"三个不相信"，说到底就是敢不敢"拼"。去年怎么收官？今年怎么奋斗？考核怎么交差？面对这些事，我们必须弘扬"三个不相信"精神，多问问：别人哪点比我强了，我比别人差哪了？别人做得到，我怎么就不能做到？别人能做到，我为什么就不能做得更好？希望今年能出更多的成果，拿更多的奖项和荣誉，有更多的人被提拔重用。但这一切，都必须靠"三个不相信"，靠坚持。

过去，我们靠"坚持"办成了一批事，也取得了一些荣誉。今后，要完成更多更重要的任务，仍然离不开"坚持"二字。要真正做到"努力到无能为力，拼搏到感动自己"。

保持飞行姿态

（2022年2月8日）

明明可以躺平，偏偏还在飞行。一语点醒彷徨人。躺平是一种状态，飞行是一种姿态，坚持则是一种心态。新春伊始，我们的正确态度自然也必须是：以坚持的心态，继续保持飞行的姿态，坚决防治躺平的状态。

首先，我们有飞行的资本。年前，我们隆重纪念了建局三周年，"品质三秋树，标新二月花"活动主题、组织、运行都很好，效果也很好，达到了总结经验、凝聚力量、鼓舞斗志的目的。

回首三年，我们每一个同志都心潮澎湃，倍感自豪：我们为了一个共同的目标，走到一起来了；我们不等不靠、集成创新，干成了一系列新事、大事；我们担当作为、争先进位，拿到了一批重量级的荣誉；我们内强素质、外塑形象，打造了一支能打硬仗、能打胜仗的"品质先锋"铁军……应该说，所有这些，都是我们继续飞行的资本：

三年打基础，跑道铺就，飞行准备就绪。

三年练内功，本领增强，飞行条件具备。

三年造环境，天空辽阔，飞行前程远大。

其次，我们有飞行的动力。未来已来，时不我待。新形势催人奋进，新挑战前所未有，新征程充满向往。建功新时代，别无选择，唯有飞行。

时至不迎，反遭其殃。当前，大形势给我们建功立业创造了许多新机遇，泰州市场监管事业正处于大有可为的关键时期，监管秩序、支撑发展、服务民生的责任重大、任务艰巨，等不得、容不得我们躺平、懈怠。中央最近出台一系列重要文件，总局、省市委作出一系列重要部署，为我们下一步发展指明了方向，明确了路径。我们必须主动抢抓，抢占先机，抢争主动，更精准地扬长补短，更有效地提档升级，更高质量地闯关夺隘，通过我们的不懈奋斗，再立新功，再创辉煌。相反，如果这个时候你不作为，必定会被时代所抛弃，等你到年老时一定更后悔。

你已在飞行途中，根本停不下来。因为一停，就会掉下来。你慢不下来，因为一慢，你就脱离了组织，势必孤单。你只有奋力前行，始终抢占主动，才能看到比别人更多的风景，体验别人体验不到的快乐。

第三，我们有飞行的天空。天高任鸟飞，但你必须是一只坚强的鸟，你才能飞得很高，且越飞越高；海阔凭鱼跃，但你必须是一条勇敢的鱼，你才能乘风破浪,遨游大洋。回首过去,我们豪情满怀;展望未来,我们信心百倍。年前召开的年度工作会议,已经对全市市场监管工作进行了谋划部署,希望大家认真抓好落实,在工作中不断创造更多的更炫的辉煌。

　　明明可以躺平,偏偏还在飞行。这句话应该成为我们泰州市场监管人践行"三个不相信"的一种精神特质。知重负重,唯实唯勤。市委第六次党代会,市委市政府主要领导的批示,既是肯定,更是鞭策。已在虎年里,更应显虎威。希望大家虎年大吉,干工作虎虎生威,争贡献虎跃龙腾,拿荣誉虎视眈眈。千万不可虎头蛇尾,马虎了事,到头来前功尽弃,一事无成。

善于扬长补短

（2022年3月1日）

我们经常会提到"扬长补短"，如何看待"长"和"短"，大有学问。如何做到"扬"和"补"，更反映一个人的能力和水平。深层次看，扬长补短既是世界观，也是方法论。说是世界观，就是怎么看：何为长何为短，何时长何时短，何处长何处短？知己知彼，方可百战不殆。知长识短，才能掌握主动、赢得胜利，这对新处长新院长尤为重要。希望老处长，不卖老一套；新处长，要有新名堂。说是方法论，就是怎么干。

首先，要精于"扬长"。"长"是我们过去工作成果，更是走向未来的坚实基础。扬长就是要巩固成果，走向新的更大的胜利。一是发现亮点，培育优势，打造特色，形成品牌。要当好有心人，善于从形势发展变化中，不断发现捕捉新的增长点，打造新的长板。这一点很重要，你越早发现，就能越早做好准备，下好先手棋，掌握主动权。我们不少工作之所以能够成为长板、形成优势，很关键的一条，就是我们发现得早、启动得快、突破在前。二是利用基础，巩固提高，发扬光大。长短都是相对的，过去的长板只代表过去，你不注重巩固，你的基础也可能变成别人的基础，就可能被别人追赶、超越。我们的一些工作，比如推进品质泰州建设、食品安全阳光系列工程、全域标准化工作等，取得了一些成绩，打下了良好基础，但我们必须始终保持"长"的态势，才能始终保持"长"的优势。只要我们稍微松一松停一停，就会被超越，所谓的"长"就会变成"短"，就会变成过去式。三是借力发力，博采众长，为我所用。要想"自成一家"，就得学透百家。我们有一些长处是走在别人前面的，但即使是在这些长处中，都还有学习改进的地方，在后续的巩固发展中，需要完善创新突破。所以，我们必须始终保持谦虚的态度、学习的态度，学习借鉴别人的长处和强项，以他山之石攻己之玉。这个过程可以是向同行学习，拿来主义，为我所用；可以是跨界嫁接，移花接木，别开生面；还可以是多方合作，这既包括跨部门合作，比如知识产权与银行合作为企业质押融资服务，也包括系统内部跨条线跨板块的合作，比如标准专利融合，通过合作强强联合，让已有的长板更长，同时打造更多的新长板。四是加强宣传，扩大示范效应。放大长板效应，要用好宣传工具。讲得好不一定做得好，但做得好就必须要讲得好。我们都需要多练练这方面的基本功，既要埋头做事，也要大张旗鼓地宣传展现自我，讲好长板背后的故事。现在有些处室在微信公众号推出系列报道，多角度展示工作;有的条线宣传工作有分有合、有点有面,看得出是动了一番脑筋;有的分管领导和处长在微信中推介相关报道时还会作精彩的评论或解读。这些都是可喜的现象,我们每一个人都有责任和义务,当好泰州市场监管工作品牌的"发言人"和"宣传员"。

其次,要勇于"补短"。有短板是正常的,并不可怕。可怕的是,无视短板、忽略短板、掩盖短板。一要敢于亮丑,找准症结。要药到病除,就必须查清病根。要想工作干得好,就要敢于揭短亮丑,不能讳疾忌医,不怕暴露短板。我们的"两发现"工作机制,其中"发现缺点",就是相互之间"揭短亮丑",并通过正面提示,推动改进提高。对待短板,如果我们都是"你好我好大家好",一团和气,那是很危险的。二要对标对表,明确目标。我们自我发现短板一般都是比较产生的,一方面是与标准对比,另一方面是与标杆对比。要高效补短,就必须对标对表。我们要及时了解大的形势,掌握全国市场监管工作的发展趋势,其他地区的创新实践,然后给自己定发展目标。三要标本兼治,由表及里。形成短板的原因很多,有客观的,也有主观的。所以要标本兼治,小修小补不可行,而是要找准症结,精准施策,全力以赴修彻底、补到位。这其中会涉及理念方法的转变、工作作风的改进、权力利益的调整,如果抱着走过场、交差事的态度,很可能一事无成、劳而无功。四要量力而行,讲求实效。要实事求是,客观分析自身短板现状,拿出治"短"良方,要区分可补与难补,可补的"短"全力以赴而为之,一时难补的"短"要从长计议;要区分轻重缓急,依据工作需要和客观条件,讲方法讲策略,重点突破,各个击破,一个问题一个问题解决,一个短板一个短板拉长,不可贪大求全,病急乱投医。

第三,要善于统筹。俗话说,尺有所短,寸有所长。世界上万事万物都是如此,从不同角度看,各有所长,又有所短。唯有长短板相互统筹利用,才会相得益彰,效益最大化。一是要以长扬长。把自己最擅长的事做到极致,在坚持中求提升,在扬弃中求突破,在创新中打开新局面。二是要以长补短。要从自身特色亮点工作中发现和总结出规律,用自己的经验指导改进相对落后的工作。要敢于自我剖析,自我反省,自我批评,时刻摆正位置,自觉做到谦虚谨慎,虚心向周边的同志学习请教,以人之长补己之短。要相互帮助,共同提高。一些工作开展较好的处室和条线,也要主动关注短板,寻求工作结合点,长短相济,以长带短。三是要以短扬长。以短扬长是"反躬自省"的觉悟,在知短的过程中,悟出补短扬长的道理,想尽一切办法让"水桶的那块短板变长",才能盛更多的水,胜任更多的工作。四是要扬长避短。如何扬长,怎么避短,是要有辩证眼光的。有些"短"是必须补的,要坚决补;有些"短"虽然需要补,但一时难以补上的,就要做好"舍"和"得"的文章,通盘考虑,分步改进,把更多的精力和资源用于扬长补短。

今年我们局的教育行动的主题是建功立业,扬长是建功立业,补短也是建功立业。要通过大家的共同努力,让长板更长、短板补齐,积蓄工作突破的新动能,形成率先领先的新优势,打开事业发展的新局面,让泰州市场监管之花更加灿烂夺目。

懂得珍惜

（2022年4月1日）

珍惜是什么？珍重爱惜。

为什么要珍惜？因为珍贵，所以要重视、爱惜。

珍惜什么？

珍惜当下。过去已经过去，当下正在当下，当下就在当下。如不珍惜，当下就会过去。所以，珍惜当下是最好最明智的选择。今日事今日毕是珍惜，能快不慢是珍惜，能早不晚是珍惜。蓝绍敏书记主政泰州时曾说，今天再晚也是早，明天再早也是晚。横观纵看，古今中外，多少事，从来急；天地转，光阴迫。一万年太久，只争朝夕。可以说，所有成功，都是珍惜当下的产物；所有辉煌，都是珍惜当下的映照；所有财富，都是珍惜当下的累积。于集体是这样，于个人亦如是。当下，既是时间概念，更蕴含机遇的深义。时光匆匆，一去不返；机遇更是稍纵即逝，绝不会重来等你。我们要想干事、干成事，就必须珍惜当下，只争朝夕，不负韶华。我们有幸生活在一个干事创业、建功立业的时代，应该更加珍惜当下，唯实唯勤，不负光阴，不虚度年华空自悲。

珍惜岗位。岗位是平台，干事创业的平台。组织给你岗位，是因为需要你发挥作用，如果你不能发挥应有的作用，你就可能失去这个岗位。岗位也是舞台，是你展示自我才干的舞台。在这个舞台，你可以放飞梦想，实现人生价值。但如果你不能很好表演，就会被竞争淘汰。岗位还是站台，一个岗位一个站台，你在这个站台上有作为有业绩就为下一站台奠定了基础，就会站站精彩；否则，就会一招被动招招被动，到最后一事无成。蓝绍敏曾说过，在岗就是最大的激励。对这话，过去有理解，但不深。今天再读，感慨良多。千万别在失去或即将失去时懊恼后悔。我个人就有深刻体会。前几天，我排了一下，至少有十项重点工作刚开了头破了题，但由于种种原因和制约，未能在我当局长任上完成。这就是遗憾。所以，特别建议大家，一定要珍惜岗位，珍惜当下的岗位，不忘初心想干事，不辱使命能干事，不虚此行干成事，不留遗憾不出事。

珍惜友谊。单位如家，相聚是缘。乘着机构改革的东风，我们走到一起来了。三年多来，我们在海陵南路315号这个新的大家庭，一起上班一起加班值班，一起干工作讲品质谈人生，一起烦恼一起欢乐，一起唱响《品质工匠之歌》……在这里，我们结下了深厚的战斗友谊。有相聚就有分离。希望大家能够珍惜这份来之不易的友谊,无论今后走到哪里哪个站台哪个岗位,都不要忘了曾经战斗过的这片热土,曾经结下的战斗友谊。我个人也是这样。今天也许是我最后一次主持开这个办公会,所以我也是倍加珍惜与大家一起相聚的机会,倍加珍惜与大家一起合作共事的缘分。"雄关漫道真如铁,而今迈步从头越。"往后,我将转换姿态,以另外的方式继续为已经开启的市场监管事业、高质量发展、品质城市建设贡献绵薄之力,也希望得到各位更多的关心和支持。

后　记

　　《思行合一》是作者的第三本合集。前两本《思考进行时》《思维之中》，均为1996年至2016年期间作者关于城市发展调研报告的汇编。至此，"三思集"已告完成。

　　本书是作者近几年来的工作成果及心得，取名《思行合一》，是想表达作者在转任部门主要负责人以后，先思后行、边思边行、思行相长的历程及成果。

　　全书共分三章，分别为"一叶知春""一路生花""一心向阳"。之所以每章标题都以"一"字当头，除字面意思外，还有以下思考："一"是一以贯之。作者从转岗到部门任职，就一直思考和实践如何推动质量提升、品质建设、营商环境优化等工作，质量技术监督、市场监管前后衔接不断档。很多在全省乃至全国有影响的创新举措及工作成果，均得益于此。比如品质城市建设，从泰州自发创新实践，到研制发布市地方标准，到拓展提升到省地方标准，再到提炼升华到国家标准，一路向前，不停不息。"一"是一心一意。就是心无旁骛，不受干扰，一心向好，追求品质。不断分析问题、探索规律、寻找对策、改进思维和方法，致力提高工作效能。比如，认真学习习近平总书记关于标准化的论述，自觉运用标准化思维和方法指导并开展工作，在标准化推进城市高质量发展、高品质生活、高效能治理等方面进行了有益探索，推动地方党委出台了关于标准引领高质量发展的文件，推动市人大出台了《泰州市标准化条例》，为全国全域标准化开了好头。"一"是一元伊始。所有创新都有开头，所有开头都是基础。这个开头和基础就是"一"。作者坚信，只要坚持一切从实际出发，实事求是，坚持正确方向，接续奋斗，坚忍不拔，就能把新时代市场监管高质量发展的路越走越宽广，前景越走越光明。

　　本书内容有许多是与同事共同努力的思想结晶和劳动成果，后期编校得到了许多领导、同仁和朋友的大力帮助和支持，这里一并表示感谢。

　　路漫漫其修远兮，吾定三思而后行。

2022年4月